同心县教育志

同心县教育局　编

中国文史出版社

《同心县教育志》编纂委员会

顾　　问：张　雄　马瑞虎　杨　科　王凤鹏　王国锋
　　　　　丁　文　杨　林
主　　任：周宪瑜
副 主 任：罗晓娅　苏润军　黑　平
委　　员：李光林　刘耀宏　马学峰　张　祝　周旭东
　　　　　马　涛　马　沛　马　泉　马　栋　张怀庆
　　　　　马如云　丁　萌　李　明　马自江　杨启帆
　　　　　马吉宏

《同心县教育志》编纂人员

主　　编：周宪瑜
副 主 编：任耀华
总　　纂：黑　平
统　　稿：郑彦卿
撰　　稿：李光林　贾治忠
图片资料：贾治忠　马　伟　杨文扬
审　　核：马应才　丁学东　金　平
参与编写人员：王学强　马正清　马存仁　杨生勤　丁立英
　　　　　　　张立军　杨献艺　哈生虎　杨军义　顾有泓
　　　　　　　韩春霞　张正璞　陈连纲　赵　超

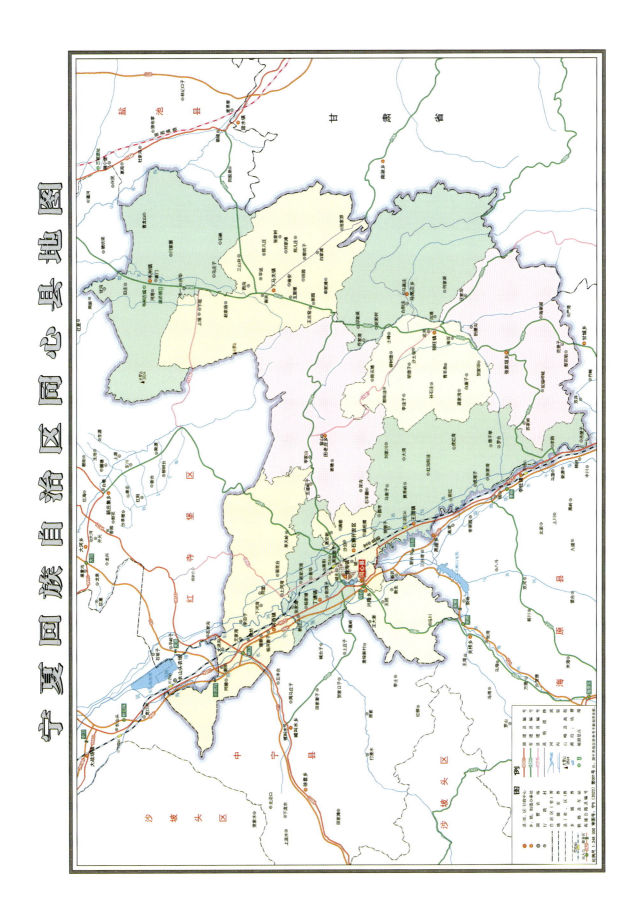

宁夏回族自治区同心县地图

同心县中心城区学校分布图

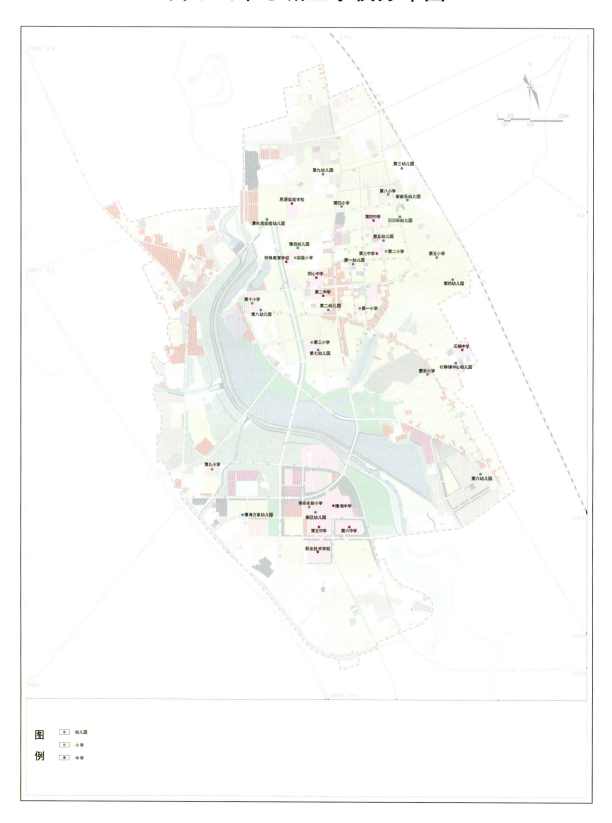

图
例

● 幼儿园
● 小学
● 中学

同心县县域学校分布图

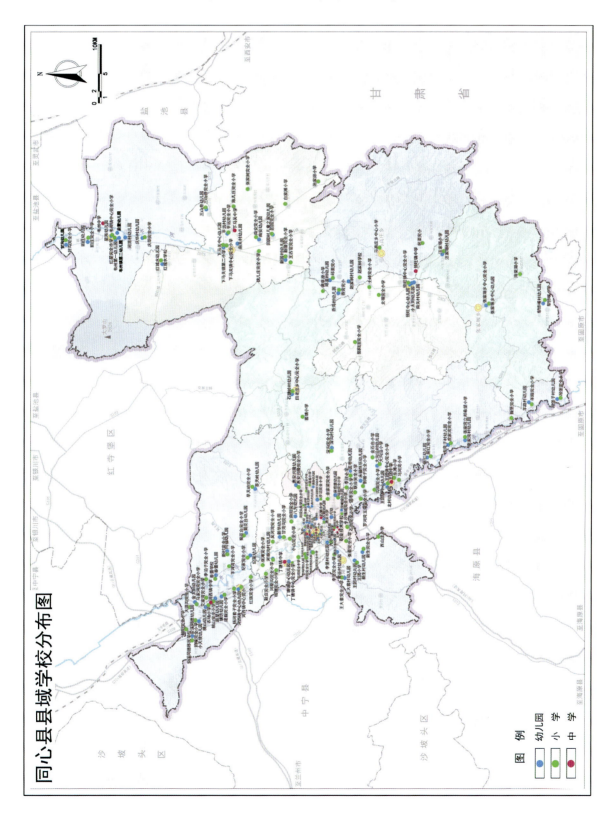

　　2001 年，自治区人大常委会副主任韩有为、政府副主席刘仲、政协副主席金晓昀视察同心一小"百标工程"建设

　　2006 年 4 月 19 日，教育部纪检组组长田淑兰、自治区政府副主席刘仲督查义务教育保障新机制落实情况

2009 年 9 月，自治区党委书记陈建国、自治区政府主席王正伟、副书记于革胜视察豫海中学

2022 年 4 月，自治区党委书记梁言顺视察同心中学疫情防控工作

2015 年 6 月，同心县委、政府、人大、政协四套班子领导检查高考准备工作

2023 年 9 月 8 日，吴忠市委副书记、同心县委书记王汉武为韦州红星小学师生讲国防教育课

2022 年 6 月 1 日，政协吴忠市副主席、同心县政府县长杨春燕在同心二小参加六一国际儿童节庆祝活动

2023 年 1 月，同心县教育工委、教育局党组召开主题教育专题民主生活会，同心县人大常委会主任洪建群到会指导并讲话

2023 年 3 月，同心县政协主席马俊文带领部分政协委员，调研全县义务教育优质均衡发展工作

2023 年 6 月 7 日，县人民政府副县长王新海在同心中学巡视高考工作

艰苦创业铸精神
继往开来谱新篇
贺：同心中学建校五十年
刘仲
二〇〇六年九月

2006 年 9 月，自治区政府副主席刘仲为同心中学建校五十周年题词

2006 年 8 月，自治区政府副主席王正伟为同心中学建校五十周年题写校名

五十年风雨育人路 桃李满天下
万千个莘莘同中人 再攀新高峰
贺同心中学五十周年校庆
吴玉才
二〇〇六·八·八

2006 年 8 月 8 日，吴忠市委副书记、市长吴玉才为同心中学建校五十周年题词

一笔宝贵的财富
一个好的母校，就是
周生贤
丙戌年

2006 年，国家环境保护总局局长、党组书记周生贤为同心中学建校五十周年题词

2003年9月，自治区评估验收同心县"普初"工作会议

同心县"普初"工作总结表彰暨"普九"攻坚动员大会

2006年2月，同心县"两基"攻坚工作会议

2006年9月，吴忠市人民政府评估验收同心县"两基"工作会议

2006 年 9 月，自治区人民政府评估验收同心县"两基"工作会议

2007 年 1 月 29 日，全县教育工作暨"两基"工作总结表彰大会

2011 年 11 月，自治区人民政府评估验收同心等四县教育强县暨县级政府教育督导评估工作汇报会

2012 年 3 月，同心县基本普及高中阶段教育工作启动大会

2017 年 9 月，自治区人民政府在同心县召开全区打赢教育脱贫攻坚战推进会

2018 年 9 月，同心县接受国家义务教育基本均衡县督导检查陈述答辩会

2020 年 9 月，全区中小学校校园治理现场观摩推进会

同心县 2023 年秋季开学暨校园安全工作会议

2007 年 3 月，宁夏第二届
基础教育教学研究课题研讨会

骨干教师公开课

同心县"互联网＋创新素养
教育"在线教学教研观摩活动

1986 年 7 月 1 日，同心中学全体教师欢送北京支同教师

2006 年 10 月，解放军总后勤部援建预旺"八一"希望小学竣工落成仪式

2011 年 9 月 5 日，西北师范大学、西北少数民族师资培训中心与同心县人民政府共建宁夏同心民族教育发展实验区签约仪式

2011 年 11 月，同心县王团中心小学 1 号教学楼落成剪彩仪式

2014 年 9 月，宁夏兴俊爱心慈善基金会 2014 年捐资助学金发放仪式

2015 年 5 月，宁夏燕宝基金会二期助学项目同心调研座谈会

2015 年 12 月，同心县与山东省昌邑市签订加快推进教育精准扶贫合作协议

2016 年，福建省教育厅领导慰问赴同心支教教师

2016 年，"国培计划"同心县中小学（园）骨干团队置换脱产研修项目开班典礼

2022 年 7 月 15 日，同心县与莆田市教育教学交流活动

2023 年 2 月，中核集团"核苗成长基金"助学金捐赠暨发放仪式

20 世纪 80 年代，农村学生课间劳动

韦州女小（今红星完小）捐资助学活动

军 训

少先队员入队仪式

2023 年 6 月，教育局局长周宪瑜
参加同心中学高三毕业生成人礼

阳光课间活动

学生在图书馆内自习

全县学校开展学生"中华经典诵读"活动

音乐课堂

2015 年 4 月，同心县第
二届中学生田径运动会

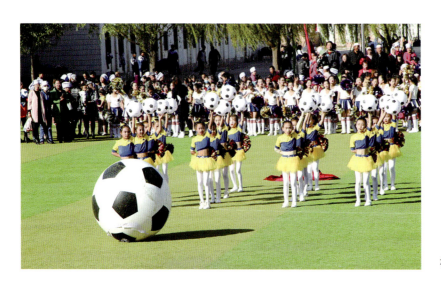

2015 年 5 月，全县首届
校园足球联赛开幕式

2012 年 3 月，农村小学营养改善计划正在实施

2013 年 5 月，宁夏回族自治区同心县荣获农村学生营养改善先进县

2019 年，中国共产党成立 98 周年暨中华人民共和国成立 70 周年红歌比赛

2021 年 6 月，教育系统庆祝中国共产党成立 100 周年文艺演出

白金仓、王志强主编的由 20 世纪
70 年代初至 80 年代初在预旺中学执教
的部分老师及毕业学生共 50 多人撰写
的回顾预旺中学建校初期发展历程和
教育成就及师生情谊的书籍《桃李缘》
《桃李情》姊妹篇出版印行

20 世纪 50 年代，土箍窑教室

20 世纪 80 年代，乡村学校

20 世纪 80 年代，同心一小

21 世纪初的农村学校学生宿舍

21 世纪初的农村学校教室

同心县第九幼儿园

同心县第二小学

同德移民区学校

同心中学

同心县第五中学

同心县豫海中学

同心县职业技术学校

教育园区鸟瞰图

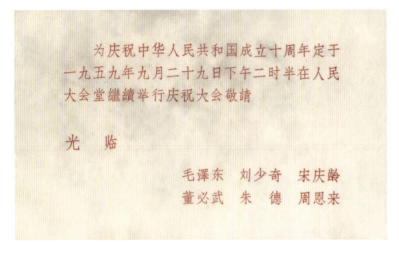

为庆祝中华人民共和国成立十周年定于一九五九年九月二十九日下午二时半在人民大会堂继续举行庆祝大会敬请

光　临

毛澤东　刘少奇　宋庆龄
董必武　朱　德　周恩来

1959 年，北京支宁青年教师马奎亮出席国庆十周年庆祝大会

1998 年 12 月，联合国计划开发署授予王建林"国际青少年消除贫困奖"

同心县庆祝第 39 个教师节表彰大会

2006 年 9 月，同心县扫除青壮年文盲工作通过自治区人民政府评估验收

创建教育强县（市、区）工作先进集体

同心县石狮中学被评为全国教育系统先进集体

基本普及高中阶段教育工作先进集体

2011 年 11 月，同心县教育强县工作通过自治区人民政府评估验收

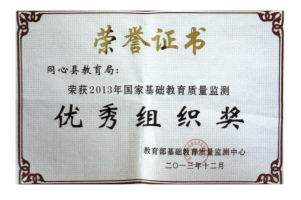

2013 年国家基础教育质量监测优秀组织奖

2023 年，同心县教育局领导班子成员合影。左起：苏润军、周宪瑜、罗晓娅、黑平

2023 年 9 月 26 日，参加《同心县教育志》评审会议人员合影

序　言

　　到教育局上任伊始，副局长黑平将《同心县教育志》（第二部）初稿交我审阅。翻看厚厚的书稿，我被书中所记载的人和事深深吸引着，我的心灵被它震撼了。随即，我用几天时间，将整部书稿仔细翻阅了几遍，我又向熟悉这部书稿的同事详细了解了编写过程。

　　同心历史悠久，是中华民族光辉灿烂的古代文化发祥地之一，兴办教育有较长的历史。明弘治年间有社学 2 所，清光绪十九年（1893）设立蠡山书院；民国时期，学校规模小，分布不均，经费奇缺，设备简陋，到民国 36 年（1947），全县只剩下 300 余名学生。新中国成立后，历经新教育体制重建、调整、改革、发展，同心县教育进入健康快速发展的新纪元。特别是改革开放以来，历届政府情系教育，谋定而动，举全县之力，实施"科教兴县"战略，坚持教育优先发展，从"两基攻坚"、教育强县到均衡发展，全县中小学办学条件日渐完善，教育质量逐年攀升。投入巨资培训，源头活水不断。科学布局，统筹规划，资源配置日趋合理。义务教育普及，职业教育从无到有，高中教育如火如荼，同心大地，翰墨飘香。办人民满意的教育，人民满意。多年来，同心县为国家培养了大量栋梁之材，为同心社会经济发展提供了强大的智力支持和人才保障。

　　这些骄人的业绩，是我们同心教育的骄傲，值得大书特书，以便为领导决策提供科学的依据，为后人研究同心教育提供翔实的资料，也为广大师生进行思想教育提供生动的教材。因此，编纂一部能够全面反映同心县教育历史的专著，是很有必要的，也是很有意义的。

　　《同心县教育志》上肇同心县教育事业的发端，下迄 2022 年底。其内容涉及同心教育的方方面面。其中诸多内容是《同心县志》和其他文史资料中所未记载的，它填补了同心县历史的许多空白。《同心县教育志》编写工作虽然启动较早，第一部于1991年截稿（印刷品内部资料）。2006年又启动了《同心县教育志》第二部的编修工作，但由于种种原因，多次搁浅。到2015年完成了第二部初稿。根据负责编纂的分管领导意见，我决定将《同心县教育志》第一部和第二部合稿。聘请知名史志专家郑彦卿教授统稿。后又多次征求老干部、老教师的意见，进行修改补充。2022年9月，《同心县教育志》稿经过区、县史志专家的评审。编撰人员根据专家意见再次进行修改。

现在，《同心县教育志》就要付梓问世了。这是同心县有史以来第一部教育百科全书，是同心教育史上的一大幸事，也是同心文化史上的一大幸事。以史为鉴，昌今教育。在此，我衷心地祝愿《同心县教育志》能够充分发挥"资治、存史、教化"的功能，发挥同心县教育百科全书的作用，为推动我县教育事业的大发展产生积极而深远的影响。

同心县教育局局长

2023年10月

凡 例

一、《同心县教育志》为同心历史上第一部教育事业志。全志以马克思列宁主义、毛泽东思想、邓小平理论、"三个代表"重要思想、科学发展观、习近平新时代中国特色社会主义思想为指导，以党的十一届三中全会以来的路线、方针、政策为准绳，坚持辩证唯物主义和历史唯物主义的观点，遵循实事求是的原则，创新篇目体例，全面、系统、翔实地记述同心县教育事业的历史与现状，力求思想性、资料性统一。

二、本志以类系事、类为一志，横排门类、纵述史实，详今略古、详近略远，据事直录、述而不论。采用章、节、目、子目层次结构；志首置历史图片、序言、凡例、概述、大事记，志中分设各章、节、目主体专志，附录、后记。全志综合运用述、记、志、传、图、表、录方志7体，突出专志记述。全志共17章74节80万字。

三、本志以2022年末县辖行政区域为记述范围，对历史上划出划入的区域、机构、工作等，在相应章节中记述。全志内容上限不限，追溯至事发端源头，下限截至2022年末，大事记延至2023年9月30日。

四、本志所称县境、县域、同心、同心地区等概念，如无括注说明，均指各历史时期同心县全境范围；所称党的十一届三中全会、三中全会，均指中国共产党第十一届三中全会；所称党组织、党建等，均指中国共产党组织；所称改革开放以来，均指1978年12月中共第十一届三中全会后；所称新中国成立前（后）、解放前（后），均以1949年10月1日中华人民共和国成立为界；所称县委、县政府，均指中共同心县委、县人民政府。

五、本志除引文外，采用第三人称、文字采用语体文记述，力求语言平实，文字简练。对出现频率较高且文字较多的机构名称，第一次出现时记载全称，此后使用简称，如中国共产党同心县委员会、同心县人民政府，分别简称为同心县委、同心县人民政府或县委、县政府。

六、使用资料来源于县委档案馆、教育局档案及各乡镇教委（学区）、各中小学提供的资料。第十章教师中第五节社会地位第三目教师参政议政；第十二章教学研究中第四节教育科研成果；第十六章先进集体、人物依据各相关单位、个人上报资料和档案资料整理。1949年后统计数字以《同心县国民经济统计资料》公布的数字为准。

七、志内称谓，凡历史朝代称号，一律用通称。历史纪年，按当时习惯称谓，并在括号内注出公元之年代。地名沿用当时的名称，若已改变的则加注今名。引用过去的史籍文字时，均采用简化汉字。

八、本志大事记以编年体为主，纪事本末体为辅。所记事项凡有日期可查者，注明日期；日不详者标注至月；月不详者标注至年。同一时间内发生的多件事项，第一次重复出现时用"是月""是年"表示，第二次或多次重复出现时用"△"表示。"人物"章里立传人物以卒年先后排序，人物简介以出生年月日先后排序，"局领导简介"以任职时间先后为序排列，"先进人物"以获奖时间先后为序排列。

目　录

第四章　普通高中教育

第五章　民办教育

第九章 体育 艺术 卫生

第十章 教 师

第十一章 招生考试

第十三章　教育行政管理

第十六章　先进集体、人物

第十七章　"两基"攻坚　教育强县　基本均衡

概　述

同心县位于宁夏中部，地处东经 105°17′—106°41′，北纬 36°34′—37°32′之间，隶属吴忠市管辖。东与盐池县、甘肃省环县接壤，南与固原市接壤，西与海原县相邻，北与中宁、红寺堡区接壤。2022 年，全县总面积 4433.34 平方公里，下辖 7 镇 4 乡 1 个开发区，142 个行政村 11 个社区，总人口 38.7 万人。是革命老区、乡村振兴重点帮扶县。2020 年实现了脱贫目标，历史性告别了绝对贫困。

1936 年 10 月，同心县建立了全国第一个民族区域自治政权——陕甘宁省豫海县回民自治政府，开创了我国民族自治的先河，扩大了陕甘宁革命根据地，实现红军三大主力一、二、四方面军的胜利会聚，埃德加·斯诺震惊世界的名著《红星照耀中国》（又名《西行漫记》），约四分之一的篇幅是在同心写成的。历史上，朱德、周恩来、彭德怀、邓小平等 200 多位共和国缔造者在这片热土上留下了光辉足迹，创造了不朽业绩。八一电影制片厂拍摄的同名电影《同心》生动再现了当年可歌可泣的历史。全县各级各类学校 130 所，其中：高级中学 3 所，职业技术学校 1 所，特殊教育学校 1 所，初级中学 10 所，九年一贯制学校 2 所，小学 96 所，小学教学点 17 所，幼儿园 91 所。全县在校学生 83123 人，其中：小学 41861 人，初中 18677 人，高中 8373 人，职业学校 2278 人，特殊教育 238 人。各类幼儿园 91 所，在园幼儿 11696 人。教职工 5635 人，其中在编 4293 人。同心基础教育先后为国家输送了 65500 名合格毕业生。毕业生中党政军界及教科文卫副厅级以上公务员 100 多人，他们当中有中科院院士、全国著名物理学家、教授等众多杰出人才。同心县获得全国义务教育发展基本均衡县、全国营养改善计划优秀县、全国阳光校餐示范县、国家义务教育质量监测优秀组织单位、全国巾帼文明岗、全国教育系统"祖国万岁"歌咏活动优秀组织奖、全国"节约型"机关、2020 中国公平教育百佳县市、自治区文明单位、自治区创建教育强县工作先进集体、自治区基本普及高中阶段教育工作先进集体等 30 个全国先进集体、30 个自治区党委、政府表彰的先进集体。

一

同心历史悠久,是中华民族光辉灿烂的古代文化发源地之一。东部山区的丁家二沟、顾家庄子、黄家水等地出土的古生物化石证明,2500万年以前这里就水草丰茂,有大批古动物群栖息。红城水、上流水发现的新石器时代遗址证明,原始公社的中晚期同心这里就有古人类繁衍生息。自古尊师重教,蔚然成风。据史书记载,南宋绍兴十三年(1143)西夏在同心县设小学1所,至今已有800多年的历史。明代弘治年间(1488)宁夏群牧千户所(今韦州镇)建社学2所。清光绪六年(1880),知县英麟开办义学5处。光绪十九年(1893),平远县知县王宝铺筹款在县城(今下马关镇)文昌宫侧创建了蠡山书院。光绪三十年(1904),奉清政府颁布《奏定学堂章程》,即"癸卯学制",平远县知事秦瑞珍将蠡山书院改为平远县高等学堂。宣统三年(1910)全县有高等小学堂1所,蒙学堂5所,初等小学堂6所。清末民初,同心各地兴办了41所私塾。

中华民国时期,小学教育得到各界人士赞助,学校有了增加,教育历经风雨,艰难前行。民国5年(1916)以后,到民国8年(1919),全县建高级小学4所,初级小学13所,其中清真高级小学3所,初级小学6所。民国11年(1922)后,由于兵燹灾害,一些学校停办。民国18年(1929)宁夏建省后,成立教育厅,推进教育,教育复有起色。民国22年(1933),当局整顿小学,开始增设短期小学。整顿后,全县有完小4所,初小8所,学生255人,教职员31人。民国29年(1940)依照国民党教育部实施国民教育纲领,将完小改为中心国民学校,初小改为国民学校。此时全县有中心国民学校3所,国民学校20所,学生1488人,教职工245人,是民国期间学校数、学生数和教职工数最高年份。据国民党宁夏省政府统计,1940年,是同心民国时期教育发展最高年份,全县识字民众323人,按当时4.1万人口计算,平均每万人中有识字人78人,全县仅有1名大学生。1941年,开办特种教育,改下马关、红城水、韦州3校为中山国民学校,并于翌年增设特种教育巡回教学团,进行政训和党义教育。学校规模小,分布不平衡,办学经费奇缺,教学设备简陋,学生数量有时锐减,有的学校停办。到民国36年(1947),全县只剩下300余名学生。新中国成立前夕,全县学龄儿童入学率只有0.63%左右,全县文盲数占总人口的95%以上。

二

中华人民共和国成立后,同心县的教育翻开了新的一页,进入健康快速发展的新纪元。历经新教育体制重建、调整、改革、发展,各类教育取得了长足发展。新中国成立初期,同心县人民政府采取"积极维持,加强领导,逐步改造"的方针,以马克思列宁主义、毛泽东思想为指导，以老解放区的教育经验为基础，借鉴苏联的先进教育经验，对半封建半殖民地的教育进行了根本性的改造，小学教育事业迅速发展。1953年，国家首次按预算计划给同心拨教育经费7万元，增加了教学设备。1956年，政府在抓小学教育的同时，积极开展工农业余教育，在县城开办了干部文化补习班，各区、乡开办了冬学、常年民校，推行"速成识字法"，有计划地扫除文盲，逐步提高了工农的文化水平。1956年8月创办了同心中学，结束了同心没有中等教育的历史。到1957年全县已有小学117所，在校小学生6012人，教职工176人，学龄儿童入学率上升为42.4%。有中学1所，4个班，210名学生，教职工14名。农民业余学校131所、扫盲班359个，共有学员13744人。小学校数、学生数、教职工数较1950年分别增长4.8、3.9和3.5倍。1959年办师范学校，改同心二中为同心初级师范，同心中学首次设立高中部，但仅招收两届学生即于1961年停招。1961年，教育工作贯彻"调整、巩固、充实、提高"的方针，纠正了1958年以来教育事业发展中出现的超越实际可能，实行"裁、并、改"，压缩、裁撤小学48所，并将1960年在下马关红城水重新建立的二中又行裁撤。同时，处理超龄中小学生2125人，精简教师36人。中小学开始实施《全日制中、小学暂行工作条例》，这个条例对提高中小学教育质量，起到了极为重要的作用。1963年创办耕读小学38所，试办了7所农业中学，加强了党的领导，恢复和建立了正常的教育秩序，加强了各级学校的政治思想工作，积极开展教师进修，健全了学校有关规章制度，进行了小学学制改革试验和教学改革试验，中小学教育较前又有发展，教育质量逐步提高。1965年，全县小学发展到341所，其中耕读小学130所，在校学生13759人，教职工488人；普通中学1所，在校学生333人，教职工25人；农业中学7所，在校学生168人，教职工20人。1970年同心中学恢复高中部，1975年又增设下马关、预旺2所中学高中部。到1977年，全县有"五七"大学1所，中学17所，大队完小附设民办初中26所。

三

1978年，同心县委、政府和教育部门贯彻"调整、改革、整顿、提高"的方针，对中小学进行了调整"消肿"，撤销了"戴帽子"中学（班），停办了预旺、下马关2所中学高中部，合并了97所完小，裁撤了39所初小。1982年县委、政府贯彻落实中共中央、国务院《关于普及小学教育若干问题的决定》，明确提出了"狠抓普及、努力提高；统筹兼顾，合理调整；因地制宜，量力而行；收拢五指，办好重点"的办学指导思想。集中人力，财力办好同心中学和各乡初中。1984年县委、政府制订了《关于加强和改革我县中小学教育若干问题的决定》，把初等教育的普及与提高放在首位，以办好乡镇中心小学为重点，以师资培训、加强管理为措施，实行了县、乡、村三级负责的普教责任制，分级办学，改革集资办法、学校管理、教研活动和师资培训办法等五项改革。经调整改革，规范了教育、教学管理，整饬了教育教学秩序，奠定了教育按规律发展的基础。1985 年制订了《同心县九年制义务教育规划》（草案）、《同心县普及教育分类规划的通知》。有计划地延伸双级小学，恢复联办完小，不再新增学校。1985 年，县委、政府把这一年定为"教育年"，具体办了十件好事。9 月 10 日，县委、政府召开了庆祝第一个教师节暨普教表彰大会，表彰了普及教育先进乡镇、村、学校、个人。1988 年，根据新的形势，县委、政府把办学方针又修定为"改革体制，完善管理；多方集资，勤俭办学；狠抓普及，提高质量，为当地经济建设服务"。

由于指导方针正确，措施得力，同心县的教育事业取得了显著的成绩。一是深化了教育改革。实行分级办学，三级管理，把普及基础教育的责任落实到县、乡（镇）、村三级，充分调动了各方面办学的积极性。取消学区制，建立了乡镇教育委员会。建立起筹措教育经费的新体制，增加了教育投入，缓解了经费的紧张，拓宽了集资渠道，极大地改善了办学条件。开展了形式多样的五爱教育和学雷锋、学赖宁活动，促进了良好校风的形成。推行校长负责制，对全日制中小学实行目标管理，改革了小学学制。1989 年修订印发了《关于加强教职工管理工作的规定》，对教师的管理、调配、考核、奖惩作了具体规定，开始打破"吃大锅饭"的现象，提高了教职工的积极性。二是加快了普及教育步伐。1989 年，县人民政府印发了《同心县普及初等义务教育乡规划》的通知，根据同心的实际，提出了"实事求是，因地制宜，区类规划，分乡普及；普及扫盲同步进行"的普教方针。1989 年城关、喊叫水、韦州、下马关 4 乡镇普及初等教育工作通过银南地区行署验收。1990 年，城镇、下流水、马高庄、预旺 4 个乡镇实现了普及初等教育。由于普教指导思想明确，领导重视，群众支持，仅 2 年时间就使占全县总人口 52.62% 的 8 个乡镇实现了普及初等教育。三是中学教育稳步发展。在县城增设了四中（后与海如女中合并，更名为海如女中。2022 年又更名为第四中学），在城关乡、河西乡增设了初中，将预旺中学更名为同心县第三中学（今预旺镇中学），并恢复了高中部。四是职业技术教育、成人教育在改革中发展。1981 年，同心简师班改办成教师进修学校；河西中学改办为四年制农业中学；在同心二中附设职业班。1988 年，试办了韦州"3+1"农村实用技术培训班。成人教育经过调整、整顿，向多层次、多规格、多形式方向发展。1981 年成立了宁夏教育学院同心函授站，职工教育办公室附设了职工业余学校；1985 年成立了宁夏电大同心工作站；1986 年开办卫星电视教育；1988 年建立了县城、韦州、马高庄 3 个卫星地面接收站。各级党委、政府、工会、教育部门和厂矿领导，开始在抓生产的同时抓好在职教育，提高了职工的政治、文化和业务素质。扫盲工作得到恢复，并沿着健康的道路发展。县乡健全了扫盲工作机构，配备了专职干部，制定了扫除文盲规划。1990 年，全县实施"231 工程"，掀起了"千人扫万盲"活动。1991 年至 2000 年，共举办各类扫盲班 4079 个，116521 人次青壮年文盲参加学习，107200 人脱盲。五是加强了教学研究，提高了教育质量。教研室先后制定了教学管理常规要求，教学档案制度，教学评估方案；开展了"三优"（优秀论文、优秀教案、优质课）评选活动，加强了教学研究，尤其是加强了复式教学研究，专门成立了复式教学研究会；并进行了"六课型单元教学法""单元过关教学法""尝试教学法""三算结合"等教材及教学方法的试验。课堂教学引入了电化教学手段，这些活动的开展，促进了教师对教材的钻研，改进了课堂教学方法，提高了教学质量。六是合理调整了学校布局及规模。县政府根据同心经济流通试验区的开放，县镇和农村集镇人口不断增长的趋势，在县城增设了四中，在城关乡、河西乡增设了普通中学；加强和扩建了16所乡镇中心小学等；新建小学12所，撤销合并小学9所。分期分批地改建农村复式校（班）。1990年，全县有高中3所、初中18所、小学534所。教师进修学校1所、阿拉伯语学校1所、幼儿园2所。1990年小学在校生总数50625人。初中在校生9376人，高中在校生1558人。七是加强了师资队伍建设。1987年以来，政府采取有效措施，加速师资队伍建设，中小学教师队伍不仅数量增加，而且素质有较大的提高。1990年，全县小学教职工1713人，民办教职工占比，由1985年的43.89%下降到27.9%；中学教职工810人。小学、初中和高中教师学历合格率，分别达到85.0%、85.5%和54.3%。1987年首次为教师评定了职称。全县有高级职称教师12人，中专高级教师1人，中级职称教师305人。八是增加了教育投资，改善了办学条件。教育经费逐年递增。从1953年至1990年，国家给同心县的教育经费总额已达73502780元，年投资额已由1953年的70653元增加到1990年的820万元，是1953年的116倍。1988年以来，建立了新的筹措教育经费体制，3年共筹各项经费388万元，极大地改善了办学的物质条件。

从1977年恢复招生考试制度至1990年，全县共录取大专生（含本科）1014人，中专生（含高中中专）1411人。高中生毕业5576人，初中生19465人，小学生36869人。随着教育事业的发展，全县人口的文化素质有了很大的提高。据同心县第四次人口普查资料，全县每万人中具有大学生35.69人，中专生84.16人，高中毕业生200人，初中毕业生973.18人，小学以上文化程度3365.18人。

四

20世纪90年代，同心县的教育事业迈入深化改革，快速发展，全面提高的历史新时期。县委、县政府召开全县教育工作会议，提出了本世纪内基本扫除青壮年文盲、基本普及九年义务教育（简称"两基"）的目标。县政府同乡政府签订了"两基"目标责任制，按照"重点突破、整体推进、软件要硬，硬件要实"的总体思路，全县动员，全民动员，狠抓"两基"工作。"两基"工作实施中，广大群众尊师重教的热情空前高涨，集资办学蔚然成风。各级政府优先发展教育的意识普遍增强，全县掀起贫县办大教育的热潮。县委、县政府针对全县学校规模狭小，办学设施简陋，教学设备缺乏，师资力量薄弱的问题以及各乡镇经济教育发展不平衡的实际，1996 年县委县政府制定了《同心县实施初等义务教育暂行办法》，调整了普及九年义务教育计划，提出了"分区规划、分类指导、分步实施三年、五年和九年义务教育"的规划。1998 年以来，"两基"（基本扫除青壮年文盲、基本普及初等义务教育）攻坚成为全县头等大事。在基础教育地方负责、分级办学、分级管理的新体制下，地方各级党政高度重视，社会各个方面广泛参与，广大人民群众热情支持。政府增加投入，群众集资办学，社会捐资兴教，加快了教育发展步伐。1999 年 1 月，同心县 6 个一类乡镇的普及初等义务教育工作通过了吴忠市人民政府评估验收。1999 年 5 月，县委、县政府召开全县教育工作会议，制定了《同心县委政府关于加强和改革教育工作的决定》，对教育的改革与发展提出了新的目标、任务和要求。

这一时期，同心教育事业驶入改革发展快车道。一是普通高中在改革中发展。2009 年，豫海中学竣工投入使用，高中增加到 3 所；实行高、初中分离办学，扩大了高中办学规模。高中教学班由 28 个增加到 42 个，学生数由 1604 人增加到 2386 人。二是在韦州、下马关、预旺、河西、张家塬、马高庄、新庄集、喊叫水 8 所初中进行"三加一"实验，即在学完普通初中阶段 3 年学业后再增加一年职业技术教育。1999 年在福建省石狮市支持下，建立了同心历史以来第一所职业中学。县卫生事业单位开办的卫生进修学校以及民办的汽车驾驶员培训学校等，为同心培养了一批中等职业专门人才。三是以岗位培训，继续教育为重点的成人教育迅速发展。成人学历教育向着多样化、职业化、应用方向发展。教师进修学校由中等师范学历教育转向教师继续教育培训。电大教育实施了"中央广播电视大学人才培养模式改革和开放教育试点"项目，积极探索人才培养的基本框架以及相应的教学模式，管理模式和运行机制，为同心经济建设和社会发展培养各类应用性高等专门人才。被誉为"没有围墙的大学"宁夏高等教育白学考试在同心县设立考点，使同心上千人取得了专、本科文凭，提高了学历层次。四是实施了"扫文盲、扫科盲、学文化、学技术、学经营管理、造就一代新型农民"的"231 工程"。1990—2000 年，同心县实现了基本扫除青壮年文盲的目标，为农村培养了一大批实用初级人才。五是办学条件得到较大改善。同心县通过实施中小学"一无两有六配套"工程，世行贷款"贫Ⅱ、贫Ⅳ"项目工程，国家贫困地区义务教育工程和教育对口支援，号召社会捐资，引进外资等共投入资金 6461.6 万元，改善了办学条件。从基本的"一无两有"（校舍无危房，班班有教室、学生人人有课桌凳），向"一无两有六配套"方向发展。新建、扩建校舍皆为砖混结构，有的地方还盖起了教学楼，按项目标准配置了课桌凳、教学仪器、图书等，使 180 所中小学办学条件达到项目标准。到 2000 年，有 106 所中小学理科教学仪器设备和音乐、体育教学仪器达标，有 259 所中小学图书室藏书达标。农村一些地方开始出现"最好的房子是学校"的良好景象。六是师资队伍建设得到高度重视。针对师资不足，特别是农村中小学师资严重缺乏的现象，同心县将每年分来的师范类大中专毕业生全部分配至乡镇。针对全县农村学校民办教师、代课教师多，缺乏培训，业务素质低，教学质量差的实际情况，将"五大"（电大、业大、夜大、函大、自考）中师范或师范相近的毕业生招聘到乡镇学校担任中小学民办教师。教师进修学校招收民办教师进行中师学历教育。按照中央"关、招、转、辞、退"5字工作方针，统筹解决民办教师问题。1998年，同心县将民办教师全部转为公办教师，民办教师这个称呼从此退出同心教育的历史舞台。大部分代课教师也陆续通过考试、考核转为公办教师。1999年，闽宁对口支教、自治区党政机关支教、自治区百名优秀教师支教、同心城镇学校教师轮流支教同时在同心县展开，缓解了农村教师不足的问题。县教育局通过组织教师进修提高，开展各类培训和继续教育，对中小学校长开展岗位培训，实行岗位合格证书制度等，解决师资业务水平偏低问题。各级政府在全社会大力倡导尊师重教的风气，努力提高教师的社会地位和待遇，逐步改善他们的工作条件和生活条件，开展教师专业技术职务评审并兑现职务工资，并千方百计解决好教师住房、医疗费等实际问题。同时，在教师队伍中坚持加强师德教育，树立"教书育人、为人师表"典型，建立表彰、奖励优秀教师制度，鼓励广大教师终身从事教师工作，充分调动了广大教师"教书育人"的积极性，涌现出马新兰、马国福、王建林、李长春、马成贵、马义海等数十名全国优秀教师。2000年，全县专任教师学历合格率，小学达到95%，较1991年提高33.3个百分点。初中达到82%，提高17.1个百分点。高中达到79.1%，提高8个百分点。岗位达标率小学98.8%，初中90.6%，高中86.6%。七是加强教育部门和学校的基础管理。从县属学校开始启动学校内部管理体制改革，试行"四定两任制"，即定人员编制、定岗位职责、定学校规模、定工资总额。逐步实行了校长选任制、教师聘任制，恢复了乡镇学区校长制。八是改革教育教学工作，

全面推行素质教育。全县中小学全面贯彻落实"两全"方针（即全面贯彻教育方针，全面提高教育质量）。县委、县政府设立了教育教学成果奖，通过教师基本功训练活动、"三课"活动、基础教育质量效益年活动，促进了教学质量的提高。高中实行毕业会考制度，学校认真贯彻党的教育方针，转变教育观念，端正办学指导思想，落实高中教学计划，克服了文理过早偏科的现象，加强了教学管理和学籍管理，高考的录取率逐年提升。

1991—2000年，全县共毕业小学生60784名，毕业初中生25737名，毕业高中生6447名；高等院校共录取大、中专学生4808名。电大、自考、函授、卫电和成人大中专院校共培养各类专门人才1840人。

五

进入21世纪，同心县全面实施"科教兴国"和"人才强县"战略，同心县的教育事业进入

了高质量发展时期，取得了令人瞩目的成就。一是学前教育跨越式发展。同心县把加快发展学前教育纳入同心县经济社会发展规划和公共服务体系，实行以县为主，县、乡（镇、街道）共同管理，教育行政部门归口管理的体制和政府主导、社会参与、公办与民办并举的办园体制。县委、县政府认真贯彻落实《国务院关于当前发展学前教育的若干意见》《宁夏回族自治区学前教育三年行动计划》通过政策引领、民办公助、公建民办、民办等多规格多形式办学。坚持把小区配套幼儿园建设纳入城镇建设规划，借棚户区改造的东风，优先落实幼儿园建设用地 60 亩，先后新建城镇小区配套幼儿园 8 所，破解优质资源不足的问题，切实解决了县城"入园难"问题，使全县学前三年毛入园率达到 87%。在设备配套上，先后投入资金 2939 万元，实施幼儿园校舍及附属工程建设。通过政府购买服务的方式，解决师资不足的问题，学前教育实现了跨越式发展，基本普及了学前 2 年教育，学前 3 年毛入园率达到 97%。二是义务教育均衡发展。2003 年 9 月，同心县普及初等义务教育工作通过了自治区人民政府的评估验收。2006 年，同心县的"两基"工作通过了自治区人民政府的评估验收。2008 年，"两基"工作通过国家验收。2009 年，县委、县政府印发了《中共同心县委、同心县人民政府关于创建教育强县的决定》和《同心县教育强县工作实施方案》，全县各级政府不断加大教育投入，优化教育环境，形成"政府主导、教育主体、以县带镇、以镇促县、部门参与、社会支持创强工作态势。2011 年，同心县委、县政府制定了《同心县推进义务教育均衡发展实施方案》等文件，始终坚持教育优先发展理念，采取"一盘棋"统筹、"一体化"推进的管理举措，不断加大学校基础设施建设投入、提质升级营养改善计划、加大学生资助力度，持续发力建设师资队伍、坚持特色办学、坚持校园安全常抓、多措并举关爱弱势群体，兜底部、补短板、强管理、抓质量，办学条件得到历史性改变，"有学上"的问题基本解决。2011 年 11 月，同心县教育强县工作通过了自治区人民政府的评估验收，标志着教育事业又迈上一个新的台阶。2017 年 12 月，同心县义务教育均衡发展通过自治区人民政府的评估验收。2018 年 9 月，同心县义务教育均衡发展通过了国家教育督导团的评估验收。义务教育均衡发展，满足了公民平等接受义务教育的权利，解决了"有学上"之后，"上好学"的民众意愿，缩小了校际差距、区域差距和城乡差距。三是高中教育优化发展。同心县认真落实《宁夏普及高中阶段教育实施方案（2018—2020 年）》，进一步明确普及高中教育工作的时间表、路线图。按照"整体规划、先易后难、梯次推进"的原则，着力解决普及高中阶段教育存在的突出问题，补齐发展短板，加大教育投入，加强队伍建设，提高教育管理水平，深化课程改革，建立帮扶机制，保障学生顺利完成学业。普通高中教育实现了从规模到优质转化的大突破。2020 年实现了普及高中教育的目标，同心中学迈入自治区二级示范性高中行列。回民中学（今同心三中），豫海中学创建自治区示范学校。高中阶段毛入学率达到 93% 以上，普通高中万人占比达 211.9 人，全县高考本科上线率达 90.8%。四是职业技术教育高起点运行。2018 年政府概算投入 3.1 亿元，建立了同心县职业技术学校。2022年职业技术学校学生参加全区职业技能比赛，获得二等奖4人次，三等奖15人次，优秀指导教师12人次；2022年《中职电商"小智实训课直模拟实运行"课程建设与创新——电商"小智"实训课》课题获得自治区教育厅职业教育教学成果二等奖。学校先后获得自治区"民族团结进步示范学校""禁毒示范学校"；吴忠市"德育工作先进集体""吴忠市教育系统先进基层党组织""民族团结进步示范学校""教育宣传工作先进集体"。五是成人学历教育向着多样化、职业化、应用方向发展。教师进修学校由中等师范学历教育转向教师继续教育培训。电大教育实施了"中央广播电视大学人才培养模式改革和开放教育试点"项目，积极探索人才培养的基本框架以及相应的教学模式，成人学历教育向着多样化、职业化、应用方向发展。通过实施"231工程"，全县青少年非文盲率达到92%，10余万农民掌握了2—3门农村实用技术，涌现出一大批科技示范典型，使全县新技术推广覆盖率大幅度提高，促进了农村经济的增长。2013年，同心县建立了特殊教育学校，建立了教学、办公、形体训练等综合大楼，配置了特殊教育的装备，培训了师资，残疾儿童、少年免费享受九年义务教育。2022年，全县8—14周岁三级残疾儿童入学率90.4%，特殊教育学校学生238人，其中在校生222人，送教上门16人。六是素质教育全面推进。同心县全面贯彻中共中央、国务院《关于深化教育改革全面推进素质教育的决定》精神，创新德育机制，组建"名誉校长＋党组织书记""老干部＋思政辅导员""思政课教师＋学科教师"三支思政教育队伍。组建了36名专兼职教育督导队伍。选聘法治副校长108名，通过思政教育开学第一课、党史宣讲、红色研学等形式，教育引导广大师生知史爱党、知史爱国。落实党建带团建带队建，构建"团校＋红色影院"团校模式，率先在全区实现中学团校建设全覆盖，建设首批县级红领巾示范校、少先队名师工作室，组织开展建党100周年庆祝活动，参与青少年达6万余人次。积极推广大课间活动，大力推行"阳光体育"运动，确保学生每天锻炼1小时。经常开展足球联赛、篮球联赛以及田径运动会，锻炼了学生的体质，提高了运动水平。王团中心小学篮球队代表同心县参加全国基金宁夏赛区比赛，荣获宁夏站小学组亚军。特殊教育学校代表宁夏参加全国第十一届残运会暨第八届特奥会。全县有全国青少年校园篮球特色学校15所、全国青少年校园足球特色学校8所、全国希望小学之星1所、全国优秀动感中队10所。同心县中小学每3年举办一次校园文化艺术节丰富多彩，学校书画展、大型绳操活动、"歌唱祖国、赞美家乡诗歌朗诵、活动、评选优秀书法、绘画、手抄报作品活动。2014年，同心"尕娃娃"少儿艺术团赴京参加了建党百年全国少儿晚会。同心一小被国家教委、团中央、文化部、国家新闻出版署授予"全国红领巾读书读报奖章活动先进集体"称号。七是青少年科技创新活动成绩显著。2003年自治区第十七届宁夏青少年科技创新大赛中，教育文化体育局荣获优秀组织奖；四中学生李莉发明的"废弃物拾捡器"荣获一等奖，同心实验小学马铭创作的"水龙救大海"获二等奖，实验小学杨笑天创作的"沙尘化作水"、买欣创作的"给地球洗个澡"获三等奖，二小教师李允科获优秀辅导教师奖。2004年学生黑牧寒的作品《云雀报》获全区小学类别电子报刊三等奖。在第二十一届宁夏青少年科技创新大赛中，同心二小李品的《牙刷柄防水圈》荣获优秀科技创新三等奖，同心二小马浩泽的《梦想家园》荣获优秀科学幻想绘画三等奖。2009年，同心一小代表队参加"第三届宁夏青少年创意大赛暨全国尚德电力杯第三届青少年创意大赛宁夏区选拔赛"，获创意大赛团体一等奖和尚德电力杯宁夏区选拔赛团体一等奖。2009年在山东济南举办的全国尚德电力杯第三届青少年创意大赛总决赛中，共获得11个奖项。同心一小的师生荣获了"团体金奖""百佳创新型学校奖""百佳创新型名师奖""百佳尚德创意奖""百佳创新型学生奖"等25项。2009年在教育厅开展的全区教师自制优秀教具评选活动中，同心一小教师马克勇制作的人体动态演示器、二小白雪制作的"mpv"迷你教具、同心四小金晓琴制作的钟摆演示器荣获一等奖，8名教师的8件教具获得二、三等奖，教育文化体育局获优秀组织奖。一等奖获得者到上海代表宁夏参加教育部举办的第七届全国优秀自制教具评选活动。2021年，豫海初级中学二年级学生马宁阳、马龙参加2021年中国青少年机器人大赛创意比赛，荣获第一名。2020年全区机器人大赛中，同心县7支代表队分获一、二等奖。八是民生工程，惠及民生。2012年至2022年，中央和自治区拨付营养改善计划资金36721.085万元，惠及农村义务教育阶段全体学生。同心县实施营养计划的做法，被国务院评定为"同心模式"向全国推荐。教育部及全国一些主流媒体进行了报道。2013年开始实施高中营养早餐工程，为8600名高中学生提供免费营养早餐。从2014年起，同心县每年投入70万元将5300多名县城初中走读学生营养早餐纳入财政预算。投资265.4万元，为全县中小学校安装了净水设备。九是加大资金投入，改善办学条件。2000年至2022年，在国家、自治区的大力支持下，同心县先后实施了国家义教工程、校安工程、学前教育项目工程、农村薄弱学校改造项目工程、普通高中改善办学条件项目工程等数十个教育项目工程，总投资321588.28万元，总建筑面积1071947平方米。按照"缺什么补什么"的原则，各校制定了"一校一案"，在国家和自治区人民政府的支持下，2011年至2022年，投入资金50326万元，配备各类教育教学设备248876件（套）；购置图书1403292册，小学生生均图书21.23册，初中生生均图书26.33册，高中生生均图书36.06册；购置音美体器材123872件（套），配置实验室仪器设备252719件（套）。2018年以来，同心县全力推进数字校园建设。2022年底，全县小学生机比5.73:1，初中生机比9.21:1，高中生机比9.31:1，班级多媒体教学一体机1653套，建成录播教室41个。

六

同心县教育事业在改革中发展，基础教育、职业教育、成人教育突飞猛进，学前教育实现了跨越式发展。这些令人瞩目的成就，是国家和自治区政府大力支持的成果；是县委、县政府和教育部门带领全县人民奋发图强，砥砺前行取得的硕果；是全县人民关心、支持教育事业和广大教育工作者扎根山区、爱岗敬业、默默奉献的结果。《同心县"十四五"教育发展规划》为同心人民描绘了教育发展的美好蓝图，同心教育事业的明天会更美好。

前事不忘，后事之师。以史为鉴，总结经验吸取教训，必将对全县教育事业的持续发展大有裨益，同心的教育事业必将会以更辉煌的成就谱写新的篇章。

大 事 记

—— 宋 ——

南宋绍兴十三年（1143）

西夏国国王夏仁宗李仁孝兴办教育，令各州、县设立学校，宁夏七州一县（兴州、灵州、盐州、韦州、顺州、静州、定州、鸣沙县）各设小学一所。

—— 明 ——

明弘治元年至正德元年（1488—1506）

宁夏韦州群牧千户所建社学二所。

—— 清 ——

清光绪六年（1880）

知县英麟设义学五处。

光绪十九年（1893）

平远县知事王宝镛在县城（今下马关镇老城）文昌宫侧创办蠡山书院。

光绪三十二年（1906）

二月，平远县知事秦瑞珍尊诏将蠡山书院改为平远县高等小学堂。

光绪三十三年（1907）

红城水创建蒙养院2所，沈家滩创设1所，窖坑子创设1所，刘家滩创设1所。

—— 中华民国 ——

民国元年（1912）

辛亥革命后，小学教育开始发展。全县已建下马关南街、北街、红城水、韦州堡、乐利堡（今预旺）、同心城、可可堡（今王团羊路地区）7所初级小学。

民国3年（1914）

改平远县为镇戎县划归宁夏道，下设儒学署，主管教育行政工作。

民国7年（1918）

5月，镇戎县知事黄道源设立预旺清真高级小学堂（今预旺乡中心小学）。
7月，镇戎县知事黄道源创办韦州堡清真高级小学堂（今韦州镇中心小学）。
是年，丁良臣、马策勋创办同心城清真高级小学堂（今同心一小）。

民国 8 年（1919）

镇戎县先后创办高级小学 3 所、初级小学 11 所。

民国 13 年（1924）

镇戎县设立教育局，局长姚玉明。

民国 22 年（1933）

裁局为科（政府第三科），科长海明先。全县设完小 4 所，初小 8 所，学生 667 人，教职工 31 人。另设短期小学 5 所，学生 553 人。

民国 23 年（1934）

国民党预旺县政府开展社会教育识字运动，在县城下马关和同心城开办农民识字班，开展识字运动与公民训练，收效甚微。

民国 25 年（1936）

5 月，中国工农红军西征进驻同心，红一团在下马关、羊路创设列宁小学 2 所。

是年，实行中心学区制，确立韦州、同心城 2 校为中心学校。

民国 28 年（1939）

3 月，同心县绅士周干臣筹措，群众集资在喊叫水地区创办海如完全小学校，中共党员孟长有在该校以教书为掩护，开展革命活动。

是月，省立韦州女子小学创办，是宁夏当时唯一的一所女子小学，校长苏三光。

12 月，在同心城设立露天识字班一处，在韦州小学设立识字班一处。

民国 29 年（1940）

4月17日，中共党员孟长有被捕。

5月，宁夏省政府褒奖捐资兴学的先进个人，同心县获1—6等奖的12人，共捐资228万元（国币）；获传令奖的11人，共捐资42万元。其中，同心知名人士周生祯捐资100万元修建海如完小，获一等奖并题赠匾额。

是年，国民党实施国民教育，将原来的完小改为中心国民学校，初小及短期小学改为国民学校。按照县国民教育计划，韦州、同心城、王团庄3校改为中心国民学校；初小及湾段头、河草沟、乐利堡、下马关、红城水、东滩、东二排、可可堡、倒墩子等9所短期小学改为国民学校。

—— 中华人民共和国 ——

1949 年

9月23日，同心解放。同心县临时人民政府成立，下设文教科，任命李子房（六十四军一九〇师军队干部）为科长。

10月，同心县人民政府（人民委员会）成立，下设第三科（亦称教育科），任命李士林为科长。

12月，县区人民政府接管了旧有的小学20所，留用了旧有教职工31人，采取"积极维持，加强领导，逐步改造"的方针，废除了旧的课程和教材，整顿培训了教师队伍，建立了学校的民主管理制度，组建了中国少年儿童队，开始建设新式教育。

1950 年

2月8日至3月8日，同心县召开小学教师联席会议，19名教师代表参加了会议。会上，学习新中国的教育方针政策和新的教育思想及教学方法，取消训导制，推行民主管理。

1951 年

9月，全县提倡兴资办学，共集现金1000余万元（旧币），盖教室5间，做课桌18张，办公桌2张。贫民马英贵无经济能力，给学校捐烧柴，从7华里以外往学校背送。

10月18日至24日，宁夏第一次模范教育工作者会议在银川举行。韦州小学教师王明轩与海如完小教师杨百全出席了会议。韦州完小被评为甲等模范学校，王明轩被评为甲等模范教师。

11月，县政府开办冬学。城关乡马家河湾村回族妇女马八姐，在一个月内学完第一册农民识字课本，并达到"四会"，受到县政府嘉奖。

1952 年

2月，同心县业余教育委员会成立。全县普遍办起常年民校、冬学班，开展学文化、扫文盲活动。

6月1日，县城回民完小（现同心一小）学生给毛泽东主席写信报告解放后的幸福生活。全信登载于《宁夏日报》1952年6月2日第三版。

9月，在县城回民完小（现同心一小）、新庄集初小、韦州完小、徐家河湾初小、河草沟初小、红城水初小、东滩初小、新堡初小8所学校12个班试行五年一贯制学制改革实验。

10月，县城试办两个速成识字班（男女各1个），男班学期5个月，学员44人，女班学期6个月，学员46人。

1953 年

3月，国家对教育预算投资，给同心首次拨款7万元，增加了教学设备。

9月，同心县成立了扫盲协会。编制5人，隶属教育科领导。

1954 年

4月，县教育科借鉴永宁县整顿小学的经验，在县城完小进行试点整顿工作。

是月，改教育科（三科）为文化教育科。

6月1日至7月14日，由县团委，一、二、七区文教干事，四、五区完小校长组成工作组，对韦州、下马关、红城水、新庄集、下流水等地学校进行了44天的整顿。整顿后，设完小6所，初小47所。

8月7日至12日，同心县首次召开了全县小学教师代表会议，出席代表27人。会上成立了同心县小学教师联合会，通过了《小学教师联合会章程》。

10月，全县24所学校建立少先大队3个、中队23个、小队81个，发展队员733人。团县委为少先队首次聘请大、中队辅导员16人。

1955 年

5月，教育科为全县完小配备了篮球架、乒乓球台、单双杠、跳马等体育器材，学校体育活动得到进一步开展。

9月，同心县职工干部业余文化学校成立，校长由县委书记罗永祥兼任，宣传部长夏振邦和教育科长李士林分别担任副校长。

11月至12月，同心县小学教师集中在县上参加"肃反运动"（即肃清一切暗藏的反革命分子的运动），历时40天。

1956 年

1月，同心县委将文化教育科分设为文化科和教育科。

8月，同心中学成立，校址在县城长征路西街，是同心建立的第一所中学，校长由县委副书记李坦兼任，副校长万树恩主持工作。

9月，按照中央关于"乡村小学基本由农业生产合作社办理"的精神，全县创办民办小学13所。

10月，同心中学建立图书室，藏书1万册，管理员1人，是当时全县规模最大的图书室。同心县教育工会成立，各学区成立分会，设主席1人，委员2人，全县共建基层工会7个，会员124人。

1957 年

2月17日，汪家塬小学教师王丕烈、下马关小学教师马占江、王团完小教师马尚清出席甘肃省优秀教师代表会议，荣获甘肃省优秀教师奖章。

8月，城关公社城关大队始办幼儿园1所，为日托制，有保育员5人，炊事员2人，园址在老城，占用民房10多间。

10月，同心县初级卫生学校成立，附设在老城卫生院。

1958 年

4月，土坡煤矿工业中学、桃山农场农牧中学、罗山林场林业中学相继成立。

6月，学校普遍实行"一三八"制度（即学习八个月，劳动三个月，休息一个月）。

8月，成立同心县第二初中，校址在韦州，教导主任张敏泉主持工作。

9月，中共同心县委、县人委组织成立了"同心县机关干部业余红专大学"。设高小班1个，初中班2个，高中班1个，学员200名。

10月，全县各小学以人民公社为单位划分为七个学区：跃进公社学区（城关）、喊叫水公社学区、金钢人民公社学区（新庄集）、星火人民公社学区（韦州）、下马关公社学区、预旺公社学区、宏伟公社学区（王团）。实行党委领导下的分级管理制度。小学由公社管理，中学由县管理，各职业学校和业余学校由各举办单位管理。

11月，同心中学美术教师赵祖慰创作的雕塑《丰收》在北京展出，获全国中小学教师勤工俭学二等奖。

12月，中共同心县委、县人委转发了中共宁夏工委、自治区人委《关于贯彻执行中共中央、国务院〈关于教育工作的指示〉的指示》，要求各级党委和人委研究执行。

1959 年

3月，县委批准，同心二中更名为同心县初级师范学校，校址在县城，校长杨兴怀。

4月，县委、县人委召开文教群英大会，全县有114名先进集体领导和先进个人参加了庆功表彰。

5月，在自治区第二届体育运动会上，同心中学体育教师周敬良获男子百米赛跑第一名。

7月，同心中学首届86名初中生毕业。

是月，经自治区人民政府批准同心中学增设高中部，学校命名为宁夏同族自治区同心完全中学，首届招收高一新生53人。

10月，北京支宁青年教师马奎亮，在偏僻落后的新庄集南关口小学办学成绩显著。《宁夏日报》《人民日报》报道了他的办学事迹，受邀出席了国庆十周年观礼仪式。

10月20日至12月20日，县委召开全县"向文化大进军的广播誓师大会"。号召全县掀起扫盲和业余教育运动。

是月，文化科、教育科再次合并，仍称文化教育科。

12月，全县贯彻"教育与劳动生产相结合"的方针，全县各级各类学校因地制宜办起小工厂22个，全县学校勤工俭学总收入37135元。

1960 年

2月，全县组织小学教师、中小学学生1000人的扫除文盲大军，开展扫盲运动。

3月15日至30日，县业余教育委员会组织扫除文盲验收工作组，对全县农村扫盲工作进行验收。全县共有青壮年文盲21068人，实际参加学习19216人，两次验收共有9158人脱盲，占实际参加人数的47.6%。

4月，文教科组织全县不及初师或中师学历的小学教师376人参加函授学习。与此同时，成立了小学教师函授教育学习辅导站，配备专职辅导教师7人。

是月，县人委召开了全县文教、卫生、体育先代会。会议推选18名教师，代表教育系统参加全区文教群英大会，推举青年教师马奎亮，作为教育系统代表，参加全国群英会。

8月，全县精简小学教师36人回乡参加农业生产劳动。

9月，同心初师合并到同心中学。原初师之班级为同心中学附设初级师范班。

是月，同心一小被团中央、全国妇联、全国总工会评为"全国儿童工作先进集体"。

12月，自治区文教厅扫盲及业余教育工作队同心组一行10人，在同心预旺、马高庄两个公社（三个大队七个生产队）进行扫除文盲和业余教育试点工作。

是月，县人委作出《辞退中小学在校超龄学生的决定》，各公办、民办小学生，凡年龄在15周岁及以上者，原则上都回乡参加劳动。全县共有2013名小学超龄生和112名中学超龄生回乡参加农业生产劳动。

1962 年

2月，根据中央"缩短战线、压缩规模、合理布局、提高质量"的方针，全县裁撤合并小学48所，小学数由161所减少到143所，学生数由14014人减少到5350人，入学率由1960年的83.46%下降到50.4%。

3月，全县精简小学教师68人。

4月，经县人委同意，撤销了同心第二初级中学及同心中学初师班，228名学生回乡参加农业生产劳动。

是月，文教科印发《关于小学现行管理体制的决定》，全县各级完小除受县文卫科领导外，行政上还接受公社的领导，村级初小接受生产大队的领导。业务工作由学区负责指导。全县小学开始贯彻执行《小学教师工作条例》。

5月，文教科批复，全县49名民办教师精简下放回乡参加生产劳动。

7月，同心中学首届28名高中生毕业。4名同学考入宁夏大学。是为同心第一批大学生。

9月，县文化教育科更名为文教卫生科，副科长丁生发主持工作。文教卫生科将同心一小、预旺完小确定为县重点小学。

11月，全县中小学开始贯彻执行中央颁发的《全日制中（小）学暂行工作条例》（草案）。

1963 年

3月5日，全县中小学积极响应毛主席"向雷锋同志学习"的号召，广泛深入地开展了学雷锋活动。

3月，根据"两条腿走路"的办学方针，社队发展农村简易小学38所。

9月，县文教卫生科将教研组更名为教研室，编制3人。

10月，全县中小学开展访贫问苦活动，请老贫农、老工人、老红军作忆苦思甜报告，通过社会调查写村史、家史、社史，办阶级教育展览，听反修政治报告等方式，教育学生要爱党、爱国，珍惜来之不易的幸福生活。

1964 年

2月20日至28日，自治区社会主义建设先进集体和先进生产者代表会议在银川隆重召开。同心县城小学被评为社会主义建设先进集体，同心中学教师张敏泉被评为社会主义建设先进生产者，受到自治区党委、政府的奖励和表彰。

4月，同心中学体育代表队在宁夏田径运动会固原赛区比赛中，荣获少年男子400米、800米、1500米和女子60米、100米赛跑第一名。其中马玉臻连破自治区少年男子400米、800米两项最高纪录，被选拔到自治区田径代表队，参加了在大连举行的全国田径分区赛。

10月，全县社队试办"耕读小学"38所。

10月至11月，文卫科在张家塬公社折腰沟大队新庄滩生产队姜家湾试办了全县第一所耕读中学，有学生34人。之后，陆续在下流水、马高庄、韦州、喊叫水办起4所耕读中学和下马关、预旺两所民办耕读中学，后统称农业中学。

1965 年

4 月，同心中学体育代表队在宁夏青少年田径运动会上，破男子 60 米、200 米、400 米、1500 米、3000 米赛跑全区纪录。

6 月，县人委召开全县教育工作会议。历时 7 天，各中小学负责人及优秀耕读教师共 33 人参加。会议总结学习毛主席著作的经验，传达中央及自治区半农半读教育工作会议精神。

7 月，县委批准成立同心县招生委员会。主任王绍峙（副县长），副主任马力军，委员 4 人，办公室设在文卫科，主任马尚清。

9 月，文卫科印发《我县耕读教育战线上的一面红旗》（介绍城关公社杨家塘耕读小学）、《南垣大队是怎样自力更生勤俭办起耕读小学的》、《积极、勤恳的山区耕读教师——武鸿俭》3 个先进材料。

是月，县城一小在一年级班进行五年一贯制试验。

1966 年

8 月上旬，县委组织工作队，集中全县中小学教师在县城开展"文化大革命"运动，对教师进行分类排队，100 多名教师被打成所谓的"黑帮"。

9 月下旬，全县各级各类学校陆续停课，部分小学高年级学生和老师开始"串联"活动。

11 月 3 日，同心中学 9 名学生代表赴京，参加毛泽东主席第六次检阅红卫兵活动。

1967 年

1 月 31 日至 2 月 7 日，县人委在县城召开全县半耕半读教育工作会议，170 人参加，会议学习了毛主席的"七三"指示；评选出耕读教育先进集体 5 个，耕读先进个人 13 名，树立耕读标兵 3 人。

7 月至 9 月，县委在县城集中全县中小学教师代表、学生代表、贫下中农代表共 400 余人，进行 58 天集训。

1968 年

3 月，全县小学统一实行"五年一贯制"，改秋季始业为春季始业。

是年，小学下放人民公社管理，公社设置文教专干，负责全公社的文化教育工作。

△同心中学66级、67级、68级三级学生333人，全部回乡或下乡参加农业生产劳动。

△喊叫水中学、下流水中学、张家塬中学、王团中学4所初级中学相继成立。

1969 年

2月，预旺中学、窑山中学、纪家中学、河西中学、新庄集中学、韦州中学、下马关中学、田老庄中学、羊路中学等9所初级中学成立。至此，全县14个公社都成立了戴帽子中学，成为七年制学校。

1970 年

3月，全县中小学实施九年一贯制，即小学五年，初中二年，高中二年。同心中学恢复高中部，招收高一新生60人。

1971 年

3月，下马关、预旺两所初中增设高中部，下马关中学负责人蔡庆祥，预旺中学负责人马廷德。

7月5日，在全区中学生田径运动会上，同心中学学生马玉清创下400米、800米两项全区最高纪录。同心中学代表队获全区少年乒乓球赛团体第一名。

1972 年

11月11日，自治区革命委员会转发自治区文教局《关于一些地区挪用教育经费问题的报告》，报告指出，1972年度各地挪用教育经费的问题比较严重，全自治区共挪用教育经费131万元，其中同心县挪用21万元，占全区挪用经费总数16%。

12月，县打井工程队在韦州中学打出全县第一眼机井。

1973 年

8月，同心中学附设简师班一个。小学恢复秋季始业，初中恢复三年制学制。

1974 年

1 月，全县学校贯彻自治区革委会《关于贯彻执行〈中央转发河南省唐河县马振扶公社中学情况简报的通知〉的通知》。

6 月，县革委会再次派工（贫）宣队进驻全县各中学。

1975 年

是年，在城关公社丁家塘成立"五七农业大学"，学制两年，招收具有初中以上文化程度的青年，实行社来社去。学校负责人张学英。

1976 年

是年，全县 23 个大队完小附设民办初中（班）。

1977 年

9 月，工（贫）宣队先后撤离学校。

10 月，全县中、小学校，开展学习邓小平对教育工作指示的活动。

10 月 5 日，同心县召开教育战线先进集体、先进工作者表彰大会，53 个先进集体，99 名先进工作者受到表彰和奖励。

是年，恢复高考制度，全县参加高考的学生 207 人，本科生录取 13 人，贾月霞为同心第一名女本科大学生。

1978 年

8 月，县委、县革委确定同心中学、县城一小为全县重点学校。

9 月，全县中小学试行教育部重新修订的《全日制中学暂行工作条例（试行草案）》和《全日制小学暂行工作条例（试行草案）》，开始使用教育部编制的新教材和新的教学计划、教学大纲。

10 月，为庆祝宁夏回族自治区成立 20 周年，文教局举办了全县中学生篮球、乒乓球运动会。

11 月，经县委、县革委同意，县"五七大学"、同心中学、预旺中学、下马关中学由县革委直接管理；14 所公社中学、县城小学及附设初中班的完小实行公社、文教局双重领导。

是年，县革委召开了全县教育工作座谈会，会议要求把思想政治工作放在首位。之后，学校恢复整顿了共青团、少先队、学生会、工会等组织，加强了班主任工作，建立了思想政治工作制度。

1979 年

2 月，文教局召开了全县教育工作会议，会议讨论制订了《1978—1985 年教育事业规划》（草案）。

5 月，成立同心县招生委员会，县委副书记杨俊清兼任主任，并下设办公室。

6 月，成立同心县业余体校，设重点班 1 个、普通班 8 个。

10 月，为庆祝中国少先队建队三十周年，文教局召开了全县少先队辅导员工作会议。表彰奖励优秀少先队辅导员 15 人，优秀少先队 15 个，优秀少先队队员 50 人。

是年，县城第一幼儿园重新成立。园长杜崇廉。

△在教师中落实党的知识分子政策，首次平反冤假错案 35 件，其中有 12 人摘掉了右派帽子。

1980 年

4 月，县文教局举办幻灯片教学观摩活动，同时给各学区配发了幻灯教学片。

6 月，同心县文教局在预旺公社孙家庄小学召开全县普及教育现场会。

是月，经县委同意，县文教局、县团委举办少先队员夏令营活动，81 名优秀少先队员、辅导员、团干部赴革命圣地延安、六盘山等地参观学习。

△同心县文教局成立同心县托幼工作领导小组，由 9 个单位 13 人组成，苏红又（县革委副主任）兼组长。

7 月，同心县卫生学校恢复招生，学校地址在县医院家属院，配备教职工 3 人，招收女学员 37 人。

8 月，根据自治区财政局、教育局《关于提高南部山区中小学民办教师待遇的通知》精神，县文教局对全县民办教师从工作表现、业务水平、文化知识三个方面进行综合考核，为 618 名民办教师发放了任用证书，解聘 17 人。将民办教师的补助费分三个等级，即一等 35 元、二等 30 元、三等 25 元。民办教师补助费增加部分，全部发给民办教师，投给社队的标准按 8 元执行。

9 月 1 日，同心县第二中学成立，副校长刘乐平主持工作。

9 月，全县初中学制由两年制改为三年制。

是月，县城一小被自治区教育局确定为全区30所重点小学之一。

△开办县城第一幼儿园。

10月11日，同心县中小学语文教学研究会成立。中学研究会会长王志强，副会长丁爱学、李生茂（兼），会员13人；小学研究会会长尹长怀，副会长张生科、卢兰英，秘书长张生科（兼），会员18人。

11月，同心县文教局教研室组织开展了全县小学语文、数学课堂教学改革试验活动，推广了马少荣、卢兰英、王有保三人的教学方法。

1981 年

2月，同心县召开工农业余教育工作会议。会议传达了自治区转发自治区教育局等五部门《关于我区开展扫盲和农民教育工作的意见》及全国和全区农民教育工作会议精神。

3月，同心县文教局召开了全县教育行政工作会议，研究调整学校布局。

是月，同心县文教局贯彻自治区教育局《关于大、中、小学加强纪律教育的通知》。要求全县中小学在开学初要加强纪律教育，认真做好思想政治工作。同时要求把中央书记处提出的"讲文明、讲秩序、讲礼貌、讲道德、讲卫生"有机地结合到学校各项活动中去。

△县委、县人民政府决定，戴帽中学全部摘帽，每个公社只办好一所初中，同时暂时停办预旺、下马关两所中学的高中部，集中师资、财力、物力办好同心中学。

4月，宁夏教育学院在同心设立函授班，首期招收高师中文函授班23人。

是月，同心县工农教育委员会成立，由11人组成，主任周生贤（县政府副县长）、副主任崔振增（文教局副局长），下设办公室。

5月5日，县人民政府调整了县招生委员会。新的招生委员会由周生贤、姜廷琪、张景玺、马良英、崔振增、刘伏德、曾明珠、白兆华、杨生才、陈维新11人组成。周生贤任主任，姜廷琪任副主任，下设办公室。

5月31日，县委、县政府批转了《关于当前教育工作中几个问题的意见——公社管委会主任座谈纪要的通知》。

6月13日，县人民政府常务会议决定，将同心县"五七学校"改为"同心县教师进修学校"。

7月24日，为了加强对重点中小学的领导和管理，根据国务院关于"区县办的重点中小学由区县直接领导"的指示精神，县人民政府研究决定同心一小为文教局直属单位。

9月，同心县文教局在全县中小学贯彻学习教育部重新颁发的《中学生守则》和《小学生守则》。

是月，由于农村实行了生产责任制，许多农户将子女拉回做辅助劳动力；同时，随着清真寺的开放，也出现了回族学生退学念经的现象，使入学率由 1979 年的 82.4% 跌至 67%，全县 41 所小学因学生大量流失而短期关门。

△县委任命虎满孝为文教局局长。

12 月 1 日至 4 日，文教局召开了全县检查普及教育工作汇报会，各中小学校长、教育专干参加会议。会议指出：全县适龄儿童入学率为 62%（女童为 43.1%）；普及率为 20.4%；合格率为 14.3%。

12 月 31 日，同心中学被评为全区"学校体育、卫生工作先进单位"，受到自治区体委、区教育局、区卫生局、区团委的表彰。

是年，在《光明日报》《体育报》联合举办的"全国千名体育教师奖"的评选活动中，同心中学体育教师马明山荣获千名优秀体育教师金质奖章。

△同心中学学生李宁生在全国公路自行车比赛中夺得金牌，获运动健将称号。

△县人民政府投资 32 万元，建设二中学生宿舍楼，建筑面积为 1585 平方米。

1982 年

3 月 23 日，县人民政府常务会议研究决定，成立新的托幼领导小组，由 13 人组成。组长周生贤，副组长杨秀花、崔振增、曹国秀，成员任志刚、马存义、马希良、计汉刚、李清玉、马彦德、杨万华、马子平、杜崇廉。

3 月 28 日，全区教育战线先代会在银川召开。同心一小、韦州甘沟完小、喊叫水中学被评为全区教育战线先进集体，张雄、严素珍、马如云、周进虎、刘万生、杨铭艳、黑建国、马成芳被评为全区教育战线先进工作者，受到自治区人民政府表彰奖励。

3 月，文教局精简非教学人员，将学区工作人员由 6 人裁减为 3 人。

是月，文教局在同心一小召开全县中小学"加强学生思想政治教育工作经验交流会"。

△文教局成立由崔振增、张汉朝、王建华、马晓、郭占川、张生科、丁良兴 7 人组成的"教材过关"领导小组，并转发了教研室《关于组织小学教师过好语文、数学教材关的安排意见》，全县千名小学教师参加为期 3 年的"过教材关"的学习活动。

△按照自治区教育局《关于学校进一步开展"五讲四美"活动的通知》精神，同心县教育局作出安排部署，要求全县中小学校：一是始终抓住思想政治教育这个环节，把工作做深做细做扎实。二是栽花种树，美化校园、净化环境。三是学校的领导和教师要当好学生的表率。四是注意工作方法，正确引导群众。

8 月，自治区人民政府批准，同心中学高中学制由二年制改为三年制，秋季新学年按照六年制中学教学计划授课。

10月，文教局召开全县模范班主任、三好学生经验交流会，表彰了35名模范班主任和33名三好学生。

11月，同心中学被自治区教育局、财政局、计委、经委四部门评为"勤工俭学、重在育人"先进集体。

是年，同心县委、人民政府决定，将同心二中改办为同心回民中学（今同心第三中学）。

1983 年

3月4日，文教局制订了全县《中小学教学工作暂行规定》和《社会主义精神文明的八条要求》。

5月13日，教育部、中国教育工会召开"全国五讲四美为人师表活动先进代表会议"。同心一小教师马良惠受到表彰，享受省级劳模待遇。

5月20日，县人民政府调整县招生委员会，新的招生委员会由周生贤等11人组成，周生贤任主任、虎满孝任副主任，下设办公室（文教局）。崔振增兼任办公室主任。

6月10日，同心县与北京市玄武区教育局签订协议，建立教育协作关系。

7月26日，自治区人民政府拨给同心中小学课桌凳费15万元，共做课桌凳3145套。

7月，文教局教研室邀请北京教育学院宣武分院7人讲学团，进行4天的讲学、公开教学活动，同心县及外县（中宁、中卫）教师300余人参加了学习。

8月，北京市宣武区7名在职中学教师志愿到同心任教，任期三年，同心县派出29名中学教师赴玄武区进行培训学习。

9月，同心中学教师邱琳玉荣获中华全国总工会"优秀工会积极分子"和自治区"模范班主任"光荣称号。

是年，同心中学教学大楼竣工，面积2583平方米。

△小学学制由五年制改为六年制。全县一、二、三年级全部实行六年制，四、五年级学生通过小升初考试，择优留差，实行六年制，仍"四二"分段。1987年全部过渡到六年制。

1984 年

1月27日，京沪七报联合举办"全国优秀班主任"评选活动揭晓。本次评选活动历时7个月，入选老师近3000人，名单分别在七报公布。同心中学教师马宗武入选，荣获金质奖章。

1月，县委任命王德贤为文教局局长。

2月，县人民政府撤销文教局，成立教育科。科长王德贤。

3月，韦州乡旧庄村田家沙窝11户村民集资3000元，捐料献工建设校舍3间，创办了一所民办小学。《宁夏日报》《宁夏电视台》报道了该社群众集资办学的事迹。

5月5日，教育科成立了"教育劳动服务站"，解决职工子女就业问题，站长王德贤（兼），副站长丁良和。

5月20日，同心县理化教学研究会成立，理事长陆永明，副理事长杨科，秘书长杨海生，会员46人。

5月23日，全县第二届教职工代表会议在县城召开，恢复了县教育工会组织，选举成立了教育工会委员会，委员会由13人组成，主席王德贤（兼）。同时成立28个基层工会，会员784人，占教职工总数的54.7%。

5月，同心县数学教学研究会成立。

上半年，县政府成立了改革中等教育机构领导小组，马金良任组长（副县长）。

8月10日至20日，县教育科举办暑期专题培训活动。本次培训分小学、初中、高中三个部分，300余名教师参加了学习培训。

8月，县人民政府批准同心二中附设职业高中班2个班（建筑班、财会班）。学制2年。

是月，县委、县政府批准河西中学更名为同心县河西农业中学。

9月，县委、县人民政府召开全县普教工作会议。会议通过了《关于加强和改革中小学教育若干问题的决定》。对从事25—30年的118名教育工作者颁发"庆贺奖状"，为30年以上的教育工作者颁发了"教育园丁"奖状。

10月，教研室邀请北京宣武区小学教研员2名，在同心一小指导并上示范课。全县各小学教师代表30人观摩学习。

△为加强师资队伍建设，教育科采取了"请进来带，派出去学，留下来干，岗位上练"的办法，年内选送65名教师外出学习；邀请区内外14名中学教师到同心传经送宝。

△全县群众为学校募捐资金3万余元，各村、社给学校划勤工俭学基地229亩，拉煤炭2970吨，修理添置课桌凳552套，打窖72眼，维修学校校舍105间，夯筑土围墙6850米，部分乡镇为教师解决口粮64900斤，医疗费1500元，给家庭经济困难的学生做衣服450件。

△教育科召开教学工作管理工作会议，制定了《关于加强学校教学管理工作的意见》。

是年，教师中的冤假错案，全部甄别平反，收用安置69人。

1985 年

2月25日，县委、县政府批转教育科《关于教育年实施计划的报告》，要求各乡镇、县直各部门认真落实，将1985年定为全县"教育年"，财政拨款70万元，为教育列办十件实事。

2月，经自治区人民政府批准，同心县教师进修学校为师范性质的中等专业学校。

3月，同心县第二幼儿园成立，首次招收3个班（大、中、小）100人。

是月，同心县县长苏红又发表了《关于同心县教育年广播动员讲话》，全县开展"普及教育月"宣传活动。

△教育科选送首期33名小学语数骨干教师到北京市首都小学进行教材教法培训，年内共选送3期，计100人。

△县农民业余教育办公室联合各乡镇对全县46个村127个扫盲班进行抽查、考核、验收，考核学员2040人（女1035人），合格1629人（女795人），合格率为79.9%；并颁发脱盲合格证、扫盲酬金及补助费。

4月15日，教育建工队成立，队长罗忠祥。

5月1日至4日，同心县直中学生田径代表队参加了全区青少年田径运动会，马萍获女子5公里竞走第一名；马雷获男子铅球第二名；苏吉生获男子1500米第三名、5000米第四名；马力获男子铅球第五名；朱家峰获男子10公里竞走第六名。

5月4日，同心县举行全县第二届中学生篮球运动会，同心中学分别获高中男、女组第一名。羊路中学获初中组男冠，张家塬中学获初中组女冠。

5月，同心一小足球代表队在银南地区第三届"萌芽杯"足球赛中荣获第二名；在宁夏第三届"萌芽杯"足球赛中荣获男子组第二名。

是月，在全区首届初中生数学竞赛中，新庄集中学3名学生分别获得一、二、三等奖。

6月，教研室建立全县中小学教师业务档案，设立了教改信息中心。

7月，县教育科组织30年教龄的老教师到北京等地参观学习。

8月，宁夏电大同心工作站成立，刘乐平兼任站长，配备工作人员1人。招收党政干部学员58人。

9月1日，韦州女小（今韦州红星小学）重新建立，并举行开学典礼。

9月9日至12日，县委、县政府召开了同心县庆祝教师节暨普教表彰大会。大会表彰普及教育先进乡4个；普及教育先进村24个；普及教育先进学校24个；支援同心教育先进集体（北京支同教师小组）1个；优秀校长15人；先进教职工100人；普及教育先进村、社干部30人；普及教育先进宗教人士17人。

9月9日，在第一个教师节来临之际，同心中学教导主任李惠仁被自治区人民政府授予模范教师荣誉称号。

9月，同心县为教育系统教工家属解决农转非户口50户，平反冤假错案15件。

是月，按照自治区教育厅《关于在全区城镇小学开设听说课的通知》精神，同心一小、二小、南阳小学从一年级起正式开设听说课，教材使用自治区自编《小学听说教程》。

△县委、县政府决定从1985年开始设立人才奖，凡考上大学的考生发奖金150元，考上高中中专的考生发奖金100元，考上初中中专的考生发奖金70元，女生奖金加倍。

是年，同心县职工教育委员会成立，主任马瑞文（副县长兼），下设办公室，副主任马秉德主持工作。

△教育科制订了《同心县九年制义务教育规划》（草案）、《同心县普及教育分类规划的通知》、《关于加强与改革计财工作若干规定》。

△全县集资915372元，其中县政府集资82万元，集体集资45372元，个人捐助5万元，用以改善办学条件。

△同心县中学生代表队，在宁夏公路自行车比赛中荣获团体第一名。

1986 年

3月8日，自治区妇联授予县城第一幼儿园"三八红旗集体"荣誉称号。

6月，国家教委副主任柳斌在自治区、银南行署有关部门同志的陪同下，视察了同心中学及窑山乡中学、完小。

7月，同心二中职业高中建筑班37名学生毕业，经学校、教育科、劳人科等部门考核，成绩合格，大部分被固海扬水工程、县建筑公司录用。

9月10日，教师节，县委、县政府表彰了50名优秀班主任和30名优秀辅导员，并代自治区为从事教育工作30年的老教师庆教龄，颁发纪念证章。

9月19日至22日，西北地区小学语文教学研究会第二届年会在新疆乌鲁木齐市召开，自治区出席代表9名，同心县任耀华代表宁夏出席会议，并交流了学术论文。

9月，同心县海如女子中学（现第四中学）成立。

是月，同心中学举办建校30周年庆祝活动。

10月，教育科在县城召开"教育思想研讨会"。

12月，全县参加过"教材教法关"学习的887名小学教师，经过考核验收，有864人达到合格，合格率97.5%。

是年，教育科开办卫星电视中师教育，首次招收学历不达标的学员239名。

1987 年

1月，县委任命张雄为教育科科长。

2月25日，教育科印发《关于缩减学区人员编制的决定》，全县共精简非教学人员28人。

6月，同心中学代表队在自治区"热爱中华，振兴中华"腾飞杯知识竞赛中获二等奖。

9月20日至12月20日，教育科在全县中小学开展评"三优"（优秀论文、优秀教案、优质课）活动，700余名中小学教师参加了活动。

9月，教育科印发《关于全日制完全小学目标管理暂行规定》，在全县98所完小中推行。

是月，县政府拨款15万元解决县城教师住房难问题，年底20户教师乔迁新居。

△教育科召开全县教书育人，为人师表经验交流会。

12月22日，教研室印发《关于开展评选优秀教案，优秀论文，优质课活动情况的通报》，全县征集论文192篇（其中中学79篇）；教案96篇；优质课44人次。其中获奖论文49篇，一等奖14篇，二等奖22篇，三等奖14篇；获奖教案21篇，一等奖7篇，二等奖7篇，三等奖7篇。

是年，教育科制订了《关于加强教职工管理工作的意见》。

△教育科编制了《同心县1986—2000年普通教育规划》，县人民政府常务委员会审定通过。

1988 年

1月3日，教育科成立了中小学教师职务评审委员会。

1月16日，教育科成立了教育志领导小组，组长由张雄兼任，下设办公室，配备编纂人员3名。马国兴任办公室主任。

3月30日，国际儿童义养会项目办公室主任波恩一行4人，在宋庆龄基金会副秘书长吴克良等人的陪同下，视察了城关、王团等地学校，投资550800元，兴建砚台、联合2所完小和余家梁、沟南2所初小。

4月25日至5月4日，在县城举行了全县第三届中学生、第二届小学生田径运动会，同心一小获小学组团体第一名。在全区第三届中学生田径运动会上，同心代表队荣获男子1500米、男子5000米竞走第一名。

4月，在自治区第二届青少年运动会上，同心代表队夺得金牌3块、银牌2块、铜牌1块。康泽平代表宁夏参加在兰州举行的全国青少年分龄赛，获5000米竞走第一名，夺得金牌。

是月，全国民族团结进步先进集体、先进个人表彰大会在北京召开，县教研室教研员邱琳玉参加会议，被评为全国民族团结先进个人，受到国务院表彰。

△为了尽快改变中小学危房多，基本办学条件差的状况，教育科积极建议并协助县委、县政府组织各乡镇党委、政府主要负责同志实地考察学习甘肃省平凉地区开展多方集资，改善办学条件的经验。

△县委、县政府印发《关于实行社会集资办教育的通知》，成立同心县改善办学条件领导小组。组长刘兴中（县委书记），副组长马占和（县长）、马勇（县委副书记）、马金良（副县长）、周玉文（县人大常委会副主任）、马峰玉（县政协副主席），成员张汉朝（宣传部长）、马英华（财政科长）、马希珍（计委主任）、张雄（教育科长），下设办公室，马金良兼任办公室主任，办公地点设教育科。

5月28日，县委、县政府召开"全县集资动员广播大会"。会上，县委、县政府、人大、政协四套班子和纪检委、武装部领导每人当场捐款150元；个体者协会20名成员当场捐款3.5万元。其中马学珍捐1万元，王亚明、李泽生各捐5000元。会后，开展了全县范围内的集资活动。

5月，在银南地区中小学青年教师课堂赛讲中，同心二小教师张波获小学语文第一名，同心二中教师马荣获英语第四名；在全区青年教师"优质课"评选活动中，张波获小学语文三等奖，马荣获中学外语二等奖。

6月，全国中小学德育工作会议在北京召开，韦州女小（今韦州红星小学）校长马新兰出席会议，被国家教委授予全国德育先进工作者称号（部级劳模，享受省级劳模待遇）。

7月，全县中小学职务聘任工作结束，共评出中学高级教师12人，中学一级教师91人，中学二级教师168人，中学三级教师63人；小学高级教师214人，小学一级教师615人，小学二级教师152人，小学三级教师2人。

8月10日，县人民政府批转教育科《关于实行校长负责制试点方案》，决定在同心中学进行校长负责制试点。

9月10日，县人民政府召开教师节庆祝大会，邀请全县中小学高级教师参加，并为教师颁发了教师职务聘任书。

9月26日，经县人民政府常务委员会研究决定，成立同心县国际儿童义养会接受项目领导小组，有9人组成。组长程东辉（自治区外办副主任），副组长丁玲（同心县人民政府副县长），成员文学峰、马玉山、马赞录、张雄、马汉朝、马占太、刘国庆（自治区外办干事），下设办公室，文学峰兼任办公室主任，工作人员从水电、教育、农业系统借调。办公室任务是协助宋庆龄基金会做好国际儿童义养会援助同心有关项目的管理工作。

9月，教育科印发关于学习、贯彻《中学生日常行为规范》和《小学生日常行为规范》的通知，并由此确定同心中学、同心一小、二小、韦州女小（今韦州红星小学）为学习贯彻两个《规范》的试点学校。

10月4日，县人民政府批转教育科《关于实施分级办学、分级管理的报告》。

11月，教育科对参加全区第三届中学生田径运动会取得名次的运动员及教练员给予奖励。第一名奖现金100元，第二名80元，第三名60元，第四名50元，第五名40元，第六名30元。教练员按运动员受奖总数的70%进行奖励。

12月，按照县委、县政府关于实施分级办学，分级管理的意见和《同心县分级管理实施细则》，将全县乡镇小学移交乡（镇）政府，同时取消学区制，成立16个乡镇教育委员会，并在预旺中学设立高中部。

是年，马高庄学区民办教师李生权被评为全国勤工俭学先进个人，受到国家教委、国家计委、财政部、劳动部的联合表彰和奖励。教育科号召全县中小学教师向李生权同志学习。

△自治区一次性补助同心危房维修费105万元，下达集资任务105万元。年底，全县集资181097元，超额任务的72.4%。改建危房20386平方米，维修危房14200平方米，解决了长期遗留下来的一类危房和二类危房，极大地改善了办学条件，受到自治区人民政府的表彰和奖励。

△为了加强卫星电视教育，教育科在县城、韦州、马高庄三个学区建立了卫星地面接收站。配备接收器、彩监、录像机等电教器材，指定2名专职教师负责这项工作。

△根据自治区劳人薪（1988）193号文件，即《关于转发国务院工资制度改革小组，劳动人事部〈关于中小学教师职务工资标准问题的通知〉的通知》，从1987年元月起执行中小学教师职务工资，从10月起，提高中小学教师10%工资标准。

1989 年

2月15日，教育科修订印发了《关于加强教职工管理工作的规定》。

3月7日，同心县勤工俭学综合公司成立，地址在县城预海西路原教育建工队。

3月24日，县人民政府印发《关于印发〈同心县普及初等义务教育乡规划〉的通知》，提出了"因地制宜，区类规划，按部就班，分乡普及，普教扫盲同步进行"的普及办法。

4月1日，由张国华老师编写的《同心乡土地理》教材，在全县初中一年级试用。

7月24日，教育科印发《关于教育事业单位财务管理的若干规定》。

9月9日至13日，县委、县政府召开全县教育工作会议，会上作出《关于深化农村教育管理体制的决定》和《建立人民教育基金的决定》；表彰了同心中学等15个先进集体，冯庆科等120名优秀教师，马生海等10名各界教育先进人士。

9月10日，张国华、马占胜、康国荣、王国华被评为全国优秀教师，受到国家教委、劳动部、人事部、全国教育工会的联合表彰。张席儒、王玉梅（女）、丁义华被评为自治区优秀教师，受到自治区人民政府的表彰。

9月，从本年秋季招生开始，改小学学制六年制为五年制。

10月5日，中共同心县委、县人民政府印发《关于将部分公办学校改为民办公助学校的决定》。同心县小学复式教学研究会成立，并召开了首届年会，大会通过了研究会章程，选举了第一届理事会，理事长马廷忠，副理事长金玉山、任耀华，秘书长柳长银，会员48人。

10月，丁学东的"三算"实验《珠算百以内加减法百题练习设计》论文在陕西蒲城县召开的全国"三算"实验研讨大会上交流。

11月7日，教育科印发《关于确定公办和民办学校的通知》，确定233所学校为公办学校，298所学校为民办学校。

11月25日至12月1日，银南行政公署对城关、喊叫水、韦州、下马关四乡镇普及初等教育工作进行验收。验收结果表明：达到了自治区规定的普及标准。

11月，国家教委督导司司长郑启民一行5人在区、地教育部门及县政府领导的陪同下，对河西、窑山、预旺、王团4个乡进行了5项督导工作抽样复查。

1990 年

1月10日，同心县理化学会第三届年会，理化教学研究会成立大会在县城召开。会议讨论修订了理化学会会章，制订了理化教学研究会章程，选举了理化学会第三届理事会，理化教学研究会第一届理事会，58名会员出席了会议。理事长陆永明，副理事长刘生源、杨科，秘书长杨海生。

3月10日，教育科印发《关于进一步贯彻执行〈中学生体育合格标准和实行办法的通知〉的通知》。

4月，县教育科召开全县学校德育工作会议。会议讨论通过了《关于改进和加强中小学德育工作的意见》，使各级中小学进一步明确了开展和加强德育工作的任务、内容及方法步骤。

6月，教育科更名为教育局，成立中共同心县教育局党委。局长张雄，书记马瑞虎。

7月，县委、县政府印发《关于多方筹集资金，实现全县中小学"一无两有六配套"的决定》。

8月，同心县第四中学（2008年与海如女中合并为海如女子中学，2022年又重新命名为同心县第四中学）成立。校址在县城北环路北侧，招收初一新生4个班200人，校长李永福。

9月10日，在庆祝第六个教师节之际，自治区人民政府作出了关于表彰"优秀民办教师"和"扫盲先进工作者"的决定，同心县受表彰的民办教师7人：王德海、周桂英（女）、马百珍、周建邦、顾清保、王玉珍（女）、马英智；河西乡教委副主任马占胜被评为自治区扫盲先进工作者。

9月，首届卫星电教学员毕业，174名学员取得中师文凭，占参加学习人数的72%，其中马新兰、杨汉福、郭广元、慕廷俊被评为优秀学员，丁永吉被评为远距离教育先进工作者，受到自治区教育厅的通报表彰和奖励。

是月，自治区教育厅确定同心县为全区十个开展小学项目实验县之一，这是国家教委与联合国儿童基金会在贫困地区进行的一项小学教育实验。其目的是帮助贫困地区实施义务教育，提高小学教育质量。教育局制定了《同心县1990—1994年加强贫困地区小学教育实验项目规划》，确定同心一小、二小、南阳小学、韦州、下马关、预旺、新华、喊叫水、下流水、马高庄10所学校为项目学校。

11月，教育局制订了《贯彻〈同心县"231工程"实施规划〉的工作意见》，计划用4年时间扫除文盲。并在各乡镇调整配备了专职扫盲干部。共开设扫盲班398个，计划扫除文盲11950人，重点扫除青壮年文盲。

是月，河西乡河草沟民办教师马国萍被评为全国教育先进个人，荣获"巾帼教育杯"奖。

是年，城镇、下流水、预旺、马高庄4个乡镇已完成普及教育基础工程，经县自验合格，已报请银南行署验收。至此，全县已有占人口52.62%的8个乡镇普及了初等教育。

1991年

1月2日至30日，教育局组织专门人员进村入社挨家逐户进行调查摸底，建立了《农民文化状况统计表》《文盲花名册》《学员入学花名册》《回乡女高、初中及城镇待业青年15—40周岁农民文化状况实施"231工程"统计表》，建立了农民教育档案，办起605所扫盲夜校，组织1243个家庭联户识字班，开展"千人扫万盲"活动。

1月，联合国儿童基金会和自治区教育厅联合开展的"加强贫困地区小学教育项目"在同心实施。同心一小、二小、韦州小学、预旺小学、南阳小学、下马关小学、喊叫水小学、河西新华小学、马高庄小学、下流水完小等10所学校为项目学校。

4月10日至14日，预旺、马高庄、同心镇、下流水4乡镇普及初等教育工作通过了银南行署的评估验收。

4月27日至30日，国家儿童义养会评估员盖塔楚在中国宋庆龄基金会钟艺明陪同下，来同心县检查送变电项目。中国宋庆龄基金会向王团乡倒墩子村捐赠人民币15万元建设小学，并向援建的4所小学赠送图书和体育用品。

1990年在高考中，考生有作弊行为。全县890考生中试卷雷同的有108人，208人按违纪处理，引起社会各界的关注。5月12日，县委批转纪检委、监察局《端正党风严肃考纪，开展廉政教育的意见》。要求在全县范围内开展一次端正考风，严肃考纪为主要内容的廉政教育，提高广大党员、干部职工的思想觉悟，增强廉政意识，提高师生及家长遵纪守法的自觉性。

5月16日，县委决定成立中小学德育工作领导小组。组长马德仁（政府副县长），副组长张汉朝（县委宣传部部长）、马瑞虎（教育局副局长），下设办公室，马瑞虎兼任办公室主任。

5月28日，自治区人民政府补助同心不发达资金30万元建教师住房，建筑面积2000平方米。

7月1日，全县中小学开展了"亚运为国争光，我为亚运添彩"活动，共为亚运会捐款2万元，并购买亚运寄语卡，表达对祖国和亚运会的深深祝福。

7月4日，根据宁教（人）发〔1991〕140号通知，教育局将1990年底以前属于农村户籍的自费生及"五大"，电大、业大、夜大、函大、职大、师范或师范相近的专业毕业生招聘到乡（镇）以下中小学担任民办教师。

8月20日，教育局转发了国家教委和全国教育工会联合颁发的《中小学教师职业道德规范》，在全县中小学开展"学职业道德规范，做合格人民教师"的活动。

8月25日，根据区劳动人事厅宁劳人干字〔1991〕129号文件，将王德海、周桂英、顾清保、周建辉、王玉珍、马英智等7名民办教师录用为国家教师。

8月31日，县人民政府研究决定，陆永明任同心中学校长，周彦章任海如女中（今同心四中）校长。

9月6日，教育局印发了《关于贯彻实施〈中小学教师职业道德规范〉的意见》，从政治思想、钻研业务、爱护学生、遵守纪律、为人师表5个方面，提出具体要求，以此来规范和约束教师的行为，并把师德建设列为教师考核、评优、职务晋级的重要依据。

9月13日，按照教育厅《关于今年高一年级学籍管理的紧急通知》要求，县教育局要求高中学校加强学籍管理。县城高中班额不得超过52人。

9月30日，教育局转发了国家教委颁发的《小学生日常行为规范》，在全县小学开展了"学行为规范，做文明学生"的活动。

12月20日，国家教委在同心县召开全国扫盲工作现场会，与会代表实地参观了城关乡文化技术学校的开展情况。

是年，同心太阳山煤矿、宁夏韦州塘坊梁黑山羊选育场成立职工子弟学校。

1992 年

1月，教育局转发了《宁夏回族自治区普通高中毕业会考制度实施方案》，决定从1991年秋季入学的高一新生开始实行高中毕业会考制度。

1月14日，自治区人民政府决定，1992年继续采取自治区补助，市、县自筹和教职工住房户集资相结合的办法，解决部分中小学教职工住房问题。自治区补助标准按自治区教育厅与市、县签订的中小学教职工住房建设责任书的要求，山区补助二分之一，川区补助三分之一，自治区补助同心县30户23万元，建筑面积1500平方米。

1月31日，教育厅对各市、县民办教师人数再次进行了核定，核定同心县民办教师人数为432人。

8月10日，中央电视台东方时空—东方骄子播放了同心县韦州女子小学（今红星小学）校长马新兰的先进事迹。

10月15日，根据区计划委员会、人事厅、教育厅〔1992〕113号文件精神，同心县虎海才等16名优秀民办教师转为公办教师。

11月24日，根据宁劳人发〔1992〕1号文件精神，从1993年10月1日起增加教师奖励工资。

1993 年

2月，同心县中学生篮球代表队获银南地区首届中学生运动会篮球赛男子团体冠军。

3月2日，教育局印发了《同心县中小学教职工管理规定》。提出实行"四定两任制"，即定人员编制、定岗位职责、定学校规模、定工资总额，实行校长选任制、教师聘任制。在人员调配中，坚持"面向基层、统筹安排、因地制宜、合理使用"的原则，本科毕业生分配到高中任教，专科生和中师毕业生一律分配到农村中小学任教，2年内不得调动。

3月4日至5日，县委、县政府召开全县教育工作会议。会议讨论了《同心县实施初等义务教育的意见》《同心县分级办学、分级管理的暂行规定》《同心县征收教育费附加的实施办法》《同心县委政府关于设立教育教学成果奖的决定》《同心县中小学教职工管理规定》。

3月6日，县委任命马彦仓任县教育局党委委员、书记。

3月9日，县政府任命马彦仓为教育局副局长。

4月3日，县委、县政府印发了《关于设立中小学教育教学成果奖的决定》。

4月7日，县委、县政府印发了《关于实施初等义务教育的意见》。

4月20日，县委、县政府印发了《同心县基础教育分级办学分级管理暂行规定》《同心县征收教育费附加实施办法》。

4月30日，同心县第十三届人大常委会第二次会议决定，任命马瑞虎为教育局局长。

4月，同心县第五小学竣工，这是世界银行贷款"贫Ⅱ"项目建设的一所完全小学。

6月22日至28日，国务院妇女儿童工作协调委员会专家评估组，对同心县贯彻落实《九十年代中国儿童发展纲要》的情况进行了评估检查。

6月，同心一小被团中央、全国少工委评为"全国学雷锋活动先进集体"。

9月9日，县委、县政府召开全县庆祝第九个教师节暨表彰大会。表彰优秀教师、优秀教育工作者50人。教育局对第二届优质课评选、"教学十佳"评选活动中评选出来的前10名教师，授予"十佳教师"称号，对评选出来的13名二等奖教师、11名三等奖教师颁发优秀学科教师荣誉证书和奖品。

9月20日，县委、县政府召开全县教育工作会议。会议表彰了"基础教育质量效益年活动"先进乡镇3个，先进学校9所，先进个人36名，兑现了小学教学成果奖。

9月25日，全国妇女儿童协调委员会评估团检查同心县《中国九十年代儿童发展纲要》执行情况。

9月，教育局修订了《同心县中小学教职工管理规定》，对全县18个学区校长、14所中学校长进行了考察、调整、重新任命。

10月15日，教育局决定从1993—1994学年度起执行义务教育证书制度。完成义务教育的中小学生颁发教育厅统一印制的《宁夏回族自治区义务教育证书》，同时废除由学校发放的中小学毕业证书。

10月24日，中国青少年发展基金会秘书长徐永光、台湾著名艺术家凌峰先生到同心县考察"希望工程"，受到同心县委、人大、政府、政协及希望小学全体师生和上千名村民的热烈欢迎。

10月，全县中小学一年级统一使用经国家教委审定的"九年义务教育三年制初中教科书"和"九年义务教育六年制小学教科书"。

是月，"中国西部农村女童教育行动研究现场交流会"在韦州女小（今韦州红星小学）召开。教育部、全国妇联领导，全国部分省市代表参加了会议。

△县政府决定撤销预旺中学高中部，在同心四中增加4个高中班，招收了高一新生200名。

12月，台湾萧智贤捐资5万美元，制作课桌凳5032套。

1994 年

3月9日，县委、县政府召开全县教育工作会议，讨论了《同心县农村教育综合改革实施意见》。

3月14日，同心县成立世界银行贷款"第二贫困地区基础教育发展"领导小组。组长丁玲（政府县长）、副组长张汉朝（常务副县长），马瑞虎（教育局局长）兼任项目办公室主任。

3月，县人大常委会对各乡镇教育费附加征收、管理、使用的情况进行了调查，印发了《关于对同心县农村教育费附加征收、管理、使用情况的调查报告》。

5月10日，教育局印发了《关于贯彻实施〈中学生日常行为规范〉的通知》，在全县开展了日常行为规范竞赛活动。

8月8日，县政府印发了《同心县农村教育综合改革实施意见》，在韦州、下马关、预旺、河西、张家塬、马高庄、新庄集、喊叫水8所初中进行"三加一"或"初三分流"实验，先在韦州中学进行试点工作。

8月13日，中央"心连心"艺术团在同心县慰问演出。艺术团团长、中共中央统战部副部长刘延东代表中央统战部、中国青少年基金会，向同心希望工程捐资6万元。

8月27日，同心中学校长张国华荣获中学特级教师荣誉称号，这是同心第一个获得特级教师荣誉称号的中学教师。

是日，教育局印发了《同心县中小学校长"九五"培训规划》，按照规划，在教师进修学校举办了首届校长培训班，培训小学校长30人。

9月17日，国家教委、联合国儿童基金会确定同心县为加强贫困地区小学教育项目县。

9月，同心四中、河西镇石坝小学开始实施教育部"九五"重点课题。

12月，国家教委、全国妇联在银川召开全国部分省区女童教育国家"八五"重点研究课题《中国农村女童教育现状、问题及对策研究》工作座谈会。在韦州女小（今韦州红星小学）召开现场交流会。国家教委基础教育司司长王文湛、全国妇联书记处书记康玲出席会议，28个省、市、自治区的200多名代表现场参观了韦州镇2所女童试验学校，对宁夏的女童教育研究给予高度评价。

1995 年

2月，县纪委、监察局、教育局对下马关镇挪用教育附加费办企业的情况进行了查处，印发了《关于下马关镇动用教育费附加办企业的情况调查及处理意见》。

4月，同心县实施世界银行贷款"贫Ⅱ"项目正式启动。

6月，丁学东当选全国第三次少先队代表大会辅导员代表，同年荣获全国红领巾读书读报活动优秀辅导员。

9月8日，县委、县政府召开全县教育工作会议，会议印发了《同心县委县人民政府关于〈中国教育改革和发展纲要〉的实施意见》《同心县加强农村学校管理的意见》《关于教育事业费附加征收使用管理的规定》3个文件，提出到2000年实现6个乡镇基本"普九"、8个乡镇基本"普五"、4个乡镇基本"普三"的目标。

9月22日，中国银行上海市分行行长刘金宝一行8人，捐资30万元援建张家塬沪宁中学。

自治区副主席刘仲，自治区教委主任马文亮，中国银行宁夏分行行长王树臣等领导和同心县的负责人及近千名群众参加了赠款和奠基仪式。

9月，同心中学、回民中学（今三中）和同心一小建立了保健室，配备了专职校医，其他中小学配备了兼职保健医生和保健箱。

12月，县人民政府发布《同心县加强农村小学管理暂行办法》。

1996 年

3月，全县中小学教师基本功训练活动全面开展。

6月11日，教育局成立"世界银行贷款秦巴项目工作站"，局长马瑞虎兼任主任。

6月18日，自治区政协副主席强鄂带领工青妇委员会部分委员，调查同心《保护妇女儿童权益法》贯彻执行情况。

9月20日，解放军总政治部、共青团中央、民政部、文化部、教育部、国家文物局下发了《关于命名和向全国中小学推荐百个爱国主义教育基地的通知》（教基〔1996〕20号），同心县"陕甘宁省豫海县回民自治区政府遗址"被列入"百个爱国主义教育基地"之一。

9月，同心一小被全国妇联、国家教委评为全国家庭教育工作"优秀家长学校"。

11月14日，县政府批转了教育局《关于在全县进行普及义务教育和扫除青壮年文盲评估验收工作的安排意见》。

11月18日，县委政府召开全县普及初等义务教育及扫除文盲工作会议，安排部署"两基"评估验收工作，印发了《同心县实施初等义务教育暂行办法》。

1997 年

3月，同心五小竣工、自治区政府副主席刘仲参加了竣工典礼并题词祝贺。

5月6日，县政府在韦州镇召开全县社会力量集资办学现场会。县、乡两级党政主要负责人、县直有关部门领导、各学区、中学、县直中小学校长、宗教界人士代表参加会议。号召全县人民关心支持教育，鼓励社会各界兴办教育。

6月4日，自治区政协副主席强鄂率领教文卫体委员会部分委员，视察同心支教工作和"希望小学"建设情况。

9月，自治区政府副主席刘仲陪同全国17省市代表团视察韦州女小（今韦州红星小学）。

12月，教育局组织扫盲工作验收组，对8个乡镇的扫盲工作进行了验收。

1998 年

1 月，县政府对 8 个乡镇的扫盲工作进行了验收。

2 月 14 日，教育局举行教师基本功竞赛，共评选出团体奖 3 名、一等奖 1 名、二等奖 2 名、三等奖 3 名、鼓励奖 2 名。

4 月 3 日，县人大常委会任命杨科为教育局局长。

9 月，县政府撤销同心中学初中部，将初中部并入四中，四中增加 6 个初中班；撤销四中高中部，同心中学增加 6 个高中班，调整后，高中在校生达 2511 人。

是月，县委、县政府作出《县城教师轮流支援农村学校》的决定，首期选派县城 5 所小学、5 所中学 50 名教师到农村学校支教。其中小学教师 30 人，中学教师 20 人，支教期限 1 年，每年轮岗一次。

△国家贫困地区义务教育工程项目在同心县启动。

△全国政协、联想集团向海如女中（今四中）捐赠计算机及软件，自治区政协副主席金晓昀在捐赠仪式上讲话。

12 月 29 日，县政府印发了《同心县人民政府关于冬闲季节大力开展扫除青壮年文盲工作的通知》，在全县开展了扫盲教育。

1999 年

1 月 5 日至 8 日，吴忠市人民政府对同心 6 个一类乡镇的"普初"工作进行了评估验收。

1 月 8 日，县委县政府召开同心县六乡镇普及初等义务教育评估验收总结会议。会议向六乡镇颁发了"普及初等义务教育合格证"和奖金，表彰奖励了普及义务教育先进集体和先进个人。

4 月 14 日至 18 日，自治区政协副主席金晓昀带领部分委员视察同心农业生产、水利、教育、卫生及扶贫工作。

5 月 10 日，县政府任命丁立军、任耀华任县教育局副局长。

5 月 24 日，县委、县政府召开全县教育工作会议。会议印发了《同心县委、县政府关于加强和改革教育工作的决定》。

6 月 10 日，县教育局与县残联对全县 7—11 周岁未入学的残疾儿童少年做了全面细致的调查。整理汇总，登记造册，建档立卡。调查结果表明：同心未入学适龄残疾儿童少年总数为 829 人，其中：男 511 人，女 318 人。

6 月 12 日，自治区政协副主席周正中率领自治区民主党派机关的负责人，到窑山乡石塘岭学校进行捐赠活动。

6月18日,县委常委会研究决定,县教育局党委由九人组成：书记马彦仓,副书记杨科,委员鄢钰、丁立军、任耀华、王凤鹏、李永福、丁学东（暂缺一人）。

6月21日,自治区人大常委会副主任陈敏求一行到同心县调研《妇女儿童权益保障法》贯彻实施情况。

6月,县人民政府印发《同心县"两基"攻坚实施方案》,要求各乡镇政府、政府各部门认真贯彻执行。

9月,福建省石狮市援建的石狮职业中学开始招生。首批招生260名,设置5个教学班,配备教职工22名,校长马生云。

10月11日,中国银行福建分行捐资3.6万元扩建的张家塬乡中心小学教室落成典礼,副行长陈晓燕参加了落成典礼。

12月,李建俊等35名代课教师通过自学考试取得专科学历转为公办教师。

是年,全县行政区划调整,新庄集乡整建制划归红寺堡开发区。韦州镇2个行政村划归红寺堡开发区,该村学校随着划归红寺堡。

2000 年

1月12日,教育局召开"两基"工作会议。会议传达了全区教育大会精神,部署"两基"工作。中小学校长,包乡干部50多人参加了会议。

1月,同心县进行机构改革,教育局、文化局、体育委员会、"231"办公室原机构名称撤销,合并成立"同心县教育文化体育局"。局长杨科、副局长鄢钰、丁立军、任耀华。

是月,区自考委批准,在同心县设立高等教育自学考试考点,这是全区自学考试考点向下延伸的第一个试点,当年全县500余名中小学教师参加自学考试学习。

△区民委、财政厅、国税局等单位捐资83万元,建设王团镇金地台小学。

7月25日,经宁夏电大批准,同心电大实施《中央广播电视大学"人才培养与开放教育试点"》工作。

8月15日,全国政协教文卫体委员会副主任王明达一行调研同心职业教育情况。

8月,教育文化体育局制定了"撤并初小、完善完小、重点建设好中心小学,逐步扩大初中规模"的规划。

是月,自治区"百所标准化中小学建设工程"启动。同心一小进入首批工程建设。

9月2日,宁夏大学自学考试本科同心班开学典礼在教育文化体育局三楼会议室召开。高等教育自学考试本科考点首次在同心县设立。

9月19日，同心"科技创新"作品获自治区"科技创新"优秀组织奖，这是同心县有史以来第一次参加自治区青少年科技发明创造大会并获奖。

9月，按照教育厅的统一安排，开始在全县中小学实施"课堂教学质量工程"。

是月，自治区政协九三学社牵头，中国红十字会捐资20万元，改建窑山中学。

10月17日，自治区政协副主席金晓昀一行调研同心民族教育情况。

10月，教育系统民主评议行风工作结束，历时5个月。

12月2日，教育局印发了《扫除青壮年文盲攻坚阶段安排意见》，要求做好扫盲档案的整理、归档和保管工作。

12月27日，县政府成立了同心县扫盲评估验收工作领导小组。同时成立了巡视组和4个验收组，分别由县4套班子领导任组长。

12月28日至30日，县人民政府验收组对全县19个乡镇的扫盲工作进行了验收，结果表明，全县19个乡镇的青壮年非文盲率达92.4%，达到了国家和自治区规定的标准，实现了本世纪内全县基本扫除青壮年文盲的历史任务。

2001 年

1月2日，教育文化体育局决定河西中学、丁塘中学、预旺中学、下马关中学、韦州中学、城关四小、下流水完小、喊叫水杨庄子完小、石狮镇中心小学、田老庄完小、羊路中心小学、张家塬中心小学为实施远程教育项目学校。

1月，县委、县政府组织开展"普初"攻坚战。县政府同乡（镇）政府，乡（镇）政府与村委会层层签订了"普初"目标责任书。

2月5日，县政府扫盲验收评估领导小组对全县19个乡镇的扫盲工作进行了评估验收，并向区人民政府、吴忠市政府呈报了提请区、市两级考察验收的报告。

2月8日，同心县人民政府向同心镇等19个乡镇颁发了"基本扫除文盲单位证书"。

2月10日，全县中小学开始实施"课堂教学质量工程"，力争在2003年以前使全县在岗教师的教学水平全部达到课堂教学质量基本要求。

2月底，吴忠市扫盲评估验收组，对同心县扫盲工作进行了评估验收，认定同心县基本达到了自治区规定的扫盲标准。

2月，县委、县政府修订印发了《同心县跨世纪"两基"工程行动方案》《关于对全县扫盲工作进行评估验收的通知》《扫除青壮年文盲攻坚阶段安排意见》，开展扫盲攻坚战。

3月21日至25日，同心县的扫盲工作通过了自治区人民政府的评估验收。

5月28日，县教育局印发了《同心县跨世纪"两基"工程行动方案》。提出2000年全县基本扫除青壮年文盲，2002年基本普及初等义务教育，2007年全县基本普及九年义务教育。

6月27日，教育文化体育局制订了《同心县"十五"期间学校布局调整规划》，决定将548所学校合并为422所。

8月20日，教育文化体育局转发了教育厅转发的教育部《关于认真落实贫困地区农村义务教育阶段实行"一费制"收费制度》。

8月，同心县人民政府印发了《关于表彰支教先进集体、先进个人的决定》，表彰同心中学等3个先进集体和丁桂玲等10名先进个人。

12月，县委、县政府对6个乡镇的"普初"工作进行了验收。

是月，全区首期各级各类学校、教育机构教师普通话水平培训、测试工作在同心开展。全县中小学教师参加了培训和测试。

是年，同心撤乡并镇，城关乡一部分划入河西镇，一部分划入丁塘镇；纪家乡一部分划入丁塘镇，一部分划入河西镇；羊路乡一部分划入王团镇，一部分划入张家塬。这些乡镇学校随着乡镇调整并入新的乡镇。

2002 年

1月17日，县政府办公室印发了《关于表彰中小学学科优秀教师的通知》，表彰学科优秀教师15名。

1月31日，县政府办公室转发了教育文化体育局《关于加强中小学管理工作的若干规定》。

2月19日，2002年春季免费提供学生课本费，县城贫困生占在校学生总数20%，乡下贫困地区全部免收课本费。

3月13日，县人民政府成立了第二期"国家贫困地区义务教育工程"领导小组，县长王有才任组长，办公室设在教育文化体育局，局长杨科兼任办公室主任。

是日，县政府办公室印发了《关于进一步做好全县扫盲工作的通知》。

4月23日，县人民政府印发《关于做好"五三"向"六三"学制过渡和高初中分离办学的通知》，在2003年秋季，王团等12个乡镇完成"五三"（小学五年、初中三年）学制向"六三"（小学六年、初中三年）学制过渡。2002年秋季实行高、初中分离办学。

6月17日，县政府办公室印发了《关于开展捐资办学工作的通知》，凡同心境内国家机关、企事业单位的在职干部、职工按全年工资总额的15%捐资；离退休人员按全年工资总额的1%捐资。

9月，自治区核定同心县中小学教职工编制总额3576名。

2003 年

1月7日，县政府办公室印发《关于进一步做好2003年全县扫盲工作的通知》，号召全县人民集中力量，扫除剩余的4064名文盲。

2月28日，全县中小学统一开学时间，"两免一补"政策在中小学全面实施。

4月22日，县政府安排96家县内外单位包扶117所完小。包扶单位通过捐实物、捐资金等方式，共向学校投入125万元，推进了学校"六配套"和校园"四化"建设。

是日，县委、县政府印发了《关于表彰教育工作先进乡镇和先进村的决定》，同心镇、韦州镇、丁塘乡为先进乡镇；下马关池家峁村、河西镇马家河湾村、城关乡湾段头村、下流水乡新庄子村、喊叫水乡周家沟村、预旺镇土峰村、马高庄乡张家岔村7个村为先进村。

4月26日，县委、县政府召开全县教育工作会议。会议印发了《中共同心县委、县政府关于加快教育改革与发展的决定》《同心县"两基"攻坚实施方案》。县政府与乡政府签订了"两基"目标责任书；开展捐资助学活动，社会各界捐赠课桌凳4490套，价值60余万元。

4月27日，县人大常委会任命王凤鹏为同心县教育文化体育局局长。

5月2日，县政府任命杨青、陈栋梁为教育文化体育局副局长。

6月2日，县政府成立了"同心县普及初等义务教育评估验收领导小组"，决定对全县初等义务教育进行评估验收。

6月20日，区扶贫开发领导小组下达"万名失学儿童救助工程项目计划"，安排同心县项目资金12万元，救助1200名贫困学生，每名学生救助100元。

7月11日，县政府决定将县第二幼儿园实行民办公助办学体制。经营者拥有第二幼儿园土地的使用权，期限为50年。幼儿教师应按国家规定编制配备，教师管理工作由经营者负责，评级评优与其他教师相同，其工资由县财政承担，教育文化体育局负责检查、监督和指导。

8月12日，县政府办公室印发了《关于对全县"普初"工作进行评估验收的安排意见》，组织4个验收组，8月26日开始评估验收。

9月24日至25日，自治区人民政府对同心县普及初等义务教育工作进行了评估验收。

10月22日，县政府印发了《同心县2003—2004年度防治传染性非典型肺炎工作预案》。

10月27日，教育文化体育局对全县"中小学课堂教学质量工程"进行阶段评估验收。

12月5日，县政府决定，县教师进修学校与电教中心合并，成立"同心县中小学教师继续教育中心"，撤销教师进修学校、电教中心。

2004 年

5月25日，县人民政府决定将乡镇教育管理体制进行调整：撤销原乡镇管委的学区机构，原学区工作人员由教文体局统一安排；成立乡镇（管委会）中心学校，具体负责乡镇（管委会）教育教学管理工作。

5月26日，县政府决定，在石狮职业中学挂"同心县石狮中学"的牌子，石狮中学与石狮职业中学实行一套人马两块牌子。

6月4日，县政府批转了教育文化体育局《同心县中小学教师全员聘任制实施方案》。

6月19日，教育局召开全县中小学（园）教师优秀论文交流表彰大会，表彰奖励一等奖10篇，二等奖25篇，三等奖26篇，优秀组织奖6个。为获奖教师和优秀组织者颁发了证书。

6月22日，县委、县政府对在"普初"工作中做出突出成绩的46名先进个人及扶贫工作队等26个先进集体予以表彰。

9月26日，天安门国旗护卫队在同心一小举行了升旗仪式，县城中小学生观看了升旗仪式。

9月，吴忠市中考成绩揭晓，同心县中考成绩名列吴忠市第一（平均分383分，名列吴忠市第一，及格率58.4%，名列吴忠市第一），这是同心教育史上前所未有的好成绩。

12月，由宁夏兴俊集团杨兴义捐资140万元，县政府配套140万元新建的"同心兴义光彩中学"教学楼竣工。

是年，河西镇新村完全小学（移民学校）、王团镇罗河湾玉湖完全小学、马套子小学、金石台小学、胡麻其小学、蔡家沟小学相继建成投入使用。

∧喊叫水、下流水2个乡整建制划归中卫市中宁县，2个乡的中小学随着划归中宁县。

2005 年

2月28日，同心县从2005年春季学期开始，执行"国贫县"农村义务教育阶段家庭贫困的中小学生，全部免费提供教科书，免收学杂费，逐步对寄宿生补助生活费（这项简称"两免一补"）政策。

6月6日，县政府决定将"同心县教育督导室"更名为"同心县人民政府教育督导室"，原有职能不变，挂靠县教育文化体育局。

12月5日，自治区政府在同心县召开宁夏南部山区"两基攻坚"现场汇报会。

12月21日，教育厅同意批复同心实验小学举办特教部，满足当地残疾儿童接受教育的要求，对从事特教工作的6名教职工按规定享受特殊津贴。

是月，豫海镇、石狮镇、韦州镇、下马关镇的"普九"工作通过了吴忠市人民政府的评估验收。

2006 年

1月12日，县政府办公室印发了《关于转发县财政局教育文化体育局〈关于同心县农村义务教育阶段家庭经济困难学生免收杂费和寄宿学生生活费补助资金管理细则〉的通知》，决定从2006年春季开学起，对全县义务教育阶段公办学校在校学生全部免收杂费。

2月16日，县委印发了《关于进一步加强"普九"攻坚工作的实施意见》。提出2006年全县实现普及九年义务教育，河西镇、张家塬乡、丁塘镇、马高庄乡、预旺镇、田老庄乡、窑山管委会、王团镇等8个乡镇实现"普九"目标；豫海镇、石狮镇管委会、韦州镇、下马关镇完成"普九"巩固提高工作。

2月，吴忠市命名同心县四中、河西镇中心小学为市级示范性学校。

3月23日，县政府调整县招生委员会组成人员，主任邰忠仁（副县长），副主任王凤鹏（教育文化体育局局长）、苏辉林（纪委副书记）。

4月19日，教育部纪检组长田淑兰在区政府副主席刘仲陪同下，到同心县督查"两免一补"工作落实情况，并在丁塘镇杨河湾完小召开了全县落实"两免一补"会议。

5月5日，国务院总理温家宝到同心县调查旱情，并到窑山管委会李家山完小看望全体师生。

6月29日，县委任命马斌任县教育文化体育局党委委员、书记。

8月4日，县委对全县股级事业单位机构编制进行清理整顿，教文体局教研室、师资培训中心、考试中心、一幼、二幼等被定为股级单位。

8月16日，区文史馆馆长杨少青为河西镇杨河套子完小捐资15万元，翻建该校校舍。

8月29日，县委、县政府对田老庄等8乡镇的"两基"工作进行评估验收，对韦州镇的"两基"工作进行复验，对12个乡镇所属的19所中学，37所小学进行验收和复验，认定所验乡镇、学校"两基"各项指标基本达到验收标准，通过县级评估验收。

8月31日，同心县机构编制委员会办公室根据《同心县事业单位机构编制清理整顿实施意见》，通知教育文化体育局所属的38个事业单位印章即日启用，将原印章同时收回废止。

8月，同心中学举办50周年校庆。自治区副主席王正伟为同心中学题写了"同心中学""同心中学校志"。

9月7日至8日，吴忠市人民政府对同心县12个乡镇"两基"工作进行评估验收。12个乡镇"普九"工作的各项指标均达到验收标准。8日召开了总结大会，吴忠市副市长赵紫霞讲话并宣布同心"两基"通过市政府验收。

9月10日，县委、县政府召开全县庆祝教师节暨表彰大会，会议表彰了2014年全县教育工作先进集体和先进个人。

9月23日至25日，自治区人民政府对同心县"普九"工作进行评估验收，认定12个乡镇的各项指标基本达到普及九年义务教育目标。自治区政府副主席刘仲作重要讲话并宣布同心县"普九"工作通过自治区人民政府的验收，并向同心县政府颁发了合格证书和资金。

10月21日，由解放军总后勤部投资211万元援建的预旺镇"八一爱民小学"（原预旺中心小学）举行落成典礼仪式。

12月18日，县委任命马顺为县教育文化体育局党委委员、书记。

12月28日，县政府任命马啸、马应才为教育文化体育局副局长。

2007 年

1月29日，县委、县政府召开全县教育工作暨"两基"工作总结表彰大会。会议表彰奖励了"两基"攻坚先进集体、先进个人。

3月26日，教育文化体育局开展2007年教师资格认定工作，共认定教师资格218人，其中获得初级中学教师资格人数为58人，获得小学教师资格人数为160人。

7月20日，县委任命王国锋为教育文化体育局局长。

8月13日，县委召开"两基"迎国检工作动员会议，总结全县"两基"巩固提高工作，安排部署"两基"迎国检工作，并与各乡镇签订了责任书。

8月16日，县委、县政府印发了《同心县"两基"迎"国检"工作实施方案》《关于县级领导干部联系学校包抓"两基"迎国检工作的通知》《关于实行迎国检县四套班子分管领导及县直、区（市）属单位包乡（镇）责任制的通知》《关于县直、区（市）属单位包扶学校的通知》。

9月9日，在第23个教师节来临之际，县委、县政府召开会议授予李玉清等45人"优秀教师"称号，授予王淑琴等19人"学科带头人"称号，授予金宪福等24人"模范班主任"称号，授予马自美等12人"先进教育工作者"称号。

9月20日，县政府举行2007年救助贫困大学生资金发放仪式，257名大学生得到资助，共发放资金30万元。

10月15日至17日，区人大常委会委员、区督学戴万忠一行对同心"两基"工作进行专项督查。

11月8日，由自治区政协牵线搭桥，澳门企业家何泉先生捐资25万元人民币翻建的同心县田老庄乡解放新庄村何泉小学落成。

11月15日，由教育部发展规划司副司长季平率领的国家调研组社会事业组一行，对石狮职业中学、纪家中学、同心二小的大班额、大通铺等情况进行调研。

11月24日，以国家发改委副主任杜鹰为组长的国家调研综合组，到县王团镇刘家川村学校调研宁夏中部干旱带生态移民工程、学校二轮布局调整等情况。

11月28日，国家西部地区"两基"攻坚总结表彰大会在北京召开。同心丁塘中学被授予"西部地区'两基'攻坚先进单位"。

11月，同心中学创建全区示范性高中工作通过自治区普通高中评估验收组验收。

2008 年

1月25日，窑山五道岭子完小校长马义海作为教育界代表来到中南海出席国务院召开的座谈会，就《政府工作报告（征求意见稿）》提出意见和建议，并受到温家宝总理亲切接见。

2月15日，同心县第十六届人民代表大会常务委员会第一次会议任命王国锋为县教育文化体育局局长。

2月29日，教育部纪检监察局检查组深入同心实验小学、同心四中等学校，就同心全面实施义务教育经费保障政策情况进行了专项检查。

3月17日，教育部基础教育司副巡视员、国家督学郑增仪一行9人就同心"两基"迎国检进展情况和全面实施义务教育经费保障政策情况进行了检查。

3月19日，教育厅检查组一行7人深入同心中小学就"两基"迎国检工作和春季开学"六项工作"进行全面督查。

3月25日，教育文化体育局印发了《同心县中小学教师师德考核细则》。

4月7日，同心县"两基"迎国检领导小组办公室印发《关于义务教育阶段"控辍保学"报告制度的通知》。

4月27日，香港医生杜景成先生捐资20万元兴建的"杜景成希望小学"竣工典礼在丁塘镇新庄完小隆重举行。

5月12日，教育文化体育局印发了《同心县学校布局结构调整实施方案》。

5月16日，教文体局举行向四川地震灾区"送温暖、献爱心"捐款仪式。县直中小学、中心学校共捐款48万元。

5月21日，同心县惠安兴隆小学落成典礼暨银川泉州商会捐资仪式在惠安兴隆小学隆重举行。

5月，国家教育督导团对同心县的"两基"工作进行了评估验收。

9月4日，全国教育系统关工委西北片工作会议在同心县实验小学召开，教育部关工委副主任李蒙恩出席并讲话。

10月17日，兰州军区某部司令员李洪一行12人到窑山红湾梁小学进行慰问活动。

10月24日，同心县召开基础教育学校综合管理工程暨"教育质量发展年"启动大会，会议传达学习了自治区教育厅《基础教育学校综合管理质量工程实施方案》，下发了《同心县基础教育学校综合管理质量工程暨"教育质量发展年"实施方案》。

11月23日，香港宝莲禅寺捐资60万元兴建的卢钊、卢宝球和李桂芳3所希望小学落成仪式分别在丁塘镇长沟、李岗和杨河湾完小隆重举行。

11月27日，区妇联领导一行5人在实验小学调研特殊教育工作，并看望了在特殊教育班就读的11位聋哑儿童。

是日，吴忠市政协副主席刘占保带领部分政协委员调研同心职业教育发展情况。

是年，海原县兴隆乡整建制划归同心县。

2009 年

3月19日，县委、县政府召开创建教育强县动员大会，会议印发了《同心县创建教育强县实施方案》。

4月3日，同心县人民政府办公室印发《同心县普通高中家庭经济困难学生资助制度试点工作的通知》。

4月8日，同心县人民政府向自治区教育厅呈报了《关于请求迁建下马关中学的报告》，决定在下马关镇移民区新建下马关中学。

4月，教育厅、财政厅、人事厅等部门调研同心师资和学生住宿情况。

4月15日，在"首届全国大中小学生规范汉字书写大赛（吴忠赛区）"活动中，同心选送40名初赛优胜者参加了此项活动，有8人获奖。其中同心二小学生马廷贤荣获小学一组毛笔一等奖，教文体局荣获优秀组织奖。

6月22日，兰州军区八〇七九部队应急抗旱分队官兵在政委李庆兵率领下，到马高庄中心邱渠完小开展"迎七一建党节献爱心活动"。分队免费为邱渠完小送水15车，捐赠学习用品500余件。应急抗旱分队军医杨成宁为邱渠完小师生做了体检，并给患病的师生免费发放了药品。

6月23日，美国欧美尔基金会向同心四中捐款163119.39元。

7月14日至16日，区政府组织发改委、教育、财政、人劳、编办等有关部门组成的同心县教育工作调研组，深入王团、预旺、下马关、豫海中学等学校，对同心县教师队伍建设存在的问题及解决的对策、结合生态移民搬迁如何优化中小学布局调整等方面进行调研。

8月11日，区人力资源和社会保障厅、财政厅、教育厅批复同心县义务教育学校实施绩效工资办法，全县义务教育学校开始实施绩效工资制度。

9月9日，县委、县政府举行2009年教师节庆祝表彰大会。县委、县政府对10所名校、10位名校长、40位名师和50位优秀教师进行表彰奖励，颁发奖金23万元。

9月23日，区教育工委检查组检查同心秋季开学"六项工作"。

9月，区党委书记陈建国、政府主席王正伟、副主席于革胜、吴忠市等领导率考察团成员到豫海中学视察。对学校的发展提出了新的要求。

10月20日，同心县教育文化体育局、同心县人事劳动局、同心县财政局印发《同心县义务教育阶段学校奖励性绩效工资有关发放办法（试行）的通知》。

10月25日，同心县召开深化政府机构改革会议。会议决定将文化体育与广电局合并，成立文化体育广播电视局，教育文化体育局更名为教育局。

10月30日，县政府任命马顺为教育局副局长、马应才为教育局副局长（正科级）、陈栋梁为教育局副局长（正科级）。

11月26日，自治区政府主席王正伟到石狮职业中学等地，督查当年民生计划落实情况，解决了石狮职业中学学生住宿难题，结束了学生在校外租房的历史。

12月17日至18日，吴忠市政府评估验收组对同心县豫海等4个乡镇创建教育强乡（镇）工作进行了评估验收。

2010 年

1月14日，同心县人民政府印发关于报送《同心县中小学校舍安全工程总体规划（2010—2011）的报告》。

1月29日，教育厅、纠风办、监察厅、物价局、财政厅、审计厅、新闻出版社授予同心县"宁夏回族自治区规范教育收费示范县（市、区）"称号。

3月7日至8日，联合国儿童基金会总部执行局考察团，到同心考察联合国儿童基金会有关项目实施情况。

3月28日，解放军总后勤部政治部秘书长戴新桥，总后勤部301医院政治部主任王一山带领考察组，考察在同心援建的"八一爱民学校"选址及规划情况。

6月30日，教育厅调研组，调研同心义务教育阶段学校学生营养计划实施、学校公用经费管理和使用、学校冬季取暖、学生饮用水等情况。

8月9日，中央电视台《朝闻天下》以《宁夏同心·十年耕耘女童教育开花结果》为题报道了同心高考、教育经费投入、女童教育所取得的巨大成就。

8月26日，国家教育部教育发展研究中心主任张力带领专家调研同心教育工作。

8月27日，同心县人民政府印发《同心义务教育阶段学校"学生营养早餐工程"的通知》。

8月30日，同心农村中小学生营养早餐工程启动大会在王团镇罗家河湾小学举行。

8月31日，教育厅副厅长赵紫霞到同心县督查新学年开学工作和营养早餐工程实施情况。

8月，同心县人民政府印发《同心县农村小学生免费午餐工程试点工作实施方案》。

9月8日，同心县召开庆祝第26个教师节暨表彰大会。同心县委、人大、政府、政协主要领导、县直各部门、乡镇主要负责人、全县中小学校（园）长、受表彰名师、名校长、优秀教师、教师代表以及中小学生代表共700余人参加了大会。

11月25日至26日，自治区校安办督查组检查同心2010年校安工程建设与2011年校安工程规划情况。

12月14日，自治区政府教育收费专项检查组对同心县规范教育收费工作进行了专项检查。

2011 年

2月28日，同心县人民政府印发关于《同心县学前教育三年行动计划（2011—2013）的通知》。

5月6日，同心县人民政府印发《同心县推进义务教育均衡发展实施方案》。

5月16日，县委办、政府办印发《同心县推进义务教育均衡发展实施方案的通知》。

6月8日，宁夏电力公司支持生态移民"扶贫帮困捐赠助学"仪式在下马关新园移民小学举行。

6月14日，吴忠市政府督导组对同心县创建教育强县工作进行督查。

6月20日，2011年全国普通高校招生考试成绩公布，同心籍冯锐考生以680分夺得2011年全区高考理科总分第一名，成为同心第一位全区理科状元。冯锐在同心二小上小学，在四中上初中。

7月21日，区校安办检查组检查同心县2011年中小学校舍安全工程进展情况。

8月11日，教育厅副厅级巡视员杨树森带领检查组检查同心2011年秋季农村小学免费午餐工程试点进展情况。

8月16日，自治区发改委、教育厅调研同心农村初中校舍改造项目进展情况。

8月22日，同心县政府召开农村小学生免费午餐工程工作会议。会议印发了《同心县农村寄宿制学校学生营养改善工作试点方案》。

8月26日，同心县委办公室印发《关于加强青少年体育增强青少年体质的实施意见》。

8月29日，宁夏兴俊爱心慈善基金会成立暨贫困学生资助金发放仪式在县人民会堂举行。慈善基金会出资138万元奖励223名贫困大学生、300名贫困高中生和44名优秀教师。

9月5日，西北师范大学、西北少数民族师资培训中心与同心共建宁夏同心民族教育发展实验区签约仪式在县人民会堂举行。

9月8日，同心县隆重举行庆祝2011年教师节暨表彰大会，县政府拿出150万奖励资金，对高考先进学校、"名校"、"名校长"、"名师"、优秀教师以及35年以上教龄仍在教学一线工作的农村教师进行了表彰奖励。

9月23日，教育部教育扶贫调研组调研同心教育工作。

10月19日，广州发展银行"希望厨房"揭牌仪式在王团镇张家湾村举行。

10月20日至21日，吴忠市政府教育强乡镇评估验收组对王团等九乡镇教育强乡镇创建工作进行评估验收。

10月27日，区党委统战部捐赠助学仪式在石狮管委会满春小学隆重举行，为全校师生送来电子办公设备12台、办公设备34套、文体器材110多件。

11月4日，中国证监会纪委、深圳证券交易所、宁夏证监局在韦州女小（今韦州红星小学）举行了爱心厨房捐赠仪式。

是日，同心县人民政府办公室印发《进一步加强学校及周边安全管理工作方案的通知》。

11月11日，区政府评估验收同心等4县教育强县暨县级政府教育工作督导评估工作汇报会在同心召开。

是日，福建晋江两名支教老师募集11万多元善款，帮助王团中学贫困学生顺利完成学业。

11月19日，自治区人民政府评估验收组对同心创建教育强县暨县级政府教育工作进行评估验收。

11月28日，解放军总后勤部暨解放军总医院援建的王团镇中心小学一号教学楼落成投入使用。

11月29日，4县（区）基本普及高中阶段教育、同心县等4县教育强县工作暨县级政府教育工作督导评估反馈会议，向同心县等4县颁发了教育强县奖牌。

12月3日，中央电视台国际频道、北美分台工作人员到同心考察采访免费营养午餐工程实施情况。

12月8日，由宁夏泰华煤业有限公司投资400万元援建的王团中学1660平方米的综合楼落成投入使用。

12月12日，区人大、政协部分代表委员到同心县视察中小学校安工程建设情况。

2012年

2月20日，是全县农村义务教育阶段小学全部实施学生营养改善计划的第一天，全县196所学校为3.54万余名学生如期供餐。

2月，县委任命马应才为教育局党委书记。

3月8日，教育局下发了《关于进一步加强村级学校管理工作的通知》。

3月9日，县政府召开普及高中教育动员会。会议印发了《同心县基本普及高中阶段教育实施方案》。

3月21日，教育局成立同心县教育志编纂工作领导小组，办公地点设在师资培训中心。

5月19日，西北师范大学外国语学院与同心县教育局共建教育部第一批高等学校师范类特色专业——西北师范大学英语专业教学研究基地签约仪式在同心进行。

9月7日，同心县举行庆祝2012年教师节暨表彰大会，隆重表彰了高考工作先进集体、中考工作先进集体、中职招生先进集体、高考工作先进个人、中考工作先进个人、年度优秀教师和年度模范班主任，并颁发了农村义务教育阶段教育贡献奖和素质教育创新奖。

10月19日，教育厅检查组检查同心2012年校舍安全工程实施情况。

10月18日，县政府任命金戈为教育局副局长。

11月13日，县人大常委会任命丁文为教育局局长。

是日，自治区政府评估验收同心等4县基本普及高中阶段教育工作汇报会在同心县召开。

11月20日，吴忠市政府副市长马中勇一行对同心县农村义务教育学生营养改善计划实施情况进行专项督查。

△教育厅考核验收组对同心第一小学创建"安全管理规范化示范学校"工作进行了考核验收。

11月27日，中央五部委"绿色电脑进西部"发放仪式在丁塘镇中心小学举行，向部分中小学、乡镇和社区文化站发放了85台"绿色电脑"。

12月5日，中小学教师职称制度改革试点工作正式启动，改革的核心是建立统一的中小学教师职称（职务）体系和制度，打破原有的中学和小学教师互相独立的职称（职务）制度体系，统一为三级教师、二级教师、一级教师、高级教师和正高级教师。

12月，同心县第一幼儿园通过了自治区示范园评估验收。

是年，豫海初级中学竣工，秋季开始招生。这是同心教育园区新建项目之一。

△同心县南安实验小学竣工，这是社会集资（其中福建南安市爱心人士捐资500万元）新建的普通初级中学。

△新建的王团镇中心小学落成投入使用。学校占地面积30015平方米，建筑面积11348.26平方米。规模为23个教学班。

△同心县特殊教育学校竣工，当年开始招生。

2013 年

2 月 25 日，同心县普通高中学生营养早餐工程启动，从 2013 年春季学期开始，为同心中学、同心豫海中学、回民中学（今同心三中）3 所高中 8600 多名学生免费提供早餐。同心县成为全区首个为高中生免费提供早餐的县。

3 月，同心县与江苏省靖江市签订《宁夏回族自治区同心县与江苏省靖江市内涵发展合作工作计划》，签约仪式在江苏省靖江市举行。

3 月 31 日，教育局、文旅体广电局、文联联合举办同心县首届"教育杯"中小学生绘画比赛，来自全县 180 多名中小学生参加了比赛。

4 月 9 日，公安部、综治委、教育部联合调查组来同心检查指导学校安全工作。

4 月 9 日至 10 日，宁夏卫视频道《创富宁夏》栏目组对同心实施农村义务教育阶段学生营养改善计划工作进行了专题采访报道。

4 月 23 日，县教育局举行"情系灾区，奉献爱心"捐款仪式，全县教育系统广大师生为雅安地震灾区捐款 36.42 万元。该款项将通过县民政局捐往雅安受灾地区。

4 月，同心县第五中学竣工，当年开始招生。

6 月 18 日，海南省政府考察团考察同心农村义务教育阶段学生营养改善计划工作。

6 月 25 日，全区教育系统第五验收工作组一行 4 人对同心中学党建示范点创建工作进行检查验收。

8 月，安溪同德移民学校落成投入使用，这是闽宁合作建设的一所移民学校。

9 月 18 日，县人大部分委员和部分人大代表对全县贯彻实施《中华人民共和国教育法》情况进行执法检查。

10 月 18 日，同心县农村义务教育学生营养计划改善工作专题片，在国家教育部网站专题专栏"农村义务教育学生营养改善计划工作在行动"展播。

11 月 26 日，教育部专项督察组，对同心县义务教育阶段营养改善计划餐厅建设工程和农村初中校舍改造工程进行了督查。

12 月 16 日，国家教育督导委员会督查组，对同心县财政教育投入使用管理情况进行专项督导检查。

2014 年

3 月 7 日，县教育局印发《同心县公办幼儿园管理办法》（试行）。

3月19日，县政府任命陈连吉为教育局副局长。

5月4日，宁夏教育考试院、自治区保密局联合检查组对同心县教育考试中心保密室、县级指挥中心视频巡查系统、同心中学、同心二中、同心四中三个标准化考点网上巡查系统、英语听力设备进行了专项检查。

5月15日，区义务教育阶段农村学生营养改善计划工作领导小组领导带领全区实施营养改善计划工作的11个县（区）教育局分管领导和营养办负责人组织的观摩团，对同心义务教育阶段农村学生营养改善计划工作进行了观摩。

5月21日，教育厅专项检查组分两组深入同心王团、石狮、兴隆、预旺、马高庄等乡镇，对同心县实施"教学点数字资源全覆盖"项目学校的设备使用情况进行了全面检查。

6月4日，泉州市教育基金会向石狮中学、河西中学课桌凳捐赠仪式在石狮中学举行。泉州市教育基金会捐赠课桌凳300套计6万元。

7月2日，香港言爱基金会援建同心县思源实验学校捐助协议签字仪式在甘肃省教育厅举行。香港言爱基金会投资1000万元，建设同心县思源实验学校，解决同心县城学校大班额问题。

7月3日，香港言爱基金会常务会长张曼年女士一行对同心思源实验学校前期建设进行调研。

8月18日，区政府副主席姚爱兴带领相关厅局负责人对同心贯彻落实自治区政府教育民生计划工作进行了督查。

8月27日，同心县从县财政中划拨资金38.7万元，为全县45岁以上在职教师进行免费体检。

9月10日，同心县委、县政府召开庆祝第30个教师节暨表彰大会。

9月17日，宁夏兴俊爱心慈善基金会捐资助学金发放仪式在同心隆重举行，宁夏兴俊爱心慈善基金会出资150万元，分别资助、奖励同心387名贫困大学生、900名贫困高中生和30名优秀教师。

9月19日，国务院教育督导室农村义务教育基本办学条件督导组对同心县农村义务教育学校的基本办学条件进行了全面检查。

11月19日，宁夏银行在石狮管委会惠安小学举行捐赠仪式，向同心县捐赠课桌凳1000套。

11月20日至21日，国家教育部委托西北师范大学相关专家及工作人员测试小组一行20人，对同心7所小学、3所初中、3所高中共910名学生进行《国家学生体质健康标准》健康测试复查。

11月28日，中国扶贫基金会开展向同心农村小学生捐赠"爱心包裹"活动实施以来，捐赠"爱心包裹"价值94.23万元。

12月16日，在区教育学会学前教育专业委员会组织开展的以"尊重成长"为主题的征文比赛活动中，同心选送的25篇论文，获二等奖5篇，三等奖11篇，优秀奖4篇。

12月20日，国家禁毒委督导组领导到丁塘镇中心学校督导检查禁毒工作。

2015 年

4月，同心县第一幼儿园通过了"全区安全管理规范示范学校"的评估验收。

4月7日至8日，自治区政协副主席安纯人带领调研组调研同心义务教育均衡发展工作。

4月20日，区直机关工委、自治区团委、宁夏青基会在马高庄乡赵家树村小学举办"天津市国环置业有限公司项金生向希望工程捐款暨援建希望小学签约仪式"。

4月27日，全县第二届中学生田径运动会在县城新区滨河运动场隆重开幕。

5月9日，宁夏特殊教育名校特教学校优秀骨干教师到同心特殊教育学校开展"送课"活动。

5月27日，教育厅督查组对同心县2015年实施的学前教育、农村中小学暖气改造、农村教学点改造、贫困地区薄弱学校基本办学条件、运动场改造等教育民生项目工程实施进展情况进行督查。

6月3日，教育部调研组调研同心教育工作。

7月10日，同心县人民政府印发《同心县义务教育阶段进城务工人员随迁子女就学管理办法》。

9月8日，同心县委、县政府印发《同心县加快推进教育事业三年行动计划》（同党发〔2015〕35号）。

9月10日，县委、县政府召开全县教育工作暨庆祝第31个教师节表彰大会。表彰了优秀教师、教育先进工作者、中高考先进集体、中高考先进个人。

9月26日，县委办、政府办印发了《同心县贯彻落实特殊教育提升计划（2014—2016）实施方案》。

10月19日，中央民族大学附中帮扶宁夏同心县创建区级民族教育示范学校合作协议在中央民族大学附中举行。

11月5日，西北师范大学少数民族师培中心与同心县共建民族教育发展实验区第二轮合作协议签订仪式在西北师大举行。

12月11日，山东昌邑市帮扶同心县加快推进教育精准扶贫合作协议签约仪式在昌邑市教育局举行。

2016 年

1月25日，教育厅评估验收组对同心县妇女儿童"两规划"实施情况进行中期评估。

3月8日，同心县召开禁毒工作表彰会。县委县政府授予同心中学等51所学校"毒品预防教育示范学校"称号，授予同心一小等7所学校"优秀毒品预防教育示范学校"称号。

3月11日，"国培计划（2016）——宁夏培育性示范县（同心县）中小学（园）教师培训项目"调研对接工作会议在同心举行。

3月21日，在吴忠市社区戒毒社区康复工作示范点和毒品预防教育示范学校表彰大会上，同心县第二中学等10所学校获"吴忠市毒品预防教育示范学校"称号，每校获奖金10000元。同心一小和丁塘中心学校被自治区禁毒委员会评为区级"毒品预防教育示范学校"。

4月26日，中央政治局委员、国务院副总理刘延东到同心县王团中心小学考察营养改善计划实施情况。

是日，县民政局、教育局印发《同心县进一步加强农村留守儿童关爱保护工作实施细则》。

5月20日，县政府办印发《关于加快推进农村留守儿童社会服务工作发展的意见》。

6月6日，闽宁协作第九批同心工作组和第十七批支教队捐资助学仪式在同心县安溪中学举行。

6月15日，清华大学考察团，调研考察同心县教育等领域发展情况。

6月27日，县委组织部、县编制委员会办公室、人力资源社会保障局、教育局、财政局联合印发《同心县校长教师交流轮岗实施办法》。

6月29日，县政府办印发《同心县乡村教师支持计划（2015—2020）实施细则》。

7月21日，吴忠市2016年中考成绩揭晓。同心县文化课成绩平均分365.41分，位居吴忠市5个市（县、区）第一。

8月，同心三幼建成并投入使用，成为第一幼儿园分园。

8月17日至18日，自治区教育厅教育助推精准脱贫督导调研组调研同心县教育精准扶贫工作。

8月24日，同心县人民政府印发《同心县2016年教育精准扶贫实施方案》。

9月9日，同心县隆重举行庆祝第32个教师节表彰大会暨义务教育均衡发展工作推进会。

9月20日，同心县"国培计划（2016）"培育性示范县项目乡村校（园）长助力研修班在华东师范大学网院楼举行开班仪式。

9月21日，全县第二届校园足球联赛开赛。

9月25日，全县第二届学生合唱艺术节开幕。

9月，第八小学建成投入使用，成为第二小学分校。

10月21日，县城8所小学与银川市西夏九小联片教学研讨活动在第二小学举行。

10月28日，同心县2016年第二届全民运动会系列活动暨首届中学生篮球比赛在西征纪念园广场隆重开赛。

11月3日，自治区政府主席咸辉调研同心教育工作。

11月19日，自治区禁毒办、教育厅联合举办了为期两天的全区学校毒品预防教育师资培训班，全县中小学从事禁毒预防教育课程的50多名教师参加了培训。

12月22日，县委办、政府办印发《同心县2016年未成年人思想道德建设工作实施方案》。

2017年

1月6日，县教育局党委召开中国共产党同心县教育局委员会第三次代表会议，全县教育系统143名党代表参加了会议。会议选举丁文为中国共产党同心县教育局第三届委员会委员、书记，马应才为副书记；选举马应才为中国共产党同心县教育局第一届纪律检查委员会委员、书记。

1月12日至14日，吴忠市教育督导评估组，对同心县创建区级义务教育发展基本均衡县工作进行市级评估，12个乡镇的39所学校全部顺利通过市级验收。

1月20日，县政府任命金学武为县教育局副局长。

2月15日至17日，自治区政府副主席姚爱兴带领政府办公厅、文化厅、教育厅等部门负责人调研同心县教育重点项目建设工作。

2月24日，县委、县政府召开义务教育均衡发展迎验工作推进会。

3月14日，自治区人民政府教育督导室督查组对同心县推进义务教育均衡发展工作进行过程性督查。

3月16日，县政府召开义务教育均衡发展工作协调会。

3月23日至24日，中央财政部驻宁夏专员办及宁夏教育厅对同心县营养改善计划工作进行绩效评价。

3月，投资2.3亿元的同心县职业教育中心在县教育园区破土动工。

4月7日，同心县人民政府办公室印发《同心县关于进一步加强中小学控辍保学工作的实施方案》。

5月25日，同心县开展国家义务教育阶段学生质量监测工作。全县21所义务教育阶段学校（8所初级中学，13所小学）、21名校长、班主任及德育和科学教师216人，学生599人被抽取为2017年国家义务教育质量监测样本。

6月1日，中国发展研究基金会在北京举办"阳光校餐农村义务教育学生营养改善计划五周年"专题研讨会。丁塘中心完全小学等5所学校被中国发展研究基金会授予"星级学校厨房"称号。

6月2日，同心三幼（安溪幼儿园）隆重举行开园典礼。

6月30日，教育局召开全县教育系统庆祝中国共产党建党96周年暨"七一"表彰大会。会议表彰奖励了先进基层党组织、优秀党务工作者、优秀党员代表、征文活动优秀组织单位、优秀论文作者。

7月10日至11日，自治区副主席姚爱兴一行督查调研同心县2017年上半年教育民生实事进展情况。

7月15日，生源地信用助学贷款工作启动，为6500多名家庭经济困难大学生办理助学贷款，资助金额3900多万元。

8月23日，教育厅副厅长张治荣一行对同心县招生工作及职业教育中心建设、专业设置等情况进行督查调研。

9月14日，县政府印发《同心县人民政府关于进一步调整学校布局规划方案的通知》。

县政府办印发《县统筹推进县域内城乡义务教育一体化改革发展实施方案》。

9月18日，全区打赢教育脱贫攻坚战推进会在同心县召开。自治区相关厅局、各市县（区）政府、教育局及部分高校、中小学负责人等参加了会议。

11月15日，在吴忠市人民政府评估复核同心县义务教育均衡发展工作反馈会上，认定同心县第三批30所学校达到了义务教育均衡发展评估验收标准。

11月16日，县政府任命马占银为教育局副局长。

11月22日，县长丁炜主持召开义务教育均衡发展迎接自治区督导评估冲刺部署会。会议印发《关于进一步加强控辍保学工作的通知》《关于进一步加强中小学音乐体育美术和综合实践等课程教育教学工作的通知》《关于对吴忠市评估复核同心县义务教育均衡发展存在问题的整改方案》。

11月25日，"新时代、新征程、新篇章"同心县第三届中小学生书法美术大赛在县城一小成功落下帷幕。共评选出书法、美术"十佳"选手各10名，优秀奖获得者80名。

12月4日，中华人民共和国国务委员、国防部部长常万全到同心韦州女小（今韦州红星小学）视察。

12月6日，自治区人民政府评估组，对同心县义务教育基本均衡发展工作进行评估验收。

2018 年

1月4日，国务院东西部考核领导小组对同心县东西部帮扶合作进行全面考核。

1月8日至12日，国务院第三方脱贫攻坚考核小组对同心县脱贫攻坚工作进行考核。

1月25日，教育局举行2017年"山村教师公益计划"基金发放仪式，全县12个乡镇开发区的75名乡村教师获得基金。

2月25日，同心县职业技术学校2018年春季招生工作全面启动。首期招收学前教育、护理共计3个班120人，委托宁夏民族职业技术学院代培。

3月13日至14日，自治区人民政府督查组对同心县推进义务教育均衡发展工作进行专项督导检查。

3月20日至25日，教育局联合县市场监督管理局、工商局等部门对全县30所民办幼儿园在办学方向、办学条件、教学管理、财务管理和办学效益等五个方面进行全面检查。

3月26日，根据同心县人民政府与宁夏民族职业技术学院和宁夏工商职业技术学院签订的代培协议，同心县首批学前教育和烹饪两个专业的80名学生赴宁夏民族职业技术学院和宁夏工商职业技术学院学习。

4月11日，第十届国家督学首届全国中小学教育督导评估专家，专题调研同心开展义教均衡迎国检工作准备情况。

4月13日，教育局聘请教育厅专家对同心县中小学实验室、图书室的管理员、综合实践活动教师进行了专项培训。

4月15日至30日，吴忠市区9所中小学教师到同心东部乡镇学校开展"精准互助，携手共进"教学交流研讨活动。

5月3日，自治区党委副书记、自治区主席咸辉到同心县豫海中学调研。

是日，共青团同心县教育系统第一次代表大会在县教育局隆重召开，大会选举产生了共青团同心县第一届教育工作委员会。团县委兼职副书记黑平当选第一届教育团工委书记。教育局党委为共青团同心县教育工作委员会及学校团委进行了授牌，对2018年学校共青团"优秀团务工作者"进行了表彰。

5月3日至11日，教育局印发了《关于做好同心县2018年初中毕业生综合素质评价工作的通知》，对全县2018年5566名初中毕业生综合素质评价分道德品质与公民素养评价、廉洁与修身教育，表现与特长、运动与健康，学习能力3个板块进行测评。

5月14日，教育局特邀银川市、中卫市、泾源县政府督学，分两组对全县义务教育阶段学校开展的义务教育均衡发展迎国检工作进行督导检查。

5月22日，教育厅联合自治区编办、发改、财政、人社和职业教育园区管委会等部门，调研同心县控辍保学工作和职业技术学校项目建设推进情况。

9月13日至14日，同心县义务教育均衡发展接受并通过国家督导团的评估验收。

2019 年

1月12日，县委任命杨林为教育局局长。

1月22日，国家开放大学（宁夏分部）调研组调研"长征带"教育精准扶贫工程——同心县项目实施情况。

2月21日，全县贫困家庭学生因贫失学辍学"清零行动"推进会在县行政中心召开。

2月25日，同心县四套班子主要领导赴各学校为师生上思想政治教育开学第一课。

3月，县委任命石彦玉为教育局党委副书记、纪工委书记、教育局副局长。

6月，在宁夏回族自治区第十三届学生运动会上，同心代表队荣获武术比赛体育道德风尚奖，武术比赛中学组第七名。

7月5日，县教育局启动了全县中小学教师暑期集中"大走访、大排查、大劝学"活动。

7月22日至26日，同心县10名建档立卡中学生参加了由中国核学会、中国核电主办的第七届"魅力之光"杯核电科普夏令营活动。

7月24日，自治区政协副主席杨培君一行调研同心县教育工作。

8月26日，教育局举办同心县公民办幼儿园管理干部培训班。中核集团大学生奖学金发放仪式在县教育局举行。

9月2日，吴忠市委常委、同心县委书记、同心中学名誉校长马洪海在同心中学为师生们作了主题为"不忘初心、牢记使命，做合格的社会主义建设者和接班人"的专题讲座。

9月3日，福建永春县同心对口帮扶工作座谈会在第五中学举行。

9月6日，由宁夏学生体育艺术协会主办的"与奥运冠军同上开学第一课"暨2019"奥运冠军张宁进校园全国行"活动走进了同心县第一小学、同心县第二小学。

9月11日，"互联网＋教育"在线课堂应用开班仪式暨集中培训在同心县第一小学举行。

9月23日，成都市教育技术装备管理中心领导调研宁夏同心县营养改造计划。

10月1日，教育局组织6000余名师生参加全县万人"同升一面旗、同唱一首歌"暨"我和我的祖国"快闪活动。

10月26日，吴忠市委常委、县委书记马洪海为教育系统讲"不忘初心牢记使命"专题党课。

11月7日，全区第一所农村少年军校落户同心县。红星少年军校授牌授旗仪式在韦州红星小学举行。

是日，自治区督查组对同心县人民政府2018年履行教育职责情况进行实地督查。

12月11日，自治区团委书记王伟到同心县调研共青团工作。

2020 年

2月17日，教育局部署防控新型冠状病毒肺炎疫情，延迟开学时间。

2月26日，教育局、卫生健康局联合印发了《关于建立全县医疗机构、学校新冠肺炎疫情联防联控机制的通知》。

3月8日，同心县教育局实施"八项行动"，助力7万学子全员参加网上学习。

3月24日，自治区教育工委、教育厅督查组督查同心县开学准备工作。

5月12日，教育厅基教处和学生资助管理中心负责人检查同心县消除大班额工作及落实各类义务教育阶段四类家庭经济困难学生生活补助发放情况。

8月14日，2020年"人口老龄化国情区情教育项目"在同心县正式启动。

9月24日，全区中小学校校园治理现场会在同心举行，自治区领导李金科、杨培君出席会议。

9月，同心县第十小学建成投入使用，成为"一小分校"。

11月11日，同心县印发了《关于做好国务院教育督导委员会对同心县人民政府履行职责情况进行实地督查的准备工作》的通知。

2021 年

1月21日，宁夏青少年发展基金会调研组调研同心希望工程圆梦行动相关工作。

1月27日至2月27日，教育局举办新入职教师岗前培训班，全县2020年新入职教师共146人参加了培训。

3月8日，同心县教育局获中华全国妇女联合会颁发的巾帼文明岗奖牌。

3月17日，教育局举行同心县少先队名师工作室暨红领巾示范校授牌仪式。县教育局、团县委负责同志，各学校分管共青团少先队工作的副校长、各中学团委书记、少先队大队辅导员、少先队名师工作室成员参加此次授牌仪式。

4月3日，吴忠市委常委、县委书记马洪海为全县教育系统作党史学习教育专题党课辅导。

4月15日，教育局组织教育系统100余名党员干部前往吴忠市党风廉政教育基地，集中开展廉政教育活动。

4月22日，2021年同心县第五届校园足球联赛总决赛圆满落幕。

4月28日，同心县第四届中小学生田径运动会在滨河运动广场开幕。

是日，同心县"尕娃娃"少儿艺术团50多名小演员乘火车去北京参加"花儿向阳 童心向党——庆祝中国共产党成立100周年全国少儿晚会"的彩排录制。

5月26日，自治区党委常委、政法委书记雷东生一行，到第二小学教育集团调研指导校园综合治理工作。

6月2日，教育局组织开展高考疫情防控演练活动。

6月23日，自治区教育厅、公安厅专项检查组检查同心县校园安全工作。

7月22日，自治区卫生健康委、自治区教育厅联合举办2021年全区农村义务教育学生营养健康监测和指导视频培训班。

8月11日，同心县全面启动15至17岁人群新冠肺炎疫苗第一剂次接种工作。

8月20日，自治区教育厅、公安厅督查同心县中小学（园）校园安全工作汇报会在教育局召开。

8月27日，中国共产党同心县教育工作委员会党代表大会在县职业技术学校报告厅召开，大会选举产生出席中共同心县第十四次代表大会代表。

9月10日，吴忠市委副书记、县委书记王伟，县委副书记、代县长杨春燕等县四套班子领导，看望慰问了部分在职优秀教师、重大疾病生活困难教师、退休教师，为他们送去鲜花、慰问金和节日祝福，并通过他们向全县广大教师和教育工作者致以节日的问候和诚挚的祝福。

是日，吴忠市委副书记、同心县委书记、同心中学名誉校长王伟到同心中学为全校师生讲思想政治教育"开学第一课"。

10月19日，自治区教育厅督察组，调研同心县"双减"工作。

10月15日，同心县全面启动3至11岁人群新冠疫苗接种工作。

11月，县政府任命苏润军为教育局副局长。

12月12日，同心县教育局荣获全国巾帼文明岗荣誉称号。

12月13日，同心县教育局荣获全区教育系统2021年度先进记者站。

2022 年

1月10日，同心县教育局荣获"自治区未成年人思想道德建设工作先进单位"荣誉称号。

1月17日，同心县召开教育系统"双减"工作推进会。

3月2日，自治区教育厅调研组调研同心县职业教育发展情况。

3月16日至19日，9.3万余名师生参加了全县开展的核酸集中采集工作。

4月11日，自治区教育厅党组书记、厅长王成峰一行调研同心学校疫情防控工作，指导线上教学。

5月18日，吴忠市中小学（园）长办学思想、听课能力提升培训会，在思源实验学校举行。

6月7日，自治区教育厅副厅长吴保军一行，对同心县2022年高考工作进行巡视。

6月25日，自治区教育工委、自治区教育厅党组第四验收组，到同心中学检查验收全区教育系统党建示范点创建工作。

7月15日，同心县召开全县中小学教师"县管校聘"改革工作推进会。

是日，福建省莆田市城厢区教育局组织带领南门学校、文献中学名师，到同心县第四中学、第六中学开展教育教学交流活动。

8月1日，同心县第三届教职工篮球赛火热开赛。

8月2日，由宁夏回族自治区体育局、陕西省体育局、甘肃省体育局联合主办的第七届陕甘宁革命老区青少年足球联赛在同心县滨河运动广场开幕。

8月，县委任命罗晓娅任县教育工委副书记、纪工委书记、教育局副局长；黑平任教育局副局长。

9月13日至23日，由同心县教育信息化专家委员会11位专家组成的"互联网＋教育"智慧校园督导评估小组，对全县52所中小学"互联网＋教育"智慧校园建设工作进行了星级督导评估认定。

9月27日，受疫情影响，同心县132所中小学（幼儿园）暂时停止线下教学，全面启动线上教学工作。

10月31日，同心高三学生复学复课。

2023 年

1月9日，县委任命周宪瑜同志为同心县教育工委书记、教育局党组书记、局长。

1月12日，同心县中学教师"县管校聘"改革工作推进会召开，就教师"县管校聘"改革工作作了安排部署。

1月18日至19日，教育工委书记、教育局局长周宪瑜调研县直中小学（园）、东部学区（预旺、下马关、韦州）教育教学情况。走访慰问帮扶户及教育局驻村干部。

2月8日，由中国科学技术协会指导、中国科学技术馆和宁夏科学技术协会主办、宁夏科学技术馆承办的中国流动科技馆区域换展（第四轮）宁夏同心站正式启动，同心一小、同心二小师生代表参加启动仪式。

2月10日，召开2023年春季开学暨校园安全工作会议，县人民政府副县长王新海出席会议。

2月21日，中核集团"核苗成长基金"助学金捐赠暨发放仪式在教育局举行。

3月3日，吴忠市政协副主席、县长杨春燕主持召开全县教育工作领导小组2023年第1次全体会议，会议传达学习了2023年全国、全区教育工作会议精神，听取了全县教育工作、教育人才"组团式"帮扶工作情况汇报。

3月7日，教育局召开教育系统乡村振兴领域腐败和作风问题专项治理工作动员会议，会议传达学习了自治区纪委《关于开展乡村振兴领域腐败和作风问题专项治理工作方案》及区市县专项整治工作动员会议精神，对教育系统乡村振兴领域腐败和作风问题专项治理工作进行了安排部署。

3月20日，国家乡村振兴重点帮扶县教育人才"组团式"帮扶专家顾问团调研同心县闽宁"组团式"教育人才帮扶工作。

3月，教育局发布关于公布同心县教育领域侵害群众不正之风专项治理、乡村振兴领域腐败和作风问题专项治理等专项治理监督举报方式的公告。

4月3日，由中国教育科学研究院党委书记、院长、全国教育科学规划领导小组办公室主任李永智带领的中国教育科学研究院调研组，对同心县教育发展情况进行了调研。

4月7日，由同心县教育局和文化旅游体育广电局联合举办的"奔跑吧·少年"同心县第六届校园足球联赛第一阶段比赛正式鸣哨开赛。

4月14日，教育局发布《同心县教育系统关于教师拒绝有偿补课和校外培训机构兼职的倡议书》。

4月17日，自治区教育厅基础教育处调研同心县乡村小规模学校情况，了解存在的困难和问题。

4月27日，石嘴山市党务工作"互观互检"考评组调研同心一中、六小、二小、王团中心学校党务工作情况，教育工委书记、教育局局长周宪瑜陪同。

4月，同心县被中国发展研究基金会授予"2022年度阳光校餐示范县"荣誉称号。这是同心县第四次获得该荣誉称号。

5月8日至12日，同心县教育考察团赴莆田市城厢区学习考察。

5月15日，同心县职业教育活动周启动仪式在职业技术学校举行，同心县人民政府副县长王新海，教育工委书记、教育局局长周宪瑜，职业技术学校班子成员及全体师生、获奖学生和家长代表参加活动。

是日，吴忠市大中小思政课教师教学教研培训暨研讨会在同心县第二小学举行。

5月16日，同心县特殊教育资源中心、学前教育部、中等职业教育部揭牌暨同心县融合教育启动仪式在特殊教育学校举行。

5月22日至24日，由莆田市城厢区教育局副局长郑荔涵率队组成的教育考察团一行10人到同心县考察交流。

5月26日，教育局举办了2023年全县中小学首届校园主持人大赛决赛。

6月2日至4日，同心县学前教育普及普惠专题培训会在职业技术学校举行。全县各幼儿园园长、副园长及幼儿骨干教师100余人参加培训会。

6月5日，吴忠市委副书记、同心县委书记王汉武，吴忠市政协副主席、县长杨春燕调研高考备考工作。

6月7日至8日，同心县4318名考生参加高考。其中理工类考生2948名、文史类考生1370名，比2022年增加了411人。

7月4日，县教育局组织开展全县中小学校自制实验教具评选活动，共评选出优秀自制实验教具作品一等奖 10 件，二等奖 20 件，三等奖 30 件。

7 月 6 日，县教育局召开"双减"工作推进会，部署中小学暑假"双减"重点工作。会上为 56 名校外培训社会监督员颁发了聘书。

7 月 7 日，在"新百 CCpark 杯"第二届全区青少年旱地冰壶展演赛决赛中，思源实验学校荣获女子团体和混合团体 2 个项目冠军。

7 月 14 日至 17 日，县教育局举办了教育系统首届教职工气排球和第四届篮球比赛。共有 43 支代表队参赛，王团中心学校代表队荣获教育系统教职工首届气排球女子组、混合组双料冠军；第七幼儿园、石狮中心学校代表队分别荣获女子组亚军、季军；石狮中学、特殊教育学校代表队分别荣获混合组亚军、季军。

7 月 17 日，同心县教育督学一行 60 余人赴云南昆明市开展为期 5 天的基础教育督学培训。

7 月 18 日，同心县教育领域侵害群众利益不正之风专项治理工作推进会暨警示教育大会在县委党校召开。县教育领域侵害群众利益不正之风专项治理工作领导小组组长、县委常委、纪委书记、监委主任宗茂彬出席会议并讲话。

7 月 28 日上午，同心县 2023 年普通高中"阳光招生"现场录取工作在县教育局四楼会议室举行，招生录取工作邀请了县委、县政府、人大、政协四套班子领导、"两代表一委员"、纪委监委代表、家长代表、三所高中及部分初中学校负责人，"零距离"全程监督招生工作。

8 月 2 日，同心县"阳光招生"工作被《宁夏日报》以《同心县"阳光招生"守牢教育公平底线》为题专题报道。

8 月 5 日，在全区拳击锦标赛中，同心思源实验学校学生马嘉鑫获得 U16—70 公斤级冠军。

是日，在第八届陕甘宁革命老区青少年足球联赛决赛中，同心县代表队获得本次赛事亚军、团体一等奖。

8 月 10 日，同心县"基础教育精品课"遴选工作 2022 年度总结表彰暨 2023 年度推进培训会在县职业技术学校召开。

8 月 18 日，同心县教育局召开 2023 年"互联网＋教育"标杆校评估认定推进会。

8 月 23 日，吴忠市政协副主席、同心县委副书记、政府县长、第三中学名誉校长杨春燕来到第三中学，与 2023 级高一新生共同参加升国旗仪式，为师生讲"开学第一课"。

8 月 29 日，同心县中小学实验室"建配管用"提升培训班圆满结束。本次培训分县内、区外两期，邀请浙江省教育技术中心教育装备部副主任张仲华、南京市教育技术装备中心管理科科长杨文胜、浦口区教师发展中心工会主席兼教师培训管理处副主任王晓琴等 11 名专家授课。宁夏教育装备和校园风险管理中心张松江出席开班仪式并授课，各中小学校负责人、中层管理干部、实验室管理员、学科教师等 380 余人参加培训。

9月8日，吴忠市委副书记、同心县委书记王汉武到韦州红星少年军校讲开学第一课。王汉武书记一行还慰问了韦州镇困难教师、优秀教师代表。

9月12日，宁夏首届残疾人运动会和特殊奥林匹克运动会（简称"宁夏首届残特奥运动会"）在中卫市圆满落下帷幕。同心县特殊教育学校代表队共获得22金23银11铜的好成绩，奖牌数位列吴忠市第一。

9月14日，在第九届全国中小学实验教学说课大赛自治区比赛中，同心县参赛教师1名获得二等奖，7名获得三等奖。

9月17日，2023年宁夏青少年禁毒知识竞赛总决赛在银川举行，同心县代表队获得本次比赛一等奖，本次总决赛中的优秀选手将参加全国竞赛。

9月23日，同心县教育局广播体操队荣获第四届全民运动会广播体操比赛第一名。

9月28日，县教育局举行同心县2023年中小学（幼儿园）教师"三字一话"基本功大赛活动。大赛分为中学组和小学（幼儿园）组，共有28名教师荣获一等奖，38名教师荣获二等奖。第四中学和实验小学被授予优秀组织奖。

10月13日至15日，同心县第四届全民运动会青少年组暨"奔跑吧少年"第五届在县全民运动中心鸣枪开赛。本届运动会共有来自全县各中小学的37支代表队、700名运动员参加3个组别、60个小项目比赛。豫海中学、第四中学、第一小学分获高中组、初中组、小学组团体总分第一名；李玲玉等49人获得100米、跳高、跳远、铅球等项目个人奖项；16个项目打破赛会纪录。

10月17日，莆田市科技创新教育名师和莆田一中名师团队前往同心县（豫海中学）开展教育人才"组团式"帮扶活动。本次活动将在豫海中学开展6场科技教育专题讲座，4节名师示范课。

第一章 | 学前教育

　　同心县学前教育起步晚。1957 年在城关公社城关大队开始办幼儿园 1 所。1958 年，县城开办了幼儿园 1 所，1959 年 10 月，县城幼儿园有幼儿班 3 个，幼儿 31 人，教职工 4 人。各公社办起的托儿所 55 个，幼儿 1680 人。1965 年，县城幼儿园有幼儿 61 人，教职工 2 人，保育员 2 人。1979 年，按照自治区人民政府提出"教育部门办的幼儿园要适当发展，每个县至少办起一所幼儿园"的要求，县财政科给县城幼儿园拨款建砖木结构房子 13 间，1980 年，又扩建 15 间，建筑面积为 720 平方米。1984 年，创办县城第二幼儿园。1990 年底，全县有幼儿园 2 所，11 个教学班，在园幼儿 470 人，教职工 48 人。党的十八大以来，县委、县政府贯彻落实《中共中央国务院关于学前教育深化改革规范发展的若干意见》《宁夏回族自治区学前教育三年行动计划》《关于进一步加快同心等县（区）学前教育发展的实施方案》，将学前教育纳入全县经济社会发展规划，持续增加学前教育资源供给、加大学前教育财政投入力度、加强幼儿园师资队伍建设，逐步形成政府主导、社会参与、公办民办并举的办园体制。同心的学前教育也实现了跨越式发展，幼儿园由 1957 年的 1 所，发展到 2022 年的 91 所，在园幼儿 11696 人。

第一节 | 发展历程

一、幼儿园

1957 年，城关公社城关大队占用老城民房 12 间，创办幼儿园 1 所，有保育员 5 人，炊事员 2 人，勤杂人员 1 人，在园幼儿 70 多人。1958 年，在县属机关的强烈要求下，开办了幼儿园 1 所，招幼儿 1 个班为日托制，有教职工 3 人。园址在人委家属院，由文卫科、民政科领导。是年，各公社为有利生产劳动，在喊叫水、新庄集、韦州、下马关、预旺、王团等公社先后办起托儿所。1959 年 10 月，县城幼儿园有幼儿班 3 个，幼儿 31 人，教职工 4 人。各公社办起的托儿所 55 个，幼儿 1680 人，指派 143 名社员任保育员。1960 年，公社托儿所因粮食及副食品供应困难，经费、设备、师资得不到解决，相继停办。1963 年，县城幼儿园扩建，设有活动室、休息室、灶房、宿舍、饭厅、库房等 16 间房子。此年，3 个幼儿班 62 人改日托制为全托制。1965 年，县城幼儿园有幼儿 61 人，教职工 2 人，保育员 2 人。1966 年"文化大革命"开始，县城幼儿园停办。

1979 年，按照自治区人民政府提出"教育部门办的幼儿园要适当发展，每个县至少办起一所幼儿园"的要求，成立了县托幼领导小组，由文教局、卫生局、工会、妇联、计划科、商业局、城建局、财政科、粮食局 9 个单位组成。恢复了县城幼儿园。县财政科拨款建砖木结构房子 13 间，1980 年又扩建 15 间，建筑面积为 720 平方米。同年 9 月，招幼儿 65 人，配教职工 7 人。

1984 年创办了县城第二幼儿园，县财政拨款 3 万元，建砖木结构房子 31 间，建筑面积为 826 平方米。1985 年 3 月招收幼儿 3 个班（大、中、小）100 人，教职工 18 人。有办公桌 16 套，各种办公、生活用柜 14 个，洗衣机 3 台，收录机、收音机、扩音机各 1 台，还有手风琴、脚踏琴等教学设施。体育活动器材有滑梯、各种旋椅、荡船、爬山洞、摇马，还有小型的玩具，器材总价值达 1.5 万元。建立健全了幼儿保健、幼儿生活和饮食管理，体育锻炼、卫生保健、疾病预防、安全管理等规章制度。对保健人员职业纪律、职业道德从制度上按考核标准严格要求，加强了保教人员责任心，保教保育质量不断提高。

1990 年底，全县教育部门办幼儿园 2 所，11 个教学班，在园幼儿 470 人，其中女 206 人。教职工 48 人（其中教师 28 人），园长 5 人，保健员 2 人。

1991 年，同心有 2 所幼儿园，11 个教学班，在园幼儿 466 名，教职工 78 人。幼儿园占地面积 14445 平方米，校舍建筑面积 2281 平方米，幼儿生均校舍面积 4.89 平方米，建有幼儿活动室、游戏室、音乐室、美工室、灶房，配置有幼儿教具、玩具等设备。

2001 年 9 月，教育局制定了《同心县 2001—2005 年 3.5 岁—6.5 周岁幼儿教育事业发展目标》，鼓励社会力量办学，豫海镇、王团镇、河西镇、丁塘镇、韦州镇等 5 个乡镇创办了民办幼儿园。

2010 年 11 月，全县幼儿园发展到 13 所，4—6 周岁适龄儿童 17500 人，学前 3 年入园率为 40.7%，其中城镇为 65%，农村为 35%。幼儿活动室、游戏室、音乐室、美工室以及幼儿教具、玩具配备，均达到自治区规定的标准。公办教师 67 人，幼儿园教师学历合格率 100%。

2011 年，县人民政府印发了《同心县学前教育三年行动计划（2011—2013 年）》。教育局按照"政府主导、社会参与、公办民办并举"的办园体制，合理布局学前教育资源，构建覆盖城乡的学前教育服务网络，进一步扩大学前教育规模，壮大队伍、提高保教质量。

2013 年，投资 1578 万元，计划新建城乡幼儿园 19 所。本年竣工交付使用幼儿园 8 所，其中城镇 4 所，农村 4 所，公办 1 所，民办公助 1 所，民办幼儿园 6 所，在园幼儿 2007 人。

2014 年，县委、县政府把发展学前教育纳入社会经济发展总体目标，投资 2536 万元，新建了新区等 6 所幼儿园，扶持普惠性民办幼儿园 8 所，全县幼儿园发展到 26 所。同时落实了家庭经济困难幼儿资助政策，30% 的学前一年在园幼儿享受政府补贴。全县学前教育规模不断扩大，农村学前教育得到了进一步发展，城镇基本满足了适龄儿童入园需求。

2015 年，坚持"就近入园大村（区）独办，小村（区）联办"的原则，每个乡镇设置中心幼儿园 1 所，人口较多的行政村设置幼儿园，人口稀少的行政村可在小学附设幼儿园（或幼儿班）或与其他村联办，构建县、乡、村三级学前教育网络，满足适龄幼儿入园的需要。在学前教育项目扶持下，建成丁塘镇新华幼儿园、韦州镇旧庄幼儿园、韦州镇甘沟幼儿园、同心县第四幼儿园、下马关镇新园幼儿园、王团中心幼儿园、丁塘镇中心幼儿园、河西中心幼儿园等 8 所幼儿园。实施学前三年行动计划以来，2015 年全县幼儿园发展到 26 所，学前三年毛入园率达到 69.1%，投资 1.1 亿元，新建幼儿园 33 所。

2016 年，投入资金 1194 万元（其中：土建 1134 万元，设备采购 60 万元），新建同心县第五幼儿园、石狮管委会庙儿岭幼儿园。

2017 年，新建河西镇旱天岭幼儿园等 41 所幼儿园，建筑面积 55440 平方米，新增 168 个幼儿班，新增学位 5040 个，概算投资 1.5938 亿元。

2018 年，同心县人民政府印发了《同心县第三期学前教育三年行动计划（2018—2020 年）》，制定了政府购买学前教育服务，民办幼儿园实行聘用方式补充教师。

2019 年，投入 2130 万元，为新建的贫困村幼儿园完善配套设施、配备教学设备，27 所贫困村的幼儿园全部投入使用，学前三年入园率达到 85%。健全城镇小区配套建设幼儿园机制，开工建设县城第六、第七、第八幼儿园。建立了县城第一幼儿园教育集团、县城第六幼儿园教育集团、清水湾教育集团、第八幼儿园教育集团。

2021 年，按照《城市建设幼儿园规划》《同心县开展城镇小区配套幼儿园专项治理实施方案》等文件要求，把普惠性幼儿园建设纳入城乡公共管理和公共服务设施统一规划，大力发展公办园，同时办好公办乡镇中心幼儿园，形成"公办引领、多元发展"的教育格局，确保学前教育城乡均衡发展。

2022 年底，全县幼儿园发展到 91 所，其中公办园 64 所，民办 1 所，公建民办幼儿园 13 所，民办 13 所。区级示范幼儿园 1 所，市级示范幼儿园 1 所，一类幼儿园 6 所。全县有 428 个幼儿班，在园幼儿 11696 人，女生 5360 人，残疾儿童 34 人。教职工 1065 人，在编人员 39 人。

1979—2022 年同心县幼儿园基本情况统计表

年度	幼儿园数	班级数	幼儿数		教职工数		
			小计	其中附设幼儿班	教职工	专任教师	保育员
1979	1				4		
1980	1	2	65		7	4	
1981	1	2	65		14	4	
1982	1	3	90		16	6	
1983	1	3	118		19	6	
1984	2	3	120		18	6	
1985	2	6	232		28	12	
1986	2	6	232		32	12	
1987	2	8	350		34	16	
1988	2	8	354		39	16	
1989	2	10	415		50	31	
1990	2	11	470		48	28	
1991	2	11	466	-	78	-	-
1992	3	14	518	0	46	36	2
1993	3	101	4159	3746	45	36	3
1994	3	61	2315	1947	46	38	3
1995	2	28	1567	1178	51	36	1

（续表）

1996	2	36	1667	1280	55	40	2
1997	2	27	1274	899	55	50	2
1998	2	73	3087	2666	66	48	2
1999	2	102	4076	3610	78	72	2
2000	2	128	4981	4533	76	64	2
2001	2	152	5041	4535	76	64	2
2002	2	194	5832	5675	84	64	2
2003	2	88	3233	2042	84	64	2
2004	1	93	3490	3490	84	66	2
2005	2	84	3141	2820	80	64	4
2006	2	73	3144	2463	67	55	1
2007	2	85	3913	2978	70	61	2
2008	2	84	4147	2994	69	61	3
2009	2	99	4657	3284	66	56	3
2010	2	149	7121	5947	65	53	1
2011	2	142	7232	5742	59	50	4
2012	3	149	7303	5621	63	61	0
2013	18	211	9289	6032	193	153	12
2014	26	246	10497	5967	381	282	29
2015	26	261	10812	6447	410	283	48
2016	33	275	11501	5656	513	332	69
2017	49	351	13207	4168	663	419	102
2018	61	398	13262	4302	719	380	149
2019	73	411	13501	3464	703	345	147
2020	87	447	13852	2754	575	287	106
2021	91	430	12033	717	667	373	126
2022	91	428	11696	577	1065	578	348

同心县 2022—2023 学年度第一学期幼儿园基本情况统计表

幼儿园	在园幼儿数	班级数	女生数	各年级人数						教职工人数		
				小班		中班		大班		小计	在编人员	专任教师
				人数	班数	人数	班数	人数	班数			
总计	10466	390	5015	516	45	3786	148	6164	197	1099	37	619
第一幼儿园	490	16	209	60	3	179	6	251	7	62	8	32
第二幼儿园	485	14	250	26	1	165	5	294	8	56	13	28
第三幼儿园	285	9	127	0	0	91	3	194	6	29	5	18
新区幼儿园	483	12	233	27	1	175	5	281	6	43	0	24
第五幼儿园	449	12	236	38	1	178	5	233	6	48	5	34
兴隆乡李堡村幼儿园	142	4	66	13	1	41	1	88	2	19	0	13
第六幼儿园	81	3	43	6	1	30	1	45	1	12	1	10
第七幼儿园	509	13	239	35	1	224	6	250	6	53	1	38
第八幼儿园	325	10	162	34	1	119	4	172	5	39	3	27
清水湾实验幼儿园	410	12	195	33	1	167	5	210	6	46	1	31
豫西幼儿园	386	12	184	25	1	152	5	209	6	42	0	28
豫海万家幼儿园	333	9	152	29	1	125	4	179	4	32	0	22
第九幼儿园	323	10	155	22	1	130	4	171	5	27	0	15
第四幼儿园	247	9	115	13	1	78	3	156	5	21	0	9
同心贝贝乐幼儿园	200	6	91	0	0	60	2	140	4	17	0	7
同心家家乐幼儿园	205	6	90	0	0	30	1	175	5	20	0	10
兴隆乡黄谷村幼儿园	63	3	30	0	0	20	1	43	2	9	0	6
兴隆乡新生村幼儿园	71	4	34	6	1	25	1	40	2	9	0	5
兴隆乡王大套村幼儿园	23	3	10	2	1	6	1	15	1	3	0	2
兴隆乡王团村幼儿园	11	3	5	4	1	4	1	3	1	3	0	2
王团镇中心幼儿园	230	7	97	0	0	90	3	140	4	18	0	9
王团镇北村幼儿园	240	6	116	0	0	120	3	120	3	14	0	7
永福快乐幼儿园	82	3	42	0	0	22	1	60	2	8	0	3
王团镇圆枣幼儿园	50	2	28	0	0	23	1	27	1	5	0	4
王团镇虎湾子村幼儿园	26	2	13	0	0	3	1	23	1	3	0	1
王团镇羊路村幼儿园	64	3	25	0	0	22	1	42	2	7	0	4
王团镇前红幼儿园	68	3	31	0	0	16	1	52	2	10	0	4
王团镇大沟沿村幼儿园	27	2	12	0	0	14	1	13	1	6	0	4
王团镇张家湾村幼儿园	68	3	30	0	0	27	1	41	2	7	0	3
王团镇吊堡子村幼儿园	45	2	21	0	0	20	1	25	1	7	0	4
新星幼儿园	68	3	30	0	0	22	1	46	2	7	0	4
小天使幼儿园	87	5	44	5	1	40	2	42	2	9	0	4
河西镇纪家幼儿园	194	8	83	3	1	69	3	122	4	14	0	6
安溪同德幼儿园	119	3	71	0	0	36	1	83	2	8	0	3
河西镇塘坊幼儿园	111	4	50	0	0	43	2	68	2	10	0	5
河西镇金太阳幼儿园	151	5	70	0	0	48	2	103	3	12	0	1

（续表）

河西镇中心幼儿园	136	6	68	12	1	47	2	77	3	13	0	7
河西镇旱天岭幼儿园	46	2	24	0	0	19	1	27	1	7	0	4
河西镇菊花台幼儿园	79	4	35	4	1	19	1	56	2	10	0	5
河西镇同福幼儿园	73	3	31	5	1	31	1	37	1	7	0	3
河西镇桃山幼儿园	13	3	8	2	1	4	1	7	1	3	0	2
河西镇春蕾幼儿园	41	2	22	0	0	11	1	30	1	8	0	5
石狮镇中心幼儿园	176	5	79	0	0	65	2	111	3	12	0	8
石狮沙嘴城幼儿园	176	6	85	0	0	84	3	92	3	15	0	7
同心县童之梦幼儿园	100	3	46	0	0	30	1	70	2	6	0	2
石狮镇管委会沙沿村幼儿园	23	2	12	0	0	11	1	12	1	4	0	3
石狮管委会庙儿岭幼儿园	31	2	18	0	0	12	1	19	1	7	0	3
石狮管委会麻疙瘩幼儿园	107	4	55	0	0	30	1	77	3	12	0	9
石狮管委会满春幼儿园	48	2	27	0	0	15	1	33	1	8	0	5
石狮管委会惠安兴隆幼儿园	79	3	34	0	0	27	1	52	2	10	0	7
田老庄乡石塘岭村幼儿园	0	0	0	0	0	0	0	0	0	1	0	1
田老庄乡深沟村幼儿园	28	3	13	0	1	13	1	15	1	4	0	3
丁塘镇中心幼儿园	114	5	47	0	0	39	2	75	3	14	0	8
丁塘镇新华幼儿园	61	3	26	1	1	9	1	51	1	5	0	2
丁塘镇杨河湾村幼儿园	71	4	28	6	1	25	1	40	2	6	0	4
丁塘镇李岗村幼儿园	37	3	20	5	1	11	1	21	1	3	0	2
丁塘镇河草沟村幼儿园	100	5	52	1	1	43	2	56	2	12	0	7
丁塘镇八方幼儿园（新开）	0	0	0	0	0	0	0	0	0	1	0	1
马高庄乡赵家树村幼儿园	25	3	8	1	1	10	1	14	1	5	0	3
马高庄乡邱渠村幼儿园	45	3	21	4	1	14	1	27	1	7	0	1
马高庄乡乔湾村幼儿园	16	3	8	2	1	4	1	10	1	2	0	0
预旺中心幼儿园	132	5	79	7	1	54	2	71	2	11	0	4
小太阳幼儿园	87	3	44	0	0	29	1	58	2	10	0	3
预旺镇南关村幼儿园	140	5	70	16	1	52	2	72	2	14	0	7
张家塬乡中心幼儿园	1	1	1	0	0	0	0	1	1	0	0	0
张家塬乡汪家塬村幼儿园	0	0	0	0	0	0	0	0	0	0	0	0
张家塬乡犁铧嘴村幼儿园	2	1	1	0	0	0	0	2	1	0	0	0
韦州第一幼儿园	160	7	79	7	1	42	2	111	4	14	0	4
韦州镇第二幼儿园	57	3	24	6	1	23	1	28	1	10	0	2
启蒙幼儿园	133	6	68	8	1	31	2	94	3	13	0	5
星海幼儿园	87	4	46	7	1	30	1	50	2	12	0	2
韦州镇旧庄幼儿园	20	2	8	0	0	14	1	6	1	4	0	3
韦州镇甘沟幼儿园	19	2	10	0	0	7	1	12	1	3	0	2
韦州镇庆华村幼儿园	43	2	26	0	0	13	1	30	1	9	0	6
韦州镇河湾村幼儿园	39	2	18	0	0	15	1	24	1	5	0	3
下马关中心幼儿园	124	4	50	0	0	50	2	74	2	13	0	6
下马关镇新园村幼儿园	100	5	51	8	1	44	2	48	2	11	0	9

（续表）

下马关镇三山井幼儿园	198	7	101	12	1	75	3	111	3	16	0	8
下马关镇田园村儿童之家幼儿园	75	3	40	0	0	20	1	55	2	9	0	3
下马关镇红城水幼儿园	10	3	5	3	1	3	1	4	1	2	0	2
下马关镇南安儿园	72	4	40	6	1	30	2	36	1	7	0	6
下马关平远村幼儿园	33	3	32	3	1	13	1	17	1	5	0	5
下马关田园村幼儿园	43	3	17	2	1	14	1	27	1	7	0	5
下马关南关村幼儿园	115	5	49	7	1	40	2	68	2	7	0	5

二、学前班

1991年，同心实施联合国儿童基金会和自治区教育厅联合开展的"加强贫困地区小学教育项目"实验，开始创办学前教育。同心一小、二小、韦州小学、预旺小学、南阳小学、下马关小学、喊叫水小学、河西新华小学、马高庄小学、下流水完小等10所项目小学附设学前班22个，招收6周岁幼儿952名，占项目学校服务范围6周岁幼儿的84%。小学附设的学前教育班，一般都编为一年级乙班（分两年学习一年级内容），然后正式升入一年级。学前班按照国家教委颁发的《关于改进和加强学前班管理的意见》，县直属小学由主办单位及教育局管理。农村学前班由乡镇学区管理，在业务上归当地教育行政部门统一管理。学前班教师的资格与幼儿园教师相同。学前班不属于义务教育，家长要负担一定的保育费、教育费用。

1993年，教育局按照宁夏回族自治区《幼儿园管理条例》《宁夏回族自治区学前班办班标准（试行）》，对学前班的设置、办班条件、师资、设备进行管理，随后又建立了学前班登记注册制度，并且规定，小学不得以未入本校学前班为由，拒绝接收规定服务地区内学龄儿童入学。教育局结合本地实际，制定了学前班管理的具体办法，建立了督导、评估制度。农村学前班实行乡办乡管或村办村管；在业务上归教育部门统一管理，各乡镇中心学校、小学校长直接负责辖区内的学前班。全县中心小学和规模比较大的村完小也都办起了学前班，学前班发展到98个，入班幼儿3776名。学前教育的发展，既为基础教育奠定了基础，又为广大教职工和农民解决了孩子的入托问题，受到社会的普遍欢迎。

1996年，教育局按照《宁夏回族自治区学前班办班标准（试行）》和《宁夏回族自治区学前班工作评估细则（试行）》，对全县学前班工作进行了评估。对一些农村小学学前班达不到办班条件的责令停办。到1995年，全县学前班幼儿减少到1178名。由于3年持续干旱，许多家长都不送子女入班，到1997年，学前班减少到16个，在班幼儿减少到899名。

学前教育属非义务教育，鉴于地方财政困难，人民生活水平低的情况，同心坚持财政拨款、主办学校投入和个人投入、家长交费、社会各界广泛捐款多渠道筹措学前教育经费。教育局要求举办学前班的学校，每人每月不超过 8 元；要独立建账，专款专用，其中 60% 要用于购置教具玩具和图书。

1997 年，学前教育又有了新的发展，全县学前班增加到 60 个，在班幼儿 2666 名。

2000 年 4 月，师资培训中心举办学前教育培训班，请区内 7 位专家讲学，60 名学前教师和学区校长参加培训。

2011 年 2 月，县人民政府印发了《同心县学前教育三年行动计划》(2011—2013 年)，提出了学前教育发展目标是：到 2013 年，全县学前一年入园（班）率达 90% 以上，学前三年入园率达 65% 以上。

2013 年，全县小学附设学前班 127 个，学前班幼儿 5209 人，学前 1 年入园率为 40.7%，其中城镇 65%，农村 35%。

2017 年，全县小学附设学前班 104 个，学前班学生 4385 人。农村学前班一般为 1 年，但依据地理环境、居住疏密、居民需要等实际，允许村完小采用灵活多样的学制。可以实行一年制，也可实行二年制，或者实行短期制、半年制学前班，以满足学前幼儿入学的需要。2017 年以后，小学逐步取消学前班。

第二节 ｜ 保育教育

一、发展历程

1981 年 11 月，教育部转发了《幼儿园教育纲要》，各园按照《纲要》规定，结合幼儿的特点，按大、中、小班（小班 3—4 岁、中班 4—5 岁、大班 5—6 岁）分别拟定教学计划，进行生活习惯、体育活动、思想品德、语言、计算、常识、美术、音乐、舞蹈、游戏 10 个方面的保教保育工作，让儿童多看、多听、多想、多说、多做，使儿童的智力、才能和个性得到生动活泼的发展。

1984 年，教育部颁发了新的幼儿园统编教材共 7 种 9 册，包括体育、语言、常识、音乐、美术、计算、游戏。县城两所幼儿园按新教材的内容开展教学。上课时间是随着幼儿的年龄而递增。小班每周 6—8 节，每节 10—15 分钟；中班每周 10—11 节，每节 20—25 分钟；大班每周 12节，每节 25—30 分钟。根据中华人民共和国教育部制定的《幼儿教育纲要》的规定，每周各班各科的节数安排如下：

课程	小班		中班		大班	
	上	下	上	下	上	下
体育		1	1	1	1	1
语言	1	1	2	2	2	2
常识	1	1	2	2	2	2
计算		1	1	2	2	2
音乐	2	2	2	2	2	2
美术	2	2	2	2	3	3
共计	6	8	10	11	12	12

1989 年，同心幼儿园根据国家教育委员会 1989 年发布的《幼儿园管理条例》，按照"幼儿园应当贯彻保育与教育相结合的原则，创设与幼儿的教育发展相适应的和谐环境，引导幼儿个性健康发展"；"幼儿园应当保障幼儿的身体健康，培养好幼儿良好的生活、卫生习惯，以促进幼儿的智力发展，培养幼儿热爱祖国的情感及良好的品德行为"等相关要求进行保育教育工作。

2016 年 1 月 5 日，教育部公布《幼儿园工作规程》，提出幼儿保育和教育的主要目标，与1996 年《幼儿园工作规程》确定幼儿保育和教育的主要目标基本一致。第一条增加了促进心理健康；第二条增加了探究能力。

2020—2022 年，全县幼儿园贯彻落实《幼儿园教育指导纲要》《3—6 岁儿童学习与发展指南》《幼儿园工作规程》，立足幼儿园教育教学工作实际，坚持保教结合，坚持课程游戏化，应用信息技术，五大领域相互渗透，结合季节和中国传统节日，开展形式多样的活动，让幼儿通过动手操作、亲身体验、社会实践等活动，丰富孩子的活动，培养良好的品质，确保儿童健康、快乐、科学成长。

二、学制、课程与教材

（一）学　制

1996 年以前，幼儿园学制一直沿用 3 年制学制，小班（3—4 岁），中班（4—5 岁），大班（5—6 岁），每年秋季入学，依次升班。1996 年教育厅按照《幼儿园工作规程》，统一规范学制和办学形式，规定幼儿园适龄幼儿为 3—6 岁（或 7 周岁），幼儿园一般为 3 年制，亦可设一年制或二年制的幼儿园。城市一般为三年制，乡镇多为二年制，一年制主要在农村。在办学形式上，幼儿园可分为全日制、半日制、定时制、季节制和寄宿制。

（二）课程与教材

1991—2004 年，幼儿园使用的是教育部 1984 年颁发的幼儿园统编教材，共 7 种 9 册，包括体育、语言、常识、音乐、美术、计算、游戏。上课时间是随着幼儿园的年龄而递增。

2004—2010 年 7 月，幼儿园开设课程有科学（数学、科学）、艺术（音乐、美术）、健康（体育、保健）、语言、社会（南京版）。

2010 年以后，幼儿园增设了礼仪教育、艺术教育等园本课程。课程的设置，有基础知识、创造能力、艺术培养、经典教育、社会实践等，体现了人文性、知识性和趣味性。

同心县第一幼儿园作息时间安排表

夏季作息时间			秋季作息时间		
	时间	内容		时间	内容
上午	7:30—7:55	晨间互动	上午	7:50—8:20	晨间活动、收整玩具
	7:55—8:00	收整活动材料		8:20—8:50	餐前准备、早餐
	8:00—8:30	早餐餐后活动		8:50—9:00	收整餐具（如厕、自由活动）
	8:30—9:00	早操		9:00—9:30	集体活动
	9:00—9:10	如厕		9:30—9:40	如厕、自由活动
	9:10—9:40	集体活动		9:40—10:10	集体活动
	9:40—9:50	喝水		10:10—10:20	喝水、如厕、自由活动
	9:50—10:20	集体活动		10:20—11:10	课间操、户外活动
	10:20—11:00	户外活动、户外游戏		11:10—11:20	洗手、喝水、饭前准备
	11:00—11:10	如厕		11:20—11:50	午饭
	11:10—11:40	午饭		11:50—12:00	收整餐具、散步、准备午休
中午	11:40—12:00	散步、准备入睡	中午	12:00—14:20	午睡
下午	12:00—14:50	午睡	下午	14:20—14:50	午睡后生活活动、午点
	14:50—15:20	午睡后生活活动、午餐		14:50—15:20	集体活动、区域活动
	15:20—15:50	集体活动		15:20—16:10	户外活动、喝水、洗手、饭前准备
	15:50—16:00	喝水		16:10—17:00	晚餐
	16:00—16:30	区域活动		17:00—18:00	离园
	16:30—17:00	户外活动		每天下午活动安排：星期一学习，单周政治学习，双周业务学习；星期二培训，包括专业技能、安全、卫生保健；星期三教研活动、听评课；星期四集体备课；活动时间：下午15:30—16:30，星期五周例会		
	17:00—17:30	晚餐				
	17:30—18:30	离园				

三、教学工作计划

学期初，幼儿园制定各学科教学计划，统筹安排本学期的教学内容。任课教师根据幼儿园教学计划，制定班级每月、周、日活动计划，安排工作重点，确保班级保育教育工作有条不紊地开展。教师还创编礼仪操、轻器械操、手指操，均能体现童心、童趣。幼儿园落实好幼儿每天一小时活动，坚持做好眼保健操和广播体操，鼓励幼儿参加各类体育活动。

四、教学活动

（一）主题教育

根据保育内容，开展由教师、幼儿、家长共同参加的"元旦家园联谊会"、"走进敬老院"慰问活动、"亲子趣味运动会"、庆"三八""亲亲妈妈，回报母亲"、"国庆节日开放"、"庆六一暨艺术节展演活动"、"缅怀先烈、放飞梦想"社会实践、"走进小学"幼小衔接等主题教育，让孩子在活动中受到思想教育。

（二）特色课程

幼儿园根据幼儿年龄特点，认知规律，开展礼仪教育课程，从孩子入园时刻起就开展礼仪、进餐、如厕、喝水、洗手、吃饭等一日活动教育。

（三）游戏活动

幼儿园鼓励教师、家长带领幼儿，利用废旧材料制作各种各样的室内外玩教具，如用旧轮胎制作的蹦蹦床，用布头、棉花等填充物制作的足球、沙包，各种水果及木偶等；利用废旧材料制作的纸飞盘、娃哈哈拉力器、投掷、赶小羊、弹力球、投篮、布球、高跷、木桩、手拉车、杠铃、哑铃等；利用废旧布料，精心制作了毛线玩具、木质及铁质玩具等多种体育器材，使幼儿的户外活动更加生动、有趣。

（四）才艺展示活动

为培养幼儿的创造力和表现美的能力，幼儿园每学期开展奇思异想绘画比赛、手工制作比赛、小绅士小淑女比赛等，每月由业务园长对各班进行幼儿素质评估，及时进行总结反馈，根据反馈信息，及时调整教学策略和方法，确保幼儿素质得到全面发展，为幼儿的终生发展奠定了坚实的基础。

（五）亲近大自然活动

幼儿园普遍开展"亲亲大自然，我们去远足"的春季踏青活动、"放飞理想、放飞希望"放风筝活动、"缅怀革命先烈"扫墓活动、植树节开展"我为小树浇浇水"等活动。

五、对外交流

2013年7月1日，西北少数民族师资培训中心主任带领甘肃省民族地区幼儿园园长一行58人来同心县考察学前教育发展情况。考察团先后来到同心一幼、同心教育园区等地，详细了解了学前教育发展情况。双方幼儿园园长就办园理念、课堂教学等方面进行了广泛的探讨与交流。

2014年6月23日至24日，教育局组织拟承办全县各公建民办幼儿园的董事长和园长到银川海宝龙幼儿园、宝湖幼儿园、伊博幼儿园、吴忠市幼儿园、吴忠剑桥幼儿园等8所幼儿园参观学习。

2015 年 11 月 20 日，教育局召开了"同心县幼儿园管理工作暨现场观摩会"，学习观摩了一幼、二幼、新区幼儿园的管理工作。

2017 年 11 月 8 日上午，全区幼儿园观摩团 100 多位学前教育同行，到同心县开展观摩交流活动。

六、卫生保健工作

全县幼儿园按照教育部颁发的《城市幼儿园工作条例》和卫生部颁发的《托儿所、幼儿园卫生保健制度》《食品卫生法》《幼儿集体用餐管理办法》《幼儿园教育指导纲要（试行）》规定的日常生活和卫生保健内容，建立了幼儿一日生活作息制度、健康检查制度、幼儿健康卡和健康档案。

幼儿户外活动（早操、午间操、户外活动）时间达到了每天两个小时以上。坚持每年对幼儿进行一次体检，每半年测身高一次，每季度测体重、视力一次。开学初对全园幼儿进行一次全面体检，儿童体检率 100％。幼儿园工作人员每年进行一次全面体检。

第三节 | 幼儿园管理

一、管理体制

20世纪80至90年代，幼儿教育实行"地方负责，分级管理"和有关部门分工负责的管理体制。在各级政府统一领导下，县及厂矿、企事业各部门幼儿园由隶属主管部门进行管理。行政、人事、经费均由主管单位负责解决。机构设置、人员编制均参照国家教育部规定，从实际需要出发，酌情安排。教育局教育股具体负责全县学前教育管理工作。教研室配备幼儿教育教研员，负责幼儿教育管理和业务指导。

1991—1998年，教育部门办的幼儿园一直由政府包办。1999年，同心一些乡镇根据国务院《社会力量办学条例》《民办教育促进法》和自治区党委、政府《关于加快教育改革与发展，全面推荐素质教育的决定》（宁党、宁政发〔1999〕60号）精神，开始创办民办幼儿园。

2003年，同心县先后制定出台了《关于加强民办幼儿园管理工作的实施意见》《同心县公建民办幼儿园管理办法（试行）》，坚持"政府主导、社会参与、统筹规划"的原则，提出了公建民办的办园思路，形成了公办、民办公助、公建民办、民办等多种形式共存的学前教育办学模式。4月，县政府决定第二幼儿园实行民办公助办学体制。

2014年，县委制定了《同心县公建民办幼儿园管理办法（试行）》规范了办园资质与承办条件，部门职责与监督管理，考核与奖惩。教育局制定了《同心县公建民办幼儿园管理办法（试行）》，对全县26所幼儿园分别进行了年检和普惠性认定。举办了学前教育信息管理系统培训班，对学前幼儿进行学籍电子采集。通过"公建民办、以奖代补、政府购买服务"等多种形式，着力推动城乡学前教育均衡发展。出台了《同心县扶持民办幼儿园发展奖补资金管理办法（暂行）》，鼓励发展民办幼儿园，吸引社会投资5100万元，开办民办幼儿园17所。落实奖补资金144万元，为公建民办、民办幼儿园补充教玩具、保教生活设施设备和校园维修，提升办园水平。

2015年，同心县政府制定了《政府购买学前教育服务试点工作方案》，开展试点工作。政府落实政府购买学前教育服务资金 250 万元，先后为 15 所普惠性民办幼儿园购买学前教育服务，采取补贴保育费、教师工资两种方式，共资助建档立卡户、低保户、单亲家庭、孤儿、残疾儿童等 1607 人，资助教师 130 人。

2017 年，教育局专门设立了学前教育管理岗位，负责学前教育管理，落实各类幼儿园审批、评估督导、教学指导和安全教育等工作。在乡镇层面，严格落实属地管理原则，各乡镇中心学校全面负责对辖区内幼儿园常规工作进行管理和业务指导。在管理上，形成了"学前教育管理岗位、乡镇中心学校、幼儿园以章办园"的三级管理网络。采取"年检 + 过程性督导"的方式，全面强化管理。严格落实自治区关于对各级各类民办教育学校进行年度检查的要求，从办园资质、行政管理、办园条件、规范办园行为、食品卫生安全管理等五个方面进行量化评估，对办园行为不规范的幼儿园，年检一律实行"一票否决"。

2020 年秋季学期，落实政府购买学前教育服务资金 856 万元，招聘乡村幼儿教师 200 名。认真落实学前两年资助制度。将新开园的 14 所幼儿园纳入学前教育资助范围。

2022 年，按照教育部印发的《幼儿园办园行为督导评估办法》，教育局联合督导室，对全县幼儿园办园行为进行督导评估。严格执行幼儿学籍信息管理制度，按照全国学前教育管理信息系统建立幼儿信息，实行幼儿"一人一号"，严格按照幼儿年龄入园，做好幼儿园学籍与小学学籍信息接轨工作。

二、管理制度

（一）注册登记制度

幼儿园注册制度的目的是通过注册登记，加强对幼儿园的监管，规范幼儿园的设立、变更、终止等行为，提高幼儿园的办学水平和教育质量，确保幼儿在安全、健康、和谐的环境中成长。同时，幼儿园注册制度也有利于促进幼儿园教育的均衡发展，提高幼儿园的社会信誉和公众满意度。同心县对幼儿园注册管理主要依据 2016 年 3 月自治区教育厅印发的《宁夏回族自治区民办非学历教育机构设置管理办法》，2020 年 3 月自治区教育厅发布的《宁夏回族自治区幼儿园办园条件基本标准》。

幼儿园注册管理包括以下几个方面：

一、在县城的单位举办幼儿园（班）的，向县教育行政部门书面申请登记注册；在其他乡（镇）和农村的单位举办幼儿园（班）的，向乡（镇）人民政府教育管理机构书面申请登记，由登记机关报县教育行政部门注册；公民个人（或者合伙）举办幼儿园（班）的，需提出书面申请，经其所在单位或者当地社区、乡（镇）人民政府同意，向县教育局申请登记注册。

二、单位或者个人申请登记注册，必须按要求填写《幼儿园登记注册申请表》或者《学前班登记注册申请表》，经登记注册机关审查，符合《宁夏回族自治区幼儿园办园条件基本标准》规定的基本条件，方可批准登记注册，发给《幼儿园登记证》。

三、已经开办的幼儿园（班），必须补办登记注册手续。由登记注册机关进行审查，对符合条件的，准予登记注册，并发给《幼儿园登记证》；对不符合条件的，责令停办；对暂不具备部分条件的，责令限期整顿，待在限期内达到规定条件的要求后，再发给《幼儿园登记证》或者《学前班登记证》。经限期整顿仍不符合规定条件的，由登记注册机关责令停办。

四、已经登记注册的幼儿园（班）因故停办或者变更登记注册事项的，按原审批程序向原登记注册机关办理注销或者变更登记手续。

五、获得注册证书的幼儿园需要接受年检。

（二）民办幼儿园审批制度

民办幼儿园审批制度的依据是《幼儿园管理条例》《中华人民共和国民办教育促进法》《国务院关于鼓励社会力量兴办教育促进民办教育健康发展的若干意见》（国发〔2016〕81号）以及2020年3月，自治区教育厅发布的《宁夏回族自治区幼儿园办园条件基本标准》。

一、准入条件

规范化幼儿园办园必须符合建标〔2016〕246号《幼儿园建设标准》规定及《宁夏回族自治区幼儿园办园条件基本标准》。

二、申办、审批程序

1.举办者首先向所在地乡（镇）中心小学及乡（镇）政府（管委会）提交书面申请并获准后，再向县教育局提出申请。

2.县教育局组织考评组，对举办者提交的申请办学报告、资质证明及其他所有的相关材料进行审查。实地考察办学场地，考察开办条件是否符合办学要求。组织论证，提出意见，提交教育局党组会议讨论决定。根据教育局党组会议决定，给予批复或答复。同意举办的，下发批文，按审批权限办理办学许可证；不同意举办的，说明理由。

3.幼儿园举办者凭县教育局的批复和办学许可证，到县民政、人力资源和社会保障局办理《民办非企业单位登记证书》《组织机构代码证》等。

（三）幼儿园分类定级

同心县依据《自治区教育厅关于印发〈宁夏回族自治区幼儿园分类评定验收标准（修订）〉的通知》（宁基教发〔2015〕44号）、吴忠市教育局《关于对全市幼儿园进行分类评定工作的通知》

（吴教发〔2017〕74号）、2016年教育部等五部门印发的《民办幼儿园分类管理实施细则》《宁夏回族自治区幼儿园保育教育质量评估实施方案》（宁教基〔2022〕91号）等文件标准和要求，对全县幼儿园进行分类定级。

评定的程序：

1. 幼儿园自评申报，填写相关申报表。

2. 县教育局根据幼儿园申报情况，对辖区内二、三级幼儿园进行评定。

3. 一级幼儿园评定，县教育局对初评合格的，推荐申报一级幼儿园的复评申报，吴忠市教育局组织评估专家实地评估确定。

4. 自治区级示范性幼儿园评定，吴忠市教育局对初评合格，推荐申报自治区级示范性幼儿园复评申报，自治区教育厅组织评估专家实地评估确定。

评定考核内容主要包括办园方向、保育与安全、教育过程、环境创设、教师队伍五个方面的15项关键指标和48个考查要点。

2006年，教育厅对全区幼儿园进行定级分类。同心一幼、二幼均被评定为"一级一类幼儿园"；2013年同心一幼被评定为"自治区级示范性幼儿园"；2020年同心县清水湾幼儿园等3所幼儿园被评为自治区级一类幼儿园；2022年同心县第四幼儿园等20所幼儿园被吴忠市评为自治区级一类幼儿园。

（四）普惠性民办幼儿园评定

2015年3月，自治区教育厅印发了《宁夏普惠性民办幼儿园评定标准（修订）》（宁教基〔2015〕36号），附件包括《宁夏普惠性民办幼儿园评定标准》和《宁夏普惠性民办幼儿园评定细则》。2019年9月，自治区教育厅印发了《宁夏回族自治区关于扶持和规范普惠性民办幼儿园发展的指导意见》（宁教基〔2019〕220号）。该通知下发执行后，《宁夏普惠性民办幼儿园评定标准（修订）》（宁教基〔2015〕36号）同时废止。《指导意见》对普惠性民办幼儿园认定条件、程序、收费管理、扶持政策、管理监督、退出管理等方面做出了明确规定。同心县教育局严格对照《标准》和《指导意见》，对申报普惠性的民办幼儿园进行检查、评估，严格把关，积极做好申报工作。截至2022年底，全县共有普惠性幼儿园85所，普惠性民办幼儿园25所。其中：公办60所，民办公助1所，公建民办13所，民办幼儿园11所。

三、安全管理

20世纪90年代，县教育局根据国家教委办公厅下发的《关于组织学习〈中小学安全须知〉

的通知》精神，对幼儿园安全工作进行加强管理。对检查出来的问题，属于硬件问题，积极争取政府支持，加以改善，防止安全事故发生。

进入21世纪，教育局把幼儿园安全工作摆在了重要议事日程，要求各幼儿园切实加强安全教育，确保幼儿园无安全事故。幼儿园实行园长负责制，成立了安全领导小组，制订领导值班站岗制度、晨、午、晚检制度、幼儿接送卡制度、食品卫生制度、活动器材维护制度、上下楼梯安全制度、门卫制度以及"紧急处理突发事件的预案"，把安全工作内容落实到每一位教职工。幼儿园还与家长签订了安全责任书，要求家长自觉遵守幼儿园的安全管理制度，与幼儿园共同做好幼儿的安全防范工作。

幼儿园采取多种形式对幼儿进行安全演练，教给幼儿防火、防盗、防触电等安全常识，增强了幼儿自我防护和自救意识。幼儿园还成立了护园队，安全小组，定期检查班级桌椅、门窗及室外大型玩具等设施安全，及时消除不安全因素，食堂工作人员严格把好食品卫生关，餐具及时消毒，做到生熟分开，严格管理，严防食物中毒。

2016年12月，同心县第四批申报的10所创建星级安全管理规范化示范化幼儿园通过了教育局的评估验收。

2017—2022年，县教育局加大幼儿园安保资金投入。按照标准，为幼儿园配备安保人员，配齐安保设施和设备。幼儿园严格落实安全责任制，规范安保人员管理工作。加强校园安全巡查工作，筑牢校园安全防线。坚持"日查、月报"的隐患排查长效机制，采取定期与不定期、综合与专项、幼儿园自查和教育局督查相结合的形式，深入开展隐患排查，对查出的隐患限期进行整改。建立和执行消防安全管理制度，对全县幼儿园消防设施设备进行排查摸底排查，逐步备齐备全学校消防设施设备，确保消防设施器材齐全有效。大力开展防溺水宣传教育，做好学生在校期间管理，预防幼儿私自到河道或水渠游泳，杜绝溺水事故的发生。

四、经费管理

（一）经费管理制度

1992年2月，自治区人民政府办公室转发了《自治区教育厅等部门关于加强全区幼儿教育工作意见的通知》，规定：各类幼儿园所需经常性经费，由主办单位或主办个人负责筹措。教育部门举办的幼儿园其经常性经费列入各级教育事业费以内，包干使用，不足部分由儿童家长缴纳的收费补充；厂矿企事业单位其经常性经费由主办单位定额拨款，并适当向儿童家长收取费用；城镇集体性质的幼儿园，实行独立核算、自负盈亏，其开支由收费解决，地方财政视财力情况，可在开办、添置大型设备及房屋维修等方面给予适当补助；乡、村举办的集体性质的幼儿园，其经常性经费可以从乡村企业利润提成中开支，或从提留的公益金中开支，也应适当向家长收费。乡财政对此类幼儿园应予适当补助；公民个人举办的幼儿园，所需经费从入园儿童家长缴纳的费用中支取，有关部门可以给予必要的扶持。通知明确指出：各类幼儿园必须执行教育厅、物价局、财政厅制定的收费标准，不得自立项目乱收费。

2021 年 12 月，自治区发展改革委、教育厅、财政厅、市场监管厅印发了《宁夏回族自治区幼儿园收费管理实施细则》。《实施细则》对公办和民办普惠性幼儿园保教费标准制定或调整时的程序予以明确。《实施细则》规定，民办幼儿园保教费、住宿费一经公布，应在三年内保持稳定。要求幼儿园不得在保教费外，以开办实验班、特色班、兴趣班、亲子班等特色教育为名，向家长另外收取费用，也不得将此类费用计入正常办园成本。县教育局要求全县所有幼儿园严格执行《实施细则》，建立健全收费公示制度、民主管理制度、经费预算和决算审核制度，主动接受社会和家长的监督。

（二）教师待遇

1993 年，教育局按照自治区人民政府发布的《宁夏回族自治区实施〈幼儿园管理条例〉的办法》，公办幼儿园教师的职称评定、职务升级、奖惩、工资和福利待遇与小学教师同等对待。1997 年 8 月，自治区教育厅规定：学前教师的工资待遇、职务评定、医疗和住房与普通小学教师同等对待。

1998 年 10 月，自治区教育厅制定了《关于学前教育人员职称评定、工资福利待遇等问题的规定》，再次明确从事学前教育人员工资待遇等与普通小学教师同等对待。民办公助幼儿园教师待遇按照县人民政府《关于加快教育改革与发展的决定》，幼儿教师应按国家规定编制配备。

2016 年《幼儿园工作规程》进一步明确规定：幼儿园教师依法享受寒暑假期带薪休假。

五、设施配备

1990 年，县城 2 所幼儿园有砖木结构平房 59 间（一幼 28 间、二幼 31 间），建筑面积 1547 平方米（同心一幼 720 平方米，二幼 826 平方米），建有幼儿活动室、游戏室、音乐室、美工室、灶房。有办公桌 16 套，办公生活用柜 14 个，洗衣机 3 台。有收音机、录音机、扩音机、手风琴、脚踏琴等教学设备。活动器具有滑梯、旋转椅、荡船、爬山洞、摇马及球类等小型玩具。

2002 年，政府投资兴建了同心第一幼儿园综合教学楼。建有集体活动室、休息室、卫生间、更衣室、卫生保健室、图书资料室、美术功能室、游戏屋、综合实践室、多功能活动室、幼儿玩教具保管室、厨房、值班室等，多功能活动室、配有投影仪、钢琴；厨房配有和面机、压面机、烤馍箱、冰箱、消毒箱、蒸饭车、消毒柜等设施。室外设有沙池、植物角、饲养角和种植园地。

2013—2018年，第一幼儿园添置了大、中型户外活动新型大型玩具，安全系数高，幼儿通过钻、爬、攀、跳等活动，达到锻炼孩子身体协调能力和体能的目的。除此还购置了摄像机、电子计算机、数码相机、打印机、彩喷机、广播音乐系统等现代技术设施。各班配齐了彩电、VCD、电子琴、录音机、幼儿饮水设施等，先后更换了标准桌、凳和玩具橱柜，配备了图书架和进行教育活动必需的教具和挂图等，大班全部配置电子白板及笔记本电脑。保健室配备了保健箱、体重秤、急救床、医药柜、保健资料柜、流动水、诊疗床、电冰箱、灯光视力箱、对数视力表、身高坐高计、常规医疗用品有听诊器、血压计、体温计、软皮尺等各类设施、设备齐全，并购买了常见病、外伤用药品。图书阅览室配备了适合幼儿阅读的各类图书数千册，教师使用的教研资料、幼教刊物和图书数百种。

2010年及以后注册成立的民办幼儿园，严格按照办园标准，设置保教室、活动室、休息室、盥洗室、食堂等。有的幼儿园还建有多媒体教学，每个教室都配备电视、DVD、电子琴。厨房设置有橱柜、蒸车、不锈钢案板，三位一体的盥洗设备、冰箱、消毒柜、储藏柜等。为了确保幼儿的健康和安全，幼儿园大门，教室分别安装摄像头，进行全方位的监控，每个教室配有紫外线杀菌仪器，每学期对幼儿的身高进行测量。办园条件基本达到相关规定。

2020年，落实政府购买学前教育服务资金110万元，购买11所普惠性民办幼儿园学前教育服务；落实学前教育发展专项资金750万元，为84所幼儿园招聘卫生保健人员和教师。

六、督导检查

教育局历年开展教育督查、教学检查，都把幼儿园列入督查范围。

2014年12月，政府教育督导室对全县"公建民办"幼儿园办园资质、办园条件、师资配比、教育收费、规范管理等方面进行考核验收。随后又对管理和办园达不到标准的幼儿园下达整改通知，限期整改。县人大常委会副主任倪秉武带领县人大常委会部分组成人员及县人大代表对新区幼儿园、河西镇纪家幼儿园、韦州旧庄博阳幼儿园、韦州民族幼儿园、下马关中心幼儿园（公建民办）、预旺镇中心幼儿园、石狮沙嘴城幼儿园、豫海镇贝贝乐等幼儿园，就幼儿园办学特色、内涵建设、师资队伍建设等方面进行考察。

2015年，教育局对全县26所公、民办幼儿园规范管理情况进行了全面检查。检查组通过看、听、查等方式，对全县公、民办幼儿园办园资质、办园条件、规范办园行为、安全管理、食品卫生等方面进行了督查，改善幼儿园育人环境、食品卫生、办园行为。对于一些幼儿园存在的问题，下发整改通知书，令其限期整改。并将督查考评分作为考核幼儿园年检的重要依据。

2016年，教育局对35所民办幼儿园进行了年检。

2017年，由教育局班子成员带队，集中对全县49所公、民办幼儿园进行检查，严格落实国家、自治区有关政策精神，规范办园行为；举办了公、民办幼儿园园长培训班，提高了管理人员素质；建立了"局领导包片、局干部包园"工作责任制，进一步压实责任，提升办园水平。

2021年，各中心学校为辖区内各类幼儿园配备了党建指导员，负责辖区内各类幼儿园政治理论、法律法规的学习。

2022年，为进一步加强全县公、民办幼儿园监督管理，规范办园行为，促进幼儿园依法办园，健康有序发展，一是由教育班子成员带队，联合市监局、妇幼保健院对全县幼儿园进行专项督导。二是将91所幼儿园分三个督导片区，22名专兼职责任督学成立学前教育普及普惠专项督导小组。依照《宁夏回族自治区学前教育普及普惠督导评估指标体系》，对幼儿园普及普惠水平、政府保障情况、幼儿园保教质量保障情况等方面，每月进行一次全面督导评估，通过查阅档案资料、听取汇报、现场质询、家长访谈、走访幼儿园等形式，了解学前教育普及普惠情况和幼儿园贯彻党的教育方针、坚持依法治教、强化政策保障、提升综合办园水平等方面的情况，现场与园长、教师交流，指出问题，指导整改方向，切实提升幼儿园办园水平和办园质量。

第四节 ｜ 师资队伍

一、师资培训

1958年，各公社兴起托儿所，托儿所聘请的143名教养员、保育员全系生产队临时指派的女劳动力，均未受到任何专业训练。

1959年至1961年，县城幼儿园先后选派2名教师到宁夏幼儿师范学校幼师班、速成班学习。

1979年，县文教局组织部分教师参加自治区、银南地区托幼办公室举办的各种培训班，培训期或一学期或一两年不等，主要学习幼儿保健知识、幼儿教育教学技能、幼儿安全保障技能等。

1980年至1982年，县文教局组织幼儿园教师先后到银川一幼，银川毛纺厂幼儿园，吴忠、灵武、中宁幼儿园听课学习。同心第一幼儿园园长还参加了区托幼办公室举办的园长培训班的学习培训。

1982年，县教育科联系区外师范院校代培幼儿教师。1名教师在兰州幼儿师范学校学习培训，并取得专业证书。

1985年，县教育科选派5名幼儿教师先后到北京宣武区教育学院参加幼儿短训班培训，培训期为1学期，主要学习幼儿教育学、心理学、教材教法、语言、美工、计算、常识、唱歌、体育、舞蹈等。

1985年，教育科在寒假期间，举办了音乐基础知识短训班，培训期20天，30多名幼儿教师参加了培训。

幼儿园根据教育科的安排，加强园本培训，以提高教师业务水平。在园内采取"结对子、压担子"的方法，在"弹、跳、唱、讲"等基本功上下功夫。开展"家长半日开放""教师基本功比赛""家长工作经验交流会""自制教玩具比赛""厨师保育员操作技能"等竞赛活动，提高幼儿园的保育教育水平。

1979—1990 年同心县幼儿园专任教师学历统计表

年份	合计	中师高中毕业及以上的	中师高中肄业及初师、初中毕业的	初师、初中肄业及以下的	合计中受过学前教育专业训练的	合计中取得"专业合格证书"的	女教师
1979	7	3	2	2			7
1980	10	4	3	3			10
1981	11	3	6	2			11
1982	9	3	6				9
1983	15	8	5	2	2		15
1984	14	6	6	2	2		14
1985	19	10	7	2	3		19
1986	21	11	8	2	4	2	21
1987	25	15	7	3	3	2	25
1988	25	15	7	3	1	1	25
1989	35	24	8	3	4		30
1990	33	24	7	2	4		27

2000 年，自治区自考办在同心县设立高等教育自学考试考点，幼儿园鼓励教师参加自学考试，提升学历层次和专业素质。大多数 35 岁以下青年教师参加了自学考试或电大教育，取得了大专文凭，有的教师还获得了本科学历。

2000 年 4 月，教育文化体育局举办学前教育培训班，请区内 7 位专家讲学，60 名学前教师和学区校长参加培训。

2001 年 4 月，教育文化体育局举办了学前、幼儿教师培训班。培训对象为学区校长、学前班和幼儿园教师。培训内容为学前班办班的基本要求、学前班教学方法。

2013 年 11 月，县教育局对学前一年教育资助管理人员进行了培训。资助管理中心工作人员详细解读了《同心县学前一年教育资助制度试点工作实施细则》，传达了《关于 2013 年秋季学期学前一年教育在园儿童资助制度试点工作的通知》的精神，并对幼儿资助档案的建设和管理提出具体要求。

2014 年，教育局举办了全县幼儿园新聘教师岗前培训会，158 名新聘幼儿教师和 95 名在岗的幼儿教师参加了培训。培训内容主要有教育法律法规（3—6 岁儿童学习与发展指南）解读、教师职业道德规范和礼仪、如何合理安排幼儿一日活动、如何观课议课、如何用好教参、如何激活课堂等内容。

2016 年 12 月，国培计划（2016）宁夏中小学教师项目、幼儿园培训项目性示范县五大项目之一——送教下乡篇第二次专题活动在同心县第二幼儿园举行，同心一幼、二幼、河西幼儿园选

2011—2022 年同心县幼儿园专任教师学历统计表

年度	学历					合计	合计	
	博士研究生	硕士研究生	本科	专科	高中阶段	高中阶段以下	合计	女	接受过专业教育
2011	0	0	18	28	4	0	50	48	16
2012	0	0	21	28	12	0	61	58	19
2013	0	0	25	70	29	29	153	147	39
2014	0	0	22	150	62	48	282	275	90
2015	0	0	22	134	96	31	283	275	122
2016	0	0	24	159	131	18	332	326	144
2017	0	0	34	234	126	25	419	414	233
2018	0	0	39	213	91	37	380	379	219
2019	0	0	22	202	108	13	345	343	216
2020	0	0	24	169	79	15	287	282	140
2021	0	0	41	290	41	1	373	370	353
2022	0	0	74	454	50	0	578	568	572

派骨干教师参加培训。

2021 年，全县共有 120 名幼儿教师参加"国培计划"，6 名幼儿园园长参加了教育厅在自治区教育厅培训基地组织的学前教育规范发展培训班；全县幼儿园老师参加互联网背景下宁夏幼儿园实施创新素养教育云研讨活动；县教育局对政府购买服务招聘的 100 名幼儿教师进行了岗前培训；组织全县幼儿园园长、教师及保育员开展"三个细则"二级培训 50 场次。

2022 年，逐步补足配齐幼儿园教师，保障幼儿园教职工待遇。实现全县幼儿园园长、专任教师、卫生保健员、保育员、保安员持证率 70% 达标。统筹工资收入政策、经费支出渠道，确保教师工资及时足额发放，逐步做到同工同酬。

二、教职工管理

按照"两教一保"的标准，县教育局建立幼儿园教师补充机制，积极会同编制、人社等部门，在国家政策范围内，按标准独立核定幼儿园教职工编制，以稳定全县教师队伍。通过"调、买、聘、转"等多种形式，解决师资不足问题；按照政府购买服务有关规定，将公办园中保育员、安保、厨师、卫生保健等人员纳入政府购买服务范围，所需资金从地方财政预算中统筹安排。建立幼儿教师激励机制，通过建立学前教育名师工作室、骨干教师库、后备园长库等形式，鼓励支持幼儿教师的专业成长。进一步完善幼儿园教师职称评定标准，适当提高高级职称比例。

（一）配备标准及要求

1. 教职工的配备

幼儿园教职工包括园长、专任教师、保育员、卫生保健人员、行政人员、教辅人员和工勤人员。幼儿园保教人员包括专任教师和保育员。幼儿园按照服务类型、教职工与幼儿以及保教人员与幼儿的一定比例配备教职工，满足保教工作的基本需要。幼儿园教职工与幼儿的配备比例：全园教职工与幼儿比 1:5—1:7；全园保教人员与幼儿比 1:7—1:9。

2. 幼儿园园长、副园长的配备

园长聘任要符合《幼儿园工作规程》，具有《中华人民共和国教师法》《教师资格条例》规定的教师资格、具备大专以上学历、有三年以上幼儿园工作经历和一定的组织管理能力，并取得幼儿园园长岗位培训合格证书的人员。县直幼儿园园长由教育局任命和聘任，各中心学校所辖幼儿园由所在中心学校任命或聘任，民办幼儿园由民办机构或个人聘任，并报教育局备案。县直、民办幼儿园配备园长 1 名；6 个班以下的幼儿园设副园长 1 名，6—9 个班的幼儿园副园长不超过 2 名，10 个班及以上的幼儿园可设副园长 3 名。乡镇中心学校公办园的园长由中心学校选派 1 名园长，6 个班以上的可增配副园长 1 名。各幼儿园内设机构数为 2 个，中层 2 名，12 个教学班以上可增设 1 个内设机构，1 个中层，其他管理工作由教师兼任。

3. 幼儿园班级规模及专任教师和保育员配备

（1）专任教师：是指具有《中华人民共和国教师法》《教师资格条例》规定的幼儿园教师资格，幼儿园根据《关于中等职业学校、普通高中、幼儿园岗位设置管理的指导意见》，聘用的专职从事教学工作的教师岗位人员。

（2）保育员：是指幼儿园根据岗位聘用的，受过幼儿保育职业培训并且具有相应的培训证书，在教师指导下，科学照料和管理幼儿生活，并配合本班教师组织教育活动的人员。

（3）配备标准：根据教育部关于印发《幼儿园教职工配备标准（暂行）》的通知（教师〔2013〕1 号文件）精神，专任教师和保育员的配备标准如下：

幼儿园班级规模及专任教师和保育员配备标准

年龄班	班级规模（人）	专任教师	保育员
小班（3—4 岁）	20—25	2	1
中班（4—5 岁）	25—30	2	1
大班（5—6 岁）	30—35	2	1

4. 其他人员配备

（1）卫生保健人员：医师应当取得卫生行政部门颁发的《医师执业证书》；护士应当取得《护士执业证书》；保健员应当具有高中毕业以上学历，并经过当地妇幼保健机构组织的卫生保健专业知识培训。

配备标准：150 名儿童至少设 1 名专职卫生保健人员，150 名以下儿童的可配备兼职卫生保健人员。

（2）炊事人员：幼儿园根据餐点提供的实际需要和就餐幼儿人数，配备适宜的炊事人员。每日三餐一点的幼儿园，每 40—45 名幼儿配备 1 名炊事人员；少于三餐一点的幼儿园酌减；在园幼儿人数少于 40 名的供餐幼儿园（班）应配备 1 名专职炊事员。

（3）财会人员：设置独立法人的幼儿园配备 1 名专职财务人员；无设置独立法人的幼儿园由中心学校财务人员兼任。

（4）安保人员：规模在 500 人以内的，至少配备 2 名专职安保人员；规模在 500（含 500）人以上 1000 人以内的，至少配备 3 名专职安保人员。

5. 附加配备

为保障幼儿园的稳定运行，考虑到教师因脱产进修、产假、大病等因素，各园本着从严从紧的原则，按不超过教职工总数的 5% 核增附加配备。

第五节 | 幼儿园选介

同心县第一幼儿园教育集团

同心县第一幼儿园位于同心县豫海镇文化北街，是教育行政部门设置的一所全日制公办幼儿园。1958年县文教科、民政科在县人委家属院始办幼儿园1所，为日托制，称县城幼儿园。招收幼儿班1个，配备教职工3人。1959年幼儿班增加到3个，有幼儿31名，教职工4名。1963年幼儿园扩建，有校舍16间，设有活动室、休息室、灶房、功能厅等，改日托制为全托制。1966年"文革"开始后停办。1979年恢复县城幼儿园，称县城第一幼儿园。建筑砖木结构房子13间，建筑面积达720平方米。招收幼儿65名，教职工7名，杜崇兼任园长。1980年幼儿园扩建校舍15间。2002年新建幼教综合楼。每班为幼儿配备合适的桌子、椅子、床、各种玩具、操作材料。各区角配备合适的摆放材料的柜子，如原木玩具柜、塑料玩具架、彩色组合柜、木制花架、图书柜等。同时为老师提供辅助组织活动用的一体机、小音箱、木质黑板、电钢琴等。更衣室为幼儿配备储物柜、衣柜衣架。盥洗室设备一应俱全：洗手池、毛巾架、一人一巾、一人一杯、消毒柜、消毒桶、保温桶等。

2006年，同心第一幼儿园被评定为"区级一类幼儿园"，2012年被评定为"自治区级示范性幼儿园"、区级优秀基层党组、区级安全管理规范化学校、卫生先进单位、"巾帼文明岗"、"五四红旗团支部"、"文明单位"、"家庭教育示范学校"、"警民共建单位"、"五好党支部"、"名牌幼儿园"等荣誉称号。

2016年，按照"名园+新园"和"名园+农村园"的办园模式，实施学前教育集团化连锁办园。积极引进县外优质幼儿园连锁办园、集团办园，积极开办公办幼儿园等普惠性幼儿园。

2016年9月开办了一分园（同心县第三幼儿园）；2018年9月开办了二分园（同心县第五幼儿园）；2019年9月开办了三分园（兴隆乡李堡村幼儿园）。

第一幼儿园总园位于县城中心地带，占地面积6044.56平方米，建筑面积5629平方米。现有

16个教学班，幼儿490人，教职员工62人（其中在编教师8人，聘用人员54人）。

一分园（同心三幼）地处城乡结合部，占地面积为13000平方米，建筑面积4460平方米，现有9个教学班，幼儿285人，教职工29人（其中在编教师5人，聘用教师24人）。

二分园（同心五幼）占地面积7888.5平方米，建筑面积3168平方米。现有12个教学班，在园幼儿449人，教职工48人（其中在编教师5人，聘用教师43人）。

三分园（兴隆乡李堡村幼儿园）地处兴俊宾馆北边清水一号小区内，是同心县移民教育扶贫园，在园幼儿多为建档立卡户。占地面积3333平方米，建筑面积2965.76平方米，现有6个教学班，幼儿142人，教职工19人（县聘6人，聘用教师13人）。

历任园长：杜崇廉、林淑兰、严素珍、白青梅、丁萌、黑学红

同心县第二幼儿园

同心县第二幼儿园始建于1985年，2002年改制为民办公助幼儿园。幼儿园占地面积8660平方米，建筑面积4271平方米。幼儿园现有14个教学班，在园幼儿485名，教职工56名（其中在编教师13人，区级骨干教师2人、市级骨干教师3人、县级骨干教师4人，高级教师4人、中级教师9人、初级教师1人，其余为招聘教师）。

幼儿园先后荣获区级"安全文明校园""卫生先进单位""一级一类幼儿园""A级卫生单位"、自治区教玩具制作评比"优秀组织奖"；被宁夏教育学会民办教育专业委员会评为"理事单位"；吴忠市"家庭教育示范学校"；多次荣获"优秀基层党组织""平安校园"光荣称号；是同心县食品安全信用体系建设试点单位。

历任园长：丁俊贤、白青梅、白春花、马成龙、吴颖珍、金小燕

同心县清水湾幼儿园教育集团

同心县清水湾幼儿园始建于2015年，建园之初是一所民办园。2020年转为公办园。2021年9月经同心县教育局党组会议研究决定，成立了同心县清水湾幼儿园教育集团。同心县清水湾幼儿园是同心县清水湾幼儿园教育集团总园，2个分园分别是同心县豫西幼儿园和同心县第九幼儿园。清水湾幼儿园占地面积约6000平方米，建筑面积约2700平方米，现有12个班级，410名幼儿，46名教职工。清水湾幼儿园以"润"文化作为校园文化的核心，办园理念为滋养有序，润之无痕。站在儿童的视角，打造润美校园、润和管理、润爱课程。

2020年12月幼儿园被评定为"自治区一类幼儿园"，2022年先后荣获吴忠市"平安校园"、

同心县"平安校园"荣誉称号，2022、2023 连续两年被中共同心县人民政府授予"教育系统先进集体"荣誉称号。2023 年幼儿园团体舞蹈荣获吴忠市舞蹈展演一等奖、自治区舞蹈展演二等奖。

同心县豫西幼儿园系集团第一分园，成立于 2021 年 9 月，属于公办园。幼儿园位于同心县永庆西路、同心县实验小学东侧。幼儿园占地 5900 平方米，建筑面积 3998 平方米。设有 12 个教学班，幼儿 386 名，教职工 42 名。2022 年被评定为"自治区一类幼儿园"。

同心县第九幼儿园系集团第二分园，位于同心县永安西路以北、永安广场东北方向。幼儿园于 2023 年 9 月开园，属于公办幼儿园。幼儿园占地面积 6667 平方米，建筑面积 3960 平方米，共有 12 个班，在园幼儿 323 名，教职工 27 名。

现任集团园长：海永霞

同心县第六幼儿园教育集团

同心县第六幼儿园是一所公办幼儿园，位于同心县豫海镇孵化园区内，建设于 2019 年，2020 年 9 月正式开园，同年 12 月被评为自治区一类幼儿园，联袂同心县第七幼儿园走集团化办学方向。占地面积 4380 平方米，建筑面积 2970 平方米。规模为 9 个幼儿班，容纳 270 名幼儿。现有 2 个幼儿班，中班 1 个，大班 1 个，共计 81 名幼儿，教职工 12 人。

同心县第六幼儿园园所独立完整，布局合理，环境干净、整洁、安全，设施设备齐全。开园以来，为满足孩子活动与学习探索的需要，幼儿园秉承"让幼儿健康快乐地成长"的办园方向，为孩子们打造舒适而富有童趣的幼儿园环境，使幼儿园真正成为孩子们开心的乐园和家园。

同心县第七幼儿园是由县政府主办的一所公办幼儿园，是同心县第六幼儿园教育集团分园。2021 年 9 月正式开园，2022 年 1 月被评为自治区一类幼儿园。幼儿园占地面积 4380 平方米，建筑面积 2970 平方米，可设 12 个教学班，能容纳 400 余名幼儿。现有教职员工 53 人，幼儿 509 名。园内环境优雅自然、设施齐全，有图书室、美工室、科学发现室、音乐室等多个功能室。

幼儿园秉承"用心用爱关注每一个、用情用智温暖每一天"的办园理念和"让每一片绿叶都自由舒展"的办园宗旨，通过精细化管理，不仅培养了一支师德高尚、业务精湛、勇于创新的教师队伍，且创建了一个环境独特、课程多元、游戏丰富的育人乐园。

现任集团园长：马文燕

同心县第八幼儿园教育集团

同心县第八幼儿园教育集团成立于 2021 年 9 月，总园同心县第八幼儿园占地面积 6400 平方米，建设面积 3980 平方米，规模 12 个班，现有幼儿 325 名，教职工 39 名。第八幼儿园教育集团分园豫海万家幼儿园于 2022 年 3 月开园，属小区配套园，占地面积 3967.24 平方米，建筑面积 2853 平方米，教职工总人数 32 人，内设 9 个班级，幼儿总人数 333 人，实行两教一保。

同心县第八幼教集团立足于中华民族五千多年的文化传统与社会实践，着眼于传统文化丰富的思想内涵和表现形式，八幼人带着辩证思考继承传统文化，以创新发展的态度学习借鉴，将祖先留下的精神财富作为学前教育事业"基因"和"灵魂"，结合当代学前教育发展背景，幼儿园围绕"新时代党的教育方针"，选用"用爱哺育，倾心培育，惟乐教育，厚德滋育"为立园之根本，在发展之路上发扬和践行。

历任园长：杨晓霞、马兰花

第二章 ｜ 小学教育

　　同心县自明代弘治年间始建社学，清光绪六年（1880）设义学，光绪十九年（1893）创建书院，以后，陆续创建私塾。清末改革教育制度，书院、义学先后改为高、初等学堂。民国时期，取缔和改良私塾，陆续创办各级学校。1949 年 9 月，同心县解放。县人民政府接管了旧有小学 20 所，留用了全部教职工。采取"积极维持，加强领导，逐步改造"的方针，以马克思列宁主义、毛泽东思想为指导，以老解放区的教育经验为基础，借鉴苏联的教育经验，对旧教育进行了根本性的改造，使其成为沿着社会主义方向前进的人民教育，小学教育事业迅速发展。1956 年，全县实现农业合作社，一些社队开始在国家扶持下，办起了民办小学。到 1957 年，全县已有小学 117 所，在校小学生 6012 人，教职工 176 人，学龄儿童入学率上升为 42.4%。1978 年，中共十一届三中全会后，同心县委、县政府针对同心特点，采取了一系列特殊措施，发展同心县的小学教育事业。小学教育经历了由调整、整顿、发展到深化改革四个层次的递进过程。党的十八大以来，同心县不断加大教育投入，改善教学条件，提高教师素质和待遇，不断深化小学教育改革，加强管理，使小学事业迅猛发展，教育质量不断提高。2022 年底，全县设置小学 113 所，其中完全小学 96 所，教学点 17 所。小学教学班 1126 个，在校学生 41861 人。小学在编教职工 2245 人。

第一节 ｜ 发展历程

一、明清民国时期的小学教育

社学，是元、明、清三代的地方学校。元制五十家为一社，每社设学校一所，择通晓经书者为教师，农闲时令子弟入学，读《孝经》《小学》《大学》《论语》《孟子》。据载，明弘治至正德初年（1488—1506），宁夏群牧千户所（治今同心县韦州镇）建社学2所，招收15岁以下之幼童，学习御制大诰、本朝律令及冠、婚、丧、祭等礼节。社师择"文义通晓、行谊谨厚"者充补。

清光绪六年（1880）设义学5处。义学，亦称"义塾"。一种免费私塾，一般由私人捐助或用地方义仓开办，其规模和课业次于书院，馆址多为寺庙或公房，招收穷苦子弟读书。据《豫旺县志》记载：清光绪六年（1880），知县英麟捐置义学五处，地点未详（据传，韦州东门普陀寺，西门财神庙先后设义学，由当地义仓开办）。又载：丁育桂，同心城恩贡，授中卫县训导（明清两代官学学官。府、州、县学者设，协助同级学官教育所属生员。地位次于教谕）。预旺新设之邑且屡遭兵燹，不知礼义。育桂创立义学，循循教诲，自是文风大振，人为之有功名教。光绪十九年（1893），知县王宝镛在县城（今下马关镇）东文昌宫侧创办蠡山书院，规模不大，不久废止。宣统二年（1910）二月，本县有蒙学5所：沈家滩、刘家滩、窑坑子各1所，红城水2所。小学堂情况分布为：县城高等小学堂、韦州堡初等小学堂、韦州堡民立初等小学堂、豫旺城初等小学堂、夹道堡初等小学堂（2所）、同心城初等小学堂。光绪三十二年（1906），平远县知事秦瑞珍在县城创办平远县高等小学堂。

清末民初，当局虽然曾明令取缔私塾，将一些私塾改办为国民学校，但仍有塾师自设的学馆，或地主、商人、官僚等设立的家塾等一些私塾继续开办。通常一塾一师，采用个别教学，教材及学习年限不定。

私塾的教学设备极其简陋，除官宦豪绅延师于私宅设馆外，塾师自设或村民集资合设者多占用寺庙或公房。桌凳、课本均自理。塾师的束脩，私宅家塾由设塾者付给；若邻里子弟要求入学，经主办人和塾师同意并交预定学金，即可入塾；村民自愿结合集资开办，或塾师自设的学馆，塾师的束脩由学生家庭负担。

私塾的教材甚多，且不统一，其中宣传封建道德、封建迷信的教材占多数。启蒙学生，以识字为主，采用《三字经》《百家姓》《千字文》《女儿经》《劝孝歌》"四字杂文"等为教材。儿童稍大，读完上述教材后，即读《四书》《五经》，再读其他书籍，如《千家诗》《神童诗》《唐诗三百首》等。这些教材，多由塾师举定，也有由设馆者选定的。

塾师的教学方法，一般采用注入式逐人面授。根据不同年龄，因人施教，安排不同的教学进度。学生无论读什么书，塾师总是先教识字，逐句逐段地认读，逐段地背诵，直至全文背熟，经塾师验收，方可过关。此外，还重视写字教学。从学生一入学，就开始描红，继而仿影，临帖。之后，才让学生自己选字书写，先学写小楷字，次学写大楷字，塾师当天批改。几年后，才教学生写婚、丧、贺请帖以及祭文、契约之类的应用文字。学生及长，方选讲书本文章，教学生作对联和诗文，从联词造句教起，直至成篇。

私塾教育学规极严，基本靠戒尺管教学生。无论学生犯规、读错、写错、背错，概以戒尺打

预旺县高级小学概况表

校名	校址	创办时间	创办人	学生数	教职工数	经费状况
县城高级小学（今下马关镇中心小学）	下马关城北街旧守备衙门（今下马关镇）	光绪三十二年（1906）	秦瑞珍（县知事）	32	2	学款基本金450元，发商生息，皮用筹银650两，商会筹银650两，牙用附款洋30元，粮种洋30元，校舍一座
韦州堡清真高级小学（今韦州镇中心小学）	一区韦州堡（今韦州镇）	民国7年7月（1918年7月）	黄道源（县知事）、马策勋，现办理者苏乐、海昇平	20余	2	马云亭捐洋一千串，公积洋200元，各商捐银130两，校舍一座。该校每年由驼捐附收银130两、羊捐银100两，皮用银70两为常年经费
预旺清真高级小学（今预旺乡中心小学）	二区乐利堡（今预旺乡）	民国7年5月（1918年5月）	黄道源（县知事），现办理者马保宝、杨相云	10余	1	马云亭捐银167两、公积银155两、各花户捐银400两、变卖公产银100两，校舍一座，上项银发商生息以作常年经费。附设国民小学每年田斗屠户抽收120串，以作津贴
同心城清真高级小学（今同心一小）	三区同心城（今同心镇）	民国7年（1918）	丁良臣、马策勋，现办理者丁良臣、黑满福	20余	1	马云亭捐洋500串，发商生息，校舍一座，年田头秤血税牙用木车畜税项下筹收800串，驼捐附加银160两以作常年经费

资料来源：甘肃固原直隶州《平远县地理调查表》。

手或打屁股惩戒，此外，还有罚跪、罚站、"关学"等体罚，严重地摧残了儿童的身心健康。但也有少数循循善诱，不施体罚的先生。

光绪三十二年（1906）六月，清政府制定了《私塾改良会章程》，改良的办法是：各私塾的馆舍、塾师，全都照旧，只要求塾师采用新教本，施行新教法，完成新教本的教学任务，仍可教"四书""五经"，这种办法很受广大群众欢迎，是当时小学教育的重要一翼。据调查，清末及民国期间，同心县共有私塾41所。

辛亥革命以后，小学教育得到各界人士的赞助。全县各处寺庙产、公产、提拨兴学，并于田斗、牙行、牲畜、皮用等行业附征学款，兴建学校，小学教育开始发展。中华民国初年，已建高、初级小学堂8所。民国8年（1919），全县已建高、初级小学17所。其中高级小学4所（内清真高级小学3所）、初级小学13所（内清真初级小学6所）。

据西北地方文献《宁夏今日教育》记载，民国8年（1919），宁夏护军使马福祥倡导捐款创设各地清真小学，预旺县先后创办清真高、初级小学校14校。民国11年（1922）后，由于兵燹灾害，许多学校时办时停，有的复为私塾，直到民国18年（1929）县成立教育局，推进教育，教育稍有起色。民国22年（1933）当局整顿小学后，设完小4所，初小8所，共有学生255名，教职工31人。另增设短期小学5所，学生555人。

1936年中国工农红军西征进驻同心，曾在下马关、羊路办起2所"列宁小学"，传播革命文化，扩大红军影响。

民国29年（1940）当局实施所谓国民教育，将韦州、同心城、王团庄3所完小改为中心国

预旺县初级小学概况表

校名	校址	创办时间
南街初级小学	城内南街（今下马关镇老城）	国初立
北街初级小学	城内北街（今下马关镇老城）	国初立
红城水初级小学	红城水	国初立
韦州堡初级小学	韦州堡	国初立
预旺堡初级小学	乐利堡（今预旺乡）	国初立
同心城初级小学	同心城（今同心镇老城）	国初立
可可堡初级小学	可可堡（今王团乡张二水）	国初立
韦州堡清真初级小学	韦州堡	民国8年
夹道堡清真初级小学	夹道堡（今王团乡倒墩子）	民国4年
八方清真初级小学	八方	民国4年
沟南排清真初级小学	沟南排	民国4年
沟北排清真初级小学	沟北排	民国4年
顾家堡清真初级小学	顾家堡	

1933—1939 年同心县小学概况

年度	学校数			学级数			教职员数			学生数						合计	毕业生数			全年经费数		
	完小	初小	合计	完小	初小	合计	完小	初小	合计	完小			初小				完小	初小	合计	完小	初小	合计
										男	女	计	男	女	计							
1933	4	8	12	15	10	25	30	1	31	398	14	412	244	11	255	667	63	46	109	4672	2773	7445
1934	4	9	13	8	9	17	15	9	24	286	-	286	249	18	267	553	42	10	52	6768	4536	11304
1935	4	9	13	8	9	17	12	9	21	286	-	286	249	18	297	553	42	10	52	1768	3240	5008
1936	4	8	12	10	8	18	12	8	20	290	-	290	300	-	300	590	71	7	78	3283	1728	5011
1937	2	10	12	19	12	31	8	12	20	210	-	210	152	-	152	362	55	30	85	3888	4896	8784
1938	2	10	12	6	11	17	2	11	13	242	5	247	411	-	411	658	37	28	65	3888	4896	8784
1939	2	13	15	7	18	25	9	18	27	253	2	255	400	85	485	740	50	71	121	4320	5976	10206

民学校；将原有的初小及湾段头、河草沟、乐利堡、下马关、红城水、东滩、东三排、可可堡、倒墩子 9 所短期小学一律改为国民学校。改办后有中心国民学校 3 所，国民学校 20 所，教学班 40 个，学生 1488 人，教职工 245 人。这是民国时期同心小学校数、学生数和教职工数最多的年份。当局为了维持其反动统治，开办所谓"特种教育"，将下马关、红城水、韦州 3 所学校改为"中山国民学校"。并组织"特种教育巡回教学团"，对学生强迫进行政训和党义教育，进行反共宣传，控制师生的思想。由于国民党不断发动内战，马鸿逵连年抓兵，教育每况愈下。到民国 36 年（1947）全县只剩下 300 余名学生。至 1949 年全县小学全部停办。

二、新中国成立后的小学教育

1949—1952 年，学校重心工作是恢复和保持安定，并开始整顿和改造。1952 年教育部颁布的《小学暂行规程（草案）》后，工作有了明确方向，小学发展迅速。到 1952 年底，全县已有完小 6 所，初小 49 所，在校学生 3380 人，教职工 98 人。

1953 年后，中央提出"整顿巩固，重点发展，提高质量，稳步前进"的文教工作方针，按照政务院《关于整顿改进小学教育的指示》，对小学进行了整顿。1954 年根据宁夏省人民政府关于进一步整顿和改进小学教育的指示精神，学习永宁县整顿小学的经验，先在县城完小进行试点整顿后，由县团委、一、二、七区文教干事、四、五区完小校长，组成工作组，对全县完小进行整顿。经整顿，基本上克服了小学盲目冒进的混乱局面，加强了教师队伍的思想政治教育，加强了学校管理，改进了教学方法，提高了教育质量。整顿后全县有完小 6 所，初小 47 所。

1956 年，按照中央关于"乡村小学基本由农业生产合作社办理"的精神，发展民办小学 13 所。1957 年，贯彻党的"应该使受教育者在德育、智育、体育几方面都得到发展，成为有社会主义觉悟的有文化的劳动者"的教育方针，积极改进教育教学工作，教育质量不断提高。1957年底，全县小学发展到117所，在校学生6012人，教职工176人，学校数、学生数、教职工数分别比1950年增长4.8、3.94和3.51倍。学龄儿童入学率上升到42.4%。

1958年，宁夏回族自治区成立。年底，小学猛增到158所，在校学生13532人，教职工308人，学校数、学生数、教职工数较1957年分别增长1.35、1.25和1.75倍。由于"大跃进"片面强调入学率，一些年龄大的甚至已婚的青年也上了小学，减少了农村劳动力。为此，1960年12月，县人委决定：各公办、民办小学学生，不分年级，凡年龄在15周岁以上者（含15周岁），原则上都归农村参加劳动。全县共劝返超龄生2013人，精简小学教师104人。

1961年，教育工作贯彻执行"调整、巩固、充实、提高"的方针，对小学教育进行了调整和必要的压缩，裁撤小学48所。学校根据中央颁发的《全日制小学暂行工作条例（草案）》精神，以教学为中心，建立健全了必要的规章制度，教学秩序大为稳定，"双基"教学初见成效，教研活动普遍开展，教育质量逐步提高。在调整过程中，学校数由1960年的161所减少到1962年的143所，学生数由1960年的14014人减少到1962年的5350人，入学率由1960年的83.46%下降到1962年的50.4%。

1964年，根据"两条腿走路"的办学方针，社队发展农村简易小学38所，9月取消"简易小学"名称，改称"耕读小学"。1965年底，耕读小学发展到130所。1965年底，小学已达341所，在校学生13759人，教职工488人，学校数、学生数和教职工数分别比1962年增长1.38、1.57和0.78倍。

1966年，取消了耕读小学和公社中心小学，校校自成体系。1968年，学校下放，由人民公社管理。1974年，开始普及7年教育，采取了戴帽子的办法，挤占小学校舍设备，抽调大批小学骨干教师担任中学教师，吸收大量的民办教师充当小学教师，教学质量严重下降。1976年，小学发展到547所，比1965年增长0.6倍，在校学生32860人，比1965年增长1.35倍，教职工1159人，比1965年增长1.38倍。

1978年，贯彻教育部重新公布的《全日制小学暂行工作条例》，小学开始恢复了正常的教学秩序。

1980—1982年，同心县调整了学校布局，撤销了26所不具备条件的戴帽子中学（班），合并裁减97所完小，关闭了39所初小。集中人力、财力办好乡镇重点小学，新设10所初小。经过三年的调整，小学校比1980年减少6.8%，入学率提高到71.2%，基本上扭转了教育与经济发展失调，中等教育与初等教育结构严重失调的局面。

1984年9月，县委、县人民政府根据中共中央、国务院《关于教育体制改革的决定》，做出了《关于加强和改革我县中小学教育若干问题的设定》。将原指导方针调整为"狠抓普及，努力提高；因地制宜，调整改革；量力而行，办好重点；培训师资，加强管理"。改革管理体制，在城关乡进行分级办学试点，实行经济优惠，农村小学生一律免收课本费、学杂费，增加助学金等。

1985—1986年，有计划地延伸双级小学，恢复联办完小，不盲目增设新校。制定了《同心县九年制义务教育规划（草案）》《同心县普及初等教育具体要求和验收实行办法》，印发了《同心县普及教育分类规划的通知》。提出了贯彻"双全"（面向全体学生，使学生德、智、体、美、劳全面发展），狠抓"六率"（入学率、巩固率、及格率、优生率、普及率、毕业率），实行"五包五查"（学校领导班子包入学率、班主任包巩固率等）管理要求。

1987—1990年，改革小学管理体制，实行分级管理，把普及小学教育的责任落实到县、乡（镇）、村三级。1988年底，将全部乡镇小学移交地方政府，取消了学区制，成立了16个乡镇教育委员会。1989年，又将298所农村小学改为民办公助小学。1989年教育科制定了《关于全日制完全小学实行目标管理的暂行规定》，同时制定了检查评估的办法。县委、县人民政府为贯彻落实《中华人民共和国义务教育法》和《宁夏回族自治区普及初等义务教育暂行条例》，提出了"依靠群众，加强领导，区类规划，以乡验收"的普及要求。1989年城关乡、喊叫水、韦州、下马关四乡镇，普及基础工作达到了"一无两有六配套"（即校校无危房，班班有教室，学生人人有课桌凳；院墙、大门、厕所、水窖、图书仪器、体育器材和勤工俭学基地配套）。学龄儿童入学率达96.8%，在校学生巩固率达97.7%，小学毕业班学生的毕业率达96.2%，13—15周岁少年中的普及率达93.6%。经银南地区验收，符合自治区规定的普及标准。1990年城镇、下流水、马高庄、预旺4个乡镇也已完成普及任务。至此，全县已有占人口52.62%的8个乡镇普及了初等教育。加强复式教学，全县有复式小学427所，占小学总数的80.4%，高于全国平均比重（66.52%），复式班486个，占教学班总数的31.7%，仍高于全国平均比重（12%多一点）；复式班学生10353人，占总数的20%，占1—3年级学生的70%。

1990年，小学学校比1949年增加26.7倍，在校学生增加41.6倍，教职工增加43.9倍。据不完全统计，1952—1990年共毕业小学生64704人。学校占地面积2408亩，建筑面积110053平方米，有课桌凳23607套，学校的办学条件逐步得到改善。

1991年，全县共有小学校534所，其中完全小学104所，公办初小132所，民办初小298所。同心镇有县直属小学2所和同心镇所属第三小学、第四小学。每个乡镇设置1所中心小学。完全小学设在行政村。自然村根据人口情况设置初小，全部是复式班，即1位教师，1个教室，同时教学1—3个年级的学生。全县小学校均规模94.8人，平均13.2平方公里1所小学，最大服务半径为4公里。小学网点覆盖率在95%以上。在校学生50625人。

1992年，强调学生就近入学，在偏僻分散的自然村设置教学点23个。1995年，贯彻落实全

1949—1990 年同心县小学教育发展情况一览表

年份	学校数		班级数	学生数				教职工数					
	计	其中完小		毕业生数	招生数	在校学生数	其中女学生	计	专任教师	行政人员	工勤人员	民办教师	女教师
1949	20	4				1217		39					
1950	30	5				1466		47					
1951	45	6				2233		80					
1952	55	6		128	1354	3380		98	76			6	
1953	54	6	82	363	93	2765	489	94	88			6	
1954	53	6	82	183	132	2688	280	93	87			6	
1955	56	7	82	349	203	2676	271	95	88	6	7	3	
1956	65	7				3960	711	124	117	7		17	
1957	117	7	169	564		6012	799	176	160	11	5		
1958	158	10	347	621	9548	13532	4551	30	290	18		89	
1959	158	10	313	1394		15663	4929	367	336	23	8	104	
1960	161	18	424	1099	2932	14014	3867	426	385	27	14	130	
1961	182	16	314	246	593	9516	2489	354	323	22	9	69	
1962	143	16	208	158	970	5350	675	274	236	26	12	21	
1963	184	16	292	469	3016	7840	870	297	257	30	10	56	
1964	238	17	382	643	4272	10777	159	371	354	17		166	
1965	341	17	318			13759		488	425	44	19	80	
1966	338	17	481	598	2827	12788		547	484	44	19	241	
1967	349	17	476	544	1977	11886		553	489	44	20	242	
1968	367	17	500	572	2568	12621		588	523	45	20	266	
1969	387	35				12496		573	530			271	
1970	405	58	512	525	3777	12926	2826	607	553	42	12	307	
1971	430	66				15214	4387	646	628	18		330	
1972	458	79				18156	6876	721	684	37	19	363	
1973	498	86	761	899	6052	21248	7552	808	783	17	8	427	
1974	495	97	840	1250	4852	25177	11842	929	894	20	15	446	
1975	634	173	987	1830	3836	30086	11372	1004	965	24	15	486	
1976	547	185	1049	2888	6147	32860	12704	1159	1101	42	16	599	
1977	558	190	1086	4806	6437	35403	16321	1255	1189	50	16	489	
1978	566	194	1111	4040	5362	29384	10065	1277	1226	35	16	757	40
1979	569	202	1148	3240	5844	26018	8108	1308	1258	31	19	763	111
1980	572	167	1094	2556	6279	23753	7034	1329	1276	36	17	751	49
1981	542	109	1033	2568	6004	20566	5806	1375	1275	65	32	700	111
1982	533	105	1032	1718	7474	23360	6950	1378	1281	65	32	660	106
1983	531	97	1043	1655	6519	25521	7492	1420	1307	78	35	647	104
1984	535	56	1117	1859	8515	30529	10402	1432	1326	79	27	648	123

（续表）

年份													
1985	532	63	1206	2119	7222	35739	12868	1483	1359	97	27	651	149
1986	541	75	1360	493	9237	41393	15283	1587	1449	107	31	657	173
1987	532	93	1419	2099	8841	45966	17244	1576	1439	85	52	629	172
1988	536	104	1532	2689	8484	49633	19136	1630	1508	75	47	538	177
1989	531	104	1549	3037	9507	50738	20046	1685	1549	87	49	461	179
1990	534	104	1598	3990	8626	50625	20486	1713	1589	82	42	444	223

1949—1990 年同心县普及小学教育统计表

单位：人

年份	全县人口数	小学生占全县人口（%）	全县学龄儿童数	学龄儿童入学率		在校学生数中的超龄儿童数			巩固率
				已入学学龄儿童数	入学率（%）	学生总数	超龄儿童数	占学生总数（%）	
1949	28104	14.0	3935	1217	25.8	1217			
1950	37023	14.0	5183	1466	28.3	1466			
1951	46095	14.0	6453	1871	28.9	2233	362	16.2	
1952	67002	14.0	9380	2814	30.0	3380	566	16.7	
1953	70377	14.0	9853	3103	31.5	2765			
1954	76033	14.0	10645	3406	32.0	2688			
1955	79634	14.0	11149	3735	33.5	2676			
1956	81667	14.0	11476	3960	34.5	3960			
1957	86443	14.6	12602	5342	42.4	6012	670	11.1	
1958	88136	15.4	13543	13159	97.2	13532	373	2.8	
1959	90705	15.7	14203	12174	85.7	15633	3489	22.3	
1960	94484	11.3	10714	8942	83.46	14014	1100	0.8	
1961	91331	13.0	11884	7592	63.88	9516	1924	20.2	
1962	95222	10.05	9987	5036	50.4	5350	314	0.6	
1963	100418	14.8	14883	6668	44.8	7840	1172	14.9	
1964	104086	14.2	15624	8795	56.3	10777	1982	18.4	
1965	110407	12.5				13759			
1966	113363	11.3				12788			
1967	119416	0.99				11886			
1968	122723	10.03				12621			
1969	131885	0.94				12496			
1970	136399	0.9				12926			
1971	143498	10.06				15214			
1972	148797	12.2	18156	12840	70.7	18156	5316	29.3	
1973	153654	14.4	22142	18559	83.8	21248	2695	12.7	
1974	159049	14.5	23070	19413	84.1	25177	2107	0.8	
1975	165904	15.5	25603	23928	93.5	30086	4483	14.9	
1976	171506	15.5	26567	25397	95.6	32860	629	19.1	
1977	176715	15.5	27721	26690	96.3	35403	7682	21.7	

（续表）

1978	183156	16	25353	22514	88.8	29384	6870	23.3	89
1979	189624	13.7	26810	22161	82.7	26018	3917	15	84
1980	197778	12	26734	19530	73.1	23753	4223	17.7	82
1981	205171	13.3	27357	18261	67	20566	2305	11.2	79
1982	208855	13.6	28424	20240	71.2	23360	1120	13.4	74.9
1983	218967	11.6	29283	22013	75.2	25521	3508	13.7	90.4
1984	228828	13.3	31090	25613	82.4	30529	4916	16.1	94.9
1985	233308	15.3	33596	29085	86.6	35739	6654	18.6	98.1
1985	233308	15.3	33596	29085	86.6	35739	6654	18.6	98.1
1986	240438	17.2	36826	32130	87.2	41393	8744	22.4	94.5
1987	252979	18.9	39877	35111	88.0	45966	10845	23.5	95.3
1988	260851	19.0	41448	37125	89.6	49633	11994	24.1	95.2
1989	268377	19.4	42431	38569	90.9	50738	11522	22.7	94.9
1990	279103	14.5	40582	37134	91.5	50625	12372	24.4	93.7

区教育大会精神，在保证村村有小学，均衡发展的原则下，将规模小且生源逐年减少的初小进行撤并，改为教学点。山区地带的小学教学网点服务半径在 3 公里，将 143 所不足 20 人的初小改为教学点。1997 年，教育局制定了"撤并初小、完善完小、重点建设好中心小学，逐步扩大初中规模"的布局调整规划。对办学条件差，办学规模小，生源短缺，办学效益低，师生比例失调的小学，采取停办、合并、联合办学等措施，减少初小 43 所，增加完小 59 所。

1999 年，同心行政区划调整，新庄集乡划归红寺堡开发区，中小学随之划归红寺堡开发区。2000 年，县城有小学 5 所、农村有小学 504 所，教学点 21 个，教学班 1943 个，其中复式教学班 376 个，校均规模 98 人。小学在校学生 50128 人。小学教职工 2476 人，比 1990 年增加 803 人。专任教师 2311 人。

2001 年 6 月 27 日，县人民政府办公室下发了《关于认真落实"十五"期间学校布局调整规划的通知》。《通知》规定，对争取到的援建学校、希望小学及各类教育投资项目，必须服从《"十五"期间学校布局调整规划》，争取项目的乡镇、部门、个人及教育部门新建学校要一并提出建设方案，报请县人民政府教育项目领导小组统一规划、招标、施工、质量监督、验收等。对不服从《"十五"期间学校布局调整规划》而自行乱建学校的，将追究有关责任人的责任。为化解县城小学大班额，在县城建设了同心县实验小学。

2002 年 9 月，石炭沟开发区划归红寺堡开发区，石炭沟开发区中小学全部划归红寺堡开发区。2003 年，按照小学就近入学，中学相对集中，优化教育资源配置的原则，调整学校布局。在交通不便的地区，可以保留必要的教学点，防止因布局调整造成学生辍学。调整后农村完全小学规模一般达到 200 人以上。

2004 年，喊叫水、下流水 2 个乡划归中卫市中宁县，2 个乡中小学整建制划归中宁县。

2005 年，全县小学经过布局调整，小学由 535 所调整到 370 所，其中完全小学 228 所；将规模偏小的 7 个乡镇的农村初中与中心小学合并，成立了 7 所九年一贯制学校。调整后，县城有 6 所小学，农村有 304 所小学，校均规模 157 人，比 2000 年校均规模 98 人增加 59 人，最大教学网点服务半径在 3 公里以内，小学网点覆盖率在 95% 以上。2009 年，建成生态移民区学校 9 所并投入使用。同年，海原县兴隆乡划归同心县，小学随着划归同心豫海镇。

2010 年，投资 2700 余万元（其中福建省南安市爱心人士捐资 500 万元），在新区建立了"同心县南安实验小学"。

2016 年，在县城建立了第八小学。2017 年在县城建立了思源实验学校，这 2 所小学的建立，解决了进城务工人员子女入学难的问题，较大地缓解了县城大班额的局面。

2018 年，在全面改善贫困地区薄弱学校基本办学条件项目支持下，投资 8807.31 万元，建设第三小学、丁塘镇新华小学、王团镇前红奕龙希望小学、预旺镇中心小学教学、同心县第九小学。

2020 年，投入资金 1.8 亿元，新建第十小学，实施下五小综合楼、一小综合楼及厕所、实验小学运动场等项目，建筑面积 4.5 万平方米。严格执行划片招生制度，起始年段一律按标准编班，严格落实学籍电子管理，第九小学、第三小学等学校定点接收进城务工人员子女，全面消除义务教育阶段大班额。

2021—2022 年，第一学期，建成第十小学，新增学位 3710 个。全县小学共有教学班 1126 个，在校学生 41861 人。小学六年巩固率 99.15%。

1992—2022 年同心县普及小学教育统计表

年度	全县人口数	小学生占全县人口（%）	学龄儿童入学率					
			学龄儿童	已入学学龄儿童数	入学率（%）	学龄女童入学率（%）		
						学龄女童	已入学学龄女童	入学率（%）
1992	291175	17.96	44166	39790	90.1	21545	17998	83.5
1993	297226	15.57	41465	36566	88.2	20167	16313	80.9
1994	307829	16.42	42997	39484	91.83	20830	17430	83.68
1995	314991	15.11	43601	39195	89.9	-	-	-
1996	324854	14.71	43724	40050	91.6	21533	17938	83.3
1997	334167	14.73	46119	42637	92.4	22012	19440	83.3
1998	347811	14.11	48189	44823	93.02	23236	20483	88.15
1999	358387	14.34	50128	47643	95.05	24120	21892	90.77
2000	363630	14.30	51510	48927	94.99	25012	23191	92.72
2001	370405	13.25	49654	46989	94.60	23791	22012	92.5
2002	340229	14.91	51111	48518	94.93	24474	22846	93.35
2003	348027	15.82	60163	53176	88.39	28409	25329	89.16
2004	325097	16.09	51190	50257	98.18	24502	23925	97.65
2005	327067	15.93	51222	50251	98.10	24800	24180	97.50
2006	339887	15.06	49548	49331	99.56	23877	23786	99.62
2007	353803	14.36	48976	48885	99.81	23674	23624	99.79
2008	381508	12.83	46578	46533	99.90	22741	22719	99.90
2009	393463	11.49	42874	42495	99.12	20916	20736	99.14
2010	398216	11.09	41946	41873	99.83	20469	20439	99.85
2011	396921	10.78	40166	40166	100	19553	19553	100
2012	391461	10.54	37727	37727	100	18344	18344	100
2013	391037	10.32	35601	35601	100	17327	17327	100
2014	377977	10.36	34449	34449	100	16671	16671	100
2015	371027	10.54	34082	34082	100	16468	16468	100
2016	376652	10.50	34061	34061	100	16472	16472	100
2017	379702	10.44	34506	34506	100	16707	16707	100
2018	381853	10.28	34372	34372	100	16605	16605	100
2019	382532	10.43	35006	35006	100	16922	16922	100
2020	385518	10.41	35926	35926	100	17404	17404	100
2021	387657	10.90	36378	36378	100	17612	17612	100
2022	389314	10.75	36131	36131	100	17514	17514	100

1991—2022 年同心县小学教育发展一览表

年度	学校数		班级数	学生数			
	计	完全小学		毕业生数	招生数	在校生	
						人数	女
1991	-	-	-	-	-	-	-
1992	528	505	1700	5611	7821	52303	22281
1993	524	493	1640	5323	6197	46265	20327
1994	530	508	1919	5020	7405	50538	21517
1995	531	512	1741	5474	8021	47585	20597
1996	519	497	1742	5589	9524	47790	20878
1997	525	508	1764	6072	9464	49212	22326
1998	523	511	1823	6743	10909	49069	22267
1999	511	491	1836	6708	10960	51386	23411
2000	509	488	1843	7072	10549	51991	24300
2001	410	397	1675	7271	7405	49085	22819
2002	370	360	1627	5875	10586	50716	23738
2003	361	352	1717	4095	10706	55070	26145
2004	260	174	1581	5414	9773	52317	24861
2005	228	126	1566	7055	9610	52087	25001
2006	194	77	1564	7622	9063	51185	24588
2007	183	76	1534	7705	9249	50789	24448
2008	179	67	1493	7789	8256	48956	23801
2009	148	59	1274	7582	7609	45227	21965
2010	139	76	1171	7289	6555	44151	21476
2011	139	81	1119	7276	7725	42807	20752
2012	134	90	1058	6898	7703	41252	19993
2013	126	91	981	6466	6733	40347	19617
2014	122	79	966	6366	5689	39171	19050
2015	111	70	960	6286	6338	39104	18927
2016	152	108	980	6479	7121	39531	19162
2017	145	107	1040	6604	6830	39659	19340
2018	144	107	1074	6980	6763	39254	19114
2019	142	109	1097	6534	7071	39892	19452
2020	117	99	1087	5792	6221	40127	19500
2021	115	99	1134	6190	8337	42252	20532
2022	113	96	1126	7070	6656	41861	20376

2006—2011 年同心县停办小学情况表

学校名称	建成年代	学校类型	停办年度	校园面积（平方米）	校舍面积含建筑物、附属设施等（平方米）	2006年至停办时校舍建设投资总额（元）	校园土地产权归属
河西镇马家二沟小学	2000 年以前	其他农村小学	2006	2500	120	46200	国有
河西镇旱天岭小学	2000 年以前	其他农村小学	2006	1800	120	24000	国有
王团镇杨家掌教学点	2000 年以前	教学点	2006	500	72	14400	集体所有
王团镇南台子教学点	2000 年以前	教学点	2006	667	72	25920	集体所有
张家塬乡范店子教学点	2000 年以前	教学点	2006	1200	80	16000	国有
张家塬乡武家湾教学点	2000 年以前	教学点	2006	1500	72	28800	国有
张家塬乡石涝子教学点	2000 年以前	教学点	2006	1400	60	12000	国有
张家塬乡姜堡子教学点	2000 年以前	教学点	2006	335	60	12000	国有
张家塬乡陈西沟教学点	2000 年以前	教学点	2006	335	60	12000	国有
张家塬乡杨家塬教学点	2000 年以前	教学点	2006	335	60	12000	国有
张家塬乡苏家岭教学点	2000 年以前	教学点	2006	650	60	12000	国有
张家塬乡新圈山教学点	2000 年以前	教学点	2006	650	60	12000	国有
张家塬乡黑家庄教学点	2000 年以前	教学点	2006	335	60	12000	国有
下马关镇白新庄教学点	2000 年以前	教学点	2006	1000	120	45900	集体所有
下马关镇张家树教学点	2000 年以前	教学点	2006	200	72	27560	集体所有
下马关镇二步墩教学点	2000 年以前	教学点	2006	400	72	27560	集体所有
石狮管委会庙儿岭小学	2000 年以前	其他农村小学	2007	6667	216	46080	集体所有
河西镇顾家庄子教学点	2000 年以前	教学点	2007	2000	148	56980	国有
河西镇苦水沟小学	2000 年以前	其他农村小学	2007	540	72	25920	国有
河西镇吴家山小学	2000 年以前	其他农村小学	2007	1000	72	21600	国有
王团镇花豹湾教学点	2000 年以前	教学点	2007	666	72	21600	集体所有
王团镇崾岘教学点	2000 年以前	教学点	2007	1334	72	7200	集体所有
王团镇川口小学	2000 年以前	其他农村小学	2007	1600	72	25920	集体所有
王团镇朱大湾教学点	2000 年以前	教学点	2007	800	72	25920	集体所有
王团镇王堡子教学点	2000 年以前	教学点	2007	400	144	54920	集体所有
下马关镇拓圈教学点	2000 年以前	教学点	2007	800	144	55120	集体所有
下马关镇卢塘教学点	2000 年以前	教学点	2007	600	144	55020	集体所有
下马关镇郑儿庄小学	2000 年以前	其他农村小学	2007	700	144	55070	集体所有
下马关镇罗儿庄小学	2000 年以前	其他农村小学	2007	500	144	54970	集体所有
下马关镇岔路子小学	2000 年以前	其他农村小学	2007	800	144	55120	集体所有
韦州红庄教学点	2000 年以前	教学点	2007	800	60	21000	国有
韦州徐河湾教学点	2000 年以前	教学点	2007	1500	72	28000	国有
韦州曹庄梁教学点	2000 年以前	教学点	2007	700	72	18240	集体所有
韦州青龙山小学	2000 年以前	其他农村小学	2007	1600	168	58800	国有
韦州戎川教学点	2000 年以前	教学点	2007	550	60	21000	国有
韦州可可川教学点	2000 年以前	教学点	2007	550	60	21000	国有
田老庄乡来家川教学点	2000 年以前	教学点	2007	600	72	27360	集体所有

（续表）

田老庄乡黑山墩教学点	2000年以前	教学点	2007	600	72	27360	集体所有
田老庄乡旧庄子教学点	2000年以前	教学点	2007	600	72	27360	集体所有
田老庄乡童家塘教学点	2000年以前	教学点	2007	600	72	27360	集体所有
田老庄乡申家掌教学点	2000年以前	教学点	2007	600	72	27360	集体所有
田老庄小学	2000年以前	其他农村小学	2007	1800	168	63840	集体所有
丁塘镇团结小学	2000年以前	其他农村小学	2008	5280	264	79200	国有
王团镇堡子掌教学点	2000年以前	教学点	2008	660	72	14400	集体所有
王团镇沙家洼教学点	2000年以前	教学点	2008	667	90	18000	集体所有
张家塬乡鲜安子教学点	2000年以前	教学点	2008	1334	72	28800	国有
张家塬乡套子崾岘教学点	2000年以前	教学点	2008	1344	72	28800	国有
窑山管委会麦垛山教学点	2000年以前	教学点	2008	700	72	31680	国有
窑山管委会陆庄子小学	2000年以前	其他农村小学	2008	1700	120	52800	国有
窑山管委会田塬教学点	2006	教学点	2008	700	96	42240	国有
窑山管委会南关口小学	2000年以前	其他农村小学	2008	2100	288	132000	国有
窑山管委会拉拉湾教学点	2000年以前	教学点	2008	1200	84	33600	国有
下马关镇石腰沟小学	2000年以前	其他农村小学	2008	400	72	27560	集体所有
韦州镇陶庄教学点	2000年以前	教学点	2008	583	60	21000	国有
田老庄乡杨兴庄小学	2000年以前	其他农村小学	2009	480	120	45600	集体所有
田老庄吴家堡子小学	2000年以前	其他农村小学	2009	3000	488	164160	集体所有
丁塘镇宝洁教学点	2000年以前	教学点	2009	7992	480	163200	国有
丁塘镇北丰墩教学点	2000年以前	教学点	2009	5040	324	116640	国有
河西镇红疙瘩教学点	2000年以前	教学点	2009	1800	120	43200	国有
河西镇李家教学点	2000年以前	教学点	2009	1200	432	155520	国有
河西镇何庄子教学点	2000年以前	教学点	2009	700	72	25920	国有
河西镇李巴段头教学点	2000年以前	教学点	2009	1800	120	45600	国有
王团镇西梁小学	2000年以前	其他农村小学	2009	1200	72	24480	集体所有
王团镇余家洼小学	2000年以前	其他农村小学	2009	667	72	21600	集体所有
王团镇徐弇小学	2000年以前	其他农村小学	2009	337	72	21600	集体所有
王团镇王海子小学	2000年以前	其他农村小学	2009	1300	0	24000	集体所有
王团镇白土崾岘小学	2000年以前	其他农村小学	2009	667	72	21600	集体所有
王团镇麻如湾小学	2000年以前	其他农村小学	2009	667	72	21600	集体所有
王团镇海窝子教学点	2000年以前	教学点	2009	667	0	10800	集体所有
王团镇南套子教学点	2000年以前	教学点	2009	800	144	57600	集体所有
王团镇嘴子洼小学	2000年以前	其他农村小学	2009	667	72	21600	集体所有
预旺镇张家寺教学点	2000年以前	教学点	2009	2000	120	25920	国有
预旺镇虎家山教学点	2000年以前	教学点	2009	160	72	25920	国有
预旺镇武家垴教学点	2000年以前	教学点	2009	900	96	34560	国有
预旺镇王家湾教学点	2004	教学点	2009	594	72	28800	国有
预旺镇罗泉湾教学点	2000年以前	教学点	2009	440	72	25920	国有
预旺镇梁家沟教学点	2000年以前	教学点	2009	667	72	25920	国有

（续表）

张家塬乡郭井沟教学点	2000年以前	教学点	2009	2500	240	96000	国有
张家塬乡杜家滩教学点	2000年以前	教学点	2009	450	100	14400	国有
张家塬乡刘套子教学点	2000年以前	教学点	2009	320	60	12000	国有
张家塬乡堡子湾教学点	2000年以前	教学点	2009	600	60	12000	国有
张家塬乡小汪塬教学点	2000年以前	教学点	2009	1334	240	96000	国有
马高庄乡张井小学	2000年以前	其他农村小学	2009	1920	432	190080	集体所有
马高庄乡郭大湾小学	2000年以前	其他农村小学	2009	1050	288	103680	集体所有
马高庄乡张家庄（张庄）小学	2000年以前	其他农村小学	2009	2400	360	129600	集体所有
马高庄乡计嘴子小学	2000年以前	其他农村小学	2009	3536	452	198880	集体所有
马高庄乡海池山小学	2000年以前	其他农村小学	2009	2586	576	276480	集体所有
马高庄乡郭岔小学	2000年以前	其他农村小学	2009	1855	222	79920	集体所有
马高庄乡唐上庄小学	2000年以前	其他农村小学	2009	2640	264	116160	集体所有
马高庄乡胡老庄教学点	2000年以前	教学点	2009	500	72	27720	集体所有
马高庄乡四沟湾小学	2000年以前	其他农村小学	2009	900	72	27720	集体所有
马高庄乡袁嶂岘教学点	2000年以前	教学点	2009	667	72	25920	集体所有
马高庄乡冯湾村小学	2000年以前	其他农村小学	2009	5586	222	79920	集体所有
马高庄乡汪阳洼小学	2000年以前	其他农村小学	2009	1050	260	114400	集体所有
马高庄乡豪前门教学点	2000年以前	教学点	2009	667	144	51840	集体所有
马高庄乡白阳洼小学	2000年以前	其他农村小学	2009	1280	144	48960	集体所有
马高庄乡马原山（马元山）教学点	2000年以前	教学点	2009	756	216	95040	集体所有
马高庄乡高原小学	2000年以前	其他农村小学	2009	3335	240	105600	集体所有
马高庄乡周家川教学点	2000年以前	教学点	2009	667	72	31680	集体所有
马高庄乡杨家洼教学点	2000年以前	教学点	2009	670	72	25920	集体所有
窑山管委会车路沟小学	2002	其他农村小学	2009	5490	524	227040	国有
窑山管委会李家河湾教学点	2002	教学点	2009	840	72	31680	国有
窑山管委会买家洼教学点	2002	教学点	2009	838	72	31680	国有
窑山管委会王良台教学点	2000年以前	教学点	2009	700	72	21600	国有
窑山管委会窑山教学点	2000年以前	教学点	2009	700	72	31680	国有
窑山管委会黄家水小学	2000年以前	其他农村小学	2009	667	269	114400	国有
窑山管委会红湾梁小学	2001	其他农村小学	2009	3750	324	142560	国有
韦州镇上甘沟教学点	2000年以前	教学点	2009	1000	144	50400	国有
韦州镇巴庄小学	2000年以前	其他农村小学	2009	5000	384	78480	集体所有
巴庄村泉子湾教学点	2000年以前	教学点	2009	2700	294	89200	集体所有
韦州巴新庄教学点	2000年以前	教学点	2009	540	196	28560	集体所有
韦州镇塘坊小学	2000年以前	其他农村小学	2009	3400	432	57120	集体所有
韦州青新庄教学点	2000年以前	教学点	2009	360	60	21000	国有
韦州镇东山小学	2000年以前	其他农村小学	2009	1828	264	57060	国有
韦州镇哈庄教学点	2000年以前	教学点	2009	300	72	18240	国有
韦州镇停沟教学点	2000年以前	教学点	2009	550	60	21000	国有
韦州镇石峡教学点	2000年以前	教学点	2009	360	60	21000	国有

（续表）

田老庄乡郑家台小学	2000 年以前	其他农村小学	2009	3200	198	63840	集体所有
田老庄乡席山小学	2000 年以前	其他农村小学	2009	2000	240	91200	集体所有
田老庄乡漫水塘小学	2000 年以前	其他农村小学	2009	600	120	45600	集体所有
张家塬刘嶬岘教学点	2000 年以前	教学点	2009	667	60	12000	国有
韦州镇红沙窝教学点（塘新村）教学点	2000 年以前	教学点	2010	300	0		集体所有
兴隆新生周套教学点	2000 年以前	教学点	2010	1110	60	14400	国有
丁塘镇金鸡教学点	2000 年以前	教学点	2010	2100	276	93840	国有
王团镇大湾教学点	2000 年以前	教学点	2010	3867	386	148610	集体所有
王团镇刘家川小学	2000 年以前	其他农村小学	2010	1400	120	43200	集体所有
王团镇紫花教学点	2000 年以前	教学点	2010	1334	72	34560	集体所有
王团镇杨家湾教学点	2000 年以前	教学点	2010	667	72	7200	集体所有
预旺镇魏家岔教学点	2005	教学点	2010	625	72	28800	国有
预旺镇黄花山教学点	2000 年以前	教学点	2010	2500	336	120960	国有
预旺镇包头水小学（宝）教学点	2000 年以前	教学点	2010	625	72	28800	国有
张家塬乡红庄湾教学点	2000 年以前	教学点	2010	483	72	28800	国有
张家塬乡柳湾子教学点	2000 年以前	教学点	2010	333	72	28800	国有
张家塬乡郭嘴子教学点	2000 年以前	教学点	2010	678	72	28800	国有
张家塬乡薛山庄教学点	2000 年以前	教学点	2010	1109	72	28800	国有
张家塬乡黑湾教学点	2000 年以前	教学点	2010	1000	120	48000	国有
张家塬乡黄渠教学点	2003	教学点	2010	1334	72	28800	国有
张家塬乡句家台教学点	2000 年以前	教学点	2010	1334	96	38400	国有
张家塬乡西洼教学点	2000 年以前	教学点	2010	1005	72	28800	国有
张家塬乡羊羔岔教学点	2000 年以前	教学点	2010	667	60	12000	国有
张家塬乡北风台教学点	2000 年以前	教学点	2010	1334	72	28800	国有
张家塬乡红土教学点	2000 年以前	教学点	2010	800	60	12000	国有
张家塬乡东梁洼教学点	2000 年以前	教学点	2010	1200	120	48000	国有
张家塬乡余家山教学点	2000 年以前	教学点	2010	1300	144	57600	国有
张家塬乡秋家湾教学点	2000 年以前	教学点	2010	600	72	28800	国有
马高庄乡张岔教学点	2000 年以前	教学点	2010	5100	580	208800	集体所有
马高庄乡赵家洼教学点	2000 年以前	教学点	2010	896	120	52800	集体所有
窑山管委会康家湾小学	2000 年以前	其他农村小学	2010	3129	240	105600	国有
田老庄乡余后湾教学点	2000 年以前	教学点	2010	600	72	27360	集体所有
田老庄乡锁岔教学点	2000 年以前	教学点	2010	800	72	27360	集体所有
田老庄乡吴家湾小学	2000 年以前	农村小学	2010	3000	416	127680	集体所有
张家塬乡大庄科教学点	2000 年以前	教学点	2011	2600	300	120000	国有
张家塬乡油坊塘教学点	2004	教学点	2011	667	72	28800	国有
张家塬乡黄草掌教学点	2000 年以前	教学点	2011	700	72	40000	国有
张家塬乡买大台教学点	2004	教学点	2011	700	72	28800	国有
张家塬乡柳树嶬岘教学点	2002	教学点	2011	1659	150	57600	国有

第二节 ｜ 学制、课程与教材

一、学　制

清光绪三十二年（1906）平远县的小学堂，学制4年。民国元年至1922年，学制为"四三"制，即初等小学堂为4年，高等小学堂为3年，初、高等共7年。1923年6月，国民党教育部颁行《新学制课程标准纲要》后，又改为6年，即初小4年，高小2年，实行"四二"分段。1935年，实施义务教育，规定五年为期，在韦州、王团等地开办短期小学。学制1至4年不等。

1951年，政务院公布了《关于改革学制的决定》，小学由秋季始业改为春季始业。并根据省教育厅制订的"宁夏实施小学五年一贯制的具体方案"，从1952年秋季起，在县城回民小学（今同心一小）、新庄集初小、韦州完小、河草沟初小、红城水初小、徐家河湾初小、东滩初小、新堡初小等8所学校12个班试行"五年一贯制"。1953年11月，政务院颁发了"关于整顿和改进小学教育的指示"后，学制试验即行停止，仍沿用旧制，恢复秋季始业。1960年秋季起，同心师范附小试行"五年一贯制"，实验班使用宁夏自编的语文、算术教材。一年后学校裁撤，试验终止。1965年，同心一小2个班再次进行"五年一贯制"试验。1968年起，全县小学统一实行"五年一贯制"，改秋季始业为春季始业，1974年后又恢复秋季始业。

1983年秋季起，全县一、二、三年级全部，四、五年级通过升初中择优留差的办法，实行6年制，仍"四二分段"。到1987年，全部过渡到6年制。

1991—2003年，中小学学制为"五三三"制（小学五年、初中三年、高中三年）。2003年4月，县人民政府决定改"五三三"（小学五年、初中三年、高中三年）学制为"六三三"（小学六年、初中三年、高中三年）学制。2002年，秋季已实现普及初等义务教育的同心镇、城关、韦州、下马关、丁塘、河西、石狮等7个乡镇首先实行由"五三"学制向"六三"学制过渡。2003年秋，在王团、下流水、纪家、石炭沟、羊路、张家塬、田老庄、预旺、马高庄、喊叫水、新庄集等12个乡镇完成学制过渡。2003年，开始创办九年一贯制学校，即小学6年初中3年。现行基础教育学制为"六三三"学制与"九年一贯制"学制并存。

二、课　程

清代，初等小学堂课程有修身、读经、讲经、中国文字、算术、历史、地理、格致、体操等。高等小学堂课程有修身、读经讲经、中国文字、算术、中国历史、地理、格致、图画、体操等。课时分配上，经学课程占到全部课时的2/5以上。课程虽有规定，但其时同心文教事业落后，受教材、师资等因素制约，难以落实。

民国初，明令废除读经、讲经课程。初级小学开设修身、国文、算术、手工、图画、唱歌、体操等课程；高级小学增设本国历史、地理、理科，男生加授农业、女生加授缝纫。有师资条件的学校加设英语。上述课程，少数规模较大的县城小学尚能基本开设，乡村小学（基本上仍是私塾性质）大多依旧以读经、讲经为基本课程。

民国31年（1942），国民政府教育部重新颁行"小学课程标准"。一、二、三、四年级开设团体训练、国语、算术、常识、音乐、体育、图画、劳作等8科；五、六年级开设团体训练、国语、算术、公民、地理、历史、自然、音乐、体育、图画、劳作等11科。

1949年，同心解放后，所有小学取消了公民课、户政和童子军训练课。其他课程基本维持原状，分低、中、高年级设置。低年级（一、二年级）设国语、算术、美术、唱游（音乐和体育）；中年级（三、四年级）增设常识；高年级（五、六年级）增设政治、常识（史地、自然）。1950年，改用西北军政委员会教育部制定的1950至1951学年度"小学暂行课程表"，其中小学政治课不再单独设立，贯穿于各科教学之中；史地改成历史、地理分科设置；国语改为语文，美术改为美工（1953年，将美工又改为图画）。

1952年3月，小学贯彻《小学暂行规程》，课程按低、中、高年级依次设置。低年级（一、

小学各年级每周教学时间表

年级		公民训练	国语	社会	自然	算术	劳作	美术	音乐	体育	总计
				常识			工作		唱游		
低年级	一年级	60	420	150		60	150		180		1020
	二年级					150					1110
中年级	三年级	60	420	180		180	90	90	120	90	1230
	四年级					210			150		1290
高年级	五年级	60	420	180	150	180	90	90	18	60	1380
	六年级										

二年级）开设国语、算术、唱歌、美术4科；中年级（三、四年级）增设常识、体育，改唱游为音乐，共6科；高年级（五、六年级）增设政治，改常识为周会课，总计8科。自习与课外活动时间由学校自行安排。1955年，增设手工劳动课。

1957年，根据国家教育部颁布的小学教学计划，小学各年级增设每周1节周会课，农村小学高年级每周增设1节农业常识课。

1960年，全日制小学课程中，四年级至六年级每周增加珠算课1节；将原手工劳动改为劳动课（低年级为手工劳动，每周1节；中、高年级为生产劳动，中年级每周3节，高年级每周4节）。

1963年2月，宁夏文教厅发出《关于加强中小学学生写字教学的通知》，要求全日制中小学各年级都要设写字练习课，加强写字教学。1964年，劳动课不再列入课程，规定凡四年级以上学生每学年劳动15天，可集中，也可分散；在六年制小学中，六年级每周增加2节生产常识课，"五年一贯制"小学中，五年级每周增加2节生产常识课。1970年10月，自治区教育局颁发了《中小学教学大纲》（试行方案），规定，小学开设语文、算术、革命文艺、军体劳动，四、五年级增设毛泽东思想课和常识课。全年教学时间为40周。1976年以后，小学增设政治，并将"革命文艺"改为"音乐""美术"，将"军体"改为"体育"。

1978年3月起，全县小学执行教育部颁发的《全日制十年制中小学教学计划（试行草案）》，将"常识"改为"自然常识"，将"算术"改为"数学"，外语因师资困难均未开设。

1981年3月起，改行教育部颁发的《全日制五年制小学教学计划（修订草案）》，增设"思想品德"课，1至5年级每周各1课时，总课时比原政治课增加44课时。将"语文"分设为"讲读、作文、写字"，自然课改为从三年级起开设，恢复地理、历史。同时，每节课时数一、二年级改为35分钟；三、四、五年级改为40分钟［见表：全日制五年制小学教学计划（修订草案）］，部分简易小学执行自治区教育局印发的《简易小学教学计划》（见表：宁夏回族自治区简易小学教学计划）。

1984年9月，全县小学执行教育部颁发的《全日制六年制农村教学计划（草案）》［见表：全日制六年制农村小学教学计划（草案）］。

从1986年起，在一年级每周开设一节听说训练课。

1989年9月，复执行部颁《全日制五年制小学教学计划》（修订草案）。

1991—1992年，小学按照《全日制五年制小学教学计划》，开设思想品德、语文、数学、自然科学、历史、地理、音乐、美术、体育。

1993年秋季开始，执行九年义务教育全日制小学教学计划，小学分年级开设的课程有思想品德、语文、数学、社会、历史、地理、自然、体育、音乐、美术、劳动等11门课程。

全日制五年制小学教学计划（修订草案）

教育部 1981 年 3 月

科目		一	二	三	四	五	上课总时数	百分比
思想品德		1	1	1	1	1	280	3.8%
语文	小计	11	12	11	9	9	1872	40.3%
	讲读	10	11	8	6	6		
	作文			2	2	2		
	写字	1	1	1	1	1		
数学		6	6	6	7	7	1152	24.8%
自然			2	2	2	2	216	4.7%
地理					2		72	1.6%
历史						2	72	1.6%
体育		2	2	2	2	2	360	7.7%
音乐		2	2	2	2	2	360	7.7%
美术		2	2	2	1	1	288	6.2%
劳动				8	1	1	72	1.6%
并开课目		6	6	7	9	9		
每周总课时		24	25	26	27	27	4644	
课外活动	自习	2	2	2	2	2		
	文艺活动	2	2	2	2	2		
	体育活动	2	2	2	2	2		
	周会、班、队活动	1	1	1	1	1		
每周在校总活动量		31	32	33	34	34		

宁夏回族自治区简易小学教学计划

1981 年 7 月 3 日

科目	一	二	三	上课总时数
思想品德	1	1	1	96
语文	9	9	9	864
算术	6	6	6	576
体育	1	1	1	96
每周活动量	17	17	17	1632

注：简易小学教学计划全年按 32 周计算。

2002 年，小学学制由 5 年改为 6 年后，从秋季开始，小学一年级执行 1993 年宁夏九年义务教育全日制小学"六三"制小学教学计划。小学低年级开设品德与生活、语文、数学、体育、艺术（或音乐、美术）等课程；小学中高年级开设品德与社会、语文、数学、科学、外语、综合实践活动、体育、艺术（或音乐、美术）等课程。

全日制六年制农村小学教学计划（草案）

教育部 1984 年 9 月

年级	思想品德	语文				数学	自然常识	农业常识	地理常识	历史常识	体育	音乐	美术	劳动	并开课程	每周总课时	各项活动	集体活动机动
		小计	讲读	作文	写字													
一	1	11	10		1	6					2	2	1		6	23	根据农村实际情况酌情安排	全年两周
二	1	11	10		1	6					2	2	1		6	23		
三	1	11	8	2	1	6	2				2	2	1		7	25		
四	1	10	7	2	1	6	2				2	2	1		7	25		
五	1	9	6	2	1	6	2		2		2	1	1	1	9	25		
六	1	9	6	2	1	6		2		2	2	1	1	1	9	25		
上课总时数	204	2074				1244	204	68	68	68	408	340	204	68		4930		
百分比 %	4.1	42.1				24.8	4.1	1.4	1.4	1.4	8.3	6.9	4.1	1.4				

2004 年，按照《基础教育改革纲要（试行）》，开始执行新的教学计划。除了保留 2002 年的教学内容还增加了综合实践活动，内容主要包括信息技术教育、研究性学习、社区服务与社会实践以及劳动与技术教育。在课程的实施过程中，加强信息技术教育，培养学生利用信息技术的意识和能力，了解必要的通用技术和职业分工，形成初步技术能力。

三、教　材

清光绪三十二年（1906）始，平远高小采用清学部颁行的新教本。民国初期，采用共和国教科书。民国 11 年（1922）"壬戌学制"颁行后，使用白话文编写的《新学制教科书》。民国 18 年（1929）使用《国定教科书》。民国 25 年（1936）后，改用国民党宁夏教育厅编印的复兴教材。抗战胜利后，采用中华书局编写的战后课本。

1949 年，新中国成立后，小学采用经人民政府审定的课本为临时教材。不久，低年级使用边区人民政府审定的课本。1950 年秋，中高年级都使用西北军政委员会教育部编审的语文、算术课本。此外，尚有农村土改政治教材，时事政治等。1952 年春，全县小学普遍改用"人教社"编辑出版的六年制各科教材。县城回小（今同心一小）等 8 所学校进行五年一贯制实验的一年级班采用"人教社"编辑出版的五年制课本第一、二册。1956 年，改用新编教材。1957—1958 年，一年级的语文新教材，编入了汉语拼音字母。1960 年，同心师范附小进行五年一贯制实验的班级，试用自治区自编的语文、算术教材。其他各校仍用六年制统编教材。1969 年，开始使用宁夏回族自治区自编教材。1973 年 3 月，改用北京市教育局编写的教材。

1978 年秋，初小一年级试用全国统编的全日制《十年制小学课本》（试用本）第一册。1981年秋，开始用全国统编全日制《十年制小学课本》全套试用本。1983 年秋起，小学一年级开始试用北京、天津、上海、浙江四省市编写的《六年制小学课本（试用本）》。1984 年 9 月，开始试用人教版全国统编《六年制小学课本（试用本）》，1986—1987 年，开始用全国统编六年制小学全套试用本。1989 年秋季始，中低年级改用全国统编五年制教材。

1990—1992 年，小学使用全国统编五年制教材。1993 年秋季开始使用全国统编九年义务教育教材。1996 年 6 月 28 日，自治区教委发出《共有下达全区 1997 年春季普通中小学教学用书的通知》。自治区教委中小学教材审查委员会对全区 1997 年春季普通中小学用书目录进行了审定。同心小学全部使用审定的教学用书。

2000 年，教育部对小学教学计划进行了调整，小学使用全国统编义务教育教材。

2003 年 3 月，教育文化体育局印发了《关于制订中小学教材的通知》，要求按照课程方案，完全小学必须开足开齐课程（1—2 年级美术、音乐课只订教师用书。山区教学点 1—2 年级只订购思品、语文、数学，英语只限县城、城关、石狮）。2005 年秋季从一年级开始使用人教版新课标实验教材至今。

第三节 | 教 学

一、教学方法

1964年，中央教育部临时党组发布了《关于克服中小学生负担过重现象和提高教学质量的报告》和《人民日报》刊登的《一定要闯出这条路》的文章，要求学校大搞教学改革，彻底打垮资产阶级教育思想，反对教学中存在的主观主义、形式主义和烦琐主义，提倡少而精和启发式的教学法。县文教科要求全县各学校通过家访等形式，大兴调研之风，摸清学生思想、学习状况，改进教学方法、改革考试制度、提高教学质量、减轻学生负担。

教学内容要少而精，备课、备人、备教法，减少考试次数，减轻学生课业负担等措施，这些措施和方法达到既减轻课业负担又提高教学质量的目的。作业方面，要求教师批改作业要认真及时，一律不记分。语文、数学、俄语当堂完成部分或全部，其他各课不留作业；考试方面，政治、语文实行开卷考试，数学和俄语则灵活考试。其他课程可以在期中随堂测验，但不记分。为培养学生的素质，提高教学质量。学校开展了科技、文娱、体育和课外阅读指导等活动，培养同学们特长爱好，扩大知识面。学校设立了电工、木工、乐器、合唱、美工、地理模型、理发、缝纫等兴趣小组，由专职老师在每周二辅导。

20世纪90年代，同心教学工作贯彻"两全"方针（全面贯彻教育方针、全面提高教学质量），围绕素质教育，以改革课堂教学方法为突破口，大力提倡"功在课前，效在课上"，向45分钟要质量。

1991年，县教育局加强对全县各小学加强教学工作常规管理，对备课、授课、辅导、作业及批改、考试评价提出明确要求。

小学课堂教学贯彻"少、精、活"的原则（教学时间少，教学内容新、教学方法活）。采取"紧扣教材、边讲边练、新旧联系、因材施教"的教学方法。语文开展"读写结合"实验，数学开展"三算"实验、"尝试教学法"实验。

1993 年，实施了以目标教学模式为主要内容的课堂教学改革、数学尝试教学实验、快乐教学、和谐教育、深化目标教学，推广快乐教学、成功教育。通过观摩评比教案、观摩评价教师课堂教学，总结教学改革经验，提高了教师的业务素质和课堂教学水平。

1994 年，同心落实《中国教育改革和发展纲要》，提出中小学要由"应试教育"转到全面提高国民素质的正确轨道上来。

1996 年，进行愉快教育、成功教育、情境教学等实验。幻灯机、投影仪、录音机、电视机等电化教学媒体已成为主要辅助教学手段，广泛应用于小学课堂教学。

1997 年，教育局组织全县中小学教师学习汨罗经验，全面实施素质教育。开展了"目标教学"试点。全县开展"说课、讲课、评课"活动，召开各类教改座谈会，专题研讨会，研究课堂教学改革中的问题。量化考核。每年对县城小学进行毕业联考，进行卷面分析，写出分析报告，在全县交流。

2000—2007 年实施了"宁夏中小学课堂教学质量工程"。教育局制定了《同心县中小学"课堂教学质量工程"实施方案》《同心县中小学"课堂教学质量工程"评价标准》《同心县乡镇完小课堂教学质量基本标准》《同心县乡镇初小课堂教学质量基本标准》。通过活动的开展，使全县小学教师达到了自治区教学质量基本标准，通过了自治区、吴忠地区的全面考核验收。

2001 年教育文化体育局印发了《同心县基础教育课程改革实验方案》，制定了教学管理、课堂教学质量标准，建立了备课、讲课、听课、评课、教学检查、教学监测、教学评价等制度，规范了教学管理，提高了管理水平，初步建立起了较为完整的教学工作管理制度。小学开始使用《小学生素质发展综合评价报告册》。教研室印发了《课堂教学评价量化表》，作为评价学校教学工作的依据。

2003 年秋，开始进行新课程教材实验，在 3—6 年级中增设英语课；2004 年秋季，全面推广新课程教材。按照《基础教育课程改革纲要（试行）》要求，将"综合实践活动"列入必修课程。各年级的综合实践活动课程，内容主要包括："信息技术教育、研究性学习、社区服务与社会实践以及劳动与技术教育。"这是国家特别指定的四大领域，其中的"研究性学习"是综合实践活动的基础，这一学习方式渗透在综合实践活动的全部内容之中。在课时安排上，1—6 年级数学每周 7 节，语文每周 8 节，1—2 年级体育每周 4 节，3—6 年级体育每周 4 节，美术每周 2 节。2005 年以后，在 1—6 年级每周每班开设 2 节英语课，1 节信息技术课，1—6 年级每周每班开设 2 节综合实践课，1 节班团队活动课。

2006 年以后，全县规模以上的小学建立了计算机室，开通了校园网，实现了电子白板班班通。农村小学建立了远程教育网络，现代教育技术已经在小学普遍应用。教师研究的课题转向多媒体课件的制作与应用。为了适应信息技术教学的需要，县教育局对全县小学教师进行了信息技术培训和测试工作，90%以上的教师参加了信息技术等级培训并取得了相应的等级证书。

2009年，在全县中小学开展了"教育质量发展年"活动，2010年开展了"立足校本抓教改聚焦课堂提质量"活动，2011年在全县开展了"基础教育质量提升年"活动。

2012年，同心启动了网上教学活动。教师充分利用网校的电子图书库、教学资源库网上学习，利用个人的office空间或微博进行教学研讨和交流活动。

2015年开始，在全县中小学开展了"一师一优课、一课一名师"活动。组织教师在国家教育资源公共服务平台上进行研讨、"晒课"，报名参加活动教师达到全县中小学教师的100%，晒课数达到全县中小学教师的100%。形成"人人用资源、课课有案例"的教学应用环境。组织全县小学英语特岗教师参加区、市英语课堂教学竞赛及观摩活动，促进了英语教师专业成长。

2019年，在全县中小学开展了"互联网＋创新素养教育"背景下中小学教师素养大赛，本次活动发现、培养、树立了"互联网＋创新素养教育"背景下教师素养提升标兵，表彰了优秀，树立了典型，总结了推进"互联网＋创新素养教育"背景下教师综合素养提升的成功经验。

2021年，在教育厅帮助下，成功举办3次线上宁夏教育云、宁教云APP和宁夏数字学校应用集中培训。全县115所小学注册开通了升级后的宁夏教育云、宁教云APP和宁夏数字学校，为学校在教务、学生、教师、后勤管理等方面提供数据支撑和精准服务。全县师生利用宁夏教育云平台上传校本资源数650258个，教师上报资源数642560个，被下载资源数76984个，被收藏资源数7901个，发布资源数29652个，上报资源数12781个，上报通过资源数9560个。采取"1+N"的网络课堂方式，组建了247个覆盖城乡学校的网络联校群，实现以优带困、以老带新，着力缩小城乡间教育差距。采取"线上＋线下""县内＋县外""导师＋教师"的方式，扎实开好专递、名师、名校网络"三个课堂"，促进教育均衡发展。

二、复式教学

同心县农村初级小学全部是复式教学。复式教学是把两个或两个以上年级的学生编在一个班里，由一位教师分别用不同程度的教材，在同一节课里对不同年级的学生，采取直接教学和自主作业交替的办法进行教学的组织形式。1989年，全县有复式小学427所，占小学总数的80.4%，高于全国平均比重（66.52%），复式班486个，占教学班总数的31.7%，仍高于全国平均比重（12%多一点）；复式班学生10353人，占总数的20%，占1—3年级学生的70%。长期以来，由于没有把复式教育摆到应有的位置，对复式教学不重视，缺乏研究和指导；复式教师队伍不稳定，教师素质差；复式小学设备简陋，使复式教育长期处于落后状态。复式教学质量低，致使整个小学教育处在"两高一低"的一个低水平上，即流失率高、留级率高，读满六年巩固率低。据统计，1983 年全县一年级在校学生 12544 人，1989 年读满六年毕业 3037 人，六年间流动学生 9517 人，流动率为 75.8%。全县小学的留级率虽然经过努力，已由 1987 年的 26.7% 下降到 1989 年的 11.1%，但 1—3 年级的留级率仍达 20% 以上。学生大量留级，造成严重的重复教育，重复教育率达 70%。平均一名教职工一年培养出小学毕业生 1.3 人，至少付出 1200 元，办学效益很低，不仅地方财政难以承受，而且延缓了普及年限。全县担任复式教师中 80% 是民办、代课教师，他们中有复式教学经验的不多，受过专业训练的更少，大部分教师不能按照复式教学规律进行教学，只能是"复式编班、单式授课"，纯粹的识字教学，让学生一抄到底，课堂秩序混乱，学生的健康受到影响。1989 年成立了县复式教学研究会，并把复式教学列为全县重点教研项目，采取多渠道、多层次、多形式的培训方式，尽快提高现有复式教师的政治、文化、业务水平，努力改善复式小学的办学条件，逐步提高了复式教学质量。

1990 年之后，针对复式教学质量差的问题，教育局加强了对农村复式学校的领导，有计划地调整公民办、代课教师在复式教育中的比重。组织教师参加中师函授、卫星电教、自学考试或离职进修；教育局印发了《复式教学管理暂行规定》，进行复式教学理论的学习与研究，通过举办讲座、印发学习材料、上教学示范课、开展观摩评教等活动，使教师基本掌握复式教学的特点和规律；总结推广骨干教师的经验，要他们传帮带，同时承担一些层次较高的研究试验，改进课堂教学方法，提高教学质量。教育局发挥复式教学研究会，联系服务从事复式教学工作教师桥梁纽带作用，及时交流经验，取长补短，设立复式教学研究改革成果奖，以调动教师、教研人员的积极性。

教研室组织编写的《复式教学方法教材》被教育厅在全区农村推广。

三、课外活动

小学主要是各种兴趣小组。学校根据学生的爱好组织文学、数学、英语、体育、艺术、科技、器乐、手工制作等兴趣小组，开展活动，优化了学生一日生活。同心县城小学晨扫之后，安排 20 分钟的"古诗文诵读活动"，每天下午课前安排 20 分钟的轻松书法活动，两节小课后，安排一小时的"快乐大课间"，学生先集体做 10 分钟的轻松"韵律操"。

第四节 ｜ 学校管理

一、学校编制

自 1906 年创办平远高级小学校以来，学校实行班级授课制，采用复式教学。此后，高、初级小学校大多采用复式教学。有三种编班形式，即单班复式编制，双班复式编班形式、单复式混合编制。1935 年后，小学编制施行二级三人制，规定为：（一）单级学校校长兼级任 1 人，级任 1 人，科任 1 人。（二）两级学校校长兼级任 1 人，级任 1 人，科任 1 人。（三）三级学校校长兼级任 1 人，级任 2 人，科任 1 人。（四）五级以上学校，校长 1 人，级任 5 人，科任 1 人。以下以此类推。学校实行学董（或校董）制，由 3 至 5 人组成董事会，从中推荐 1 人负责。有的学校除学董外，还设校长。学董管校产、经费及教师的聘用；校长管教学及行政事务工作。大的学校还设教务主任（抗日战争后改称教导主任），训育主任和事务主任，协助校长管理学校工作。

1949 年新中国成立后，小学编制除沿用二级三人制外，完全小学设校长，教导主任各 1 人，均充科任，中心小学校长为学区领导人。1961 年后，小学每班编 1.25 人。1963 年始，重点小学每班编 1.5 人。1980 年后，重点小学每班编 2 人，中心小学每班编 1.5 人，一般小学每班编 1.3 人。

1985 年后，按照教育部《关于中等师范学校和全日制中小学教职工编制标准的意见》，普通小学一般设教导主任和职能人员，规模大的可设总务主任。教职工编制，城市每班平均 40—45 人，编 2.2 人，其中教师 1.37 人，职工 0.5 人；农村平均每班 30—35 人，编 1.4 人，其中教师 1.3 人，职工 0.1 人。

二、管理机构

1949 年 10 月至 1951 年，学校实行校务委员会制。由思想进步的教职工和学生代表组成校务委员会，领导学校各项工作。1952 年，实行校长负责制。完小设校长、教导主任各 1 人，均充科

1990 年小学管理示意图

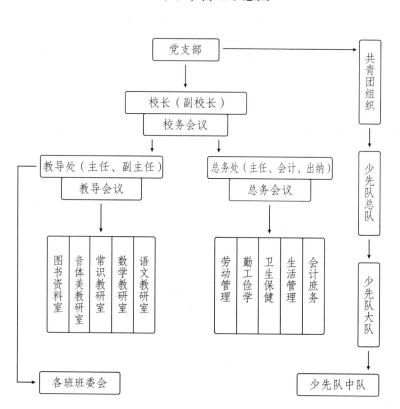

任，负责领导全校工作。小学班数在 5 班以上的设教导主任 1 人，在 15 班以上的设副教导主任 1 人，协助校长处理教导和行政事宜。小学班数较多，事务繁重的还设事务员，在校长领导下办理本校会计、事务工作。1966 年秋季废除校长负责制。1968 年，学校建立革命领导小组（3 至 5 人组成，内有贫下中农代表 1 人），设组长、副组长、委员等职。

1978 年秋季，学校恢复校长、主任制。中心小学设校长 1 至 2 人，教导主任 1 至 2 人，总务主任或事务员 1 人。村完小设校长、主任各 1 人，负责学校的教学和行政工作。

1989 年，恢复校长负责制。

1990 年，全县设置同心镇、韦州镇、下马关镇、城关乡、河西乡、纪家乡、窑山乡、喊叫水乡、下流水乡、新庄集乡、田老庄乡、预旺乡、马高庄乡、张家塬乡、王团乡、羊路乡 16 个乡镇学区。

1991 年，撤销乡镇学区，成立 16 个乡镇教委。1992 年 1 月 25 日，县委、县政府决定，将县直有关部门设在乡镇的教委（不含预旺镇中学）下放给各乡镇管理。乡镇党委书记或乡镇长兼任教委主任。教委专职副主任由教育局提名，县委组织部任命，负责主持日常工作和本乡镇中小学的教育教学管理工作。1992 年 8 月，预旺乡改为预旺镇，撤销河西乡，分设河西镇和丁塘镇。

全县设置 17 个乡镇教委。1993 年 4 月，恢复学区建制。学区由 4 人组成，在县教育局及乡镇领导下，负责本乡镇基础教育管理工作。乡镇继续保留教委，教委一般由 5 人组成，乡镇党政主要领导担任教委主任，教委属乡镇教育职能部门。

2002 年 9 月，石炭沟开发区划归红寺堡开发区。2004 年将喊叫水、下流水划归中宁县。是年 5 月 25 日，撤销乡镇学区机构，成立乡镇中心学校。2005 年，全县设置乡镇中心学校 12 所。2008 年，划海原县兴隆乡归同心县。至此，全县设置乡镇中心学校 13 所。2022 年，全县设置豫海镇、兴隆乡、石狮管委会、丁塘镇、河西镇、王团镇、韦州镇、下马关镇、预旺镇、马高庄 10 所中心学校。

同心县 2022 年乡镇中心学校设置及管辖学校一览表

学校名称	校长	服务范围学校	校长
豫海镇中心学校	丁海涛	豫海镇石岗完全小学	周建设
		豫海镇张套完全小学	马宝荣
石狮镇中心学校	马　福	惠安小学	张汉喜
		沙嘴城完全小学	杨　舫
		砚台完全小学	马　武
		余家梁小学	丁永强
		满春完全小学	杨俊飞
		惠安兴隆完全小学	马国全
		黑套完全小学	马　平
		沙沿完全小学	马汉玉
		闽宁完全小学	马　龙
		田老庄乡中心小学	马自平
		田老庄乡套塘小学	马景虎
		田老庄乡深沟完全小学	杨正兴
兴隆镇中心学校	罗玉贤	兴隆乡李堡完全小学	李　鋆
		兴隆乡新生完全小学	李自虎
		兴隆乡王大套完全小学	田生宝
		兴隆乡西山洼小学	海　林
		兴隆乡王团小学	张玉明
王团镇中心学校	张国平	中心完全小学	王正虎
		羊路完全小学	马俊林
		李庄小学	杨志玉
		联合完全小学	李宗军
		罗河湾玉湖完全小学	李宗发
		倒墩子完全小学	马彦明
		沟南完全小学	买耀玺
		东滩完全小学	马全平

（续表）

王团镇中心学校	张国平	虎家湾完全小学	马晓峰
		张家湾立邦希望小学	杨彦礼
		新堡完全小学	杨 龙
		吊堡完全小学	海宗辉
		大沟沿小学	杨彦虎
		金石台小学	马耀全
		前红奕龙希望小学	虎旭东
		圆枣完全小学	马勇裁
		马河湾小学	罗进财
河西镇中心学校	李宗英	红旗完小	王治国
		中心完小	杨 龙
		杨河套子学校	裴元义
		建新完小	周立勇
		桃山完小	金录明
		艾家湾完小	周海霞
		马家河湾完小	马峻海
		大洪沟完小	马怀曾
		鸦嘴完小	马玉峰
		朝阳完小	杨 昭
		同德完小	杨 昭
		春蕾完小	马宗统
		李沿子完小	马 彬
		下河湾完小	周丽萍
		新村完小	黑晓辉
		菊花台完小	贺学宗
		旱天岭完小	丁 龙
		纪家完小	周 洪
丁塘镇中心学校	马彦红	丁塘中心小学	马 明
		张滩小学	李 福
		新庄小学	丁旭东
		杨塘小学	张进成
		河草沟小学	马晓才
		窑岗小学	杨正英
		李岗小学	马 钊
		长沟小学	杨学吉
		杨河湾小学	马宗兰
		南阳小学	王 峰
		希望小学	石光祖
		小山小学	李宁波
		甘湾沟小学	丁海军
		吴河湾小学	杨廷武

（续表）

韦州镇中心学校	马学忠	韦州镇中心完全小学	苏岩毅
		韦州镇红星完全小学	孙有玺
		韦州镇庆华完全小学	马永兵
		韦州镇旧庄完全小学	张生怀
		韦州镇甘沟完全小学	张永升
下马关镇中心学校	王建林	下马关镇中心完小	锁国俊
		下马关镇第二小学	杨林
		下马关镇新缘完小	唐树有
		下马关镇田园完小	杨亚山
		下马关镇南安完小	康福军
		下马关镇平远完小	李佳
		下马关镇王古窑完小	吴焕
		下马关镇陈儿庄完小	贺文超
		下马关镇三山井完小	张兴永
		下马关镇张家树完小	吴金凤
		下马关镇红城水完小	施波
		下马关镇魏儿庄完小	蔡毅
		下马关镇白家滩小学	王兴国
		下马关镇池家峁小学	何培亮
预旺镇中心学校	杨泽民	预旺镇中心小学	白福朝
		预旺镇北塬小学	金小贵
		预旺镇郭阳洼小学	沙鹏
		预旺镇土峰小学	李永祥
		张家塬乡中心小学	鲍永宁
		张家塬乡犁铧嘴小学	马玉国
		张家塬乡汪家塬小学	王学珺
		张家塬乡海棠湖小学	陈龙
马高庄乡中心学校	张树铜	马高庄乡中心小学	张治财
		马高庄乡邱渠完小	丁生林
		马高庄乡赵家树学校	杨小明
		马高庄乡乔湾完小	马兰
		马高庄乡何渠完小	马志荣
		马高庄乡黄草原小学	田文斌

三、规章制度

同心县小学于50年代起就建立了一些规章制度，并逐步完善。同时执行文教科下发的有关规章制度。20世纪80至90年代，教育科先后制定了《关于加强学校管理工作的意见》《关于加强教职工管理工作的意见》《关于全日制完全小学目标管理的暂行规定》《教职工岗位责任制》《小学生学籍管理办法》《中小学教师职业道德的要求（试行草案）》等。各学区、学校根据教育科规定的各种规章制度精神，自行制定的常规管理制度有学习、工作、考勤、学生管理、体育卫生、图书仪器、财务管理等制度。教学管理方面有计划、备课、上课、作业批改、课外辅导、教研、听课、考试、教师考评等制度。

1991年，确定乡镇教委的主要职责。组织实施本乡（镇）的义务教育，确定义务教育阶段学校的布局设置方案，制定本乡（镇）教育事业发展规划和年度计划，管理本乡（镇）的小学和教学点，并指导村委会办好村小学和教学点，做好本乡（镇）小学教师队伍的建设，落实民办教师的工资待遇，负责本乡（镇）内小学教师的调整、调配工作，落实征收教育费附加等规定，管理和合理使用教育经费及多渠道资金筹措。

确立了乡镇中心学校管理职责。乡镇中心学校在乡（镇）领导和上级教育行政机构领导下，负责管理乡（镇）的教育工作，编制和实施本乡（镇）教育事业发展规划、计划，搞好本乡（镇）学校布局，重点抓好普及九年义务教育、幼儿教育和农民教育；对全乡（镇）初中、小学、幼儿园的各项工作进行检查；协助乡（镇）政府做好教育经费的筹集、管理和分配，并对资金使用情况进行检查监督；负责组织领导本乡（镇）所属学校校舍的修建，推动全乡（镇）改善学校办学条件；根据上级有关规定，加强对所属学校干部、教师的管理，做好教师培训，提高教师生活待遇；维护学校的正常秩序，保障学校校舍、场地、设备、财产不受侵犯；做好各项教育事业统计工作。

1997年3月，同心县教育局转发了国家教委《小学管理规程》，对义务教育阶段小学的修业年限、培养目标、入学及学籍管理、教育教学工作、学校行政工作、卫生教育及安全、学校教育与家庭教育和社会教育的关系都作出了明确的规定。

1998年2月，国家教委印发了《关于推进素质教育调整中小学教育教学内容、加强教学过程管理的意见》，对小学语文、数学、活动课、专题性教育进行了规范，树立素质教育思想，优化教学过程管理。

1999年，同心县委、县政府制定了《关于进一步改革和加强教育工作的决定》《关于进一步提高教育教学质量的意见》等文件；教育局印发了《同心县关于加强教学过程管理的意见》《同心县教学目标管理实施意见》《教育局关于在全县实施课堂教学质量工程的意见》《教育局关于在全县中小学建立统一教学档案的意见》等规章制度。

2001 年，教育局印发了《同心县基础教育课程改革实验方案》，制定了考试、备课、讲课、听课、评课、教学检查、教学监控、教学评估等较为完整的教学工作管理规章制度。各小学按照教育局《关于加强中小学管理工作的若干规定》，进一步落实学校、科室、教师的管理职责，制定了教师考核办法，建立激励机制，实行"末位淘汰制"。

2018 年，同心县教育局、人力资源和社会保障局、市场监督管理局、公安消防大队联袂印发了《关于切实减轻中小学生课外负担开展校外培训机构专项整治行动实施方案》，对校外培训机构办学场所设施设备、办学许可证、营业执照等方面进行全面检查，坚决查处中小学教师到校外培训机构兼职行为。

2019 年，同心县教育局印发了《同心县教育局深入推进"互联网＋教育"工作实施方案》紧紧围绕创建"互联网＋教育"示范区的目标要求，扎实推进"十大行动"，积极推动教育理念更新、模式变革、体系重构，加快推进教育现代化，着力促进教育公平、提高教育质量，办好人民满意的教育。

第五节 | 学校简介

同心县小学一览表（1990年底概况）

乡镇	校名	学校类型	成立时间	学生数	教职工数	创办人	班数	学生数	教职工数	学校占地面积（平方米）	校舍建筑面积（平方米）	校长	备注
县直小小	同心一小	公办	1918	70	6	丁良臣	34	1762	84	40000	3697	马光华	项目学校
	同心二小	公办	1975	100	5	崔建忠	18	1360	66	26900	2866	杨国华	项目学校
同心镇	城镇三小	公办	1984	100	6	马桃瑞	18	592	28	16667	1128	李宗旭	
	城镇四小	公办	1982	84	4	丁良和	12	482	27	16667	1144	杨汉福	
韦州镇	中心小学	公办	1918	20	3	黄道源	17	730	36	20000	1428	丁义华	项目学校
	韦州女小（令红星完小）	公办	1939	50	3	苏三光	9	348	18	6670	688	马新兰	
	旧庄完小	公办	1949	22	1	杨增泰	6	84	6	666	180	张生雨	
	甘沟完小	公办	1947	24	1	李湛	7	177	9	4500	500	张越	
	扁窑完小	公办	1962	20	1	赵国林	3	52	4	4000	192	王汉章	
	马庄完小	公办	1958	20	1	李殿元	3	58	3	1920	170	戎满君	
	塘坊完小	公办	1958	21	1	孙尚文	6	61	6	862	264	李清忠	
	巴庄完小	公办	1956	21	1	曹英	6	92	6	5300	240	王志远	
	青龙山完小	公办	1950	20	1	邹松亭	3	49	3	5000	105	焦千	
	东山完小	公办	1960	18	1	沈学文	4	84	4	2000	150	张仁	
	水套完小	公办	1953	50	2	王岗珍	5	95	6	3000	336	王汉儒	
	周新完小	公办	1952	20	1	李义	3	53	3	5000	180	杨自明	
	河湾初小	公办	1959	31	1	苏长贵	5	143	6	2500	268	马伏光	
	徐河湾初小	民办	1949	40	1	徐龙	1	10	1	5000	45		
	仁庄初小	民办	1970	25	1	张生科	1	8	1	1000	45		
	陶庄初小	民办	1979	28	1	任耀华	1	16	1	1000	45		
	田沙窝初小	民办	1984	22	1	张文	1	9	1	1000	45		
	上甘沟初小	民办	1960	20	1	马国兴	1	16	1	1000	60		
	蔡庄初小	民办	1962	20	1	宁汉元	1	21	1	000	60		
	何庄初小	民办	1972	21	1	张文	1	21	1	600	45		
	谭庄初小	民办	1958	20	1	王维光	2	42	2	1000	70		

（续表）

	泉子湾初小	民办	1963	25	1	苏芳云	1	20	1	1000	45		
韦州镇	曹庄梁初小	民办	1969	90	5	曹生龙	1	8	1	1000	45		
	新庄初小	民办	1962	20	1	曹生春	2	35	2	5970	90		
	丁圈初小	民办	1964	20	1	杨尚贤	1	7	1	330	120		
	红沙窝初小	民办	1965	20	1	海余礼	1	21	1	340	72		
	余井初小	民办	1989	13	1	杨正荣	1	10	1	1000	45		
	老庄初小	民办	1989	20	1	赵清顺	1	8	1	1000	45		
	新庄初小	民办	1963	21	1	赵清连	1	21	1	1000	45		
	停沟初小	民办	1967	20	1	苏少元	1	22	1	348	45		
	戎川初小	民办	1964	15	1	金凤英	1	11	1	340	45		
	十里山初小	民办	1965	20	1	王全海	1	12	1	300	45		
	可可川初小	民办	1970	19	1	马天礼	1	16	1	155	45		
	高窑初小	民办	1958	18	1	苏长贵	2	26	1	210	135		
	买河初小	民办	1962	20	1	买希明	1	23	1	155	45		
	红沟窑初小	民办	1967	20	1	马少英	1	10	1	155	45		
	阎圈初小	民办	1964	19	1	苏芳惠	1	22	1	300	45		
	太阳山小学	民办	1969	40	1	曹生俊	4	54	4	600	96		
	韦一（3）校	民办	1970	15	2	马新民	1	22	1	300	45		
下马关镇	中心小学	公办	1906	32	2	秦瑞珍	16	636	36	14000	2078	李建国	项目学校
	第二小学	公办	1986	90	6	马新	15	462	20	14000	816	康伏林	
	红城水完小	公办	1912	30	2	魏槐	16	670	28	12000	1341	王子禄	
	赵蒙庙完小	公办	1918	28	1	郑平	6	122	7	2066	288	赵兴亮	
	靳儿庄完小	公办	1964	36	1	郭凤翔	5	113	8	2066	288	胡学文	
	吴圈初小	民办	1963	28	1	余佑志	1	30	1	1333	60		
	三山井初小	民办	1950	35	1	张秉生	2	48	2	4000	120		
	陈儿庄初小	公办	1958	40	1	王让	7	172	9	2666	492	王寿	
	二步墩初小	民办	1970	30	1	樊得福	1	41	1	1333	72		
	三步墩初小	民办	1970	28	1	吴发梅	1	24	1	1333	72		
	刘家滩完小	公办	1939	30	1	王玉若	6	170	8	4000	384	李有耀	
	岔路子初小	民办	1966	26	1	李有祖	1	19	1	533	60		
	张家村初小	民办	1989	20	1	陈志国	1	20	1	533	60		
	暸马山完小	公办	1960	40	1	曹建和	6	143	8	3333	285	田忠孝	
	罗儿庄初小	民办	1971	20	1	罗文让	1	36	1	666	45		
	郑儿庄初小	民办	1964	25	1	田卖	1	45	1	666	45		
	折窑沟初小	民办	1964	25	1	陈文样	1	23	1	666	72		
	白家滩完小	公办	1950	40	1	裴作祯	6	173	8	4000	456	郭伏	
	李家堡子初小	民办	1964	32	1	田学成	1	36	1	666	45		
	池家峁完小	公办	1958	35	1	李春	6	133	7	4000	360	张自立	
	李家洼初小	民办	1972	18	1	李得满	1	14	1	666	45		
	白崖初小	民办	1968	28	1	王汉忠	1	20	1	1333	60		
	窑坑子初小	公办	1953	40	1	韩若宾	7	212	9	3333	408	王振英	

（续表）

乡镇	学校名称	办别	年份			负责人						人名	备注
下马关镇	白新庄初小	民办	1971	35	1	孙生秀	2	61	2	666	90		
	卢家塘初小	民办	1971	30	1	王玉珍	1	28	1	666	30		
	申家滩完小	公办	1957	30	1	阎生宝	6	136	7	2666	360	余文清	
	丁家渠初小	民办	1963	30	1	张和	1	14	1	666	95		
	苏家圈初小	民办	1972	16	1	杨坤	1	11	1	666	75		
	张儿庄初小	民办	1969	30	1	米袁珍	1	24	1	666	72		
	魏儿庄初小	公办	1950	32	1	幕辉江	6	167	8	5334	372	余泽明	
	王堡子初小	民办	1970	16	1	高登月	1	24	1	333	96		
	五里墩初小	民办	1965	38	1	马存义	1	15	1	333	45		
	高堡子初小	民办	1970	30	1	蔡正	1	12	1	666	45		
	王古窑完小	公办	1967	38	1	马海元	6	141	7	1100	288	苏少华	
	拓家圈初小	民办	1956	16	1	王冠军	1	10	1	5333	45		
	西沟初小	民办	1963	27	1	杨金华	2	40	2	666	120		
城关乡	中心小学	公办	1974	70	2	张自英	16	616	29	99900	936	马学军	项目学校
	南阳小学	公办	1981	135	3	强文德	14	455	28	1800	1208	杨宗发	
	小山完小	公办	1957	15	1	固邦栋	14	454	20	3333	720	马汉国	
	吴河完小	公办	1963	17	1	马成林	8	272	12	11000	432	吴永生	
	八方完小	公办	1915	30	3		6	132	8	6660	264	马全有	
	湾断头完小	公办	1933	25	1		8	232	11	792	324	丁玉俊	
	黑套完小	公办	1968	16	1	马汉龙	8	242	12	2250	640	杨吉祥	
	沙沿完小	公办	1965	13	1	马玉柱	6	146	9	6312	264	杨廷英	
	余家梁初小	民办	1974	14	1	马正怀	3	80	4	3000	264	杨廷玉	1989年国际义养会援款重建
	砚台完小	公办	1952	25	1	黑保虎	10	302	15	13333	864	李宗祥	1989年国际义养会援款重建
	沙嘴城完小	公办	1953	15	1	金玉柱	9		12	8004	562	杨相明	
	长乐初小	民办	1988	28	1	罗小玲	3	103	4	3333	168	马英堂	
河西乡	中心小学	公办	1956	30	1	周学礼	13	433	22	66700	864	丁傅	
	新华小学	公办	1983	100	6	丁俊	9	36	20	16625	768	杨立泰	
	新华初小	公办	1975	90	2	马成芳	8	307	11	33350	432	马永谦	项目学校
	建新初小	公办	1982	32	2	贺光相	7	224	9	5000	344		
	上桃山初小	公办	1950	24	1	马占庭	2	38	2	1134	110		
	下桃山初小	公办	1990	165	5	马英良	4	81	5	6000	192		
	李岗子初小	公办	1969	24	1	杨汉福	6	202	8	12000	288		
	杨河湾完小	公办	1967	25	1	丁永才	7	281	11	13200	432	周永杰	
	长沟初小	公办	1988	30	1	马占福	3	100	4	2400	120		
	窑岗子初小	公办	1984	40	2	顾占云	4	123	6	2640	192		
	李套子初小	民办	1958	15	1	李成智	2	45	2	200	40		
	朝阳完小	公办	1979	50	3	贺青相	7	224	10	6670	384	马廷福	
	艾村初小	公办	1985	30	2	勉维清	6	221	8	8000	360		

（续表）

	刺儿嘴初小	公办	1984	25	1	马占平	5	167	6	7200	280		
	大洪沟初小	民办	1989	90	3	田增华	3	92	3	5336	168	马尚义
	马家河湾完小	公办	1947	20	1	周宪章	7	267	10	6670	408	周彦升
	农场小学	公办	1963	15	1	金瑞祥	4	137	5	4002	216	马良惠
	河草沟完小	公办	1943	80	6	周宗尧	11	416	14	11250	792	
	团结初小	公办	1988	30	1	虎海云	3	78	3	3350	96	
河西乡	石坝完小	公办	1952	27	1	马尚清	7	260	7	1520	336	田进福
	石坝点	公办	1990	69	2	石怀柱	2	69	2	15000	120	
	红旗初小	公办	1984	35	2	顾占云	5	181	6	2000	120	
	上河套初小	民办	1983	12	1	杨海丰	2	49	2	1600	144	
	下河套初小	公办	1982	28	1	马耀才	6	190	7	6000	264	
	杨塘完小	公办	1952	30	1	杨学良	8	256	11	7000	424	杨汉林
	新庄完小	公办	1984	30	2	马良林	6	211	9	700	192	杨汉举
	金鸡初小	民办	1963	16	1	马彦全	2	49	2	300	120	
	张家滩韧小	民办	1990	81	3	李占才	3	81	3	300	120	
	赵花井初小	民办	1965	41	1	马占珍	2	50	2	120	60	
	中心小学	公办	1960	108	8	勉登发	7	190	11	1500	660	杨伟国	项目学校
	大滩川初小	民办	1949	50	1	马进武	3	64	5	600	140	马秉如
	白圪塔初小	民办	1965	20	1	马占跃	1	10	1	300	60	
	萝卜窝初小	民办	1973	15	1	杨永美	1	11	1	200	72	
	南圈口初小	民办	1965	21	1	马如江	1	20	1	160	60	
	小川初小	民办	1944	50	2	金炳锋	1	21	1	200	80	
	麻黄沟初小	民办	1957	30	1	马尚平	1	15	1	200	108	
	套套门初小	民办	1963	20	1	马希海	1	16	1	200	100	
	田滩完小	公办	1950	40	1	马汉祥	6	106	8	2500	324	马英智
	张套初小	民办	1952	40	1	石成林	1	18	1	300	72	
下流水乡	大台子完小	公办	1958	42	2	马文明	3	68	4	1200	172	黑占生
	黑套子初小	民办	1962	35	1	王汉如	2	47	2	800	140	
	朱川子初小	民办	1964	28	1	石光义	2	25	2	600	90	
	东梁初小	民办	1966	30	11	石光义	1	19	1	500	60	
	井尔沟初小	民办	1965	35	1	杨生礼	2	50	3	600	105	
	新庄完小	公办	1950	60	1	田兴福	7	192	10	2500	332	田彦忠
	石泉初小	民办	1950	40	1	马尚礼	3	66	3	1500	196	
	洪岗完小	公办	1958	41	1	刘兴中	4	102	7	2000	220	田丰交
	新建初小	民办	1958	30	1	金自顺	1	15	1	800	104	
	沙梁初小	民办	1965	21	1	金自清	1	12	1	400	60	
	北沿口初小	民办	1962	60	1	许峰	4	81	4	800	160	马希金
	上流水完小	公办	1956	40	1	马占炳	5	143	7	480	300	马尚泽
	土塘初小	民办	1961	30	1	马占胜	2	33	2	400	80	
	白圈子完小	公办	1950	28	2	马汉沫	5	91	6	600	180	周玉丰
	中图口初小	民办	1951	31	1	马希禄	1	27	1	300	102	

（续表）

												项目学校
下流水乡	中心小学	公办	1939	80	2	李士林	8	260	18	9990	576	黄天香
	马家塘完小	公办	1947	40	2	马英昌	7	202	10	6500	378	万廷元
喊叫水乡	高岭完小	公办	1968	30	1	周生才	6	167	10	4000	352	马廷忠
	杨庄完小	公办	1968	25	2	王 元	6	143	7	5300	234	杨水珍
	周断头初小	公办	1968	18	1	马汉寿	5	131	4	4000	198	
	贺口子初小	公办	1968	21	1	贺永寿	4	114	4	2700	216	
	马庄初小	公办	1958	18	1	马占庭	4	107	3	1900	72	
	上庄初小	公办	1973	30	1	马英信	3	75	2	5000	120	
	五丰台初小	公办	1953	20	1	杨生华	3	57	3	4700	180	
	油房岭初小	公办	1974	12	1	纳建革	3	57	2	1800	108	
	田套初小	民办	1973	10	1	黄文轩	2	46	2	1800	126	
	东庄子河初小	民办	1976	12	1	周彦其	2	50	1	2200	72	
	王庄初小	民办	1975	7	1	刘翠华	1	28	1	1200	54	
	北沟沿初小	公办	1973	14	1	马廷璧	2	38	2	5000	126	
	周家沟初小	民办	1972	14	1	周占富	1	29	2	2000	90	
	周庄初小	民办	1958	12	1	张汉茂	2	43	1	1400	72	
	石坝水初小	民办	1958	21	1	张汉茂	2	45	2	1300	90	
	碹台初小	民办	1973	20	1	王 洪	1	16	1	2000	60	
纪家乡	吴家山初小	公办	1980	28	1	丁永贵	1	13	1	1120	120	纪明仁
	新断头初小	民办	1978	22	1	马文祥	1	16	1	600	72	
	李沿子初小	公办	1958	28	1	王占俊	3	67	3	3000	144	马士勋
	下河湾初小	公办	1964	48	2	周彦才	5	170	8	9000	288	杨正荣
	上河湾初小	公办	1964	31	1	周彦俊	5	121	5	9000	144	马生义
	耍艺山完小	民办	1952	108	4	马廷贵	6	149	11	3000	568	刘永芳
	马新庄初小	民办	1988	20	1	马英伏	1	14	1	4200	270	
	谭麻沟初小	民办	1964	60	2	马彦俊	1	17	1	600	270	杨永杰
	断头初小	民办	1964	28	1	马英太	2	25	2	1800	270	
	刘家沟湾初小	民办	1980	24	1	丁良银	1	25	1	600	36	
	李家沟完小	公办	1960	51	2	季存德	6	72	8	1800	288	李存德
	旱天岭初小	民办	1969	20	1	马存明	2	38	2	1200	120	王存明
	丁家二沟初小	公办	1956	68	2	丁永泰	3	50	3	1800	220	丁永泰
	马家二沟初小	民办	1970	30	1	马炳昌	1	19	1	1080	198	
	平岭子初小	公办	1962	45	2	马玉才	3	62	3	1800	144	马国龙
	三岔尖子初小	民办	1988	21	1	马玉富	2	33	2	1800	92	马玉军
	骡子沟初小	民办	1987	30	1	马永发	1	18	1	900	72	
	龙北沟初小	公办	1964	58	2	金占举	3	54	3	1800	204	王自力
	墩墩梁初小	民办	1982	30	1	丁正发	1	16	1	900	72	
	何庄子初小	民办	1974	29	1	顾金玉	1	16	1	900	72	
	李巴断头初小	民办	1973	23	1	顾清国	1	11	1	900	72	
	红圪塔初小	民办	1974	20	1	马正古	1	21	1	900	72	
	顾庄初小	公办	1956	60	2	马维垣	2	20	3	1800	144	马维垣

（续表）

乡	学校名称	性质										
纪家乡	巴泉初小	民办	1973	21	1	周彦花	1	15	1	600	36	
	李家初小	公办	1956	20	1	金凤莲	3	55	3	1800	132	金凤莲
	菊花台初小	民办	1974	21	1	马中保	1	21	1	600	48	
	大桥初小	民办	1985	20	1	马英俊	1	12	1	600	72	
	苦水沟初小	民办	1963	20	1	马占德	1	19	1	600	96	
	康马头初小	民办	1970	30	1	马洪福	2	30	2	4200	108	马少伏
新庄乡	中心小学	公办	1949	36	1	胡信	10	386	24	7200	1002	郭彦银
	关口完小	公办	1944	42	1	魏玉明	7	256	12	7424	384	蒋立明
	细沟完小	公办	1959	27	1	魏杰	6	111	6	4125	384	周争义
	马渠完小	公办	1959	30	1	马子昌	6	128	9	4250	517	马如学
	徐冰水完小	公办	1947	28	1	张三和	6	113	7	1500	280	阎学义
	张台完小	公办	1958	20	1	史有仁	5	85	5	1638	198	顾万云
	马庄初小	民办	1966	15	1	姬会	1	24	1	875	60	
	上樊初小	民办	1955	60	1	王风玲	1	39	1	400	72	
	左台初小	民办	1973	13	1	余泽民	1	17	1	600	60	
	姚家水初小	民办	1965	26	1	熊自力	1	13	1	320	60	
	马断头初小	公办	1949	25	1	顾民生	3	64	3	2000	120	李玉福
	文庄初小	民办	1964	18	1	侯兰英	1	40	1	1225	72	
	李窑初小	民办	1964	15	1	尚成功	1	28	1	940	72	
	常家洼初小	民办	1961	18	1	常进明	1	32	1	400	72	
	磨其子初小	民办	1964	10	1	李成龙	1	30	1	225	60	
	青山初小	民办	1976	10	1	张全材	1	20	1	300	60	
	红洼初小	民办	1962	26	1	冯绪礼	1	33	1	250	60	
	红川初小	民办	1952	11	1	万得智	1	40	1	400	60	
	左圈初小	民办	1968	12	1	牛希孝	1	24	1	625	72	
	黄羊岭初小	民办	1976	19	1	周俊秀	1	59	2	500	72	
	下樊初小	民办	1976	18	1	马文山	1	36	1	625	72	
	南铁庄初小	民办	1979	12	1	周兰英	1	47	1	480	60	
	沈井初小	民办	1960	20	1	韩登鳌	2	70	2	1890	200	马上海
	田圈初小	民办	1959	23	1	马成福	2	53	2	420	72	马如空
	谢庄初小	民办	1963	18	1	郭玉珍	1	55	1	400	72	
	活龙沟初小	公办	1951	21	1	江国	4	102	4	2600	189	杨国成
	龚家岭初小	民办	1959	17	1	马汉祥	2	84	2	750	144	杨日明
	大滩初小	民办	1964	21	1	贺满金	3	105	3	1000	144	曹备先
	毛牛府初小	民办	1964	16	1	姚自得	1	34	1	900	72	
	施塘初小	民办	1966	17	1	樊学义	2	52	2	2400	80	李玉春
	李寨科初小	公办	1960	17	1	马成福	3	95	3	952	120	马玉武
	小台子初小	民办	1971	28	1	余泽民	1	33	1	625	72	
	西牛嘴初小	民办	1963	14	1	冉学义	2	77	2	1050	105	杨民
	铁庄初小	民办	1964	26	1	李生福	3	99	3	1000	120	赵祥
	东岭初小	公办	1958	16	1	马占江	2	95	2	625	100	马成豹

（续表）

新庄乡	朱庄子初小	公办	1958	21	1	魏玉明	5	147	5	2220	255	李万华	
	张沟初小	民办	1963	21	1	马停录	2	70	2	750	72	李存林	
	王大清初小	民办	1972	13	1	吴连邦	1	20	1	1000	160		
田老庄乡	中心完小	公办	1957	150	12	王连生	8	242	23	6000	1944	锁永礼	
	马家井完小	公办	1957	65	1	王效勃	6	146	9	2600	330	白光珍	
	余后湾初小	民办	1964	45	1	锁成贵	2	39	2	2400	120		
	锁岔初小	民办	1919	20	3	黄白清	1	29	1	800	72	锁耀武	
	黄草原初小	公办	1964	30	1		2	36	2	600	72		
	吴家湾初小	公办	1962	65	1	王旭	2	43	2	2000	120	康有伏	
	前川初小	民办	1974	28	1		1	11	1	1200	80		
	来川初小	民办	1975	21	1	康有富	1	16	1	500	60		
	南原初小	民办	1972	23	1		1	13	1	500	60		
	田家门初小	民办	1987	25	2		1	31	1	500	60	吴占贵	
	郑家台初小	公办	1960	38	1		2	31	2	3000	144	锁宝生	
	马家湾初小	民办	1972	21	1	马进元	1	9	1	500	60		
	解放新庄完小	公办	1957	70	2	刘汉兴	5	121	8	2000	460	白占元	
	吴家堡初小	公办	1957	65	1	金尚荣	4	76	5	3000	176	马玉虎	
	南原初小	民办	1964	12	1		1	22	1	600	60		
	白原头初小	民办	1972	18	1	李汉武	1	8	1	400	60		
	梁川初小	民办	1964	35	1	马存仁	2	25	2	1500	120	白吉贤	
	胡家庄初小	公办	1960	28	1	白玉彪	2	21	2	2000	120		
	白家湾初小	公办	1919			余泉明	2	42	2	2500	120		
	阴庄湾初小	民办	1972	20	1	白保中	1	11	1	500	60		
	岳家川初小	民办	1938	20	1		2	33	2	1500	140		
	杨兴庄初小	公办	1964	45	1	阎学义	2	34	2	600	120	杨兴武	
	旧庄初小	民办	1972	21	1		1	12	1	600	60		
	红坡初小	民办	1973	20	1	杨茂财	1	13	1	600	60		
	席家井初小	民办	1962	28	1	康彦庆	2	32	1	400	60		
	黑山墩初小	民办	1975	15	1	顾占清	1	15	1	400	60		
	申家掌初小	民办	1970	16	1		1	11	1	600	80		
	漫水湍初小	民办	1968	50	1	梁彦光	2	43	2	600	160		
	蔺家沣初小	民办	1976	24	1	锁成林	2	42	2	1000	80		
	田老庄初小	公办	1960	42	1	余泉明	2	42	2	1000	120	杨占林	
	大嵝岘先初小	公办	1960	25	1		1	18	1	1000	60		
	增家庄初小	民办	1970	48	1	白秀花	2	31	2	1000	100		
	席家山初小	公办	1973	23	1				2	1000	120	顾占才	
预旺乡	中心小学	公办	1918	20	1	黄道源	16	724	36	6000	2452	杨彦福	项目学校
	南垣完小	公办	1956	54	1	王丕烈	8	246	15	4000	700	王守全	
	五里墩初小	民办	1964	41	1	刘汉吉	2	52	2	600	96		
	和尚坡初小	民办	1964	34	1	张秉儒	2	32	2	1000	80		
	户家垣初小	民办	1964	30	1	户启义	1	25	1	1000	80		

（续表）

	沙土坡完小	公办	1963	48	1	王守全	7	210	14	4000	360	李士仁
	汪涝坝初小	民办	1964	39	1	郝有智	1	40	1	2000	120	
	井湾初小	民办	1964	45	1	苏如海	2	60	2	1300	140	
	马团庄初小	民办	1974	51	2	李士仁	1	31	2	1300	80	
	户家窝初小	民办	1957	50	1	户正委	2	86	3	1300	100	户正青
	土峰完小	公办	1967	35	1	杨保贵	5	154	5	4000	240	马春明
	土涝子初小	民办	1968	40	1	刘汉强	2	52	1	600	80	
	祁家川初小	民办	1973	37	1	马天祥	1	20	1	300	80	
	老庄初小	民办	1988	25	1	罗进堂	1	13	1	150	720	
	石家庄初小	公办	1962	37	1	罗忠祥	3	80	5	1000	140	杨生珍
	虎家山初小	民办	1962	32	1	马 良	1	35	2	300	60	
	李洼完小	公办	1957	40	1	锁光旭	5	80	6	600	180	虎建勋
	武家脑初小	民办	1965	30	1	马义和	1	50	1	600	80	
	马崖窑初小	民办	1972	25	1	马德仁	1	55	1	300	80	
	黄家消初小	民办	1973	20	1	马德高	1	25	1	300	60	
	刘家湾初小	民办	1964	35	1	李殿柱	2	56	2	1000	100	
	八里湾初小	民办	1969	30	1	米进福	1	52	1	600	80	
预旺乡	陈石塘初小	公办	1958	30	1	马彦贵	2	69	2	2000	100	王有海
	张家寺初小	民办	1959	28	1	刘汉功	2	50	2	2000	80	
	马新庄初小	民办	1966	32	1	锁耀祖	2	58	2	1000	140	
	靳家垣完小	公办	1968	25	1	吕吉德	5	102	6	2000	200	
	沈家湾初小	民办	1964	35	1	周彦英	1	56	1	1000	80	
	梁家沟初小	民办	1969	24	1	罗忠祥	2	27	2	1000	60	
	胡家堡完小	公办	1959	41	1	李士风	4	88	5	2000	200	马吉武
	张家树初小	民办	1958	35	1	李士风	2	59	2	200	80	
	邓家庄初小	民办	1968	30	1	罗进样	1	40	1	2000	60	
	魏家岔初小	民办	1968	32	1	马全有	1	42	1	1000	80	
	罗家湾初小	民办	1970	25	1	马风吉	1	39	1	200	60	
	柳树堡初小	公办	1965	40	1	马义杰	4	121	4	3000	200	田宏虎
	黄羊湾初小	民办	1967	25	1	王效勃	1	48	1	200	80	
	李家庄初小	民办	1975	21	1	马建林	1	23	1	800	60	
	王家湾初小	民办	1960	24	1	马保福	1	24	1	1400	80	
	马家庄初小	民办	1973	24	1	马占江	1	20	1	1000	80	
	青羊泉初小	民办	1956	51	1	马玉福	1	22	1	1300	140	
	下垣初小	民办	1975	23	1	马建国	1	20	1	1000	80	
	贺老庄初小	民办	1974	22	1	马光林	1	24	1	800	60	
	上垣完小	公办	1966	31	1	何兴业	5	107	5	3000	160	马风贵
	龚家湾完小	公办	1971	32	1	杨占吉	5	110	4	1000	120	虎海财
	王家湾初小	民办	1968	30	1	马建其	2	25	1	1000	60	
	宝头水初小	民办	1957	98	2	王汉功	1	27	1	600	180	
	扁宝川初小	民办	1972	16	1	胡海福	1	27	1	1000	60	

（续表）

预旺乡	上路沟初小	民办	1972	30	1	杨保柱	1	13	1	100	80	
	下路沟初小	民办	1962	25	1	吴鸿俭	1	16	1	600	80	
	张家嘴初小	民办	1972	24	1	马建栋	1	15	1	300	80	
	白崖初小	公办	1963	60	2	周彦英	1	16	1	300	60	
	黄花岔初小	民办	1973	31	1	靳善光	1	19	1	1000	60	
	郭阳洼完小	公办	1956	60	1	张秉儒	4	108	4	1300	140	余水泽
	尖圪塔初小	民办	1965	20	1	赫有智	1	19	1	600	60	
	尖山湾初小	民办	1977	30	1	李士凤	1	35	1	600	60	
	孙家庄初小	民办	1958	41	1	李允祥	1	14	1	600	60	
马高庄乡	中心小学	公办	1976	30	1	王培吉	8	228	22	13000	1035	杨正德 项目学校
	唐上庄完小	公办	1964	58	2	张忠祥	4	81	5	17940	264	刘元满
	沟滩完小	公办	1959	50	1	郭生英	5	137	8	1800	192	苏佳林
	冯家湾完小	公办	1960	70	2	张耀北	6	84	7	1300		杨兴华
	李庄初小	民办	1971	25	1	李生全	1	17	1	100	45	
	相家洼初小	民办	1964	30	1	王亚民	1	16	1	100	45	
	张家岔完小	公办	1952	60	1	马登弟	6	139	8	11141	528	杨克勤
	套子滩初小	公办	1960	48	2	贺玉昌	3	54	3	450	180	胡进耀
	苏洼初小	民办	1970	20	1	虎银伏	1	21	1	90	60	
	四沟湾初小	民办	1970	24	1	贺玉昌	2	49	2	200	60	
	李沟初小	民办	1970	20	1	杨宗满	1	18	1	100	60	
	乔湾初小	公办	1961	40	1	马山三	2	83	2	2667	75	李孝青
	计嘴子完小	公办	1968	85	2	计忠邦	6	89	7	5716	908	计忠邦
	周家湾初小	民办	1956	50	1	木启珍	2	41	2	3330	136	
	二道湾初小	民办	1963	20	1	杨宗元	1	17	1	500	48	
	赵树完小	公办	1958	60	1	杨永武	6	141	7	1600		李银亭
	邱渠完小	公办	1958	50	1	马三山	6	142	7	8000	320	唐文昌
	刘庄完小	公办	1958	45	2	刘登玺	4	58	5	1200		郭俊青
	郭山庄初小	民办	1971	24	1	刘广元	1	28	1	200	60	
	袁崾岘初小	民办	1974	25	1	袁汉义	1	13	1	200	60	
	杨新庄初小	民办	1963	30	1	刘跃天	1	8	1	300	60	
	三个窑初小	民办	1968	18	1	袁汉义	1	23	1	200	72	
	豪前门小学	公办	1958	30	1	张耀东	2	22	2	1000	72	杜向鹏
	汪阳洼初小	公办	1966	28	1	王培吉	2	42	2	1000	72	汪培吉
	赵家洼初小	民办	1968	40	1	王子青	2	41	2	1100	100	田进诚
	洞子沟初小	民办	1985	21	1	马文孝	1	20	1	800	45	
	王团庄初小	民办	1968	50	1	何定明	2	44	2	600	72	
	何渠完小	公办	1950	102	2	何定国	6	186	10	2800	570	刘仲科
	刘庙初小	民办	1964	40	1	自银海	2	47	2	2500	80	
	周家川初小	民办	1968	20	1	马明山	1	24	1	600	80	
	张井完小	公办	1957	45	1	张耀东	5	84	6	3000	240	张耀东
	阴洼初小	公办	1956	20	1	白海华	4	84	5	1500	120	白海华

（续表）

	崔家湾初小	民办	1969	21	1	马金玉	1	16	1	600	42	
	沙滩初小	民办	1977	28	1	马俊祥	1	11	1	500	45	
	朱大湾初小	民办	1978	45	1	苏海武	1	18	1	400	60	
	白阳洼初小	公办	1964	30	1	白占山	2	54	2	370	100	白昌德
	毛家墩初小	民办	1964	30	1	苏如海	1	29	1	400	60	
马高庄乡	郭岔完小	公办	1958	89	3	王子清	6	165	8	3000	284	董生祥
	海池山初小	民办	1939	50	1	王连泉	3	55	3	1800	96	
	唐新庄初小	民办	1967	30	1	刘占聪	1	21	1	1200	96	
	高源小学	民办	1976	30	1	计生奎	1	25	1	300	45	
	顾新庄初小	民办	1973	70	2	周维江	1	26	1	200	60	
	马元山初小	公办	1967	60	2	周维民	3	48	3	3400	160	马占海
	张庄完小	公办	1950	85	3	张生业	6	130	8	5300	380	张耀青
	贺台初小	民办	1970	30	1	贺生凯	2	43	2	1340	100	
	尹湾初小	民办	1963	30	1	王天喜	1	17	1	330	80	
	黄蒿湾初小	民办	1970	20	1	马自明	1	15	1	330	60	
	中心小学	公办	1951	121	4	张天荣	11	425	22	10005	1128	汪作勇
	梨花嘴小学	公办	1958	87	3	罗德仁	8	339	11	6620	820	马应合
	汪家塬完小	公办	1952	88	3	王丕烈	10	405	15	6670	704	刘全均
	折腰沟完小	公办	1964	92	3	胡彦雄	7	199	12	6800	690	王志正
	郭井沟完小	公办	1959	32	1	刘学礼	6	198	6	2400	240	马秉仁
	海棠湖完小	公办	1959	46	2	张国忠	6	180	7	3100	240	马汉雄
	陈台完小	公办	1962	112	5	陈维业	5	157	6	2668	232	陈维业
	大庄科初小	公办	1954	62	3	陈宗杰	3	97	3	1100	140	
	赵圈槽初小	公办	1962	108	4	刘汉儒	5	174	5	800	80	
	张家山初小	公办	1961	56	3	张昌	4	125	4	1200	140	
张家塬乡	苏家台初小	公办	1962	84	3	刘万生	3	91	3	600	162	
	柳湾子初小	公办	1966	54	2	康泽民	1	41	1	800	72	
	范堡子初小	公办	1971	35	1	郭占川	1	44	1	760	72	
	沈家湾初小	公办	1969	26	1	张国辅	1	23	1	820	72	
	北垣初小	公办	1968	24	1	鲍玉华	1	27	1	1200	80	
	刘嵝岘初小	民办	1969	18	1	陈仲文	2	81	2	820	54	
	陈西沟初小	民办	1967	24	1	张齐	2	81	2	660	72	
	石涝初小	民办	1969	24	1	陈仲瑶	2	80	2	900	72	
	刘套初小	民办	1970	16	1	赵世廷	2	75	2	400	60	
	小汪塬初小	民办	1969	21	1	武鸿让	2	74	2	1200	154	
	石家庄初小	民办	1967	65	3	李长富	2	42	2	1200	100	
	范店子初小	民办	1971	35	1	郭占川	2	70	2	1200	120	
	油房塄初小	民办	1967	52	2	刘仲良	2	42	2	1800	202	
	新庄滩初小	民办	1952	147	3	王丕烈	3	77	3	1200	280	
	杜家滩初小	民办	1968	33	1	张海	3	95	3	1200	100	
	马团庄初小	民办	1969	20	1	张昌	1	45	1	600	54	

（续表）

	险崖子初小	民办	1970	22	1	顾九海	1	39	1	600	60	
	姜堡子初小	民办	1970	15	1	辛向龙	2	74	2	640	72	
	武家湾初小	民办	1968	22	1	马应雄	1	13	1	660	80	
	红庄湾初小	民办	1968	21	1	罗正林	1	39	1	460	72	
	郭嘴子初小	民办	1970	18	1	罗正英	1	42	1	700	72	
张家塬乡	勾家台初小	民办	1971	25	1	锁成福	1	51	1	600	75	
	鲍堡子初小	民办	1969	16	1	鲍玉明	1	12	1	600	72	
	赵团庄初小	民办	1969	21	1	武汉富	1	12	1	320	72	
	堡子湾初小	民办	1968	20	1	拓维新	1	33	1	1200	54	
	黄家渠初小	民办	1962	30	1	张国辅	1	28	1	330	72	
	薛山庄初小	民办	1969	22	1	杨彦举	1	39	1	330	72	
	黑湾子初小	民办	1967	18	1	鲍玉华	1	27	1	300	54	
	赵堡台初小	民办	1967	25	1	柴维林	1	47	1	1200	72	
	中心小学	公办	1957	20	1	黑炳军	12	456	24	10000	1864	马应清
	秦家滩初小	民办	1964	18	1	马瑞成	1	32	1	1300	60	李文才
	新堡初小	公办	1915	20	1		4	95	4	2000	160	李鸿武
	蔡家滩初小	公办	1957	20	1	买廷杰	2	56	2	1800	160	马生伏
	罗家台初小	公办	1963	12	1	王明礼	1	34	1	1200	60	
	南套子初小	公办	1975	19	1	马学山	3	53	3	1400	100	马学山
	川口初小	公办	1964	17	1	杨有海	2	47	2	1400	60	
	苏家岭完小	公办	1954	21	1	康泽民	3	60	3	2000	120	李占孝
	柳树岘完小	公办	1957	21	1	康泽民	3	61	3	2100	100	黑耀祖
	驼骆岘初小	公办	1956	25	1	丁永才	3	61	3	1500	140	李彦国
	买家大台初小	公办	1958	20	1	周彦忠	3	52	3	1000	80	买廷杰
	东梁洼初小	公办	1958	17	1	王正明	2	45	2	1200	120	
羊路乡	吊堡完小	公办	1957	20	1	马海山	7	145	7	2000	280	杨生祥
	甘草掌初小	公办	1963	16	1	杨有礼	2	42	2	1300	100	马德万
	石嘴子初小	民办	1968	16	1	马如杰	1	32	1	1300	60	
	堡子掌初小	民办	1964	18	1	张海	1	40	1	1800	100	
	套子岘初小	民办	1967	14	1	李占德	1	39	1	1500	100	
	黄草掌初小	民办	1963	15	1	杨生祥	1	36	1	1000	60	
	蔡家沟初小	民办	1957	20	1	买廷杰	1	31	1	1000	60	
	亚尔玛初小	民办	1970	12	1	李万强	1	28	1	1000	60	
	红土岘初小	民办	1967	11	1	马彦选	1	35	1	1200	60	
	余家山初小	民办	1974	21	1	买廷治	2	62	2	1000	100	马尚俊
	破泉初小	民办	1962	12	1	丁义珍	1	27	1	1200	60	
	南台初小	民办	1979	15	1	马国武	1	35	1	1000	60	
	冯川初小	民办	1974	15	1	马学山	2	48	2	1200	80	
	海子初小	民办	1974	15	1	李海新	1	24	1	1000	60	
	麻义川初小	民办	1970	15	1	李正军	1	28	1	1000	60	
	新圈山初小	民办	1963	16	1	黑耀祖	1	31	1	1000	60	

（续表）

乡	学校名称	性质	年份			姓名							
羊路乡	大掌初小	民办	1963	14	1	马建荣	1	21	1	1000	60		
	羊羔岔初小	民办	1968	11	1	李占孝	1	31	1	1000	60		
	羊路崾岘初小	民办	1967	10	1	罗彦珍	1	30	1	1000	60		
	红庄子初小	民办	1973	16	1	李自成	1	27	1	1000	60		
	前湾初小	民办	1977	18	1	李彦国	1	29	1	1000	60		
	西洼初小	民办	1974	13	1	马海仁	1	24	1	1000	60		
王团乡	中心小学	公办	1919	40	5	白启林	11	446	21	6660	1704	马占仕	
	马河湾初小	公办	1966	20	1	王正川	2	41	2	660	96	马全明	
	前红完小	公办	1956	50	1	李文堂	5	135	7	1980	288	李文德	
	虎家湾初小	公办	1968	30	1	虎满贵	2	45	2	660	120		
	张家湾初小	公办	1958	30	1	买玉朝	4	135	4	1320	312	买自杰	
	虎家红湾初小	公办	1952	30	1	虎清堂	4	90	4	1320	172	虎正仁	
	张二水初小	公办	1915	18	4		2	40	2	660	120		
	后湾初小	公办	1969	25	1	李文秀	2	46	2	640	72		
	白土腰选小	公办	1964	34	1	杨占宝	2	47	2	660	92		
	王海子初小	公办	1967	30	1	杨树云	1	34	2	700	120		
	大沟沿初小	公办	1957	58	1	常治斌	3	117	3	1320	168		
	黄草岭初小	公办	1956	40	1	马自富	4	100	3	1320	168	马全林	
	大湾初小	公办	1967	25	1	马彦俊	2	52	2	660	120		
	刘家川初小	公办	1956	25	1	罗光文	2	52	2	660	120		
	圈塘初小	公办	1964	25	1	乔孟林	2	64	2	660	96		
	东梁初小	公办	1955	30	1		4	84	4	1320	216		
	倒墩子初小	公办	1915	20	1	马洪元	4	137	4	1320	264	余占虎	
	罗家河湾初小	公办	1958	40	1	周家丁	2	84	2	1320	288	李正国	
	沟南初小	公办	1989	98	4	教育科	5	132	5	660	144	李正秀	国际义养会援建
	红阳洼初小	公办	1958	40	1	马明山	2	44	2	660	120		
	联合完小	公办	1989	346	12	教育科	12	528	19	6660	864	李正祥	国际义养会援建
	胡麻其初小	民办	1968	22	1	杨有春	1	25	1	660	70		
	下河初小	民办	1974	25	1	李继东	1	24	1	660	144		
	下红山初小	民办	1968	24	1	杨有礼	1	17	1	660	72		
	穆家河初小	民办	1967	20	1	王正海	1	27	1	660	72		
	西套子初小	民办	1958	25	1	马占仁	1	21	1	660	72		
	骆驼脖初小	民办	1968	20	1	马占明	1	20	1	660	72		
	杨家湾初小	民办	1970	30	1	虎玉新	1	18	1	660	72		
	海窝子初小	民办	1964	15	1	王正海	1	16	1	660	72		
	虎进沟初小	民办	1974	20	1	杨文才	1	17	1	660	72		
	嘴子洼初小	民办	1960	22	1	虎玉新	1	25	1	660	72		
	金地台初小	民办	1978	20	1	李文宝	1	20	1	660	72		
	穆槽子初小	民办	1970	35	1	丁生俊	1	41	1	660	72		

（续表）

	马洼子初小	民办	1972	32	1	袁乃胜	1	20	1	660	96	
	新镇初小	民办	1967	20	1	周彦祥	1	13	1	660	96	
	北山初小	民办	1969	15	1	马全伏	1	11	1	660	72	
	余家洼初小	民办	1963	30	1	余建业	1	15	1	660	72	
	徐峁初小	民办	1964	20	1	鲁宗尧	1	17	1	660	72	
王团乡	西梁初小	民办	1974	20	1	王有林	1	27	1	660	72	
	紫花初小	民办	1968	25	1	罗正平	1	23	1	660	96	
	长川垣初小	民办	1974	25	1	王彦华	1	37	2	660	120	
	杨家掌初小	民办	1976	27	1	杨自龙	2	48	2	660	120	
	麻尔子湾初小	民办	1978	27	1	杨自龙	1	21	1	660	72	
	套子洼初小	民办	1967	20	1	马进伏	1	23	1	660	72	
	前沟门初小	民办	1970	18	1	杨万河	1	31	1	667	72	
	中心小学	公办	1952	58	2	田丰虎	6	312	18	6667	802	杨有忠
	深沟完小	公办	1954	38	1	马光才	5	132	8	1000	312	马光生
	萄葫芦初小	民办	1965	24	1	周忠其	1	33	1	1000	60	
	石羊圈初小	公办	1956	24	1	杨金珍	1	34	2	1000	60	
	合合山初小	民办	1956	28	1	李彦德	2	39	2	1000	60	
	麦垛山初小	公办	1958	27	1	马成德	1	38	1	1200	60	
	陆庄初小	民办	1964	24	1	杨克明	2	37	2	1200	60	
	车路沟初小	公办	1964	20	1	马英治	2	48	2	1000	72	
	曹家洼初小	民办	1975	25	1	李生茂	1	35	2	666	72	
	王良台小学	民办	1958	18	1	李正祥	1	32	2	720	60	
	黄家水小学	公办	1965	24	1	李兴明	4	67	4	2000	180	顾有宝
	窑山初小	民办	1974	21	1	石光生	1	38	1	600	120	
	小淌初小	民办	1970	23	1	金玉山	1	42	1	800	60	
窑山乡	嵝岘初小	公办	1962	28	1	丁爱学	1	31	1	666	60	
	五道岭完小	公办	1956	30	1	顾清元	4	80	5	3000	220	马义海
	王庄初小	民办	1968	27	1	顾占义	1	29	1	600	60	
	红湾梁初小	民办	1970	18	1	马光生	1	38	1	1200	72	
	关厅初小	民办	1971	24	1	马如峰	1	42	1	1000	60	
	拉拉湾初小	公办	1963	26	1	石光荣	1	38	2	666	60	
	窑家山初小	民办	1957	25	1	吴光荣	1	35	2	1200	160	
	田家沟初小	民办	1966	21	1	田生贵	1	35	2	1500	60	
	买家洼小学	民办	1962	32	1	杨清武	4	61	4	1200	120	马自山
	李家河湾初小	民办	1965	20	1	马汉东	1	35	1	1200	60	
	康家湾小学	公办	1958	18	1	杨国华	4	65	4	2000	200	康有祥
	田家垣小学	民办	1973	24	1	杨立才	2	49	2	1000	80	
	南山初小	民办	1973	20	1	康有宝	1	30	1	1000	60	
	北山初小	民办	1973	18	1	康有强	1	34	1	1000	60	
	黑拉排初小	民办	1973	20	1	康学存	1	28	1	1200	60	
	套淌初小	公办	1971	62	2	黄志珍	2	52	3	1600	200	

（续表）

	学校名称	学校类型	成立时间	班数		姓名		人数		占地面积	建筑面积	
	套子梁初小	公办	1969	22	1	马金海	1	39	2	600	60	
窑山乡	孙家台初小	公办	1968	30	1	马占海	1	50	2	1000	72	
	南关口完小	公办	1956	21	1	马奎亮	4	70	4	1400	140	马召财
	翟家掌初小	民办	1975	15	1	顾有录	1	35	1	666	60	
	李家山初小	公办	1964	30	1	马彦苍	3	55	3	1200	100	
	马庄初小	民办	1972	21	1	马彦明	1	25	1	800	60	

同心县小学一览表（2022年底概况）

乡镇	学校名称	学校类型	成立时间	2022年概况					
				班数	学生数	教职工数	学校占地面积（平方米）	校舍建筑面积（平方米）	校长
县直小学	同心县第一小学	小学	1918	45	2344	112	40742.7	13766	白小军
	同心县第二小学	小学	1975	56	2873	137	24064.3	16691	马峻峰
	同心县实验小学	小学	2001	44	2356	108	29997	10104	张国平
	同心县第三小学	小学	1982	40	2037	86	39996	14581	丁小平
	同心县第四小学	小学	1982	29	1513	68	13931	8892	李文堂
	同心县第五小学	小学	1996	27	1401	77	11096.3	9200.2	马刚丹
	同心县南安实验小学	小学	2012	40	2026	108	51162.6	11726	马德林
	同心县第八小学	小学	2017	36	1849	86	33016.5	11857	马峻峰
	同心县第十小学	小学	2021	24	1107	64	43333.55	17000	白小军
	同心县第九小学	小学	2019	20	925	46	39086	13089.05	白福朝
豫海镇	同心县豫海镇石岗完全小学	小学	1993	6	174	15	5292.3	2284	周建设
	同心县豫海镇张套完全小学	小学	1905	6	230	20	10562	3922.9	李月云
兴隆乡	同心县兴隆乡李堡完全小学	小学	1960	11	318	19	29839.44	5750.95	李 鋆
	同心县兴隆乡新生完全小学	小学	1976	6	183	12	15514.9	2123.4	李自虎
	同心县兴隆乡王团小学	小学教学点	1960	3	8	2	8544.81	416	张玉明
	同心县兴隆乡王大套完全小学	小学	1962	5	82	6	5467.99	1084.98	田生宝
	同心县兴隆乡西山洼小学	小学教学点	1976	4	56	4	3980.3	435	海 林
河西镇	同心县河西镇安溪同德移民学校	小学	2013	13	543	29	19192.2	3493	杨 昭
	同心县河西镇红旗完全小学	小学	1984	7	266	14	8055	2756	王治国
	同心县河西镇中心完全小学	小学	1982	12	458	30	25672.1	5232	锁成俊
	同心县河西镇杨河套子完全小学	小学	1978	4	57	6	8318.1	2238.5	裴元义
	同心县河西镇建新完全小学	小学	1978	6	285	16	7727.1	1716	周立勇
	同心县河西镇桃山完全小学	小学	1962	6	134	10	13085.5	3036	金录明
	同心县河西镇农场小学	小学教学点	2017	3	15	2	4613.1	458	金录明
	同心县河西镇艾家湾完全小学	小学	1985	6	138	11	10911.1	1710	周海霞
	同心县河西镇马家河湾完全小学	小学	1984	6	138	9	11378.6	1743	马峻海
	同心县河西镇大洪沟完全小学	小学	1988	6	237	14	4339.4	2032	马怀曾
	同心县河西镇鸦嘴完全小学	小学	1984	6	166	11	13326.3	2069	马玉峰
	同心县河西镇朝阳完全小学	小学	1986	3	13	4	9363.3	1751	杨 昭

（续表）

河西镇	同心县河西镇下河湾完全小学	小学	1982	8	291	15	14602.9	1732	周丽萍
	同心县河西镇春蕾学校	小学	2008	7	253	14	11727.5	3644	马宗统
	同心县河西镇新村完全小学	小学	2004	10	291	16	11678.8	2253	黑晓辉
	同心县河西镇李沿子完全小学	小学	1958	6	156	10	6345.7	1131.2	马彬
	同心县河西镇菊花台完全小学	小学	2012	12	383	20	27604.9	3664	贺学宗
	同心县河西镇旱天岭完全小学	小学	2012	6	215	12	26584.5	3162	丁龙
	河西镇纪家完全小学	小学	1967	16	591	29	37674.5	11091	周洪
石狮管委会	同心县石狮管委会砚台完全小学	小学	1989	12	491	28	16171.1	3774	马武
	同心县石狮管委会沙嘴城完全小学	小学	1976	12	455	29	26178	4576	杨舫
	同心县石狮管委会惠安兴隆完全小学	小学	2007	12	385	25	21636.5	3150	马国全
	同心县石狮管委会黑套完全小学	小学	1982	6	70	10	8228.2	2093	马平
	同心县石狮管委会闽宁完全小学	小学	1998	6	234	14	9928.5	2234	马龙
	同心县石狮管委会沙沿完全小学	小学	1966	6	121	11	8934.38	3137	马汉玉
	同心县石狮管委会余家梁完全小学	小学	1989	6	174	15	7468.3	2533	丁永强
	同心县石狮管委会沙嘴城教学点	小学教学点	1976	2	23	2	2079.6	223	杨舫
	同心县石狮管委会惠安小学	小学	1973	8	293	25	12705.78	4728	张汉喜
	同心县石狮管委会满春小学	小学	2010	6	236	14	25390.7	2828	杨俊飞
王团镇	同心县王团镇中心完全小学	小学	2012	27	1459	65	28324.8	11949.13	王正虎
	同心县王团镇羊路完全小学	小学	1954	6	175	11	16058	1802	马俊林
	同心县王团镇李庄小学	小学	2011	6	33	3	8447.2	1938.99	杨志玉
	同心县王团镇联合完全小学	小学	1989	13	562	28	12323.5	4563	李宗军
	同心县王团镇罗河湾玉湖完全小学	小学	2004	10	341	17	7375.43	3471.21	李宗发
	同心县王团镇倒墩子完全小学	小学	1990	12	430	21	15008.2	2256	马彦明
	同心县王团镇沟南完全小学	小学	1989	12	409	22	6249	3815.8	买耀玺
	同心县王团镇东滩小学	小学教学点	1997	4	28	4	3564.2	1310	马全平
	同心县王团镇虎家湾完全小学	小学	1970	6	144	7	10200	1377	马晓峰
	同心县王团镇张家湾立邦希望小学	小学	1956	7	254	14	13773.6	4454	杨彦礼
	同心县王团镇新堡完全小学	小学	1976	6	197	12	13020.7	2479	杨龙
	同心县王团镇吊堡完全小学	小学	1962	6	235	14	12500.8	2680.8	海宗辉
	同心县王团镇大沟沿小学	小学教学点	2009	4	104	8	13301	1241.32	杨彦虎
	同心县王团镇金石台小学	小学教学点	2004	1	2	1	1084.2	223	马耀全
	同心县王团镇前红完全小学	小学	2003	11	359	19	18418	4156	虎旭东
	同心县王团镇圆枣完全小学	小学	2009	6	227	13	19481.6	2030.4	马勇裁
	同心县王团镇马河湾小学	小学教学点	1986	2	54	3	1528.3	405	罗进财
丁塘镇	同心县丁塘镇中心完全小学	小学	1956	12	450	29	31517.3	5413.5	马明
	同心县丁塘镇杨河湾完全小学	小学	1986	6	105	7	14212.1	2790.6	马宗兰
	同心县丁塘镇长沟完全小学	小学	1987	6	71	7	6761.8	2193	杨学吉
	同心县丁塘镇李岗完全小学	小学	1979	6	51	7	18120	1107.2	马钊
	同心县丁塘镇窑岗完全小学	小学	1976	6	92	6	3735.7	1698.6	杨正英
	同心县丁塘镇河草沟完全小学	小学	1937	9	281	17	10566.8	3442.5	马晓才
	同心县丁塘镇张滩完全小学	小学	1990	6	199	13	6417.6	2897.1	李福

（续表）

丁塘镇	同心县丁塘镇新庄完全小学	小学	1984	6	203	14	6539.6	2524	丁旭东
	同心县丁塘镇杨塘完全小学	小学	1952	6	90	6	9069.8	1353	张进成
	同心县丁塘镇吴河湾完全小学	小学	1985	6	207	14	13575.7	3270.5	杨廷武
	同心县丁塘镇小山完全小学	小学	1980	6	136	9	13846.4	2767.1	李宁波
	同心县丁塘镇甘湾沟完全小学	小学	1998	6	120	10	8243.3	1967	丁海军
	同心县丁塘镇湾段头希望完全小学	小学	1922	6	44	6	11220.3	1982	石光祖
	同心县丁塘镇南阳完全小学	小学	1981	6	118	9	13908.3	3180.5	王　峰
田老庄乡	同心县田老庄乡中心完全小学	小学	1958	3	16	3	4099.9	680	马自平
	同心县田老庄乡套塘小学	小学教学点	1964	1	5	2	3007.5	235	马景虎
	同心县田老庄乡深沟完全小学	小学	1958	6	93	6	5698.3	1268	杨正兴
下马关镇	同心县下马关镇中心完全小学	小学	1893	21	864	43	29300	10893	锁国俊
	同心县下马关镇第二小学	小学	1985	12	564	29	15377.5	4457	杨　林
	同心县下马关镇红城水学校	小学	1946	3	18	5	17101.8	2495	施　波
	同心县下马关镇魏儿庄完全小学	小学	1957	2	13	4	5050	974	蔡　毅
	同心县下马关镇王古窑完全小学	小学	1978	6	115	7	3486.9	1381	吴　焕
	同心县下马关镇池家崾小学	小学教学点	1975	2	11	3	6709.4	454	何培亮
	同心县下马关镇白家滩小学	小学教学点	1948	2	8	3	6500	570	王兴国
	同心县下马关镇陈儿庄完全小学	小学	1952	6	72	6	20614.5	3123	贺文超
	同心县下马关镇南安完全小学	小学	2009	8	302	16	28988.2	3470	康福军
	同心县下马关镇平远完全小学	小学	2009	6	217	12	39988.5	3026	李　佳
	同心县下马关镇三山井完全小学	小学	2009	5	50	12	21670.6	2580	张兴永
	同心县下马关镇新缘完全小学	小学	2010	12	365	18	33864	3258	唐树有
	同心县下马关镇田园完全小学	小学	2010	9	327	19	27647.03	2719	杨亚山
	同心县下马关镇张家树完全小学	小学教学点	2009	3	23	3	33733.9	1773	吴金凤
马高庄乡	同心县马高庄乡中心小学	小学	1960	4	36	7	10493	804	张治财
	同心县马高庄乡邱渠完小	小学	1952	6	121	9	9438.7	1810	丁生林
	同心县马高庄乡何渠完小	小学教学点	1911	3	15	3	6432.5	1010	马志荣
	同心县马高庄乡赵家树学校	小学	1973	6	107	9	6498.8	2035	杨小明
	同心县马高庄乡乔湾完小	小学	1972	6	60	5	5624.9	1393	马　兰
	同心县马高庄乡黄草原小学	小学教学点	1994	2	20	3	2431	224	田文斌
韦州镇	同心县韦州镇中心完全小学	小学	1912	20	1090	56	22390	4417	马学忠
	同心县韦州镇庆华完全小学	小学	2009	6	227	11	43088.4	3191	马学忠
	同心县韦州镇红星完全小学	小学	1939	17	737	32	35494	5887	马学忠
	同心县韦州镇旧庄完全小学	小学	1958	6	86	6	12560	2036	马学忠
	同心县韦州镇甘沟完全小学	小学	1956	6	110	7	9439	1879	张永升
预旺镇	同心县预旺镇中心完全小学	小学	1919	25	1157	71	66700	14104	罗忠福
	同心县预旺镇郭阳洼完全小学	小学	1964	3	16	3	6652.45	726	沙　鹏
	同心县预旺镇土峰完全小学	小学教学点	1956	2	7	2	3754.5	686	李永祥
	同心县预旺镇北塬完全小学	小学	1989	6	110	7	10022.06	1822	金小贵
张家塬乡	同心县张家塬乡汪家塬小学	小学教学点	1931	2	2	2	15758.2	933	杨泽民
	同心县张家塬乡中心完全小学	小学	1957	3	5	2	18708.5	876	鲍永宁
	同心县张家塬乡海棠湖小学	小学教学点	1952	1	3	1	3385.5	195	杨泽民
	同心县张家塬乡犁铧嘴小学	小学	1966	1	3	2	6371.9	676	马玉国

同心县第一小学教育集团

同心县第一小学创办于民国7年（1918），由马福祥倡导，当地绅士丁良臣、马策勋募集经费开办，校址在老城南门，初名为同心城清真高级小学堂，附设初级小学堂。有学生70余人，教员2人。民国14年（1925），更名镇戎县第三清真完小。民国22年（1933）改为豫旺县立同心城小学校，学生70余人，教员6人。民国26年（1937）更名同心城中心小学，后称云亭小学。民国34年（1945）校址迁至老城东滩。民国36年（1947）学校有8个教学班，100余名学生，13名教职工。1949年9月，同心县解放后，成立了校务委员会，马立布任校长，学校定名为同心县回民完小。1952年，学校有学生200人，教职工20人。1956年更名为同心县城第一小学。1962年被定为同心县重点小学。1980年被定为全区309所重点小学之一。1981年，学校少先队大队被团中央命名为全国少先队"红旗大队"。2011年，学校更名为同心县第一小学。2021年9月，同心县第一小学和同心县第十小学合并为同心县第一小学教育集团，并更名为同心县第一小校教育集团。

同心县第一小学教育集团，学校分为两个校区，同心县第一小学和同心县第十小学，其中：同心县第一小学现占地面积40742.7平方米，建筑面积13766平方米，运动场面积19880平方米，图书45629册。第十小学占地面积43333.55平方米，建筑面积17000平方米，运动馆面积23597平方米，图书24000册。学校现有教学班69个，在校学生3451名。教职工176名，专任教师174名，其中特级教师2名，正高级教师1名，高级教师23名，一级教师61名，专科以上学历教师139名，现有国家级骨干教师2名，自治区级骨干教师19名，吴忠市骨干教师11名，县级骨干教师5名。建有3D打印室、RV教室、学校电视台、党史教育基地、录播室、智慧教室、名师工作室、图书室、形体室、音乐室、美术室、计算机室等多个功能室。建校以来，为国家建设事业培养毕业生数万人，遍及全国各地，学校相继获得全国百佳创新型学校、全国青少年创意大赛团体金奖、全国学雷锋活动先进集体、全国红领巾助残活动先进集体、全国红领巾读书读报活动先进集体、全国少先队红旗大队、全国优秀家长学校、全国民族团结先进单位、宁夏回族自治区首批标准化学校、宁夏青少年科技创新大赛优秀学校、自治区教研工作先进集体、自治区艺术教育先进集体、自治区卫生先进单位、自治区少先队红旗大队、自治区毒品预防示范学校、自治区文明校园、吴忠市毒品预防示范学校、吴忠市文明单位、吴忠市示范学校、吴忠市基础教育先进集体、吴忠市依法治理示范单位、吴忠市好学校、同心县文明单位、同心县先进基层党组织、同心县"两基"迎国检先进集体、同心县教育教学质量提升工作先进集体、同心县"一师一优课一课一名师"优秀组织奖、同心县第二届校园足球联赛中荣获男子组特等奖、女子组特等奖、同心县校园啦啦操比赛、同心县第二届校园合唱比赛特等奖、同心县义务教育发展基本均衡工作先进集体等百余项殊荣。

历任校长：马力布、金致三、马尚清、马成文、李宗道、杨宗德、白玉彪（副校长主持工作）、马国兴、苏晓萍（副校长主持工作）、马光华、金戈、丁学东、马占银、金宪英、白小军

同心县第二小学教育集团

同心县第二小学始建于 1975 年 3 月，是同心县教育局直属学校，建校时校名为同心二小，1996 年更名为同心县第二小学，2016 年 9 月发展成由二小本部和八小分校组成的同心县第二小学教育集团。

本部占地面积 24064.3 平方米，建筑面积 16691 平方米，八小占地面积 33016.5 平方米，建筑面积 11857 平方米；集团校现有教职工 223 人，在编教师共 192 人，其中高级教师 25 人，一级教师 79 人，区级骨干教师 13 人，市县级骨干教师 51 人，92 个教学班，学生 4722 名，是全县规模最大的小学。

2016 年，学校占地面积由最初的 10700 平方米扩展为现在的 24064.3 平方米，兴建了学校综合楼，彻底改变了学校狭小拥挤和课程设置不规范的窘境。先后获得全国语言文字示范校、全国足球特色校、自治区首批党建示范校、自治区教育系统五星级基层党组织、自治区先进基层党组织、自治区未成年人思想道德先进集体、自治区民族团结先进集体、自治区级禁毒工作示范校、自治区首批文明校园、吴忠市文明单位、吴忠市首批文明校园、吴忠市名牌学校、吴忠市民族团结进步创建活动示范单位、吴忠宣传工作先进集体、吴忠市教育信息化工作先进集体、同心县五星级禁毒示范校和全县优秀学校少工委荣誉等。

历任校长：崔建忠、杨国华、高贵、杨生勤、丁学东、苏润军、马峻峰

同心县实验小学

同心县实验小学始建于 2001 年 9 月，占地面积 29997 平方米，建筑面积 10104 平方米。教学班 44 个，学生 2356 人，现有教职工 108 人，其中特级教师 1 人，区级骨干教师 14 人，市级骨干教师 22 人，县级骨干教师 17 人。是全国青少年足球特色学校、国家级规范汉字书写教育特色学校、全国优秀少先队集体、全国中小学百强网校、全国红领巾数字图书馆示范学校。近年来，在县委、政府和教育行政部门的亲切关怀和大力支持下，学校发生了很大的变化，原操场的深坑填平了，新修了标准化的操场，对校园进行了硬化、绿化工作，新建了综合楼、水冲式厕所，学校变宽敞了，整齐了，美丽了。学校提出了"做最好的自己"的办学理念，拟制了"博爱

成人、博学成才"的校训，修建了博爱苑、博学苑两个教育园圃，适时引进"说学教育"，注重学生创新素养的培养，打造了阅读广场，重视学生阅读习惯的培养，进行了英语教学全年级覆盖实验，开辟了红领巾开心农场，创设了丰富多彩的大课间活动，兴趣活动遍地开花，有力促进学生德智体美劳全面发展。学校先后获得自治区文明校园，自治区五星级党支部培养校，吴忠市名校，吴忠市教育工作先进集体，同心县标杆学校，同心县五星级党支部。

历任校长：马占银、杨生勤、马秉山、丁学东、张国平

同心县第三小学

同心县第三小学，1982年建校，原为同心县城关回民小学，1984年更名为同心县第三小学，学校总占地面积60亩，学校现有教学楼三幢，综合楼一幢，实验楼一幢，校舍建筑面积为14581平方米。学校共有教学班40个，在校学生2037人；在编教师86人，高级教师18人，大专及以上86人，现有自治区级骨干教师3人，市级骨干教师5人。

学校多次被市、县评为"文明学校""安全文明单位""卫生先进集体""五好党支部"，民族团结进步"先进集体"，有100余篇论文先后被评为国家、自治区和市、县优秀论文，30余篇论文分别在国家和自治区级书刊、杂志上公开发表，在"一师一优课，一课一名师"课堂教学大赛中，分别荣膺部级、区级、市级优课。2021—2022年，连续三次在全县教学质量检测中荣获优胜奖。

历任校长：强文德、马桃瑞、杨克兴、李宗旭、杨彦文、张俭、白荣、丁小平

同心县第四小学

同心县第四小学始建于1982年，三易校名，数次扩建，现有29个教学班，教职工68人，学生1513名。教师队伍中，国家级骨干教师1人，市级优秀教师7人，县级优秀教师6人，8名教师在市、县级优质课竞赛中获奖，百余篇论文在国家、省、市级刊物上发表或获奖。学校虽小，但本着"小学校也要办大教育"的理念，如今校园内杨柳婆娑、花团锦簇、诗词淡雅、壁画清新，是学生愉快学习、健康成长的理想乐园。遵循"尊师爱生、遵纪守法、知情并重、意行和谐"的校训，践行"严谨、民主、廉洁、奉献"的作风；形成了"求真、务实、奉献、创新"的校风；"诚实乐学、团结、进取"的学风和"严谨、博学、勤奋、敬业"的教风；先后被县人民政府、教育局评为"安全文校园"，被镇党委、镇政府多次评为"文明单位""先进党支部""明德优秀学校""同心县名校"。

历任校长：丁良河、杨汉福、马存林、金宪英、康国荣、李文堂

同心县第五小学

同心县第五小学是 1996 年 3 月由世界银行贫困 II 项目援建的一所国家级扶贫教育工程项目学校，位于同心县豫海镇长征东街。学校占地面积 11096.3 平方米，建筑面积 9200.2 平方米。运动场地面积 3840 平方米。学校建有红色教育基地、科普馆、计算机室、音乐室、美术室、劳动综合实践活动室等 25 个功能室，有图书 25579 册。校园有线网络为 1000M，实现无线网络全覆盖，所有教室和功能室均有交互式电子设备，达到班班通、人人通。学校以"宁夏教育资源公共服务平台"为依托，进行了"智慧校园"的建设，建有自己的网校。学校积极创设"W 课程体系"，开设了韵律大课间、快板社团、腰鼓社团、合唱社团、电子琴社团、经典诵读社团、书法社团、美术社团、足球社团等。

第五小学现有 27 个教学班，共有学生 1401 人。教师 77 人，其中：高级教师 14 人，一级教师 40 人，二级教师 3 人；大学本科 28 人，大专学历 49 人。自治区级骨干教师 5 人，市级骨干教师 4 人，县级骨干教师 7 人；被评为吴忠市优秀教师的 3 人，获得市级名师荣誉称号的 1 人，获得县级名师荣誉称号的 4 人，获得县级优秀班主任教师的 3 人。

学校先后荣获区、市、县"文明单位""卫生先进单位""示范学校""精神文明学校""安全文明学校""平安模范校园""少先队红旗大队""爱路护路先进集体"等称号。在全体教师的共同努力下，学校教育教学质量稳步提升，受到了家长和社会的普遍赞誉。

历任校长：杨宗发、杨彦文、丁海涛、张俭、康国荣、马刚丹

同心县南安实验小学

同心县南安实验小学始建于 1960 年，前身是海原县兴隆乡兴隆小学，2007 年因行政区域调整划归同心县豫海镇中心学校管辖。2010 年 9 月，通过政府投入、福建南安市爱心人士捐助，在同心县新区兴建一所标准化程度高、规模较大的完全小学，2012 年更名为"同心县南安实验小学"。2013 年 10 月调整为县直小学。学校占地面积 51162.6 平方米，建筑面积 11726 平方米，总投资 2700 余万元。学校现有教学班 40 个，在校学生 2026 名；现有教职工 108 人，其中专任教师 96 人。学校现有教师计算机 69 台，学生计算机 168 台，班级多媒体设备 42 套，图书 20976 册。学校配有音乐教室、美术教室、体育器材室、书法室、实验室、计算机室（2 个）、形体训练室、阅览室、图书室、教学仪器室、综合实践活动室（3 个）、学生体质检测室、卫生室、心理咨询室等 17 个功能室。校园建有篮球场地 6 个，排球场地 3 个，足球场地 1 个，并配有 300 米环形塑胶跑道。

历任校长：黑立才、马峻峰、马德林

同心县第九小学

同心县第九小学成立于2019年，学校占地面积39086平方米（约58.6亩），建筑面积13089.05平方米，总投资4535万余元。规划设有36个教学班，可容纳在校学生1800名。学校设有图书室、阅览室、实验室、仪器室、美术室、音乐室、舞蹈室、计算机室、综合实践活动室、录播室，完全满足师生图书借阅，教学实验，应用现代化教学设备的需要。校园建有篮球场地4个，足球场地1个，并配有300米环形塑胶跑道。学校现有20个教学班，在校学生925人（其中六类学生621人，占学生总数的67%），专任教师46人，大专及以上学历46人，学历达标率100%，高级教师5人，一级教师7人，二级教师17人，未定级17人。

学校先后荣获同心县第五届校园足球联赛"体育道德风尚奖"；同心县第二届校园足球嘉年华足球啦啦操比赛三等奖；全县优秀少先队中队；同心县第八届中小学生合唱艺术节优秀组织奖；"学党史 知党恩 讲党史"经典诵读大赛荣获优秀奖；"2022年教师信息素养测评"先进集体；吴忠市"平安校园"等十多项荣誉称号。

历仼校长：黑立才、白福朝

同心县王团镇中心完全小学

王团镇中心完全小学地处同心县城南15公里处的344国道沿线，始建于2012年，总占地面积28324.8平方米，总建筑面积11949.13平方米，有教学楼两栋，功能楼一栋，行政楼一栋，学生宿舍一栋，教师周转房一栋和一个餐厅。学校有27个教学班，教职工65人，在校学生1459名，住宿生106名，属规模较大的农村寄宿制学校。2011年5月，学校被吴忠市教育局评为"德育先进集体"；2013年4月，学校餐厅被国家关工委评为优秀管理奖；2013年11月，学校被同心县教育局评为平安和谐校园；2014年1月学校被同心县教育局评为安全管理规范化学校；2014年2月学校被中共同心县委员会、同心县人民政府评为2013年度民族团结进步创建活动先进集体；2014年11月18日，接受了区级安全管理规范化评估验收。2015年6月，被市委、市政府命名为"民族团结进步模范集体"；2015年4月，被自治区教育厅评为全区安全管理规范化示范学校；2017年被宁夏卫计委授予"流动人口健康促进示范学校"的称号；2018年4月，学校食堂被同心县精神文明委评为"文明餐桌行动示范店"；2020年，学校被同心县委、县人民政府授予"毒品预防教育示范学校"。

历任校长：白启林、马占仕、王正虎

同心县河西镇中心完全小学

同心县河西镇中心完全小学始建于1982年。现有教学班12个，学生458名，有专任教师30名，其中骨干教师6人，学历百分百达标。学校占地面积25672.1平方米，建筑面积5232平方米。有足球场1个，篮球场1个，乒乓球台10个，生均体育场地面积14.2平方米，生均教学及辅助用房面积5.7平方米，生均教学仪器设备值3451元；学校建有智慧教室、在线课堂教室、多媒体教室、图书室、科学实验室、仪器室、计算机室、综合实践室、智慧书法室、机器人创新室等多个功能室。学校以敦学、笃教、树德、铸魂为校训，以"和谐教育，人为中心"为办学宗旨，逐步形成了自己的办学特色。学校先后被评为同心县精神文明校园，吴忠市精神文明校园；2021年《培养学生数学学习的情感价值与积极性》被评为教育部优秀案例；连续三年获得中心学校示范校。

历任校长：杨立太、马冬青、马彦红、张国平、杨龙、锁成俊

同心县预旺镇中心完全小学

同心县预旺镇中心完全小学始建于民国8年（1919），由县知事黄道源创建。学款由马福祥捐银167两，公积银155两，各花户捐银400两，变卖公告产粮100两。校址在预旺城北街原私塾旧址。建教室两大幢计20间。学校命名为镇戎县乐利堡第二清真高等小学堂。附设国民学校。校长兼董事长马民睿，教员严月谭。时有6年制学生百余人。民国11年（1922）学校改称乐利堡高等小学校，有学生100余人，教员4人，采用复式教学。民国17年（1928）停办。民国20年（1931）恢复后为初级小学。民国22年（1933）改称豫旺县立乐利堡小学校。民国32年（1943）恢复为完全小学。民国34年（1945）学校以"艰苦办学、学额巩固、教育发展"获省教育厅"艰苦卓绝"匾额一块。1949年预旺解放，预旺区政府接管学校，时为初级小学。1952年恢复为完小。1962年被定为同心县重点小学。1969年附设初中班。1974年中小学分设，预旺中学迁出。1978年定为预旺公社中心小学。1980年学校迁址到西门新校。1990年有5年制6个教学班，在校学生724人，教职工36人。2006年解放军总后勤部投资211万元援建预旺"八一爱民小学"，2006年得到解放军后勤总医院援建，"八一"爱民学校教学楼。2015年9月迁新校区。2022年底，有6个年级，25个教学班，在校学生1157人，其中住宿学生95人，在编教师71人。1名教师"一师一优课"获得教育部一等奖，1名教师"制作教具"获得教育部一等奖；自治区级骨干教师4名，市级骨干教师2名。

新学校占地66700平方米，建筑面积14104平方米，教辅用房6370.6平方米，体育运动场面

积 8698 平方米。建有录播室 1 个，电子白板共有 28 套，学生计算机 112 台，电教设备齐全。学校建有塑胶跑道及塑胶足球场，满足学生体育锻炼需求。学校设立卫生室、文体室、微机室、手工制作室、仪器室、书法室、文学社、舞蹈室、音乐室、电子琴室、美术室、阅览室、图书室等，其中图书室藏书量达 20967 册。

历任校长：马执中、常崇贵、马占海、马廷德、马如贵、苏保全、杨宗武、马彦仓、马耀华、李殿元、马忠国、马如云、杨彦福、杨正洋、白福朝、罗忠福

同心县韦州镇中心学校

同心县韦州镇中心学校始建于民国初年（1912），是由韦州绅士苏乐等人将几所私塾合并成半公半私性质的学堂，称"韦州小学堂"。学款由当地义仓供给，不久改为平远县立韦州堡初级小学堂。民国 7 年（1918），宁夏护军使马云亭和当地绅士募捐（马云亭捐洋 1000 串，公积洋 200 元，各商捐银 130 两），改办为韦州清真高等小学堂。时有学生 20 人，教师 2 人。先由县知事黄道源、马策勋办理，后由苏乐、海升平办理。校址在城中心财神庙。当时毁神像，改殿堂，几经改造，建成一座四合院，门面修饰极美，全系磨砖雕刻，上刻海升平手书楹联："诗书不负人，愿士子努力前进共成大器；学问先明道，望后生潜心笃志勉为通材。"民国 16 年（1927）改称预旺县韦州第一清真高级小学堂，附设国民小学。民国 27 年（1938）改为韦州中心小学。民国 29 年（1940）8 月与韦州短期小学、女子小学合并成立了学区中心小学，有学生 59 人，教员 2 人。女小仍分设。是年 12 月改为韦州中山国民中心小学。1941 年 4 月划归盐池县管辖。

1949 年，韦州区人民政府接管学校。留用全部教师，采取"积极维持，加强领导，逐步改造"的方针，恢复了学校秩序。学校定名为第四区韦州完全小学。1950 年学校扩编，在韦州清真大寺附设清真寺文化研究班，称韦州完小一分校。有学生 53 人，教师 2 人。开设国语、算术、常识、土改农村政治、时事政治、作文、大小字等课程。其间又将韦州女小并入称二分校，共有学生 300 多人。1953 年政府拨款在韦州东门外北建立新校。1954 年 3 校合并迁入新校，仍称韦州完全小学，有 6 年制 7 个班，172 名学生，教职工 9 人，其中有 1 名阿语教师。1969 年附设初中班，改为 7 年制学校。1971 年迁到现校址。1977 年中小学分离后更名为韦州公社完全小学。1985 年，改称韦州镇中心小学。2022 年底，有教学班 20 个，在校学生 1090 人，教职工 56 人。学校占地面积 22390 平方米，建筑面积 4417 平方米。设有图书室、多媒体教室、多功能教室、仪器室、体育器材室、微机室、电子备课室等。配备光盘播放设备（模式一）16 套，电子白板 18 套（实现了班班通）。学校培养了国家环保部部长周生贤、自治区工会主席苏尚礼、宁夏经学院教授苏东礼、宁夏职业技术学院教授张有、韦州名医苏盛华等一批优秀人才。学校

被评为"中国—联合国儿基会关爱早期儿童发展师资培训项目学校""全区农村留守儿童示范家长学校"。

历任校长：苏乐、海东平、王怡让、魏国柄、马奎亮、陆永明、丁义华、丁学贵、苏志礼、苏岩毅

同心县韦州镇红星完全小学

同心县韦州镇红星完全小学，始建于民国 28 年（1939），名为韦州两学级女子学校，校址在韦州镇老城。校长苏三光。民国 30 年（1941）与韦州短期小学、韦州小学合并组成学区中心小学，仍保留女子部，男、女分校。新中国成立后至 1953 年女小建制仍在。1954 年，与韦州完小一分校、韦州完小一并迁入新址成立四区韦州完小。1985 年，恢复韦州女小，校名为韦州回民女子高小，有 5 个年级 2 个班，学生 93 人，教职工 6 人。2011 年 8 月迁入新校址，并先后与回民小学、河湾小学合并。2022 年 3 月更名为同心县韦州镇红星完全小学。

2022 年底，有 17 个教学班，学生 737 人；教职工 32 人，其中专任教师 32 名，专任教师达标率 100%；有区级、市级骨干教师各 1 名，高级教师 11 人，一级教师 8 人，二级教师 7 人；大学本科 16 人，专科 15 人，中专 1 人，教师学历全部达标。

学校占地面积 35494 平方米，建筑面积 5887 平方米。现有教学楼、综合功能室楼、餐厅、教师周转宿舍楼，校舍建筑面积 5887 平方米，生均校舍建筑面积为 7.99 平方米；教学及辅助用房面积为 3712 平方米，生均面积为 5.04 平方米；体育活动场地面积为 12000 平方米，生均面积为 16.28 平方米；功能室设备及学科教学仪器值为 193.971355 万元，生均设备指标值为 2631.91元；学校拥有图书 11653 册，生均图书 15.81 册；现有计算机 165 台，其中学生机 128 台，生机比为 5.76∶1；设有功能室 17 个。17 个班级全部配备了电子白板，网络光纤接入，达到了电子化办公。

学校被宁夏军区确定为国防教育基地。1993 年 9 月获自治区"民族团结先进集体"称号；2013 年分别获吴忠市"德育工作先进集体"、吴忠市"少先队红旗中队"称号；2016 年先后被评为同心县"安全管理规范化学校"、吴忠市"毒品预防教育安全示范学校"；2017 年 3 月被宁夏回族自治区教育厅授予"民族团结教育模范学校"荣誉称号。2020 年 5 月被中共同心县委员会、同心县人民政府评为 2019 年度毒品预防教育"示范学校"；2021 年被评为吴忠市"爱国主义教育基地"。

历任校长：马新兰、苏绍军、海虹、杨彦林、孙有玺

同心县田老庄乡深沟完全小学

田老庄乡深沟完全小学始建于 1958 年，是一所全日制公办学校，学校服务于田老庄乡深沟、石羊两村六社，服务人口约 2321 人；学校占地面积 5698.3 平方米，建筑面积 1268 平方米；学校现有 6 个教学班，小学生 93 名；教职员工 6 名，区级骨干教师 1 名、县级骨干教师 4 名、市级名师 1 名。学校设有录播室、实验室、美术室、音乐室、图书室等 7 个功能室。学校现有学生用计算机 33 台，图书 2249 册，实现了宽带网络班班通、校园网络监控全覆盖。2019 年，被共青团同心县委员会、同心县教育局、少先队同心县工作委员会评为"全县优秀少先队大队"；2020 年 12 月，荣获同心县"少先队鼓号队线上展演活动三等奖"；2021 年 7 月，荣获同心县"中小学生合唱艺术节活动优秀组织奖"；2021 年 7 月，荣获同心县"中小学生百人舞展演活动优秀组织奖"；2022 年 2 月，被同心县教育局授予"县域教学教研共同体"先进集体；2022 年 8 月，被同心县教育局授予"县域教学教研共同体"。

同心县下马关镇中心完全小学

下马关镇中心完全小学前身是平原县（今下马关镇）蠡山书院。清光绪十九年（1893），由平远县知县王宝镛创办。1914 年学校搬迁到北街旧守备衙门，一进两院，26 间教室。初办时校舍简陋，经费不足，加上新学伊始，人们观望不前。为鼓励民众读书，当局曾增设经费津贴。学生入校后，每月享受公费铜钱 1200 文。初时有学生 32 人，教职员 2 人。学堂按照清政府光绪二十九年（1903）十一月颁发的《钦定初等小学堂章程》，开设课程有修身、历史、国文、地理、数学、理科、手工、博物、图画、体操、乐歌、英语。实行班级授课制，采用复式教学法，学制 4 年，春季始业。1910 年（宣统二年），预旺科举人李文柄从兰州优级师范毕业返里，到平原高小任教习，后任校长。

李文柄创办新学，勤奋治校，执教 8 年，输送 6 届毕业生，约计 80 人。这些毕业生 1 人出国留洋，多数考入蒙回师范，毕业后惠泽乡梓教育。此外，尚有邻县负笈远道求学者。李文柄办学有方，成绩卓著，受到甘肃公报表彰，并获教育部一等大铎奖章。马云亭慕名增匾一块，上书"教育一新"。

民国 13 年（1924），改称镇戎县立下马关高级小学校，附设国民学校，有学生 60 余人，校长李海涵。1929 年学校停办，不久恢复为初小。民国 19 年（1930）更名为预旺县立下马关国民学校。民国 29 年（1940）增设特种教育，改称同心县下马关中山第一国民学校。

1952 年，正式定名为下马关完小。1953 年，学校迁至文庙新校。1968 年，迁至南关村新校。

1978 年，定名为下马关中心学校。1985 年，改称下马关镇中心小学，有教学班 12 个，学生 490 人，教职工 19 人。

2022 年，校园占地面积 29300 平方米，学校建筑面积 10893 平方米，其中教学及辅助用房面积 5343.50 平方米，行政办公用房面积 1103.50 平方米，生活用房面积 2662 平方米，其他用房面积 1784 平方米。运动场地面积 11390 平方米，图书 14540 册，数字终端 216 台，其中教师终端数 69 台，学生终端数 147 台，网络多媒体教室 21 间。现有学生 864 名、21 个教学班，公办教师 43 名、特岗教师 2 名、"三支一扶"教师 2 名、"泉"项目教师 2 名。

历任校长：李文柄、李海涵、王礼、张玉润、苏赞元、金光宇、李振西、马生杰、刘波、杨兴怀、蔡庆祥、高贵、杨太、樊德福、李建国、白明江、王龙、锁国俊、童泽

同心县兴隆乡李堡完全小学

李堡完全小学始建于 1960 年。1988 年 9 月，由兴隆乡王团村迁入兴隆乡李堡村，1991 年，由宋庆龄基金会援助新建。2008 年 7 月，随乡镇由海原县划入同心县。学校现有教学班 11 个，在校学生 318 名，有教职工 19 人，其中副高级教师 7 人、中级教师 6 人、助理级 6 人。教师学历合格率 100%，大专以上学历教师 19 人，区级骨干教师 3 人，市级骨干教师 3 人，县级骨干教师 1 人。

学校占地面积 29839.44 平方米，建筑面积 5750.95 平方米，教学及辅助用房 2331.41 平方米，教师办公用房 663.93 平方米，绿化面积 4500 平方米，植树 800 多棵。建有 200 米环形运动场一个，另有篮球场、排球场、阳光体育器材活动场等，场地面积达 8000 平方米。有计算机室、科学仪器及实验室，美术室、音乐室、形体训练室、电子琴室、体育器材室、图书室等功能室。学校图书室藏书 6069 册，生均 19 册。班班有触摸式一体机，校内广播网、监控网、通讯网、互联网"四网"一体，网络覆盖整个校园。

学校先后被海原县委、县政府授予第一届、第二届"十佳学校"、海原县"校园四化建设"先进学校、"两基"工作先进学校、"安全文明校园"、"平安模范校园"、"红旗少先大队"；2010 年，被吴忠市教育局、吴忠市妇女联合会授予"家庭教育示范学校"；2010 年，被同心县委、县政府授予"名牌学校"；2011 年，被县教育局授予教育系统"平安校园"荣誉称号；2016 年，被同心县委、县政府授予"毒品预防教育示范学校"；2018 年，被同心县委、县政府评为全县文明校园单位；2019 年，获"全县优秀少先队大队"；在全县第四届校园足球联赛中荣获"优胜奖"；2021 年，在全县第四届中小学生田径运动会上荣获"优秀组织奖"；2021 年，在全县第五届校园足球联赛中荣获"优胜奖"；在同心县第八届中小学生合唱艺术节活动中荣获"优秀组织奖"。

历任校长：马占祥、王正月、田进祯、李彦珍、李銮

同心县石狮管委会惠安小学

同心县石狮管委会惠安小学位于同心县城南 2 公里处的城一村。学校始建于 1973 年，原为同心县第一小学附属教学点。1984 年后撤并教学点，更名为城关中心小学。1998 年，合乡并镇后，隶属石狮管委会，学校更名为石狮中心小学。学校占地面积 12705.78 平方米，校舍建筑面积 4728 平方米。2005 年在各级党委、政府的关心支持和福建省惠安县的资助下，投资 182 万元兴建了教学楼，学校更名为石狮惠安小学，2008 年 "校安工程" 项目兴建科教楼，建筑面积 1096 平方米。

在校学生 293 人，设有 8 个教学班。在编教师 25 名，学历、任职资格合格率均为 100%。招生范围为城一村。学校拥有多媒体教室、计算机教室等功能室，教育信息化水平在农村同类学校居于领先地位。学校图书室藏书 9973 册，生均 34 册。教学仪器达到国家规定的三类标准。

2022 年，学校被平安同心县建设领导小组授予 "平安学校" 称号，被同心县教育局授予 "示范学校" 称号；2023 年，被平安吴忠建设小组授予 "平安校园" 称号。

历任校长：杨自选、马学军、妥大英、周家峰、马福、张汉喜、马成平

同心县马高庄乡邱渠完小

同心县马高庄乡邱渠完小位于同心县马高庄乡邱渠村，始建于 1952 年，是一所村级完全小学。学校现占地面积 9348.7 平方米，建筑面积 1810 平方米；在校学生 121 人，6 个教学班；教职工 9 人，其中专任教师 9 人，特岗教师 1 人，副高级教师 3 人，一级教师 1 人，二级教师 2 人，本科学历 3 人，专科学历 6 人。

学校经过 70 多年的栉风沐雨，环境优美，设施齐全，现建有微机室、图书室、美术室、音乐室、科学实验室、综合仪器室、体育器材室、餐厅等配套设施。配有学生用机 28 台，教师用机 11 台；图书 3000 册，生均 29 册，学校信息化设备齐全。

学校以 "健康、聪慧、高尚、快乐" 为校训，营造和谐、文明、务实、高效的育人氛围，在上级领导的关心和支持下，经过全体师生的努力拼搏，一定能够实现创办 "家长放心、学生开心、社会满意" 乡村一流学校目标。

历任校长：杨永成、徐济、冯士杰、李祥、侯雄山、丁学礼、杨进真、张宝瑞、苏荣华、马永祥、中学部田德福、小学部苏如海、唐文昌、丁生林、马兴盛、柴艳丽、丁生林

同心县张家塬乡中心完全小学

同心县张家塬乡中心完全小学始建于新中国成立初期，随乡政府驻地先后在堡子湾、海棠湖、沈家湾等地辗转开办初小，以窑洞为教室，泥土台为课桌，有学生20余人，教师1人。

1958年随乡政府选址于张家塬村（今校址），有学生50余人，公派教师2人。1962年建起了土木结构教室，至1964年，教师增至5名，学生110名，初级小学改为六年制高小，学校更名为张家塬小学。

1986年，全校共设10个教学班，在校学生300余名，教师15名，学校更名为张家塬乡中心完全小学。

随着国家普及九年义务教育政策的实施，2003年顺利通过了"普初"验收，2006年通过了"普九"验收，此时学校办学规模达到了峰值：在校学生高达600余名，13个教学班，24名教职工。2009年后，随着生态移民搬迁，大量学生先后迁入石狮、下马关、韦州、河西、青铜峡、利通区等县内外移民新区就读，张家塬乡中心小学生源逐年急剧减少，截至2022年9月仅剩3个年级5名学生2名老师。

历任校长：张秀生、马占海、杨文智、张鸿智、刘金秀、陈连东、汪作勇、张树富、靳正乾、张鸿省、瞿学军、马海珍、鲍永祥、罗玉贤、马瑞文、鲍永宁

喊叫水中心小学

喊叫水中心小学是民国28年（1939）由当地绅士周生祯创办，初名国民私立海如完全小学，校长李士林，教师孟长有、任子裕等人，学生80余人。民国33年（1944）至民国35年（1946）学生增至300余人。1957年有学生167人，教师5人。1958年更名为喊叫水公社完小。1968年学校拆迁到喊叫水（今址），时为七年制学校。1980年初中分设，称喊叫水中心小学。1990年有教学班8个，学生260人，教职工18人，其中专任教师12人。学校占地面积14亩，建筑面积1290平方米。2004年，划归中宁县管辖。

第三章 | 普通初中教育

　　1956 年秋，同心县第一所初级中学——同心中学在县城创立，结束了同心没有中学教育的历史。1977 年底，同心县办四年制完全中学 3 所，公社办二年制中学 14 所，26 所大队完小附设初中班。1990 年，同心县委、县人民政府通过合并、新建、创建九年一贯制学校，初、高中分离办学，优化了学校布局调整，扩大了初中办学规模。初中的办学条件在达到"一无两有六配套"的基础上，利用项目资金，改、扩建校舍，按照项目标准配备教学仪器、图书资料、文体器材及计算机网络教室、语音室、艺术室等，办学条件基本适应初中教育需求。通过落实"两免一补"、免费营养餐、助学金、奖学金、救助贫困学生、初中招生实行降分或切块录取制等优惠政策和措施，提高了学生接受义务教育的年限。2006 年，同心县基本普及九年义务教育。2022 年底，全县共有初级中学 10 所，九年一贯制 2 所，初中教学班 374 个，在校学生 18677 人。初中在编教职工 1258 人。

第一节 历史沿革

1956 年秋，同心县第一所初级中学——同心中学在县城创立，结束了同心没有中学教育的历史。当年招生 104 人，职工 9 人，校长由县委副书记李坦兼任，副校长万树恩主持工作。1958 年 9 月，在韦州增设同心第二中学，招生 100 人，教职工 5 人。年底，中学在校生已由 1957 年的 210 人猛增到 408 人，教职工由 1957 年的 14 人增加到 32 人。1960 年，在红城水重建二中，当年招生 50 人，教职工 7 人。此时，全县两所初级中学，学生发展到 354 人。1962 年，红城水初级中学停办。1966 年，同心中学 3 年内停止招生。1968 年底，遵照毛泽东"知识青年到农村去，接受贫下中农的再教育很有必要"的指示，在校三级（66 级、67 级、68 级）学生 333 人均按毕业处理。1969 年，同心中学恢复招生，全县 14 个公社相继在原来公社完小增设初中部，成为七年制学校。到年底，全县中学由原来的 1 所，猛增到 16 所，在校学生由 1968 年的 160 人，增加到 415 人。1971 年，各公社在大队完小附设初中班 26 个。1977 年底，全县教育部门办四年制完全中学 3 所，公社办二年制中学 14 所。26 所大队完小附设初中班，在校生增加到 6029 人；教职工增加到 347 人。普通中学的盲目发展，造成师资严重不足，只好层层拔高，大量小学教师补充到中学，不合格教师的比例猛增。学制缩短两年，许多必修课程由于师资奇缺，或课时不足，不能按计划开设和完成。

1980—1982 年，同心县委、县人民政府，针对全县中学布点太多，摊子过大，发展过快的问题，停办了预旺、下马关两所完全中学的高中部，集中人力、物力、财力办好同心中学。合并、停办了队办初中，并相继将各公社附设的 7 年制学校实行中、小学分级。每个公社只办 1 所初中。1982 年，成立了同心第二中学，中学教育开始走向了正轨。调整后，全县 17 所中学在校初中学生 3378 人，比 1980 年减少了 1086 人。

1985 年，同心县委和县人民政府设立"人才奖"，规定：凡考入大专的考生发给奖金 150 元，考入高中中专的考生发给奖金 100 元，考入初中中专的考生发给奖金 70 元，女学生加倍奖励。

1987 年，在中小学教师职称评定中，12 名教师被评为中学高级教师，91 名教师被评为中学一级教师。

1988年，县委、县政府下发了《同心县关于实施分级办学，分级管理的意见》和《同心县分级管理实施细则》。把办学方针又修订为"改革体制，完善管理，多方集资，勤俭办学，狠抓普及，提高质量，为当地经济建设服务"。年底，将全县12所乡（镇）中学移交当地乡（镇）政府管理。县教育行政部门负责管理全县3所完全中学和女中（今同心四中）、二中、下马关中学。同心中学进行校长负责制试点工作。1989年8月，河西乡增设1所初级中学。同年8月，新建了同心县第四中学，招收初一新生4个班200人，校址在县城。

1990年，因为乡镇初中的办学条件简陋，学生住宿困难，许多孩子因小学毕业不能就近读初中而辍学。群众强烈要求在本村附设初中班，行政村办九年一贯制学校应运而生。1990年全县有普通初中18所。

1992年，张家塬乡汪家塬村在本村完全小学附设了初中班，成为九年一贯制学校。1993年，成立丁塘镇中学，河西二中更名为河西中学。1994年，下马关镇红城水行政村将本村完小办成九年一贯制学校。学校成立以来，学生的入学率、巩固率、合格率连年达到100%。小学统考成绩在全镇一直名列前茅。

1998年，福建省石狮市对口支援同心教育，创建了同心县石狮职业中学。当年招收初中生260名，设置5个教学班，配置教职工22名。由于受条件限制，石狮职业中学仍然是普通中学。

1999年，新庄集乡划归红寺堡开发区，新庄集中学划归红寺堡。

2000年，上海市"红十字会"捐资20万元，县政府投资25万元，另选校址，新建了窑山中学，并更名为窑山博爱中学。新校占地面积8010平方米，硬化面积2400平方米，校舍建筑面积1008平方米。配置了理、化、生实验设备及学生电脑，办学条件得到改善。

2000年底，全县初中教学班由1995年的177个增加到244个，增加了69个教学班，学生增加到11259人，净增学生2899人。

2001年撤乡并镇，城关乡一部分划入石狮管委会，一部分划归丁塘镇；纪家乡一部分划归丁塘镇，一部分划归河西镇；羊路乡一部分划归王团镇，一部分划归张家塬乡。2002年前，田老庄初级中学学校占地面积7200平方米，校舍建筑面积672平方米，有3个教学班，在校学生200多人，教职工12人。

2004年，为了提高初中的入学率，县人民政府决定在同心县石狮职业中学挂"同心县石狮中学"的牌子，将城关中学并入同心县回民中学（今同心县第三中学），成立同心县回民中学（今同心县第三中学）初中部。将王团、张家塬、马高庄、羊路、纪家、窑山6个乡镇的农村初中与中心小学合并，成立了6所九年一贯制学校。是年，行政区划调整，喊叫水中学、下流水中学划归中宁县。

2004年，宁夏兴俊实业集团董事长杨兴义捐资140万元，县人民政府投资140万元，新建了田老庄中学的教学大楼。并与中心小学合并为九年一贯制学校，更名为"同心兴义光彩中学"。

2008年，海原县兴隆乡归同心县，兴隆中学随着划归同心县。2013年在豫海新区教育园区，建立了同心县第五中学和豫海镇初级中学。2022年，同心县豫海初级中学和同心县第六中学合并，成立同心县第六中学。2019年创建同心县第五中学教育集团。

2022年底，全县设置初中10所，九年一贯制学校2所。其中县城5所，农村7所。教学班374个，在校学生18677人，寄宿学生10100人；教职工1363人，专任教师1360人，在编教师1258人。

1990年同心县初级中学一览表

学校名称	学校地址	班数	学生数	教职工数	占地面积（亩）	建筑面积（平方米）	校长
同心中学	县城	24	1239	108	76	8627	张国华
回民中学（今三中）	县城	14	839	69	28	8241	杨科
同心二中	县城	16	842	61	19.25	4075	苏惠忠
同心三中（今预旺中学）	预旺乡	20	1085	47	100	4811	杨增玺
同心四中	县城	4	200	16	11.6	392	李永福
海如女中（今同心四中）	县城	6	323	31	20	1965	周彦章
城关中学	城关乡	6	285	19	27	1164	马成雄
窑山中学	窑山乡	3	65	5	8	544	余建福
纪家中学	纪家乡	3	111	5	15	670	纪少林
河西中学	河西乡	7	261	21	95	1290	马良荣
河西二中	河西乡	7	286	18	35	864	马宝
喊叫水中学	喊叫水乡	6	312	14	20	1658	周彦书
下流水中学	下流水乡	5	235	15	26	678	黑占权
新庄集中学	新庄集乡	10	452	25	30	2752	谢彦
韦州中学	韦州镇	15	624	29	67	2616	苏国忠
下马关中学	下马关镇	16	801	53	45.1	4307	杨兆祥
田老庄中学	田老庄乡	5	195	12	12	672	马俊岐
马高庄中学	马高庄乡	10	450	15	26	2012	张耀南
张家塬中学	张家塬乡	6	289	13	30	1164	姚正贵
王团中学	王团乡	6	312	16	11	1080	王国华
羊路中学	羊路乡	5	170	5	5	832	李建成

2022 年同心县初级中学一览表

学校名称	办学类型	创办时间	2022 年底概况					
			班数	学生数	教职工数	学校占地面积（平方米）	校舍建筑面积（平方米）	校长或负责人
同心县第二中学	初级中学	1982 年	51	2658	191	54612	10635.4	马占孝
同心县第四中学	初级中学	1986 年	60	3333	232	63255.4	22556	马 芳
同心县第五中学	初级中学	2010 年	40	2065	151	109700	34877.4	王正剑
同心县第六中学	初级中学	2014 年	36	1980	129	102512	35000	杨学明
同心思源实验学校	九年一贯制学校	2016 年	50	2500	129	54477.18	24098.12	马玉生
同心县王团中学	初级中学	1958 年	37	1979	148	59890.1	20329	王正义
同心县河西镇中学	九年一贯制学校	1969 年	22	953	70	59225.9	12855.3	马 旭
同心县石狮中学	初级中学	1998 年	32	1599	130	59507.2	27182.82	黑贵礼
同心县丁塘镇中学	初级中学	1969 年	16	778	47	38039.5	11331	马俊江
同心县下马关中学	初级中学	1969 年	29	1435	108	117592	24638.8	陆彦平
同心县预旺镇中学	初级中学	1969 年	11	574	49	56002	11448	周文玉
同心县韦州中学	初级中学	1970 年	17	802	63	37786	12500	彭志东

1971 年同心县大队附设初中班学校一览表

公社名	学校名	公社名	学校名
预旺	郭家阳洼中学	新庄集	马渠中学　关口湾中学
下马关	红城水中学　刘家滩中学　白家滩中学	韦州	甘沟中学　水套中学
城关	沙咀城中学　湾段头中学	田老庄	锁家岔中学
纪家	耍艺山中学	马高庄	邱家渠中学　海池山中学　河渠中学
窑山	套塘中学	张家塬	汪家塬中学　折腰沟中学　马堡子中学
喊叫水	桃山中学　马塘中学　下庄子中学	王团	前红中学
下流水	洪岗子中学　田滩中学	羊路	柳树嵝岘中学

1990—2022 年初级中学学校、学生、教职工变化情况一览表

年份	学校数	班级数	学生数（人）	教职工数		招生数	毕业生数
				计	专任教师		
1990	18	164	7916	490	382	3338	1556
1995	18	177	8360	572	419	3262	2677
2000	19	224	11259	777	613	4447	3022
2001	19	229	11861	707	597	4671	3040
2002	18	222	12055	719	619	4365	3211
2003	18	208	11541	707	615	3434	3498
2004	16	209	10870	707	621	4320	3898
2005	16	228	12841	697	608	5664	3437
2006	17	273	15790	746	673	6162	2840
2007	17	274	16038	801	755	6209	5402
2008	16	279	16789	719	649	6401	4507
2009	16	313	19024	1018	937	7274	5441
2010	16	308	19380	1087	1000	6896	5147
2011	16	303	18850	1084	1035	7043	5581
2012	14	294	18466	2164	2158	7043	5782
2013	14	295	17777	1141	1138	6473	6104
2014	13	302	17377	1090	1080	6234	6347
2015	12	303	17155	1620	1569	6368	6283
2016	12	303	16142	1620	6005	6018	6311
2017	11	337	18388	1698	6612	4701	6234
2018	13	379	19512	1265	1116	6924	6048
2019	12	384	19986	1243	1224	6402	6735
2020	12	369	19390	1246	1234	5735	6635
2021	12	369	19138	1246	1239	5735	6979
2022	12	354	18212	1280	1127	6016	6440

第二节 | 学制与课程设置

一、学　制

1956 年同心初建中学，执行 1952 年教育部颁布的《中学暂行规程》草案。草案规定中学修业年限为 6 年，分初、高两级，各修业 3 年，即 "3•3" 分段制。从 1969 年至 1970 年，全县中学先后将秋季始业改为春季招生，各公社开办的初级中学改学制为 2 年制，同心中学 1970 年开始由六年制改为 "2•2" 分段的 4 年制，即初中 2 年，高中 2 年。1977 年全县中学又恢复了秋季招生。1978 年，根据教育部颁发的《全日制十年制教学计划试行草案》的规定，初中实行 3 年制，高中仍为 2 年制。同心中学、下马关中学、预旺中学执行 "3•2" 分段制，即初中 3 年，高中 2 年。1981 年秋，从高中一年级起实行 3 年制，恢复了 "3•3" 分段制，即初中 3 年、高中 3 年。

二、课　程

1966 年以前，同心中学实行教育部统一的教学计划，开设语文、数学、外语、政治、历史、地理、物理、化学、生物、生理卫生、体育、音乐、美术等 13 门课程。还开设劳动技术课，以培养学生的劳动观念、劳动习惯，初步学会一些基本劳动技能。1970 年 10 月，开始使用自治区文教局编的教材。根据《中小学教学大纲（试行草案）》规定，开设的课程有毛泽东思想课、语文、数学；取消物理、化学课，改学 "工业基础知识" 和 "农业基础知识"；体育改为 "军体"；图画、音乐改为 "革命文艺"。1973 年至 1976 年，农村初级中学数学课还学丈量土地和农业会计知识，物理课学习手扶拖拉机驾驶，还学习电工、农机、红医、农技等课。

1978 年开始，中学执行教育部颁发的《全日制十年制中小学教学计划（试行草案）》。

1981 年，教育部颁发《全日制五年制中学教学计划试行草案修订意见》，规定政治课内容是：初一开设《青少年修养》、初二开设《法律常识》、初三开设《社会发展简史》。开设课程（见下表：全日制五年制中学教学计划试行草案）。1982 年秋季开始执行《全日制六年制重点中学教学计划（试行草案）》按较低要求执行，1983 年开始使用全国统编教材。1987 年，初中政治课开设自治区编写的《民族政策常识》，1990 年开设《中国社会主义建设常识》。

1992 年以前，初级中学执行的是国家教育部修订后的《全日制六年制中学教学计划》。1993 年秋季起，执行《1993 年宁夏九年制义务教育全日制初级中学教学计划》。

1993 年 10 月，全县中学开始执行九年义务教育教学计划和教学大纲。初中阶段开设思想政治、语文、数学、外语、历史、地理、物理、化学、生物、体育、音乐、美术、劳动技术等 13 科。1995 年因实行新工时制，国家教委对九年义务教育教学计划做了调整，各中学执行调整后的教学计划。2000 年，根据自治区教育厅《关于全区中小学部分学科使用新大纲有关要求的通知》，调整了语文、数学、英语等课程部分内容。2004 年按照教育部颁发的《基础教育改革纲要（试行）》，执行新的课程标准和教学计划。2010 年开始执行教育部修订后的义务教育课程标准（2011版）。新一轮课程改革将国家沿用已久的教学大纲改为课程标准。

九年义务教育初中阶段课程设置，主要包括思想品德、语文、数学、外语、物理、化学、生物、历史、地理、体育与健康、音乐、美术以及综合实践活动。外语全县统一开设英语。国家教

全日制五年制中学教学计划试行草案

1981 年 8 月

学科	初中			上课总时数
	一	二	三	
政治	2	2	2	192
语文	6	6	6	560
数学	5	6	6	539
外语	5	5	5	480
物理		2	3	154
化学			3	91
历史	3	2		166
地理	3	2		167
生物	2	2		128
生理卫生			2	64
体育	2	2	2	211
音乐	1	1	1	100
美术	1	1	1	100
每周上课时数	30	31	31	2945
劳动技术				

注：1. 未改制的学校高中二年级执行此教学计划。
　　2. 其他各年级均执行《全日制六年制重点中学教学计划》。

全日制六年制重点中学教学计划（试行草案）

1981 年 8 月 11 日

学科	初中			上课总时数	
	一	二	三	（一）	（二）
政治	2	2	2	144	144
语文	6	6	6	472	391
数学	5	6	6	385	461
外语	5	5	5	37	358
物理		2		58	112
化学			3	51	76
历史	3	2		135	102
地理	3	2		132	98
生物	2	2		133	128
生理卫生			2	64	64
体育	2	2	2	288	288
音乐	1	1	1	100	100
美术	1	1	1	100	100
每周上课时数	30	31	31	2211	2283
劳动技术	2			192	

注：（一）为侧重文科的选修；
　　（二）为侧重理科的选修。

育部门积极倡导各地选择综合课程，学校应努力创造条件开设选修课程。同时还强调在义务教育阶段的语文、艺术、美术课中要加强写字教学。

1993 年秋季开学起，全县统一使用九年义务教育的教材，初中劳动技术课及地方课程使用宁夏自编教材，其他 12 门学科统一使用人民教育出版社编辑出版的"六三"制义务教育教材。

2003 年，教育文化体育局印发了《关于征订中小学教材的通知》，通知要求，各学区要严格执行自治区教育厅有关文件规定，所有面向中小学生发行的教学用书，必须是经过自治区教育厅中小学教材审查委员会审定的，并经自治区教育厅发文公布的。各学区必须在发布的教学用书目录之内选用，预订教学用书（每学科只能为学生限订一种）。不得订购图册、挂图及电子音像等选用教材；各学区（校）要加强管理，严禁任何部门、团体、机构、学校随教材征订摊派、夹带学习题集、练习册、试题集、考试卷及各种课外读物、报刊和学习用品等，也不得组织和要求学生购买各种专题教育读本、活动课程教材等。

第三节 ｜ 教　学

一、课堂教学

1991 年开始，全县初级中学开展说课、做课、评课的"三课"活动。1998—2000 年，提倡"功在课前，效在课上"，向 45 分钟要质量。不允许教师加班加点，不许搞题海战术。中学数、理、化、生学科教师积极探索"分类指导，分层布置作业"的新教法。政、史、地学科教师开展"研究性"学习教研活动，切实提高教学质量，减轻学生负担。教学辅助手段研究包括挂图、投影、幻灯、录像、电视、计算机等。县教育局教研室多次组织开展各学科的"优质课"和"优秀教学论文评选活动，并层层推荐上报参加市、区、县的比赛工作。

2010 年，在全县开展的"立足校本抓教改，聚焦课堂提质量"活动中，在全县初级中学开展"五课"活动，即青年教师达标课、全体教师公开课、中年教师研究课、优秀教师示范课、名师优质课五种课型，促进了教学质量有效提升。

2011 年，开展基础教育质量提升年活动，全县初级中学把课堂作为提升教育教学质量的主阵地，不断丰富"达标课""达标教师""达标学校"的内涵。

2015 年，教育局印发了《同心县中小学教学常规管理实施细则》，《实施细则》要求全县中小学教师在课堂教学中，做到"学在课堂、练在课堂、反馈在课堂，矫正在课堂、巩固在课堂、提高在课堂"；积极开展课堂教学有效性、实效性研究；课题研究向教学实践回归，以教学问题为起点，以提高教育质量为归宿。

2019 年，同心县开展学生信息技术应用能力考核，将学生信息化测评成绩纳入学校年终绩效考核中；从 2020 年开始，完善制定学生信息素养评价指标体系。在初中八年级开展规模化测评，将学生信息素养纳入各学段学生综合素质评价。

2020 年，为抗击新冠疫情，全县 1000 多名中学教师在线教学备课组、授课组，通过名师课堂、专递课堂、名校网络课堂等多种方式，为全县 19390 名学生每周奉献了 140 节精彩的在线直播教学，保证了疫情期间全县中小学停课不停学，实现了在线提质量的目标。

二、第二课堂

全县初级中学普遍成立了文学、奥数、英语、化学、物理、艺术、书画、体育等兴趣小组，丰富了课堂教学内容，补充课堂教学。兴趣小组有专门的辅导教师，许多辅导教师都是专业骨干，有的还是英语，数学奥林匹克一、二级教练。兴趣小组定期开展活动。各班成立5—6人的书画艺术兴趣小组，利用课余时间参加活动。班主任老师做好分组、辅导和组织活动等工作。辅导教师将兴趣活动课的内容与教材重新编排，扩大学生视野，丰富学生的精神生活。每学年末学校安排一次学生书画展览比赛，评选出"优秀小书画家"。每年确立一个星期为"书画艺术特色周"，开展一系列的书画活动。如书画展览比赛、学生书画现场才艺展示、年级明星对抗赛、师生书画交流、各种荣誉陈列、书画知识讲座、嘉宾来校指导等，以促进学校书画水平的提高，提升学校知名度和品位。此外，各校还结合实际，组织学生参加社会实践活动，走访当地老红军、到烈士陵园扫墓、到豫海回民自治政府旧址等革命遗址参观、帮残助困献爱心等。

第四节 ┃ 学校管理

一、管理机构

普通初级中学设校长 1 人，副校长 3—4 人，分别为教学副校长、政教副校长、总务副校长，下设办公室、教务处、政教处、总务处、科研室。

学校有中国共产党的基层组织、中国共产主义青年团的基层组织、教育工会。学校党支部一般由 3—5 人组成，设支部书记 1 人；学校团支部设书记 1 人；学校工会设主席 1 人。学生会设主席 1 人、委员 7—9 人。

二、管理机制

（一）规范办学行为

全县初级中学严格控制中学生作息时间。走读生在校学习时间，每天不超过 8 小时。寄宿制学校学生晚自习结束时间，初中不晚于 21 时。学校按规定安排寒暑假和其他法定节假日，不得利用假日组织学生到校上课、集体补课和有偿补课。学生家庭书面作业实行总量控制，义务教育阶段不开除学生学籍。中学生每天体育锻炼不少于 1 小时。

各初级中学对收费标准、收费依据、收费范围进行公示，严禁违规收费。义务教育阶段公办学校免试就近入学，实行划片招生，严禁一切形式的选拔性考试，不违规提前招生，不到规定区域外招生，不超出学校合理规模招生。不分重点班和非重点班，均衡配置校内教育教学资源。学生购买保险严格按照自觉自愿的原则，由保险公司负责办理。校服按规定通过招标选定厂家，学生自愿购买。

（二）学籍管理

1.各初级中学执行国家学籍管理相关规定，使用全国中小学生学籍信息管理系统，做好学籍管理。学校设立专门的学籍资料管理人员和学籍资料电脑管理员，负责处理学籍资料的整理、归类和输入，进行数据处理。

2.新生入学后，学校教导处立刻批准取得学籍，编列正式学号，学生学号长期不变，休学一年后一律使用原学号。新生入学后，学校要填写好一式三份的新生花名册，一份班主任留用（班主任变动时，学生花名册要移交），一份学校存档，上报教育局教育股一份。

学校给每个学生建立一式三份义务教育学籍卡，分别由学校、教育局教育股负责管理，在管理中不允许出现学生学籍不清或分离的现象。学生的学籍档案的内容由班主任负责填写，所有栏目填齐。学籍档案中的学生成绩和综合性评价，如实反映学生真实情况。学籍档案一式两份，一份学校政教处留存，另一份报教育局教育股存档。学生毕业后，学校把学籍档案归档以备查考。

3.学生档案管理。学生档案材料包括：（1）小学毕业生登记卡和入学通知书；（2）初中学生学籍簿；（3）初中学生卡片；（4）中学生社会实践活动登记表；（5）中学生体育合格标准登记卡；（6）学生体格检查表；（7）初中毕业生登记表；（8）初中档案中所有材料。

4.毕业管理。对受完国家规定年限的义务教育的少年，经考察达到初中毕业程度的，由学校发给经教育局验印的统一印制的义务教育毕业证书。

5.考核与奖励。学校、科任教师、班主任根据教育主管部门颁布的课程标准、教学内容对学生进行德、智、体等和社会实践方面全面考核。期中、期末考核时，科任教师、班主任根据学生素质发展情况，如实填写《义务教育学生素质发展报告手册》，并及时与家长联系，做好学生的教育工作。对德、智、体等方面都得到较好发展的学生，学校授予"三好学生"或"优秀学生干部"称号；初中连续三年被评为"三好学生"的，在毕业时，学校发给"优秀学生"奖状和证书。

三、义务教育学校管理标准

2018年，教育局印发了《义务教育学校管理标准工作实施方案》，提出了6项管理职责、22项管理任务和88项具体内容。初中严格按照标准管理学校。

第五节 ｜ 学校简介

同心县第二中学

同心县第二中学始建于 1982 年，学校现有 51 个教学班，在校学生 2658 人，教职工 191 人，专任教师 182 人。其中自治区塞上名师 1 人，特级教师 1 人，吴忠市名师 5 人，区、市、县骨干教师 34 人。

学校占地面积 54612 平方米，建筑面积 10635.4 平方米，设施齐全。先后投入 400 多万元，建有"一拖二"在线互动课堂教室 3 个、标准化学生机房 4 个、地理历史 VR 创客教室、图书阅览室、理化生实验室、音乐教室、美术教室、心理咨询室、数字化校园电视台，实现了校园有线网和无线网络全覆盖。

学校始终坚持创建特色的办学宗旨，以"德育为首、五育并举"为基本要求，以"培养学生终身学习的愿望和能力"为目标，致力于打造"和谐校园""数字校园""书香校园""人文校园""美丽校园"。学校先后获得吴忠市"好学校"、县级"安全文明校园""示范学校""平安校园""社会治安综合治理工作先进单位""德育工作先进学校""五四红旗团委""中考先进集体"、同心县"名牌学校"、吴忠市"名牌学校"、吴忠市"文明校园"等荣誉称号。先后为银川一中、固原一中、六盘山高级中学、育才中学等自治区名校输送了胡方圆、马霜玉、杨玲玲、马雨萧、黑文冉、周彬玉、苏申、杨博渊等 2000 多名优秀高中生。

历任校长：王志强、马占海、万永福、马少德、买义国、金平、马占孝

同心县第四中学

同心县第四中学成立于 1990 年 9 月，2008 年 7 月与同心县海如女子中学（成立于 1986 年 7 月）合并成新的同心县海如女子中学，2022 年 3 月更名为同心县第四中学。

学校占地面积 63255.4 平方米，建筑面积 22556 平方米，现有教学班级 60 个，学生共计 3333 人，在编教职工 232 人。学校建有 15 个智慧教室、理化生虚拟仿真实验室、历史、地理 VR 教室、心理健康专用教室、创客教室、音乐、美术、书法教室等专用教室。

学校连续多年获得"中考先进集体"和"教育质量联考优胜奖"；2018 年被评为"自治区信息化示范学校"、被授予"全区创新素养教育领航校"；2019 年被教育部评为"全国教育系统先进集体"；2020 年连续被评为市、区级"铸牢中华民族共同体意识示范单位"；2021 年被自治区人民政府授予"全区七五普法工作先进集体"。

历任校长：周彦章、李永福、马耀祖、马波、白伏成、马少德、万永福、杨永祥、马芳、马玉生

同心县第五中学

同心县第五中学位于新区教育园区，属全寄宿制初级中学。学校创建于 2010 年 8 月，2013 年秋季开始招生，主要招收河西镇菊花台、旱天岭、王团镇吊堡子等移民搬迁区学生。学校现有教学班 40 个，在校学生 2065 人，教职工 151 人。

学校毗邻同心县红军西征纪念园，校园环境优美、建筑规划整齐、人文气息浓厚。学校功能室齐全，设有计算机室、录播室、实验室、仪器室、图书室、开放式阅览室、综合实践活动室、卫生保健室、美术室、体育器材室和特色课程室等。学校有标准化运动场一个，设有 400 米塑胶跑道、足球场、篮球场、排球场、乒乓球台等。学校在按照国家课程标准开齐课程、开足课时的同时，结合校情学情，开设了阅读、综合实践、恐龙星球、劳动教育等校本课程和刺绣、太极、吉他、足球、合唱等 24 个兴趣社团，深入开展阳光大课间体育锻炼活动，确保"人人都参与、人人都锻炼、人人有特长"，使不同特长、不同兴趣、不同层次学生得到全面发展，力争实现"一生一体一技一艺"的"四个一"育人目标。

学校先后荣获教育部"全国青少年校园足球特色学校""全国中小学中华传统文化传承学校"（第三批）、自治区第十三届学生运动会乒乓球初中男子组团体第一名、吴忠市"文明校园"、吴忠市先进基层党组织、吴忠市先进工作集体、同心县"中考工作先进集体"等荣誉，每年有近百学生考入区内重点高中，中考成绩连续多年位居全县前列。

历任校长：金平、杨永祯、王正剑（主持工作）、马晓东

同心县第六中学

同心县第六中学始建于 2014 年 8 月，原名豫海初级中学。2022 年 3 月更名为同心县第六中学。位于新城平远路，是一所标准化的寄宿制初级中学。学校占地面积 102512 平方米，建筑面积约 35000 平方米，绿化面积现已达到 26600 多平方米，亭台楼榭与花草树木构成了一幅优美的风景画。学校现有 3 个年级 36 个教学班，1980 名学生，教职工 129 人（福建、南京来宁支教共计 13 人），其中高级教师 8 人、中级教师 34 人；市级骨干教师 7 名、县级骨干教师 12 名。各种功能室、仪器实验室设备齐全，互联网全覆盖及办公、教学信息化，为学校未来发展奠定了基础。学校以创建"让党中央放心、让人民群众满意"的模范学校为目标，以"尚德、笃志、求真、创新"为校训；以"博学、敬业、爱生、启智"为教风；以"勤奋、明理、切问、近思"为学风。2019 年学校成立"机器人社团""学生管乐团""团员先锋队"等社团组织。学校开展了闽宁帮扶协作项目，争取帮扶资金 40 多万元，购置信息化办公设备，加快了学校信息化建设的步伐。推行"数字教材辅助课堂教学""集体备课""分层教学""三级目标管理责任制"探索并形成 3C 模式"特色活动（Characteristics）+ 拓展课程（Curriculum）+ 社团（Club）"的课后服务模式，提升学生核心素养，促进学生全面发展。学校并获得了各级各类奖项 20 次。

历任校长：马成贵、马列剑、杨学明

同心思源实验学校

同心思源实验学校位于同心县豫海镇永安西路，是由香港言爱基金会捐资 1000 万元，县人民政府筹资 1 亿元新建的一所九年一贯制公办学校。学校占地面积 54477.18 平方米，建筑面积 24098.12 平方米，总投资 1.1 亿元。学校现有标准化塑胶操场、室内体育馆、多功能报告厅、开放式图书馆等一流硬件设施。2016 年 9 月 1 日正式开学，现有 50 个教学班，学生 2500 人，教职工 150 人。学校秉承"以德立校，以爱育爱"的办学理念，传承"饮水思源，善行天下"的校训，"尚善尚美，博爱博学"的校风，"厚德善学，乐业爱生"的教风，"勤学善思，尊师健体"的学风，高目标、高起点，在同心教育改革的大潮中扬帆远航，砥砺奋进。

先后荣获"同心县中考工作先进集体""同心县义务教育发展基本均衡工作先进集体""同心县安全管理规范化学校""同心县文明校园""同心县民族团结进步创建活动先进集体""吴忠市文明校园""吴忠市优秀少先队集体""吴忠市民族团结进步模范集体""吴忠市教育工作先进集体""吴忠市德育工作先进集体""自治区优秀少先队集体""自治区互联网＋教育标杆校""宁夏回族自治区民族团结进步创建活动示范学校""全国篮球特色示范学校"等荣誉称号。

历任校长：马玉生、马俊江

同心县石狮中学

同心县石狮中学前身是同心县职业学校，创建于 1998 年，是闽宁教育对口帮扶下兴建的一所职业中学。1999 年建成投入使用，当年招生 260 名，设置 5 个教学班，教职工 22 名。2004 年开始，学校采取 1+2 办学模式开始招生，先后与宁夏机电工程学校、第一工业学校、西北外事学校、宁夏水利学校、宁夏交通学校、宁夏民族职业学院、天津建筑工程学校、四川核工业学校联合办学。2013 年中职招生 856 人，均采取 0+3 办学模式送往区内外各职业院校。石狮职业中学在福建省的大力扶持下，经过石狮、泉州、惠安等市、县在同心挂职的历届领导的努力帮助，学校建设规模不断扩大，基础设施逐年增加。1998 年福建省石狮市到同心县挂职的县委副书记黄水源，筹资 48 万元开始建设石狮中学，建筑面积 3600 平方米。2006 年又资助 6 万元建成电子备课室。2000 年到同心挂职的副县长何敬锡筹资 47 万元用于新扩校园。2001 年投资 40 万元，建成 3591 平方米的初中部教学楼及 204 平方米的锅炉房。2003 年林天虎接任，筹资 70 万元，建成 3320 平方米的综合实验楼；个人捐赠 2 万元，设立奖学基金。2005 年杨树青接任，筹资 80 万元建成 2134 平方米的惠安教学楼、611 平方米的多功能厅及 576 平方米的图书馆。2007 年蔡荣清筹资 100 万元建成 6178 平方米的学生公寓楼及门房。2008 年建成 680 平方米的多功能餐厅、36 平方米的水房、24 平方米的深井房及 306 平方米的厕所。2009 年建成 3933 平方米的女生宿舍楼及配电室。学校占地面积 59507 平方米，建筑面积 27182 平方米，体育场地面积 17500 平方米。学校配有音乐器材室、形体室、美术教室、图书室、阅览室、综合实践室、心理咨询室、体育器材室、计算机室、物理实验室、化学实验室、机器人实验室、录播室等 32 个功能室。

学校现有 32 个教学班，在校学生 1599 人，教职工 130 人（其中副高级教师 40 人，区、市、县骨干教师 32 人）。学校先后荣获"全国教育系统先进集体""全国消防安全示范学校""自治区平安模范校园""自治区禁毒教育示范基地""自治区毒品预防教育示范学校""吴忠市文明单位""吴忠市五四红旗团委""吴忠市安全文明校园""吴忠市教育系统行风先进集体""吴忠市禁毒教育示范学校""吴忠市文明校园""同心县文明单位""同心县卫生先进单位""同心县先进党支部""同心县城乡结对帮扶共进先进集体"等荣誉称号。

历任校长：马生云、冯庆科、买义国、李宏伟、杨波、黑贵礼

同心县王团镇中学

同心县王团镇中学始建于 1958 年，是教育局直属的一所农村寄宿制初级中学。2009 年成为自治区"百所标准化中小学"。学校占地 59890.1，学校现有教学楼 2 栋，配有 44 间多媒体教室。实验楼 1 栋，配备物理、化学、生物实验室各 2 个，远程互动录播室 1 个。综合楼 1 栋，配有计算机室 4 个，共有计算机 383 台；图书室 1 个，共有藏书 67373 册。学生公寓楼 4 栋、教师公寓楼 1 栋。现有教学班 37 个，学生 1979 人，其中住宿生 1699 人。教师 148 人（公办教师 95 人，特岗教师 52 人，三支一扶 1 人），其中自治区级骨干教师 4 人，吴忠市名师、骨干教师 6 人，县级骨干教师 8 人，40 多人次在近年的县级、市级教学大赛中获奖。

历任校长：王洪亭、赵万里、王国华、王正川、马守贵、王正龙、王正才、苏海科、王正义

同心县河西镇中学

河西镇原来有 2 所中学。一所是河西中学，创建于 1969 年。一所是河西二中，成立于 1989 年。1993 年 8 月成立丁塘乡，河西乡中学划归丁塘乡，成为丁塘镇中学，河西二中遂更名为河西镇中学。学校地处县城以北 25 公里处，银平公路西侧，是同心县教育的北大门，承担着河西镇所有初中适龄儿童的教学工作，是一所九年一贯制寄宿制学校。2019 年与同心县第五中学形成集团办学模式。学校占地面积达 59225.9 平方米，建筑面积 12855.3 平方米，中、小学部教学楼各一栋，可容纳 24 个教学班，拥有功能齐全的实验室、计算机教室、图书室等，为学校的教学提供了优质的硬件设施；教师周转房，男、女生学生公寓，干净整洁，管理规范，有效地改善了师生的住宿条件；为提高办学条件，学校又兴建一栋多功能楼，配备了先进的教学仪器，现已全面投入使用。现有教学班 22 个，涵盖一到九年级，在校学生 953 人。有教职工 70 人，均为专任教师。平均年龄 37 岁，学历合格率为 100%。学校先后荣获平安校园、家庭示范学校等荣誉称号。

历任校长：马宝、贺吉平、马峻峰、周治国、马吉宏、马旭、李海峰

同心县丁塘镇中学

同心县丁塘镇中学始建于 1969 年，是一所寄宿制初级中学。学校先后五易校名。丁塘镇中学前身为"五七大学"，先后更名为"同心县农业中学""同心县河西一中""同心县丁塘中学"，2004 年更名为"同心县丁塘镇中学"，沿用至今。两次迁移校址，分别由"五七大学"老校址迁

址至今"丁塘镇中心学校"校区，2005年再次搬回老校址至今。学校占地面积38039.5平方米，建筑面积11331平方米，运动场地面积10384平方米。学校建有教学楼、综合楼、多功能大厅、餐厅、学生公寓、教师周转房、标准化运动场、300米环形跑道。有图书15175册，学生计算机112台。设有信息技术室、美术室、化学实验室、体育器材室、物理实验室、生物实验室、图书室、阅览室、音乐室、舞蹈室、卫生室、学科仪器室、综合实践活动室等功能室。有16个教学班，在校学生778名，教职工47人。学校先后获得"平安校园""文明校园""教育系统先进集体""吴忠市先进基层党组织"等荣誉称号。

历任校长：马忠良、杨义奎、贺吉平、马良云、丁生贵、马尚英、马列剑、杨学明 马俊江、马全生

同心县预旺镇中学

同心县预旺中学位于同心县东南部的预旺镇，距县城73公里，是全县规模较大的一所寄宿制农村初级中学。学校始建于1969年，初建时有4个教学班，200名学生，8名教职工。1972年增设高中部，1980年高中部停办。1988年改预旺中学为同心县第三中学，设立高中部，在校学生647人，教职工47人，1993年撤销高中部。

学校占地面积56002平方米，总建筑面积为11448平方米。建有教学楼、实验楼、女生公寓楼、学生餐厅、学生平房宿舍及库房、锅炉房。绿化面积4000平方米，硬化面积25000平方米。设有理化生实验室、仪器室、图书室、多媒体教室、音乐室、美术室、学生阅览室、教工阅览室、学生作品展室、微机室等功能室。2013年投资19.3万元实施供暖改造项目，实施锅炉供暖2074平方米。现有教学班11个，学生574名，教职工49人。在全区教育系统"师德建设年"活动中被教育厅评为"先进集体"；在2006年社会治安综合治理活动中，被同心县委、县政府评为"先进集体"；2008年被同心县委、县政府评为德育工作先进集体；2008年被同心县委、县政府评为"两基"国检先进集体；2008年被吴忠市评为创建和谐平安校园活动先进集体；2009年中职招生工作中获得优秀组织奖。

历任校长：马占海、张秀生、戴永杰、马光华、杨增玺、苏永贵、马成贵、白明江、杨永祯、马如云、周文玉

同心县下马关中学

同心县下马关中学始建于 1969 年 3 月，是教育局直属的农村寄宿制初级中学。1972 年增设高中部。1982 年撤销高中部。学校位于下马关镇南关村，2021 年 8 月整体搬迁到新校区。

学校占地面积 117592 平方米，建筑面积 24638.8 平方米。有各类教室 34 间，设有多媒体教室、录播室、科技馆、图书阅览室、计算机室、生物仪器室、化学仪器室、物理仪器室、生物实验室、美术室、音乐室、学科仪器室等 40 个功能室。现有教学班 29 个，在校学生 1435 人，其中寄宿生 1435 人。教职工 108 人，其中中共党员 33 人，高级职称 24 人，中级职称 28 人，骨干教师 16 人，专任教师学历合格率为 100%。学校获吴忠市第六届青少年机器人竞赛优秀学校、第 35 届宁夏青少年科技创新大赛青少年机器人竞赛三等奖。

历任校长：杨兴怀、刘生举、马占海、张雄、高贵、杨兆祥、施强、周维川、杨兆祥、白明江、马成贵、咸双林、杨连俊、白小军、王维忠、陆彦平

同心县韦州中学

同心县韦州中学始建于 1970 年，是一所寄宿制乡镇初级中学。

1993 年，县政府印发了《同心县农村教育综合改革实施意见》，韦州中学开展了"3+1"学制改革试验。试验工作开展以来，学校专门配备了专业指导教师，增加的一年学习时间，教授学生学习种植、果树栽培技术。

学校占地面积 37786 平方米，建筑面积 12500 平方米，绿化面积 3433 平方米。建有教学大楼、综合楼、多功能厅、学生宿舍楼、多功能餐厅、教师周转房。设有理化生实验室、计算机室、音乐室、美术室、综合实践活动室、图书室、阅览室以及卫生、心理咨询室。图书 38314 册，微机 130 台，理化生实验设备达到三类标准。学校现有 17 个教学班，在校生 802 人，教职工 63 人，其中区级骨干教师 4 人，市级骨干教师 5 人，市级名师 5 人，县级骨干教师 1 人，县级名师 7 人。学校先后被评为自治区教研先进单位、吴忠市示范家长学校。

历任校长：赵万里、曹生隆、王效波、苏国忠、丁义华、王学军、彭志东、蔡明国

第四章 | 普通高中教育

　　1959 年，同心中学设立高中部。60 多年来，同心县先后在县城、预旺、下马关开办普通高中学校，学生从最初的 53 名发展到现在的 8373 名，共培养高中毕业生 65500 名。全县三所完全高中，总建筑面积达到 121273 平方米，总占地面积达到 284638 平方米。校园和校舍建设，器材设施、电教、图书馆建设等方面达到自治区规定的标准，接入了 100M 光纤专线，建立了数字办公平台和学校网站，三所现代化的普通高中矗立在同心大地上。2022 年底，全县共有普通高级中学 3 所，教学班 157 个。普通高中教职工 665 人。

第一节　｜　发展概况

1959 年，同心中学设立高中部，成为完全中学。1961 年，停办了同心中学高中部。1970 年，同心中学恢复高中部，实行厂校挂钩、校队挂钩，开门办学，以劳动为主课。1971 年，先后在下马关、预旺中学增设高中部（称为九年制学校）。1978 年，同心县委确定同心中学为全县重点中学。1980—1982 年，县委、县人民政府，针对全县中学布点太多，摊子过大，发展过快的问题，停办了预旺、下马关两所完全中学的高中部，集中人力、物力、财力办好同心中学。1988 年，在预旺中学设立高中部。

1990 年，同心有同心中学、同心回民中学（今同心三中）、预旺中学 3 所寄宿制完全中学。由于规模偏小，每年毕业的高中学生只有 700 人左右，最大招生数 842 人。

1993 年，县政府根据预旺中学基础设施差、师资缺乏、办学效益低、生源少的实际情况，撤销了预旺中学高中部。在县城四中增加 4 个高中班，招收高一新生 200 名。

1998 年，调整中等教育结构，撤销了同心中学初中部，增加 6 个高中班；撤销四中高中部，增加 6 个初中班，调整后高中班增加到 28 个，在校生达 2511 人。

2004 年 9 月，同心回民中学（今同心三中）由完全中学过渡为高级中学。

2008 年，为创建教育强县和普及高中阶段教育，同心县兴建了同心豫海中学，2009 年投入使用。

同心县普通中学发展情况表（1956—1990年）

年度	校数	班数	在校生数	女生人数	毕业生数	教职工数	
						合计	专任教师
1956				10		9	
1957				19		14	9
1958				30		32	
1959	1	1	53	25		31	
1960	1	1	42	33		31	
1961	1	1	64	39		50	
1962		1	28		24	33	
1963				11		26	15
1964						28	
1965						25	15
1966						43	39
1967						51	39
1968						44	36
1969						71	48
1970	1	1	60			61	49
1971	2	5	215			97	65
1972	2	6	338			109	88
1973	2	7	374			47	104
1974	2	9	478			64	95
1975	3	12	576	230	180	198	153
1976	3	13	652	260	275	269	187
1977	3	17	911	364	270	347	241
1978	3	18	1001	400	355	329	232
1979	1	21	1153	461	426	373	264
1980	1	13	650	260	545	409	297
1981	1	7	330	132	553	360	252
1982	1	12	533	213	194	384	272
1983	2	14	686	274	275	400	287
1984	3	19	992	396	111	387	282
1985	3	23	1232	492	201	421	298
1986	3	26	1562	624	391	450	316
1987	3	28	1649	659	480	496	354
1988	3	32	1139	455	511	512	384
1989	3	30	1615	646	609	577	449
1990	3	30	1558	622	655	588	459

资料来源：同心县教育志（1990年）。

普通高中设置情况（1991—2022 年）

年度	学校数	班级数	学生数				教职工数		
			毕业生数	招生数	在校学生数	女生	合计	专任教师	女教师
1991	3	31	617	514	1604		-	-	
1992	3	28	541	424	1578		-	-	
1993	3	30	688	645	1600		-	-	
1994	3	35	561	779	1925		-	-	
1995	3	39	547	822	2215		-	-	
1996	3	41	694	775	2314		-	-	
1997	3	44	786	770	2351		-	-	
1998	2	44	786	770	2502	912	214	157	
1999	2	42	547	842	2386	977	302	206	
2000	2	42	680	1066	2698	966	159	118	
2001	2	44	812	1269	3130	1155	151	111	36
2002	2	49	842	1307	3816	1491	146	108	40
2003	2	55	1066	1418	4470	1843	141	109	43
2004	2	61	1215	1418	4939	29	279	214	64
2005	2	65	1258	1534	5362	2159	255	198	68
2006	2	81	1400	1534	2917		265	207	
2007	2	82	1513	1815	5688		277	220	
2008	3	92	1676	2117	5314	2426	356	331	120
2009	3	98	1702	2419	6380		413	357	
2010	3	119	1599	2658	7764		472	402	
2011	3	125	1844	2678	7858		513	448	
2012	3	132	2030	2790	8681	6833	451	229	
2013	3	132	2421	2883	8873	526	425	231	
2014	3	130	2458	3023	8579	512	424	230	
2015	3	123	2561	2390	7838	1620	421	229	
2016	3	123	2705	2000	7838	4294	506		
2017	3	123	2131	2000	6822	3767	508		
2018	3	118	2131	2468	6340	3547	514	491	262
2019	3	127	1870	2758	7168	3943	527	503	271
2020	3	146	2009	2809	7945	4406	572	562	308
2021	3	164	2383	2703	8300	4617	581	558	319
2022	3	157	2769	2800	8373	4648	665	647	388

2022 年同心县高级中学一览表

学校名称	办学类型	创办时间	2022 年底概况					
			班数	学生数	教职工数	学校占地面积（平方米）	校舍建筑面积（平方米）	校长或负责人
同心县同心中学	高级中学	1956 年	38	2255	177	49765	36368	金　平
同心县第三中学	高级中学	1980 年	32	1903	152	32841.4	14406	张　岱
同心县豫海中学	高级中学	2008 年	78	4238	338	202101	65007	朱建亭

第二节 ｜ 教育教学

一、课程与教学计划

普通高中开设语文、数学、外语、政治、历史、地理、物理、化学、生物、生理卫生、体育、音乐、美术等 13 门课程。还开设劳动技术课，以培养学生的劳动观念、劳动习惯和初步学会一些基本劳动技能。

从 1969 年至 1970 年，全县中学先后将秋季始业改为春季招生。同心中学 1970 年开始由六年改为"2•2 分段的四年制"，即初中 2 年，高中 2 年。1970 年 10 月，开始使用自治区文教局编的教材，自治区文教局颁发了《中小学教学大纲（试行草案）》，开设的课程有毛泽东思想、语文、数学，取消物理、化学课程，改学"工业基础知识"和"农业基础知识"，体育改为"军体"、图画、音乐。1977 年全县中学又恢复了秋季招生。1978 年，根据教育部颁发的《全日制十年制教学计划试行草案》的规定，同心中学、下马关中学、预旺中学执行"3•2"分段制，即初中 3 年，高中 2 年。1981 年秋，从高中一年级起实行 3 年制，恢复了"3•3"分段制，即初中 3 年、高中 3 年为修业期满。1978 年开始，中学执行教育部颁发的《全日制十年制中小学教学计划（试行草案）》。

1981 年，高中开设《政治经济常识》《辩证唯物主义常识》。开设课程［见表：全日制五年制中学教学计划（试行草案）］。1983 年开始供应全国统编教材，课程设置［见表：全日制六年制重点中学教学计划（试行草案）］。

1990 年，国家教委颁发了《现行普通高中教学计划的意见》，自治区教育厅将普通高中的课程调整为必修课和选修课两部分，并对部分学科的教学时数有所增减。1991 年秋季入学的高一年级执行《现行普通高中教学计划的调整意见》，开设政治、语文、数学、外语、物理、化学、历史、地理、生物、生理、卫生、体育、音乐、美术、劳动技术等课程。1996 年，高中开始执行《全日制普通高级中学教学大纲》。2000 年按照自治区教育厅《关于全区中小学办法学科使用新

全日制五年制中学教学计划（试行草案）

1981 年 8 月

学科	高中		上课总时数
	一	二	
政治	2	2	128
语文	6	4	312
数学	6	6	381
外语	4	5	288
物理	4	5	278
化学	3	4	213
历史	3		100
地理	2		67
生物		2	64
生理卫生			
体育	2	2	109
音乐			
美术			
每周上课时数	31	30	1953
劳动技术	4	周	576

注·1. 未改制的学校高中二年级执行此教学计划。

2. 其他各年级均执行《全日制六年制重点中学教学计划》。

全日制六年制重点中学教学计划（试行草案）

1981 年 8 月 11 日

学科	高中					上课总时数	
	一	二		三		（一）	（二）
		（一）	（二）	（一）	（二）		
政治	2	2	2	2	2	240	240
语文	5	7	4	8	4	736	609
数学	5	3	6	3	6	521	625
外语	5	5	5	5	4	59	574
物理	4		4		5	234	448
化学	3	3	4		4	237	356
历史	3	2		3		215	164
地理		2	2	3		186	136
生物		2				67	64
生理卫生							
体育	2	2	2	2	2	96	96
音乐							
美术							
每周上课时数	29	26	29	26	29	3343	3451
劳动技术		4				384	

注:（一）为侧重文科的选修;

（二）为侧重理科的选修。

大纲有关要求的通知》精神，调整了语文、数学、英语等课程的部分内容。按照新的课程标准，高中以分科课程为主。2005年秋季，全县普通高中全部执行的新课程标准。新课程设置：普通高中必修课设有思想政治、语文、数学、信息技术、外语（英语、俄语、日语等语种）、物理、化学、生物、历史、地理、体育和保健、艺术以及综合实践活动。选修课设有数学、信息技术、物理、化学、生物、历史、地理7门学科，以及地方和学校根据学生兴趣要求和发展需要所开设的课程。

2001年，教育文化体育局印发了《同心县基础教育课程改革实施方案》，成立了高中课程改革指导组，学校成立课程改革研究组，加强高中课程管理、评价和地方课程、学校课程的研究和开发。2002年元月16日，县人民政府印发了《转发教育文化体育局〈同心县基础教育课程改革实施方案〉的通知》（同政办发〔2002〕05号）。2004年自治区人民政府批转了《全区普通高中课程改革实验方案》《宁夏基础教育改革实验区初中毕业考试的有关和高中招生制度改革方案》，自治区教育厅制订了《宁夏普通高中新课程实验学校工作实施意见》《宁夏普通高中新课程学校教育质量监测方案》等文件，建立了新课程支持推进体系、新课程校本研训制度和教师培训机制、新课程指导督导机制、考试评价体系。这些体制、机制的建立，为新课程改革实验顺利进行提供了有力的制度保障。2005年根据教育厅的决定，从2005年秋季开始，全县3所高中都开展了新课程改革实验。

二、教学改革

20世纪90年代，普通高中在教育教学中，坚持"两全"方针（全面贯彻教育方针、全面提高教育质量），围绕素质教育，开展了多种形式的课堂教学改革的尝试和实践。

教学方法改革

1. 课堂教学改革

1992年，普通高中开展了基础质量效益年活动，通过抓备课、上课、作业批改、辅导后进生4个环节和考试、考查、质量分析、推动教学方法改革。

1993年，组织开展了"优化课堂教学，向45分钟要质量"的课堂教学改革实验。围绕这一实验，开展了评选"三优"（优秀论文、优秀教案、优质课）活动。涉及语文、数学、英语、政治、地理、历史、化学、生物、体育、美术、劳技等学科。

1994年，把研读教学大纲、熟练掌握教学大纲作为教学研究的基础，大练教师基本功。

1994—1995年，引入目标教学机制，推进教学领域整体改革的实验。

1996 年后，普通高中开展"尝试教学法"试验。王志强的《"两条腿走路的中学诗歌教学"尝试前景广阔》列入全国教育科学规划"特级教师计划"。

2. 教学模式实验

随着时代的变迁、社会的发展，许多新的教学方法引入课堂。自学—指导教学模式引入课堂教学。如同心中学张国华的"怎样在短时间内指导基础差的学生搞好高考地理复习"；同心回民中学（今同心三中）开展了"中学数学自学辅导实验"。

引入引导—发现教学模式，又叫"问题—探究"式，同心中学白丽娟的"数学阅读能力的培养"，周学明的"如何在数学课堂教学中开展有效性探究活动的策略"等均属此类。

情境—陶冶教学模式。这类模式的实验有情境教育、愉快教育、成功教育、快乐教学、情知教学等。王志强开展了"激发学生的学习兴趣"实验、陈瑜开展了"英语教学与环境教育"实验等。同心中学校长冯庆科主持开展的"研究性学习给地理教学带来的变化"实验获宁夏第8届教育科研成果二等奖。

进入 21 世纪，全县高中围绕课堂教学，开展了课题研究、课题实验和专项课题研究等工作；实施了"课堂教学质量工程""教育质量发展年""基础教育质量提升年""立足校本抓教改，聚焦课堂抓质量"等活动。特别是课堂教学随着新课标的实施，一种全新的教育思想、教学方法引入课堂，提高了教师的教学水平，促进了教学质量的提高。

3. "质量工程"

2000—2007 年，实施"宁夏中小学课堂教学质量工程"（以下简称"质量工程"1—2 期）。"质量工程"实施的核心任务有 3 项：一是全面开展课堂教学评价工作，学习"质量工程"提出的课堂教学质量基本标准。二是依据课堂教学质量基本标准，广泛开展教师间的互相帮助和交流，实现教师课堂教学质量"达标"，保证每一节课的教学质量。三是围绕教师"达标"中的问题，开展针对性的研究，积极推进学习，研究与教学实践活动。

2002 年，教育文化体育局制定了新课程改革实施方案，对新课程改革的指导思想、目标要求、教师要求、教学要求、课程质量标准、课程教学过程规范、教学质量保障机制等作出了具体的规定。为了适应新课程标准，全县高中学科教师通过县、市、区三级培训，教学业务水平有了较大的提高。

2015—2017 年，普通高中开展了"一师一优课、一课一名师"活动，许多教师按照方案制定的路线图、时间表晒课，互相交流，充分发挥名师的带头辐射作用。

4. 信息技术教学

普通高中建立起计算机室、多媒体网络教室、多媒体电子白板教室、电子备课室、网络控制室、远程教育计算机室、语音室、音乐室、录播室等专用电化教室。学校以 50 千兆接入中国电信网。建立了远程教育地面接收站。配备了计算机、书写投影仪、手动幻灯机、自动幻灯机、照相机、录放机、立体声收音机、收录机、彩色电视机、投影片、幻灯片、电影机、银幕、投射幕。全县高中都配备了"班班通"交互式电子白板多媒体设备等信息化网络设施。电化教学手段成为课堂教学的主要辅助手段之一。

5. 高中互联网＋教育

自 2018 年宁夏开启"互联网＋教育"示范区建设以来，同心县按照自治区"互联网＋教育"总体部署和"互联网＋教育"达标县建设标准，立足同心教育实际，紧紧围绕"一二三四五＋N"的工作思路，积极推进"互联网＋教育"达标县建设。

6. 第二课堂活动

学校根据学生兴趣，普通高中组织了文学欣赏、电脑、气象、数学、物理、化学、生物、政治、地理、文艺、体育、器乐、传统体育等兴趣小组，开展第二课堂活动，学校选派专业辅导教师进行辅导。将第二课堂纳入教学计划，按照计划开展活动。学校开展文艺演出、体育比赛、唱红歌、参加学科奥林匹克竞赛，全部是各个兴趣小组的成员。

三、教学常规管理

三所普通高中学校充分发挥计划、组织协调、控制等管理职能，建立和健全学校管理系统，明确职责范围，加强教师的教学质量和学生学习质量管理，对教师备课、上课、听评课、作业与布置、周清月测等工作，提出了具体要求和明确目标，制定了详细的量化考核办法，有力促进了教育教学质量的提高，促进学生学习水平的提高和教师专业发展。

四、质量管理

（一）强化管理提高质量

1996 年，教育局对调整后的课级（教学）计划，培训教师，提出要正确处理会考与高考必修课与选修课、全面发展与培养特长的关系。2001 年高考实行 3（语、数、外三科）＋综合（文综为政、史、地三科，理综为理、化、生三科）科目组后，教研室先后采取六项措施，提高高考质量。

（二）教学检测

县教育局每学期都对全县三所高中三年级进行统测，对高一、高二年级进行抽测。写出教学质量分析报告，了解高中教学质量现状，发现教学工作中存在的问题，分析成因，提出提高教学质量的新思路和新举措。

（三）高考备考

高考成绩直接关系到考生的个人前途，承载着万千家庭的期望。同时也对学校的教育质量提升、声誉建立和长远发展具有重要意义，高考成绩也是衡量一个地区教育水平的重要指标，直接影响县域人才结构和产业发展。

县教育局每年都会召开全县高考备考研讨会，邀请高三科任教师参加。通过研讨会，了解各高中学生的学情和教师的教情，分析高考学科试题变化趋势，有针对性地对学科教师提出建设性的意见和建议。

县教研室积极组织三所高中科任教师参加自治区教研室举办的全区高三各科备考研讨会、高考复习研讨暨高考改革培训会等活动。聆听专家对高考命题趋势、高考评价体系要求、高考真题研究等方面的分析和讲解，以及宏观层面的理论指导和微观层面的实践操作。拓宽了教师的视野，激发了教师的创新思维，明确了努力的方向，提振了教师决胜高考的信心。

全县三所高中更是凝心聚力、铆足干劲、全力以赴做好备考。学校成立高考备考领导小组，校长担任高考备考领导小组组长，班子成员分工协作，建立领导包年级组包教研组的工作责任制，加强对高考备考工作的组织和领导。制定高考备考方案，方案是既定的时间表和路线图，围绕"提一本，增二本"的备考目标，给各班定目标、定任务。教师按照一轮复习"夯实基础，培养能力"；二轮复习"专题训练，提升能力"；三轮复习"模拟训练，强化能力"的备考策略，研读高考真题，把握高考命题趋势，加强学生学法指导，开展培优促中补弱工作，想方设法提高学生成绩。每轮复习结束后，学校高考备考小组召开复习备考分析会，总结经验，查找不足，进一步优化备考策略，提高复习的时效性、针对性。教务处和政教处加强协调，共同做好学生心理调适工作，增强学生必胜的信念。加强家校联系，使学校、学生、家庭三方形成合力，给学生铸造一个美好的明天。

（四）教育质量评价

2018 年，教育局制定了《同心县中小学全面实施素质教育评价方案》，内容包括组织领导、学校治理、教师队伍、教育教学、实践育人、办学成效和特色工作等七个方面，涉及 22 个二级指标和 51 个三级指标，涵盖全面实施素质教育各个方面，将评价结果纳入学校年终考核范围。

五、学生管理

（一）管理机构

普通高中管理学生的组织机构分为两个系列。一是中国共产党组织（党委会或支部委员会）与校委会教导处、政教处、年级组班主任等管理机构，负责学生的正常学习活动、思想政治道德纪律教育和日常管理。二是团委、学生会、班委会、学科兴趣小组、社团等学生群众团体组织系统，实行学生自治，即自己管理自己。

（二）学籍管理

根据《宁夏回族自治区全日制普通高中学籍管理规定》，高中学籍由自治区教育行政部门统筹管理，对于普通高中招生录取、新生学籍建立、转学、毕业证书验印等制订了严格的管理制度。学生学籍电子档案管理采用自治区教育厅监制的学籍管理系统。学校按照规定，建立健全学籍档案和学籍管理制度，依据教育部《中小学学生学籍信息化管理基本信息规范》的标准，按照上级教育行政部门的要求采集学生相关信息，为学生建立学籍电子档案和纸质档案，学生学籍档案永久保存。新生注册信息及学生转学、休学、复学、借读等学籍信息须于新学期开学一个月内，集中上报主管教育行政部门审核备案。各高中也有严格的学籍管理制度，对新生入学、借读生报名、学生转学、退学、病假休学、学生参加学业水平考试、毕业证书发放等事项做出了明确的规定。

第三节 | 高中会考

普通高中学业水平考试是根据国家普通高中课程标准和教育部有关规定，由省级教育行政部门组织实施的国家考试。主要衡量学生达到国家规定学习要求的程度，是保障教育教学质量的一项重要制度。考试成绩是学生毕业和升学的重要依据。

1991年秋季入学的高一年级新生开始实行普通高中毕业会考制度（以下简称"会考"），同时执行自治区印发的《宁夏回族自治区普通高中学生毕业标准暂行规定》。会考采取考试和考查两种方式。考试科目为地理、历史、物理、化学、外语、生物、政治、语文、数学。考查科目为劳动技术课和物理、化学、生物的实验操作。体育课由学校按照教学大纲规定内容要求进行考试。考试科目根据自治区调整后的普通高中教学计划，本着学完一科考一科的原则，高一考地理；高二考历史、物理、化学、外语、生物；高三考政治、语文、数学。考查科目的安排是：高二考查物理、化学、生物实验；高三考查劳动技术课。考试科目的会考时间：高一、高二为6月下旬；高三为元月上旬。普通高中1991年秋季以后入学的高中在籍学生必须参加会考。非本白治区户口，经审批在宁夏学校借读的高中学生，由本人申请，可参加会考。考试科目由自治区统一命题、统一考试时间、统一阅卷、统一登分。会考各科目试卷采用百分制记分，成绩报告用等级分，分为优秀、良好、及格、不及格。考查科目由自治区教育厅规定统一要求和实施办法，由学校具体实施，市、县教育局监督检查。考查成绩只记合格与不合格。会考成绩不合格者，允许参加一次补考。高一、高二年级会考科目不及格者，在当年9月中旬补考；高三年级会考科目不及格者，在当年3月中旬补考。补考由自治区教育厅统一命题，统一考试时间，地市组织、地市评卷。补考成绩只记合格与不合格。

1992年4月，教育厅印发了《宁夏回族自治区普通高中毕业会考考务工作细则》，对考点设置、试卷管理、考试实施、答卷装订、评卷工作、违纪考生的处理等作了明确规定。9月6日，教育厅印发了《关于今年高一年级管理有关问题的紧急通知》，要求各校加强学籍管理，不得招收插班生、复读生和"计划外"学生，严禁校与校之间互挖学生，高中每班不得超过52人。从

1991 年秋季入学的高一年级新生实行普通高中毕业会考合格证和普通高中毕业证制度，会考合格证由教育厅颁发，毕业证由教育厅印制，县教育局验印，学校颁发。教育厅根据统一下达学号（会考证号）。1992 年，同心首次对 1991 年入学的高一学生进行地理科目的会考。当年参加地理会考的学生 406 人，平均分 71.5 分。1993 年，对高二学生进行了物理、化学、英语、生物、历史科目的会考，对高一学生进行地理会考，考查物理、化学、生物实验。1994 年对高三学生进行政治、语文、数学会考；高三考查劳动技术课。

1994 年，同心县参加高中会考的首届高中毕业生会考成绩，地理、物理、化学、英语、生物、历史、语文、数学、政治 9 门学科平均合格率达 98.7%，优秀率 28.0%，良好率 26.96%。会考的 9 门学科，除生物一门课程低于全区平均分外，其他 8 门成绩都高于全区平均分，达到会考规定合格标准的学生占学生总数的 97% 以上。

2001 年以来，教育局执行《宁夏回族自治区教育厅关于改革与完善普通高中毕业会考制度的意见》《宁夏回族自治区普通高中学生毕业标准的暂行规定》《宁夏回族自治区普通高中学籍管理规定》《宁夏回族自治区社会考生普通高中学历证书暂行规定》等会考文件，组织高中会考工作。实行会考制度后，会考成绩（含补考）、思想品德表现、社会实践和体育成绩均达到规定标准的学生，方可取得毕业证书。

第四节 | 普及高中阶段教育

一、工作部署

2012 年 3 月 8 日，县委办公室、县政府办公室印发了《同心县基本普及高中阶段教育实施方案》，提出同心普及高中阶段教育工作分两步走，2009 年至 2012 年是基本普及阶段，目标是高中阶段学龄人口毛入学率达到 85% 以上；2018 到 2020 年，高中阶段毛入学率达到 93% 以上。

同心县结合本地实际，在充分挖掘现有教育资源的基础上，通过实施"教育基础薄弱县普通高中学校建设"和"普通高中学校改造计划"等重点项目，结合化解"大校额"和"大班额"的攻坚行动，在普通高中学校建设规划框架下，有计划、分年度新建、改（扩）高中学校。实施现代职业教育质量提升计划，建立中等职业学校，逐步推进中等职业学校标准化建设，使初中毕业生都能顺利进入高中阶段学习，使未升入高校的高中毕业生能够接受中等职业教育或技能培训。全面深化考试招生制度改革，逐步建立中等职业学校和普通高中统一招生平台，落实普职大体相当的要求，确保高中阶段毛入学率目标和任务落到实处。坚持优质普通高中招生名额的 60% 分配到区域内初中学校的办法，招生名额适当向区域内农村扩大。

二、工作措施

（一）加强组织领导

同心县成立了"普高"工作领导小组及办公室，明确各成员单位及工作人员的工作职责。各学校也成立"普高"工作领导小组，召开动员会议，制定实施方案。县政府与各乡镇（管委会）和相关部门签订"普高"工作目标责任书。

教育局和学校对照自治区"普高"验收标准，结合本地实际，开展高中阶段适龄人口调查摸底工作，建好适龄人口户口母册，并做好取证工作，做到底子清、情况明，为"普高"各类档案建立打好了基础。

县"普高"工作领导小组组织有关专家围绕普及程度、队伍建设、经费投入、改善办学条件、教育装备水平、招生计划等重点指标进行多轮次过程性督查，总结宣传"普高"工作中的先进典型和经验，对工作不力、问题较大的乡镇和单位予以通报，并责令限期整改，对表现突出的单位和个人予以表彰奖励。

（二）整合教育资源

同心县政府制订了《关于推进职业教育跨越式发展的实施意见》，提出全县办好一所职业中学，建立起以职业高中为骨干，初等职业教育为基础，各类培训为补充的职业教育体系。建设乡镇农村技术文化学校 13 所，村农民文化技术分校 160 所。

石狮职业中学继续采取县内外联合办学模式，不断健全中职生源转移输送机制，扩大招生规模，逐步使普通高中、职业高中生比例趋于合理。

2012 年普通高中学业水平测试合格率 95.23%，同心中学被认定为自治区普通高中二级示范学校。同心中学、同心回民中学（今同心三中）、豫海中学校均被评为市县级名校。

（三）改善办学条件

同心县政府依法确保教育经费的"三个增长"：依照有关法规、政策要求，教育经费投入得到保证；教育经费使用的监督管理制度健全，高中阶段教育发展经费得到落实。

（四）健全高中阶段学生助学机制

2003 年，教育文化体育局转发了《自治区教育厅办公室关于进一步加强对普通高中贫困学生的资助的通知》，利用社会捐赠，资助高中贫困学生。

2009 年 4 月 3 日，县政府制定了《同心县普通高中家庭经济困难学生资助制度试点工作方案》，从 2009 年春季开始，开展了政府对高中生家庭经济困难学生的资助。资助对象是试点普通高中在校生中模范遵守《中学生行为规范》且持有民政部门发放的《城市居民最低生活保障证》《农村村民最低生活保障证》的学生及孤儿、残疾学生。资助标准每生每天 3 元，每学年 750 元，按 10 个月逐月发放。普通高中家庭经济困难学生所需政府资助金全部由自治区财政负担。试点学校按照自治区有关规定，每年从学费收入中提取 10% 的经费，用于家庭经济困难学生的学费减收、免收，设立校内奖、助学金等资助制度。

三、评估验收

（一）第一次评估验收

2012 年 11 月 13 日，自治区人民政府评估验收同心等 4 县基本普及高中阶段教育工作汇报会在同心县召开。12 月 14 日，自治区人民政府对同心县普及高中阶段教育工作进行评估验收。评估组分普通高中组，中职、初中组，教育经费组，先后到行政中心、教育局、同心中学、豫海中学等地，通过召开汇报会、查阅县级资料、深入学校实地核查等方式，对照指标体系，逐项进行赋分。评估验收严格按照《宁夏普及高中阶段教育评估指标体系（试行）》要求，以问题为导向，重点核查县政府推进高中阶段教育政策和措施落实；是政府对自治区督导组诊断调研后反馈问题整改落实情况，市级人民政府组织开展普及高中阶段教育工作初验情况，达到 85 分及以上通过验收。

（二）第二次评估验收

2020 年 12 月 14 日，自治区人民政府对同心县普及高中阶段教育工作进行评估验收。评估验收组先后到行政中心、教育局、同心中学、豫海中学、回民中学（今同心三中）、同心四中、同心二中、王团中学、王团中心小学等学校实地检查，从组织领导、普及程度、教育经费、办学条件、师资水平、教育管理六个方面全面验收。经评估，自治区人民政府认定同心县基本普及高中阶段教育工作，并发放了匾牌和 20 万元奖金。

第五节 | 学校简介

同心县同心中学

同心县同心中学位于同心县豫海镇长征西路，创建于 1956 年 8 月，当时归甘肃省教育厅管辖，校名为"甘肃省同心初级中学"，学制 3 年。1958 年宁夏回族自治区成立后，学校更名为"宁夏回族自治区同心第一初级中学"。1959 年 9 月增设高中部，学校更名为"宁夏回族自治区同心中学"，成为完全中学。时有初中 7 个班，高中 1 个班（53 人），在校学生 375 人。教职工 26 人。1960 年，学校设初一甲、乙两个班，进行 5 年一贯制学制实验，即初中 3 年，高中 2 年。1961 年，高中部停止招生，1970 年恢复招生，学制改为"2·2 制"，即初中、高中各为 2 年。1978 年，初中学制改为三年。1982 年，高中学制由二年制改为三年制。

1961 年，同心初师与同心中学合并，同心中学附设初级师范班，63 届毕业学生 67 人。1971 年，开始举办民办教师训练班（两期）。1973 年，开始附设简师班。1979 年，简师班分出，共毕业 6 届学生 238 人。1978 年，被县政府确定为县重点中学。

学校占地面积 49765 平方米，总建筑面积 36368 平方米。学校拥有一个 400 米标准化田径场，一个人工草坪标准化足球场，两个标准化悬浮式篮球场，一座 4300 平方米的体育馆，一个 1000 平方米的开放式图书阅览室，现有上架图书 10 万册。拥有机器人教室、3D 打印教室、创客教室、历史、地理学科及信息化教室。学校实现了校园网络和电子监控全覆盖，2012 年进入自治区普通高中二级示范学校行列，是吴忠市"名校"。

2022 年，学校有 38 个教学班，学生 2255 人。教职工 177 名，专任教师 173 人，特级教师 2 人，正高级教师 2 人，中学高级教师 53 人，市级名师 6 人，区级骨干教师 9 人，市级骨干教师 10 人，市级学科带头人 6 人。学校秉承"以人为本，全面发展"的办学理念，坚持"德育为首，教学为主，健康第一，全面发展"的办学思想，全体教职工凝神聚力，领导讲实干，教师讲奉献，学生讲拼搏，校风正，教风严，学风浓，取得了良好的教育教学成绩。2020 年高考一本上线

258 人，本科上线 898 人；2021 年高考一本上线 256 人，本科上线 896 人。2022 年高考一本上线 259 人，本科上线 1034 人。

学校先后荣获自治区教育系统五星级基层党组织、全区教育系统先进集体、自治区中小学教研先进集体、自治区毒品预防教育示范学校、自治区文明校园、全区学校语言文字工作先进集体；吴忠市文明单位、吴忠市教育工作先进集体、吴忠市德育工作先进学校、吴忠市教育系统创先争优活动先进基层党组织、吴忠市特色学校、吴忠市德育工作先进集体、吴忠市教育工委优秀党支部、"一师一优课，一课一名师"活动优秀组织单位等荣誉。

同心中学是全区党组织领导下的校长负责制试点学校。设同心中学党总支，下设三个党支部，现有党员 44 名。其中，在职党员 43 名，退休党员 1 名。2017 年被自治区教育工委评为五星级基层服务培育型党组织，2019 年被评为自治区教育工委五星级基层服务型党组织。2020 年被吴忠市教育局评为优秀党支部。

历任校长：李坦、万树恩（主持工作）、石明（负责人）、马尚清（革委会主任兼书记）、陈维新（主持工作）、张国华、陆永明、马宗武、王凤鹏、马学德、冯庆科、金平

同心县第三中学

同心县第三中学始建于 1980 年 8 月，最初命名为"同心县第二中学"，1982 年，自治区人民政府正式命名为"同心县回民中学"，当时是自治区八所寄宿制民族中学之一。1986 年，发展成完全中学，2004 年 9 月学校由完全中学过渡为高级中学。2022 年 2 月更名为"同心县第三中学"。

学校现占地面积 32841.4 平方米，建筑面积 14406 平方米，其中学校办公用房 982 平方米，教学及辅助用房 5160 平方米，生活用房 8264 平方米。多媒体教室实现了全覆盖。

2022 年，学校有教职工 152 名，其中专任教师 150 名，本科以上学历 146 人（含硕士研究生 10 名）；高级教师 60 人（其中定向 10 人），一级教师 42 人；区级骨干教师 11 人，市级骨干教师 9 人，县级骨干教师 30 人。学校现有 32 个教学班，在校学生 1903 人。建校 40 年来，学校先后培养出 22 届初中毕业生，37 届高中毕业生。

学校坚持走内涵式发展道路，结合本校和地方实际，大力弘扬学校苦抓、教师苦教、学生苦学的"三苦精神"，培养学生"只争朝夕"的时间观念，"做文明奋进三中人，走立志成才报国路"成为每个学子的坚定信念。学校取得博士学位或从政的杰出校友有 60 多名。

学校先后荣获自治区安全文明校园、自治区综合治理先进单位、自治区高中新课程实验样本学校、自治区精神文明单位、吴忠市示范学校、吴忠市先进集体、吴忠市名牌学校、吴忠市德育工作先进集体、吴忠市毒品预防教育示范学校、"一师一优课一课一名师"先进组织单位、同心

县名牌学校、高考工作先进集体等荣誉。学校党组织也先后获得区市县级"先进基层党组织"荣誉称号。

历任校长：刘乐平、杨科、李永福、马应才、马学德、张岱

同心县豫海中学

同心县豫海中学是自治区党委政府落实教育优先发展战略，加快贫困地区经济社会发展，为同心县创建教育强县和普及高中阶段教育而成立的一所全日制寄宿高中。学校于2008年开工建设，2009年投入使用。

学校占地面积202101平方米，总建筑面积65007平方米。教学楼五栋，实验办公楼二栋，学生公寓五栋，餐厅以及采暖中心、浴室、标准化操场等附属建筑。学校现有78个教学班，4238名学生，338名教职员工。

学校配有6个化学实验室、6个生物实验室、6个物理实验室、7个微机室，同时设有地理功能室、历史功能室、录播室、心理咨询室、图书室、阅览室、多功能报告厅等。学校有办公电脑324台，学生电脑412台，并接入了100M光纤专线，建立了数字办公平台和学校网站。学校建有3500平方米的体育馆、400米标准田径跑道的运动场，1个风雨操场、1个足球场、8个篮球场、3个排球场、15个乒乓球台，拥有各种运动器材3384件（套）。

学校开设了美术、音乐、舞蹈等特色课程，使学生有了展示艺术特色的环境，促进学生的个性化发展，拓宽了学生升入高校就读的途径。为发挥固原一中一级示范性高中优质教育资源的辐射带动作用，推进校际间的学校管理、德育教育、教学研究、文化建设等方面合作交流，持续加大教育扶贫力度，保障教育公平化、均衡化，两校结为"学校内涵发展联合共同体"，引领豫中教育启航；高一抓成长养成教育，高二抓成人价值教育，高三抓成才梦想教育，通过特色德育课程，让学生扣好人生第一粒扣子，努力培养德智体美劳全面发展有家国情怀的合格中学生，努力打造"渐进式育人特色"校园。

2010年被评为"吴忠市家长示范学校"，2010、2014年被吴忠市人民政府授予"德育工作先进集体"，2014年被吴忠市评为"民族团结进步模范学校"，2016年被评为自治区"民族团结进步模范学校"，2017年被评为"全国青少年校园足球特色学校"，2018年被评为"吴忠市文明校园"，2020年获自治区"五四红旗团委"。高考升学率逐年攀升，2022年本科上线383人，连续多年获同心县"高考工作先进集体"荣誉称号。

历任校长：陈树军、马彦彪、朱建亭

第五章 | 民办教育

据史料记载，800 多年前，南宋绍兴十三年（1143），西夏在同心县设有 1 所小学。明清两代，同心县建社学、开办义学、高等小学堂、蒙学堂、初等小学堂、私塾等共计 58 所。中华民国时期，教育在战乱中艰难前行，总体办学规模小，分布不均衡，经费奇缺，设备简陋。到民国 29 年（1940），全县中心国民学校、国民学校共计 23 所，是民国期间同心教育发展最好的时期。新中国成立以后，同心县的教育进入健康快速发展的新纪元。

1989 年，县政府将 298 所农村初小改为民办公助小学。1993 年县委、县政府落实《中国教育改革和发展纲要》，改革政府包揽办学的格局，建立以政府办学为主，社会各界共同办学的体制。1997 年，县政府依据国务院颁发的《社会力量办学条例》，按照"积极鼓励、大力支持、正确引导、加强管理"的十六字方针推进社会力量办学的发展。2002 年，同心县第二幼儿园改制为民办公助幼儿园。从办学资质、办学条件等方面，开启了民办教育上规模、上档次的先例。2013 年以来，逐步健全以县为主、政府统筹、行业参与、社会支持的职业教育体制，实行公办、公建民办和民办等多元发展的学前教育体制。至 2022 年底，吸引有实力的社会力量参与公办学校办学，形成以政府办学为主，社会各界共同参与，公办学校和民办学校共同发展，相互促进的多元化办学体制。

第一节 | 集体办学

20世纪90年代，普及义务教育，提倡学龄儿童就近入学，群众也希望学校办在家门口，于是，村社纷纷办学。没有校舍，有的村社就把村部或库房改建为学校，虽然也有桌凳，但多数是完小处理的。至于教具、图书和挂图之类，那就更少了。有的学校连复式教学必不可少的小黑板都没有。

老师是村社聘请，学区同意后报教育局备案，有的是学区派遣的。生产队集体办的学校，办学经费由村社统筹统支，国家酌情给予补助。民办教师生活条件比较艰苦。为了让这些老师安心教学，每个社都给学校划拨学农基地；每年冬天，村里都会为学校拉煤；每年收益分配时，都要给民办教师分配一些粮、油、肉；每逢节假日，村上都宰羊犒劳老师。

民办学校全部是复式班：一个教室、一个老师、一个班，教1—3年级的全部课程。中师、高中毕业的教师只占34.4%，能胜任复式教学工作的仅占20%左右。教学质量很难保证。城关、喊叫水、韦州、下马关4乡镇，领导重视、认识明确，花大力气改善复式办学条件，采取措施提高复式教学质量，复式小学的入学率、巩固率、合格率、普及率同单式小学一样，达到了自治区规定的标准。

随着"教育扶贫"和城镇化建设步伐的加大，很多偏僻山村的村民迁出，再加上计划生育社会效应，很多民办学校的学生人数逐年减少。从1995年开始，县教育科撤并了学生数在10人以下的村级学校，民办小学逐年减少。对于民办小学的民办教师，根据上级教育行政部门的指示精神，采取"关、转、招、辞、退"（"关"即不再招收民办教师，"转"即将符合条件的民办教师转为公办教师，"招"即招收有实践经验的青年代课教师经过培训后为正式教师，"辞"即辞退部分代课教师，"退"即给老民办教师退休或退养）的"五字方针"予以统筹解决。1999年，全县民办教师已全部转为公办教师。全县大集体办的民办教育至此结束。这些民办教师大多是社会青年，虽然学历不高，但长期在艰苦的条件下为山区的教育事业做出了很大的贡献。

第二节 | 社会力量办学

一、发展历程

20世纪90年代，同心县委、县政府落实《中国教育改革和发展纲要》《社会力量办学条例》和自治区党委、政府《关于加快教育改革与发展，全面推荐素质教育的决定》（宁党、宁政发〔1999〕60号）精神，按照"积极鼓励、大力支持、正确引导、加强管理"的｜六字方针，推进社会力量办学的发展。同心太阳山煤矿、宁夏韦州塘坊梁黑山羊选育场相继办起了职工子弟学校。农业局办起了农民广播电视学校。卫生局办起了卫生进修学校。一些乡镇办起了民办幼儿园、汽车驾驶员培训学校，还有短期的英语培训学校、缝纫培训学校等。

1993年开始，逐步建立健全以县为主、县乡共管、教育行政部门归口的学前教育管理体制。2003年，进行"民办公助""公办民助""国有民办"等改制实验。县政府决定县城第二幼儿园实行民办公助办学体制。随着社会主义市场经济体制的逐步建立，民营企业家投资于教育领域，创办个体独资学校和私人股份办学的新型民办教育。韦州镇尹文明，率先创办了文明汽车驾驶员培训学校，后来，汽车驾驶员培训学校发展到5所。还办起了缝纫培训学校、文化培训学校、艺术培训中心、职业教育学校等。这些学校的教学设施比较简陋，开办初期都是租用校舍。

二、管　理

20世纪90年代，县政府贯彻国务院《社会力量办学条例》和自治区党委、政府《关于加快教育改革与发展，全面推进素质教育的决定》（宁党、宁政发〔1999〕60号），提出在3—5年内，基本形成以政府办学为主体、社会各界共同参与，公办学校和民办学校共同发展，相互促进的办学体制。县教育局认真落实贯彻《中华人民共和国民办教育促进法》，先后制定出台了《关于加强民办幼儿园管理工作的实施意见》《同心县公建民办幼儿园管理办法（试行）》，1997年，教育文化体育局转发了国务院颁布的《社会力量办学条例》及国家教委颁布的《实施〈社会力量办学条例〉若干问题的意见》，按照《社会力量办学条例》规定的职责分工，对全县民办幼儿园进行了全面检查和审核。对符合该条例规定的幼儿园，发给办学许可证。教育局建立了年检、评估制度。坚持每年对民办学校教学年度检查，每两年对社会力量办学进行评估的制度。通过年检、评估起到了以评促改，以评促规范，以评促发展。对不合格办学机构限期整改，对违规办学、社会声誉差的民办幼儿园注销办学许可证。

三、办学的审批与管理

同心县认真落实国务院关于"积极鼓励，大力支持，正确引导，依法管理"的方针，依据《宁夏回族自治区社会力量办学管理办法》《宁夏回族自治区实施〈社会力量办学条例〉办法》《宁夏回族自治区关于积极鼓励社会力量办学，大力发展民办教育的意见》，根据同心实际，对申请举办者只要办学目的明确，积极性高，具备一定办学条件，手续齐全，审批符合程序要求，适当放宽标准，容许在筹办期间试招生，待条件具备再正式批准。为预防办学中出现混乱，对招生广告、学费收取、办学许可证办理、年检、评估等作出明确规定，从六个方面进行管理：一是引导办学方向和贯彻党和政府的办学方针。二是资格认定，包括对学校办学资格和办学许可证、校长资格的认定、教师资格的认定以及财会人员的资格认定。三是质量检查评估和教学业务指导，奖优惩差。四是审计证书发放及广告收费，财务、财产、广告等相关事宜。五是咨询培训信息和教材服务。六是理论研究，专门研究民办教育理论与实践相适应的问题。

第三节 | 民办幼儿园

一、发展历程

2001 年 9 月，教育文化体育局制定了《同心县 2001—2005 年 3.5 岁—6.5 周岁幼儿教育事业发展目标》，鼓励社会力量办学。据此，豫海镇、王团、河西、丁塘、韦州等 5 个乡镇相继创办了民办幼儿园。

2015 年开始，县政府为普惠性的民办幼儿园采取补贴保育费和教师工资的方式，购买学前教育服务，促进民办教育事业持续健康发展。

2019 年，县教育局加强民办幼儿园管理。一是严把审批关。依照《幼儿园基本办园标准》等标准，严把幼儿园审批关，确保审批一所，达标一所。二是扩大学前教育的公益性。加大宣传力度，引导和支持民办幼儿园提供普惠性服务，努力动员办园水平高，管理规范的幼儿园积极申报普惠性民办幼儿园。三是狠抓幼儿园常规管理。按照"积极鼓励、大力支持、正确引导、依法管理"的方针，多次组织幼儿园督查组，深入各幼儿园检查指导，引导民办幼儿园依法办园，规范管理，提高保教质量。

2021 年，鼓励并支持社会力量加大资金投入的力度，在全县形成了"公办示范、民办规范"的学前教育发展格局。

2022 年，全县有民办公助幼儿园 1 所、公建民办 13 所、民办 13 所，全部为普惠性的幼儿园。民办园在园幼儿 4560 人，聘用教师 400 人。

二、民办幼儿园管理

为加强民办幼儿园管理，同心县委先后下发了《关于加强民办幼儿园管理工作的实施意见》《同心县公建民办幼儿园管理办法（试行）》等文件，坚持"政府主导、社会参与、合同管理、儿

同心县 2022—2023 学年度第一学期民办幼儿园基本情况统计表

幼儿园	在园幼儿数	班级数	女生数	各年级人数						教职工人数		
				小班		中班		大班		小计	在编人员	专任教师
				人数	班数	人数	班数	人数	班数			
第二幼儿园	485	14	250	26	1	165	5	294	8	56	13	28
同心县新区幼儿园	459	12	219	30	1	170	5	259	6	43	0	24
第四幼儿园	247	9	115	13	1	78	3	156	5	21	0	9
同心贝贝乐幼儿园	200	6	91	0	0	60	2	140	4	17	0	7
同心家家乐幼儿园	205	6	90	0	0	30	1	175	5	20	0	10
王团镇中心幼儿园	230	7	97	0	0	90	3	140	4	18	0	7
王团镇北村幼儿园	240	6	116	0	0	120	3	120	3	14	0	7
永福快乐幼儿园	82	3	42	0	0	22	1	60	2	8	0	3
新星幼儿园	68	3	30	0	0	22	1	46	2	7	0	4
小天使幼儿园	87	5	44	5	1	40	2	42	2	9	0	4
河西镇纪家幼儿园	194	8	83	3	1	69	3	122	4	14	0	6
安溪同德幼儿园	119	3	71	0	0	36	1	83	2	8	0	3
河西镇塘坊幼儿园	111	4	50	0	0	43	2	68	2	10	0	5
河西镇金太阳幼儿园	151	5	70	0	0	48	2	103	3	12	0	1
石狮镇中心幼儿园	176	5	79	0	0	65	2	111	3	12	0	4
石狮沙嘴城幼儿园	176	6	85	0	0	84	3	92	3	15	0	7
同心县童之梦幼儿园	100	3	46	0	0	30	1	70	2	6	0	3
石狮镇管委会沙沿村幼儿园	23	2	12	0	0	11	1	12	1	4	0	3
预旺中心幼儿园	132	5	79	7	1	54	2	71	2	11	0	4
小太阳幼儿园	87	3	44	0	0	29	1	58	2	9	0	5
韦州镇第一幼儿园	160	7	79	7	1	42	2	111	4	14	0	4
韦州镇第二幼儿园	57	3	24	6	1	23	1	28	1	10	0	2
同心县启蒙幼儿园	133	6	68	8	1	31	2	94	3	13	0	5
同心县星海幼儿园	87	4	46	7	1	30	1	50	2	12	0	5
下马关中心幼儿园	124	4	50	0	0	50	2	74	2	13	0	6
下马关镇三山井幼儿园	198	7	101	12	1	75	3	111	3	16	0	8
下马关镇田园村儿童之家幼儿园	75	3	40	0	0	20	1	55	2	9	0	3

童受益"的原则，运营体现公益性和普惠性。政府相关部门依据职责分工加强对民办幼儿园进行管理、监督和指导。教育行政主管部门负责对民办幼儿园进行审批和日常监督管理，并向其颁发《办园许可证》，按照分类定级相关要求进行分类，负责审定幼儿园设施设备、教师资格、课程设置、教师用书和幼儿教材，对幼儿园教育教学及财务收支等进行检查、督导、评估，做好幼儿园年检工作。各乡镇中心学校负责对辖区内民办幼儿园各项常规工作进行管理和业务指导。财政部

门按照国家、自治区相关规定，参照《同心县扶持民办幼儿园发展奖补资金管理办法（暂行）》，负责落实相关扶持政策，并进行监督检查。发改部门依据教育行政主管部门对民办幼儿园的分类定级结果，结合办园区域、办园规模、教育教学质量等因素，按自治区普惠性幼儿园收费标准核定保教费，颁发《收费许可证》，并进行监督检查。民办幼儿园收费调整必须广泛征求意见，举行听证。卫生部门负责对民办幼儿园幼儿卫生保健、疾病预防和控制等工作进行监督检查，并依据《托儿所幼儿园卫生保健工作规范》出具卫生评价报告。食品药品监督管理部门负责对民办幼儿园食品安全的指导、监督与检查，并负责审批和颁发《餐饮服务许可证》。公安部门负责指导、监督民办幼儿园开展安全防范及治安综合治理工作。各乡镇人民政府协助教育行政主管部门对辖区申报承办方资质进行审核，协助公安、卫生等部门做好幼儿园安全管理。

第六章 | 中等职业教育与特殊教育

同心县职业技术教育发展缓慢。1958 年宁夏回族自治区政府成立后，同心县实行普通教育与职业教育并举，全县建立了土坡煤矿工业中学、喊叫水桃山农牧中学、罗山林场林业中学、县城卫生学校。1959 年，同心二中改办成同心初级师范学校。1961 年，为贯彻"调整、巩固、充实、提高"八字方针，4 所职业学校和同心初级师范学校全部下马。

1964 年，为贯彻两种教育制度，同心县创办了半耕半读的农业学校，重点试办了姜家湾农业中学。至 1966 年底，全县共有农业中学 8 所。"文化大革命"开始，批判两种教育制度，全县农业中学相继撤销。党的十一届三中全会以后，同心县职业技术教育开始发展。

1982 年将同心简师班改办成教师进修学校，将河西中学改为四年制农业中学，在同心二中附设职业班。

1988 年，试办了韦州 3+1 农村实用技术培训班。形成了地方办学或行业部门办学，社会各界参与的办学体制。

1999 年 8 月，在福建省石狮市援助下，投资 400 万元，兴建了同心县职业中学，填补了同心历史上没有普通职业学校的空白。

2007 年，同心县与山东部分职业学校签订了职业教育培训协议，选送 197 名学生到山东中等职业学校学习。与宁夏第一工学院、宁夏建筑学校、西北煤炭技师学院、宁夏水电技师学院、宁夏胜大机车技工学校等 6 所中等职业院校联合办学，采用 1+2 办学模式（第一年在同心县实施职业中学就读，第二、三年在联合办学院校就读）。

2009年，职业教育主要采取与区内外中等职业学校联合办学模式。依托中卫职教中心、西北外事中专学校、宁夏水利水电技师学院、宁夏民族职业技术学校、四川核工业学校等县外8所学校，作为同心籍中职学生就读基地，实行"三免一补"政策（免学费、免住宿费、免书本费，每年生活补贴1500元），完成教育厅下达同心县中职招生计划招生任务。

2016年，采取直接输出的方式，加大与区内外重点中等职业教育学校的合作，重点建设县外10所职业教育学校同心县生源就读基地，完成1000人中职招生任务。投资2.3亿元建设职业教育中心。

同心县职业技术学校于2017年3月开工建设，2018年秋季全面建成并投入使用，是经自治区教育厅批准成立的一所公办全日制中等职业技术学校，学校于2018年春季经教育厅批准提前招生。2022年底，同心县特殊教育学校有教学班13个，在校学生238人。在编教职工28人。同心县职业技术学校有教学班59个，在校学生2278人。在编教职工117人。

第一节 | 中等职业教育

一、师范学校

（一）同心初级师范学校

同心县初级师范学校，成立于 1959 年 8 月，由同心第二初级中学（校址在韦州）改办。1959 年校址迁到现同心二中，校长杨兴怀，教务主任张敏泉。学校配备教职工 8 人，专任教师 5 人，招收高小毕业的学员 90 人，学制为 3 年，学员入校后转为城镇户口，每人每月享有 24 元助学金。1959 年暑期又面向全县招收学员 110 人。1960 年招收 150 人。同年，根据区教育厅关于师范学校提前一年毕业的指示，学校压缩课程，进行了为期 1 个月的实习。第一届毕业生 87 人（其中女 10 人）由区文教厅统一分配，57 人留同心任教，30 人分配到盐池，其余两届 4 个班因国民经济困难等因素，均肄业回乡劳动。1961 年 9 月，同心初师合并到同心中学，为同心中学附设。1962 年撤销。

（二）教师进修学校

同心县教师进修学校的前身是简师班，1973 年同心中学附设简师班，秋季招生 40 人，为中等师范专业班，纳入自治区中专招生计划。1973 年至 1975 年采用"报名、考试、政治审查、健康检查、领导批准"的办法，招收"相当于初中毕业以上实际文化程度"的民办教师，每届 40 人。1976 年，推广朝阳农学院"社来社去"的做法，招收的 40 名民办教师毕业后仍按民办教师对待。1976 年又增设一个农业机械班、一个畜牧兽医班。1977 年至 1978 年，实行德智体全面考核招生的办法，招收高中毕业生和民办教师，学制改为 2 年。1979 年，该班从同心中学分出，校址设在河西丁家塘，改为同心县"五七"学校。1981 年，学校迁入县城，更名为同心县教师进修学校。1981 年 6 月 30 日，县政府决定将"五七"学校更名为同心县教师进修学校，校址迁至豫海镇豫海北街。1983 年，进修学校建筑两层简易办公楼一幢，建筑面积 310 平方米。开始招收具有 2 年以上教龄的小学民办教师，毕业后参加国家统一分配。从 1984 年开始，招收不具备中师学历的公办小学教师离职进修。中师班学制为 2 年，按教育部颁发的《小学教师进修中师教学大纲》及《小学教师进修中师教学计划》开设课程。凡学习期满，经考试成绩合格者，发给中师毕业证书，国家承认其学历。

1985 年，学校迁址到银平公路南侧，经银南行署正式批准，报请自治区人民政府备案，正式成立"同心县教师进修学校"。学校为师范性质的中等专业学校。学校以培养合格的小学教师为中心任务。学校属县人民政府领导，业务上由教育局主管。学校占地面积 17300 平方米，建筑面积 1960 平方米，建有普通教室、图书室、理化实验室、音乐室，配置了录像机、电视机、风琴等教学设施。

1990 年底，有普师班 2 个，学生 61 人，进修班 1 个，学生 20 人。教职工 26 名，其中专任教师 16 名。专任教师中，有高级讲师 1 名，讲师 6 名，助理讲师 2 名。学校占地 26 亩，建筑面积为 1960 平方米，建有图书室，藏书近 3000 册，有一定数量的理化教学实验器材，设有音乐室，配有风琴 20 架，还有电化教学教室，配有录像机 1 台，电视机 2 台。

1991—1993 年，每年录取民办教师 10 名。1994 年 9 月，根据自治区教育厅中等专业学校拓宽办学路子的指导思想，学校开始扩大招生，当年招收师范生 50 名，进修生 70 名。1995 年 9 月招收师范生 110 名、进修生 86 名。1996—1997 年，每年招收师范生、进修生各 120 名。

1998 年，为解决全县教师紧缺问题，根据自治区教育厅下达指标，招收代课教师 60 名。同时承担县劳动人事局分配转岗教师短期集中培训一期。

1999 年，招收代课教师 60 名，承担转岗教师短期集中培训一期。2000 年招收代课教师 66 人。

2003 年 12 月，县政府根据自治区教育厅《关于建立中小学教师继续教育中心有关问题的通知》[宁教（师）发〔2001〕21 号文件]精神，决定教师进修学校与电教中心合并，成立同心县中小学教师继续教育中心，从此，教师进修学校不复存在。

学校历任校长：杨生才、尹长元、周彦章、马凤银、马德森

二、职业技术学校

（一）罗山林水中学

罗山林水中学成立于 1958 年，校址在罗山林场。由县农、林、水、牧部主办，业务上受文教科指导。当年招收社队基层干部、社会失学青年 40 人，有文化课教师 2 人（吴德龙、刘立成），专业课教师 2 人（苏智、张德礼），校长由罗山林场场长张瑞英兼任，学制 3 年。

学员由学校供给口粮，并补助少量的学习用品。

学校占用林场房子 13 间，教学设备极为简陋，桌凳多为土台筑成。

1960 年 3 月，恰逢国民经济困难时期，34 人提前毕业，部分回乡参加劳动，部分由民政局人事科研究分配于本县林业、水利、草原站等部门工作。学校停办。

（二）土坡煤矿工业中学

土坡煤矿工业中学 1958 年成立。两个月后更名为同心县农业机械学校，迁至县城，招生 50 人，学制一年。主要学习拖拉机驾驶、修理。学生毕业后全部分配到县八一拖拉机站。1959 年开办短训班。1960 年停办。

（三）农业中学

1. 桃山农牧中学

桃山农牧中学 1958 年成立。校址在桃山农场。主要学习农、牧业知识。学生 40 人，学制二年。1960 年，毕业生分配到畜牧农场、农技站等单位。当年停办。

2. 姜家湾农业中学

姜家湾农业中学创办于 1964 年 11 月，是贯彻"两条腿走路"的方针，第一所重点试办的农业中学。校址在张家塬公社折腰沟大队新滩生产队，由县文卫科主办，行政上受预旺公委和张家塬公社领导。校长由张家塬公社书记王成兼任，配备教师 4 人（专任 2 人、兼任 2 人），招收新生 35 人，生源来自预旺、马高庄、张家塬 3 个公社。招收条件为：凡具有高小、初中肄业文化程度，年龄在 16 至 25 岁之间的农村青年。水保站 80 亩土地划归学校，作为生产劳动基地。

新生入校后由所在生产队供给口粮（每月黄米 40 斤），半年后由学校供给少量副食和每人每月 3 元生活津贴。

学校有土木结构房子 24 间，农具设备简陋，只有架子车和铁锹等劳动工具，学生劳动以水保站植树为主，还种少量农田。

1969 年，姜家湾农业中学停办。

姜家湾农中创办以来，先后招生两届、毕业学生 55 人，这些学生成为各队农业技术方面的骨干力量。

3. 同心县河西农业中学

同心县河西农业中学是 1984 年经县委、县政府批准，将原河西中学改办而成的。校址在河西乡丁家塘村银平公路东侧，隶属于县教育科。该校改办时有 3 个教学班，学生 155 人。生源全系河西乡。专业课教师借调农业科农业技术员 2 人，后增至 3 人，开设"农业基础""园林"课，学制仍为 3 年。学校开辟学农基地 104 亩（其中种植园林 8 亩，枸杞 20 亩，苜蓿 32 亩，红豆草 20 亩，小麦、蔬菜 20 亩）。

1986 年，改学制为"三加一"，即初中 3 年毕业后，加学 1 年农业技术课。学校有小四轮拖拉机一台，播种机一台，靶一副，石磙等劳动工具。学农基地，年收入 2000 余元。

1987 年，刚见成效的学农基地，因供水困难，未能生产。1988 年，学农基地被河草沟村分掉。

1989 年，恢复为普通中学。

历任负责人：马忠良、杨义逯、李进福、贺吉平、马良荣

（四）职业高中班

1984 年，在二中附设职业高中版，由教育科主办。按照"先培养、后就业，不包分配，择优录用"的原则，从全县城镇居民高中、中专落榜生和老教师子弟中录取，建筑班招收 44 人，学制 2 年，财会班 42 人（女 21 人）学制 3 年。

文化课使用全日制普通高中教材；专业课建筑班开设预算、建财、统计与管理、测量、力学、施工、房屋建筑学、中国建筑史、建筑识图（制图）;财会班开设商业会计，预算会计、工业会计、统计管理、财务管理、企业管理等。

1985 年，复招建筑班，学生 25 人，畜牧班学生 32 人，专业课开设饲养、内科等课，学制均为 3 年。

文化课教师由二中教师兼任，专业课教师由自治区人才交流中心，县劳人科、畜牧科、教育科配备。

1988 年，二中职业高中班停招。

二中职业高中班共毕业职业高中生 104 人（建筑班两个学生 54 人，财会班 28 人，畜牧班 22 人），毕业生绝大多数被固海扬水、县建筑公司录用，部分被二轻、商业、供销、税务、工商、社企等单位选用。

（五）同心县职业技术学校

同心县职业技术学校是经自治区教育厅批准成立的一所公办全日制中等职业技术学校，位于同心县教育园区。学校占地面积 170 亩，总建筑面积 45036 平方米，招生规模为 2000 人。于 2017 年 3 月开工建设，2018 年秋季全面建成并投入使用，学校基建工程与绿化工程同步进行，是一所花园式学校。

学校拥有办公、教学、实训、运动、培训、生活 6 个功能区。拥有先进的教学装备，满足学

校的教学、实训、生活需求。

学校于 2018 年春季经教育厅批准提前招生。委托宁夏工商职业技术学院和宁夏民族职业技术学院培养中餐烹饪和膳食营养、学前教育 2 个专业学生各 40 名，委托培养教师 6 名。秋季独立办学，开设中餐烹饪与营养膳食、汽车运用与维修、计算机平面设计、电子商务四个专业。与四川核工业技师学院（四川核工业工程学校）采取 1+2 联合办学模式，招收焊接技术、机电一体化两个专业。

2019 年，采取"县内招生＋县外输出"的办法，完成中职招生任务 2006 人。职业技术学校开办学前教育专业，在校学生达到 961 人。

2021 年，县职业技术学校完成 850 人的招生任务。同心县职业技术学校的 38 名中职生在湄洲湾职业技术学校开展岗前专业技能培训。

2022 年，在保证县职业学校生源的情况下，邀请区内外中职院校招生人员参与同心县中职招生宣传，完成招生任务。同时积极联系县就业局对辍学劝返年龄较大的学生和中高考"两后生"进行技能培训工作。

历任校长：白明江、施凤荣

第二节 | 特殊教育

一、现状调查

1999 年，根据宁夏残联《关于做好未入学适龄残疾儿童少年调查和救助工作的通知》，县残联于 5 月 1 日至 6 月 10 日，对全县 7—11 周岁未入学的残疾儿童少年做了全面细致的调查。认真整理汇总，登记造册，建档立卡调查结果表明：同心未入学适龄残疾儿童少年总数为 829 人，其中：男 511 人，女 318 人。

1999 年同心县未入学适龄残疾儿童少年汇总表

项目	总计			城市（非农业户口）			农村（农业户口）		
	总计	男	女	合计	男	女	合计	男	女
一、未入学适龄残疾儿童少年总人数	829	511	318	2	1	1	827	510	317
1. 视力残疾	64	44	20				64	44	20
2. 听力残疾	73	32	41	1		1	72	32	40
3. 智力残疾	276	181	95				276	181	95
4. 肢体残疾	264	152	112	1	1		263	151	112
5. 精神残疾	55	39	16				55	39	16
6. 多重残疾	97	63	34				97	63	34
二、应救助的未入学的适龄贫困残疾儿童少年人数	501	278	223				499	277	222

2000 年 3 月，教育文化体育局召开全县特殊教育专项调查会议，培训骨干，组织 19 个调查组。从 4 月 1 日至 5 月 1 日，对全县 0—15 周岁残疾儿童、7—15 周岁残疾适龄少年儿童进行了测试、登记、汇总。调查结果：全县共有 7—11 周岁残疾儿童少年 464 人。其中：视力残疾 23 人，听力残疾 83 人，智力残疾 214 人，肢体残疾 95 人，精神残疾 24 人，综合残疾 25 人。2001 年，教育文化体育局根据调查数据和特殊教育薄弱实际，向县政府提交了筹建同心县特殊教育学

校报告，并制定了《同心县特殊教育发展五年规划》。

二、特殊教育与教学研究

（一）随班就读

按照教育厅印发的《弱智儿童随班就读招生办法（试行）》要求，轻度弱智儿童随班就读，必须经过正式的鉴定。凡不能确认轻度残疾的临界性儿童，一律作为正常儿童，不能作为随班就读对象。鉴定结论是轻度弱智儿童，由学校正式接纳入学，安置在相应的普通教学班级就读。弱智儿童入学年龄，7—9 岁为宜，招收时间可根据实际确定。在普通班随班就读的弱智儿童每班最多不超过 3 人。

2002 年之前，同心县教育局根据本县实际，对全县残疾儿童（盲和低视力、聋和重听、轻度和中度智力等类别的残疾儿童少年）实行随班就读，并要求各级学校都要建立残疾儿童随班就读档案。

（二）特殊教育班

2001 年，教育文化体育局向县政府提交了筹建同心县特殊教育学校的报告，县人民政府同意在县实验小学筹建特殊教学楼。2002 年 8 月，特教楼竣工。建筑面积 1310 平方米，功能室配置有电教室 1 个，会议室 1 个，教室 6 间，教师办公室 1 个，男、女生宿舍各 2 间，男、女卫生间各 1 个，平房餐厅 1 个。

2003 年 9 月，特教部开设首届特教班，招收特教学生 10 名。使用人民教育出版社全日制聋校实验教材，开设语文、数学、音乐、体育、美术、语训等课程，学制 6 年。2009 年 7 月，首届特教班学生毕业，送往固原特殊教育学校初中部就读。

2009 年 9 月，第二届特教班（聋哑班）共招收 6 名学生。

同心县特殊教育基本情况统计表

年份	全县总人口数	0—15岁人口数	小学校数	中学数	视力残疾	听力语言残疾	智力残疾	应入学	实入学	入学率（%）
2000—2001	358728	131415	511	22	23	90	157	270	126	46.7
2001—2002	360371	131945	480	18	28	100	17	298	150	50.3
2002—2003	362000	12445	411	12	35	110	200	345	210	61.0
2003—2004	363500	123945	400	10	42	130	215	387	280	72.3
2004—2005	365100	133445	400	10	42	131	215	388	288	74.2

（三）特殊教育学校

2013 年，同心县特殊教育学校正式成立，学校占地面积 5298.4 平方米，校舍建筑面积 2168 平方米。2015 年，争取国家"薄弱学校"改造项目资金 400 多万元，新建综合楼、学生浴室，改造运动场 1200 平方米。学校自筹资金 60 多万元，加强了校园基础设施与校园文化建设。争取特殊教育中央专项资金 380 万元，配置了计算机室、图书室、电子琴室、模拟超市、蛋糕房、心理咨询室、多感官室、律动室、美术室、评估室、蒙氏教室和感统训练室。学校设有办公室、政教处、总务处等处室。学生寄宿，配备了特教教师、餐饮管理老师、生活老师、管理人员等，基本上能满足特殊类儿童受教育的需要。

2015 年，学校与县残联联合，把 0—7 岁残疾儿童抢救性康复项目融入学校教育，打造了医教结合的康复服务平台，增加了特教元素，丰富了特教内容，增强了康复效果，提高了教学水平。全年共完成脑瘫儿童康复 10 名，孤独症儿童康复 5 名，智力残疾儿童康复 28 名。

2017 年，特殊教育学校有 5 个年级，10 个教学班，在校学生 135 人（聋教育有 5 个年级 6 个教学班，在校学生 65 人，培智教育有 4 个年级 4 个教学班，在校学生 70 人）。学校还是智障、孤独症、脑瘫等贫困残疾抢救性康复项目定点机构，0—7 岁学前康复儿童 36 名。

2018 年 6 月，县人民政府印发了《同心县第二期特殊教育提升计划（2018—2020）》，提出了特殊教育发展提升坚持四条基本原则。坚持政府主导、特教特办，在普惠政策基础上给予特别扶持；坚持精准施策、分类推进，实现残疾儿童青少年科学评估施教；坚持促进公平、实现共享，让每一名残疾儿童青少年都有人生出彩机会；坚持尊重差异、多元融合，让残疾儿童青少年和普通儿童青少年共同成长进步。

2022 年，在籍学生 238 人，其中在校学生 210 人，送教上门学生 28 人，0—6 周岁康复学生 11 人。13 个教学班，其中：聋教育有 5 个班，培智教育有 8 个班。教职工 56 人，其中：在编教师 28 人、政府购买服务教师 6 人、三支一扶教师 1 人、临聘人员 21 人（安保、教辅人员及其他人员）。

（四）学　制

特殊教育学校学制实行九年一贯制，即小学阶段 6 年，初中阶段 3 年。凡能完成个别化教学计划的，发放义务教育证书；不能完成个别化教学计划的，发给义务教育结业证书。2015 年县委、县政府提出推进残疾人高中阶段教育。要求普通高中和职教中心积极招收残疾学生，鼓励县职教中心根据残疾学生特点和需要，举办残疾人中职班开设符合残疾学生特点、适合市场需求的中等职业教育课程，加强劳动技能培养，为残疾学生提供更多择业机会。

2022 年同心县特殊教育学生情况统计表

类别	毕业生数	招生数	在校生数										
			合计	其中女	小学阶段						初中阶段		
					一年级	二年级	三年级	四年级	五年级	六年级	一年级	二年级	三年级
总计	42	9	238	102	19	20	24	29	24	36	17	53	16
女	19	3	102		6	10	9	11	7	22	2	27	8
寄宿生	20	9	193	85	11	12	24	26	24	36	16	28	16
特殊教育学校寄宿生	20	9	193	85	11	12	24	26	24	36	16	28	16
视力残疾	0	-	0	0	0	0	0	0	0	0	0	0	0
听力残疾	20	0	40	25	0	0	10	0	7	11	0	12	0
智力残疾	22	9	198	77	19	20	14	29	17	25	17	41	16
其他残疾	0	0	0	0	0	0	0	0	0	0	0	0	0

（五）特殊教育保障

特殊教育学校在校学生全部按政策享受"两免一补"和"营养午餐"，学校每年利用"助残日"和"六一国际儿童节"等重点节日，争取社会、部门及爱心人士的关心支持。2014 年，共争取到各类资助资金和学习用品合计 25 万元。

2015 年，县委、县政府决定，进一步提高特殊教育生均公用经费标准，将义务教育阶段特殊教育学校、随班就读和送教上门学生生均公用经费在 3 年内逐步提高。2014 年提高到 4000 元，2015 年达到 5000 元，2016 年达到 6000 元。

（六）教育教学

1. 课程设置

基础课程：道德与法治、体育与健康、语文、数学、写字、计算机等基础课程。

康复课程：感觉统合训练、认知训练、个别化训练、运动保健、心理辅导、唱游与律动、沟通与交往等康复课程。

校本课程：生活适应、劳动技能、休闲娱乐、国画、乐器、乒乓球、冰壶、跆拳道、篮球、足球等校本课程。

职业课程：烘焙（蛋糕制作）、刺绣、剪纸、衍纸、磁盘刻、钻石贴、耳针等职业类课程。

2. 教学活动

学校根据残疾儿童兴趣、个性、特长和生理、心理特征，实施个别化教学和分类教学。

加强特殊教育内涵建设。学校根据不同类型残疾学生身心发展规律、残疾学生兴趣，采用"基

全日制弱智学校（班）课程

课程 课时 年级		一	二	三	四	五	六	七	八	九	上课总时数	百分比
常识		1	1	2	2	3	3	3	3	3	735	8.8
语文	阅读	5	5	5	6	6	6	6	6	6	1785	
	语文训练	2	2	2	1	1	1				315	
	作文				1	1	1	2	2	2	315	
	写字	1	1	1	1	1	1				210	
	小计	8	8	8	9	9	9	8	8	8	2625	31.2
数学		5	5	5	5	5	5	5	5	5	1575	18.7
音乐		3	3	3	3	2	2	1	1	1	665	7.9
美工		3	3	3	2	2	2	1	1	1	630	7.5
体育		3	3	3	3	2	2	2	2	2	770	9.2
劳动技能		2	2	2	2	4	4	8	8	8	1400	16.7
每周总课时		25	25	26	26	27	27	28	28	28	8400	
活动	周班队会	2	2	2	2	2	2	2	2	2	630	
	文体活动	2	2	2	2	2	2	2	2	2	630	
	兴趣活动	2	2	2	2	2	2	2	2	2	630	
在校周活动总量		31	31	32	32	33	33	34	34	34		
集体教育和机动		全年四周											

础学业课程＋技能培训＋社会实践"的形式，开发编织、蛋糕制作、刺绣、剪纸、器乐、国画、跆拳道等12门综合实践课程，构建了"兴趣—技能—补偿—发展"四位一体的特色教学体系。

开展"医教结合"实验。利用运动与保健课，并结合各学科教学对学生进行了健康保健教育，帮助学生养成良好卫生习惯，提高自我防护能力。重视学生劳动生活自理能力发展。劳技、生活教师关注学生个体差异，重视学生劳动习惯和生活自理能力的培养，突出实践体验，教给学生自我服务的本领。将学科教学与康复训练有机结合，加强康复类课程教学研究和实践，提高了康复训练实效。

开展送教上门活动。2014年秋季学期起，实施重度残疾儿童少年送教上门试点。2016年秋季学期起，所有重度残疾儿童少年建立档案，纳入学籍管理，实施家庭一对一送教上门服务。原则上每周施教1次，每次2课时。2015年，学校在前期摸底和调查的基础上，确定了7名重度智力残疾儿童作为"送教上门"对象，每个服务对象每周"送教上门"2次，每次3个课时，让重度残疾儿童少年有机会在家上学。2022年，按照县教育局安排，承担河西等六乡镇的47名重度智力残疾儿童"送教上门"工作，开展送教376次。

融合教育工作。一是走出去。学校每月组织学生到红军西征纪念馆、科技馆、新百超市和哈哈乐园参加各类社会实践活动。老师们带领孩子认识红绿灯，增长见识，开阔视野。二是请进来。每年学校与志愿者协会、义工联合会、社会爱心团体、党政机关等联合开展各种形式的爱心慰问活动和联谊活动。

建立"互联网＋教育"工作小组。通过"互联网＋教育"教育，全面推进国家、区、市、县"一师一优课"的优质资源，融合各种优质数字化课程资源，实现基础性资源、个性化资源和校本资源在内的各级各类教育资源共享。依托宁夏公共教育资源公共平台和智慧校园，建设覆盖学校教师个人及学生网络学习空间（如学生空间、教师空间、校长空间、班主任空间、学校空间、教育机构空间等），形成优质数字教育资源共建和共享环境。

（七）荣　誉

同心县特殊教育学校先后荣获同心县互联网＋示范校、吴忠市文明校园、吴忠市教育先进集体、吴忠市"三八"红旗集体、自治区德育示范校。

三、师　资

（一）选　拔

特殊教育师资来源主要是普通教师岗位。选拔的基本条件是：思想修养好，纪律性强，同情残疾儿童，有奉献精神；单式教学、复式教学都能胜任，教学水平较高的教师；身体健康，年富力强的教师；根据特殊教育的特点，中年女教师比较适合担任特教教师，尤其是残疾儿童随班就读的教师。

2002年10月，教育局选送6名教师在银川市特殊教育学校，参加了两个月的特殊教育师资培训。所有特教老师参加了历年来由自治区教育厅、人事厅组织的继续教育和公需课的培训，并全部取得合格证书。

2015年，县委、县政府提高特殊教育学校教职工待遇，将特殊教育津贴由现行基本工资的25%提高到30%。对在普通学校承担残疾学生随班就读教学和管理工作的教师，在绩效考核中给予倾斜，对送教教师安排足够的交通和工作补贴。教师职务（职称）评聘向特殊教育教师倾斜。

2022年在编教师30名。3名区级骨干教师、1名市级骨干教师，30名教师都享受基本工资30%的特殊教育津贴。

（二）培　训

自治区教育厅1994年、1998年和2000年先后举办了智力、听力语言残疾儿童随班就读师资培训班，教育局选派县直小学、城关、丁塘、河西等小学担任随班就读教学的教师和学区校长参加培训。教育厅印发了《残疾儿童随班就读教育手册》《残疾儿童随班就读教学案例选编》等培训资料。

2015年，学校选派4名教师到宁夏特殊教育学校进行了一个月集中转岗培训；选派4名教师参加了"国培计划（2015）"——中西部项目特殊教育学校音体美教师培训；10名教师参加"国培计划（2015）"宁夏回族自治区乡村小学教师访名校培训学员网络研修培训。全校教师的参培率达到了100%。

历任校长：马德林、马春霞

第七章 | 成人教育

　　同心县的成人教育由来已久。1950年，大力开展工农业余教育，县、区、乡普遍成立了"冬学委员会"。1952年，将部分冬学改办成"常年民校"或市民夜校，推行"速成识字法"，相继开办了农民（市民）速成识字班。1954年，县城开设干部文化补习班3个，1955年成立了县职工干部业余文化学校，1958年9月，建立了县级机关干部业余红专大学。1959年，厂矿举办了业余初小班、高小班和初中班。1981年成立了宁夏教育学院同心函授站，1985年成立了宁夏电大同心工作站，1986年开办卫星电视教育。1988年建立了县城、韦州、马高庄3个卫星地面接收站，干部职工积极参加学习。县乡健全了扫盲工作机构，配备了专职干部，制定了扫除文盲规划。1990年，全县实施"231工程"，掀起了"千人扫万盲"活动。1991—2000年，共举办各类扫盲班4079个，有116521人次参加扫盲学习，107200人脱盲。卫星电视教育、广播电视大学、高等教育自学考试、农业广播电视大学、党校业余学历教育共培养出大学本科、专科毕业生7444人，中师函授毕业生296人。2007—2011年，同心农广校培训新型农民、设施农业、生态移民培训，辐射带动普及型引导性培训等各类培训38800人次。

第一节 | 扫盲教育和职工文化教育

一、扫盲教育

（一）发展历程

民国 23 年（1934），国民党宁夏省政府实施社会教育识字运动与公民训练。同心于民国 25 年（1936）5 月，成立"民众识字班"2 处，即预旺县城（今下马关镇）识字班，设在北门外文王庙，有学员 183 人（其中女 92 人），教员 1 人，助教 2 人，管理员 1 人；同心城识字班，设在城内西街，有学员 191 人（其中女 81 人），教员 1 人，助教 2 人，管理员 1 人。民国 28 年（1939），同心设识字班 2 处，即同心城识字班，班址在县府大礼堂；韦州识字班，班址附设在韦州镇小学。国民党虽然推行所谓识字运动，但劳动人民入学识字者寥寥无几。据国民党宁夏省府 1940 年调查，同心县 41140 民众中，识字民众 323 人（其中女 7 人），占 0.71%，不识字民众 40817 人（其中女 20191 人），文盲率为 99.2%。解放前夕，全县人口中文盲率占 95% 以上。

解放后，农民业余教育随着全县各项建设事业的发展而发展。1950 年，在"学校为工农开门，教育为生产建设服务"的方针指导下，同心县委、人民政府在抓小学教育的同时，大力开展工农业余教育。县、区、乡普遍成立了"冬学委员会"，由文教科具体负责管理农民业余教育。区长、乡长任主任，负责组织农民上冬学。全县在有条件的区、乡开办起冬学。冬学教师绝大部分由当地小学教师义务兼任。学习期为 3 个月（10 月下旬至 11 月初开学到次年 1 月底或 2 月份结束），每日学习 2—3 小时。

1952 年 11 月，将全县部分村庄集中，群众生活条件好的冬学改办成"常年民校"或市民夜校。同年，推行"速成识字法"，县上抽调 5 名教师，到宁夏师范培训 1 个月，回来试办了 2 个速成识字班，男班 44 人，女班 46 人，使用甘肃省教育厅编写的《速成识字课本》，验收标准为识 3000 字会写话就毕业。是年，农村开展土地改革运动，翻身农民当家作主，渴望学习文化知识的热情空前高涨，参加夜校的人数越来越多。10 月后，相继开办了张家套子、田家滩、桃山、王家团庄、韦州、县城、下马关、喊叫水、杨庄子、预旺、新庄集、红城水等地农民（市民）速成识字班，共有学员 539 名，其中女 198 名。农民对此识字法颇感兴趣，学习积极且认真。新庄集、王团乡民在 10 华里外自愿带食粮到集中点学习。

1953 年，遵照中央"整顿巩固、重点发展、保证质量、稳步前进"的文教方针，纠正了扫盲工作中推行速成识字法盲目冒进的偏向，对冬学和民校进行了整顿。成立了同心县扫盲协会。协会坚持"农忙少学，农闲多学，保证重点，注重质量，集中与分散结合"的原则。在居住分散的山乡举办速成识字班，重点办好"常年民校"。

1955 年，在"有计划地扫除文盲，逐步提高农民的文化水平，有效地为农业社会主义改造和发展农业生产服务"的方针推动下，全县业余学校稳步发展，出现夫妻识字班，子女教父母，兄姐教弟妹，姑嫂比学习等生动活泼的学习场面，业余教师供不应求。

1957 年，县扫盲协会培训扫盲兼职教师 274 人，充实了全县各类农民业余学校。

1958 年"大跃进"中，农民业余教育随之出现了新高潮，从 3 月份起就投入轰轰烈烈的学习文化运动中，全县农村出现了人人学文化，队队办夜校的局面。从县到公社均成立了业余教育委员会，党委书记任主任，领导扫盲和业余教育工作。全县有兼职扫盲教师 531 人，专职扫盲教师 15 人，专职干部 5 人，对原有学员进行了编班整顿。9 月下旬，全县 32187 名青壮年文盲中，已脱盲 27252 人（其中女 9545 人），占文盲总数的 84.7%，并有 8615 名脱盲群众转入高小班学习。由于"大跃进"中搞突击学习，快速脱盲，后期放松巩固，回生现象严重。

1959—1960 学年度，县业余教育委员会，组织 70 人的扫盲验收工作团，对全县 1958 年以来农村业余扫盲情况进行了两次统一验收。第一次验收脱盲 7641 人（包括历年来脱盲人数）；第二次验收脱盲 1517 人，其中女 432 人。脱盲青壮年占实际参加学习人数的 7.9%。

1977 年，农村扫盲工作开始恢复。1978 年后，按照国务院《关于扫除文盲的指示》中提出的一堵（杜绝新文盲的产生），二扫（扫现有 12 至 35 岁的文盲），三提高（防止复盲现象，提高

1956 年同心县农民业余教育分布情况

区别	班数	学员数	毕业生数
一区（城关）	89	2599	1211
二区（喊叫水）	23	2515	1577
三区（新庄集）	35	1086	801
四区（韦州）	47	662	427
五区（下马关）	91	1284	749
六区（预旺）	33	3443	728
七区（王团）	41	2155	1307

农民文化水平）的要求，开展了扫盲工作。全县 14 个公社相继配备了一名专职扫盲辅导员，并制订了扫除文盲规划。坚持农闲多学，集中学，农忙酌情少学，大忙放假，忙后复课再学的原则。采取半日制班，早、午、晚班，包教组，巡回教学，送字上门，个别辅导等多种教学形式，积极开展扫盲工作。

1984 年，县委、县政府把扫盲工作列入乡、村干部的岗位责任制，全县在开设扫盲班的村社成立了扫盲领导小组，制定了扫盲工作奖罚制度，对没有脱盲的青壮年实行"四不一包"，即不得担任村社干部，婚龄青年不得登记结婚，不评先进和文明户，不招工招干，乡政府干部包村里的扫盲工作，把扫盲工作开展得好坏作为考核干部的主要内容。扫盲班实行了"五定一奖""三建立"，即定教员，定学员，定时间，定教材，定教学计划，奖励成绩突出的扫盲教员；建立学员花名册、学员考勤册、学员成绩登记册；健全"三包"责任制（乡政府、学区包乡；村干部、完小校长包村；教师、社长包社）。办学形式为女子班、少年班、壮年班、包教组，也有送字上门的小先生。对扫盲教员每月的补助费的发放作了具体规定：1. 扫盲教员每扫除一个文盲，发酬金 8 元。2. 扫盲教员每月的补助费按班额发放，15—20 人的班额每月发 6 元；21—35 人的班额每月发 8 元；36 人以上的班额每月发 10 元。3. 扫盲点负责人的补助费：2—4 个教学班的校长每月补助 6 元；5 个以上教学班的校长每月补助 8 元。脱盲验收办法为：凡是从 1984 年 11 月 1 日至 1985 年 3 月底坚持教学，成绩良好的教学班，均属县乡验收对象。具体办法是：第一步，点上的负责人先组织教员全面考试，把考试结果报告乡政府；第二步，由乡政府组织验收小组，深入各点考核检查，全面衡量，进行评比；第三步，待全乡各点的验收完毕后，书面报告总结。经县业余教育办公室组织验收后，对已达到脱盲标准的学员发给脱盲合格证，扫盲酬金及补助费也一次兑现。

1988 年，将扫盲工作方针修订为"立足堵新盲，抓紧扫老盲，先脱党团员，村社干部，重点青少年，文明村社户，人人要脱盲"。城关乡、河西乡教委在抓好普及初等教育工作的同时，利用寒假抓农民业余教育工作，乡教委统筹安排，统一领导，建立了两个"为主"的责任制。一是以学校为主的"三包"责任制，即校长包社，教师包户，学生包个人。二是以教师为主导的包教包学责任制。文盲较多的村社办扫盲夜校集中教学，居住分散的村庄包教包学，送字上门。河西乡河草沟村小学女民办教师马玉萍，自 1984 年以来，利用业余时间，通过办扫盲班，个别辅导等形式，共培训学员 228 人，经验收 221 人脱盲，1990 年获全国妇联、国家教委颁发的"巾帼扫盲杯"。1988 年，城关学区校长杨汉国；1989 年，河西教委副主任马占胜抓扫盲工作成绩显著，分别被评为全区扫盲先进工作者，受到自治区人民政府的表彰奖励。

1989 至 1990 学年度，河西、城关、韦州、下马关 4 乡镇，采取乡镇领导抓面，其他干部包点，村干部包村，社长包社，教师包教学任务的层层承包制，将扫盲工作列入乡村干部工作任务

同心县部分年度扫盲验收统计表

年度	设点数	设班数	参加人数			合格人数			合格率
			总数	男	女	总数	男	女	
1981			1659			513			14
1983			2057			1337			65
1984		447	11539			8147			
1985	153	385	1061	5366	5235	7512	3968	3814	67.5
1986	20	127	2040	1005	1035	1629	834	795	79.9
1987	16	44	687	431	256	421	301	120	61.2
1988			1766			1519			86
1990	43	191	5219	1691	3528	2960	1212	1748	84.1

之一，作为年终评估工作的一项内容。由于领导重视，出现了"一校变两校，日校带夜校"的好势头，下马关村 3 名社长，挪出自己家里的客房，集中本社文盲，提供黑板、取暖、照明等设施，让妇女坐在热炕头上学习，这种形式的扫盲班，时间保证，学员稳定。

1990 年，全县共开办扫盲班 191 个，设点 43 个，5219 名 40 岁以下青壮年文盲参加学习，其中女 3528 人。当年脱盲 2960 人（其中女 1212 人），占该年龄段的 84.1%。1981 至 1990 年，经对 37568 名学员进行考核验收，有 24038 名达到脱盲标准。截至 1990 年 7 月，全县 274170 人口中，有文盲半文盲 100464 人，占 36.6%，其中 12 岁至 40 岁的青壮年文盲、半文盲有 40737 人，该年龄段非文盲率达到 63.6%。1990 年 11 月，县委、县政府实施"231 工程"，全县掀起了"千人扫万盲"活动热潮。年底，全县已办起各类扫盲班 187 个，参加学习的青壮年文盲达 8684 人，其中妇女 5461 人。教材改用自治区编写的"231 工程"系列教材《文化知识课本》，内容分集中识字、政治常识、生产生活常识、文化常识、应用文、简单数学 6 部分。

1991 年，县政府成立了扫盲工作领导小组，动员全社会关心、支持扫盲事业，协调、统筹安排各部门、团体的力量和优势，共同参与扫盲，创造良好的扫盲环境。教育局设置了"业余教育办公室"挂靠在县招生办公室，负责全县的扫盲教育工作。乡政府设一名扫盲与农民教育专职干部，负责乡镇扫盲工作。县、乡两级是组织扫盲教育工作的主要力量。

（二）扫盲教育工作

1. 工作目标

1995 年，自治区人民政府先后印发了《宁夏回族自治区扫除文盲验收办法》《宁夏回族自治区高标准扫除青壮年文盲单位考核办法》《关于宁夏回族自治区普及义务教育和扫除文盲验收办法》《关于在九十年代普及义务教育和基本扫除青壮年文盲工作的实施意见》，对各级人民政府扫盲的责任、扫盲的对象的权利与义务、脱盲的标准和考核办法、扫盲经费、师资、扫盲的组织管理、扫盲的教学和扫盲规划制定等，做了明确详细的规定，从而为扫盲工作的开展提供了法律的保障。同心从实际情况出发，科学的制订规划，从宏观上把握好扫盲教育的进度。提出 2000 年基本扫除 15—50 岁的青壮年文盲，使青壮年的非文盲达到 95%，脱盲人员的巩固率达到 95% 以上，这是一个宏伟的目标。县委、县政府在总结 80 年代扫盲工作经验的基础上，提出扫盲教育"分区规划，分类指导；积极进取，实事求是"的指导思想，加强扫盲教育的管理层次，逐步实现制度化管理。

2. 扫盲报告制度

1995 年国家教委提出进一步健全和完善扫盲工作报告制度，规定各省（区、市）教育部门在每年 9 月提交教育统计报表外，于每年 3 月和 12 月向国家教委报告扫盲工作进展情况，国家教委根据各地上报情况定期向全国通报，并将其作为检查、评估各省（区、市）扫盲工作的重要依据之一。

3. 扫盲教育的师资管理制度

坚持"以民教民，能者为师"的原则，提倡"有文化的人都来教""教人识字光荣，扫除文盲人人有责"。教育局要求农村中小学教师，白天教学生，晚上教文盲，发动中小学学生参与建立一支以专职教师为骨干，以兼职教师为主体的专兼职结合的师资队伍。特别是在农村，强调充分发挥农村成人学校，农村中小学的扫盲主力军作用。

4. 扫盲经费管理

采取多渠道的办法解决。县人民政府每年划拨必要的经费，此外，由乡（镇）人民政府、社区组织、村民委员会和有关单位自筹；农村征收的教育费附加安排一部分用于培训专职扫盲工作人员和教师、编写教材、读物、交流经验和奖励先进等方面的费用，在教育事业费中列支，此外，还鼓励社会力量和个人自愿资助扫盲教育。

二、职工文化教育

（一）发展过程

1954 年，县城开设干部文化补习班 3 个，分初小班，高小五年级班，高小六年级班，共有学员 236 人，配有专职教员 1 人，兼职教员 4 人。1955 年，成立了县职工干部业余文化学校，县委书记任校长。1958 年 9 月，建立了县级机关干部业余红专大学，设 4 个教学班（高小班 1 个，初中班 2 个，高中班 1 个），有学员 200 余人，专任教师 2 人，开设文学、数学、生产知识、政治等课程。1959 年，全县 8 个较大的厂矿有半文盲 229 人。为尽快扫除工人中的文盲，厂矿举办了业余初小班、高小班和初中班，381 名职工参加学习，有 137 人脱盲。中共十一届三中全会后，全县职工教育逐步恢复和发展起来。县委、人民政府认真贯彻中共中央、国务院《关于加强职工教育工作的决定》，采取切实有效的措施，加强了全体职工和干部的教育工作。

（二）"双补"教育及培训

县委和县人民政府根据全县青壮年职工缺乏文化基础知识和理论知识的实际，按照"干什么学什么，缺什么补什么"的原则，采取"送出去，请进来"的办法，实施文化补习和技术培训工作。职工文化补课的对象、教材、结业考试、合格证书等，均按全国职工管理委员会和自治区有关文件执行。采取分散和集中培训相结合，自学和辅导相结合，评比和总结相结合，对文盲、半文盲和小学文化程度的职工由各企业自己培训，实行责任到班组，有的责任到人，15 天一评比，两月一总结，有奖有罚，旷课一次扣回当天的工资。初中文化补课采取小分散、大集中的办法，收到良好的效果。1983 年，690 名职工参加了各类文化和技术补课培训。年底，毕（结）业 270 人（高等教育 10 人，文化教育 59 人，短期技术培训 201 人）。

1984 年，县政府从地方财政拨款 6 万元作为职工教育培训经费。是年，全县 886 名职工参加了初中文化补课学习，考试合格 536 人；有 825 人参加了技术补课学习，考试合格 429 人。培训各种工人技术人员 215 人，结业 188 人（中级技术 18 人，初级技术 170 人），参加区内外在职、离职进修高等教育 158 人，毕业 28 人，中等专业教育 172 人，毕业 32 人。

1985 年，县工业联合公司、商业局、县联社、制革厂、制鞋厂等单位先后举办财会、饮食服务、针织等专业性的技术培训 11 期，培训职工 358 人。县招待所、皮鞋厂对职工采取"先培训，后上岗"的办法。二轻局、经委举办厂长经理学习班，有 22 个厂矿企业的 38 名厂长经理和经济管理干部参加了培训。年底，667 名职工参加了业务培训，毕（结）业 378 人；干部参加培训毕（结）业 140 人；工人参加技术培训结业 881 人（中级技术 163 人，初级技术 538 人，岗位职务 180 人）。

截至 1990 年底，全县职工初中文化补课，累计合格 1324 人，占应补人数的 69.9%，短期技术补课累计合格 1008 人，占应补人数的 44.8%，工人的技术培训也相应得到提高。全县参加各类短期技术培训 1096 人，其中，中级技术培训 181 人，初级技术培训 708 人，岗位职务培训 180 人。

第二节 ｜ 成人职业技术教育

一、成人教育机构

1950 年 10 月，同心县冬学委员会成立。1952 年 2 月，成立了同心县业余教育委员会，由 11 人组成，县长栗荣祥任主任委员，文教科长李士林任副主任委员，全县各区成立了区业余教育委员会，区长任主任委员。1981 年，同心县工农教育委员会成立，县人民政府副县长周生贤任主任，下设办公室。14 个公社相继成立了工农教育委员会，由主管文教工作的领导任主任，并配备一名专职业余教育干部。1983 年，工农教育委员会下设职工教育办公室和农民业余教育办公室，分管全县职工教育和农民业余教育，14 个公社相应地成立了农民教育委员会，配备了专职干部。1984 年，同心县职工教育委员会成立，主任马瑞文（副县长兼），下设办公室，负责全县职工教育。农民业余教育仍由业余教育办公室负责，各乡镇（区）取消专职业余教育干部，扫盲工作由学区负责。1990 年，乡镇教委复设兼职扫盲干部。

20 世纪 80 至 90 年代，同心成人职业教育机构主要有学历教育机构和教育培训机构两种。成人学历教育机构有电大工作站、电教中心、县教师进修学校、高等教育自学考试办公室、县农广校、党校等。成人教育培训机构有工农业余教育办公室（挂靠在县招生办公室）、"231 工程"办公室、县教师进修学校（现改为师资培训中心）、县农广校、县卫生进修学校、党校、乡镇农民文化技术学校及民办培训机构。

2001 年以来，全县加强了实验基地建设。全县 19 所乡镇农民文化技术学校都配备了电教设备，6 个乡镇开通了地面卫星接收站，开辟实验基地 413 亩，进行远程教育和新技术的培训和推广。各类培训机构因地制宜，积极创造条件，采用联合办学、远程教育等多种方式，举办成人继续教育、学历教育、职业技术教育、岗位培训等，努力构建终身教育体系和建设学习化社会。

二、农民职业技术培训

2003 年以来，根据《教育部关于进一步加强农村成人教育的若干意见》的通知精神，按照同心县经济结构调整对人才的需求，加快了成人教育培训工作。

2004 年，县政府按照《教育部关于印发〈农村劳动力转移培训计划〉的通知》。自治区农牧、财政、教育、社会保障、科技、建设、扶贫等七部门共同下发的《全区农民工 2004—2010 年培训规划》和《关于组织实施农村劳动力转移培训阳光工程的通知》《宁夏实施农村劳动力转移阳光工程实施方案》等文件精神，积极协调农业、劳动、扶贫、财政、科技、建设等部门，组织实施"十万农民培训工程"和"农村劳动力转移培训阳光工程"，对 48500 人进行了地膜、温棚种植、养殖、品种改良、抗旱节水等农村实用技术培训。对 2177 名农村劳动力进行电焊、电工、农机修理等初级务工培训，使农村富余劳动力就业转移率达 85% 以上。"雨露工程"，向宁夏水利学校、林业学校中长期转移基地输送农村青年劳动力 725 名，有 600 名学员结业，被青岛海尔集团和夏进乳业等区内外企业录用。通过强化农民工培训，促进了农村劳动力合理有序转移，提高了进城务工农民的科学文化素质和职业技能，成为"有文化、懂技术、会经营"的新型农民。

2005 年 5 月，县委、县政府贯彻落实自治区党委、政府《关于加快新时期教育改革与发展的决定》和《教育厅关于为宁南山区举办培训班的实施方案》精神，加快贫困乡镇人力资源开发，提高贫困地区劳动者素质和职业技能，为贫困家庭子女开办职业培训班，按照享受贫困救助的农户中招收一名初中文化程度毕业的学生要求，选派 47 名学生参加培训，使农民掌握一定的专业技能。每期培训 3—5 个月。

2005 年宁夏南部山区职业教育培训班计划分配表（同心县第一期）

培训职业	人员分配	培训院校	备注
合计	47		
烹饪	5	宁夏财贸职业技术学院	
旅游服务与饭店管理	5	宁夏财贸职业技术学院	
计算机及其应用	5	宁夏财贸职业技术学院	
汽车应用与维修	5	宁夏交通学校	
幼儿师范教育	5	银川光华职业学校	招女生
电子电工家电维修	2	宁夏机电工程学校	
机电技术应用	5	宁夏机电工程学校	
制浆造纸	5	宁夏轻工中专学校	
葡萄种植与酿酒	5	宁夏林业学校	
园艺	5	宁夏农业学校	

2007—2011年同心县新型农民培训及设施农业培训情况表

培训项目	培训时间	培训人数（人）	培训机构
新型农民培训	2007年	1500	县农广校
设施农业培训	2007年	1500	县农广校
辐射带动普及型引导性培训	2007年	20000	县农广校
"温暖工程"暨新型农民科技培训	2009年	1500	县农广校
生态移民培训	2010年	500	县农广校
新型农民培训	2011年	300	县农广校

2007年，县农广校成为同心县新型农民培训机构，承担新型农民培训项目和设施农业培训项目，培训新型农民项目村30个，培训新型农民1500人，设施农业技术培训1500人，辐射带动普及型引导性培训2万人次。2008年，培训设施农业技术人员2500人，辐射带动普及型引导性培训2万余人次，被自治区农牧厅授予"设施农业培训先进机构"。2009年，承担了"温暖工程"暨新型农民科技培训任务，涉及培训项目村30个，培训新型农民1500人，经农业职业技能培训与鉴定，317人取得了职业资格证书。2010年，承担华夏基金会向同心县捐款40万元生态移民培训，涉及生态移民村10个，培训基本学员500人。同年，学校被确认为同心县农村劳动力转移"阳光工程"培训基地，承担了500人的"阳光工程"培训任务。

三、教师在岗培训和转岗培训

教师在岗培训（或称适岗培训）是继上岗培训后，教育行政主管部门对已获岗位认可的在岗教师所进行的旨在取得继续在岗任职资格的岗位培训。也包括对实行"先培训，后上岗"前未经严格岗位培训的广大在岗任职教师的岗位培训。上岗培训的对象是新教师、特岗教师，在岗培训的对象则是全体教师。

1991年8月13日，国家教委颁布《中小学教师职业道德规范》后，教育局组织中小学教师、幼儿园教师学习、宣传和贯彻，开展了中小学教师的职业道德、业务能力在岗培训。

1996—1998年，在全县小学教师中开展了以口语表达、写字、简笔画、使用和制作教具、组织教育活动五个方面的全员岗位基本功训练；在中学教师中重点进行了说话、写字两项基本功训练的全员岗位基本功训练。

按照国家教委1988年《中学班主任工作的暂行规定》要求，教育局有计划地对全县中学班主任进行了培训，包括马列主义理论、管理知识与能力、教育科学知识、语言文学能力和班主任工作经验交流等内容。

中小学教师转岗培训。为了适应职业中学和普通中小学开展职业技术教育，教育局选派中小学教师，通过代培、参培和自培的形式，建立专兼职相结合，以专职为主的职业技术师资队伍。

1998 年以来，组织全县中小学教师进行了基础教育课程改革通识培训、新教材培训等。

第三节 | "231工程"

"231工程"是1990年9月由自治区党委、政府提出来的，是自治区党委、政府贯彻落实党中央"科教兴国"战略，抓好农村成人教育，培养一代新型农民的创举，也是宁夏广大农民提高素质、摆脱贫困，进而奔向小康的必由之路。"231工程"的主要内容是：扫除文盲、扫除科盲，学习文化知识、学习科学知识、学习经营管理，培养造就一代新型农民，即"两扫三学一造就"（简称"231工程"）。

一、"231工程"的实施与效益

1991—2000年，县委、县政府组织实施"231工程"，制定了《同心县实施"231工程"五年规划》。规划到2000年，全县农村要在基本普及初等义务教育的基础上，完成基本扫除文盲的历史任务，使15—40周岁人口中的非文盲率达到85%以上。与此同时，要对现有的青壮年农民进行农村科普教育和科技培训，使他们能基本了解现代日常生产生活中最普遍的科学知识，掌握2—3门农村实用技术，生产经营和管理水平有一定程度的提高，基本改变农村技术人员缺乏，技术水平落后的状况。

县政府成立了"231工程"领导小组。领导小组下设"231工程"办公室，配置专职工作人员。乡、村两级也成立了相应的领导小组，配备了专职干部。教育、农业、科技等部门也确定一名干部专门负责"231工程"的实施。县委决定挂职副乡长一律转轨定向，专抓此项工作，县四套班子16名领导干部每人包一个乡（镇）蹲点，抽调185名干部到16个乡镇蹲点，建立了目标管理责任制，把扫盲和科技培训任务以指导性计划层层下达分解到每一个村社。全县形成以农村中小学教师和学生为主的扫除文盲教师队伍和以专兼扫除科盲及科技培训教师队伍。

每年11月份为全县实施"231工程"宣传月，在全县范围内运用广播、板报、橱窗、标语、文艺演出等多种形式，广泛宣传实施"231工程"的重要性和必要性。政府决定每年划拨10万元专款，乡财政拿出财税返还款的 30%，用于补助农民夜校的取暖、照明，扫盲教师的报酬等开支；安排"三西"资金和科技三项费用于科技培训。

1991 年，教育局配合"231"办公室，组织专门人员进村入社挨家逐户进行调查摸底，建立了《农民文化状况统计表》《文盲花名册》《学员入学花名册》《回乡女高、初中及城镇待业青年15—40 周岁农民文化状况实施"231 工程"统计表》，建立健全了农民教育档案。全县共聘请扫盲教师 647 名，利用农村小学办起 605 所扫盲夜校，组织 1243 个家庭联户识字班，号召全县中小学教师和学生开展了"千人扫万盲"活动。参加学习的青壮年文盲 15425 人，经考核有 11400人基本达到脱盲标准。

1992 年冬至 1993 年春，针对妇女文盲比例大、扫盲难的实际，专门办起 126 个妇女扫盲班，聘请女教师和女知识青年担任教师，在学习文化知识的同时，还教学裁剪、缝纫、编织等实用技术。

1994 年冬至 1995 年春，全县共办扫盲班 148 个，参加学习 13960 人，经考核验收 9660 人脱盲。1996 年 11 月 14 日，县政府批转了教育局《关于在全县进行普及义务教育和扫除青壮年文盲评估验收工作的安排意见》。12 月对 10 个乡镇的扫盲工作进行验收，为 2918 名脱盲者发放脱盲证。

1997 年冬至 1998 年春，县政府对 8 个乡镇的扫盲工作进行了验收。1998 年 12 月 28 日，县政府与乡（镇）政府签订《基本普及初等义务教育和基本扫除青壮年文盲责任书》。冬季办复盲人员提高班和妇女扫盲班 123 个，组织 3300 名妇女参加扫盲学习。

1999 年，同心县实施"两基"（基本扫除青壮年文盲、基本普及义务教育）攻坚战。政府下发了《同心县"两基"攻坚实施方案》，两年完成扫除 20644 名文盲的任务，到 2000 年全县基本扫除青壮年文盲的目标。为了确保"两基"工作的顺利开展，县委、县政府决定实行目标管理制度，明确规定党政一把手是主要责任人。县、乡两级都成立了领导小组，实行"双线"承包制，即县、乡、村为一线，承包改善办学条件，征收教育费附加、筹措"两基"专项经费、提高学龄儿童入学率、动员青壮年文盲入学；教育局、学区、学校为一线，承包巩固率、合格率、完成率、脱盲率、教师任职资格合格率，"两线"合一共同实现"两基"目标。县委、县政府决定把"两基"目标列入对政府及有关部门的政绩考核指标中。6 月 30 日，教育局与全县各学区、县直中小学签订了《基本普及义务教育和基本扫除青壮年文盲目标责任书》，针对扫盲资料档案不齐全，脱盲学员户籍"文化程度"栏目没有及时更改，脱盲人数难以准确统计的情况，教育局组织全县教师对农村文化状况进行了一次大规模调查，重新建立了农民文化户口册。全县共办扫盲班 683个，30786 名青壮年参加学习。各乡镇组织了以农村中小学教师和中小学生为主的扫盲教师队伍，开展了声势浩大的群众扫盲教育活动，出现了"一校变两校，日校带夜校"的好势头。

二、扫盲档案

2000 年，建立健全了五大类扫盲档案：1.综合类文书档案。包括国家、自治区有关扫盲工作的法规文件；县、乡、村制订的扫盲规划、工作安排、工作总结、统计资料、工作制度、管理办法、奖惩规定、扫盲工作简报、专题汇报材料、会议记录等。2.验收工作资料，包括各类文件、报告、验收表册、材料、验收组织文件、试卷。3.扫盲工作档案。主要是"五表四册"。"五表"有：3 年扫盲情况统计表、脱盲人员培训及剩余文盲表、年度扫盲人数统计表、年度农民文化教育统计表、年度扫盲经费统计表。"四册"：文化户口册、青壮年文盲脱盲花名册、剩余文盲花名册，以及文盲花名册、点名册、教案、作业、试卷、"普初"资料、扫盲后续统计资料等相关资料。4.普及初等义务教育资料（主要是"四率"）。5.扫盲后继续教育资料。

三、扫盲验收

"231 工程"规定文盲的脱盲标准是：认识 1500 个汉字；能够看懂浅显通俗的报纸；能够记简单的账目；能够书写简单的应用文。

各乡镇逐村验收后，认为合格，申请县级验收。县级验收合格者发给"基本扫除文盲单位证书"。验收的内容主要是听取被验收单位政府负责人扫盲工作报告，了解基本情况，检查扫盲档案资料。采取随机抽样的办法，抽查三分之一的行政村或居委会，对扫盲对象进行考试。

2000 年 12 月 28—30 日，县政府对全县的扫盲工作进行了评估验收。县上成立了由县长任组长、县四套班子主管教育的领导任副组长，有关部门负责人为成员的扫盲验收组领导小组，分 4 个小组，对 19 个乡镇的扫盲工作进行了评估验收。验收的对象是乡镇人民政府、行政村、城镇居民委员会。主要内容是检查乡（镇）政府行为的落实情况，验收全乡（镇）及所属普及程度及扫盲目标的达标情况，考察履行法律责任情况；按照扫除青壮年文盲标准验收脱盲人员。验收组每到一地，听取（乡）镇政府关于扫盲工作的汇报，查看扫除文盲的各项指标的达标情况，检查审核扫盲档案。深入基层单位，采取谈、访、测试等方式落实有关数据和情况。验收文盲考试以行政村为单位组织进行。县政府将验收情况作为乡（镇）年度综合评比的内容之一。

2001 年，同心扫除青壮年文盲工作通过了自治区人民政府的验收。验收结果：全县青壮年人口总数 172427 人，其中非文盲 158642 人，非文盲率为 92.0%，达到自治区规定的扫除青壮年文盲标准。

1991—2000 年同心县扫除文盲教育统计表

年份	扫盲班	参加扫盲人数	考核验收脱盲人数	扫盲教师	备注
1991	605	15425	11400	647	
1991	1243	9850	5600	1000	家庭联户识字班
1992	126	4800	3800	126	妇女扫盲班
1993	126	4500	3600	138	
1994	148	13960	9660	160	
1995	131	8900		160	
1996	131	3100	2918	160	
1997	131	3200		150	
1998	123	3300		150	
1999	683	30786		700	含妇女扫盲班
2000	316	6700	10543	1000	

四、农民实用技术培训

1991 年，全县农、林、水、牧、科委、教育及工、青、妇等部门和群众组织，共举办各类农村实用技术培训班 651 期，培训农民 43267 人次；举办各类专业技术培训班 12 期，发放科技资料 1000 份，培训初级技术员 600 人。"231"办公室、县科委印发了《关于对 1991 年扫科盲对象进行统一考试通知》，提出了扫科盲验收的标准、程序。

五、农村科盲脱盲标准

农村科盲脱盲的标准：学完扫科盲课本，考试合格，初步懂得现代日常生产和生活中最普通的科学知识；在所从事的生产经营活动中，掌握两门以上先进生产实用技术和管理知识；在耕作及主要生产环节和使用现代农机具及生活设施方面不发生大的失误、事故；经济效益和家庭收入有较大幅度的提高。

建立健全县、乡、村三级适用技术和科普教育网络；有健全的培训教育制度，并常抓不懈；青壮年文盲 90% 以上参加学习，其中 35% 以上取得合格证书；因地制宜地推广多项农业生产先进适用科技成果，覆盖面占应推广面积的 70% 以上；在移风易俗，精神文明建设方面有显著成效；科技兴农成绩显著，农业生产水平和农民生活水平有明显提高。

1991 年底，县政府开始对扫科盲工作进行验收。经过验收，为 2680 名合格学员发放脱科盲证书。

1992 年开始，要求每个乡镇都建立农民文化技术学校。为保证农民文化技术学校建设达标，县"231"办公室与窑山、韦州、预旺、羊路、城关、纪家、喊叫水 7 个乡镇政府，签订了"农民文化技术学校建筑合同"。县财政拨款 57850 元，扶持农民文化技术学校建设。农民文化技术学校校长由乡（镇）长担任，文化技术教师由乡镇教委副主任（学区校长）、农技、农经、林业、畜牧、水电、妇幼保健站、个体专业户、村干部担任。农民文化技术学校当年开办农村实用技术培训班 416 期，培训农民 13192 人次；举办回乡知识青年，村干部扫科盲班 296 期，培训知识青年、村干部 5319 人，经县级考核，有 2394 人脱科盲。

1993 年，全县办扫科盲班 93 个，7878 名学员学习农业技术，经验收合格 3720 人。1994 年 3 月 4 日，县"231"办印发了《关于适时组织科技人员下乡帮助农民抓好春耕生产通知》，科协、农业、畜牧、林业选派专业技术人员，协助农民文化技术学校举办各类培训班 488 期，印发技术资料 8200 份。推广甜菜、啤酒大麦生产、间套科学栽培；养兔、肉牛育肥、羔羊增产、黄牛改良、饲料配制、秸秆氨化、畜禽疾病防检、果树栽培等技术，19051 人参加培训，经考核 6047 人掌握了 1—2 项技术。

1995 年，县政府制定了《同心县农村教育综合改革实施意见》，提出建设好 18 个乡镇的农民文化技术学校，做到"六有"，即有领导班子、有教师队伍、有固定校舍、有必要的仪器设备、有实验实习基地、有可靠的经费来源。村级农民文化技术学校可利用 236 个行政村的小学举办培训班。县科协办班 40 期，印发资料 1600 份，培训农民 2000 人；农业局办班 96 期，培训农民 11350 人次；林业局办班 19 期，发放资料 6000 份，培训农民 3200 人次；畜牧局办班 90 期，印发资料 2000 份，培训农民 6000 人次；水利局、农建办举办抗旱蓄水培训班，帮助农民打水窖 11519 个。

1996 年，按照"宁夏实施'231 工程'暨科教扶贫教材"内容，推广了养牛、露地蔬菜栽培、节能日光温室蔬菜栽培、红富士苹果、梨、杏、葡萄栽培、地膜种植技术。"231"办转发《自治区农村扫科盲考核验收办法》，对全县 18000 名学员进行考核验收，为 6000 名合格者发放脱科盲证书。

1999—2000 年，在"两基"攻坚中，加强了农村文化技术学校的建设，全县共建立农民文化技术学校 214 所。其中乡镇办 19 所，行政村办 195 所，县教育、科技、农、林、牧、水、电、卫生、团、妇联协同，共办班 913 期，培训农民 23097 人，有 20000 农民掌握了 1—2 门实用技术。

"231 工程"实用技术培训及考核统计表

年份	办班数	培训内容	培训农民（人次）	考核合格人员	培训单位
1991	651	农村实用技术	43267	2680	农、林、畜牧、水利、科委、教育、工会、共青团、妇联
	12	各类技术初级工培训	600		农、林、畜牧、水利、科委、教育
1992	416		13192		
	296	回乡知识青年，村干部扫科盲班	5319	2394	农民文化技术学校
1993	93		7878	3720	
1994	488	甜菜、啤酒大麦生产、间套科学栽培；养兔、肉牛育肥、羔羊增产、黄牛改良、饲料配制、秸秆氨化、畜禽疾病防检、果树栽培	19051	6047	农、林、畜牧、科协、教育、农民文化技术学校
1995	40		2000		同心县科协
	96	甜菜、啤酒大麦生产科学栽培	11350		农业局
	19	果树栽培	3200		林业局
	90	养兔、肉牛育肥、羔羊增产、黄牛改良、饲料配制、秸秆氨化、畜禽疾病防检	6000		畜牧局
1996		养牛、露地蔬菜栽培、节能日光温室蔬菜栽培、红富士苹果、梨、杏、葡萄栽培、地膜种植	18000	6000	科协、畜牧、农业、农业技术推广等部门、各乡镇农民学校
1997		实用技术培训	980		
1998	36	露地蔬菜栽培、节能日光温室蔬菜栽培、套种、红富士苹果、梨、杏、葡萄栽培、地膜种植	1126		科协、农业、农业技术推广等部门
1999		实用技术培训	2100		农民文化技术学校
2000	128		2300	2100	教育、农、林、畜牧、水利、科委、共青团、妇联等
合计			136363		

第四节 ｜ 成人学历教育

一、函授教育

1958 年，同心县初级师范函授站成立，业务上由吴忠师范学校函授部领导。城关、喊叫水、新庄集、韦州、下马关、预旺、王团等 7 所完小配有 2—3 名辅导员，辅导检查函授生的学习。1960 年，全县有 376 名不及初师或中师毕业程度的教师（初师语文 92 人，中师语文 197 人，初师算术 87 人）参加函授。

1981 年，文教局指定专职工作人员一人，负责宁夏教育学院高师中文函授工作。教学管理及教学计划，均按教育学院函授部制订的有关规定和计划执行，文教局只在经费上予以安排和保证。1981 年至 1990 年底，80 人参加宁夏教育学院函授，43 人取得大专毕业证书。

二、卫星电视教育

1986 年，同心县开办宁夏卫星电视教育高等师范专科（简称高师）、中等师范专科（简称中师）教育。执行中国电视师范学院制定的教学计划。通过收看电视，进修教育计划规定的课程。高师学制为二年，为便于在职中学教师业余学习，高师课程三年播完，各专业总学时约为 1200课时。电视授课一般占计划学时数的 50%；中师学制为三年，为便于在职中学教师业余学习，中师课程四年播完，各专业总学时为 1500 课时左右，电视授课一般占计划学时数的 70% 左右。卫星电视高、中师学员坚持在职自学的原则，按教学计划的规定，参加试听、面授、实验、复习和考试。高师在宁夏教育学院办学，中师在吴忠师范办学。凡未达到中师毕业的小学教师和未达到高师专业毕业程度的中学教师以及教育行政干部，分别具有初、高中毕业及同等学力的文化程度，经任职学校或教育行政部门同意后报考。中师参加全区招生统一考试，高师参加全国成人高等院校招生统一考试，择优录取后成为正式学员。

中学教师学历达标教育共开设 11 个专业。主考院校为中国电视师范学院、宁夏教育学院、宁夏大学、宁夏农学院、固原师专。开办专业有汉语言文学、历史、数学、地理、体育、物理、化学、生物、英语、美术、音乐。宁夏教育转播频道转播了电视高师的各种授课节目。

为了支持教师的学习，建立了县城、韦州、马高庄 3 个地面卫星接收站。电教中心丁永吉负责组织教学工作。1990 年底，首批 147 名教师取得中师文凭。

1990 年，经成人高考，招收小学教师，参加学历达标教育。宁夏教育频道转播了各科授课节目。1995 年，共计毕业小学教师 146 人。

三、广播电视大学教育

宁夏广播电视大学同心工作站 1984 年成立，隶属于县教育科，业务上受区电大和银南电大领导。招收对象为 45 岁以下，工龄 3 年以上，具有高中毕业或相当于高中毕业水平的干部、职工、教师。1990 年，有专职管理人员 1 人，兼职教师 5 人，开设党政干部专科、汉语言文学、行政管理、法律、金融 5 个专科专业，每年招生 40 人左右。1998 年按照"注册视听"试点学校的通知，批准宁夏广播电视大学招收"注册视听"试点工作，同心招收法律专科注册视听学员 32 人。

2000 年 8 月，同心电大开始实施中央广播电视大学"人才培养模式改革和开放教育试点"项目。此项目是教育部"现代远程教育工程"的重要组成部分。教育局成立了工作领导小组，制定了《同心电大实施"中央电大人才培养模式改革和开放教育"项目方案》，对教师、管理人员、技术人员进行了培训。

开放教育每年招生两次，春季 2 月，秋季 8 月招生。报名者不参加全国统一考试，只参加由全区各市、县电大组织的入学测试。本科专业招收具有国民教育系列相同或相近专业高等专科（含专科）以上学历者。护理学本科专业招收对象仅限于护理学专科毕业、持有护士职业资格证书的在岗卫生技术人员。专科专业招收具有普通高中、职业高中、技术学校和中等专业学校毕业者（护理学和药学专业只招收中专毕业的在职、在岗并取得相关执业资格者入学）。学习形式主要是学习者利用文字教材、录音、录像教材等多种媒体教材和由计算机网络、卫星电视网络、电信网络有机结合的数字化、多媒体、交互式远程教学平台自主学习。学生可以在家里通过因特网和中央电大及各级电大远程教学平台随时点播和下载网上教学资源，利用网上直播、双向视频系统等网络交互手段，与同学、教师进行学习交流，也可以到教学点参加集中面授学习或参加小组学习。实行学分制，学籍八年内有效，学制两年半。学生毕业颁发国家承认的专科或本科学历毕业证书，教育部给予毕业证书电子注册。对达到授予学位标准并符合有关规定要求的本科毕业生，可授予合作院校的学位证书。

2001 年 12 月 13 日，"试点"工作通过了自治区教育厅中期评估。2006 年 6 月，教育部"人才培养模式改革和开放教育"试点总结性评估专家组，对同心的试点工作进行了总结性评估，认定同心县"试点"工作达到中央电大评估标准，评估等次为"良好"。开放教育开展以来至今，累计开设专业 15 个，其中本科专业 8 个，专科专业 8 个，累计招生 4353 人，累计毕业学生 3605 人。

四、西部地区百所县级电大援助计划

"西部地区百所县级电大援助计划"项目，是中央广播电视大学为贯彻实施西部大开发战略决策，改善西部地区县级电大办学条件而实施的援助项目。旨在提高县级电大教学现代化水平，推动电大远程开放教育向下延伸，为基层培养更多的应用型人才，推动"中央广播电视大学人才培养模式改革和开放教育试点"项目的不断发展。

2005 年，中央电大"百援"项目计划在同心实施。中央电大援助 20 万元，县人民政府配套资金 10 万元，完善了卫星地面接收设备及 VBI/IP；建起 100 兆校园网，10 兆切换到桌面，出口带宽 2 兆光纤，域名 http://tx.nxtvu.edu.cn；安装了中央电大教务管理系统和中央电大在线教学平台分校版；对同心教育信息网站进行了改版升级；链接区电大电子图书馆和数据库；重新装备了网络中心、计算机网络教室 2 个、多媒体视听教室 1 个、视频点播室 1 个、教师电子备课室、电子图书阅览室、综合办公室；配置有高性能的专用服务器、计算机、电视机、VCD 机、投影仪、投影屏幕、激光扫描仪、数码照相机、摄像机、数码一体机、答疑电话等教学设施；添置了新的办公桌椅，改善了办学条件。

五、高等教育自学考试

2000 年 6 月，经自治区高等教育自学考试办公室批准，在同心县设立高等教育自学考试考点，这是宁夏高等教育自学考试考点下移改革批准的第一个县级考点，是同心教育史上的第一次。当年开考小学教育、美术教育、汉语言文学 3 个专科专业，625 人参加考试。自学考试由县教育文化体育局组织实施，并设立专门机构负责自学考试工作。为做考试的组织工作，成立了同心县高等教育自学考试工作领导小组，教育文化体育局局长任组长，教育文化体育局主管副局长任副组长，成员由政府教育督导室、监察局、劳动人事局、招生办公室、学校校长等人员组成。领导小组下设考务组、宣传组、纪检组、试卷保管保密组、后勤组等职能小组。监考教师聘请小学教师，外地支教教师担任。考点设置在同心一小、二小。考点设主考 1 人，副主考 2 人。自治区自考办派巡视员临场监督。高等教育自学考试每年开考 3 次，每年 4 月份考试，在 4 月份第

3 个星期的星期六和星期日；7 月份考试，在 7 月份第 1 个星期的星期六和星期日；10 月份考试，在 10 月份最后 1 个星期的星期六和星期日。每次开考的专业、课程及考试、颁发单科合格证书的时间，由自治区自学考试委员办公室提前一年向社会公布。

2000 年至 2006 年，同心高等自学考试考点累计开设了小学教育、汉语言文学、法律、思想政治教育、英语教育、教育学、行政管理、会计学 8 个专、本科专业。共毕业专、本科学员 3670 人，其中专科毕业 886 人，本科毕业 2784 人。

六、高等教育自学考试烛光工程

2001 年，同心县开始实施全国高等教育自学考试指导委员会和中华慈善总会联合为我国西部农村培养面向 21 世纪小学教育教学工作带头人的自考烛光工程。33 名参加自学考试的生活困难小学教师受到资助，每人每年补助 300 元。烛光工程还资助 3 名女教师到天津协合商贸学院免费进修专科学历。为了解决农村教师居住分散，参加集中辅导路途远的困难，在自治区自考办的支持下，建立了 2 个 "自考烛光工程辅导站"。自治区自考办为辅导站挂牌，还配备了课桌凳、办公桌椅、书柜、沙发、电视机、VCD 机等办公和教学用品。辅导站建立了考勤、辅导、考绩、作业检查、入学注册登记等制度。辅导站聘请宁夏大学教师上辅导课，答疑解难，利用卫星地面接收站，收看中国教育卫星宽带多媒体教学资源，实现了网上教学辅导。学员每月集中活动 2 次，主要是检查作业，专题讨论，重点、难点分析，考前复习，交流学习心得等。经过 2 年的学习，受援助的教师都以优异的成绩，取得了专科或本科文凭。

第八章 ｜ 德 育

　　明、清时期，官学私塾施行"文、行、忠、信"四教，主要内容是儒家经典"四书""五经"，以及由他们提倡的"三纲""五常"封建伦理道德。民国时期，学校教育的主要内容是"三民主义"。各校一律以忠、孝、仁、爱、信、义、和、平"八德"为青年学生共同信守的准则，以礼、义、廉、耻为校训。中华人民共和国成立后，中小学思想政治教育始终处于重要地位。除了小学开设思想品德课，中学开设政治课之外，还根据各个时期党和国家的中心工作，结合学生的思想实际、年龄特点，通过党团组织、学生会、少先队等开展相应的活动，加强对中小学生进行马列主义、毛泽东思想教育，使中小学生逐步树立无产阶级世界观和人生观，具有共产主义道德品质和良好的行为习惯，成为有理想、有道德、有文化、有纪律，热爱社会主义祖国和社会主义事业的人才。党的十一届三中全会以来，主要对学生进行"四项基本原则"教育，开展了向雷锋学习的活动，"五讲四美"活动。进入 21 世纪，同心县大力开展理想信念教育，用中国特色社会主义理论和社会主义核心价值体系引导学生树立正确的世界观、人生观和价值观。县委、县政府研究决定，聘任县级领导、乡镇党（工）委书记、村党支部书记担任全县中小学校、幼儿园名誉校（园）长，聘任老干部担任中小学校、幼儿园思想政治辅导员，从经费投入、人力调配等方面落实有关保障措施。形成了各级党委、政府和教育部门重视，学校党支部、团支部、少先队、工会、关工委、班主任齐抓共管，家庭、社会共同参与的格局，构建中小学有效的德育工作体系。

第一节 | 德育管理

一、德育管理体制

中华人民共和国成立后，学校思想政治教育始终居于重要地位。小学开设思想品德课，中学政治课及其他学科进行教育外，还根据各个时期党和国家的中心任务，结合学生的思想实际、年龄特点，通过党团组织、学生会、班主任工作、少先队活动、课外校外活动和家长、社会共同对学生进行思想政治教育。

1978 年，党的十一届三中全会以来，同心县政府决定，管教育的副县长分管学校德育工作。教育局在局长统一领导下，一名副局长分管学校德育工作。学校恢复整顿了共青团、少先队、学生会等组织，加强了班主任工作，建立了思想政治教育工作制度。1986 年，召开了全县学校思想政治工作座谈会，评估了学校思想工作的成绩，明确了学校党支部的健全、政工人员的配备。1987 年，同心县教育科负责同志分别建立联系点，深入实际，分类指导，把教师的思想逐步稳定到教书育人上，杜绝了教商不分的不良倾向。

1991 年，根据 1998 年国家教委发布的《中小学校德育规程》，同心县中小学逐步建立起校长负责，党组织发挥政治核心作用，工会、共青团、少先队组织积极配合的德育工作领导管理体制。1993 年颁布的《中国教育改革与发展纲要》从宏观方面规定了各级行政部门和学校领导的责任、任务及管理体制。与此同时，国家教委颁布了《小学德育纲要》，这是新中国德育管理方面管理的第一个纲领性文件。1994 年，中共中央下发了《关于进一步加强和改进学校德育工作的通知》和《中学德育大纲》，成为学校、家庭、社会对中学生进行品德教育的基本依据。教育局制定了《关于进一步加强和改进中小学德育工作的意见》，强调校长负责德育，党支部发挥政治核心和监督保证作用。

进入 21 世纪，同心县切实把德育融入各级各类教育、融入学校、融入家庭和社会教育的各个方面。大力开展理想信念教育，用中国特色社会主义理论和社会主义核心价值体系引导学生树立正确的世界观、人生观和价值观，将德育教育渗透于学校工作的各个环节，构建中小学有效衔接的德育体系。

2004年3月，县委组织人员开展全县德育工作现状调研，明确教育行政部门主要领导对本地区青少年学生思想道德建设工作负总责，从经费投入、人力调配等方面落实有关保障措施。同时加强检查、督导、考评。把德育工作情况作为校长任用、教师晋级、先进评选及学校整体办学水平评估的重要依据。

2018年，县委印发了《关于聘任全县中小学校、幼儿园名誉校（园）长和思想政治辅导员的通知》（同党办发〔2018〕142号）。县委、县政府聘任27名县级领导、12名乡镇党（工）委书记、90名村党支部书记担任全县中小学校、幼儿园名誉校（园）长，聘任37名老干部担任中小学校、幼儿园思想政治辅导员。

二、德育队伍

（一）发展历程

1936年，中国共产党领导的工农红军西征解放了预旺县，马列主义、中国共产党的抗日救国思想在同心传播。红军在下马关、羊路创办的"列宁小学"，对学生进行共产主义思想教育，革命斗争教育。1940年，中共党员孟长有在海如小学，传播马列主义，积极开展各种抗日救亡宣传活动。在课堂上，揭露国民党的腐败政治，课余时间教唱《东北流亡曲》《义勇军进行曲》《满江红》等歌曲，组织学生利用文艺节目等形式，在喊叫水地区宣传抗日救国思想。1940年由于叛徒出卖，孟长有被捕，但抗日爱国思想已深入人心，革命歌曲继续流行。

1963年，学校开展讲"三史"（即村史、厂史、家史）活动，请老工人、老贫农、老干部作忆苦思甜的报告，中学生搞社会调查。1990年教育局成立党委，中共党支部发展到40个，党员发展到662名；团支部134个，共青团员1863名。

20世纪90年代至今，同心县按照中小学德育工作的管理体制要求，一是建立德育教育工作队伍。德育队伍包括由校长、主管德育工作的副校长、政教处、年级组长、班主任组成的德育行政系统，负责德育日常管理工作；二是在党的领导下，由共青团、少先队和学生会组成的党群系统，配合学校，通过开展形式多样的活动教育学生；三是驻校法制副校长和辅导员，聘请的校外辅导员，家长及其他社会教育力量。在校内思想品德课和思想政治课教师、班主任、共青团干部、少先队辅导员是德育骨干力量。

（二）班主任

1988 年，同心县遵照国家教委发布的《中小学班主任工作暂行规定》（试行），在中小学班主任的配置与管理方面，严格按照班主任配置标准与要求，精心选拔教育教学经验丰富，工作能力、责任心强的教师担任班主任。鼓励优秀骨干教师积极主动承担班主任工作。适当安排一批年轻教师、新教师担任班主任，形成比较合理的班主任队伍结构。

2009 年，同心县教育文化体育局印发了《同心县班主任队伍建设工程管理考核办法》，对班主任评选、表彰作出了具体的规定。2012 年教育局印发了《关于开展师德师风建设标兵和模范班主任活动的指导意见》，明确了模范班主任遴选标准。2013 年，教育局党委在《关于加强和改进中小学党的建设和思想政治工作的意见》中提出：切实加强德育工作者队伍建设，积极配备心理辅导教师。中小学在配备班主任的基础上，可以配备副班主任。

2015 年，县委、县政府要求全县中小学进一步加强思想政治课任教教师和班主任队伍建设，注重选拔师德高尚、业务精湛、工作富有责任心的教师担任班主任工作。竭力提高班主任的地位和待遇，完善班主任奖励制度，建立班主任工作科学评价体系，每年表彰的优秀教师中班主任比例不低于 30%。

（三）团队干部

1991 年 5 月，教育局与团县委联合印发了《关于教育系统团队组织机构设置及干部配备的意见》。根据意见精神，成立了教育局团委、县直中学成立团委，乡镇中学成立团支部；乡镇教委、县直小学设立少先队总队，直属小学各年级，其他各完小设立少先队大队。县直中小学成立了政教处，配齐了专、兼职政教主任、团队干部。此后，中小学按照这个标准配置团队干部。

（四）法制副校长

2000 年 4 月，根据同心县社会治安综合治理委员会印发的《关于中小学校聘用政法干警担任法制副校长工作的实施意见》精神，教育局从公安局、法院、司法局等部门聘请 13 名政治素质高、业务能力强，具有一定法律专业知识的骨干民警担任县城中小学、教师进修学校法制副校长，并制订了《同心县法制副校长工作制度》。

2002 年 11 月，教育文化体育局聘请 12 位公安、检察、法院、司法部门的干部担任县直中小学法制副校长。

2008 年 4 月，同心县综治办、依法治县领导小组、教文体局联合召开同心县中小学法制副校长暨安全工作会议，并为聘请的 23 名法制副校长颁发了聘书。

2014 年，教育局为全县 108 所中小学（园）选聘了法制副校长。

2021年，同心县实施立德树人工程，组建了"名誉校长＋党组织书记""老干部＋思政辅导员""思政课教师＋学科教师"三支思想政治教师队伍。

（五）家长学校

1993年，韦州女小（今韦州红星小学）创建全县第一个"家长学校"。1996年9月，同心一小被全国妇联、国家教委评为全国家庭教育工作优秀家长学校。2008年，实验小学先后被教育厅、吴忠市、同心县政府授予"关心下一代先进集体"。2010年5月，同心中学、第二中学、回民中学（今同心三中）、海如女中（今同心四中）、二小、实验小学被教育厅、自治区妇联命名为自治区示范家长学校；三小、五小、石狮管委会惠安小学、丁塘镇中心小学、河西中心小学被命名为自治区家庭教育指导中心；马高庄乡九年制学校、王团联合完小、预旺中心学校、韦州中心学校、张家塬中心学校命名为自治区农村留守流动儿童示范家长学校；同心县被命名为自治区家庭教育工作示范县。到2022年底，全县中心小学以上及中学全部开办家长学校。

（六）名誉校长

2018年，县委印发了《关于聘任全县中小学校、幼儿园名誉校（园）长和思想政治辅导员的通知》，聘任县级领导为名誉校（园）长，名单见下表：

同心县中小学、幼儿园聘任县级领导为名誉校（园）长名单

学校		名誉校长		校长
学校名称	学生数	姓名	职务	
同心中学	2583	马洪海	吴忠市委常委、县委书记	冯庆科
回民中学（今同心三中）	1667	丁 炜	县委副书记、县人民政府县长	马学德
豫海中学	2809	王自成	县人大常委会主任	陈树军
职业技术学校	459	田成川	县政协主席	白明江
第二中学	2530	郭耀峰	县委副书记、政法委书记	金 平
海如女中（今同心四中）	3245	马 进	县委常委、统战部部长	杨永祥
第五中学	2336	丁 俊	县委常委、政府常务副县长	杨永祯
豫海初级中学	1379	牛进宏	县委常委、武装部部长	马成贵
思源实验学校	1604	杨学礼	县委常委、宣传部部长	马玉生
第三中学（今预旺镇中学）	757	王 钧	县委常委、纪委书记、监委主任	马如云
下马关镇中学	1742	马久麟	县委常委、组织部部长	白小军
王团镇中学	2281	张 媛	县委常委	苏海科
河西镇中学	740	周启诚	县人大常委会副主任	周治国
韦州镇中学	1199	杨 森	县人大常委会副主任	王学军
丁塘镇中学	624	陈宁雅	县人大常委会副主任、县总工会主席	马列剑

（续表）

学校名称	学生数	姓名	职务	校长
同心一小	2716	倪秉武	县人大常委会副主任	金宪英
同心二小	2174	康 峰	县人民政府副县长	丁学东
实验小学	1757	马俊文	县人民政府副县长	马秉山
南安实验小学	1346	杨晓娟	县人民政府副县长	黑立才
第八小学	1456	马千里	县人民政府副县长	丁学东
特殊教育学校	152	田梅音	县政协副主席	马德林
豫海镇第三小学	260	马成海	县政协副主席	白 荣
豫海镇第四小学	1318	马宗新	县政协副主席	康国荣
豫海镇第五小学	1285	母连山	县人民法院院长	张 剑
第一幼儿园	622	马万清	县人民检察院检察长	黑学红
第二幼儿园	463	马 涛	同心工业园区党工委副书记、管委会主任	金小燕
豫海镇中心学校	497	马少伟	豫海镇党委书记	丁海涛
丁塘镇中心学校	2977	周宪珑	丁塘镇党委书记	马俊峰
河西镇中心学校	5187	马文义	河西镇党委书记	马兴学
王团镇中心学校	4906	周学军	王团镇党委书记	李宗英
预旺镇中心学校	1264	王新海	预旺镇党委书记	冶正义
下马关镇中心学校	3681	董占平	下马关镇党委书记	咸双林
韦州镇中心学校	2374	周 华	韦州镇党委书记	苏润军
马高庄乡中心学校	460	马立军	马高庄乡党委书记	王建林
张家塬乡中心学校	76	周会玲	张家塬乡党委书记	罗玉贤
田老庄乡中心学校	187	苏泽云	田老庄乡党委书记	杨泽民
兴隆乡中心学校	3413	马海军	兴隆乡党委书记	李文堂
石狮管委会中心学校	744	杨 辉	石狮管委会工委书记	杨廷贵

同心县中小学、幼儿园聘任村党支部书记为名誉校长名单

乡镇	联系学校		名誉校长		负责人
	学校名称	学生数	姓名	职务	校长
豫海镇（2所）	豫海镇石岗小学	181	李耀贵	兴隆村党支部书记	周建设
	张套小学	316	李耀贵	兴隆村党支部书记	马宝荣
丁塘镇（14所）	丁塘中心完小	483	杨兴虎	丁塘村党支部书记	马彦红
	长沟完全小学	177	马宗鹏	长沟村党支部书记	杨学吉
	李岗完全小学	102	李新生	李岗村党支部书记	杨静珍
	窑岗完全小学	136	锁成贵	窑岗村党支部书记	丁旭东
	河草沟完全小学	306	马 忠	河草沟村党支部书记	马晓才
	新庄完全小学	243	陈金林	新庄村党支部书记	杨正英
	张滩完全小学	234	李富贵	张滩村党支部书记	李 福
	南阳完全小学	264	杨军山	南阳村党支部书记	马 明
	吴河湾完全小学	264	吴德宾	吴河村党支部书记	石光祖
	小山完全小学	170	马伏成	小山村党支部书记	李宁波

（续表）

	学校		姓名		姓名
丁塘镇（14所）	甘湾沟完全小学	138	杨自云	甘湾沟村党支部书记	丁海军
	湾段头希望完全小学	135	丁建国	湾段头村党支部书记	余生成
	纪家一贯制学校	566	田金福	纪家村党支部书记	马克林
	红旗完全小学	270	李永明	红旗村党支部书记	石彦忠
河西镇（19所）	河西中心完小	422	杨龙	石坝村党支部书记	张国平
	杨河套子完全小学	130	马廷林	杨河套子村党支部书记	马怀曾
	建新完全小学	323	王东云	建新村党支部书记	杨学文
	新华完全小学	176	马林	新华村党支部书记	马昭
	桃山完全小学	190	周冬红	桃山村党支部书记	金录明
	艾家湾完全小学	196	杨健全	艾家湾村党支部书记	周海霞
	马家河湾完全小学	175	杨安辉	马家河湾村党支部书记	马峻海
	大洪沟完全小学	275	马玉虎	大洪沟村党支部书记	杨昭
	鸭嘴完全小学	179	周启英	鸭嘴村党支部书记	黑晓辉
	朝阳完全小学	96	贺学钊	朝阳村党支部书记	马波
	安溪同德移民学校	481	王志华	同德村驻村第一书记	杨龙
	下河湾完全小学	314	周金成	下河湾村党支部书记	周丽萍
	春蕾学校	286	魏娟	李沿子村驻村第一书记	马宗统
	李沿子完全小学	172	魏娟	李沿子村驻村第一书记	周立勇
	同富村完全小学	313	纪明成	同富村党支部书记	王治国
	菊花台完全小学	415	顾玉良	菊花台村党总支记	贺学宗
	旱天岭完全小学	175	丁建华	旱天岭村党总支书记	丁龙
	王团中心完小	1311	王彦瑞	王团村党支部书记	王正虎
	联合完全小学	435	罗正国	联合村党支部书记	李宗军
王团镇（12所）	罗河湾玉湖完全小学	344	马义祥	罗河湾村党支部书记	丁元栋
	倒墩子完全小学	373	王彦钰	倒墩子村党支部书记	马彦明
	沟南完全小学	425	马俊明	沟南村党支部书记	买耀玺
	东滩完全小学	66	李存明	东滩村党支部书记	马全平
	前红奕龙希望小学	350	杨彦山	前红村党支部副书记	李宗发
	虎家湾完全小学	132	虎旭东	虎家湾村党支部书记	虎旭东
	张家湾立邦希望小学	274	买廷忠	张家湾村党支部书记	杨彦礼
	新堡完全小学	219	马俊	新堡村党支部书记	杨文斌
	羊路完全小学	182	杨文武	羊路村党支部书记	罗风科
	圆枣完全小学	237	马麒麟	圆枣村党支部书记	马勇裁
	吊堡完全小学	257	马应鹏	吊堡子村党支部书记	李小俊
	李庄小学	40	李存录	李庄村党支部书记	罗进财
预旺镇（5所）	预旺中心完小	948	杨吉林	北关村党支部书记	白福朝
	郭阳洼完全小学	57	余建云	郭阳洼村党支部书记	沙鹏
	土峰完全小学	45	虎正云	土峰村党支部书记	赵静
	北塬完全小学	132	罗忠华	北塬村党支部书记	马彦龙
	南塬完全小学	49	陈志刚	南塬村党支部书记	张兆剑

（续表）

	红城水学校	103	马光红	红城水村党支部书记	赵西贤
	下马关中心完小	783	顾占才	南关村党支部书记	锁国俊
	下马关镇第二小学	633	锁忠贵	西关村党支部书记	杨 林
	陈儿庄完全小学	133	倪秉荣	陈儿庄村党支部书记	贺文超
	魏儿庄完全小学	51	薛启智	魏儿庄村村委会主任	蔡 毅
下马关镇（12所）	王古窑完全小学	109	马立新	王古窑村党支部书记	康福军
	平远完全小学	324	勉维岐	平远村党支部书记	马步堂
	南安完全小学	381	锁亚明	南安村党支部书记	周进仓
	三山井完全小学	136	周长安	三山井村党支部书记	陈显龙
	新园完全小学	480	买金云	新园村党支部书记	买金锋
	田园完全小学	391	杜洪福	田园村党支部书记	杨亚山
	张家树完全小学	49	计永波	张家树村村委会主任	张兴永
	韦州中心完小	1070	苏 军	韦二村党支部书记	苏志理
	女子完全小学	714	苏伏强	韦一村党支部书记	杨彦林
韦州镇（5所）	庆华完全小学	293	金义刚	庆华村党支部书记	马绍和
	旧庄完全小学	128	张生辉	旧庄村党支部书记	张生怀
	甘沟完全小学	152	张 伟	甘沟村党支部书记	张永升
	马高庄中心完小	46	锁成山	马高庄村党支部书记	张治财
	邱渠完小	153	丁生礼	邱渠村党支部书记	柴燕丽
马高庄乡（5所）	何渠完小	29	何建中	何渠村党支部书记	郭 佳
	乔湾小学	113	李彦祥	乔家村党支部书记	马 兰
	赵家树小学	172	赵永忠	赵家树党支部书记	宋立静
	张家塬中心完小	17	王志升	张家塬村驻村第一书记	马瑞文
张家塬乡（3所）	汪家塬小学	5	张树森	汪家塬村党支部书记	张树铜
	犁铧嘴小学	43	刘永虎	犁铧嘴村第一书记	马应伟
	田老庄中心完小	33	马英忠	石塘岭村党支部书记	马自平
田老庄乡（4所）	五道岭完小	2	王有彪	五道岭子村党支部书记	马自伏
	深沟完小	109	马进江	深沟村党支部书记	杨正兴
	李家山小学	9	李克平	李家山村党支部书记	杨宗保
	李堡小学	432	李小军	李堡村党支部书记	李 鋆
兴隆乡（3所）	新生小学	156	王彦仁	新生村党支部书记	田玉学
	王大套小学	95	杨进伏	王大套村党支部书记	马彦强
	石狮惠安小学	580	金学珍	惠安村党支部书记	马 福
	砚台完全小学	525	马如其	砚台村党支部书记	马 武
	沙嘴城完全小学	509	杨百秀	沙嘴城村党支部书记	杨 舫
石狮管委会（8所）	黑套完全小学	264	杨学军	黑套村党支部书记	张汉喜
	闽宁完全小学	309	王彦虎	黄石村党支部书记	马 龙
	沙沿完全小学	185	马文祥	沙沿村党支部书记	马 平
	惠安兴隆完全小学	502	杨登海	惠安村党支部书记	杨发贵
	满春小学	287	李应平	满春村党支部书记	马应孝

同心县中小学校聘任老干部为校外辅导员名单

学校名称	校外辅导员		学校负责人
	姓名	职务	校长
同心中学	马振福	政协原副主席	冯庆科
回民中学（今同心三中）	杨志宇	县纪委原副书记	马学德
豫海中学	杨文元	政府办原副调研员	陈树军
职业技术学校	金忠华	县委组织部原组织员	白明江
第二中学	马成龙	原同心县林业局党组书记	金 平
海如女中（现第四中学）	马希伟	原土地局局长	杨永祥
石狮中学	周光辉	同心县公安局原副局长	杨 波
第五中学	拜孝忠	石狮镇管委会原主任	杨永祯
豫海初级中学	杨成斌	进修学校原副校长	马成贵
思源实验学校	杨立春	同心县财政局原副主任科员	马玉生
特殊教育学校	纪明轩	同心县档案局原局长	马德林
第一小学	马希秀	原水利局设计室主任	金宪英
第二小学	马佩福	原羊路乡书记	丁学东
实验小学	康泽林	政协经济与科技委员会原主任	马秉山
第八小学	赵永喜	统计局原局长	丁学东
豫海镇第三小学	杨 军	县编办原副主任	白 荣
豫海镇第四小学	马占珍	党校原校长、发改局主任科员	康国荣
豫海镇第五小学	马如祥	王团镇原副书记	张 剑
南安实验小学	张学贵	信访局原局长	黑立才
丁镇塘镇中学	马新仁	原卫生局党委书记	马列剑
河西镇中学	周晓燕	原王团镇党委书记	周志国
王团镇中学	金振庭	原纪委纠风办主任	苏海科
第三中学（今预旺镇中学）	马自锦	老干部局原副局长	马如云
下马关中学	丁生福	原体委主任	白小军
韦州中学	买吉祥	宗教局原副局长	王学军
豫海中心学校	马效龙	文联原主席	丁海涛
丁塘中心学校	杨 震	丁塘镇中心学校原教师	马峻峰
河西中心学校	张学良	原卫生局党委书记	马兴学
王团中心学校	纪永福	同心县公安局原副科级所长	李宗英
预旺中心学校	罗忠宝	预旺镇原人大主席	冶正义
下马关中心学校	金陆学	同心县气象局原局长	咸双林
韦州中心学校	王希财	河西镇中学原教师	苏润军
马高庄中心学校	白占元	石狮镇中心学校原教师	王建林
张家塬中心学校	苏吉才	国土资源局原副主任科员	罗玉贤
田老庄中心学校	马俊其	同心四中原教师	杨泽民
石狮中心学校	杨彦华	司法局原局长	杨廷贵
兴隆中心学校	马玉吉	地震局原局长	李文堂

第二节 | 德育课程

明、清时期，官学私塾，实施"文、行、忠、信"四教，主要内容是儒家经典"四书""五经"，以及由他们提倡的"三纲""五常"封建伦理道德。教育方法上，崇尚书本，呆读硬记，对学生实行棍棒教育。

民国前期，学校教育的主要内容是"三民主义"。民国28年（1939），民国政府教育部通令：各校一律以忠、孝、仁、爱、信、义、和、平"八德"为青年学生共同信守的准则，以礼、义、廉、耻为校训。是年，教育部颁布的《训育纲要》规定：在青年学生中树立的道德概念是"亲慈子孝，兄友弟恭，夫妇和顺，乡里和睦"，"格物、致知、正心、诚意、修身、齐家、治国、平天下"。

国民党统治时期，还强迫各级学校推行"党化教育"，主要内容就是防共、反共。1940年国民党设立"特种教育"，成立了特教巡回讲学团，赴各校进行反共宣讲，尤其是对靠近红区的下马关、韦州等地学校，更是加紧了宣传，控制师生的思想行为。同时，在教师中发展国民党员和三青团员，在完小建立了"三民主义青年团"组织，监视师生的爱国行动，曾遭到师生的反对。民国35年（1946），马鸿逵派保安司令部官兵子弟学校毕业的同心籍学员13人，到同心各中心小学、国民学校任校长、教员，向学生施以军事训练，灌输反共思想。1948年，国民党宁夏省政府令自本年度第二学期，各级学校一律施以体育童子军课程。同心城、韦州、下马关等学校建立了童子军。童子军规定"八德"为训练的最高原则。童子军的训练特别强调纪律，违纪者给以体罚、禁闭等惩处，严重摧残青少年身心，毒化思想意识，灌输封建道德观念。国民党统治时期对学生的教育，主要是开设公民课、童子军课和每周星期一的"纪念周"活动进行。

1949年，小学高年级设政治课程。

1956年，初中开设政治课。1958年将政治课改为社会主义教育课。

1963年，为贯彻教育部《全日制中学教学计划（草案）》，初、高中政治课按年级依次设为道德品质教育、社会发展史、中国革命和建设、辩证唯物主义常识，时事政策安排到政治课的总时数内，按四分之一时数的比例讲授。

1964 年，高中取消政治课，改学《毛泽东著作》。

1973 年，高中开设政治课。

1981 年，初中政治课讲授内容按年级分设：初一设青少年修养、初二设法律常识、初三设社会发展简史、高中政治课开设政治经济学与辩证唯物主义。

1985 年，中共中央发出《关于改革学校思想品德和政治理论课程教学的通知》，初中阶段，加强学生社会主义道德、民主法制和纪律教育；在高中阶段，使学生学习、掌握马克思主义经济学、社会科学理论常识，学会运用马克思主义的立场、观点和方法分析、观察社会现象，树立为共产主义事业勤奋学习并勇于献身的远大理想。

1991—1996 年，同心县所有小学各年级开设思想品德课，每周 1 课时。初中、高中各年级开设思想政治课，每周 2 课时。

1997 年 4 月，国家教委编制并颁发了《九年义务教育小学思想品德课和初中思想政治课程标准（试行）》，"课程标准"取代了原来的"教学大纲"。7 月，自治区教委发出《关于中小学"三五"普法教育教材使用有关问题的通知》，《通知》指出，法制教育是学生的必修课。使用经自治区教委中小学教材审查委员会审定的普法教材。8 月 5 日，自治区教委下发了《关于认真订购中小学"三五"普法教材的通知》，《通知》要求利用教材对学生进行普法教育。

2002 年 5 月，执行《全日制义务教育品德与生活课程标准（实验稿）》和《全日制义务教育品德与社会课程标准（实验稿）》，小学低年级开设"品德与生活"课，小学中高年级开设"品德与社会"课，初中开设"思想品德"课。

2003—2005 年，同心县小学与初中分批开始使用新的思想品德教材。2003 年 5 月，按照教育部、新闻出版总署《关于做好〈中华传统美德格言〉读本宣传发行工作的通知》，教育部办公厅印发的《中小学生预防艾滋病专题教育大纲》《中小学生毒品预防专题教育大纲》《中小学生环境教育专题教育大纲》精神，从 2003 年春季开学起，全县中小学开设预防艾滋病、毒品预防和环境教育三项教育专题课。

2004 年，按照《普通高级中学思想政治课程标准（实验稿）》，全县高中统一使用人民教育出版社出版的思想政治课教材。

2007 年秋季开始，普通高中使用按照高中思想政治课程标准编写的新教材，每周 2 课时，分为必修与选修两部分。

2020 年，同心县文明办、同心县教育局联合印发了《同心县 2020 年未成年人思想道德建设方案》，提出以立德树人为工作目标，以培育和践行社会主义核心价值观为根本，坚持稳中求进工作总基调，不断健全学校、家庭、社会"三位一体"教育网络，努力培育德智体美劳全面发展的社会主义建设者和接班人，为建设"美丽同心"做贡献。

第三节 | 教育活动

一、国民公德教育

中华人民共和国成立后，对小学生进行爱祖国、爱人民、爱劳动、爱科学、爱护公共财物五项国民公德教育。1955 年开始贯彻《小学生守则》20 条。1957 年，在学校开展劳动教育和纪律教育。1959—1962 年，对学生进行阶级教育。

二、"向雷锋同志学习"

1963 年 3 月 5 日，毛泽东主席发出"向雷锋同志学习"的号召，全县中小学积极响应，广泛、深入、持久地开展了学雷锋活动。1978 年以后，向雷锋学习的活动又在全县中小学校开展起来，全县各级各类学校都组织了学雷锋小组，为学校、班级、军烈属、五保户做好事，形成了热爱集体、助人为乐、拾金不昧的好风气。1991 年，中小学按照国家教委《关于在中小学进一步开展爱国主义教育活动的意见的通知》，对中小学生进行"两史一情"教育（中国近代史、中国现代史和中国国情）。少先队开展了"学赖宁、做赖宁式的好孩子"主题教育活动。同心一小开展的"红领巾助残活动"，被全国少工委、中国残联、中国妇联评为"红领巾助残活动先进集体"，韦州女小（今红星小学）少先队被评为自治区学赖宁先进中队。1992 年 6 月，教育局按照国家教委、共青团中央《关于在全国中小学深入开展学雷锋活动的通知》，每年"3•5"雷锋纪念日期间，全县中小学都要开展各种形式的学习活动。同心一小被国家教委、团中央、文化部、国家新闻出版署授予"全国红领巾读书读报奖章活动先进集体"称号。2008 年 5 月，开展向汶川地震灾区捐款活动中，全县各学校以第一时间师生向灾区捐款 4 万余元，被吴忠市委授予"抗震救灾先进基层党组织"。

全县中小学还把学雷锋活动与"日行一善"教育实践活动结合起来。开展"日行一善"教育实践活动，引导学生人人争做"美德少年"，并将此作为评选"优秀干部（班干部、团队）"和"三好学生"的重要依据。

三、"五讲四美""三热爱"活动

1980年9月起，全县中小学学校开展了"五讲四美（讲文明、讲礼貌、讲卫生、讲秩序、讲道德；心灵美、语言美、行为美、环境美）活动。1981年11月，各校遵照教育部、公安部及团中央指示，开展了"读书读报"等健康有益的活动丰富少年精神生活。

1982年，中共中央转发《深入持久地开展"五讲四美"活动，争取社会主义精神文明建设新胜利》并发出通知，规定每年3月为全民"文明礼貌月"。文教局转发了区教育局《关于学校进一步开展"五讲四美"活动的通知》，各校开展了"红领巾卫生月""文明监督岗""文明班（室）""文明宿舍""尊师礼"等活动。同心一小、一幼、甘沟小学被同心县委、银南地委分别命名为"文明学校"。2007年，全县中小学重点抓学生文明礼仪教育，按照新修订后的《中小学生守则》《小学生日常行为规范（修订）》《中学生日常行为规范（修订）》要求，开展增强守法、守规、守纪的教育。

四、中小学劳动教育

（一）小学劳动教育

1992年以前，小学劳动课执行教育部颁发的《全日制小学劳动课教学大纲》，5年制小学四五年级每周1节劳动课。1992年义务教育全日制小学"六•三"学制的教学计划，将劳动课的设置从原来的四年级开始提前到三年级，仍为每周1节。2001年，小学执行九年义务教育课程标准，从3年级起，每周安排1节劳动课。

（二）中学劳动教育

1992年，全县中学根据国家教委颁布《九年义务教育全日制初级中学劳动技术课教学大纲》要求，将劳动技术课程列入课程表，初一每周1节，初二、初三每周安排2节，并配备劳动课程教师。1993年，完全中学初中部和初级中学，每周安排2节劳动技术课。

五、爱国主义教育

1993 年，为纪念毛泽东诞辰 100 周年，教育局组织全县中小学生收看《纪念毛泽东专题片》，举办了毛泽东诗词朗诵会、纪念毛泽东诞辰 100 周年文艺汇演、"一代伟人——毛泽东"图片展。1994 年，《爱国主义教育实施纲要》和《中共中央关于进一步加强和改进学校德育工作的若干意见的通知》下发以后，同心县中小学普遍开展了读百本爱国主义教育图书，唱百首爱国主义歌曲，看百部爱国主义影片等系列教育活动。全县中小学校组织开展"祖国在我心中""我为祖国添光彩""爱祖国、爱老师"歌咏比赛；"祖国在我心中"文艺汇演等活动，对学生进行爱国主义教育。

1995 年，在纪念抗日战争和世界反法西斯战争胜利 50 周年之际，全县中小学开展"四百"（读百本好书、看百部优秀影片、唱百首爱国主义歌曲、背百首爱国主义诗词）活动。对照《中学生日常行为规范》《中小学生礼仪规范》《小学生礼仪常规细则》《小学生一日行为规范》《礼仪示范班的标准》要求，举办中小学生日常行为规范知识竞赛、学规范演讲，开展评选礼仪标兵、礼仪班级等活动，培养学生良好的行为习惯。

1996 年，全县中小学贯彻《国旗法》，统一建筑升旗台，做到升旗制度规范、礼仪规范、奏乐规范、国旗下讲话规范。教育局举办了大型"迎香港回归祖国文艺演唱比赛""迎接香港回归师生书法绘画比赛"活动。

1997 年，全县中小学开展爱国主义、集体主义、人生观、世界观、价值观教育活动。少先队组织开展"达标""手拉手""文明礼貌"讲演比赛、"我劝妹妹去上学"等活动。同心一小获"全区少先队红旗大队"称号。

1999 年，教育局在全县中小学开展以"辉煌五十年"和"迎接澳门回归"为主要内容的主题读书活动。开展了以读一本好书、观看一部优秀影片、召开一场主题报告会、写好一篇心得体会、做一件好事等为内容的"五个一"活动；开展"迎国庆、庆回归"优秀征文比赛活动。共征集征文 3000 篇。

2000 年，全县教育系统开展"五爱""三德""三观"和日常行为规范教育活动。

2003 年，教育局举办以"在十六大精神指引下茁壮成长"为主题的征文比赛，少先队组织实施《中国少年雏鹰行动实施细则》，以"星星火炬代代相传"迎接新世纪为主题，开展了"歌唱祖国""五自"学习实践等活动。

2006 年，中小学开展学习胡锦涛总书记提出的"八荣八耻"为主要内容的"社会主义荣辱观教育"和"弘扬优良传统，树立良好形象"等教育活动。

2016 年，全县中小学开展了"两学一做"学习教育暨纪念建党 95 周年活动，红军长征胜利

80 周年知识竞赛活动。涌现出一批优秀德育工作集体和先进个人，同心回民中学（今同心三中）等 4 所学校被评为吴忠市德育工作先进集体，4 名教师获吴忠市先进德育工作者，15 名教师获吴忠市优秀班主任，30 名学生获吴忠市"三好"学生。

2018 年，全县中小学开展习近平新时代中国特色社会主义思想进教材、进课堂、进头脑的宣讲教育活动。

2019 年，全县各中小学开展清明祭英烈、我和我的祖国快闪、18 岁成人礼、纪念"五四运动"100 周年等活动。我和我的祖国快闪登上学习强国平台，人民网以《宁夏同心：讲好开学第一课爱国教育永传承》为题进行了报道。

2020 年，教育局印发《关于上好 2019—2020 学年度第二学期全县中小学思想政治教育"开学第一课"的实施方案》，全县党政领导、思想政治教育辅导员通过线上直播、线下分散教学等形式，讲好在党的领导下，集中力量办大事为何"能"、怎样"行"、好在哪里的故事的制度优势，教育学生感党恩、听党话、跟党走。

2021 年，全县中小学举办青少年"学党史、知党史、讲党史"红色经典诵读大赛等庆祝建党 100 周年系列活动 860 余场次，参与青少年达 6 万余人次。全区首批红领巾示范县、少先队名师工作室挂牌成立，开展少先队政治化建设，形成县委领导下的"团县委＋教育团工委＋学校少工委"的工作格局。

2022 年，全县中小学充分发挥课堂教学的主渠道作用，优化课程资源，开发爱国主义教育微课、微视频等在线课程，培育选树一批"学科育人示范课程"，把爱国主义教育融入党日团日、主题班队会、"升国旗、唱国歌"等各类主题教育活动。

六、禁毒预防教育

（一）禁毒预防教育

1991 年 5 月 18 日，教育局转发了国家教委《关于在大中小学中进行禁毒教育的意见》，要求中小学向中小学生进行毒品危害、中国人民反毒品斗争史以及相关的法律知识教育。

2001 年，全县中小学学习贯彻《中华人民共和国未成年人保护法》和《中华人民共和国预防未成年人犯罪法》，中小学广泛开展告别"三厅"（电子游戏厅、歌舞厅、录像厅）、"拒绝毒品""远离赌博"宣传教育活动。

2002 年，教育文化体育局成立了毒品预防教育工作领导小组，制订了教文体系统开展毒品预防教育工作实施方案。全县中小学开展了"禁毒知识"讲座，组织万名学生上街进行毒品预防宣传和远离毒品签名活动。

2005年，县公安局缉毒大队开办了"远离毒品教育"图片展览，开展了"珍惜生命，远离毒品"千人签名活动，组织学生参加公判会，观看法制教育影片，印发法制教育宣传手册，向全体学生发出了"远离毒品、珍爱生命"的倡议。

2008年3月，教育局成立了教育系统创建"无毒单位""无毒学校"工作领导小组。全县中小学举办禁毒知识讲座、组织学生观看禁毒展板、参观戒毒所、举办毒品残害性命，危害家庭，危害社会的违法犯罪典型事实报告会，增强青少年禁毒意识和抵制毒品侵害的能力。

2008年3月30—31日，县综治委、禁毒委举办全县综治禁毒"平安杯"知识竞赛活动，教文体局代表队荣获团体"一等奖"，二中、一小荣获"优胜奖"，石狮职业中学荣获"组织奖"，教文体局获优秀组织奖，并被评为全县毒品整治工作先进集体。

2013年6月，在第26个国际禁毒日来临之际，教育局协同公安局缉毒大队在韦州中学举行2013年禁毒宣传月启动仪式。

2014年，按照《中小学毒品预防专题教育大纲》的要求，小学5—6年级每学期安排毒品预防专题教育4课时，初中每学期安排毒品预防专题教育内容6课时，高中每学期安排毒品预防专题教育内容4课时，邀请法制副校长对学生进行禁毒知识教育，让学生了解毒品的危害、预防毒品的基本知识及禁毒政策与法律法规。

2015年，同心成立禁毒志愿服务队，500名学生加入禁毒志愿者行列，深入社区、街道开展禁毒宣传活动。

2016年，全县中小学开展了禁毒书画、手抄报、演讲、知识竞赛、"十佳禁毒宣传教师"、"十佳禁毒宣传教育学校"评比等系列活动。同心回民中学（今同心三中）接受了自治区毒品预防教育示范校评估验收。是年3月8日，同心县召开禁毒工作表彰会，县委、县政府授予同心中学等51所学校"毒品预防教育示范学校"称号。

2017年，教育局开展禁毒征文比赛活动，共收到征文574篇。全县中小学生参与全区青少年禁毒知识竞赛活动，在线答题44万多人次。同心中学的马金华、同心二中的李林、同心阿语学校的马婷代表同心参加全市总决赛，获得全市比赛总决赛二等奖。在吴忠市毒品预防教育优秀课件评选活动中，有7件课件获奖。

2018年，同心县人大对88所毒品预防教育示范学校进行了星级评定考核验收，共评出三星级以上示范学校30所。教育局联合县禁毒办举办了毒品预防教育师资培训班，对全县中小学禁毒专兼职老师180多人进行禁毒业务培训。

2020年，根据《2020年教育系统禁毒宣传教育工作安排》，对全县中小学"学校出现师生吸毒、贩毒"的实行一票否决。

（二）禁毒示范学校考核验收

2018 年，自治区公安厅禁毒总队副总队长单叶骅、自治区教育厅体卫艺处副处长王宁忠、禁毒总队预防教育支队支队长白玉航一行 3 人对同心县申报的 2 所自治区级毒品预防教育示范学校同心县海如女中（今同心四中）和同心县韦州镇女子小学（今红星完小）进行考核验收。

七、安全教育

1998 年，教育局把安全教育纳入文明校园建设的重要内容。作为考核评价学校工作的重要依据。加大了学校周边环境治理力度，配合综治办，取缔学校周围具有赌博性质和有黄色淫秽内容的电子游戏室、录像放映室，在中学开展告别"三厅"（营业性舞厅、录像厅、电子游戏厅），两桌（台球桌、麻将桌），争做"四有"新人活动。

2000 年，教育局印发了《关于在全县中小学开展创建"安全文明校园"的活动通知》，成立了"创建安全文明校园"领导小组，制订了《创建"安全文明校园"实施方案》。预旺、城关、河东、纪家、羊路、张家塬、新庄集、韦州、田老庄、马高庄等学区，针对秋季雨多的特点，向全乡发出安全管理通知，将部分危险性大的教室、宿舍进行拆除或停用。对篮球架、立梯、平衡梯、单杠等设施进行了混凝土加固；水泥窖焊了铁盖，缩小了盖口，指定专人看管；对照明线路进行了整修和更新，消除了事故隐患。规模比较大的学校还建立了门卫制度，为校警配备了服装。

2013 年，教育局下发了《关于开展第十八个全国中小学生"安全教育日"主题教育活动的通知》。各校邀请法制副校长对学生进行法制、安全知识专题讲座。对师生进行交通、防踩踏、防火、防电和食品卫生等为重点的安全知识教育，增强教师和学生的防范意识和能力。教育局表彰了 94 所创建"平安校园"。

2016 年，全县中小学举办了第五届"平安中国"防灾宣传活动、防溺水书画竞赛、"5·12"防震减灾地震应急演练、防灾电影展播等活动，进一步增强了全校师生的安全意识，提高了全校师生应对火灾等突发事件的应急能力。

2018 年，为全县完全小学配备专职保安，并配备制服、警棍和防割手套等装备；县城各中小学、幼儿园校门口设置了硬隔离防护设施。学生宿舍重点做好防火、防盗、防滋事生非，落实夜间值班巡查制度，寄宿制学校宿管人员 24 小时在岗值班。

2021 年，全县中小学加大安全知识宣传力度，开展防溺水、道路交通安全、校园欺凌、学校食品安全、消防安全、危险化学品安全等宣传教育。实现中小学校、幼儿园封闭管理率 100%，实现专职保安配备率 100%，为中小学、幼儿园安装一键式报警器安装率 100%，公安部门护学岗设置率达到 100%。

八、青少年科技创新活动

2001 年，教育文化体育局与县科协积极响应自治区科学技术委员会的号召，在全县中小学开展了科技创新活动，经过筛选，评选 10 件作品，参加自治区第十七届宁夏青少年科技创新大赛。同心"科技创新"作品及展板获自治区优秀组织奖，这是同心县第一次参加自治区青少年科技发明创造大会。

2003 年，自治区表彰第十七届宁夏青少年科技创新大赛获奖项目，同心县教育文化体育局获优秀组织奖；同心县四中李莉发明的"废弃物拾捡器"获一等奖，同心实验小学马铭创作的"水龙救大海"获二等奖，实验小学杨笑天创作的"沙尘化作水"获三等奖，实验小学买欣创作的"给地球洗个澡"获三等奖，二小教师李允科获优秀辅导教师奖。

2009 年，同心一小代表队参加"第三届宁夏青少年创意大赛暨全国尚德电力杯第三届青少年创意大赛宁夏区选拔赛"，获创意大赛团体一等奖和尚德电力杯宁夏赛区选拔赛团体一等奖。获得了由尚德电力控股有限公司捐赠的价值 15 万元的太阳能光伏实验电站一套。

2009 年 7 月 2 日，在教育厅开展的全区教师自制优秀教具评选活动中，同心县三件作品荣获一等奖，8 件教具获得二、三等奖，教育文化体育局获优秀组织奖。一等奖获得者到上海代表宁夏参加教育部举办的第七届全国优秀自制教具评选活动。7 月 17 日至 7 月 21 日，同心县第一小学教师张春茂、马荣和杨萍带领 11 名学生赴山东济南参加全国尚德电力杯第三届青少年创意大赛暨知识产权宣传教育活动总决赛。决赛中 11 名参赛选手共参加著作权创作、商标设计、模型制作、我的创意等多个项目，荣获了"团体金奖""百佳创新型学校奖""百佳创新型名师奖""百佳尚德创意奖""百佳创新型学生奖"等 25 项，并获得两项著作权登记。

2021 年，豫海初级中学二年级学生马宁阳、马龙参加 2021 年中国青少年机器人大赛创意比赛。下马关中学荣获吴忠市第六届青少年机器人竞赛优秀学校、荣获第 35 届宁夏青少年科技创新大赛青少年机器人竞赛三等奖。

在同心县豫海初级中学，开辟有机器人创新工作室，添置由县科协拨付的价值 17 万元的教学实践设备，配有专业指导老师，每周开设两节机器人教学实践课程。

2020 年，同心县成立青少年科技馆，跻身宁夏第二家县级科技馆，让当地学生得以近距离观察机器人，体验科学原理。在 2022 年的全区机器人大赛中，同心县 7 支代表队分获一、二等奖。

第四节 | 校园文化建设

2014 年，同心县中小学校开展了"八个校园"创建活动，即人文校园、书香校园、文明校园、和谐校园、节约校园、清风校园、平安校园、美丽校园创建活动；按照一校一品的思路，开展了特色学校、文明校园创建活动；开展以"净化、亮化、绿化、美化、文化"为主要内容的校园"五化"创建活动。安装健身器材、设置文化长廊，完善配套设施，改善学校面貌，营造良好的育人环境。

一、环境文化建设

全县中小学开辟宣传栏、黑板报、图书室、班级图书角、学校广播站和校园网，展示办学理念及特色；在明显位置张贴党的教育方针、社会主义核心价值观 24 字、中小学生守则、中小学生日常行为规范、校训、教风、学风等励志标语以及名人名言、名人画像、箴言佳句、警示语、古诗文、师生书法、绘画、手工制作等，让墙壁说话，让环境育人。2014 年，豫海中学被评为吴忠市"红色文化特色学校"。

二、校园文化活动

全县中小学开展了爱学校、爱老师、尊老爱幼系列读书活动、征文比赛、演讲比赛等活动。各学校建立了文化艺术社团，篮球队、乒乓球队、象棋队、围棋队、合唱团、舞蹈队、军鼓队以及各类社团，提升学生的文化素养。创办校报、校刊、校园广播、确定校训、校徽、校歌。同心中学成立了"清水河"文学社，创办了《清水河》校园期刊。

1996 年 8 月，县委宣传部、教育局印发《关于在全县中小学开展阅读百种图书通知》，在全县中小学开展了"读一本好书，写一篇学习心得"活动。2009 年教育局下发了《关于开展安全文化进校园活动的实施方案》，全县中小学相继开展了中华经典诵读活动，古诗韵律操比赛、"读书日"、赞美同心诗歌朗诵比赛等活动，豫海镇三小以"诵读经典，书香健身"为主题，组织开展了"古诗韵律操"活动，得到了各级领导和社会各界的高度肯定。

2013 年 10 月，同心县委宣传部、文明办、教育局、文广局、文联联合举办了以"学道德模范、诵中华经典、做有德之人"为主题的中华经典诵读展演活动。县城 13 所中小学校组织学生参加了本次比赛活动。同心一小先后获国家教委、团中央、文化部、国家新闻出版署授予的"全国红领巾读书读报奖章活动先进集体"称号。

2018 年，举办全县庆"六一"广场文艺演出、六一少儿书画比赛、防溺水书画比赛等活动，展现艺术教育的成果。全县中小学推进"一校一品、一校一特"校园文化建设工作，同心五中"恐龙星球"、同心二小"日行一善，善行天下"、河西中心小学"国学苑"等活动特色鲜明。

2019 年，教育局印发《同心县"书香教研"建设活动方案》，开展了"我的中国梦""爱学习、爱劳动、爱祖国""中华经典诵读"等系列主题宣传教育活动，10 名同学被评为吴忠市第五届"美德少年"，30 名学生获吴忠市"三好"学生。

三、学校"三风"建设

中小学根据各个时期新形势，提炼校风、教风、学风、班风，形成自己的特色，并张贴上墙警示，各中小学在教师中树立起为人师表、教书育人、治学严谨、认真负责、耐心细致、开拓进取的教风，促进学生勤奋学习、积极向上、严谨求实、尊师重教、遵纪守法、举止文明的良好学风。

四、学校特色文化

（一）艺术特色。同心一小每 3 年举办一次校园文化艺术节。举办书画展、大型绳操活动、"歌唱祖国、赞美家乡"诗歌朗诵活动。实验小学按照"抓普及、促提高、重个性、育特色、谋发展"的总体思路，先后开设铜管乐、舞蹈、二胡、电子琴、竖笛、葫芦丝、二胡、刺绣、泥塑、口弦、书法、花儿、合唱、剪纸等多种校本课程，为学生终身发展奠定了良好基础。同心中学每年举办迎新年文艺晚会，迎"五四"、庆"五一"、国庆节文艺演出活动；举办了 14 届"青春的活力"广播操比赛、7 届"青春杯"诗歌朗诵比赛等。同心二中与"宁夏书画艺术发展促进会"合作，签订了书画艺术普及合作协议。二中被确定为"书画艺术普及示范点"。2014 年旧庄村被同心县宣传部、县文联命名为"书法第一村"。

（二）足球特色。全县中小学为贯彻落实习近平总书记关于发展好校园足球的重要指示精神，在校园足球教学、训练、竞赛、经费投入加大力度。每周开设一节足球课，对专兼职体育教师进行培训。按照标准化标准建设足球运动场。2017年，豫海中学、同心二小、第五中学被评为"全国青少年足球特色学校"。2021年，全县打造王团中心学校等9所"全国青少年足球特色学校"。

（三）篮球特色。全县中小学把打造校园篮球文化作为强健体格、塑造人格的重要抓手，开展特色篮球运动项目并纳入日常体育教学内容，每周开设一节篮球专项训练课，进行篮球基础教学。建设标准化篮球运动场，添置充足的篮球训练器材，保障特色发展。截至2023年共创建同心中学等15所"全国青少年篮球特色学校"。

（四）陶瓷制作艺术特色。同心二小在泉州市教育局的支持下，学校设置了两个陶艺室，一个烧制室，陶艺室配置了手转盘、泥条机、磨釉机、炼泥机、拉坯机、陶泥、釉料、陶艺工具等器材，供学生们使用。陶艺是心灵的艺术，在陶艺制作的过程中，从选土、揉泥、成型，然后经过火的烧制，直到出窑，让学生体会成功的喜悦。

五、乡村少年宫

截至2019年，同心县乡村学校少年宫共建设完成中央文明办扶持项目8个，自建完成4个，实现乡镇学校少年宫全面覆盖。乡村少年宫以农村青少年学生为主要服务对象，开展美术、书法、舞蹈、电子琴、钢琴、铜管乐、围棋、象棋、摄影、吉他等专业培训交流活动，满足广大青少年儿童兴趣特长学习需求。乡村学校少年宫为我县乡村青少年创造良好的社会育人环境，成为促进学生素质教育发展的重要阵地。乡村少年宫依托彩票公益金的资助资金运转。乡村少年宫由其学校直接领导，建立岗位责任制，严格教师管理、加强师资队伍建设。拓展培训科目，精心打造品牌效应，针对"少年宫"科技普及教育的不足，开设"小牛顿"科学实验班，力求成为重点科目。

六、青少年活动中心

同心县青少年活动培训中心位于同心县名相路，是中央专项彩票公益金支持的建设项目，隶属于同心县教育局的校外教育单位，是同心县唯一一所公办青少年学生校外活动场所。项目于2013年开工建设，2016年正式投入使用，2022年4月迁至同心县青少年思政教育中心二楼，使用面积1430平方米。活动中心共有正式工作人员4名，外聘教师18名。

同心县青少年活动中心共设置美术、书法、电子琴、舞蹈、吉他、口才、篮球、足球和羽毛球九个公益性培训科目。活动中心坚持公益性、社会性办学方向，服务全县青少年学生。培养青少年学生对科学、艺术、体育运动的兴趣及青少年学生的创新精神和实践能力，为学生创设优质校外教育活动资源，让每位学生在活动中健康、快乐地成长。

七、青少年思政教育中心

2020年11月，县文化旅游体育广电局投资总额2761万元，实施同心县党性教育基地陈列展览布展项目，项目竣工后交付同心县教育局使用。总陈列布展面积3070平方米，内容分为"开天辟地立初心（1921—1949）""改天换地铸初心（1949—1978）""翻天覆地炼初心（1978—2012）"和"砥砺奋进守初心（2012以后）"四个部分，通过革命、建设、改革开放和新时代四个历史阶段的历史事件，展示同心人民在党的坚强领导下砥砺前行的光辉历程。

同心县青少年思政教育中心位于同心公园名相路，是校外青少年思想教育基地、党员党性教育基地、廉洁从政教育基地、党的宗旨教育基地4大类特色党建教育基地和全国独具特色的大西北区红色文化旅游项目。

第九章 | 体育 艺术 卫生

清朝，文童习文，武童练武，没有体育设施。从光绪三十二年（1906）起，平远县高等小学堂始设体操课，教学队列、开展跑、跳、哑铃操等活动。民国时期，提倡尚武精神，学校开设体育课。1949年新中国成立后，体育成为学校教育的一个重要组成部分，成为增强学生体质，提高健康水平，保证学生完成学习任务，促进学生德、智、体全面发展的一项重要工作。国家专列体育教学设备费，体育维持费，使体育设施、器材逐年增加，体育活动逐步多样。中小学按照国家统一的教学大纲和教材，进行系统的体育课教学，广泛开展了早操、课间操，课外活动，及代表队训练，各类体育竞赛等活动。20世纪50至70年代，同心县中小学音乐、美术课开展得不多。80至90年代，中小学音乐、美术、体育课由于缺少专任教师，教学设备简陋等原因，音乐、美术教育一直滞后于其他学科教育。90年代后期，中小学配置了必要的音乐、美术器材，培训了音乐、美术教师，音乐、美术教育得到重视，教学取得了可喜的成绩。进入新世纪，同心县音乐、美术、体育教育工作得到长足发展。2012年至2022年，同心实施了农村中小学体育场改造项目、风雨操场改造项目等，乡镇中心完小以上的学校陆续建成了塑胶跑道，修建了标准运动场地，配备了音体美器材室。全县中心小学、初中和高中的音体美设施设备达到了自治区规定的标准。通过代培、选送青年教师离职进修、举办培训班、特岗招聘等方式，逐步配齐音体美专任教师，开齐开足课程，逐步提高了中小学音体美教育教学水平。

学校卫生工作是学校工作的重要组成部分。民国时期，学校开设格致课，从五年级起讲授"人生生理卫生大概"，每周1节，新中国成立后，学校卫生工作得到重视和加强。小学进行人体保健常识教学，中学进行生理卫生知识教学。县城部分学校建立了校医疗保健室，一些乡镇中学、中心小学配备了兼职保健教师和保健箱。1994 年秋季学年开始，全县所有小学正式将健康教育列入教学计划。重视对学生进行健康行为教育，培养学生正确的读、写、坐姿，良好的卫生习惯。进入新世纪，先后为全县有住宿生的学校新建学生餐厅（食堂）。新建的食堂和餐厅配备了储藏室、餐具、餐桌、消毒等设施。从学校基础设施、资金投入、制度建设、工作机制等方面，保障了学校卫生与安全工作落实到位。

第一节 | 体 育

一、发展历程

1951 年，中央人民广播电台推行第一套广播体操，同心周帮吉等人到银川参加"广播操领操员学习班"，在学校推广第一套广播体操。1952 年 6 月 10 日，毛泽东为中华全国体育总会第二届代表大会题词："发展体育活动，增强人民体质"，成为全国体育工作的总方针。1953 年，毛泽东又向全国青年发出"身体好，学习好，工作好"的号召。学校开始重视体育活动。由于缺乏体育活动场地、设备和师资，只能因陋就简开展一些田径活动和队列操练等项目。课余时间，开展摔跤、翻筋斗、翻手（掰手腕）、赶毛牛（打陀螺）、跳方（跳房子）、下方、踢毽子、跳绳等活动。1955 年后，学校体育活动场地和器材有所增加。一些完小配备了篮球架、乒乓球台、单杠、双杠、跳马等器材，体育活动得到进一步开展。1956 年，同心中学成立后，副校长万树恩十分重视学校体育活动的开展，组织体育教师学习《中学体育教学大纲》和《中学体育教材》。学校除上好体育课外，每天坚持早操、课间操和课外活动，并把课外活动列入课程表。1957 年，学校组织了田径、篮球、体操等运动队，每学期都举行小型运动会，推动了学校体育运动的广泛开展。同时，开始试行《中华人民共和国"劳动与卫国"体育制度条例》（简称劳卫制）。

1958 年 10 月，周敬良调同心中学任专职体育教师。这是同心县中学第一名专职体育教师。1958—1962 年，学校支援农业生产劳动，体育课和课外活动相应减少。1963 年，文教科在《减轻学生学习负担，提高教学质量的通知》中强调，坚持"两操一活动"（早操、课间操和课外活动），提倡中小学生做眼保健操。1964 年 1 月，改"劳卫制"为"青少年体育锻炼标准"，学校除上好"两课、两操"外，还利用课外活动时间，进行"达标"的练习和测验。1966 年前，小学在每年的"六一"期间，中学在"五一、五四"期间，都要举行传统的田径运动会和球类竞赛，涌现出不少优秀运动员。1966 年开始，体育课改为军体课。中小学生一律开展学军活动，进行野营拉练、队列操练、投掷手榴弹、爬摸翻滚等训练。1979 年喊叫水贺家口子完小排球队，被评为宁夏体育战线先进集体，银南地区体育战线先进集体。1980年，同心中学被评为全区学校体育卫生工作先进单位。

20世纪80至90年代，同心中小学体育教育，由于学校体育基础设施设备建设滞后，体育教师缺少，受应试教育等多方面原因的影响，体育教育教学工作得不到重视。特别是在高中，面临会考和高考压力，体育教学处于附属地位。对此，县教育局加强了对学校体育教育的管理，对学校体育教学工作进行督导、检查和评价，使学校体育工作管理走上了正规化的轨道。

1991年9月，教育局转发了国家教委《学校体育工作条例》和《中学生体育合格标准实施办法》。全县中小学按照《体育教学大纲》要求，中小学体育课程每周安排2节，抓基础知识和技能训练。学校要求体育教师做到开学有计划、上课有教案、期末有总结。改变了过去"走走跑跑一解散，自由活动各随便"的散漫状态。

1992年，按照国家教委颁发的《九年义务教育全日制小学体育教学大纲》规定，完全小学体育课每周开设2课时，农村简易小学（教学点）开设1—2课时。9月起在全县小学四年级施行国家教委《小学生体育合格标准实施办法》。初中按照《九年义务教育全日制初级中学体育教学大纲》，体育课每周2—3课时。中学体育工作由校长或副校长亲自负责，专设体育教研组，具体负责实施体育教学工作。

1993年秋季，全县实施九年义务教育"课程方案"，除上好每周2节体育课以外，还组织开展各种课外体育活动。中小学按照《小学、初中国防教育纲要（试行）的通知》对入学新生进行军训。

1995年，按照教育厅《关于我区初中毕业升学全部实行体育考试的通知》，按照《中小学生体育合格标准实施办法》对九年级学生进行体育测试。

2000年，教育部颁布了《全日制普通高级中学课程计划》（实验修订稿），将体育课程改称"体育与健康"，分必修和选修两大类，选修内容约占60%，教学过程中强化体育与健康的本质功能与意义，弱化"竞技化"的倾向。除每周开设2课时的体育与健康课外，每周还安排3次以上的课外体育活动。

2001年秋季，中小学按照《小学、初中国防教育纲要（试行）的通知》精神，对中小学入学新生进行军训。按照教育厅《关于做好2001年初中毕业升学体育考试工作的通知》，对体育考试的内容和方法进行了改革。确定1000米（女生800米）、立定跳远两项为必考项目，另一项为学生自选项目（项目在5项素质中）。

2005年，教育局组织专人对中小学体质健康状况进行了调查。2008年，各中小学按照《学生健康标准》，对中小学进行体质测评。

2009年，同心县委制定了《关于加强青少年体育锻炼增强青少年体质的实施意见》，确定了校长负责体育工作的机制，建立了学校体育卫生工作制度，加强学校体育设施建设，开展了全县中小学课外文体活动工程和阳光体育运动。据 2007—2009 年体育教学情况调查数据显示（3 年平均值）：体育课开课达标学校，小学、初中和高中全部达到 100%。有 84 所中小学达到每天一小时的体育锻炼时间。中小学大课间达标率达 100%。小学缺体育教师 11%，九年一贯制小学缺 20%，初中缺 29%，高中缺 7%；体育教师学历达标率小学达 100%，其中专科学历达 64%，大学本科以上学历达 27%；初中大专学历占 24%，本科学历占 67%；高中达 100%。中小学体育教师培训率达 100%。

据同心县 2015 年基础教育年报统计资料显示：2015 年同心县参加国家学生体质健康标准测试的中小学学生 62449 人，优秀 5382 人，良好 21386 人，及格 31078 人，不及格 4603 人。其中小学生 37392 人，优秀 3000 人，良好 11687 人，及格 10856 人，不及格 2849 人；初级中学 16365 人，优秀 1617 人，良好 5726 人，及格 7658 人，不及格 1364 人；九年一贯制学校 16365 人，优秀 25 人，良好 250 人，及格 790 人，不及格 9 人；高级中学 7618 人，优秀 3475 人，良好 14811 人，及格 21364 人，不及格 3231 人。

2016 年，开展学生体质健康测试工作。完成了 125 所学校体质健康数据上报工作。10 月，教育厅组织专家对同心中学、同心二小、五中和实验小学等学校 600 名学生的体质健康测试数据进行抽查。

2017 年，全县中小学组织开展了广播体操评比活动，推动"两操一课一活动"正常开展，督促学校开齐课程、开足课程，确保学生每天锻炼达到 1 小时目标。初中体育考试实行了统一考试项目、统一考试标准。开展学生体质健康测试工作，完成了 125 所学校体质健康数据上报工作。

2018 年，举办了同心县第三届校园足球联赛和同心县第三届中小学生田径运动会。

2020 年，通过体育艺术 2+1 项目，有效推动了体育特色学校创建工作，成功创建国家级篮球特色学校 5 所。组织参加了全区青少年运动会，在乒乓球、武术等项目获得了较好的成绩；组织参加了吴忠市和全区高中生篮球联赛；组织参加了吴忠市和全区校园足球联赛；根据疫情防控的要求，成功举办了 2020 年同心县线上亲子体育展示活动。完成了 146 所学校体质健康数据上报工作。

2021 年，举办了同心县第五届校园足球联赛和同心县第四届中小学生田径运动会。组队参加全区中学生田径运动会、全区中小学生足球夏令营最佳阵容选拔赛。尤其是特教学校组队参加了第十一届残疾人运动会暨第八届特殊奥林匹克运动会，并获得特奥篮球项目（男子 B 组）冠军，获得跆拳道银牌 1 枚、铜牌 1 枚、4 个第五名的骄人成绩。完成了 2021 年中考体育工作和学生体质健康测试和上报工作。

中学体育与健康授课时数统计表

课型	教学内容	高一（课时）	高二（课时）	高三（课时）
必修	体育与健康基础知识	6	6	4
	田径	9	9	7
	体操	8	8	6
	武术	6	6	4
	提高身体素质练习	结合各项教学内容安排		
选修	球类	足球、篮球、排球等		
	韵律体操和舞蹈	可占用课时，也可以利用课余时间		
	民族、民间传统体育项目	依各校情况选择		
	现代科学的健身方法	有条件的学校选择		
	新兴体育项目	有条件的学校选择		
综合实践活动	每周三以上课外体育活动，其中1课时在体育教师指导下进行体育锻炼			

二、教学管理

（一）加强体育课教学

全县中小学按照《体育教学大纲》和《教材》进行教学。体育教师根据大纲、教材要求，抓基础知识和基本技能训练。做到每学期开学有计划，期末有总结，课课有教案，体育教学质量不断提高。

（二）开展"两操一活动"

从1951年推广第一套广播体操到1990年，同心县中小学校已经推广了6套广播体操和一套韵律操，并坚持早操、课间操活动。部分学校把广播操作为体育课考核的基本内容。大多数中小学在每年"五一、五四、六一"期间，举行广播体操比赛。学校加强课外活动指导，积极引导学生开展球类、田径、踢毽子、跳皮筋、跳绳、拔河、丢沙包、下棋等体育活动，保证学生每天有一小时的体育锻炼时间。使"两课""两操一活动"形成制度。

（三）成立运动队

1988年，全县20所中学和20所小学建立了运动队，并配有运动衣、队旗和教练（兼）。其中，一中、二中、回民中学（今三中）、一小运动队参加区、地、县比赛并获得了较好的成绩。

（四）开展"达标"锻炼和测验

1987年，教育科根据同心县实际，规定了中小学各段的体育"达标"指数。据1989年统计，县镇中学生的达标率在80%以上，乡镇中学生的达标率在75%以上；县镇小学、中心小学达标率在80%以上，乡村小学生的达标率在75%以上。

1989年9月1日起，开始实施《中学生体育合格标准的试行办法》。县教育科要求各校必须建立实行"中学生体育合格标准"的档案。按照"宁夏回族自治区中学生体育合格标准登记卡"实事求是地填写，成绩不合格者不能发《合格证》，审查后合格者，报教育科加盖公章方可有效。同时执行体育不合格的学生不得报考高等学校的规定。

三、体育设施建设

1990年，同中、二中、回民中学（今同心三中）、一小都有较正规的田径运动场地。全县中小学有篮球场地70块（含篮球架）。其中回民中学（今同心三中）、新庄集中学、预旺小学是水泥场地。排球场地（包括球网架）30块，足球场地5块，乒乓球台案47副，其他单双杠、跳箱、垫子、球类等体育器材和用品逐年增多。

1997年，县直中小学建起了标准化水泥篮球场，配置了篮球架、足球网、排球网、乒乓球台、联合器、单双杠、跳箱、垫子、山羊、铁环、跳绳、各类球等运动器材，农村学校因陋就简，修建了简易篮球场、木制篮球架、水泥乒乓球台等。"贫Ⅱ""义教工程"等项目，为全县中小学配备了大量的体育器材。到2000年，全县有58所小学的体育场地达标，有101所小学、3所中学的体育器材达标。

2009年10月，县财政局与教育局联合引进项目，建成了同心中学400米塑胶跑道（草坪）标准化运动场，海如女中（现第四中学）400米塑胶跑道（草坪）标准化运动场，同心二中300米塑胶跑道（草坪）标准化运动场，同心一小和实验小学250米塑胶跑道（草坪）标准化运动场。同年，新建成的豫海中学建成了400米标准田径跑道的运动场，1个标准足球场、8个标准篮球场、3个标准排球场、15个乒乓球台，拥有各种运动器材46件（套）。

2012年至2022年，同心实施了农村中小学体育场改造项目、风雨操场等项目，乡镇中心完小以上的学校陆续建成了塑胶跑道，修建了标准篮球场，足球场、排球场、羽毛球场地、乒乓球台、标准化运动场地。2011年至2021年，县教育局投资1018万元，为全县中小学校购置各类体育器材98780件（套）。全县中心小学、初中和高中的体育设施设备达到了自治区规定的标准。

四、课外体育教学活动

1991 年，教育局印发了《加强中小学课外活动的通知》，要求中小学必须保证每天 1 小时的课外活动时间，加强对课外活动的指导，积极引导学生开展球类、田径、踢毽子、跳皮筋、跳绳、拔河、丢沙包等体育活动。中小学把早操、课间操、眼保健操列入课程表。

2000 年，全县中小学根据教育部颁发的《全日制中学体育工作暂行条例》开展早晨锻炼、课外锻炼和体育竞赛等活动。其中早晨锻炼的内容有：各中小学安排的早操和课间操，并规定在锻炼时每个学生都必须参加，这种锻炼一般是以徒手操或持轻器械的素质操以及武术操为主，也有跳绳、踢毽子、跳皮筋等各种各样的活动。

2001 年 9 月 30 日，教育文化体育局下发了《关于在全县中小学开展大课间活动的通知》。各校根据《通知》精神，县城中小学、乡镇部分中小学结合学校实际情况，开始推行大课间活动，每天安排 25—35 分钟的大课间活动。

从 2010 年 9 月起，全县中小学广泛开展阳光体育活动。中小学充分利用宣传栏、广播室、黑板报、悬挂宣传标语、主题班会等形式，广泛宣传阳光体育活动，组织集体体育项目竞赛，按季节气候不同开展"和谐杯"教师篮球赛、"课间操比赛"活动、教师、学生拔河比赛、"冬季长跑"活动等。

五、竞技体育

1978 年 10 月 1 日，县文教局举行了全县首届中学生篮球运动会，同心中学队获男冠，下马关中学队获女冠。1985 年 5 月 4 日，举行了第二届中学生篮球运动会，同心中学获初中男子组第一名，高中女子组第一名；羊路中学获初中组男冠，张家塬中学获初中组女冠。

1980 年 7 月，县文教局举行了全县首届中学生田径运动会，同心中学获男子组第一名，女子组第二名，下马关获女子组第 1 名，男子组第二名，喊叫水男女双双获第 3 名。1985 年 6 月，县教育科举行了全县第二届中学生和首届小学生田径运动会。同心中学获中学组团体第 1 名，同心一小获小学组团体第 1 名。1988 年 4 月 25 日—5 月 4 日，县教育科举行了全县第三届中学生，第二届小学生田径运动会。(成绩见表：同心县第三届小学生田径运动会最高纪录)

1993 年 4 月，教育局举办了县城中学生运动会。通过比赛，选拔优秀运动员组建了同心县代表队，参加银南地区首届中学生运动会。

1998 年 6 月，教育文化体育局举办了县城第一届小学生田径运动会，7 所小学 210 名运动员参加了男女铅球、标枪、三级跳远、200 米、400 米、800 米、4×100 米接力赛 8 个项目的比赛。

2000年5月，教育文化体育局举办全县首届中小学生田径运动会。是年7月，选拔28名中学生组队，参加全区第七届中学生田径运动会。有13名参赛者获奖。

2003年6月，教育文化体育局举办了县城第二届小学生田径运动会，7所小学260名运动员参加了男女铅球、标枪、三级跳远、200米、400米、800米、4×100米接力赛8个项目的比赛。

2004年，教育文化体育局举办了县城第三届小学运动会，共有8支代表队，240名队员参赛，有12人次打破10项纪录。

同心县第三届小学生田径运动会最高纪录

1988年

项目	性别	成绩	创造者	单位	备注	项目	性别	成绩	创造者	单位	备注
100m 甲组	男	12"6	王军	回中	今三中	4×10接力 甲组	男	49"9	同心三中	回中	今三中
	女	14"4	畅萍	一中			女	1'0"3	一中	一中	
乙组	男	13"4	朱玉峰	二中		乙组	男	53"6	二中	二中	
	女	15"	马宗琴	女中	今四中		女	1'3"1	女中		今四中
200m 甲组	男	25"9	杨林	回中	今三中	跳高 甲组	男	1.40m	马斌、马成	一中	并列第一
	女	31"7	海波	回中	今三中		女				
乙组	男	27"9	朱玉峰	二中		乙组	男	1.60m	杨小锋	二中	
	女	31"6	杨会莲	女中	今四中		女	1.29m	马玲	下马关中学	
400m 甲组	男	1'2"	李存林	回中	今三中	跳远 甲组	男	5.15m	马斌	一中	
	女	1'13"8	曹世莲	一中			女	3.76m	尹洁	一中	
乙组	男	1'3"	苏建中	一中		乙组	男	4.65m	黑进国	羊路中学	
	女	1'4"5	张竹玲	女中	今四中		女	3.89m	刘加梅	二中	
800m 甲组	男	2'44"1	李存林	回中	今三中	三级跳远 甲组	男	11.11m	马成	一中	
	女	2'52"5	王秀荣	回中	今三中						
乙组	男	2'13"4	康泽平	二中	破纪录	乙组	男	10.50m	史玉明	新庄集中学	
	女	2'47"4	李海霞	二中							
1500m 甲组	男	4'34"	马丙根	一中		铅球 甲组	男	10.50m	马左忠	一中	
	女	5'57"4	王秀荣	回中	今三中		女	7.05m	王晓新	回中	今三中
乙组	男	4'44"2	康泽平	二中		乙组	男	10.50m	黑进国	羊路中学	
	女	5'41"7	李海霞	二中			女	7.05m	陈玉玲	一中	
3000m 甲组	男	10'6"4	李宁勇	二中		铁饼 甲组	男	32.80m	李鸿吉	回中	今三中
	女						女	26.68m	畅萍	一中	
乙组	男					乙组	男	29.72m	周文江	二中	
	女						女	22.64m	李文花	二中	
5000m 甲组	男					标枪 甲组	男	39.73m	李鸿吉	回中	今三中
	女	17'48"	杨军	回中	今三中		女	27.16m	王晓新	回中	今三中
乙组	男					乙组	男	41.21m	杨晓华	二中	
	女						女	19.36m	杨玉兰	女中	今四中

2005年，教育文化体育局组队参加全区青少年运动会，获金牌1枚，银牌1枚，第四、第五各1名。组队参加吴忠市首届体育运动会，获得金牌4枚、银牌7枚、铜牌4枚，男子篮球第一名，围棋团体第四名，女子排球第五名，羽毛球团体第六名，乒乓球团体第六名。

2006年，教育局举办了县城中小学第二套广播体操比赛，有12所学校6000名学生参加。

2008年5月，教育文化体育局举行全县中小学田径运动会，各中心学校、县直中小学参加。教文体局对小学、初中和高中组团体前六名进行了奖励。7月23日至29日，举行全县中小学教师篮球运动会，共有18所中小学校（中心学校）组织参加了本次运动会。7月30日至8月1日，同心县教育文化体育局组队参加了全区青少年运动会，周彦杉取得乒乓球第二名；田兴东在男子乙组跳高比赛中，以1米68的成绩（第三名），达到了国家运动员的标准；杨婷婷在女子甲组3000米、5000米比赛中分别取得了第三名、第四名的好成绩，达到了国家三级运动员的标准；马宇阳在男子甲组400米比赛中，以52秒58的好成绩取得了第四名，并且达到国家二级运动员的标准；罗虎成在男子乙组3000米比赛中取得了第六名。全县总成绩列赛会26支代表队第16名，奖牌数列第14位，居南部山区各县前茅。

2010年秋季，教文体局举办了同心县"教建杯"第二届中学生篮球运动会。教文体局荣获"宁夏百乡千村农民体育活动月"优秀组织奖。在全区第十届中学生运动会上，教文体局获体育道德风尚奖。

2015年，县文化体育广播电视局和教育局联合举办了全县第二届中学生田径运动会。全县3所高中，11所初中15支代表队参加竞赛。9月11日至10月18日，教育局举办了同心县首届校园足球联赛。

2016年，教育局举办了第二届全民运动会系列活动暨首届中学生篮球比赛和全县第二届校园足球联赛。组织参加了吴忠市第四届运动会青少年组比赛和成年组比赛，并获得广播体操较好的成绩。

2021年，教育局举办了第四届中小学生田径运动会、第五届校园足球联赛、第二届足球、啦啦操比赛，参与学生4000多人。开展了庆祝建党100周年主题百人集体舞、大合唱等活动，荣获区级两个一等奖，一个二等奖和一个三等奖。特教学校组队参加了第十一届残疾人运动会暨第八届特殊奥林匹克运动会，获得篮球项目冠军、跆拳道银牌1块、铜牌1块。第五中学上榜教育部第三批全国中小学中华优秀传统文化传承学校名单。

六、荣　誉

同心县中小学参加省、市运动会获得荣誉（1959—2021 年）

时间	代表队名称	运动会名称	竞技项目	获得的荣誉称号（名次）	获奖人姓名
1959	同心代表队	自治区第二届体育运动会	田径	男子百米赛第一名	周敬良
1964.3	同心中学队	固原青少年田径运动会	田径	男子 400 米、800 米第一名	马玉臻
1965	同心中学队	宁夏青少年田径运动会	田径	男子 60 米、200 米、400 米、1500 米、3000 米第一名	
1971	同心中学代表队	全区少年乒乓球赛	乒乓球	团体第一名	同心中学
1971.7.5	同心一中	全区中学生田径运动会	田径	400 米、800 米第一名	马玉清
1984	同心篮球队	银南地区青少年篮球运动会	篮球	男队亚军	
1985	同心一小代表队	银南地区第三届萌芽杯足球赛	足球	男子第二名	同心一小
1985	中学代表队	银南地区首届青少年篮球赛	篮球	男子第二名	
1985.5	田径代表队	全区青少年田径运动会	田径	女子 5000 米竞走第一名	马萍
1985.5	田径代表队	全区青少年田径运动会	田径	男子铅球第二名	马勇
1985.5	田径代表队	全区青少年田径运动会	田径	男子 10000 米竞走第三名	朱家峰
1985.5	田径代表队	全区青少年田径运动会	田径	男子 1500 米竞走第三名	苏吉生
1985.5	田径代表队	全区青少年田径运动会	田径	男子 5000 米竞走第四名	苏吉生
1985.5	田径代表队	全区青少年田径运动会	田径	男子铅球第五名	马力
1985	同心代表队	宁夏公路自行车比赛	自行车	团体第一名	
1986.5	同心代表队	自治区少年田径赛	田径	女子 5000 米竞走第三名	马萍
1986.5	同心代表队	自治区少年田径赛	田径	女子 3000 米竞走第三名	金晓霞
1986.5	同心代表队	自治区少年田径赛	田径	女子 3000 米女子竞走第四名	马萍
1986.5	同心代表队	自治区少年田径赛	田径	女子 5000 米竞走第四名	金晓霞
1986.5	同心代表队	自治区少年田径赛	田径	男子 5000 米竞走第四名	康泽平
1986.5	同心代表队	自治区少年田径赛	田径	男子 10000 米竞走第四名	康泽平
1986.5	同心代表队	自治区少年田径赛	田径	女子标枪第四名	王小新
1986.5	同心代表队	自治区少年田径赛	田径	男子五项第六名	于学工
1986.5	同心代表队	自治区少年田径赛	田径	女子 5000 米竞走第六名	赵桂红
1986.5	同心代表队	自治区少年田径赛	田径	女子 7000 米竞走第六名	赵桂红
1986.8.6	同心县女子举重队	银川举行的举重赛	田径	60 公斤级第五名	王英
1986.8	银南地区代表队	三省八地（盟）市单项赛	田径	团体总分第二名	银南地区
1986.8	银南地区代表队	三省八地（盟）市单项赛	田径	女子竞走第一名	马萍
1986.8	银南地区代表队	三省八地（盟）市单项赛	田径	女子竞走第二名	金晓霞
1986.8	银南地区代表队	三省八地（盟）市单项赛	田径	竞走第二名	康泽平
1986.8	银南地区代表队	三省八地（盟）市单项赛	田径	竞走第三名	康泽平
1986.8	银南地区代表队	三省八地（盟）市单项赛	田径	长跑第三名	苏吉生
1986.8	银南地区代表队	三省八地（盟）市单项赛	田径	长跑第四名	苏吉生
1986.8	同心代表队	全区七运会决赛	田径	男子万米竞走第一名	王良
1986.8	同心代表队	全区七运会决赛	田径	1500 米竞走第二名	苏吉生

（续表）

1986.8	同心代表队	全区七运会决赛	田径	男子5000米竞走第三名	马英福
1986.8	同心代表队	全区七运会决赛	田径	男子万米竞走第四名	马英福
1988.4	宁夏代表队	全国青少年分龄赛	田径	5000米竞走第一名	康泽平
1988.4	同心代表队	自治区第二届青少年运动会	田径	3000米竞走第一名	马 萍
1988.4	同心代表队	自治区第二届青少年运动会	田径	5000米竞走第一名	马 萍
1988.4	同心代表队	自治区第二届青少年运动会	田径	5000米竞走第一名	康泽平
1988.4	同心代表队	自治区第二届青少年运动会	田径	10000米竞走第二名	康泽平
1988.4	同心代表队	自治区第二届青少年运动会	田径	男子1000米赛跑第二名	苏吉生
1988.4	同心代表队	自治区第二届青少年运动会	田径	5000米长跑第三名	苏吉生
1988	宁夏代表队	全国青少年分龄赛（兰州）	田径	5000米竞走第一名	康泽平
1994.5	同心代表队	银南地区中学生田径篮球运动会	田径	女子200米第一名	马宗琴
1994.5	同心代表队	银南地区中学生田径篮球运动会	田径	女子1500米第一名	金海霞
1994.5	同心代表队	银南地区中学生田径篮球运动会	田径	女子800米第一名	金海霞
1994.5	同心代表队	银南地区中学生田径篮球运动会	田径	女子铁饼第一名	丁爱萍
1994.5	同心代表队	银南地区中学生田径篮球运动会	田径	女子铅球第一名	蔡永峰
1994.5	同心代表队	银南地区中学生田径篮球运动会	田径	男子400米第二名	张会生
1994.5	同心代表队	银南地区中学生田径篮球运动会	田径	男子100米第二名	马小飞
1994.5	同心代表队	银南地区中学生田径篮球运动会	篮球	男子篮球第一名	一 中
1994.10	同心代表队	全区第四届中学生田径运动会	田径	男子3000米第二名	马 强
1994.10	同心代表队	全区第四届中学生田径运动会	田径	男子1500米第二名	马 强
1994.10	同心代表队	全区第四届中学生田径运动会	田径	男子400米第二名	张会生
1994.10	同心代表队	全区第四届中学生田径运动会	田径	男子800米第三名	马伟林
1994.10	同心代表队	全区第四届中学生田径运动会	田径	女子铅球（4公斤）第三名	蔡永峰
1994.10	同心代表队	全区第四届中学生田径运动会	田径	女子铁饼（1公斤）第六名	蔡永峰
1994.10	同心代表队	全区第四届中学生田径运动会	田径	女子1500米第三名	金海霞
2001	同心代表团	全区青少年田径锦标赛	田径	女子甲组铅球第六名	马伟花
2001	同心代表团	全区青少年田径锦标赛	田径	女子甲组标枪第六名	马伟花
2002.8	同心代表团	区十一届运动会	田径	男子甲组200米第二名	马晓东
2002.8	同心代表团	区十一届运动会	田径	男子甲组400米第二名	马晓东
2005.8	同心代表团	全区青少年田径锦标赛	田径	女子乙组3000米第一名	史玉洁
2005.8	同心代表团	全区青少年田径锦标赛	田径	女子乙组5000米第一名	史玉洁
2005.8	同心代表团	全区青少年田径锦标赛	田径	男子乙组10000米第四名	金玉龙
2005.8	同心代表团	全区青少年田径锦标赛	田径	男子乙组800米第五名	金凯敏
2006.8	同心代表团	全区中学生田径运动会	田径	男子甲组400米栏第二名	杨 凡
2008.8	同心代表团	全区青少年乒乓球锦标赛	乒乓球	男子乙组乒乓球第二名	周彦杉
2009.8	同心代表团	全区青少年田径锦标赛	田径	男子乙组跳高第一名	田兴东
2009.8	同心代表团	全区青少年田径锦标赛	田径	女子甲组3000米第六名	杨婷婷
2009.8	同心代表团	全区青少年田径锦标赛	田径	女子甲组5000米第五名	杨婷婷
2010.8	同心代表团	区十三届运动会	跆拳道	男子乙组跆拳道55公斤级第二名	吴忠源
2010.8	同心代表团	区十三届运动会	跆拳道	男子甲组跆拳道63公斤级第二名	胡振鹏

（续表）

2010.8	同心代表团	区十三届运动会	跆拳道	男子乙组跆拳道55公斤级第六名	沈 耕
2011.8	同心代表团	全区青少年田径锦标赛	田径	男子乙组铅球第六名	马小军
2011.8	同心代表团	全区青少年田径锦标赛	田径	男子乙组铅球第四名	罗虎成
2011.8	同心代表团	全区青少年田径锦标赛	田径	男子乙组400米第六名	罗虎成
2011.8	同心代表团	全区青少年田径锦标赛	田径	女子乙组跳远第六名	黑晓娟
2012.8	同心代表团	全区青少年田径锦标赛	田径	男子乙组铅球第二名	马小军
2012.8	同心代表团	全区青少年田径锦标赛	田径	男子乙组铁饼第二名	马小军
2012.8	同心代表团	全区青少年田径锦标赛	田径	男子甲组铁饼第三名	罗虎成
2012.8	同心代表团	全区青少年田径锦标赛	田径	女子乙组跳高第四名	赵 悦
2012.7	同心代表团	全区第七届中学生田径运动会	田径	男子800米第二名	杨宏福
2012.7	同心代表团	全区第七届中学生田径运动会	田径	男子铅球第二名	田彦才
2012.7	同心代表团	全区第七届中学生田径运动会	田径	男子800米第六名	何鹏飞
2012.7	同心代表团	全区第七届中学生田径运动会	田径	女子400米第二名	周玉梅
2012.7	同心代表团	全区第七届中学生田径运动会	田径	女子800米第六名	党小燕
2012.7	同心代表团	全区第七届中学生田径运动会	田径	女子100米第六名	张 燕
2012.7	同心代表团	全区第七届中学生田径运动会	田径	女子200米第二名	张 燕
2012.7	同心代表团	全区第七届中学生田径运动会	田径	男子组4×100米接力赛第六名	李 渊 杨 林 杨宏福 何鹏飞
2013	同心代表团	青少年暨体育传统项目学校田径	田径	3000米第八名	马 瑞
2013	同心代表团	青少年暨体育传统项目学校田径	田径	三级跳第五名	苏旭东
2013	同心代表团	青少年暨体育传统项目学校田径	田径	跳远第六名	苏旭东
2013	同心代表队	青少年暨体育传统项目学校田径	田径	男子100米第六名	马鑫宇
2013	同心代表队	青少年暨体育传统项目学校田径	田径	女子400米第二名	苏娟娟
2021	特殊教育学校	第十一届残疾人运动会暨第八届特殊奥林匹克运动会	篮球	获得篮球项目冠军	
2021	特殊教育学校	第十一届残疾人运动会暨第八届特殊奥林匹克运动会	跆拳道	跆拳道银牌1块、铜牌1块	

第二节 ｜ 艺术教育

一、音乐教学

20世纪90年代前，全县中小学音乐教学以唱歌、唱游、器乐、识谱、视唱、听音为主要形式，但因师资少、教学设备缺乏等因素影响，农村小学音乐课采取上大班教学，规模小的学校全校学生集中在一起上音乐课。

据1993年县教育部门对全县部分小学的抽样调查结果显示，全县中小学音乐课的开设率仅占50%—60%。

1993年，教育局加强了对学校艺术教育工作的领导，为学校添置了风琴、电子琴、录音机等设备。回民中学（今同心三中）还配备了电影放映机，每周都为学生免费放映爱国主义影片。

进入新世纪，县教育局加强音乐教育教学工作管理，强化音乐教师队伍建设。为规模以上的学校配置了功能齐全的舞蹈室、音乐教室。2011年至2021年，投资671万元，为全县中小学校配备12272件（套）音乐教学器材，满足音乐教学场地需求和设备需求。

全县中小学校在抓好音乐教育教学常规工作的同时，创新音乐教学模式，开展音乐艺术实践活动，提升学校音乐艺术教育品质。2012年至2022年，全县中小学生在区市各类合唱、舞蹈团体比赛中，荣获一等奖2个、二等奖5个、三等奖8个。

2016年至2022年，在教育部开展的"一师一优课一课一名师"和自治区教育厅开展的"一师一优课一课一名师"活动中，第四中学音乐教师张鸿执教的课例《扎红头绳》被教育部评为部级优课。河西中学音乐教师杨丽颖执教的音乐欣赏课《沁园春·雪》、同心二中音乐教师梁芳迪执教的《沂蒙山小调》、同心五中音乐教师李雪婷执教的《战台风·古筝独奏曲》获得"省优"精品课一等奖；5名教师执教的音乐课获得"省优"精品课二等奖。第四中学音乐教师金守义编配的作品《小鸟，小鸟》，在全区义务教育阶段教材歌曲钢琴伴奏即兴编配评比展示活动中，荣获全区大赛初中组一等奖；豫海中学音乐教师马婧荣在第五届全区中小学音乐美术教师基本功比赛中，荣获中学组全能一等奖、合唱指挥优胜奖。

第二中学音乐教师王桂佳撰写的3篇论文荣获全国教研成果一等奖；其他3位教师撰写的4篇论文分别在《中学生学习报——教育学研究》等杂志上发表。

二、美术教学

1992年，根据《九年义务教育全日制小学、初级中学美术教学大纲（试行草案）》"五·四"学制课程安排，小学每周安排2节美术，初中每周安排1节美术。1997年9月，教育局转发了国家教委关于印发《关于加强学校艺术教育的意见》，把中小学美术教育的重点放在普及方面，主要抓好开齐开足美术课，改变农村中小学开课率低的状况。

1999年开始，小学把美育列入《小学生素质教育发展报告册》，作为全面评价学生的标准之一。

进入新世纪，县教育局持续加强美术教育教学工作。2011年至2021年，投资224万元，为全县中小学配备了11776件（套）美术教学器材。全县中小学校严格落实国家规定的学校美术课程要求，丰富美术实践活动，完善美术教育教学评价机制，创新美术教育教学活动，提高美术教育质量。

2016年至2022年，在教育部开展的"一师一优课一课一名师"和自治区教育厅开展的"一师一优课一课一名师"活动中，第一小学吴静思、石狮中学马勇美术课荣获"部优"精品课，4位教师执教的美术课荣获"省优"精品课，8位教师执教的美术课荣获市级精品课。在全区教师岗位技能大赛中，马霄双、马楠分别荣获二等奖。

三、艺术活动

进入新世纪，同心县城中小学以校为单位，组织合唱团、舞蹈队、乐队、腰鼓队、秧歌队、书画组、摄影组等兴趣小组。同心中学还成立了"文学社""朝阳社""萌芽社"，大部分学校建立了校园文化长廊。

2005年，教育文化体育局组队参加全区第五届群星奖和第三届岗位技能大赛，获金、银、铜奖共计17个。

2006年，教育文化体育局举办豫海县回民自治县成立七十周年大型广场文艺演出；开展了县城中小学"手拉手"联谊活动和县城小学庆"六一"少儿才艺展演、绘画、演讲等系列活动。

2008年9月，石狮中学邀请宁夏书画艺术发展促进会书画艺术家到校，进行书画专题讲座、现场笔会。同心二中与"宁夏书画艺术发展促进会"签订了书画艺术普及合作协议。二中被确定为"书画艺术普及示范点"。

2009年，教育文化体育局组织开展"祖国颂、旱塬情"、李永宏个人画展、"中华巧手女——井春霞"剪纸作品展。配合团县委组织开展了"看同心、忆传统"主题征文比赛；结合"红领巾心向党"红歌会和"歌唱祖国"歌咏比赛，组织开展了以"深入学习实践科学发展观，迎接新中国成立60周年"为主题的学校艺术教育成果展演系列活动，共组织文化广场演出25场次。文体中心还组织开展了小歌手大赛和青少年舞蹈大赛。

2011年，自治区党委宣传部、文化厅、教育厅、区妇联组织的"伊特爱杯"庆祝建党80周年及庆祝"六一"全区少儿美术、书法、摄影展览。全县选送参赛作品100余件，入选作品19幅，其中荣获一等奖2名，三等奖3名，优秀奖1名，园丁奖1名，优秀组织奖1名。

2012年，县教育局举办了"弘扬传统文化，树立文明新风"少儿书画展，共展出书画作品160多幅。宁夏文明办、区团委、区教育厅、区少工委举办的"安利杯"首届宁夏少年儿童文化艺术节"大眼睛看宁夏红领巾爱家乡"征文比赛中，同心一小五年级学生周凯欣荣获二等奖。

2013年3月31日，县委宣传部、县教育局、县文旅体广电局、县文联共同举办了同心县"教育杯"首届中小学生绘画比赛。全县各中小学185名同学参加了比赛。经评审组评选，共评出一等奖1名、二等奖3名、三等奖5名、优秀奖6名。6月，县委宣传部、教育局、团县委、县农村信用合作联社等单位共同举办了"黄河银行杯——中国梦·同心梦·我的梦"大型诗歌朗诵比赛。

2014年，根据自治区教育厅办公室发布的《关于举办"梦想之歌"全区第五届学生合唱艺术节活动的通知》精神，教育局举办了"梦想之歌"全县首届学生合唱艺术节。全县中小学广泛开展合唱艺术节及比赛活动，历时4个多月，共有14所中小学校参加了决赛。

据统计，2001年至2022年，教育局平均每年组织中小学广场文艺演出21场，演出节目300个以上。每年举办美术、书法、摄影、剪纸、手工制作展览，展出作品近千幅，观众达万人次。

第三节 | 卫生与劳动

一、健康卫生教育

民国时期，学校定期组织学生打扫教室、宿舍、公共区域卫生，同时也检查个人卫生。学校开设格致课，从五年级起讲授"人生生理卫生大概"，每周1节，限于书本知识的传授。民国政府教育部曾规定学校卫生设备标准，实际上学校卫生条件极差，教室低矮破旧，光线暗淡，更差桌凳，10多名学生围坐在一张八仙桌上上课。

1949年，新中国成立后，学校卫生工作得到了重视和加强。在小学进行人体保健常识教学，中学进行生理卫生知识教学。卫生防疫站按时到校进行预防接种。学校建立了一些行之有效的卫生工作规章制度。

1952年以来，学校在县爱国卫生运动委员会（简称爱卫会）的领导下，结合抗美援朝，反对帝国主义发动细菌战，积极响应毛主席"动员起来，讲究卫生，减少疾病，提高健康水平，粉碎敌人的细菌战争"的号召。开展了以"除四害"（老鼠、麻雀、苍蝇、臭虫），讲卫生，防疾病为中心的爱国卫生运动。

1956年，同心中学建立医疗保健室，配备了专职医生，并将医务人员列入学校编制，人民政府拨给卫生设备费。1962年，同心一小配备了医疗保健室（同仪器室为一室）和兼职保健教师。1963年，中小学开始推广眼保健操，注意用眼卫生。坚持"两课、两操、一活动"，保证了学生的健康。

1979年，贯彻教育部、卫生部联合颁发的《中、小学卫生工作暂行规定（草案）》，同心中学、一小重新建立了校医疗保健室，配备了专职保健医生。一些乡镇中学、中心小学配备了兼职保健教师和保健箱。加强了卫生常识和生理卫生课的教学。为了解决师生喝开水，同心中学、回中（今同心三中）建立了锅炉房，一些乡镇中学、中心小学也配备了专职烧水工人、小烧水锅炉和保温桶。

1982年1月，根据教育部、卫生部等10单位联合制定和颁发的《保护学生视力工作实施办法（试行）》要求，中小学加强了对学生进行用眼卫生教育，每日上、下午各做眼保健操一次，同时培养学生良好的坐姿和阅读、书写习惯。

1983年，同心县第二幼儿园被评为自治区卫生先进单位，同心一小被评为县卫生先进集体。

1984年，县卫生科给同心中学拨医药保健费1000元，预旺乡从1984年开始，每年拿出600元，作为民办教师的医疗保健补助费。1985年免费为全县教师体检。马高庄乡从1987年起，每年给中小学拨100元的卫生保健费。

1991年，同心实施"一无两有六配套"（校校无危房；班班有教室，人人有课桌凳；围墙、大门、操场、旗杆、水窖、厕所六配套）工程。将一些农村小学土水窖改建为水泥水窖，没有水窖、厕所的学校新建水窖、厕所。

1992年，在全县乡镇中心小学以上学校进行"健康教育"课程的试点工作。试点学校将健康教育课程正式列入教学计划，编进课程表，每两周安排1课时，在体育课内开设。

1993年，教育局对中小学生在校学习时间进行规范。小学生一天不超过6小时，初中不超过8小时，高中不超过9小时。

1994年秋季学年开始，全县小学将健康教育列入教学计划。教育局举办了小学健康教育教师培训班。

1995年，县政府要求，从1995年起凡新建或改扩建学校，一律新建或改扩建厕所。政府拨专款为干旱地区中小学建筑水泥预制收水场和水窖，既是水泥球场，又是雨水收集场。为解决持续干旱带来的师生饮水困难，自治区教育厅从1994年起每年都划拨专项资金，解决师生吃水问题。

根据国家教委《中小学卫生保健机构工作的通知》，同心中学、同心回中（今同心三中）、同心一小建立了保健室，配备了专职校医，其他中小学配备了兼职保健教师和保健箱。

1996年5月7日，教育局转发了教育厅《开展爱眼日宣传教育活动的通知》，中小学对学生的视力进行了检查。要求班级每半学期调换一次学生座位。县城中小学将水泥黑板更新为磁性黑板。

1998年，中学正式把"健康教育"作为一门必修课，每周安排1节，使体育与健康融为一体。

1998—2000年，县城中小学配合县综合治理办，对学校附近摆摊设点卖小食品、歌厅、录像厅、电子游戏厅进行整顿，清理违章摊点48个。加强了对寄宿制中小学宿舍、食堂卫生管理。同心中学还自筹资金打了一眼150米深机井，修建了全县第一个水冲式厕所。

进入21世纪，全县中小学按照《学校卫生工作条例》，建立健全了学校卫生防疫、卫生安全长效管理机制，中小学贯彻执行《中华人民共和国食品卫生法》《学校食堂与学生卫生管理规定》，加强食堂硬件设施改造和食品卫生安全的管理，严格把好食品的采购关，保证食品采购的渠道的正规和质量过关，建立健全相关的台账资料。

2003 年，先后建成海如女子中学（现第四中学）、预旺中学、王团中学、下马关中学、马高庄乡中学、丁塘中学、韦州中学、豫海中学餐厅（食堂）。新建的食堂和餐厅配备了储藏室、餐具、餐桌、消毒等设施。

2012 年，全县农村 178 所义务教育阶段学校全面实施营养改善计划，县教育局为每一所学校改造一间标准操作间（规模较大的学校 48 平方米，规模较小的学校 24 平方米），并积极申请项目资金。

2020 年，为做好"新冠"疫情防控工作，同心县采取"包校派驻 + 巡回指导 + 村医兼职"的做法，在县城安排工作专班，县城医院向每校派遣 1 名卫生健康副校长、2 名医护人员，指导开学"新冠"疫情防控工作，开学后每周抽出 1 至 2 天时间进校指导。乡镇卫生院院长兼任所在乡镇中学、中心学校卫生健康副校长，并配备 1 名医护人员，指导开学疫情防控工作，村医兼任村完小及教学点校医，每生每年 10 元标准给予工作补助，每周在学校值守两天，为中小学生提供卫生健康服务。

二、防疫防病工作

20 世纪 90 年代，学校防疫工作主要是配合防疫部门，对幼儿及小学生进行牛痘、麻疹、破伤风、百日咳、脑膜炎、肺结核、脊髓灰质炎等传染病的预防接种工作。幼儿入学进行体检，身体健康者才能报名入学，这项工作一直延续下来。2003 年，教育局选派寄宿制学校后勤管理人员参加自治区教育厅举办的全区第一期学校食堂卫生与学生集体用餐管理人员培训班。根据自治区人民政府印发的《关于切实加强学校幼儿园及少年儿童安全管理工作和开展专项整治行动的意见》（宁政办发〔2004〕220 号），教育文化体育局开展了专项整治工作，11 月配合教育厅对专项整治工作进行了验收。

2015 年 6 月 17 日，县教育局联系县疾病预防控制中心，通过检查采取抽血化验、B 超检查等方式，免费为丁塘镇吴河完小全体学生进行包虫病检查检测。医务人员向全体学生发放了《包虫病防治健康教育宣传手册》，介绍了包虫病的预防知识。教育学生要注意个人的卫生饮食习惯，尽量避免与狗、猫等动物接触，从而降低包虫病的传染率和发病率。

（一）禽流感防治

2004 年 2 月，教育局发出关于加强《学校高疫病情禽流感防治工作的紧急通知》，要求各级各类学校提高认识，高度重视禽流感的防控工作，加强学校卫生防疫及食品卫生管理工作。

2013 年 12 月，县卫生局、教育局联合转发了自治区卫生厅《关于进一步加强学校传染病防控工作的通知》，要求全县中小学、幼儿园，严格按照《学校卫生管理条例》《学校和托幼机构传染病疫情报告工作规范（试行）》等有关规定要求，建立、健全学校疫情报告制度、学生晨检制度、因病缺勤追查与登记等工作制度。严格执行入托、入学儿童预防接种证查阅制度，倡导学生养成文明健康的生活方式和良好的个人卫生习惯，增强了学生自我防病意识及对传染病的早期识别能力。

（二）艾滋病防治

2002 年，为贯彻落实《中国遏制与防治艾滋病行动计划（2001—2005）》和《国务院关于印发中国预防与控制艾滋病中长期规划》的精神，教育厅会同卫生厅举办了全区学校预防艾滋病健康教育骨干师资培训班，教育局选派学校校医参加培训。

2005 年，教育厅在同心举办了第四期宁夏学校预防艾滋病健康教育及生活技能教育骨干师资培训班。相关项目县的主管局长、负责卫生工作的管理人员及所辖中学的校医、健康教育教师、4 所高校的校医共计 140 人参加了培训。

2014 年 12 月 1 日，按照自治区教育厅和县人民政府的部署要求，县教育局积极参与 2014 年"世界艾滋病日"宣传活动。号召广大家长朋友们关注艾滋、重视健康、关心家人，教育引导孩子自觉远离艾滋，不歧视艾滋病患者。

2016 年 11 月，县疾控中心在同心中学举办了"2016 年同心县艾滋病综合防治示范区中学生预防艾滋病暨反歧视演讲比赛"。豫海中学、同心中学、回民中学（今同心三中）3 所学校学生参加演讲比赛。

（三）防控碘缺乏病

碘缺乏病是同心县地方病之一。同心县坚持预防为主的方针，各中小学发挥课堂教学主渠道作用，加强对学生的健康教育，逐步形成学校—学生—家长—社会这条知识传播链，做好对家庭和成人食用碘盐的健康教育宣传工作，不断提高青少年学生预防碘缺乏病的能力，确保全县中小学生碘缺乏病防治知识知晓率不低于 90%。

2009 年，教育局下发了《关于进一步加强学校防控碘缺乏病工作的通知》，各校成立了由分管副校长任组长的领导小组，制定了实施方案。通过校园广播、校园局域网以及健康教育专栏等形式，大力宣传了相关政策，教育局把碘缺乏病纳入学校卫生防疫与食品卫生安全督查之中，纳入学校卫生检查评比之中。

（四）"非典"预防

传染性非典型肺炎，又称严重急性呼吸综合征，简称 Sars。2003 年初在广东首次发现，是一种因感染 Sars 相关冠状病毒而导致的以发热、干咳、胸闷为主要症状的新的呼吸道传染病。2003 年 4 月 29 日，教育文化体育局印发了《关于做好学校非典型肺炎预防和控制工作的通知》，从 4 月 12 日至 6 月 30 日全县开展了"非典"防治工作。在历时 78 天的校园"非典"预防工作中，全县各级学校领导高度重视，转发了"教育部致全国教育系统党员的一封公开信"，发放各种"非典"宣传资料、图片、卡片等 1 万余份。学校利用橱窗、黑板报、广播、电视等宣传预防"非典"工作。选派寄宿制学校食堂管理人员参加自治区教育厅举办的"学生集体用餐及食堂卫生工作培训班"和"非典预防消毒人员培训班"。

全县中小学校制定了防治传染性非典型肺炎工作预案，对中小学、幼儿园实行日封闭管理，严格晨检、晨报和消毒制度。

2003 年 5 月 27 日，为做好 2003 年普通高校招生考试期间"非典"防治工作，确保高考顺利进行，成立了县普通高考防治"非典"领导小组。2003 年 10 月 22 日，县人民政府印发《同心县2003—2004 年度防治传染性非典型肺炎工作预案》的通知，要求中小学校、幼儿园开设非典防治知识课堂，并通过学生向社会传播相关防治知识，协助卫生部门指导和督促学校做好校内体温监测，通风换气、空气消毒，必要时落实学校停课、停学等各项防治措施。

（五）新型冠状病毒肺炎预防

2020 年 2 月 7 日，国家卫健委决定将新型冠状病毒感染的肺炎命名为新型冠状病毒肺炎，简称新冠肺炎。新型冠状病毒肺炎以发热、干咳、乏力等为主要表现，少数患者伴有鼻塞、流涕、腹泻等上呼吸道和消化道症状。2020 年 2 月，同心县在韦州发现首例新冠肺炎，从 2020 年初至 2023 年底，历时三年，全县防治新冠肺炎进入常态化。随着全县疫情防控工作情况的变化，全县中小学校教育教学工作采取线上线下交替进行。县委疫情防控领导小组、县疫情防控指挥部先后多次召开会议研究部署学校开学复课工作。成立学校工作组、学校开学工作专班，出台《关于加快建立同疫情防控相适应的校园教学秩序实施方案》《关于建立县、乡领导联校包片工作制度的通知》《关于建立全县医疗机构、学校新冠肺炎疫情联防联控机制的通知》等文件，成立由县人大、政府、政协分管领导带队，教育牵头，卫健、市监、公安等部门联动的督导、评估组，采取"常态化督导＋专项评估"相结合的方式，按一所学校配备"1 名县（乡）领导、1 名教育局班子成员、1 名医护人员、1 名股室负责人、2 名党员干部"的标准，落实督导、包校双线责任，稳步推进全县中小学错时错峰返校复课。教育部门组建党员先锋队，压实"112"工作专班责任，制定师生"一人一档"信息台账，严格执行师生及家庭成员健康状况"日报告""零报告"制度，实行校园封闭式管理。疫情防控紧张时，学校停课，学生进入线上学习。县教研室组织义务教育阶段县城片 9 所优质中小学校，面向全县居家学习的一至九年级学生推送在线直播课；3 所高中学校以班为单位科任教师按照平常课时计划，开展足量的在线直播教学。每周为全县学生提供总量 200 余节在线直播精品课。组织科任教师推作业、做辅导，对照教学实情实施"在线助教导学行动"，各级各类学校科任教师，每天与线上直播教师同备课，与本班学生同听课，针对教情和学情，设计适量、适度作业及时在云校家推送给本班学生，并及时批阅反馈，有的老师还向学生推送了答疑解惑的小微课，帮助学生及时化解学习难点，巩固学习成效。

按照"应接尽接"原则，开展中小学生新冠疫苗接种。全县 12 至 14 岁学生接种 18659 人，接种率 97.6%，15 至 17 岁学生接种 11675 人，接种率 96.82%。全县教职工接种 3850 人，接种率 90.14%。

三、劳 动

1992 年，国家教委颁布《义务教育全日制初级中学劳动技术课教学大纲》，明确提出："劳动技术课是学生实施劳动技术教育的主要课程，是普通中学的一门必修课。"根据教学大纲要求，全县初级中学每周安排 2 节劳动技术课，采用理论与实践相结合的方式进行教学。

1998 年 6 月，根据教育部《关于加强普通中学劳动技术课教学管理的若干规定》，全县中学进一步加强和改革劳动技术课程教学，加强了劳动技术课的教学。

2000 年，高中开始执行调整后的教学计划。

2004 年，按照新的课程标准，初中每周安排 2 节劳动技术课。

第四节 | 师 资

1990 年之前，全县中小学体育艺术教师大多数是兼职。2000 年，全县中小学校共有体育专职教师 37 人，音乐、专任教师 94 人（其中：小学 77 人，中学 17 人）。2006 年开始，在每年新招聘教师计划中，适当增加音体美教师比例。（2006 年开始特岗教师招聘，2011 年开始公费师范生申报以及事业编教师招聘），有效缓解了体育艺术教师结构性短缺的问题。

2022 年，全县体育专任教师 148 人（其中：小学 68 人，中学 80 人）；全县音乐专任教师 110 人（其中：小学 64 人，中学 46 人）；全县美术专任教师 117 人（其中：小学 68 人，中学 49 人）；全县有专职卫生保健人员 8 人，全部是护理专业的毕业生。

县教育局利用世行贷款"贫 Ⅱ"项目、"国家义务教育工程""国培计划 2010 年中小学体育、艺术骨干教师培训项目"、遴选区级骨干教师培训等项目，采取集中培训与跟踪指导相结合、教学与科研相结合等形式，对体育、艺术教师加强系统培养，使其熟悉教育教学规律，掌握教育教学方法，提升自我发展能力。

进入新世纪，县教育局进一步加强体育艺术师资队伍建设。2020 年，成立了同心县中小学一体化音乐名师工作室，由县音乐骨干教师张鸿领衔；随后又先后成立了吴忠市级张鸿音乐名师工作室，自治区级金守义名师工作室。2020 年成立了同心县中小学一体化美术名师工作室，由中国美术家协会会员、吴忠市美术家协会副主席、县美术协会主席李永宏领衔；随后成立了吴忠市级马勇美育名师工作室。名师工作室是名师引领的教师发展共同体，是优秀教师骨干教师互相学习、互相勉励、集体成长的平台。全县体育、艺术教师通过参加各类技能比赛、全区基础教育教学教研课题申报等方式，提高了专业素养和科研水平。体育、艺术教师在做好教育教学工作的同时，利用业余时间，相互切磋、拜师访友，潜心创作，涌现出了一批自治区级乃至全国有影响的艺术家，进一步推动全县艺术教育教学水平迈上更高的台阶。

同心县教育系统文化艺术类自治区级及以上会员一览表

会员名称	姓名	性别	出生年月	文化程度	工作单位	作品及获奖情况	备注
宁夏作家协会会员	马成荣	男	1956.7	本科	同心县王团镇沟南小学	出版《乡情友谊》《岁月的划痕》多人合集五部	
宁夏作家协会会员	王自忠	男	1964.2	大专	同心县第二中学	在区市报纸杂志发表多篇散文	
宁夏作家协会会员	金平	男	1965.7	大学	同心中学	出版文学作品集《种在天空的花朵》,30余篇中短篇小说、散文发表在《朔方》《飞天》《六盘山文艺》等刊物上	
宁夏作家协会会员	张佳萍（瑶草）	女	1969.12	大专	同心县第二小学	诗歌《落在心上的虫》发表于《诗刊》	
宁夏作家协会会员	杨佳香	女	1973.5	本科	同心县第二小学	散文《情雨》获湖北文学大赛优秀奖	
宁夏作家协会会员	锁桂英	女	1977.4	本科	同心县第二中学	散文、诗歌在区市县报纸杂志发表	
宁夏文艺评论家协会会员	马小英	女	1977.7	大学	同心中学	《众鸟的翅羽藏在风中》发表在《宁夏文艺评论》	
宁夏作家协会会员	马伟	男	1998.3	大学	同心县第八中学	散文《梨花树》发表在《朔方文学》散文《梦里花落知多少》发表在《黄河文学》	
宁夏作家协会会员	锁菲娅	女	1999.12	本科	同心县石狮中学	出版《社区书记》（合著）短篇小说集《大河之光》《抓阄》和《老表老汉》短篇小说发表在《六盘山》	宁夏报告文学学会理事 吴忠市作协副主席
宁夏作家协会会员	周永吉	男	1981.1	本科	同心县第一小学	《我爱宁夏》荣获宁夏首届公益广告设计大赛特等奖	
中国美术家协会会员	李永宏	男	1967.1	本科	同心县第一小学	2008年国画作品《祖国万岁》被自治区政协永久收藏	宁夏美术家协会理事 吴忠市美协副主席
宁夏美术家协会会员	马建梅	女	1978.2	本科	同心县石狮中学	2015年荣获"梦想中国·立德树人"全区教育系统师生书画大赛教师组一等奖	
宁夏美术家协会会员	马勇	男	1982.3	本科	同心县石狮中学	2022年宁夏黄河流域非遗作品创意赛获优秀奖	
宁夏书法家协会会员	贾治忠	男	1964.10	本科	同心县教育局	荣获宁夏首届"珠江钢琴杯"教师技能全赛书法一等奖 书法作品被自治区政协永久收藏	宁夏书协理事 吴忠市书协副主席
宁夏书法家协会会员	马彦文	男	1973.1	本科	同心县第四中学	2021年作品入展入版刊登一百周年书法,美术摄影及工艺品展 2021年作品被人民日报海外版刊登全区建党一百周年书画	同心县书法家协会主席

（续表）

类别	姓名	性别	出生年月	学历	工作单位	主要成就	职务
宁夏书法家协会会员	马成	男	1980.2	大学	同心县第五小学	2004年11月，在全区中小学美术教师大赛中获"十佳"选手	吴忠市书协理事 同心县书协副主席
宁夏摄影家协会会员	丁立军	男	1962.5	大学	同心县教育局	《菩悦》入选"2006·陕西·宁夏春节习俗展" 《开学第一天》入选第三届"爱我家乡"中粮可口可乐杯摄影大赛	
宁夏摄影家协会会员	肖自林	男	1964.5	大学	同心中学		
宁夏摄影家协会会员	马啸	男	1964.7	大学	同心县教育局	作品参加三江源、平遥国际摄影展 作品获宁夏自治区服饰类区级一等奖	
中国艺术摄影家协会会员	马剑	男	1966.8	大学	同心县师资培训中心	"舞动的黄河" 甘青宁联赛一等奖 作品参加平遥、三江源国际摄影展	
宁夏摄影家协会会员	马赞智	男	1970.7	大学	同心二中		
宁夏摄影家协会会员	黑亚男	女	1997.11	大学	同心县第五中学		
中国民族管弦乐学会会员	李洪波	男	1974.1	本科	同心县教育局	指导的合唱作品参加宁夏第七届学生艺术展演活动 被区教育厅评为一等奖	宁夏管乐学会理事
中国民族管弦乐学会会员	金守义	男	1976.2	本科	宁夏同心第四中学		
中国音乐家协会合唱联盟会员	纪明伟	男	1980.11	本科	同心县教育局		
宁夏民协会员	马凤全	男	1981.11	本科	同心县河西镇中学	荣获第四届中国西北音乐节偏坪民歌邀请赛二等奖	
宁夏音乐家协会会员	高龙	男	1993.9	本科	同心县第四中学		
中国合唱协会会员	李雪婷	女	2019.6	本科	同心县第五中学		
中国民间文艺家协会会员	井春霞	女	1966.9	本科	同心县第二小学	作品《花开吉祥 平安中国》荣获第三届中国民间艺术博览会金奖 作品《出美七十年 礼赞新宁夏》荣获自治区人民政府文艺作品一等奖	中国民协黄纸艺术委员会委员 宁夏黄纸协会副主席 自治区非物质文化遗产传承人
宁夏民间文艺家协会会员	金晓琴	女	1980.1	大专	同心县第四小学	《吾土吾民》入选第十三届全国美术作品展	宁夏美协理事 吴忠市美协副主席
中国民间文艺家协会会员	马文莉	女	1986.12	本科	同心县特殊教育学校		
中国民间文艺家协会会员	高龙	男	1993.9	本科	同心县第四小学		

第十章 | 教 师

　　同心地区宋代就开办学校，明、清教育继续发展，有了一定数量的教师。到民国 8 年（1919），全县高初级小学 17 所，有教员 19 人。1949 年新中国成立后，全县有教职工 47 名。从 1953 年起，上级教育部门每年从外省、市、区分配一定数量的大中专毕业生到同心任教，加强了同心师资力量。同时，选用了为数不少的民办教师和代课教师从事教学工作。20 世纪 90 年代，同心县委、县政府认真落实党和国家对教师的一系列政策规定，努力提高教师的政治地位与生活待遇。采取培养、培训、考核、监督、评优、奖励等措施提升队伍素质。进入新世纪后，坚持把教师队伍建设作为基础工作，以强化师德为第一标准，从深化思政和师德师风建设入手，全面落实"四有"好老师、"四个引路人""四个相统一"等系列要求，扎实开展"师德建设提升年"活动，利用教师节等重点时段开展为教师亮灯、"四有"好老师宣讲、师德师风专题论坛等系列活动，大力宣传师德高尚、师风严谨、师能突出的优秀教师，引导教师努力成为有大学问、大情怀、大格局、大境界的"大先生"。到 2022 年，全县在编教师 4293 名。其中中小学特级教师 20 人；塞上名师 5 人；国家、自治区及市、县学科带头人 673 名；221 人被评为市、县级名师、名校长；1800 人次获得国家、自治区及市、县级表彰。

第一节 | 教师队伍发展

一、民国时期的教师队伍

据预旺县志载，民国 8 年（1919），全县高初级小学 17 所，有教员 19 人。另据西北地方文献《宁夏今日教育》记载，镇戎县创设清真高初级小学 14 校，其中清真完小 3 校，有教职员 13 人，清真初小 11 校，有教职员 43 人。民国 22 年（1933），全县 4 所完小，8 所初小及 5 所短期小学共有教职员 31 人，17 名专任教员中，初中毕业 2 人，初师毕业 4 人，高小毕业 9 人，其他 2 人。民国 27 年（1938），因抗日及经费问题，短期小学一律停办，教职员也因此减少到 13 人。民国 28 年（1939），教职员增至 27 人。民国 29 年（1940），改办中心学校 3 所，教职员 20 人，其中女 2 人，国民学校 20 所，教职员 25 人。1949 年，同心解放时，全县有教师 39 人，大多数为小学文化程度。

二、公办教师队伍发展

1949 年新中国成立后，全县除留用小学教师 31 人外，并选派干部充实教师队伍。到 1950 年，全县已有 47 名教职工，其中女教师 2 名。文化程度为初师毕业 3 人，高中 2 人，初中 2 人，简师 5 人，小学 31 人，其他 4 人。随着教育事业的发展，教师数量不足，缺额部分从社会吸收具有高小文化程度的青年，或参加师范速成班，或举办短期教师轮训班，结业后补充小学教师队伍。1952 年，教职工增加到 98 人。从 1953 年起，上级教育部门每年从外省、市、区分配一定数量的中专毕业生到同心任教。1956 年，同心中学成立后，宁夏川区及外省区教师陆续分配到同心，加强了同心师资力量。其中同心中学 9 名专任教师由外省市分配调进。1958 年，吸收 89 名小学毕业的青年为民办教师，全县教职工增加到 308 人。1960 年，同心县初级师范首届毕业生 57 人，扩充到小学教师队伍中，又从高小初中肄业生中择优录用民办教师。民办教师增至 130 人。1962

年 5 月，全县 3 次精简小学教师 177 人，使小学教师由 1960 年的 426 人减至 1962 年的 249 人。其中民办教师减至 21 人。1964 年以后，创办跟读小学，大量吸收农村高小以上毕业生担任民办教师和代课教师。"文革"期间，各队盲目办初中，一些小学骨干教师抽调教初中，使中小学的教育质量受到影响。这一时期的小学教师主要来源是吴忠师范和同心县简师班。

1980 年以后，除区内固原师专、宁夏教育学院外、中央民族学院、西北民族学院、陕西师范大学、上海师范大学等院校毕业生陆续分配到本县任教，教师素质不断提高。1990 年底，全县各级各类学校共有教职工 2375 人，比 1950 年增长了 50.5 倍。其中，初中 367 人，高中 92 人。小学教职工 1713 人，其中：公办 1269 人，民办 444 人；幼儿园教职工 48 人；教师进修学校教职工 26 人。高中教师、初中教师、小学教师学历达标率分别达到 54.3%、85.5%、85%。

1995 年，对全县中小学教师、幼儿园教师、进修学校教师进行了教师资格认定。

2002 年，为解决同心县农村中小学教师紧缺问题，提高师资合格率，县人民政府决定，吸收 2001 届师范专业大中专毕业生到教育系统工作。

2004—2005 年，在党政群机构改革中，将 76 名符合条件的工作人员充实到教师队伍。

2006 年，根据中央和自治区有关文件精神，同心县开始招聘特岗教师。2006—2022 年，共招聘特岗教师 1577 名。

2007 年，在全县事业单位编制实名制管理中，区编办将教育文化体育局所属事业单位 86 名非在编人员按专业技术资格分别充实到各中小学校教师岗位。

2008 年，县教育局实行"错时引才"的办法，通过引聘、招录等方式充实中小学教师队伍。其中向浙江师范大学、东北师范大学等院校招聘师范类本科学历毕业生 27 人；招录本地区应届师范类毕业生 175 人，非师范类毕业生 12 人。

2011 年，同心县开始录用免费师范生。2011—2022 年，共招聘免费师范教师 458 名。

2019 年，针对学前教育、职业教育师资短缺的问题，先后通过政府购买服务的形式为 27 所新开办贫困村幼儿园配备学前教师 100 名，为同心县职业技术学校和特殊教育学校配备专业教师 41 名，缓解了教师不足的问题。

2021 年，新招聘事业编制教师 25 人，政府购买服务幼儿教师 35 人。此外，县内自主招聘 200 名事业编进入同心县教师队伍。

2022 年全县共有教职工 4572 人，其中女 2816 人，在编人员 4293 人；专任教师 4532 人，其中女 2816 人，在编人员 4283 人，在编行政人员 3 人，教辅人员 22 人，工勤人员 15 人，校外教师 167 人。

小学教职工 2333 人，在编人员 2245 人，专任教师 2327 人。

初中教职工 1363 人，在编人员 1258 人，专任教师 1360 人。

高中教职工 665 人，在编人员 644 人，专任教师 647 人。

特殊学校教职工 36 人，在编人员 31 人，专任教师 30 人。

职业技术学校教职工 175 人，在编人员 117 人，专任教师 168 人。

教师的学历达标率 100%；任职资格达到 100%；校长持证上岗率达到 90%；全县共有正高级教师 4 人，高级教师 1043 人，一级教师 1552 人，二级教师 1128 人；有国家级骨干教师 2 人、自治区骨干教师 208 人、吴忠市骨干教师 411 人、县级骨干教师 682 人。

1990—2022 年同心县小学教师配置情况统计表

年份	教职工总数（人）	专任教师（人）	专任教师师生比	民办、代课教师		
				民办教师（人）	代课教师（人）	合计（人）
1990	1713	1589	1：31.6	444	647	1091
1991	1675	1587	1：34.1	386	236	622
1992	1765	1626	1：33.0	368	637	1005
1993	1765	1626	1：28.5	289	597	886
1994	2647	1668	1：30.3	253	407	660
1995	1933	1766	1：26.9	202	380	582
1996	2722	1807	1：26.4	108	406	514
1997	2766	1902	1：25.9	294	420	714
1998	2870	1978	1：24.8	29	389	418
1999	2978	2116	1：24.3			
2000	3170	2948	1：16.7			
2001	2986	2814	1：17.4	-	195	-
2002	2801	2658	1：19.1	-	137	-
2003	2683	2575	1：21.4	-	128	-
2004	2563	2486	1：21.0	-	-	-
2005	2416	2372	1：22.0	-	-	-
2006	1982	1936	1：21.6	-	-	-
2007	2055	2027	1：25.1	-	-	-
2008	2404	2026	1：24.2	-	-	-
2009	2064	2055	1：22.0	-	-	-
2010	2077	2048	1：21.6	-	-	-
2011	2030	2019	1：21.2	-	-	-
2012	2164	2158	1：19.1	-	-	-
2013	2214	2208	1：18.7	-	-	-
2014	1977	1972	1：16.8	-	-	-
2015	2079	2059	1：19	-	-	-
2016	2168	2153	1：18.4	-	58	-
2017	2214	2207	1：18	-	57	-
2018	2207	2201	1：17.8	-	110	-
2019	2113	2106	1：18.9	-	113	-
2020	2112	2105	1：19.1	-	187	-
2021	2168	2161	1：19.6	-	277	-
2022	2333	2327	1：18	-	157	-

1958—2022 年中专和普通中学及职业中学教职工人数

年份	全部教职工总人数			中专学校		普通中学	完全中学
	总计	专任教师		合计	专任教师		
		合计	女教师				
1958	32	20	3	-	-	32	-
1960	43	28	5	12	9	31	-
1965	42	25	5	17	10	25	-
1970	61	49	8	-	-	61	5
1975	198	153	15	-	-	198	25
1978	353	269	21	-	-	353	37
1980	407	297	28	-	-	407	32
1985	525	388	32	49	34	447	60
1990	810	587	57	65	27	745	255
1995	950	686	123	56	24	894	322
2000	1217	919	247	75	46	1085	149
2001	1129	904	250	72	43	992	134
2002	1146	938	257	60	43	1006	141
2003	1100	929	266	60	47	966	118
2004	1168	979	310	64	40	986	-
2005	1140	954	308	65	41	952	-
2006	1170	1001	369	39	22	1011	-
2007	1247	1107	410	39	18	1078	-
2008	1160	1041	381	37	21	1036	-
2009	1467	1319	482	36	25	1431	-
2010	1595	1427	678	36	25	1559	-
2011	1637	1512	658	40	29	1597	-
2012	1711	1627	730	40	19	1671	
2013	1696	1607	722	40	19	1656	
2014	1633	1557	728	40	19	1656	
2015	1663	1569	772			1663	
2016	1713	1653	840			1713	
2017	1786	1756	907			1786	
2018	1866	1834	985	31	30	1835	
2019	1915	1884	1028	90	90	1825	
2020	2031	2010	1127	140	136	1891	
2021	2085	2041	1204	146	135	1939	
2022	2203	2162	1330	175	168	2028	

第二节 教师队伍建设

一、教师管理

1991年，教育局印发了《关于教育系统团队组织机构设置及人员配置的意见》，对学校团队组织机构设置及人员配置进行了规范。与县劳动人事部门、编制部门协调，按照编制聘任教师。

1993年，教育局印发《同心县中小学教职工管理规定》，提出实行"四定两任制"，即定人员编制、定岗位职责、定学校规模、定工资总额；实行校长选任制、教师聘任制。在人员调配中，坚持"面向基层、统筹安排、因地制宜、合理使用"的原则，大中专毕业生分配，本科毕业生分配到高中，专科和中师毕业生一律分配到农村中小学任教，2年内不调动。同心县人民政府出台了《同心县中小学教师交流调配办法》等一系列规章制度，坚持专项评估、视导与责任区督学检查相结合的方式，确保落实好各项制度。

1994年，教育局建立了教师考核制度。年度考核工作由学校考核领导小组具体负责，围绕年度工作目标任务和岗位职责，结合平时考核，严格程序，公开透明，准确评价对考核对象的德、能、勤、绩、廉，进行等次评定。考核分优秀、合格、一般、基本合格4个等次。优秀等次比例控制在本部门（单位）参加年度考核总人数15%以内。

2002年，按照自治区人民政府批转的自治区编办等部门关于贯彻《国务院办公厅转发中央编办、教育部、财政部关于制定中小学教职工编制标准意见的通知的实施办法》的通知，重新核编和按编竞争上岗，重点解决中小学教职工编制分布不均衡、岗位设置不合理等突出问题。

2007年8月，教育文化体育局直属事业单位编制实行实名制管理，人员竞聘上岗。将410所学校合并为230所。中小学校和中心学校重新确定了机构名称、隶属关系、编制员额、领导职数、经费形式。

2009年，教育文化体育局按照自治区《关于规范中小学内设机构、领导职数和教职工编制配备的实施意见》等文件精神，向县人事劳动保障局呈报所属事业单位岗位设置实施方案。根据吴忠市人事局批复同心县教育文化体育局所属 31 个事业单位共设置"三类岗位"总量 3686+126 个。

2012 年，同心县加强教师资源配置管理，逐步实行城乡统一的中小学编制标准，对农村边远地区实行倾斜政策。

2015 年，县委、县政府提出，对当年度考核不合格的教学人员实行待岗培训，只发基本工资。经培训后仍不能胜任教育工作的人员，调整到其他事业单位；对连续两年考核不合格的人员进行解聘。对患有重大疾病不能胜任教学工作的，按有关规定办理病退。

2016 年，中共同心县委组织部、同心县机构编制委员会办公室、同心县人力资源和社会保障部、同心县教育局、同心县财政局，联合印发了《同心县校长教师交流轮岗实施办法》（同教发〔2016〕117 号），采取定期支教、跨校轮岗、岗位代培、学校联盟、对口支援、乡镇中心学校教师走教等多种途径和方式，引导优秀校长和骨干教师向乡村学校流动，重点推动县城学校教师到乡村学校交流轮岗、乡镇中心学校教师到村小学、教学点交流轮岗。实施《同心县乡村教师支持计划（2015—2020 年）实施细则》，建立中小学教师编制动态管理机制、职称（职务）评聘向乡村学校倾斜。对已办理退休手续的特级教师、高级教师，凡身体健康、能胜任日常教育教学工作，且本人自愿继续从事教育教学工作的，由个人申请、学校推荐、教育局审核批准定向返聘到乡村学校或薄弱学校支教，由县财政按照每人每年 20000 元标准予以生活和交通补助。探索实施义务教育阶段教师队伍"县管校聘"管理体制改革，为组织城镇教师到乡村学校任教提供制度保障。对新参加工作教师，原则上分配到乡村基层学校任教，引导教师由县镇向乡村、由超编学校向缺编学校流动。

二、教师招录

（一）公办教师招录

1991—2002 年，实行计划经济，同心县教师补充主要途径是来自国家统一分配的大中专毕业生。吴忠师范、银川师范毕业生，约占毕业生分配总数的 70%。共有 191 名外县市大中专毕业生分配到同心县从事教育工作。

2006 年开始招聘特岗教师。2011 年开始招聘免费师范生。

（二）民办教师和代课教师转正

民办教师、代课教师是同心中小学教师队伍重要的组成部分。1958 年，在国民经济全面跃进的过程中，学生骤增，为补充教师缺额部分，吸收 89 名社会失学青年为民办教师，全县教职工增加到 340 人，其中中学 32 人。1960 年，同心初级师范毕业 57 人，补充到教师队伍中。在处理高小、初中超龄生中，择优录用民办教师，民办教师数额增加到 130 名。是年，因国民经济困难，秋季开始精简教职工，令其回乡或下乡支援农业。1962 年 5 月，全县三次精简、退职、除名小学教职工 177 名（含民办教师）。中小学教职工减少到 310 人，其中民办教师减少到 21 人。

1964 年，由于耕读小学的创建和教育事业的发展，开始大量吸收民办教师和代课教师。1976 年，把一些小学骨干教师抽调到队办附设初中班任教，吸收一大批初中生任民办小学教师。1977—1990 年，同心将 686 名民办教师转为公办教师，其中直转 270 人，通过简师和教师进修学校学习后转正 598 人。1991 年 7 月，教育局根据宁教（人）发〔1991〕140 号通知，将 1990 年底以前属于农村户的自费生及"五大"电大、业大、夜大、函大、职大、师范或师范相近专业的毕业生招聘到乡（镇）以下中小学担任民办教师，将 7 名民办教师录用为国家公办教师。

1990 年，全县中小学共有民办教师 423 人，其中小学民办教师 386 人，中学民办教师 37 人，民办教师数占中小学专任教师数的 20.7%。

与民办教师同时存在的还有代课教师。1990 年全县中小学有代课教师 772 人，其中小学有代课教师 689 人，初中有代课教师 83 人，代课教师占中小学专任教师总数的 46.6%。

1993 年，同心县按照中央对民办教师"关、招、转、辞、退"的五字工作方针，从优秀民办教师中选招公办教师。

1999 年，将 462 名民办教师、35 名代课教师和 33 名具有大专文凭的代课教师的子女转为公办教师。

2000 年，全县有代课教师 672 人。2013 年，将 2007 年 12 月 31 日—2010 年 12 月 31 日，连续任教满 3 年的代课教师进行定向招聘，经过考试，招聘地方定向特岗教师 9 人。以后陆续通过考试、考核，将符合条件的代课教师转为公办教师。

三、资格认定与职称管理

（一）教师资格认定

1995 年，同心县对全县中小学教师、幼儿园教师、进修学校教师进行了教师资格认定。认定的条件，必须具备相应的学历，并且在自治区统一组织的普通话考试中成绩达到二级乙等（中文专业为二级甲等）。此后，凡是新招聘的教师，必须要有教师资格证。

2001 年 12 月，按照同心县教育文化体育局下发的《关于在各级各类学校开展普通话水平培训、测试工作的通知》要求，同心县对部分老师进行普通话水平等级测试的注册、备案、测试及成绩登记工作。成绩合格者由教育厅、劳动人事厅核发国家语委监制的《普通话水平测试等级证书》。

2011 年，开始试行资格考试改革和定期注册制度，提高了教师准入门槛，破除了教师资格终身制，提升了教师队伍的质量和水平。

2016 年，教师资格认定制度全面推行，但底线清晰，师德失范的教师实行一票否决。

2022 年，全县有正高级教师 4 人，高级教师 1043 人，一级教师 1552 人，二级教师 1128 人。全县教师任职资格全部达到 100%。

（二）教师职务（职称）评聘

1987 年 8 月，同心县首次开展中小学教师专业技术职务评审工作。教育科成立了同心县中小学教师职称改革领导小组，下设办公室，组建了中小学教师评审委员会和 7 个学科评议小组。全县 16 个学区 11 所县直中小学，选举产生了由学区、学校校长负责的职改领导小组，并设置了考核和评审小组，负责实施本单位教师职务考评评审工作。中小学教师的职称，分别设置为中学高级教师（中专为高级讲师）、中学一级教师、中学二级教师、中学三级教师；小学高级教师、小学一级教师、小学二级教师、小学三级教师。1988 年，首次评定中学高级教师 12 人，中专高级教师 1 人，中学一级教师 91 人，中专一级教师 6 人，小学高级教师 208 人。以后每年评定一次，指标由人事劳动保障局按照学校规模、岗位设置，一次下达给教育部门。

1988—1994 年，教师职务评定后，由教育行政部门进行聘任。1995 年由县政府聘任并发放聘任书。2001 年，针对教育系统专业技术人员多，学历层次高，职称评定中指标少的问题，教育部门会同人事劳动保障部门建立了教师职称档案和平时考核档案。评定职称以教师的教学实绩和考核结果为主要依据进行评审，并优先考虑在一线，业绩突出，业务精湛的教师，打破了论资排辈的现象，极大地调动了教师工作的积极性。

2012 年，建立统一的中小学教师职务（职称）系列。城镇中小学教师在评聘高级职务（职称）时，要有一年以上在农村学校或薄弱学校任职经历。2016 年规定，乡村教师在评聘职称（职务）时不作外语成绩（外语教师除外）、发表论文的刚性要求，重点考察师德素养、工作业绩和一线实践经历。对长期在乡村中小学工作的教师且现仍在乡村教学岗位上、连续工作 15 年晋升中级职称、连续工作 25 年晋升副高级及以上职称，且历年年度考核合格以上，经所在单位研究同意，教育主管部门审核，公示无异议的，直接参加专业技术资格评审。在职称等级上，设置从正高级职称到员级 5 个等级，依次为正高级教师、副高级教师、一级教师、二级教师、三级教师，与原职称系列的正高、副高、中级、助理、员级相对应，并完善与之相配套的评价标准和办法。

同心县正高级教师一览表

姓名	所在单位	性别	出生年月	工作时间	学历	职务及职称	教师资格证	任教学段学科	正高级职称获批时间
冯庆科	同心县同心中学	男	1962.12	1981.7	本科	校长、正高级	1996年高中地理	高中地理	2019.12
白丽娟	同心县同心中学	女	1965.4	1985.7	本科	书记、正高级	1996年高中数学	高中数学	2020.12
周桂玲	同心县第一小学	女	1975.2	1993.7	本科	副校长、正高级（定向）	1996年小学数学	小学数学	2021.12
黑学红	同心县第一幼儿园	女	1972.12	1991.7	本科	园长、正高级（定向）	1996年小学语文	幼儿园	2022.12

第三节 │ 师德建设

1991 年 8 月，教育局印发了《关于贯彻实施〈中小学教师职业道德规范〉的意见》，从政治思想、业务能力、爱护学生、遵纪守法、为人师表五个方面，提出具体要求，以此来规范和约束教师的行为，并把师德建设列为教师考核、评优、职务评聘的重要内容。

1992—1995 年，在全县中小学教师中广泛开展"争当文明教师""创优评优""献爱心"和"争当优秀教师"等活动。全县中小学建立了"教师建功簿"，县城小学建立了"教师荣誉室"，教育局编印了《同心县教育系统优秀人才库》。

1996 年，在全县中小学中开展了以"吃苦敬业、熔铸师魂"为主题的"师德标兵"评选活动。县委、县政府对评选出来的师德标兵和模范班主任，进行了表彰奖励。

1997 年，国家教委和全国教育工会颁布了修订后的《中小学教师职业道德规范》。全县中小学开展了"塑造师德风范，树立文明新风"的活动。该项活动受到银南地区表彰，并在银南地区德育工作会议上作了交流。

1998 年 5 月，教育局印发了《教育局干部职业道德规范》《同心县中小学教师职业道德考核试行办法》，实行师德失范"一票否决制"。全县有 4 名师德失范的教师，年终考核被评定为不合格等次。

1999 年 5 月，在全县教育工作会议上，政府宣布了加强师德建设的八条规定。

2001 年，在全区开展的师德师风建设活动中，同心县 35 人获得自治区教育厅和福建省教育厅"全区师德建设先进个人"称号。

2007 年 1 月，县委印发了《中共同心县委、同心县人民政府关于进一步提高教育教学质量的意见》，提出"完善师德建设的规章制度和考核制度，把职业道德作为考核教师工作的重要内容和职务聘任、职称晋升、评选先进的重要依据。

2010 年以来，围绕《中小学教师职业道德规范》和《自治区教师行为"十不准"》等文件，开展了多种形式的师德教育活动和"师德标兵"评选活动。

2012 年，教育局印发了《关于开展评选师德师风建设标兵和模范班主任活动的实施意见》，开展了师德师风建设标兵和模范班主任评选活动。评选出师德师风标兵 20 人，模范班主任 30 人，对评定出的师德师风标兵和模范班主任的事迹进行广泛宣传，县委、县政府给予了表彰奖励。

2014 年，是同心的师德师风建设年。教育局开展了"最美教师"评选活动，大力宣传先进典型和模范事迹，展现当代教师的精神风貌，增强了广大教师的职业荣誉感和自豪感。

2016 年，县政府制定了《同心县乡村教师支持计划（2015—2020 年）实施细则》，把教师职业理想、职业道德、法治教育、心理健康教育等融入乡村教师培养管理的全过程，形成教育、宣传、考核、监督与奖惩相结合的师德建设长效机制。

2020 年，教育局先后制定了《同心县中小学教师职业道德规范》《同心县中小学教师师德考评细则》《同心县加强师德建设的"八倡导""八禁止"》《关于加强中小学班主任工作的意见》《同心县班主任队伍建设工程管理考核办法》等制度。依照制度进行师德考核。考核结果作为优秀教师、学科带头人、骨干教师评选和职务评聘等工作的重要依据，全县中小学校建立了统一的师德考核档案，构建了科学有效的师德建设工作监督评估体系，为师德建设提供制度保障。

第四节 | 师资培训

一、补习培训

1949 年新中国成立后，人民政府重视教师的培训工作，根据"教什么、学什么，缺什么、补什么"的原则，采取多种形式，提高教师的政治、文化、业务水平。1949 年 11 月，县政府对留用的 31 名小学教师集中于县城培训，学习党的教育方针、政策，鼓励他们为同心文化教育事业继续工作。20 世纪 50 年代初期，县教育科将小学文化程度的 58 名教师送到宁夏师范速成班学习，对师范肄业或最低高小文化程度的教师送到银川市文教所主办的教师轮训班学习，训期 1 年。1956 年，在县城试办教师业余文化补习班。1959 年，同心第二初级中学改办为同心师范。同时，还建立了小学教师函授教育辅导站，全县有 376 名学员按规定在修业期间学完了所学学科的内容。此外，还利用假期，每年都举办全县中小学教师暑期学习会提高教师业务素质。

1971 年后，县及学区每年利用寒暑假期举办中小学学习班；举办数学、物理、化学教师培训和音体美教师培训班。各学区根据教学需要，举办民办教师语文、数学补习和音体美培训班，同心中学还开办师训班，每期 40 余人，共 3 期，主要培训全县各学区民办教师。中共十一届三中全会后，把"培训师资、加强管理"列为全县教育改革的根本措施，采取"请进来带，派出去学，岗位上练"的办法，加强师资培养和培训，使全县师资队伍政治素养、业务素质明显增强。

（一）请进来带

1983 年，县文教局聘请北京 7 名（语文 5 人，数学、物理各 1 人）高中骨干教师到同心县任课。1984 年，聘请北京、浙江、陕西、四川 9 名骨干教师到同心中学、回民中学（今同心三中）除顶缺代课外，主要对青年教师进行传、帮、带。北京教师面向全县中学分别作了语文、数学、物理教学的专题讲座和语文公开课，帮助青年教师分析教材，指导备课，商讨教法。1983 年开始，连续 3 个暑期，邀请北京宣武区 35 名教研员和教师来同进行公开讲学，作教材教法辅导。

1984年开始，连续两年聘请北京宣武区3名小学教研员在同心一小上示范课，传经送宝。还特邀了自治区周毓济等7名特级教师为全县中小学教师上示范课。

（二）派出去学

1.区内外离职进修。鼓励学历不达标的中青年教师报考区内、外大专院校。宁夏教育学院成立后，每年都有青年教师离职进修。截至1990年，在该校进修毕业的教师近80人（包括函授生）。1983年，同心县与北京市教育学院宣武区分院，东、西城区分院等院校签订代培协议，代培各科教师29名。1984年，选派12人到淮南师范学校和南通师专代培进修，至1990年，全县到区内外师范院校离职进修的教师近百名。

2.离职短训。1983年，县文教局先后派9名专职教研员，124名骨干教师去北京、武汉、山东等地进行短期培训，先后6次派出94名中小学教师到北京、武汉、银川等地听课学习。

（三）岗位上练

岗位上练主要采取四种方式：一是县教研室抓小学教材教法（即教材过关）培训工作。二是巡回播放录像。1984年教研室深入全县各学区，放映了全国各地优秀教师、特级教师课堂教学实况录像84课时，观看人数达4064人次。三是鼓励支持中小学教师参加高师函授，电大、卫星电视学习。从1981年开始，有80人参加宁夏教育学院高师中文函授。1986年，有239名小学教师参加卫星电视中师教育。43名中学教师、174名小学教师分别取得大专毕业证书和中师文凭。四是加强教研活动，组织全县中小学教师学习教学理论，开展教改实验等岗位练兵活动。

（四）合作培训

2000年以前，教师培训工作由县教师进修学校承担。教师继续教育由县教研室承担。2000年，培训工作由"同心县教育系列专业技术人员继续教育基地"负责。2003年12月，成立同心县中小学教师继续教育中心，负责同心县中小学教师继续教育工作。2006年9月，同心县中小学教师继续教育中心更名为同心县师资培训中心，主要职责是负责全县中小学、幼儿园教师的继续教育、各类培训。

自2011年开始，同心县人民政府先后与西北师大签订《西北师范大学西北少数民族师资培训中心与同心县人民政府共建民族教育发展实验区合作协议》（实施协议期限是2011年8月—2015年8月），每学年安排管理干部和骨干教师60人，5年培训300人；与江苏靖江市签订《同心县与江苏省靖江市教育内涵发展合作行动计划》，每年安排学校管理干部、骨干教师24人，5年培训120人。与中央民族大学签订《中央民族大学附属中学帮扶宁夏同心县创建区级民族教育示范学校合作协议》，5 年培训学校管理干部和骨干教师 50 人；与山东昌邑市签订《山东省昌邑市帮扶宁夏回族自治区同心县加快推进教育精准扶贫合作协议》，每学年安排校长、管理干部和骨干教师各 20 人，5 年培训 100 人；2016 年启动实施"国培计划"培育性示范县项目，与华东师范大学签订校长教师培训培养协议，分 3 年实施；到 2018 年对农村教学点教师和乡村学校校长全部轮训，到 2020 年，对乡村教师、校长每人进行 360 学时的培训。鼓励乡村教师在职学习深造，提高学历层次。

二、继续教育

1993 年 4 月，教育局根据自治区人民政府发布的《宁夏回族自治区中小学幼儿园教师继续教育暂行规定》，全县每年有 3000 多人次中小学和幼儿园教师参加继续教育学习、考核。教育局教师继续教育领导小组具体负责考核工作。

1999 年 9 月，同心县实施"中小学教师继续教育工程""园丁工程"。建立了自治区、市、县三级管理网络，中小学继续教育逐步走上法制化、规范化、科学化的轨道。从 1999 年开始，教育局每年组织中小学幼儿园教师参加继续教育，按照规定培训内容、开展全员岗位培训，完成学时经考试合格者，颁发继续教育成绩合格证书。

2004 年，同心县按照《宁夏回族自治区中小学教师继续教育规定》，成立了中小学教师继续教育领导小组。县人力资源和社会保障局，负责对本行政区域内的中小学教师的继续教育工作进行指导和监督。

2006 年，3289 人次完成了中小学（园）教师继续教育和教育技术能力培训。

2007 年，6 人参加了全区中小学幼儿园教师继续教育一级培训，56 人参加了全县继续教育二级培训，2641 人参加了继续教育三级校本培训，举办了两期世界银行贷款 / 英国政府赠款"西部地区基础教育发展"项目初中教师暑期继续教育培训，来自海原、同心、红寺堡三地 264 人参加了培训。选送 2 名音乐骨干教师参加了世界银行贷款 / 英国政府赠款"西部地区基础发展"项目全区音乐骨干教师培训。

2008 年，69 名中小学教师参加了自治区教育厅举办的 2008 年全区中小学幼儿园教师继续教育自治区级培训；19 人参加二级培训者培训。各中心学校、县直中小学、幼儿园组织三级校本培训，培训共计 3000 人次。

2009 年，县师资培训中心与上级业务部门联系，采取"送出去学，请进来教"的办法，完成校长培训 463 人次，骨干教师培训 284 人次，中小学教师全员岗位培训 7135 人次；50 名校长参加教育部启动的"中西部万名农村寄宿制学校校长国家级远程专题培训"；26 名中小学教师参加自治区级骨干教师培训，480 名教师参加校本培训。

2009 年，19 名中小学（园）教研员、骨干教师参加全区中小学幼儿园教师继续教育一级培训，460 人参加继续教育二级（县级）培训，3055 人参加继续教育三级（校本）培训，全体教师参加继续教育考试考核。暑期邀请了自治区科研部门专家、大学教授、高级中学特级教师、区市县骨干教师、学科带头人近 50 人讲课，授课 400 余课时，全县中小学校（园）长、班主任等 1500 人参加培训。

2010 年，教育厅师资处在全区中小学（幼儿园）教师中开展以提升教师职业道德规范和教学基本功新修炼为主题的教师继续教育全员岗位培训。同心县 20 名学科教师参加自治区级培训，承担县级二级培训主讲人。518 人参加二级培训，东部 6 乡镇中小学集中在下马关培训，西部 7 乡镇中小学、县城直属中小学在一小培训。两个培训点同时分设中学组和小学组，培训内容有讲座、教学观摩、视听音像资料等。2733 人参加三级（校本）培训，自学《教师教学基本功的新修炼》《解读中小学教师职业道德规范》。根据《自治区教育厅办公室关于做好 2010 年全区中小学幼儿园教师继续教育全员岗位培训考核工作的通知》安排，组织全县各中心学校、县直属中小学在岗教师进行统一答卷考试，3271 人参加考试。

2015 年，组织党支部书记、校长 32 人，赴外地接受区级轮岗培训、心理健康教育培训和后备干部研修；3118 名教师参加"国培计划"网上培训，125 名英语教师进行了 15 天的专业培训。

2017 年，4259 名教师参加中小学（幼儿园）教师继续教育培训，完成《宁夏中小学（幼儿园）教师继续教育计划 2017——专业课网络研修与校本研修整合项目》学习，主题内容是《教学问题的及时解决与教育教学能力的系统化提升》，72 学时合格。网络自主研修公需课 150 学时合格。

2019 年，全县 4132 人参加中小学（幼儿园）教师继续教育培训，专业课 72 学时合格，自主研修公需课 30 学时合格。

2020 年，4085 人参加中小学（幼儿园）教师继续教育培训，专业课 72 学时合格，自主研修公需课 30 学时合格。

2021 年，4224 人参加中小学（幼儿园）教师继续教育培训，专业课 72 学时合格，自主研修公需课 30 学时合格。

2022 年，全县 4270 人参加中小学（幼儿园）教师继续教育培训，专业课 60 学时合格，自主研修公需课 30 学时合格。

三、学历提升教育

（一）离职进修

20 世纪 90 年代，教育局选送学历不达标（没有大专文凭）、任教 3 年以上、年龄在 35 岁以下的中学在职教师，到宁夏教育学院、西北师范大学等院校离职进修，提高学历层次。

2001 年，教育局选派 10 名具有中师学历的小学教师，到吴忠民族职业技术学院进行转岗培训。

2002 年，烛光工程资助 3 名小学女教师到天津协合商贸学院免费进修专科学历。

（二）在职学习

县教育局鼓励学历不达标的中小学教师，参加宁夏卫星电视中师教育（后称"三沟通"教育）。教育局建立了县城、韦州、马高庄 3 个地面卫星接收站，通过宁夏教育电视台转播频道转播电视授课节目。1995 年，147 名中小学教师取得中等师范或高等师范专科文凭。

2001—2022 年，全县 1100 多名中小学教师通过在职自学、函授、广播电视大学教育、高等教育自学考试、中央党校业余学习等，取得了本科、专科文凭，享受相应待遇。

1990 年同心县小学专任教师学历和教龄情况表

学历	合计		未满五年的	五年至未满十年的	十年至未满十五年的	十五年至未满二十年的	二十年至未满二十五年的	二十五年至未满三十年的	三十年至未满三十五年的	三十五年及以上的
	计	其中受过师范教育								
总计	1589	1055	280	324	383	310	145	108	38	1
教育部门办	1169	995	226	235	249	215	111	95	37	1
其他部门办	3		3							
集体办	417	60	51	89	134	95	34	13	1	
中师、高中毕业及以上的	1129	996	234	256	274	206	87	56	16	
中师、高中肄业及初师、初中毕业的	439	59	44	67	107	93	57	50	20	1
初师、初中肄业及以下的	21		2	1	2	11	1	2	2	
总计：中高师毕业的	996	996	214	235	239	192	66	35	15	

1990 年同心县小学专任教师分课程、年龄情况表

年龄	合计			思想品德	语文	数学	语文数学	自然	地理	历史	体育	音乐	美术	农业常识	其他
	计	其中													
		受过师范教育	民办教师												
总计	1589	1055	417	21	384	329	785	13	12	11	17	11	5	1	
30 岁及以下	582	455	142	5	211	140	218				4	3	1		
31—35 岁	384	265	114	2	80	68	226	1	1		4	1	1		
36—40 岁	258	147	87	6	40	51	153		1	1	6				
41—45 岁	182	117	54	2	36	32	102	1	3	2	1	1	1	1	
46—50 岁	142	60	17	5	13	28	70	7	6	3	2	6	2		
51—55 岁	40	10	3	1	4	10	15	4	1	5					
56—60 岁	1	1					1								
61 岁以上															

补充资料: 女教师中 30 岁及以下 136 人，31—35 岁 33 人，36—40 岁 10 人，41—45 岁 12 人，46—50 岁 10 人，51—55 岁 1 人。

1990 年同心县中学专任教师学历和教学年限统计表

学历	合计		未满五年的	五年至未满十年的	十年至未满十五年的	十五年至未满二十年的	二十年至未满二十五年的	二十五年至未满三十年的	三十年至未满三十五年的	三十五年及以上的
	计	其中受过师范教育								
总计	459	458	202	108	97	24	8	13	6	1
初中	367	366	162	75	82	23	7	12	6	
高等学校本科毕业及以上	11	11	7	3				1		
高等学校本专科毕业和本专科肄业两年以上的	296	296	149	62	64	13	5	2	1	
高等学校专科肄业未满两年的	4	4	2	1	1					
中专、高中毕业的	53	53	5	10	16	10	2	9	1	
中专、高中肄业及以下	2	2			2					
高中	92	92	40	33	15	1	1	1		1
高等学校本科毕业及以上的	50	50	22	21	6			1		
高等学校专科毕业和本专科肄业两年以上的	40	40	18	12	7	1	1			1
高等学校本专科肄业未满两年的、中专、高中毕业及以下的	2	2			2					

1990 年同心县中学专任教师分课程学历情况统计表

学历	合计	政治	语文	数学	物理	化学	生物	地理	历史	英语	体育	生理卫生	音乐	美术	其他
总计	459	32	104	90	47	37	16	15	18	66	13	3	5	3	10
初中	367	27	87	74	37	27	12	10	13	52	9	3	5	3	8
高等学校本科毕业及以上	11	1	2	4		1	1	1		1					
高等学校专科毕业和本专科肄业两年以上	296	21	81	57	35	24	6	4	9	44	3	2	4	3	3
高等学校本专科肄业未满两年的	4			2						2					
中专、高中毕业的	53	5	3	10	2	2	5	5	4	6	5	1	1		4
中专、高中肄业及以下的	3		1	1											1
高中	92	5	17	16	10	10	4	5	5	14	4				2
高等学校本科毕业及以上的	50	3	14	12	6	5	1	1	3	2	2				1
高等学校专科毕业和本专科肄业两年以上	40	2	3	4	4	5	2	4	2	12	1				1
高等学校本专科肄业未满两年的															
中专、高中毕业及以下的	2						1				1				
总计 取得"专业合格证书"的初中教师数	5	1	1	2							1				
取得"专业合格证书"的高中教师数															

四、骨干教师培训

1996 年以来，县教育局利用世行贷款对"贫Ⅱ"项目、"国家义务教育工程"等项目对中小学（园）教师进行专业技能培训。举办了英语、音乐、美术、体育、复式教学、实验、仪器图书管理等培训班，培训中小学骨干教师 1010 名。

2002 年，教育文化体育局举办了同心县实施联合国儿童基金会"基础教育"项目小学主要学科骨干教师培训班，培训 1000 名中小学骨干教师。

2003—2023 年，同心县 2 人参加国家级骨干教师培训；通过自治区教育厅中小学骨干教师培训项目培训，同心县 208 名教师成为自治区级骨干教师；通过吴忠市级骨干教师培养项目培训，同心县 411 名教师成为市级骨干教师；同心县还积极开展了县级中小学骨干教师培训，共培养县级中小学各学科骨干教师 682 人。

同心县国家级区级骨干教师一览表

姓名	性别	培训认定批次	学科	任教学校	备注
金宪英	男	30022	思品	同心县第一小学	国家级
马秉山	男	30030	数学	同心县第一小学	国家级
冯庆科	男	NG02224	地理	同心中学	区级
白丽娟	女	NG02056	数学	同心中学	区级
刘加梅	女	NG02238	体育	同心中学	区级
余正云	男	NG05040	英语	同心中学	区级
马晓萍	女	NG05051	政治	同心中学	区级
马国臻	男	NG07057	物理	同心中学	区级
谭伟斌	男	NG07055	物理	同心中学	区级
金正学	男	NG07053	数学	同心中学	区级
马晓兰	女	NG07054	语文	同心中学	区级
马立军	男	NG08018	数学	同心中学	区级
杨海忠	男	NG08056	政治	同心中学	区级
王建军	男	NG08052	生物	同心中学	区级
丁桂玲	女	NG08073	信息技术	同心中学	区级
马月珍	女	NG20190223	信息技术	回民中学（今同心三中）	区级
周玉福	男	NG03248	美术	回民中学（今同心三中）	区级
马彦宁	女	NG05041	英语	回民中学（今同心三中）	区级
鲍永贤	男	NG03150	数学	回民中学（今同心三中）	区级
李小霞	女	NG02192	思想政治	回民中学（今同心三中）	区级
李　俊	男	NG05009	语文	回民中学（今同心三中）	区级
户海章	男	NG08038	物理	回民中学（今同心三中）	区级
黑学荣	女	NG201910224	英语	回民中学（今同心三中）	区级
李学文	男	NG05022	数学	回民中学（今同心三中）	区级
马文丽	女	NG201910222	音乐	回民中学（今同心三中）	区级
马淑霞	女	NG07059	英语	回民中学（今同心三中）	区级
马彦彪	男	NG04045	数学	同心县豫海中学	区级
白兴成	男	NG07056	化学	同心县豫海中学	区级
徐经荣	男	NG02141	化学	同心县豫海中学	区级
杨彦玉	男	NG07058	数学	同心县职业技术学校	区级
石俊兰	女	NG07363	体育与健康	同心县第二中学	区级
马　茜	女	NG07293	信息技术	同心县第二中学	区级
丁晓燕	女	NG06153	道德与法治	同心县第二中学	区级
锁国文	男	20410313	化学	同心县第二中学	区级
张树峰	男	NG02019	语文	同心县第二中学	区级
黑广平	男	NG08206	英语	同心县第二中学	区级
马三虎	男	NG07221	数学	同心县第二中学	区级
罗彦虎	男	NG07295	英语	同心县第二中学	区级
马　林	男	NG08102	物理	同心县第二中学	区级

（续表）

马志奎	男	NG08246	历史	同心县第二中学	区级
马国莲	女	NG08101	物理	同心县第四中学	区级
顾素芳	女	NG08243	道德与法治	同心县第四中学	区级
杨文静	女	NG201910227	语文	同心县第四中学	区级
海 琳	女	NG05108	语文	同心县第四中学	区级
罗进德	男	NG201910220	物理	同心县第四中学	区级
王玮萍	女	NG07223	数学	同心县第四中学	区级
马晓东	男	NG07222	数学	同心县第四中学	区级
勉 伟	男	NG06170	地理	同心县第四中学	区级
马 欣	女	NG05162	英语	同心县第四中学	区级
马英兰	女	NG05177	道德与法治	同心县第四中学	区级
韩 辉	女	NG04219	英语	同心县第四中学	区级
金 昊	男	NG08164	化学	同心县第四中学	区级
崔 岩	男	NG07384	美术	同心县第四中学	区级
王自花	女	NG002460	英语	同心县第四中学	区级
马如云	男	NG04184	物理	同心县预旺中学	区级
马 斌	男	NG04159	数学	同心县第五中学	区级
马汉武	男	NG06086	语文	同心县第五中学	区级
丁慧敏	女	NG07298	英语	同心县第五中学	区级
杨淑贞	女	NG08334	语文	同心县思源实验学校	区级
马玉生	男	NG07148	语文	同心县思源实验学校	区级
苏爱荣	女	NG04349	数学	同心县思源实验学校	区级
王立和	男	6013010226	语文	同心县思源实验学校	区级
纪明春	男	NG07224	数学	同心县丁塘镇中学	区级
丁静涛	男	NG07150	语文	同心县丁塘镇中学	区级
杨 波	男	NG04010	化学	同心县石狮中学	区级
田彦福	男	NG05222	体育	同心县石狮中学	区级
马宁亚	女	NG07294	英语	同心县石狮中学	区级
杨小福	男	NG08100	物理	同心县石狮中学	区级
赵彩凤	女	NG08245	政史	同心县石狮中学	区级
李建俊	男	NG04216	英语	同心县石狮中学	区级
马建梅	女	NG201910221	美术	同心县石狮中学	区级
王正义	男	NG05127	数学	同心县王团镇中学	区级
周耀晖	男	NG06156	道德与法治	同心县王团镇中学	区级
马富国	男	NG08166	化学	同心县王团镇中学	区级
马光宪	男	NG07151	语文	同心县王团镇中学	区级
吴月红	女	NG07297	英语	同心县下马关镇中学	区级
刘彩虹	女	NG08165	化学	同心县下马关镇中学	区级
王 发	男	NG06181	物理	同心县下马关镇中学	区级
苏志云	男	NG05126	数学	同心县韦州镇中学	区级

（续表）

杨献忠	男	NG06144	英语	同心县韦州镇中学	区级
马国良	男	NG07152	语文	同心县韦州镇中学	区级
蔡明国	男	NG201910218	英语	同心县韦州镇中学	区级
马兰英	女	NG03249	美术	同心县第一小学	区级
马　祯	男	NG201910231	语文	同心县第一小学	区级
李淑琴	女	NG07440	语文	同心县第一小学	区级
马冬梅	女	NG08333	语文	同心县第一小学	区级
韩　丽	女	NG02411	综合实践	同心县第一小学	区级
杨东波	男	NG08465	数学	同心县第一小学	区级
陈金兰	女	NG201910233	语文	同心县第一小学	区级
马月梅	女	NG06257	语文	同心县第一小学	区级
丁月红	女	NG08470	数学	同心县第一小学	区级
马光雄	男	NG201910229	语文	同心县第一小学	区级
杨雪梅	女	NG06350	数学	同心县第一小学	区级
周晓琴	女	NG201910230	语文	同心县第一小学	区级
马晓平	女	NG06414	英语	同心县第一小学	区级
马银梅	女	NG05331	数学	同心县第一小学	区级
马　荣	女	NG05271	语文	同心县第一小学	区级
锁月菊	女	NG06351	数学	同心县第一小学	区级
马兴明	男	NG07732	体育	同心县第一小学	区级
苏润军	男	NG06084	语文	同心县第二小学	区级
马希芳	女	NG08338	语文	同心县第二小学	区级
王　燕	女	NG07439	语文	同心县第二小学	区级
杨桂香	女	NG05437	信息技术	同心县第二小学	区级
周惠萍	女	NG04301	数学	同心县第二小学	区级
丁　霞	女	NG08466	数学	同心县第二小学	区级
马文娟	女	NG07438	语文	同心县第二小学	区级
马小莉	女	NG201910219	语文	同心县第二小学	区级
张春茂	男	NG04279	语文	同心县第二小学	区级
蔡学花	女	G03010217	语文	同心县第二小学	区级
高登琳	女	NG03092	英语	同心县第二小学	区级
金丽铭	女	NG07574	数学	同心县第二小学	区级
马红萍	女	NG05399	语文	同心县第二小学	区级
周梅英	女	NG06389	数学	同心县第三小学	区级
白月霞	女	NG02319	语文	同心县第三小学	区级
杨雪莲	女	NG201910225	语文	同心县第三小学	区级
杨春梅	女	NG07567	美术	同心县第四小学	区级
金　燕	女	NG05274	语文	同心县第四小学	区级
顾玉锋	男	NG06391	数学	同心县第五小学	区级
虎兰芳	女	NG07694	音乐	同心县第五小学	区级

（续表）

马霄屏	男	NG04463	语文	同心县第五小学	区级
勉力俊	男	NG06260	语文	同心县第五小学	区级
杨玉兰	女	NG03337	数学	同心县第五小学	区级
周兰英	女	NG07441	语文	同心县第五小学	区级
杨霄飞	男	NG03225	体育	同心县实验小学	区级
杨艳琴	女	NG03312	学前教育	同心县实验小学	区级
杨生勤	男	NG02321	语文	同心县实验小学	区级
周建军	男	NG05277	语文	同心县实验小学	区级
杨小霞	女	NG04431	语文	同心县实验小学	区级
马琪闪	女	NG06392	数学	同心县实验小学	区级
黑保莲	女	NG06486	美术	同心县实验小学	区级
闫登泰	男	NG07731	体育	同心县实验小学	区级
田淑兰	女	NG07442	语文	同心县实验小学	区级
丁学东	男	NG07573	数学	同心县实验小学	区级
锁成峰	男	NG05272	语文	同心县南安实验小学	区级
杨 萍	女	NG05333	数学	同心县特殊教育学校	区级
马春霞	女	NG07437	语文	同心县特殊教育学校	区级
马德林	男	NG08531	体育	同心县特殊教育学校	区级
杨 龙	男	NG06426	品德与生活	同心县河西镇中心学校	区级
贺学宗	男	NG07565	语文	同心县河西镇中心学校	区级
马兴礼	男	NG05273	语文	同心县河西镇中心学校	区级
白光举	男	NG08247	历史	同心县河西镇中心学校	区级
马 波	男	NG07563	数学	同心县河西镇中心学校	区级
马峻海	男	NG08335	语文	同心县河西镇中心学校	区级
张 梅	女	NG08472	数学	同心县河西镇中心学校	区级
李宗英	男	NG06354	数学	同心县河西镇中心学校	区级
冶正伟	男	NG04313	数学	同心县河西镇中心学校	区级
黑 平	男	NG04369	数学	同心县河西镇中心学校	区级
马生云	男	NG06450	科学	同心县丁塘镇中心学校	区级
金学琴	女	NG05394	科学	同心县丁塘镇中心学校	区级
张进成	男	NG04423	语文	同心县丁塘镇中心学校	区级
李 芳	女	NG06353	数学	同心县丁塘镇中心学校	区级
马梅玲	女	NG08469	数学	同心县丁塘镇中心学校	区级
张 俭	男	NG03257	语文	同心县豫海镇中心学校	区级
陈 毅	男	NG05336	数学	同心县豫海镇中心学校	区级
周雪梅	女	NG07695	音乐	同心县豫海镇中心学校	区级
马 福	男	NG04363	数学	同心县兴隆乡中心学校	区级
李 鋆	男	NG201910226	科学	同心县兴隆乡中心学校	区级
余晓红	女	NG04429	语文	同心县兴隆乡中心学校	区级
马 朝	男	NG06352	数学	同心县兴隆乡中心学校	区级

（续表）

马学英	女	NG06357	数学	同心县兴隆乡中心学校	区级
马生花	女	NG06301	语文	同心县石狮管委会中心学校	区级
马晓兰	女	NG06318	语文	同心县石狮管委会中心学校	区级
马慧霞	女	NG07436	语文	同心县石狮管委会中心学校	区级
马 武	男	NG08468	数学	同心县石狮管委会中心学校	区级
张国平	男	NG03338	数学	同心县王团镇中心学校	区级
王正虎	男	NG07568	数学	同心县王团镇中心学校	区级
马彦明	男	NG08471	数学	同心县王团镇中心学校	区级
白凤兰	女	NG06263	语文	同心县王团镇中心学校	区级
王耀龙	男	NG05335	数学	同心县王团镇中心学校	区级
殷晓旭	女	NG06496	信息技术	同心县王团镇中心学校	区级
马彦国	男	NG06264	语文	同心县王团镇中心学校	区级
罗玉贤	男	NG07575	数学	同心县田老庄乡中心学校	区级
马景林	男	NG05275	语文	同心县田老庄乡中心学校	区级
王菊莲	女	NG06261	语文	同心张家塬乡中心学校	区级
杨泽民	男	NG06303	语文	同心县预旺中心学校	区级
白玉彪	男	NG06355	数学	同心县预旺中心学校	区级
马步锋	男	NG07570	数学	同心县预旺中心学校	区级
白福朝	男	NG08337	语文	同心县预旺中心学校	区级
唐树有	男	NG06390	数学	同心县马高庄乡中心学校	区级
吴秀凤	女	NG06302	语文	同心县下马关镇中心学校	区级
王 芳	女	NG06262	语文	同心县下马关镇中心学校	区级
施 波	男	NG06085	语文	同心县下马关镇中心学校	区级
郭生江	男	NG08332	语文	同心县下马关镇中心学校	区级
胡志贞	女	NG08467	数学	同心县下马关镇中心学校	区级
贺文戈	女	NG05337	数学	同心县下马关镇中心学校	区级
郭风虎	男	NG05279	语文	同心县韦州镇中心学校	区级
丁彩虹	女	NG05278	语文	同心县韦州镇中心学校	区级
丁彩霞	女	NG08336	语文	同心县韦州镇中心学校	区级
李宏武	男	NG05276	数学	同心县韦州镇中心学校	区级
黑学红	女	NG07815	学前教育	同心县第一幼儿园	区级
马 军	男	NG07569	数学	同心县第一幼儿园	区级
金鹏梅	女	NG07817	语言	同心县第二幼儿园	区级
马雪花	女	NG08571	健康	同心县第二幼儿园	区级
马文燕	女	NG08572	学前教育	同心县第六幼儿园	区级
马学峰	男	NG05086	英语	同心县师资培训中心	区级
丁生忠	男	NG06204	信息技术	同心县师资培训中心	区级
顾有泓	男	NG05107	语文	同心县师资培训中心	区级
周 燕	女	NG05176	政治	同心县师资培训中心	区级
马 剑	男	NG08242	政史	同心县师资培训中心	区级

（续表）

马英福	男	NG08596	体育	同心县师资培训中心	区级
马翠花	女	NG06206	信息技术	同心县师资培训中心	区级
杨海英	男	NG06163	历史	同心县师资培训中心	区级
周　虹	女	NG07566	数学	同心县马高庄乡中心学校	区级
马　泉	男	NG06304	语文	教育局	区级
马　燕	女	NG08473	语文	教育局	区级
马　莹	女	NG08197	语文	教研室	区级
丁　霞	女	NG04480	语文	教研室	区级
刘耀宏	男	NG201910228	语文	教研室	区级

五、"国培计划"

"中小学教师国家级培训计划"，简称"国培计划"，由教育部、财政部于 2010 年开始全面实施。"国培计划"是贯彻落实《教育规划纲要》启动的教育发展重大项目，是加强幼儿园、中小学教师队伍建设的一项重大举措。"国培计划"包括"中小学教师示范性培训项目"（简称"示范性项目"）、"中西部农村骨干教师培训项目"（简称"中西部项目"）和"幼儿园教师国家级培训计划"（简称"幼师国培"）三项内容。"示范性项目"由中央本级财政专项经费支持，教育部直接组织实施，培训对象主要为全国中小学学科骨干教师、幼儿园骨干教师、骨干班主任教师及骨干教师培训者等。"中西部项目"和"幼师国培"通过中央专项转移支付经费，支持中西部省级教育部门、财政部门，按照"国培计划"总体要求，对义务教育学科骨干教师，农村幼儿园园长、转岗教师等，进行有针对性的专业培训。

2010 年，全县参加中西部项目幼师国培项目置换研修 11 人，短期集中培训 54 人，远程培训 730 人。101 人参加教育部"国培计划——2010 知行中国"小学班主任教师培训。10 人参加教育部"国培计划——中西部农村骨干教师培训项目远程培训"培训者培训。

2011 年，中西部项目幼师国培项目，置换研修 12 人，短期集中培训 35 人，远程培训 383 人，示范性项目培训 4 人。

2012 年，示范性项目短期集中培训 17 人，远程培训 176 人；中西部项目置换研修 29 人，短期集中培训 30 人，远程培训 1261 人；幼师国培项目教师转岗培训 20 人。

2013 年，"国培计划"——中西部项目宁夏中小学教师远程培训，培训新入职特岗教师、中小学校长、教师 1211 人。自治区教育厅制定《"国培计划"——宁夏中西部项目、幼师国培项目实施管理细则（试行）》。中西部项目分为置换脱产研修、短期集中培训和远程培训三种模式。中西部项目幼师国培项目培训教师总数 1429 人，其中置换脱产研修 48 人，短期集中培训 65 人，远程培训 1316 人。

2014 年，全县参加"国培计划"各项目培训的教师总数达 1041 人，其中置换脱产研修 29 人，短期集中培训 133 人，心理健康教育远程培训 567 人，中小学教师全覆盖远程培训 50 人，宁夏特岗教师远程培训 100 人，信息技术培训者培训 15 人。

2015 年，全县参加"国培计划"各项目培训的教师总数达 3531 人。其中短期集中培训 54 人，中小学教师信息技术应用能力提升项目远程网络培训共计 3477 人。

2016 年，"国培计划"——宁夏培育性示范县（同心县）中小学（园）教师培训项目培训 100 名乡村校（园）长、副校（园）长。同心县实施"国培计划"宁夏中西部项目幼师国培项目——宁夏培育性示范县（同心县）项目。项目周期为 3 年，华东师大承担培训设计与实施，子项目置换研修 100 人，乡村校园长助力培训 100 人，网络研修 2727 人，乡村教师访名校 100 人，送教下乡参训教师 240 人。

2017 年，校园长助力培训 50 人，培训团队研修培训 50 人，乡村教师访名校培训 100 人，网络研修与校本研修整合培训 3244 人，送教下乡培训覆盖 21 所中小学（园）。

2018 年，网络研修和校本研修整合培训 3408 人，校（园）长助力培训 50 人。幼师国培项目选派 6 名园长、教师参训。

2019 年，宁夏第一批"国培计划"培训项目——助力管理干部和骨干教师提升专项能力培训，同心教育局选派校长和学科教师分赴盐城、西安、广州、福州和北京教育发达地区研修深造。示范校骨干教师项目培训分两期，培养信息技术教师 10 人（小学段 5 人、中学段 5 人）；乡村中小学校长领导力培训项目培训校长 11 人（小学 4 人、初中 4 人、高中 3 人）；未来教育引领团队研修中小学教师信息素养培训者研修项目，培训中小学校长、教研员、信息化示范校骨干 8 人；信息化管理团队研修项目，培训中小学信息化管理团队骨干成员 8 人；德育（思想政治理论课）骨干团队研修项目，培训思政教师 15 人（小学 5 人、初中 5 人、高中 5 人）；音体美骨干教师研修项目，培训 15 人（音乐 5 人、体育 5 人、美术 5 人）；班主任心理健康及家长工作种子团队研修项目，培训班主任教师 15 人（小学 10 人、初中 5 人）；民办幼儿园园长规范办园培训项目培训 10 人。

2020 年，"国培计划"线上项目培训 3900 人，通识课程培训 40 学时，管理干部、教学骨干力量培训 30 学时。

2021 年，"国培计划"第一期中西部骨干项目，培训校（园）长 60 人，第一期中西部骨干项目培训教师 86 人；第二期中西部骨干项目，培训校长 10 人，培训教师 93 人。37 名新入职的特岗教师（其中非师范类 12 名、师范类 25 名），参加了"国培计划（2020）"启航计划培训。农村骨干教师能力提升培训 97 人，学科领域教师培训者研修培训 8 人，市县教师培训团队研修培训 18 人，农村校园长领导力提升培训 12 人，信息技术应用能力提升工程 2.0 管理者研修培训 5 人，重点帮扶县乡村边远中小学"一对一"精准帮扶培训项目培训 6 人。

2022 年，市县教师培训团队研修培训 30 人，农村校园长（含党组书记）领导力项目培训 7 人，中小学教师信息技术应用能力提升项目培训 122 人。"国培计划"自治区级幼儿园园长培养对象培训 1 人，自治区级骨干教师专业能力提升项目培训 7 人，小学数学自治区级骨干教师专业能力提升项目培训 1 期 4 人，小学语文自治区级骨干教师专业能力提升项目培训 1 期 3 人。

六、乡村教师培训

2009 年，实施"英特尔®未来教育基础课程项目"，教育局组织 26 名中小学教师参加了自治区级骨干教师培训，480 名教师参加了校本培训。实施教育部以卫星电视为主的远程培训"农村中小学现代远程教育工程"，组织初中六学科（语文、数学、英语、政治、地理、物理），小学四学科（语文、数学、英语、思想品德与生活）教师全员岗位培训，参训教师共计 2039 人次。实施宋庆龄基金会与美国星巴克咖啡公司联合主办、"赠与亚洲"（G2A）由协办的第七期"星巴克乡村教师培训班"，选拔 60 名乡镇一线骨干教师代表宁夏外出培训。

2015 年，选派 96 名管理干部参加国家教育行政学院西部乡村中小学校长培训计划、明德小学品牌建设工程校长研修班、四川师范大学信息技术培训高研班、中央电教馆举办的中小学校长"网络学习空间人人通"专项培训等项目的培训。

2017 年，遴选 100 名乡村教师参加"国培计划（2017）"——宁夏中西部项目，幼师国培项目培育性示范县乡村教师访名校培训，人员涵盖全县 36 所学校。该项培训历时近一年，通过两个阶段、三次轮训，为乡村中小学培养了 144 名音乐、美术兼职教师，其中音乐 74 名，美术 70 名。

2021 年，通过"国培计划"（2021）中西部骨干项目——"一对一"精准帮扶项目，中小学教师继续教育网"一对一"帮扶培训王团镇中学 90 人、河西镇中心小学 18 人、丁塘镇中心完小 20 人、王团镇中心小学 62 人、下马关镇中心完小 40 人、韦州镇中心完小 10 人。

七、信息技术教育培训

2001 年 2 月，为适应中小学信息技术课程开设的需要，教育局对在职的部分中小学教师进行了英语和计算机专业的学历转岗培训。同心县成立了中小学教师信息技术培训中心，建立了 1 个区级培训考核基地，5 个县级培训考核基地。教育厅为同心中学、教师进修学校、下马关中学、二中 4 所学校挂牌。从 2002 年开始，分 4 期对全县 1270 名中小学教师进行了培训和考核，每次培训教师 300 名左右，时间为 1 个月，培训结束后进行考核。考核工作由教育局、人劳局组成考核领导小组，自治区教育厅委派主考教师，县考核领导小组负责组织实施。经考试 1200 人取得了计算机信息技术教育初级（或中级）证书，12 人获得了计算机信息技术教育高级证书。2003 年 9 月，教育文化体育局举办了"中国—联合国儿童基金会远程教育项目同心县信息技术培训班"，对全县 40 名教师和学区校长进行了卫星天线安装、远教 IP 安装及使用、通视 DVB 安装及使用、远程设备的维护等培训，举办了"远距离项目教师信息技术"培训。

2008 年，组织 50 名校长参加教育部启动的"中西部万名农村寄宿制学校校长国家级远程专题培训"，组织 480 名教师参加校本培训，组织 44 名农村小学校长（正职）参加全区农村小学校长（正职）自治区级远程提高培训。

八、课程培训

2002 年，教育文化体育局按照《宁夏回族自治区基础教育新课程师资培训工作实施意见》，结合同心实际情况，开展了中小学新课程培训工作。1 月 16 日—21 日，选派有关领导、部分中小学校长和学科带头人，参加全区"基础教育课程改革自治区级骨干培训者培训班"。2003 年国培计划，选派学科骨干教师参加全区中小学、幼儿园教师继续教育暨基础教育新课程省级培训班。2004 年 7 月 1 日至 4 日，选派 2004 年秋季承担高中 13 个学科课改实验的骨干教师，参加自治区教育厅举办的全区普通高中课程改革实验教师培训班。2005 年 1 月，遴选 5 名教师参加全区中小学幼儿园教师继续教育新课程自治区级培训班。5 名教师培训后承担 2005 年全县中小学幼儿园教师继续教育二级培训工作。

2008 年，根据吴忠市教育局《关于做好 2008 年全县高中教师全员岗位培训的通知》，县教育局聘请区内专家、名师，分 3 个培训点（同心中学、一小、三中），对全县高中语文、数学、英语学科教师及学校班子成员进行专业学科教学培训。遴选 10 名中小学校长参加吴忠市教育局举办的专家学术报告会。遴选中小学幼儿园教师 19 人参加教育厅举办的 2008 年全区中小学幼儿园教师继续教育自治区级培训。县继续教育中心组织二级培训者培训，各中心学校、县直中小学、幼儿园组织三级校本培训，培训人次共计 3000 人次。

2009 年 7 月 17—25 日，县教育局举办中小学校长、中小学教师 6 个培训班，1267 名中小学教师参加了培训。培训班聘请了 40 余名特级教师、中小学优秀校长、国家区市级骨干教师，进行包括学校管理、财务管理、班主任工作、校园文化建设、教研工作、课堂教学、教师职业道德等方面内容讲座。遴选 200 名中小学教师参加"中西部地区农村义务教育学校有关学科教师专项培训"。组织 506 名中小学教师参加"英特尔·未来教育基础课程项目"培训。遴选 5 名教师参加自治区远程培训者培训；2 名教师赴四川都江堰参加中小学心理健康教育培训。2017 年，遴选 20 名新聘特岗教师参加全区新聘特岗教师网络研修。

九、普通话培训与考核

根据自治区教育厅办公室《关于在全区范围内对面向社会申请认定教师资格人员和在职教师中开展普通话测试的通知》精神，同心教育文化体育局下发了《关于在各级各类学校开展普通话水平培训、测试工作的通知》，要求全县中小学校以校本培训的形式，对本校教师开展普通话水平提升培训。2002 年 10 月，宁夏普通话培训测试中心委派专业测试人员，在教育文化体育局办公楼内对部分老师进行普通话水平等级测试的注册、备案、测试及成绩登记工作。对成绩合格者由教育厅、劳动人事厅核发国家语委监制的《普通话水平测试等级证书》。截至 2007 年，经培训测试，全县有 2600 名中小学教师获得《普通话水平测试等级证书》。

十、管理队伍建设

同心县委、县政府历来重视校长的选拔和培养。1991 年县委、县政府对中学领导班子进行了调整充实，任命中学党支部书记 7 人，中学校长 3 人，副校长 15 人，中学中层管理干部 9 人。县直中学校长、党支部书记为正科级干部，副校长为副科级干部，副科级以上干部由县委、县政府管理任用。1993 年，教育局印发了《中小学教职工管理规定》对中小学校长的任免、考核、后备干部培养等工作进行了具体规定。对全县 18 个学区校长，14 所中学校长进行了考察、调整，重新任命；免去 6 名年龄偏大校长的职务。1994 年，教育局制定了《同心县中小学校长"九五"培训规划》，有计划地培训校长。1995 年，教育局开展了优秀校长评选活动，表彰优秀校长 8 人。1996 年，教育局对全县中学、县直小学的中层干部进行了充实、调整。1998 年，同心县委、县政府表彰优秀校长 10 人，其中 3 人获银南地区"优秀校长"称号。1999 年，教育局制定了《同心县中小学（园）管理干部选拔聘任暂行办法》，在科学设置学校中层干部职数的基础上，坚持"公开、公平、公正"的工作原则，调整交流了 20 余所学校的中层干部，重新任命了 18 名中学校长、副校长，免去 6 名校长职务。通过世行贷款"贫 II"项目校长培训、宁夏中学校长提高培训、教育信息技术培训等途径，培训中小学校长 463 人次。全县中学校长、中心学校校长和 104 所完小校长全部参加了培训。50 名校长参加了教育部启动的"中西部万名农村寄宿制学校校长国家级远程专题培训"。480 名教师参加校本培训。44 名农村小学校长（正职）参加全区农村小学校长（正职）自治区级远程提高培训。

2002年，全县共有中学校长20名，中学副校长22名；学区校长19名，中心小学校长21名。全县小学校长和初中校长全部持证上岗。2009年，全县480名中小学校长接受参加远程教育校本培训。

2013年，同心县委印发了《同心县中小学校长、副校长公推竞聘工作方案》，实行中小学校长、副校长公推竞聘。教育局党委印发了《关于党政机关学校管理干部保持廉政的规定》，选拔了30名品德优秀、学历合格、业务精湛的中青年骨干教师担任中小学校长、政教主任等职务。对全县中学、县直小学的中层干部进行了充实、调整，配齐了中学教务主任、政教主任和总务主任，为县直小学配备了政教主任。选派7名校长分别参加教育部中学校长培训中心培训部（华东师范大学内）和清华伟新教育扶贫项目进行为期一周的培训。全县153名中小学校长参加校长任职资格培训。第一批选派马占银，第二批选派丁霞、黑学红、学马荃前往北京师范大学校长培训学院暨教育部校长培训中心参加培训。选派6名中小学校长参加教育厅在四川都江堰组织的中小学校长高级研修班培训学习。

2015年，同心县制定了《同心县加快推进教育事业发展三年行动计划》，《计划》规定高级中学校长一般由县教育行政部门提名、考察或参与考察，按干部管理权限任用和聘任；其他中小学校长（园长）由县教育行政部门选拔任用并归口管理，报县委组织部备案。校长任期一般为5年，原则上在同一所学校任期不超过两届，每3年对校长进行一次综合考核评价，根据评价结果进行动态调整使用。每学年从县城优质学校选派1—2名优秀中层以上干部到农村薄弱学校挂职副校长，选派1—2名农村学校的优秀副校长到县城优质学校挂职任副校长职务。根据教育局印发的《关于推进县域内义务教育学校校长教师交流轮岗的办法》，共有230名中小学校长到农村学校交流支教。教育局调整充实了70所中小学的领导班子，校长队伍平均年龄达到43.5岁。

2016年，全年累计培训管理干部530人次，其中同心县轮训452人次，外出研修78人次。

2019年，全县中小学（园）管理干部和学科教师50人参加国培计划交流项目培训。管理团队和骨干教师团队外出培训356人次，其中管理团队225人次，教师团队131人次；信息技术培训10人；乡村幼儿园园长培训项目办园能力提升培训10人、法制与安全培训10人；乡村中小学校长领导力培训项目培训校长11人。组织全县35名校长、书记参加吴忠市委党校学习班。同心县人民政府印发了《同心县全面深化新时代校长教师队伍建设改革实施方案》，推进校长聘用制管理改革。按程序进行推荐、考察、考核和聘用。建立校长任期制和任期目标制，校长任期一般为3至6年，在同一所学校任期不超过两届，每三年对校长进行一次综合考核评价，根据评价结果进行动态调整使用。新任或连任新一届的校（园）长，应结合本校实际提出任期内学校各项工作的近、远期发展规划及分阶段实施目标及措施。教育局每年对目标任务落实情况进行考核。当年对全县30所中小学校管理干部进行了调整交流，涉及中小学校长 89 人，配齐配强了中小学管理干部。

2020 年，国培计划，选拔乡村中小学校长领导力新任校长任职资格影子跟岗培训 5 人，骨干校长"三段式"提升培训 5 人，优秀校长区级集中深度研修培训 6 人，优质中小学校长高端研修培训 6 人，乡村幼儿园园长办园能力提升培训 10 人，幼儿园园长法治与安全教育培训 21 人，民办幼儿园园长规范办园培训 10 人。1 名高中校长参加第 66 期全国高中骨干校长高级研修班培训，1 名乡镇中心学校校长参加市级外出跟岗实践研修班培训，1 人参加特教学校校长能力提升培训班培训。选派中小学校长、副校长 10 人参加吴忠市教育局实施的 2020 年"教育部——中国移动中西部中小学校长培训项目"培训学习。

2021 年，举办同心县第四、第五期校长大讲堂，聚焦"互联网＋教育"、创新素养教育，培训中小学管理干部 322 人次，选树培养自治区领航书记校长 1 人、优秀班主任 4 人。选派 3 所高级中学管理干部等 11 人赴江西南昌参加集中培训。选派 3 所高级中学管理干部及教师共 52 名到福建厦门参加集中培训。同心县已有 20 名中小学校长受到教育部的表彰奖励，40 名中小学校长受到自治区党委、人民政府的表彰奖励，60 名校长受到自治区教育厅、福建省教育厅以及自治区团委、妇联、财政厅的表彰奖励，50 名管理干部受到吴忠市政府的表彰奖励。

十一、家校共建共育

2017 年，为贯彻落实习近平总书记关于"注重家庭、注重家教、注重家风"的重要讲话精神，推动《宁夏指导推进家庭教育的五年规划（2016—2020 年）》实施，教育局举办同心县家庭教育指导服务培训班，全县 24 所中小学 414 名教师参加了培训。同年举办二期培训班，自治区妇联副主席郝晓红亲临会场，邀请全国家庭教育专家、上海市闵行区现代家庭教育协会会长顾晓鸣做主题讲座，全县中小学 496 名教师参加了培训。

2018 年，吴忠市妇联、吴忠市教育局联合开展"新时代新家风·幸福家庭教育"进乡村巡回宣讲活动，7 名市局教师在全县 13 所中小学校举办专题讲座。教育局选派 12 名班主任参加吴忠市级家校基础讲师培训，为同心县开展本土家校共建共育培训培养专兼职教师。

2019 年，根据自治区教育厅、自治区妇联《关于开展家庭教育主题宣传活动的通知》和吴忠市教育局《关于在全市整体推进家校合作教育工作的通知》要求，教育、妇联、民政等部门共同推动建立街道、社区（村）家庭教育指导机构，落实对家庭教育的指导、服务。建立新华、永春、豫西、豫园社区教育指导服务站点。

2021 年，县妇联、教育局为全县 40 所中小学规范化家长学校挂牌。2022 年，教育局评选县级家庭教育指导服务示范校 9 所。

第五节 | 社会地位

一、表彰先进，授予各种荣誉称号

（一）表彰先进

1959 年 4 月，同心县委、县政府召开"文教群英大会"，全县有 114 名先进集体领导和先进个人参加了庆功表彰。1960 年，县人委召开了全县文教、卫生、体育先代会，教育系统有 40 名先进个人和先进集体领导参加了庆功表彰，其中有 18 名先进个人和先进集体被选为出席全区文教群英大会的代表。1964 年，全县评选先进工作者、三八红旗手、模范干部，教育系统有 49 名得到表彰。1966 年 1 月，召开全县半农半读教育先进集体和先进个人会议，评选出耕读教育先进集体 5 个，先进个人 13 人，树立标兵 3 人。1985 年，第一个教师节，县委、县政府举行隆重的表彰大会，表彰优秀校长 15 人，先进教职工 100 人。

1993 年 9 月 9 日，县委、县政府表彰优秀教师 50 人。表彰基层教育质量效益年活动先进个人 36 人。2003 年，县委、县政府表彰优秀校长 10 人，优秀教师 30 人，优秀支教教师 8 人。

2007 年 9 月 8 日，县委、县政府表彰先进人物 100 人，其中优秀教师 45 人、模范班主任 24 人、先进教育工作者 12 人、学科带头人 19 人。2008 年 9 月 14 日，县委、县政府在第 24 个教师节到来之际，授予马义海等 106 人"优秀教师"荣誉称号。

2010 年，在庆祝第 26 个教师节表彰大会上，县委、县政府向 40 名教师授予"名师"荣誉称号，各奖励现金 3000 元；向 3 所学校授予"名校"荣誉称号，各奖励现金 20000 元；向 3 名校长授予"名校长"荣誉称号，各奖励现金 5000 元。授予同心中学和回民中学（今同心三中）高考工作先进学校荣誉称号，各奖励现金 50000 元；向 58 名教师授予"优秀教师"荣誉称号，各奖励现金 2000 元。

2011 年 9 月 8 日，县委、县政府在庆祝第 27 个教师节表彰奖励大会上，政府拿出 150 万元奖励资金，对高考先进学校、"名校"、5 位"名校长"、66 位"名师"、60 位优秀教师以及 35 年以上教龄仍在教学一线工作的农村教师进行了表彰奖励。

2012年县委、县政府表彰了304名先进工作者。其中2011年高考工作先进个人27名、中考工作先进个人40名、年度优秀教师60名、年度模范班主任60名、农村义务教育阶段教育贡献奖22名、素质教育创新奖85名。

2013年9月7日，县委、县政府表彰了高考工作先进集体、中考工作先进集体、中职招生先进集体、高考工作先进个人、中考工作先进个人、年度优秀教师和年度模范班主任，并颁发了农村义务教育阶段教育贡献奖和素质教育创新奖。

2014年7月，县委、县政府表彰奖励优秀教师、优秀教育工作者、中高考先进个人等共220人。

2015年9月，县委、县政府召开全县教育工作会议暨庆祝第31个教师节表彰大会，表彰优秀教师75人，先进教育工作者120人。31名优秀教师荣获区市"最美教师""最美农村教师""师德标兵"等殊荣。

2016年9月9日，县委、县政府召开庆祝第32个教师节暨教育表彰大会，385名在高考、中考及小学毕业班教学质量评估中优异成绩的教师受到表彰奖励。

2017年9月9日，同心县召开庆祝教师节暨教育扶贫基金（兴俊基金）成立大会。会议表彰50名年度优秀教师、10名先进教育工作者、27名高考工作先进个人、33名中考工作先进个人、10名中职招生先进个人、50名小学教育教学质量提升工作先进个人、390名长期扎根一线的乡村教师。按照《同心县乡村教师支持计划实施细则》，安排32名教师外出疗养，为768名45周岁以上在职教师进行免费体检。教师节期间，县委、县政府对在农村学校任教满15年以上和25年以上的390名优秀教师分别授予"最美乡村教师""最美乡村功勋教师"荣誉称号，慰问困难、优秀、大病教师650人；先后有268名农村教师不受指数限制晋升职称。

2018年9月9日，县委、县政府表彰奖励先进个人180名，颁发荣誉证书和奖金，表彰160名长期扎根一线的农村教师，颁发荣誉证书和奖金。表彰奖励先进集体18个，共计资金110万元。教师节期间，县委、人大、政府、政协领导及各乡镇、县教育局等部门负责人深入基层学校走访慰问部分优秀教师、离退休教师和患有重大疾病生活困难教师等，每人发放慰问金2000元。

2019年9月9日，县委、县政府表彰奖励先进个人330名，颁发荣誉证书和奖金，表彰100名长期扎根一线的乡村教师，颁发荣誉证书和奖金，共计资金270万元。教师节期间，县委、人大、政府、政协领导及各乡镇、教育局等部门负责人深入基层学校走访慰问离退休教师、患有重大疾病生活困难教师150名，每人慰问金2000元。

2020年9月9日，县委、县政府表彰奖励先进个人370名，颁发荣誉证书和奖金，表彰100名长期扎根一线的农村教师，颁发荣誉证书和奖金，每人奖金500元。表彰奖励先进集体20个，颁发荣誉证书和奖金。共计资金 344 万元。教师节期间，县委、人大、政府、政协领导及各乡镇、县教育局等部门负责人深入基层学校走访慰问部分优秀教师、离退休教师和患有重大疾病生活困难教师等。

2021 年 9 月 9 日，县委、县政府表彰奖励先进个人 280 名，颁发荣誉证书和奖金。表彰先进集体 40 个，颁发荣誉证书和奖金，共计资金 281 万元。教师节期间，县委、人大、政府、政协领导及各乡镇、县教育局等部门负责人深入基层学校走访慰问部分优秀教师、离退休教师和患有重大疾病生活困难教师等。优秀教师和离退休教师每人慰问金 1000 元，患重大疾病生活困难教师每人慰问金 2000 元。

2022 年 9 月 9 日，县委、县政府表彰奖励先进个人 280 名，颁发荣誉证书和奖金。表彰先进集体 37 个，共计资金 281 万元。教师节期间，县委、人大、政府、政协领导及各乡镇、县教育局等部门负责人深入基层学校走访慰问部分优秀教师、离退休教师和患有重大疾病生活困难教师等。

（二）表彰奖励制度

1. 国家表彰奖励制度

1988 年，国家教委颁布了《嘉奖优秀教师和教育工作者暂行办法》，确定每 2 年表彰奖励一次，至此，表彰奖励优秀教师、优秀教育工作者成为一项法定制度。1992 年 10 月 26 日，由李铁映签发以国家教委令的形式，正式颁布了《教师和教育工作者奖励暂行规定》。1998 年 1 月 8 日，国家教委正式颁布了《教师和教育工作者奖励规定》，同时废止了《教师和教育工作者奖励暂行规定》，将表彰奖励活动从每 2 年开展一次调整为每 3 年一次。

2. 自治区表彰奖励制度

1993 年，自治区人民政府决定，每 2 年表彰一次全区优秀教师和优秀教育工作者（宁政发〔1993〕24 号）。1994 年自治区人民政府颁发了《宁夏回族自治区〈教师和教育工作者奖励暂行规定〉》，具体规定了评选和奖励优秀教师和优秀教育工作者的组织机构、范围和对象、名额分配原则和比例、待遇、撤销称号的条件等。1998 年，自治区教委和人事劳动厅联合印发了《宁夏回族自治区实施〈教师和教育工作者奖励规定〉办法》，确定自治区人民政府每 3 年奖励一批"自治区优秀教师""自治区优秀教育工作者"评审和奖励工作与"全国优秀教师、教育工作者"同时进行。

3. 福建省教育厅、宁夏教育厅联合奖励制度

1998 年至 2005 年，福建省教育厅、宁夏教育厅联合奖励优秀教师、教育工作者，颁发荣誉证书和奖金（每人奖金 300 元）。

4. 同心县表彰奖励制度

1993 年同心县委、县政府决定每年表彰奖励 50 名优秀教师和教育工作者。2003 年县委、县政府印发了《中共同心县委县人民政府关于加快教育改革与发展的决定》,《决定》将每年表彰一次优秀教师改为每 2 年表彰奖励一次,并增加了每 3 年评选一次模范班主任和优秀校长。2010 年 3 月,同心县政府印发了《名师名校名校长评选细则》,规定名师、名校长前 3 年每年表彰一次,以后每 2 年表彰一次。2017 年县人民政府决定,每年表彰优秀教师 60 名,每 2 年培养一批县级以上骨干教师、名师,到 2020 年乡村县级以上骨干教师不低于教师总人数的 10%。实行骨干教师津贴制度,对国家、区、市、县级骨干在编在岗教师每月分别补助 400 元、300 元、200 元、100 元,所需经费由县财政承担,考核奖补办法由县教育局根据实际情况制定,每 5 年做一次调整。

5. 特级教师评选

1993 年,自治区教育厅、劳动人事厅和财政厅联合下发了国家教委、人事部、财政部印发的《特级教师评选规定》,《规定》指出"特级教师"是国家为了表彰特别优秀的中小学教师而特设的一种既具先进性,又有专业性称号。特级教师应是师德的表率、育人的模范、教书的专家,明确了评选特级教师的目的、范围、条件、程序以及特级教师称号的性质、特级教师享受的待遇、特级教师的职责、撤销特级教师称号的事由等。特级教师津贴每月 80 元,从 1993 年 7 月 1 日起执行。2008 年按照教育部、财政部的文件要求,特级教师津贴调整为每月 300 元。批特级教师由自治区人民政府授予特级教师荣誉称号,享受特级教师津贴。到 2022 年,全县共评选特级教师 15 名,其中中学特级教师 9 名,小学特级教师 5 名,幼儿园特级教师 1 名。

同心县中小学特级教师一览表

姓名	所在县(区)单位	性别	出生年月	工作时间	学历	职务及职称	教师资格证(取得时间及学段学科)	任教学段学科	获批特级教师时间
张国华	同心县同心中学	男	1935.11	1959.7	大学	教师 副高	1996 年高中地理	高中地理	1994.8
王志强	同心县第二中学	男	1941.4		大学	校长 副高	1996 年高中语文	高中语文	1997
马宗武	同心县同心中学	男	1942.8	1965.7	大学	教师 副高	1996 年高中政治	高中政治	2001.9
杨 青	同心县教育督导室	男	1957.4	1982.7	大学	督学 副高	1996 年高中数学	高中数学	2001.9
马占银	同心县教育局	男	1966.11	1986.7	大学	副局长 副高	1996 年小学语文	小学语文	2001.9
李宗旭	同心县豫海中心学校	男	1958.7	1978.7	大专	督学 副高	1996 年小学语文	小学语文	2001.9
冯庆科	同心县同心中学	男	1962.12	1981.7	大学	督学 正高	1996 年高中地理	高中地理	2004.9
杨生勤	同心县教育督导室	男	1964.9	1985.7	大学	督学 副高	1996 年小学语文	小学语文	2004.9
白丽娟	同心县同心中学	女	1965.4	1985.7	大学	教师 正高	1996 年高中数学	高中数学	2012.2
马 荃	同心县第二中学	女	1965.10	1983.7	大学	督学 副高	1996 年初中语文	初中语文	2012.2
金宪英	同心县第一小学	男	1964.12	1982.7	大专	督学 副高	1996 年小学数学	小学数学	2012.2
刘耀宏	同心县教学研究室	男	1965.10	1986.7	大学	主任 副高	1996 年小学语文	小学语文	2012.2

（续表）

韩　丽	同心县第一小学	女	1963.3	1983.7	大专	教师　副高	1996年1月小学语文	小学语文	2012.2
张国平	同心县实验小学	男	1971.11	1996.7	本科	校长　副高	2001年小学语文	小学语文	2012.2
周学武	同心县第二中学	男	1965.8	1987.6	本科	高级教师	1996年初中语文	初中语文	2020.6
韩　辉	同心县第四中学	女	1965.1	1986.7	本科	高级教师	1996年初中英语	初中英语	2020.6
黑学红	第一幼儿园	女	1972.12	1991.7	本科	正高级 教师	1996年小学语文	小学语文	2020.6
周桂玲	同心县第一小学	女	1975.2	1993.7	本科	正高级 教师	1996年小学数学	小学数学	2023.11
丁　霞	同心县教学研究室	女	1973.8	1995.7	专科	高级教师	1996年小学语文	小学语文	2023.11
马希芳	同心县第二小学	女	1973.1	1993.7	本科	高级教师	1996年9月小学语文	小学语文	2023.11

6.乡村教师荣誉制度

对在乡村学校从教30年以上的教师按照有关规定颁发荣誉证书，对在乡村学校从教20年、15年、10年以上的教师，每年教师节期间给予表彰、奖励和慰问。在评选"塞上名师"、特级教师、各级骨干教师等荣誉时，适当放宽条件，向农村教师倾斜。在评选表彰教育系统先进集体和先进个人时，乡村学校、乡村教师所占比例不低于30%。并积极引导和鼓励企业、社会团体等社会力量捐资助学，对长期在乡村学校任教的优秀教师给予物质奖励，并适时提高奖励标准。

7.最美乡村教师评选

2017年7月，为表彰在乡村教育事业中取得突出成绩、作出卓越贡献的优秀乡村教师，由自治区教育厅和自治区政协办公厅给予"最美乡村教师"荣誉称号。

自治区还对乡村教师在待遇方面给予提高。其中，提高义务教育阶段农村学校教师的补贴标准，山区人均每月由200元提高到500元，川区人均每月由120元提高到300元，加上乡镇工作者补贴，乡村教师每月最高可以拿到1100元，最低500元。在职称评聘方面，对乡村教师也将放宽，不再对外语（课程）成绩（外语教师除外）、发表论文提出刚性要求，考察的重点放在师德素养、工作业绩、一线实践经历方面。对长期在乡村学校任教且仍在农村、连续工作15年晋升中级职称、连续工作25年晋升副高级及以上职称且历年年度考核均为合格的，可不受专业技术岗位结构比例限制，直接参加专业资格评审。

8.实施优秀教师培养工程

实施新入职教师"起航计划"、青年教师"青蓝计划"、优秀教师"卓越计划"。重视公费师范生、"特岗教师"等教师的专业成长。实施"塞上名师""青年拔尖人才"培养工程。县财政每年安排"名师工作室"专项经费200万元，主要用于名师工作室的业务培训、课题研究、送教送培、考核奖励等业务活动。建立"名师工作室"定期考核与动态管理机制，每年评选、表彰50名县级教坛新秀。建立同心县骨干教师人才库，将塞上名师、青年拔尖人才、特级教师、骨干教师纳入人才库，助力同心教育事业发展。

二、平反冤假错案

1979 年，教育系统平反冤假错案 35 件，其中 12 人摘掉了"右派"帽子。1980 至 1985 年，共接收教职工申诉案 243 件。1988 年底，有 212 名教职工的冤、假、错案得到落实，其中 31 名在政治上恢复了名誉；35 名恢复了工职，重新转了城镇粮户关系；54 名老教师结办了离休、退休、退职手续。17 名改正了工龄，15 人享受 60% 的生活费，17 名遗属享受生活困难补助和补发抚恤金、埋葬费，43 人一次性发放生活补助费。

三、教师参政议政

同心县党代会、人代会、政协会、各乡（镇）党代会、人代会，教师作为知识分子代表，均占一定比例，参政议政，共商党政大事。许多优秀教师被提拔，担任了乡镇及县直部门的领导。马金良、马存义、杨立毅、张汉朝、马德仁、周占忠、杨开玉、马兴山、李晓中、杨彦礼、张景玺、周昭亮、马尚德、王泉山等人当选县委、人大、政府、政协四套班子的领导。2008 年 1 月 25 日，窑山乡五道岭子小学校长马义海，作为教育界代表应邀到北京参加《政府工作报告》征求意见座谈会，受到温家宝总理的亲切接见。

党代会教师代表：1 人当选自治区党代会代表；7 人当选吴忠市第五、第六次党代会代表；33 人当选同心县第十二至十四次党代会代表。

人民代表大会教师代表：8 人当选自治区人民代表大会第六届至十届人大代表；11 人当选吴忠市人民代表大会第二届至第六届代表；42 人当选同心县人民代表大会第十五届至十九届人大代表。

政协委员：同心县教师中，2 人担任政协宁夏回族自治区第三、第四、第七届委员；18 人担任政协吴忠市第一届至第六届委员；58 人担任政协同心县第一届至十二届委员。

同心县教育系统当选中共宁夏回族自治区、吴忠市、同心县党代表一览表

各级党代会	届次	姓名	性别	民族	出生年月	政治面貌	籍贯	文化程度	所在单位及职务	备注
中国共产党 宁夏回族自治区	第十二次代表大会 2017.6—2022.6	马春霞	女	回	1979.11	中共党员	同心县	本科	同心县特殊教育学校校长	
	第十三次代表大会 2022.06—	马春霞	女	回	1979.11	中共党员	同心县	本科	同心县特殊教育学校校长	
中国共产党吴忠市	第五次代表大会 2016.11—2021.11	丁文	男	回	1963.2	中共党员	同心县	本科	教育局局长	
		马如云	男	回	1974.3	中共党员	同心县	大学	三中（今预旺镇中学）校长	
		买晓燕	女	回	1980.1	中共党员	同心县	大学	海如女中（今四中）教师	
	第六次代表大会 2021.11—	周宪瑜	男	回	1967	中共党员	同心县	专科	教育局党组书记、局长	
		苏润军	男	回	1974.5	中共党员	同心县	大学	县教育局副局长	
		白明江	男	回	1969.10	中共党员	同心县	本科	同心县职业技术学校校长	
		马春霞	女	回	1979.11	中共党员	同心县	本科	同心县特殊教育学校校长	
中国共产党同心县	第十二次代表大会 2011.10—2016.9	丁文	男	回	1963.2	中共党员	同心县	本科	教育局局长	县委委员
		王国锋	男	汉	1963.9	中共党员	同心县	专科	教育局局长	县委委员
		丁生泽	男	回	1968.7	中共党员	同心县	大学	同心中学教师	
		马荃	女	回	1966.12	中共党员	同心县	大学	同心第二中学党支部书记	
		马顺	男	回	1963.11	中共党员	同心县	大学	县教育局党委书记、副局长	
		马克林	男	回	1966.12	中共党员	同心县	大专	河西中心学校教师	
		马希芳	女	回	1973.1	中共党员	海原县	大学	同心实验小学教师	
		纪少良	男	回	1973.6	中共党员	同心县	大专	同心第五小学教师	
		李秀瑛	女	回	1979.4	中共党员	同心县	大学	同心第一小学教师	
		杨永祯	男	回	1969.11	中共党员	同心县	大学	三中（今预旺镇中学）校长	
		苏润波	男	回	1967.2	中共党员	同心县	大学	韦州中学教师	
		姜延宏	男	汉	1969.12	中共党员	同心县	大学	海如女中教师	
		黑学荣	女	回	1976.8	中共党员	同心县	大学	回民中学（今三中）教师	
	第十三次代表大会 2016.9—2021.9	丁文	男	回	1963.2	中共党员	同心县	本科	教育局局长	县委委员
		杨林	男	回	1963	中共党员	同心县	本科	教育局党组书记、局长	县委委员
		马应才	男	回	1965.2	中共党员	同心县	大学	同心县教育局副局长	
		苏润军	男	回	1974.5	中共党员	同心县	大学	县教育局副局长	
		金胜男	女	回	1990.3	中共党员	同心县	大学	同心县下马关中学教师	
		李宗英	男	回	1973.8	中共党员	同心县	大专	同心县王团镇中心学校校长	
		马海云	男	回	1972.2	中共党员	同心县	大学	同心县同心中学教师	
		马宁亚	女	回	1980.8	中共党员	同心县	大学	同心县石狮中学教师	
		马荣	女	回	1975.9	中共党员	同心县	大专	同心县第一小学教师	
		苏正杰	男	回	1974.1	中共党员	同心县	大学	同心县丁塘中心学校教师	
		熊泽娇	女	汉	1981.6	中共党员	同心县	大学	同心县下马关中心学校教师	
		李宗英	男	回	1973.8	中共党员	同心县	大专	同心县王团镇中心学校校长	

（续表）

中国共产党同心县	第十四次代表大会 2021.9—	周宪瑜	男	回	1967	中共党员	同心县	专科	教育局党组书记、局长	县委委员
		苏润军	男	回	1974.5	中共党员	同心县	大学	同心县教育局党组成员、副局长	
		丁生俊	男	回	1966.3	中共党员	同心县	大学	同心中学党总支书记	
		丁雪蓉	女	回	1987.12	中共党员	同心县	大学	同心县第一小学教师	
		马文燕	女	回	1978.3	中共党员	同心县	大学	同心县第六幼儿园园长	
		马学忠	男	回	1972.2	中共党员	同心县	大学	同心县韦州中心党支部书记、校长	
		马春霞	女	回	1979.11	中共党员	同心县	大学	同心县特教学校校长	
		王艳霞	女	汉	1980.9	中共党员	同心县	大学	同心县实验小学教师	
		白明江	男	回	1969.10	中共党员	同心县	大学	同心县职业技术学校党支部书记、校长	
		李宁	女	汉	1977.11	中共党员	榆林	大学	海如女中（今四中）教师	
		张国平	男	汉	1971.11	中共党员	同心县	大学	同心县王团镇中心学校党总支书记、校长	

同心县教育系统当选自治区、市、县人大代表一览表

各级人大	届次	姓名	性别	民族	出生年月	政治面貌	籍贯	文化程度	所在单位及职务	备注
宁夏回族自治区人民代表大会	第六届人民代表大会 1988.5—1993.5	陈维新	男	回	1940.5		同心县	大专	回民中学（今三中）	
		曹作田	男	汉	1938.3	中共党员	天津市	中专	同心中学教师	
	第七届人民代表大会 1993.5—1998.5	马新兰	女	回	1952	中共党员	同心县	中专	韦州女小（今红星小学）校长	
		任淑琴	女	汉	1958.10		北京市	中专	同心县二小教师	
		杨有明	男	回	1960.5		同心县	大学	回民中学（今三中）教师	
	第八届人民代表大会 1998.5—2003.1	杨科	男	回	1954.11	中共党员	中宁县	大学	同心县教育局	
	第九届人民代表大会 2003.1—2008.1	马新兰	女	回	1952	中共党员	同心县	中专	韦州女小（今红星小学）校长	
	第十届人民代表大会 2008.1—2013.1	马晓兰	女	回	1970.1		同心县	大学	同心中学教师	
		李进祥	男	回	1968.5	中共党员	同心县	大学	同心县文化体育局干部	
吴忠市人民代表大会	第二届人民代表大会 2004.1—2007.12	黑学红	女	回	1972.12	中共党员	同心县	大学	同心县实验小学教师	
		关素霞	女	汉	1974.9	中共党员	同心县	大学	海如女中（今四中）教师	
	第三届人民代表大会 2007.12—2012.12	王国锋	男	汉	1963.9	中共党员	同心县	大学	同心县教育局局长	
		周玉琴	女	回	1968.2		同心县	大专	同心县河西镇石坝学校教师	
	第四届人民代表大会 2012.12—2016.12	丁文	男	回	1963.1	中共党员	同心县	大学	同心县教育局局长	
		马应才	男	回	1965.2	中共党员	同心县	大学	同心县教育局副局长	
		锁芳	女	回	1981.10		同心县	大学	同心三中（今预旺镇中学）教师	
	第五届人民代表大会 2016.12—2021.12	丁文	男	回	1963.1	中共党员	同心县	大学	同心县教育局局长	
		王艳霞	女	汉	1980.9	中共党员	同心县	大学	同心县实验小学教师	2012.12—2016.12
		李小红	女	回	1983.2		海原县	大学	同心县豫海中学教师	

（续表）

		姓名	性别	民族	出生年月	政治面貌	籍贯	文化程度	职务	备注
吴忠市人民代表大会	第六届人民代表大会 2021.12—	周宪瑜	男	回	1967.1	中共党员	同心县	大学	同心县教育局局长	
		李小红	女	回	1983.2		海原县	大学	同心县豫海中学教师	
		丁生俊	男	回	1983.3	中共党员	同心县	大学	同心县同心中学党总支书记	
同心县人民代表大会	第十五届人民代表大会 2003.3—2007.11	王凤鹏	男	汉	1956.5	中共党员	中宁县	大专	教育文化体育局党委副书记、局长	人大委员
		杨科	男	回	1954.11	中共党员	中宁县	大学	教育文化体育局局长	
		马德成	男	回	1960.7	中共党员	同心县	大专	羊路学区校长	
		周彦兴	男	回	1956	中共党员	同心县	大专	喊叫水学区校长	
		马少俊	男	回	1962	中共党员	同心县	大专	下流水学区校长	
		马麒	男	回	1955	中共党员	同心县	中专	河西镇教委主任	
		武洪新	男	汉	1960		同心县	高中	张家垣乡范堡子村小学教师	
		张春玲	女	汉	1963		同心县	大专	下马关中学	
		马俊富	男	回	1962	中共党员	同心县	大专	马高庄乡教委副主任	
	第十六届人民代表大会 2007.11—2012.11	王国锋	男	汉	1963.9	中共党员	同心县	大学	县教育局局长	
		周艳红	女	回	1968.6			大专	同心县五小教师	
		杨慧娟	女	回	1976			大专	河西中心学校教师	
		马兴学	男	回	1967.1	中共党员	同心县	大专	丁塘学区校长	
		马晓红	女	回	1978.5			大学	王团镇中心学校教师	
		王自花	女	回	1968.5			大学	同心县四中教师	
		杨翠霞	女	回	1969			高中	东阳女子学校校长	
		马成秀	女	回	1963			中师	下马关镇学区教师	
		李建俊	男	回	1968.8			大学	石狮中学教师	
	第十七届人民代表大会 2012.11—2016.10	丁文	男	回	1963.2	中共党员	同心县	本科	县教育局局长	人大委员
		马应才	男	回	1965.2	中共党员	同心县	大学	县教育局党委书记、副局长	
		杨永祥	男	回	1961.12	中共党员	中宁县	专科	海如女中（今四中）校长	人大委员
		马兴学	男	回	1967.1	中共党员	同心县	大专	河西镇河西学区校长	
		李红秀	女	回	1976.5		同心县	大学	王团镇中心小学教师	
		马红	女	回	1989.6		同心县	高中	下马关镇田园小学代课教师	
		王芳	女	汉	1976.3		同心县	大学	下马关镇中心小学副校长	
		杨永祯	男	回	1969.11	中共党员	同心县	大学	同心五中校长	
	第十八届人民代表大会 2016.10—2021.10	丁文	男	回	1963.2	中共党员	同心县	大学	县教育局局长	
		杨永祥	男	回	1961.12	中共党员	中宁县	专科	海如女中（今四中）校长	人大委员
		周海燕	女	回	1980.11		同心县	大学	丁塘镇中心学校	
		马兴学	男	回	1967.1	中共党员	同心县	大专	河西中心学校校长	
		李兰	女	回	1986.3		同心县	高中	下马关新园小学代课教师	
		锁国俊	男	回	1973.11		同心县	大学	下马关中心小学校长	
		白凤兰	女	回	1971.2		同心县	大专	王团镇中心学校教师	
		白银萍	女	回	1978.3		同心县	大专	预旺镇小太阳幼儿园园长	
		赵兴燕	女	回	1963.12		同心县	小学	兴隆乡李堡小学	
		周玲	女	回	1970.4	中共党员	同心县	大学	石狮中学教师	

（续表）

		周宪瑜	男	回	1967.9	中共党员	同心县	大专	县教育局局长	
同心县人民代表大会	第十九届人民代表大会 2021.10—	苏润军	男	回	1974.5	中共党员	同心县	大学	县教育局副局长	
		李宗英	男	回	1973.8	中共党员	同心县	大专	河西镇中心学校校长	
		马彦红	男	回	1972.9	中共党员	同心县	专科	丁塘镇中心学校校长	
		马 琪	女	回	1992.5	中共党员	同心县	大学	王团镇中心学校教师	
		钟晓瑞	女	汉	1994.8		贺兰县	大学	南安小学教师	
		白银萍	女	回	1978.3		同心县	大专	预旺镇小太阳幼儿园园长	
		马亚萍	女	回	1980.3		同心县	大专	兴隆乡张套子完全小学教师	
		马慧霞	女	回	1978.10		同心县	大学	石狮开发区惠安小学教师	
		白明江	男	回	1969.10	中共党员	同心县	本科	同心县职业技术学校校长	人大委员

同心县教育系统担任自治区、市、县政协委员一览表

各级政协	届次	姓名	性别	民族	出生年月	政治面貌	籍贯	文化程度	所在单位及职务	备注
政协宁夏回族自治区	第三届委员会委员 1979.6—1985.4	武鸿剑	男	汉	1943.3		同心县	大专	张家塬中学校长	
	第四届委员会委员 1985.4—1993.5	武鸿剑	男	汉	1943.3		同心县	大专	张家塬中学校长	
	第七届委员会委员 2001.2—2008.1	黑安国	男	回	1945.12		同心县	大学	同心中学教务处主任	
政协吴忠市	第一届委员会委员 1998.11—2004.1	丁俊贤	女	回	1947.11		同心县	中师	同心县第二幼儿园园长	
		买义国	男	回	1963.10		同心县	大学	回民中学（今三中）教师	
		马新兰	女	回	1952	中共党员	同心县	中专	韦州女小（今红星小学）校长	
	第二届委员会委员 2004.1—2007.12	马 瑜	女	回	1969.9		同心县	本科	海如女中（今四中）教师	
		买义国	男	回	1963.10		同心县	本科	同心县石狮中学校长	
		马秉山	男	回	1964.10	中共党员	同心县	本科	同心县教育局教研室副主任	
		井春霞	女	回	1966.9	无党派	同心县	本科	同心县第二小学教师	
	第三届委员会委员 2007.12—2012.12	马建梅	女	回	1978.2	无党派	同心县	本科	同心县石狮职业中学团委书记	
		井春霞	女	回	1966.9	无党派	同心县	本科	同心县第二小学教师	
		马 瑜	女	回	1969.9		同心县	本科	海如女中（今四中）教师	
		马秉山	男	回	1964.10	中共党员	同心县	本科	同心县教育局教研室副主任	
		买义国	男	回	1963.10		同心县	本科	同心县石狮中学校长	
		刘加梅	女	汉	1973.2		同心县	本科	同心县中学教师	
	第四届委员会委员 2012.12—2016.12	马建梅	女	回	1978.2	无党派	同心县	本科	同心县石狮职业中学团委书记	
		马 瑜	女	回	1969.9		同心县	本科	海如女中（今四中）教师	
		白银江	男	回	1964.6		同心县	本科	同心县同心中学语文教师	
		王耀仁	男	回	1972.11		同心县	本科	三中（今预旺镇中学）教师	
		马占银	男	回	1966.11	中共党员	同心县	本科	同心县第一小学校长	
		刘加梅	女	汉	1973.2		同心县	本科	同心县同心中学教师	
	第五届委员会委员 2016.12—2021.12	马占银	男	回	1966.11	中共党员	同心县	大学	县教育局副局长	
		李素霞	女	汉	1966.2		同心县	大专	县教育局副局长	
		黑学红	女	回	1972.12	中共党员	同心县	大学	同心县第一幼儿园园长	

（续表）

政协吴忠市	第五届委员会委员 2016.12—2021.12	石俊兰	女	回	1979.4		同心县	大学	同心县第二中学体育教师	
		杨莉	女	回	1982.6		同心县	本科	同心县教育局干部	
		贾治忠	男	汉	1964.10		同心县	本科	同心县教育局办公室干部	
	第六届委员会委员 2021.12—	苏润军	男	回	1974.6	中共党员	同心县	本科	同心县教育局副局长	
		冯国江	男	回	1968.10		同心县	本科	同心县第五中学教师	
		黑学红	女	回	1972.12	中共党员	同心县	大学	同心县第一幼儿园园长	
政协同心县	第一届委员会委员 1958.8—1966.8	杨志义	男	汉	1924	中共党员	河北定县	大学	同心中学校长	政协常委
		吴明远	男	汉			内蒙古	大专	同心中学教师	
		陈国才	男	汉			广东	大学	小学教师	
	第二届委员会委员 1981.3—1984.3	周昭亮	男	汉	1922.12		汕头市	大学	同心中学教师	政协常委
		张精忠	男	回	1927.11		同心县	初中	韦州中学教师	学习和法制委员会副主任
	第三届委员会委员 1984.3—1987.3	周昭亮	男	汉	1922.12		汕头市	大学	同心中学教师	政协副主席
		杨科	男	回	1954.11	中共党员	中宁县	大学	教育局教研室	政协常委
		白玉梅	女	汉	1940.11	中共党员	甘肃	高中	同心县一小教师	政协常委
		张精忠	男	回	1927.11		同心县	初中	韦州中学教师	政协常委
		魏国柄	男	汉	1921	民革党员	中宁县	初中	退休教师	
		马德森	男	回	1945.5	中共党员	同心县	中师	回民中学（今三中）支部书记	
	第四届委员会委员 1987.3—1990.3	张精忠	男	回	1927.11		同心县	初中	韦州中学教师	政协常委
		周昭亮	男	汉	1922.12		汕头市	大学	同心中学教师	文化教育工作组组长、提案委员会主任
		马瑞虎	男	回	1945.5	中共党员	吴忠市	中师	教育科副科长	文化教育工作组副组长、教育民族宗教委员会副主任
		马德森	男	回	1945.5	中共党员	同心县	中师	回民中学（今三中）支部书记	
		魏国柄	男	汉	1921	民革党员	中宁县	初中	退休教师	
		刘紫裳	男	汉	1936		四川	大学	同心中学教师	
		白玉梅	女	汉	1940.11	中共党员	甘肃	高中	同心县一小教师	
	第五届委员会委员 1990.3—1993.2	张精忠	男	回	1927.11		同心县	初中	韦州中学教师	政协常委、学习和法制委员会副主任
		张国华	男	汉	1935.11		中卫县	大学	同心中学校长	政协常委、教育工青妇委员会副主任
		马瑞虎	男	回	1945.5	中共党员	吴忠市	中师	教育科副科长	
		马德森	男	回	1945.5	中共党员	同心县	中师	回民中学（今三中）支部书记	
		黑安国	男	回	1945.12		同心县	大学	同心中学教务处主任	
		刘紫裳	男	汉	1936		四川	大学	同心中学教师	
		白玉梅	女	汉	1940.11	中共党员	甘肃	高中	同心一小教师	
		周占忠	男	回	1958.6		同心县	大专	同心县回民中学教师	
	第六届委员会委员 1993.2—1998.2	张国华	男	汉	1935.11		中卫县	大学	同心中学校长	政协常委、教育卫生委员会主任
		黑安国	男	回	1945.12		同心县	大学	同心中学教务处主任	政协常委、群团文体委员会主任

（续表）

政协同心县	第六届委员会委员 1993.2—1998.2	马德森	男	回	1945.5	中共党员	同心县	中师	同心县回民中学支部书记	教育卫生委员会 副主任
		马瑞虎	男	回	1945.5	中共党员	吴忠市	中师	县教育科副科长	
		周占忠	男	回	1958.6		同心县	大专	回民中学（今三中）教师	
		刘紫裳	男	汉	1936		四川	大学	同心中学教师	
		白玉梅	女	汉	1940.11	中共党员	甘肃	高中	同心一小教师	
		马新兰	女	回	1952	中共党员	同心县	中专	韦州女小（今红星小学）校长	
		朱瑞霞	女	汉	1951.9		固原市	大专	同心二中教师	
		张谦	男	汉	1939		同心县	初中	韦州中学教师	
	第七届委员会委员 1998.2—2003.3	马德森	男	回	1945.5	中共党员	同心县	中师	回民中学（今三中）支部书记	政协常委
		马瑞虎	男	回	1945.5	中共党员	吴忠市	中师	教育科副科长	政协常委、教育文化 卫生委员会副主任
		黑安国	男	回	1945.12		同心县	大学	同心中学教务处主任	政协常委、教育文化 卫生委员会副主任
		朱瑞霞	女	汉	1951.9		固原市	大专	同心二中教师	
		马新兰	女	回	1952	中共党员	同心县	中专	韦州女小（今红星小学）校长	
		马国祯	男	回	1967.5	中共党员	同心县	大专	同心中学教师	
		刘秀花	女	汉	1968.6		同心县	大专	同心县四中教师	
		马秉山	男	回	1965.8		同心县	大专	同心县一小教师	
		韩春霞	女	汉	1972.4		同心县	中师	同心县二小教师	
		张谦	男	汉	1939		同心县	初中	韦州中学教师	
	第八届委员会委员 2003.3—2007.11	马秉山	男	回	1965.8		同心县	大专	同心一小教导主任	教育文化委员会 副主任
		黑安国	男	回	1945.12		同心县	大学	同心中学教师	教育文化卫生委员会 副主任
		马国祯	男	回	1967.5	中共党员	同心县	大学	同心回中（今三中）教师	
		马占祥	男	回	1974.2		同心县	大学	石狮职中教师	
		张玲	女	汉	1972.4		同心县	大学	女中（今四中）教师	
		马应仁	男	回	1963.2		同心县	大专	同心县四中副校长	
		马桂英	女	回	1963.1		同心县	大专	同心二中教师	
		李允科	男	回	1958.12	中共党员	同心县	大学	同心二小政教主任	
		买志文	男	回	1971.3	中共党员	同心县	大专	同心四中教师	
		李宗旭	男	汉	1959.8	中共党员	同心县	大专	同心三小校长	
		白玉玲	女	汉	1964.5		同心县	大专	同心四中教师	
		马弋	男	回	1958.8	中共党员	同心县	大专	教文体局	
	第九届委员会委员 2007.11—2012.11	马应仁	男	回	1963.2		同心县	大专	县教文体局督导室主任	教育文化委员会 副主任
		马义海	男	回	1963.5	中共党员	同心县	中专	窑山管委会五道岭子小学校长	
		马士科	男	汉	1962.12	中共党员	同心县	大学	同心中学教师	
		马国祯	男	回	1967.5	中共党员	同心县	大学	回民中学（今三中）教师	
		马秉山	男	回	1965.8	中共党员	同心县	大专	同心县一小副校长	
		马玲芝	女	回	1979.12	无党派	同心县	大学	教文体局人事股干部	

（续表）

		姓名	性别	民族	出生	政治面貌	籍贯	学历	工作单位及职务	备注
政协同心县	第九届委员会委员 2007.11—2012.11	田治富	男	回	1974.07		同心县	大学	石狮职业中学教师	
		马淑霞	女	回	1975.06		同心县	大学	回民中学（今三中）教师	
		曹 本	女	汉	1969.12	无党派	同心县	大学	同心县第四中学教师	
	第十届委员会委员 2012.12—2016.12	买义国	男	回	1963.12	无党派	同心县	大学	同心县第二中学校长	教育文化卫生委员会 副主任
		马义海	男	回	1963.5	中共党员	同心县	中专	同心县窑山五道岭子小学教师	
		马玲芝	女	回	1979.12	无党派	同心县	大学	同心县教育局人事股干部	
		曹 本	女	汉	1969.12	无党派	同心县	大学	海如女中（今四中）教师	
		马 芳	女	回	1972.1	中共党员	同心县	大学	同心县第二中学教师	
		马文娟	女	回	1979.5	无党派	同心县	大学	同心县丁塘镇中心学校教师	
		赵清平	男	汉	1958.1	民革	同心县	大专	同心县韦州中学教师	
		马 瑾	女	回	1981.6	无党派	同心县	研究生	同心县第一幼儿园副园长	
		井春霞	女	回	1966.9	无党派	同心县	大学	同心县县城第二小学教师	
		杨洪武	男	回	1969.3	无党派	同心县	中专	同心县王团中心学校教师	
	第十一届委员会委员 2016.10—2021.10	陈树军	男	汉	1962.10	中共党员	同心县	大学	豫海中学	教育文化卫生委员会 副主任
		王学红	女	回	1976.6	群众	同心县	大学	同心县第一中学教师	
		马玲芝	女	回	1979.12	无党派	同心县	大学	同心县教育局干部	
		曹 本	女	汉	1969.12	无党派	同心县	大学	海如女中（今四中）教师	
		马 芳	女	回	1972.1	中共党员	同心县	大学	女中（今四中）校长	
		马文娟	女	回	1979.5	无党派	同心县	大学	丁塘镇中心学校教师	
		李洪波	男	汉	1974.10	农工党员	同心县	大学	同心县教育局干部	
		马建梅	女	回	1978.2	无党派	同心县	大学	同心县石狮镇中学教师	
		杨洪武	男	回	1969.3	无党派	同心县	中专	王团中心学校教师	
	第十二届委员会委员 2021.10—	马 宁	女	回	1977.3	群众		大学	同心县教学研究室教研员	
		马占银	男	回	1966.11	中共党员	同心县	大学	同心县教育局干部	
		周旭东	男	回	1976.10	群众	同心县	大学	同心县教育局人事股股长	
		马玉生	男	回	1975.6	中共党员		大学	同心县思源实验学校校长	
		纪玉龙	男	回	1976.12	中共党员		大学	同心县豫海中学教务主任	
		黑学红	女	回	1972.12	中共党员	同心县	大学	同心县第一幼儿园园长	
		马 芳	女	回	1972.1	中共党员	同心县	大学	海如女中（今四中）校长	
		马 华	女	回	1978.4	群众		大学	同心县石狮中学教师	
		杨 龙	男	回	1982.8	群众		大学	同心县河西中心完小校长	
		马元斌	男	回	1980.6	群众		大学	同心县王团中心学校副校长	
		马小英	女	回	1977.7	群众		大学	同心县二中教师	
		李洪波	男	汉	1974.10	农工党员	同心县	大学	同心县文化馆馆长	
		王学红	女	回	1976.6	群众		大学	同心县第一中学教师	
		金明星	男	回	1981.1	群众		大学	同心县石狮中学教师	

四、尊师重教工作

（一）1983 年以来，县政府对从教 25 年以上的老教师举行了"庆教龄"活动。1985 年，自治区给同心县 118 名老教师颁发了庆教龄园丁纪念证章。组织 62 名退休老教师赴北京参观旅游。同时每年都有老教师到辽宁新城、北戴河教工之家疗养。县政府还利用春节、中秋节召开外地教师和老教师参加的茶话会和团拜会。

（二）各级政府积极开展尊师重教活动。1983 年以来，县委、县政府、人大、政协四套班子以及各乡（镇）党委、政府每年春节都对教师进行慰问拜年。1985 年，同心县委宣传部、团委、妇联等单位联合发出了《尊师重教倡议书》，县广播站一个月的时间，集中宣传报道了百名优秀教师及部分乡、村、社关心教师、支持教育的先进事迹。乡（镇）文化站为教育开辟橱窗专栏，介绍本乡（镇）教育教学突出事迹。县委、县政府专筹 2 万元，为全县教师赠送了节日慰问品。

（三）解决教师生活待遇。1980 年以来，教育行政部门从三个方面留住了外地教师和骨干教师。一是政治上关心，注重解决骨干教师、外地教师党籍问题；二是工作中信任，选拔骨干教师从事各级各类学校的领导工作；三是生活上照顾，重视外地教师城市户口问题（支持 5 年以上大专教师户口全部解决）。对特殊困难的给予经济补助，解决夫妻分居问题。县职业中学建筑职业班优先招收教职工子女，成立劳动服务站，办门市部、销售点，学校勤杂用工等安置了教师家属和子女。选送教师子女到外地师范院校培训。1989 年底，全县教育系统已解决农转非问题 366 户，162 名教师解决住房问题。

1995 年，县委、县政府决定，无论财政多么困难，都不允许拖欠教师工资，保证教师工资按月发放。从 1995 年起，县政府每年拿出 20 万元，采取国家补助一点、县上配套一点，教师个人集资一点的办法，实施教师安居工程。10 年来共建教师住房 508 套，划拨地皮规划建设了教师新村。每年为中级以上职称教师进行体检，并制定了教师子女在各类招生中降一个分数段录取的优惠政策。从 1996 年起，教师公费医疗费按比例切块到教育部门，解决教师看病报销难的问题。

县委、县政府想办法提高民办教师、代课教师待遇。到 1999 年将 462 名民办教师、35 名代课教师和 33 名具有大专文凭代课教师的子女转为公办教师。

第六节 | 工资福利

一、工 资

（一）清代、民国时期的教师待遇

清代，社学、义学经费及先生薪金多为私人募捐，学田税收、官府下拨，其数额多寡不一。清末民初的私塾先生的酬金由"东馆"自付。

民国18年（1929）宁夏建省后，教职员工资多则月薪20元，或10元不等。民国24年（1935），实行统收统支，小学教员待遇较前增加，完全小学校长月薪35元，教员月薪30元，初小校长月薪25元，教员月薪20元。

民国29年（1940）8月，民国30年（1941）11月，宁夏省先后两次参酌部颁小学教员待遇规章及地方实际生活状况，拟定了小学教员薪给支配标准及年功加俸的几项规定。

民国29年（1940）薪给支配标准：一、中心学校校长月薪35元，教员月薪30元，国民学校校长月薪30元，教员25元。二、代用教员，中心学校校长月薪32元，教员27元，国民学校校长月薪27元，教员23元，同心县所有教职员每人每月给津贴4元。民国29年（1940）8月起，合格教员年功加俸等级如下：生活补助费：民国29年（1940）9月，因物价飞涨，所有教职员一律按月发给生活补助费每人每月2元。民国30年（1941）薪给支配标准：一、合格教员，中心小学校长月薪64元，教员月薪60元，国民学校校长月薪60元，教员月薪55元。二、代用教员，中心学校校长月薪60元，教员月薪55元，国民学校校长月薪55元，教员50元。此年物价飞涨，增加补助费，规定凡小学教职员月薪在40元以上者，每人每月补助8元，不及40元者补10元，同年8月补助费停发，又按人口月结平价粮1斗2升发放，10月份即行停止。

（二）新中国的教师待遇

1949年10月1日，中华人民共和国成立后，教职工的工资待遇随着国民经济的发展而逐步提高。

1.公办教师待遇

1952 年，教师实行供给制。教师月供给黄米最高为（校长）285 斤，最低为 170 斤，人均为 233.8 斤，不足部分由当地群众捐助，按当月市场黄米价格行情发给货币工资。1952 年 7 月起，改薪粮制为工资制。确定由国家统一付给工资，实行由教育部颁发的全国统一的以工资分为单位（按粮、布、油、盐、煤 5 种实物价格综合折算货币工资额的一种单位）按月发薪的工资标准。初等学校教职员工工资分 18 个等级，人均 128 分（最高 185 分，最低 80 分），小学教师工资分值，时有变动，通常一个工资分值按每月市场主要生活用品平均价格，定为 0.21 元至 0.30 元左右。评定方法是根据教师政治表现、文化水平和业务能力，其中以德才为主，资历次之，由教师民主评定给分。

1954 年 11 月，工资实行新的级别标准，全县教职工普遍增加工资。1955 年 7 月，执行货币工资标准，按国家统一规定发放物价津贴。1956 年 6 月，取消工资分制，实行工资制。规定教学人员与行政人员的工资标准，即中学教师级、行政级；小学教师级、行政级。评定的办法是减少等级、增大级差，体现"按劳取酬"的原则。评定的条件是学历、教龄、工作量和工作质量。评定的方法是小学以学区为单位，中学以校为单位，自报公议，学校领导审定，县文教科批准。改革后，全县教职工普遍增加了工资。

1960 年，根据国务院"评定和提升全日制中小学教师工资级别暂行规定"精神，对少数工资级别偏低的人员调整了工资，全县 20 名外地青年教师，调整后人均增加 9.32 元。1963 年，调整了部分教职工的工资，按德才表现，适当照顾资历及教龄。调整后，中学 28 名教职工人均工资为 57.87 元；同心一小 39 名教职工，人均工资为 41.7 元，教研室 4 人，人均工资为 52.12 元，函授站 2 人，人均工资为 70.32 元，代课教师 56 人，人均工资为 30 元。

1977 年，按照国务院的规定，对相当于国家机关 18 级以下的干部的教职工，按 40% 的升级面调整了工资级别，同时，还对 1971 年底以前参加工作的二级工及同级的教职工提了工资。1979 年，根据国务院有关规定，从 11 月起调整了 40% 教职工的工资级别，全县有 398 名教职工晋升了一级工资，占中小学教职工总数的 23.6%。根据"各尽所能，按劳取酬"的原则，在中小学试行班主任津贴制度，规定班主任达到工作要求和完成一定工作量时，每月津贴中学为 5—7元，小学为 2—6 元。

1981 年 10 月起，进一步调整教职工工资待遇。调整的内容是：对 1978 年以前参加工作的教职工普调一级工资，对少数教学工作成绩显著、贡献较大、教龄较长、工资偏低的优秀骨干教师可以提升两级，全县有 818 名教职工每人晋升了一级工资，117 人连升两级工资，对部分达不到正式工资级别的进行了靠级调整。

　　1985 年 1 月起，中小学教师实行教龄津贴，规定 5 年以上 10 年以下的教师每人每月补贴 3 元，10 年以上 15 年以下的教师每人每月补贴 5 元；15 年以上 20 年以下的教师每人每月补贴 7 元；20 年以上的教师每人每月补贴 10 元。同年 9 月 20 日执行了自治区党委对中专以上学历的知识分子实行地区岗位津贴和工龄补贴的规定。大学本科以上毕业生和具有相当工程师以上职称或专业技术职务的干部，工龄在 5 年以下的每人每月补贴 15 元，工龄满 5 年的每人每月补贴 20 元，工龄满 10 年的每人每月补贴 30 元，工龄满 15 年以上的每人每月补贴 40 元，工作 20 年以后，从第 21 年起，每人每月增加工龄补贴 1.5 元；大学专科毕业生工龄在 5 年以下的每人每月补贴 10 元，工龄满 5 年的每人每月补贴 15 元，工龄满 10 年的每人每月补贴 20 元，工龄满 15 年以上的每人每月补贴 30 元；从第 21 年起每人每月增加工龄补贴 1 元；正式中专毕业生和具有相当助理工程师职称或专业技术职务的干部，工龄 5 年以下每人每月补贴 7 元，工龄满 5 年的每人每月补贴 10 元，工龄满 10 年的每人每月补贴 15 元，工龄满 15 年以上的每人每月补贴 20 元，从第 21 年起一次性增加工龄补贴 3 元；无大中专学历的中小学教师，工龄 5 年以下每人每月补贴 5 元，工龄满 5 年以上津贴标准与大中专毕业生相同。同时为教职工增加了奖励工资，肉食补贴、水电洗理补贴等。

　　1985 年 10 月，对现行工资实行套改，全县参加工资改革的教职工及教育行政人员 1325 人，人均增资 18 元左右，其中教龄津贴平均增长 4.52 元，工龄补贴平均增长 6.57 元。

　　1987 年初，给 1971 年底以前参加工作的公办教职工调升一级工资，约占教师总数 30%。同年 10 月，国家为提高中小学教职工待遇，将中小学教师的工资标准提高 10%。1988 年 9 月，兑现了教师的职称工资（从 1987 年 1 月执行），全县 983 名小学公办教师，334 名中学教师工资按级别相应得到提高。1989 年，根据国务院有关精神，全县 1789 名教职工普调 级工资，324 名教职工复升（进档）一级工资。有 20 多名工龄较长，工资偏低的教职工调了三级。

　　1991 年后，同心按照国家有关政策，连续 3 次调整提升教师的工资水平，落实教龄津贴、

1985 年各级各类学校工资改革基本情况统计表

学校	参加工资改革人数	改革后平均工资额	改革后人均增资情况			其中					
			人均增资	其中		行政人员		教学人员		工人	
				工龄补贴增长数	教龄补贴增长数	人数	人均增长	人数	人均增长	人数	人均增长
中学	378	92.41	18.55	5.49	3.59	25	26.5	315	16.79	38	19.32
小学	882	80.98	18.17	6.11	4.33	51	23.62	813	17.90	18	15.06
幼儿园	26	87.77	17.79	5.73	4.27	4	25.81	12	16.85	10	16.91
进修学校	39	102.26	22.42	8.96	5.89	9	25.8	27	23.7	3	19.41
总计	1325					89		1167		69	

班主任津贴、特级教师津贴、职称津贴，以及中小学教师工资提高 10% 等。

1991 年 9 月起，中小学民办教师工资月公助部分为 45—50 元。1993 年起民办教师生活补助部分人均提高 30 元，实行工龄津贴制度；民办教师工资由国家补助和乡村补助两部分组成，国家补助费从教育事业费中列支，并以（市、区）为单位实行专款专用，减人不减补助费（应扣除民办教师转为公办教师部分），节余部分专项用于提高在职民办教师工资待遇；规定民办教师最低工资保障线，以县为单位，不得低于同心县公办教师平均工资的三分之一，任何单位都不能以任何理由拖欠民办教师工资。鼓励探索建立民办教师保险福利基金。从 1993 年起，在宁夏工作教龄男满 30 年，女满 25 年的，符合离岗退养条件的在职民办教师可享受原工资全额补助。民办教师辞退、解聘后，应发给一次补助费；民办教师享受国家规定的节假日，免除各种义务建勤工。民办教师转为公办教师后，工资待遇按有关规定执行，原为农村户口的按有关政策转为城镇户口，享受城镇居民有关待遇。

根据宁劳人发〔1992〕1 号文件精神，从 1993 年 10 月 1 日起增加奖励工资。增加的范围为全县在职在岗的所有教职工，到退休年龄的教职工，未办手续的，不增加奖励工资。其标准为：工龄 9 年以下的每人每月 18 元，工龄 10—19 年的每人每月 27 元，工龄 20—29 年者每人每月 28元，工龄 30 年以上者每人每月 40 元。

1993 年，民办教师开始评定职称。根据《国务院关于机关和事业单位工作人员工资制度改革问题的通知》精神，同心教师实行新工资制，具体办法为：将本人现行基础工资、职务（岗位）工资、工龄津贴合并，加上按规定纳入工资的物价补贴和福利性补贴 64 元，就近就高套入本人职务（技术等级）新工资标准。套改后，全县教师在新的专业技术职务工资标准的基础上提高 10%。

2001 年以来，同心建立了教师工资待遇落实的监控反馈机制，保证了教师工资待遇的基本落实。

2008 年 5 月 16 日，同心县人事劳动保障局批复 2008 年 1 月 1 日正常晋升级别工资和薪资，同心县教育文化体育局 3225 人，月增资 95863 元，晋升级别工资 14 人，每月增加 807 元，晋升薪级工资 3211 人，每月增加 95056 元。

2009 年 2 月，教育文化体育局根据自治区财政厅《关于下达农村特设岗位教师政府效能奖专项资金的通知》〔宁财（教）发〔2008〕1774 号〕文件，致函县财政局发放全县 374 名特岗教师 2008 年度政府效能奖，每人 2500 元，共计 935000 元。6 月 30 日，同心县人事劳动保障局批复 2009 年 1 月 1 日正常晋升级别工资和薪级工资，同心县教育文化体育局按年度考核结果晋升级别工资和薪级工资，所属 3237 人月增资 98812 元，其中晋升级别工资 4 人，共计每月增加 108元；晋升薪级工资 3233 人每月增加 98704 元。8 月 11 日，自治区人力资源和社会保障厅、财政厅、教育厅批复同心县义务教育学校实施绩效工资办法，全县义务教育学校开始实施绩效工资制度。奖励性绩效工资由教职工奖励性绩效工资 65%，班主任津贴 22%，超课时津贴 3%，教育教学成果奖 10% 等部分组成。

2015 年，国务院办公厅印发了《乡村教师支持计划（2015—2020 年）》，自治区政府办公厅出台了《宁夏回族自治区乡村教师支持计划（2015—2020 年）实施办法》。乡村教师支持计划实施以来，全县乡村教师队伍发生了很大变化，乡村教育质量有了很大提高，涌现出一批爱岗敬业，吃苦耐劳，品德高尚、观念创新、业绩突出的优秀乡村教师。2017 年，乡村教师支持计划规定，夫妻双方均在县域内工作的乡村教师，生活上确有困难的，在自愿的情况下，酌情选调一方到离家就近的学校工作；积极争取项目和筹措资金建设农村学校教师周转宿舍，逐步解决农村教师住房问题；对住房困难、符合条件的乡村优秀骨干教师优先解决公租房。

2. 民办教师待遇

1958 年，全县 89 名民办小学教师，除社队记工分外，国家每人每月分 28 元、30 元、31 元三个等级给以补助。1960 年，国家补助部分降为 20 元。1963 年，分七个等级，最高 18 元，最低 10 元，人均工资 15.66 元。1965 年以后，民办教师月补助 5—7 元，社队记同等劳力分。1971 年下半年，国家给民办教师的补助部分每月由 5—7 元提高到 15 元，其中 40% 交予社队，由社队记工分，参加分配口粮之必须。1979 年后，民办教师同样享受班主任津贴。

1980 年以来，民办教师公助部分有较大提高，按照自治区财政局、教育局《关于提高南部山区中小学民办教师待遇的通知》精神，对全县民办教师进行任用考评。考评从工作表现、业务水平、文化知识三个方面进行，全县有 618 名考评合格者发给了任用证书。每月补助费按其连续教龄，分 10 年以上、5 年以上、不足 5 年三个等级，分别享受 35 元、30 元、25 元补助费，补助费每学年按 5 年、10 年以上调整一次，补助费增加部分，全部发给民办教师。同时实行教龄津贴，分 5 年以上、10 年以上、15 年以上、20 年以上四个等级，分别享受 3 元、5 元、7 元、10 元补助费。1985 年，又按 10 年以上 50 元，10 年以下 45 元调整一次。县政府规定：凡实行包干到户的社队，民办教师的口粮与大队干部同等对待。政治待遇及公休制度与公办教师相同。1986 年 1 月开始，县政府给民办教师每人每月实行地方性补助 5 元。1987 年 10 月，民办教师工资提高 10%。1991 年以后，县委、县政府决定，采取县上拨一点，乡村集一点，解决代课教师工资过低的问题。还给代课教师发放口粮，补助救济款、物品等。

3. 义务教育阶段农村学校教师补贴

从 2014 年 1 月 1 日起，同心县实施义务教育阶段农村学校教师补贴。义务教育阶段农村学校教师补贴总量，以同心县人力资源和社会保障局、财政局、教育局按照义务教育阶段农村学校在编在岗教师的人数总量核准，按照月人均 200 元的标准核定。学校补贴总量为：学校所在类区在编在岗人数 × 学校所在类区补贴标准。实施范围按国家规定执行事业单位岗位绩效工资制度的乡（镇）及以下学校（含公办幼儿园）的在编在岗教职工。根据各乡（镇）农村学校距离县城乡镇远近、交通条件、地理位置、环境艰苦程度等因素，将全县乡（镇）及以下学校（含公办幼儿园）划分为五个类区，补贴标准分五个档次，具体学校类别、标准见下表：

义务教育阶段农村学校教师补贴

类别	月标准	备注
一类	120	石狮中学、丁塘中学、豫海中心学校（张套、石岗）
二类	160	石狮中心学校、兴隆中心学校、丁塘中心学校、窑山中心学校、王团中学、河西中学
三类	210	王团中心学校、河西中心学校
四类	230	三中（今预旺镇中学）、韦州中学、下马关中学
五类	270	田老庄中心学校、预旺中心学校、马高庄中心学校、张家塬中心学校、韦州中心学校、下马关中心学校

二、福　利

中华人民共和国成立后，国家不断提高教职工工资待遇。在生活福利方面，规定教职工享有离休、退休、退职、病假、探亲假、女教职工产假、牺牲、病故、疾病医疗等待遇。福利费提取标准，根据有关精神，按月提取，用于教职工家属生活补助、家属患病医疗、子女教育、家属探望返家路费等费用。县委县政府认真落实一系列有关教师福利和待遇。无论财政多么困难，从不拖欠教师工资，保证教师工资按月发放。

（一）教师津贴

1993 年 9 月，根据国务院批准的劳动人事部《关于边远地区机关、事业单位津贴实施办法》，开始发放艰苦边远地区津贴：中学高级教师每月 32 元，中学一级（小学高级）教师每月 23元，中学二级（小学一级）每月 17 元。

2007 年 11 月 15 日，同心县人事劳动保障局根据自治区政府《同心县机关规范津贴补贴实施方案》（宁政函〔2007〕142 号）精神，按照同政发〔2007〕148 号要求和相关规定，批复 2007年 1 月 1 日规范津贴补贴增资，教育文化体育系统调整生活补贴增资 3272 人，每人每年生活补贴增资 156 元，调整离退休生活补贴增资 604 人，每人每年增加 206 元。规范工作性津贴增资 15人，其中 7 人每人每年增加 495 元，1 人每年增加 459 元，6 人每人每年增加 383 元，1 人每年增加 353 元。

2008 年 4 月 1 日，宁夏回族自治区人事厅、财政厅根据人事部、财政部《关于调整特级教师津贴标准的通知》（国人部发〔2007〕158号）精神，对特级教师津贴从2008年1月1日起，每人每月由80元调整为每人每月300元。

（二）抚恤金和困难补助

1994年，根据人事部、财政部《关于工资制度改革后事业单位工作人员死亡一次性抚恤金计发问题的通知》精神，对在职教职工死亡一次性抚恤金发放标准：计发基数为本人生前最后一个月职务（技术等级）工资与国家规定比例计算的津贴之和。

1998年，根据事业单位工资改革情况，开始按新标准执行艰苦地区津贴：中学高级教师每月发放地区津贴240元，中学一级（小学高级）教师每月发放地区津贴190元，中学二级（小学一级）教师每月发放地区津贴160元。

2016年，县政府认真落实自治区、吴忠市乡村优秀教师疗养制度。对同心县乡村教师定期进行免费体检（每2年为在职男50岁以上、女45岁以上的农村教师进行免费体检）。

（三）班主任津贴

1988年10月起，按照《宁夏回族自治区提高中小学班主任津贴标准和建立中小学教师超课时酬金制度的实施意见》发放班主任津贴。提高后的标准是：普通中小学每班设班主任一人，中学每班学生人数在35人以下的每月发10元；36至50人的发12元；51人以上的发15元。小学每班学生人数在35人以下的每月发8元；35至50人的发10元；51人以上的发12元；小学每班学生人数在20人以下的单班发8元；复式班的学生人数按每个年级人数合并计算。2009年，班主任津贴全年发放总量控制在各校奖励性绩效工资总量的22%，由各学校依据每个班主任所承担的工作量对班主任进行考核、评价，按月发放；学校副校长及中层干部津贴分别按照本校班主任平均津贴的50%、30%发放。超课时津贴占教师奖励性绩效工资总额的3%，学校根据实际情况制定发放办法。教学成果奖励经费占教师奖励性绩效工资总额的10%，各学校根据实际制定奖励办法。

（四）教师住房补贴

1991年5月，根据自治区人民政府与各县、市人民政府签订的解决部分中小学教师住房"责任协议书"的规定，自治区给同心县补助不发达资金30万元建筑教师住房，面积2000平方米。

1992年，采取自治区补助，市、县自筹和教职工住房户集资相结合的办法，解决部分中小学教职工住房问题。自治区补助标准按自治区教育厅与市、县签订的中小学教职工住房建设责任书的要求，山区补助二分之一，川区补助三分之一，自治区补助同心县30户23万元，建筑面积1500平方米。从1995年起，每年拿出20万元，采取国家补助一点，县上配套一点，教师个人集资一点的办法，实施教师安居工程。10年来共建教师住房508套，划拨地皮规划建设了教师新村。

（五）校长绩效

2009年，根据《自治区教育厅关于印发〈宁夏回族自治区义务教育学校教职工绩效考核办法〉的通知》（宁教人发〔2009〕139号）文件精神，教育文化体育局对校长进行绩效考核。根据本年度校长绩效考核结果，确定下一年度基础性绩效工资和奖励性绩效工资的分配。绩效考核为合格以上等次的，可享受绩效工资基础性部分和奖励性部分。

绩效考核结果：基本合格的校长，下一年绩效工资基础性部分按80%计发，可参加奖励性部分的考核分配，绩效考核为不合格的校长，下一年绩效工资基础性部分按60%计发；不得参加奖励性部分的考核分配。

校长绩效工资基础性部分按月发放。奖励性部分可设校长工作性津贴、农村校长津贴、优秀校长津贴三个子项。校长工作性津贴占奖励性绩效工资的70%（其中含月度津贴55%、寄宿制补助5%、学校规模类别补助10%）。

1. 月度津贴占校长奖励性绩效工资的55%，每人每月发放380元。

2. 寄宿制学校校长补助（10人）占校长奖励性绩效工资的5%，每人每月发放寄宿制补助90元（按月发放）。

3. 学校规模类别补助分为三类：A类：2000人以上（16人）每月学校规模类别补助70元；B类：1000—2000人（10人）每月学校规模类别补助60元；C类：1000人以下（2人）学校规模类别补助50元（按月发放）。

4. 农村校长津贴占校长奖励性绩效工资的10%。凡在乡镇中心学校工作、县直初级中学以上校长，共计21人，每人每月95元津贴（按月发放）。

5. 优秀校长津贴占奖励性绩效工资20%。按照《校长（书记）绩效考核指标体系》进行量化打分，凡考核分在90分以上，且符合教育文化体育局绩效考核优秀比例规定，每月发津贴170元；70—89分为合格，每月发津贴120元；60—70分为基本合格，每月发津贴100元。

（六）义务教育阶段教职工奖励性绩效

2009年，根据《自治区人民政府关于印发宁夏回族自治区义务教育学校实施绩效工资意见的通知》（宁政发〔2009〕71号）、自治区人力资源和社会保障厅、财政厅、教育厅《关于印发宁夏回族自治区义务教育阶段农村学校教师补贴实施细则（试行）的通知》（宁人社发〔2009〕190号）和《自治区教育厅关于印发〈宁夏回族自治区义务教育学校教职工绩效考核办法〉的通知》（宁教人发〔2009〕139号）文件精神，结合同心县实际，同心县义务教育阶段学校教职工实行绩效工资。绩效工资由基础性绩效工资和奖励性绩效工资组成，基础性绩效工资依据教师工龄、职称等因素确定，按月发放。奖励性绩效工资是由教职工奖励性绩效工资 65％，班主任津贴 22％，超课时津贴 3％，教育教学成果奖 10％等部分组成。同心县义务教育阶段学校教职工共有 2689 人，其中：农村教师 1929 人，校长 28 人，班主任 1613 人，人均月绩效工资标准 407 元，月绩效工资总金额 1094423 元。

农村教师补贴

义务教育阶段学校教师人均每月统筹 70 元，共统筹 188230 元用于解决 1929 名农村教师交通补贴。具体安排如下表：

类别	月标准	人数	月发放金额	备注
A 类	80	605	48400	石狮中学、石狮中心学校、丁塘中学、丁塘中心学校、豫海中心学校（张套、石岗、兴隆）
B 类	95	394	37530	王团中学、河西中学、河西中心学校、兴隆中心学校
C 类	110	930	102300	王团中心学校、窑山中心学校、田老庄中心学校、预旺中心学校、三中（今预旺镇中学）、马高庄中心学校、张家塬中心学校、韦州中心学校、韦州中学、下马关中心学校、下马关中学
合计		1929	188230	

校长津贴

28 名校长按照教师奖励性绩效工资 407 元的 1.7 倍计算，人均月统筹 692 元，共统筹 19376 元，由教育文化体育局通过考核发放 28 名校长奖励性绩效工资。具体安排如下表：

考评内容	人数	月标准	月发放金额	备注
月度补贴	28	380	10640	
考核优秀	4	170	680	
考核合格	24	120	2880	
寄宿制学校	10	90	900	女中（今四中）（2 人）、石狮职业中学（2 人）、三中（今预旺镇中学）、丁塘中学、河西中学、王团中学、韦州中学、下马关中学
A 类规模	16	70	1120	二中（2 人）、女中（今四中）（2 人）、石狮职业中学（2 人）、一小、二小、石狮、丁塘、河西、王团、豫海、预旺、下马关、韦州等中心学校
B 类规模	10	60	600	三中（今预旺镇中学）、下马关中学、丁塘、河西、王团、韦州等中学、实验小学、兴隆、张家塬、马高庄等中心学校
C 类规模	2	50	100	田老庄、窑山中心学校
农村校长	21	95	1995	石狮职业中学（2 人）、三中（今预旺镇中学）、下马关中学、丁塘、河西、王团、韦州等中学；石狮、丁塘、河西、兴隆、王团、预旺、窑山、田老庄、马高庄、张家塬、下马关、韦州、豫海等中心学校
年末奖励			461	累计年末用于奖励
合计			19376	

奖励性绩效工资

用于 2689 名教职工奖励性绩效工资总额 886817 元。由学校根据相关文件要求实施，具体安排如下表：

津贴发放内容	人数	月发标准	月发放金额	比例	备注
教职工基础部分	2689	214	576432	65%	按月发放
班主任	1613	121	195099	22%	按月发放
教师超课时津贴			26604	3%	按月发放
教育教学成果奖			88682	10%	按年度发放
合计			886817		

励耕计划

励耕计划是经国务院批准，财政部、教育部委托中国教育基金会由中央彩票公益金中安排专项资金开展教育助学的项目。同心从 2011 年开始实施，资助标准每人每年 1 万元，主要资助家庭经济特别困难的中小学教师。

（七）完善中小学校绩效工资

2021 年，根据《自治区人力资源和社会保障厅、教育厅、财政厅关于进一步完善中小学校绩效工资有关政策的通知》（宁人社发〔2021〕16 号）和同心县人力资源与社会保障局、教育局、财政局《关于进一步完善中小学校绩效工资的实施方案》（同人社发〔2021〕349 号）文件精神，主要对完善教职工绩效考核方案、制定符合学校实际的班主任津贴发放办法、研究寄宿制学校津贴发放办法进行了调整和完善，完善绩效工资后的奖励性绩效工资中校长津贴绩效工资、班主任津贴绩效工资、寄宿制学校绩效工资单独核定总量，不再从现有绩效工资总量中计提。教职工奖励性绩效工资由基本奖励性绩效工资 87%，超课时津贴 3%，教育教学成果奖 10% 三部分组成。

1. 全县各中小学和职业技术学校按在校学生人数 300—500 人（不含 500 人）、500—1000 人（不含 1000 人）、1000—2000 人（不含 2000 人）、2000 人以上划分四个档次；按每人每月 1200 元、1600 元、1800 元、2000 元标准核增校长津贴绩效工资。村小、教学点按在校学生人数 10 人以下（不含 10 人）、10—50 人（不含 50 人）、50—100 人（不含 100 人）、100—300 人（不含 300 人）划分四个档次；按每人每月 800 元、900 元、1000 元、1100 元标准核增负责人津贴绩效工资。

2. 各公办幼儿园（含集团园）按在园幼儿人数 50 人以下（不含 50 人）、50—300 人（不含 300 人）、300—1000 人（不含 1000 人）、1000 人以上划分四个档次，按每人每月 400 元、800 元、1200 元、1600 元核增园长津贴绩效工资。

3. 特殊教育学校校长津贴按最高档标准核定。

4. 根据《自治区人力资源和社会保障厅、教育厅、财政厅关于进一步完善中小学校绩效工资有关政策的通知》（宁人社发〔2021〕16 号）、同心县人力资源和社会保障局、教育局、财政局《关于进一步完善中小学校绩效工资的实施方案》（同人社发〔2021〕349 号）文件精神，各中小学校和职业技术学校以每班学生人数 35 人及以下、35 人以上划分两个档次；按每班每月 400 元、600 元标准核增班主任津贴绩效工资。各村小、教学点和公办幼儿园以每班学生人数 15 人以下、15—35 人、35 人以上划分三个档次；按每班每月 200 元、400 元、600 元水平核增班主任津贴绩效工资。特殊教育学校班主任津贴按最高档标准核定。

第七节 │ 支教工作

1998年开始，自治区党政机关企事业单位、闽宁对口支教、川区百名优秀教师支教、"三支一扶"到同心支教。同心县也开展了县城学校轮岗支援农村学校活动。此外，还有"百校牵手"合作共进工程、高校毕业生支教、西部地区教育顾问支教工作等项目的支教工作。

一、闽宁支教

1996年，闽宁两省区按照党中央、国务院关于东西部对口扶贫协作的决策部署，建立了对口协作关系。2000年，两省区正式建立了教育共建帮扶协作关系。至2020年，闽宁教育并肩携手、同心同向，进行了一场阻断贫困代际传递的生动实践。福建省石狮市、泉州市共选派144名中学教师支援同心进行一学期的支教工作。支教点分别是同心中学、石狮中学、海如女子中学（今同心四中）、窑山中学、二中、王团中学、河西中学。

（一）补充教师数量

2000年至2020年，福建省石狮市、泉州市等地共派遣22批、150名教师，到同心县开展支教活动。他们中许多人是优秀教师、骨干教师、学科带头人及高校的讲师。支教教师的到来，不仅缓解了同心教师数量紧缺的现状，而且带来了新的教育思想、教学方法及管理经验，为农村学校带来了活力。

（二）改善受援学校办学条件

1996年至2022年，福建省石狮市、惠安县、南安市、安溪县、永春县、城厢区6个市县区与同心县建立对口协作关系，结对帮扶同心县。26年来，6个市县区的挂职干部，把教育扶贫作为帮扶同心重点工作，争取各市县区财政、社会各界教育帮扶资金近4000万元。援建了同心石狮中学、同心安溪中学、南安实验小学、安溪同德小学、安溪同德幼儿园、惠安小学、惠安兴隆小学及同心贫困带希望小学及教学点40余所,极大地改善了同心县的办学条件。

(三)资助贫困学生

1996年至2022年,福建省石狮市、泉州市六个市县区的挂职干部、支教教师用实际行动,助力同心教育扶贫,共筹措奖学金(基金)310万元,惠及同心2500名贫困学生。1999年,石狮市教育局发动中小学与同心贫困学生手拉手帮扶,为同心500名贫困学生提供了学习费用。石狮市妇联组织捐款1.4万元,帮助同心县失学女童入学。《石狮消息报》报社、石狮新湖中心小学、石狮湖滨街道办事处、石狮兴业银行、石狮市工商局等企事业单位,捐赠了近百万元的服装。泉州市关工委和老干部局、石狮市关工委捐款,开展"一帮一"助学活动,资助同心县贫困大学生163名,小学生500名。

2000年,石狮市首批在同心中学支教的蔡晓华等4人,资助4名学生读完高中。他们还为学校募集资金5万元。2001年,傅文超等3名支教教师为同心中学募捐了9000元,救助困难学生。

2002年,《海峡都市报》特派记者张惠阳、胡艺桑等给同心200名贫困学生捐款7.8万元。

2004年,惠安县挂职干部杨树青、郑少龙筹措20万元扶贫资金,救助贫困生1100名。惠安县财政投入40万,设立扶贫助学金,帮扶同心279名贫困大学生完成学业。

2009年,南安帮扶干部薛建明,陈泉明组织发动南安市企业家参与"金秋助学"行动,募集助学金40万元,一次性发到200名贫困大学生手中。

2010年,南安市财政拨付帮扶资金50万元,分两年实施,一年25万元用于救助贫困大学生。筹措资金10万元为同心中学、同心四中(今同心三中)、豫海中学、石狮中学600名贫困学生每人配制眼镜一副。

2011年9月,福建晋江支教老师洪永健和杨华利用十一假期回家探亲时间,四处奔走,开展募捐活动,共为王团中学募集善款11万多元,帮助贫困家庭学生完成学业。

2015年5月29日,闽宁协作第九批同心工作组和第16批支教队同心县安溪中学举行捐资助学仪式,闽宁协作第九批同心工作组向安溪中学捐赠图书10000册、捐款40000元资助80名贫困学生、县委常委、副县长林育伟、县长助理陈晓阳一对一帮扶贫困学生3人,每人每学期500元,直至高中毕业;闽宁协作第16期支教队向安溪中学捐赠教研经费30000元、内衣246套。

2016年,安溪县帮扶干部与安溪县企业家筹措资金41万元对204名贫困大学生资助。

(四)提高了乡村学校的管理水平和教学质量

支教人员积极宣传先进的教育思想和教育方法,把经济发达地区先进的管理经验,新的教育思想、好的教学方法，带到农村学校，为农村学校注入了活力。他们开展了校长、教师培训，举办"三课"观摩活动、讲座等，特别是利用同心农村学校建立的远程教育设施，开展信息技术教学示范活动，提高了农村学校的管理水平和教师的教学能力。

（五）培养出一批优秀的支教队员

支教队员来到同心，感受到了同心农村教师工作条件的艰苦。同心农村教师扎根农村，艰苦奋斗，热爱教育事业的精神，深深地感动了他们。许多支教教师克服了条件艰苦，教学设施落后等困难，发挥自身的优势，全身心地投入教学工作中。他们按时到岗，按时离岗，团结协作，遵守支教纪律，模范履行职责，为当地教师树立了榜样。其中，有许多优秀的支教人员，受到了省（自治区）党委、政府、市、县委、县政府的表彰奖励。

福建省支教教师名录

支教时间	批次	姓名	性别	支援学校	职务	受援学校	任教学科	备注
2000.10—2001.1	第1批	蔡晓华	男	石狮石光中学	政教主任	同心中学	高一语文	
		余作胜	男	石狮七中	办公室主任		高一语文	
		李建华	男	石狮永宁中学	后勤主任		高一英语	
		阮芳庶	男	石狮一中	教师		高一代数	
2001.3—2001.6	第2批	齐新有	男	石狮市鹏山工业中专学校	政教主任	同心中学	高一语文	
		王柏茂	男	石狮一中	教师		高三代数	
		何永发	男	石狮永宁中学	团支部书记		高一语文	
		李祥叠	男	石狮华侨中学	教师		高一代数	
2001.9—2002.6	第3批	陈志强	男	泉州永春县介福中学	副校长	同心中学	高一语文	队长
		尤金诚	男	泉州南安二中	教师		高一语文	
		傅文超	男	南安华侨中学	教师		高一英语	
		陈真珠	女	泉州鲤城区明新华侨中学	教师	石狮中学	初二数学	
		刘志荣	男	泉州丰泽区东海中学	教师		初三化学	
		柯幼兰	女	泉州丰泽区北峰中学	教师		初一语文	
		赖永超	男	泉州五中	教师		初二美术	
		陈志平	男	泉州洛江区河市中学	教师	窑山中学	初三化学	
		连庆周	男	德化县桂阳中学	教师		初二学生	
		徐潮汛	男	永春县锦斗中学	教师		初三英语	
		黄志明	男	惠安县尾山中学	教师	羊路中学	初三数学	
		叶 建	男	惠安县许厝中学	教师		初三物理	
		张建界	男	德化县二中	教师		初一数学	
2002.9—2003.7	第4批	王清仁	男	南安市五峰中学	教师	窑山中学	英语	
		张志祥	男	晋江市阳溪中学	教师		物理	
		李慧东	男	安溪凤城中学	教师		数学	

（续表）

		林志峰	男	泉州泉港一中	教师		地理	
2002.9—2003.7	第4批	苏志福	男	南安六中	教师	同心中学	语文	
		黄晓林	男	泉州市培元中学	教师		数学	
		黄锦宏	男	泉州六中	教师		地理	
		黄文彬	男	泉州八中	教师	石狮中学	数学	
		林致峰	男	泉州九中	教师		语文	
		陈志平	男	泉州嘉惠中学	教师		数学	
		王龙声	男	泉州灵霄中学	教师	同心四中	政治	
		黄晓林	男	泉州培元中学	教师		数学	
2003.9—2004.6	第5批	洪萍萍	女	泉州四中	教师		英语	
		柯云	男	石狮中小学素质教育基地	教师	石狮中学	语文	
		翁双双	女	晋江安海中学	教师		语文	
		程梅靖	男	晋江三民中学	教师		数学	
		魏程辉	男	泉州城东中学	教师		语文	
		洪志波	男	南安诗山中学	教师	窑山中学	数学	
		叶志向	男	德化二中	教师		语文	
		陈志平	男	洛江河市中学	教师		化学	
		辜亚春	男	永春介福中学	教师	同心中学	语文	
		王瑞凉	男	惠安三中	教师		数学	
2004.9—2005.6	第6批	邵琼	男	晋江二中	教师		数学	
		张碧波	男	惠安职业学校	教师	石狮中学	语文	
		李世发	男	石狮五中	教师		数学	
		林奇	男	惠安开林中学	教师		化学	
		陈裕灿	男	晋江五中	教师		数学	队长
		陈海柱	男	南安霞溪中学	教师	窑山中学	英语	副队长
		林荣辉	男	德化水门中学	教师		数学	
		陈坤玉	男	安溪金火中学	教师		语文	
2005.9—2006.6	第7批	李向阳	男	惠安县职专学校	教师		数学	副队长
		方云芳	男	惠安县尾山中学	教师		语文	
		连永煌	男	德化二中	教师	石狮中学	数学	
		李再全	男	晋江西滨中学	教师		英语	
		蒋先忠	男	惠安辋川中学	教师		英语	
		柯瑞佳	男	安溪县温泉中学	教师		英语	
		林养秋	男	泉州华侨职专中学	教师		数学	副队长
		刘栋良	男	永春一都中学	教师		体育	
		庄中专	男	南安毓元中学	教师	窑山中学	语文	
		洪若才	男	南安六中	教师		数学	
		杨剑锋	男	南安六中	教师		英语	
2006.9—2007.6	第8批	傅文超	男	南安华侨中学	教师	局机关		队长
		叶志聪	男	晋江紫华中学	教师	二中	语文	
		吴超雄	男	泉州鲤城灵霄中学	教师	窑山中学	计算机	

（续表）

		刘文杰	男	晋江安海中学	教师	窑山中学	数学	
2006.9—2007.6	第8批	王露晶	男	德化县美湖中学	教师		地理	
		王世荣	男	泉州泉港惠华中学	教师		物理	
		许安宁	女	泉州丰泽区泉州十中	教师	石狮中学	语文	
		蒋志君	女	惠安县大吴中学	教师		历史	
		郭文耿	男	泉州洛江区奕聪中学	教师		化学	
		钟晋川	男	石狮市永宁中学	教师		数学	
2007.9—2008.6	第9批	吴向荣	男	泉州丰泽区东海中学	教师	窑山中学	语文	
		严晓军	男	惠安县上坂中学	教师		语文	
		吴金龙	男	晋江磁灶中学	团委副书记		英语	副队长
		林建清	男	晋江市阳溪中学	教师		英语	
		庄中专	男	南安市毓元中学	教师	王团中学	语文	副队长
		吴贤招	男	泉州洛江马甲中学	教师		数学	
		何其仁	男	南安武荣中学	教师		英语	
		黄诗贤	男	永春三中	教师		语文	
		柯伯清	男	泉州泉港五中	教师	石狮中学	数学	
		连平程	男	泉州泉港六中	教师		数学	
		苏桂发	男	泉州十五中	教师		英语	副队长
2008.9—2009.6	第10批	梁宝玉	男	泉州九中	教师	石狮中学	物理	
		苏永买	男	石狮二中	教师		语文	队长
		苏良斌	男	安溪六中	教师		数学	
		张荣水	男	永春吴峰中学	教师		物理	
		项春香	女	泉州三中	教师		英语	
		陈来德	男	晋江毓英中学	教师	河西中学	英语	
		陈长庆	男	南安洪梅中学	教师		化学	
		林康宁	男	永春四中	教师		数学	
		陈团彬	男	惠安四中	教师		化学	
		陈志平	男	惠安开成职校	教师		语文	
2009.9—2010.6	第11批	卢春明	男	泉州市惠安县瑞东中学	教务主任	石狮中学	数学	队长
		郑文涛	男	泉州市南安市成功中学	教师		美术	
		王荣彬	男	泉州市南安市胜利中学	教师		英语	
		王宗堃	男	泉州市泉港区惠华中学	教师		体育	
		林思旺	男	泉州市德化县二中	教师		体育	
		杜伟煌	男	泉州市六中	教师		数学	
		许志刚	男	泉州市德化美湖中学	教师		数学	
		刘锦志	男	泉州市永春县八中	教师		英语	
2010.9—2011.6	第12批	倪晓伟	男	晋江陈埭民族中学	政教主任	王团中学	语文	队长
		李瑞旭	男	南安市柳城中学	教师		历史	
		杜长青	男	洛江区马甲中学	教师		政治	
		谢岚华	女	泉州七中（金山校区）	教师	石狮中学	语文	
		陈志彬	男	石狮二中	副校长		美术	
		李贵发	男	安溪罗内中学	教师		体育	

（续表）

时间	批次	姓名	性别	单位	职务	支教学校	科目	备注
2011.9—2012.6	第 13 批	肖森林	男	泉州泉港凤翔中学	教师	石狮中学	语文	
		王瑞福	男	安溪七中	教师		数学	
		刘小军	男	惠安荷山中学	教师		英语	
		杨 华	男	泉州台商投资区獭江中学	教师	王团中学	物理	
		洪永健	男	晋江南区中学	教师		化学	队长
2012.9—2013.6	第 14 批	颜冠华	男	石狮三中	教师	石狮中学	初中物理	
		徐广之	男	晋江市平江中学	教师		高中语文	
		张少东	男	惠安四中	教师		高中数学	
		陈长庆	男	南安市洪梅中学	教师		初中化学	队长
		郑文镇	男	德化三班中学	教师	河西中学	初中语文	
		刘文锋	男	洛江河市中学	教师		初中英语	
2013.6—2014.9	第 15 批	王永儒	男	永春县第三中学	教师	河西中学	初中数学	队长
		黄志坚	男	南安市柳城中学	教师		初中英语	
		苏锦培	男	惠安崇武中学	教师	石狮中学	初中数学	
		陈献清	男	泉港三川中学	教师		初中化学	
2014.9—2015.6	第 16 批	黄辉锰	男	南安市蓝园高级中学	教师	第五中学	高中物理	
		肖齐荣	男	泉州师范学院附属培文高级中学	教师		初中物理	
		郑守镇	男	永春崇贤中学	教师		初中体育	
		黄国紫	男	永春教育局督导室	教师		初中语文	队长
2015.9—2016.7	第 17 批	郑清强	男	永春第四中学	党支部副书记	第五中学	初中数学	队长
		谢毓平	男	惠安四中	教师		初中物理	
		陈长明	男	泉港二中	教师		初中语文	
2016.9—2017.7	第 18 批	李友茂	男	泉州市丰泽区北峰中学	教师	第五中学	美术	
		郑平贵	男	泉港二中	教师		语文	
2017.9—2018.7	第 19 批	张 勇	男	晋江陈埭涵埭小学	教师	南安小学	综合实践	
		刘炜煜	男	永春县崇贤中学	教师	第五中学	音乐	
2018.9—2019.6	第 20 批	林晓燕	女	永春华侨中学	教务主任	第五中学	音乐	队长
		林清海	男	泉州城东中学	教师		英语	
		肖玉欣	男	晋江首峰中学	教师		英语	
		黄秋生	男	永泰县第三中学	教师	豫海初中	思想政治	
		薛凤发	男	长泰县第五中学	教师		语文	
2019.9—2020.7	第 21 批	庄逸群	男	泉州市明新华侨中学	教师	豫海初中	初中地理	
		郭新胜	男	南靖县城关中学	教师		初中政治	
		宋 玲	女	闽侯南屿初级中学	教师		初中语文	
		缪长春	男	福安市第三中学	教师		初中语文	
		黄培基	男	晋江市东石中学	教师		初中数学	
		庄宗龙	男	泉港区第二中学	教师		初中数学	
2020.9	第 22 批	杨振群	男	泉州安溪金烷中学	教师	豫海初中	初中物理	
		吴良才	男	泉州石狮三中	教师		初中化学	
		陈秀虹	女	泉州惠安一中	教师		初中语文	
		林伟峰	男	湄洲湾职业技术学校	教师	职业技术学校	机械基础	

（续表）

		姓名	性别		职务		
2021.9—2022.8	第 23 批	林素莺	女	莆田第二十八中学	教师	豫海初中	初中数学
		刘秀琼	女	秀屿区月塘中学	教师		初中语文
		翁 健	男	荔城区东洋中学	教师		初中美术
		谢隽嫔	女	福建省莆田第四中学	教师		初中英语
2022.9—2023.8	第 24 批	吴国辉	男	城厢区南门学校	党支部副书记	豫海初中	初中生物
		欧成敏	男	城厢区南门学校	信息中心主任		初中数学
		郑秀莲	女	城厢区南门学校	教师		初中语文
		陈晨阳	男	莆田文献中学	教师		初中历史
		林一敏	男	莆田文献中学	教师		初中政治
		户永华	男	莆田文献中学	教师		信息技术
		黄剑锋	男	莆田第十二中学	教师		初中地理
		林昭华	男	仙游县石马初级中学	教师		初中英语
		戴金亮	男	莆田第十三中学	教师		高中美术

二、宁夏党政企事业单位支教

1996—2011 年，自治区党政机关、人民团体、高等院校、中等专业学校和其他事业单位和驻宁单位选派干部，到同心县支教点开展为期一年的支教工作。支教工作实行单位包干责任制，全面落实支教工作，培训校长和教师，帮助学校建立健全各项规章制度，并狠抓规章制度的落实，对于加速贫困地区义务教育进程推进素质教育起到了积极作用。

先后到同心支教的单位和部门有：自治区党委组织部、老干部局、区人大办公厅、区国内贸易办公室、银川铁路分局、区交通厅、区轻纺总会、区人事厅、区劳动和保障厅、区农业发展银行、区财政厅、中国银行宁夏分行、财政部驻宁财政监察专员办、区邮电管理局、区邮政局、宁夏农学院等 16 个部门和单位近千名干部，分别到同心羊路、王团、窑山、预旺、马高庄、张家塬、纪家等 7 个贫困乡镇和县教师进修学校支教。支教单位不仅派干部、教师支教，还为同心受援学校捐款捐物，救助贫困学生，改善办学条件，对贫困地区提供教育支持和帮助，促进了教育公平。

自治区党政机关、企事业单位支教人员名单

姓名	性别	所在单位	支教学校	支教时间
陆长寿	男	自治区人大办公厅	预旺学区	1983.9—1986.7
李洪英	男	中铁中卫办事处	羊路中学	2000.8—2001.7
龚春林	男	自治区老干部局	羊路学区	2000.8—2001.7
马文荣	男	农发行宁夏分行	王团王海子	2000.8—2001.7
张红梅	女	宁夏轻纺技工学校	纪家小学	2002.9—2003.7
马 辉	男	宁夏轻纺技工学校	纪家小学	2002.9—2003.7
张校松	男	宁夏农学院	纪家学区	2002.9—2003.7
洪 瑜	男	宁夏公路局	马高庄学区	2002.9—2003.7
李洪英	男	银川铁路分局	羊路罗家台	2002.9—2003.7
张 明	男	银川铁路分局	羊路罗家台小学名誉校长	2001.9—2002.7
李谋朴	男	银川铁路分局	羊路罗家台	2002.9—2003.7
袁士坤	男	银川铁路分局	羊路罗家台	2002.9—2003.7
高泽芋	男	银川铁路分局	羊路罗家台	2002.9—2003.7
白林中	男	宁夏烟草专卖局	下马关第二小学	2002.9—2003.7
陈西国	男	农发行宁夏分行	下流水田滩学校	2002.9—2003.7
洪 瑜	男	自治区交通厅	马高庄学区	2002.9—2003.7
花有浩	女	宁夏邮政局	田老庄中学	2003.9—2004.7
荆汉智	男	自治区交通厅	马高庄九年一贯制学校	2002.9—2007.7
王树春	男	自治区人民医院	纪家中学	2005.9—2006.6
白建军	男	区党委组织部	羊路学区	2005.9—2006.7
陈国军	男	自治区财政厅	王团马套子学校	2005.9—2006.7
屈 涛	男	宁夏轻纺技工学校	河西丁家沟小学	2005.9—2006.7
瞿敬军	男	自治区财政厅	纪家九年一贯制学校	2007.9—2011.6
王建国	男	中国银行宁夏分行	王团倒墩子学校	2007.9—2011.6
倪万存	男	自治区邮政公司	下马关三山井小学	2007.9—2011.6
吴正荣	男	自治区水利厅扬水管理处	韦州河湾小学	2007.9—2011.6
荆汉智	男	自治区公路管理局	汪家塬九年一贯制学校	2007.9—2011.6
王红武	男	自治区人大办公厅	石狮惠安兴隆小学	2007.9—2011.6
白向勤	男	自治区烟草专卖局	下马关申家滩小学	2007.9—2011.6
苏三兴	男	自治区烟草专卖局	下马关申家滩小学	2007.9—2011.6
吴忠海	男	自治区编制办公室	马高庄乔家湾小学	2007.9—2011.6
王晓瑞	男	宁夏电力投资公司	马高庄套子小学	2007.9—2011.6
薛鸿图	男	自治区通讯管理局	马高庄邱渠小学	2007.9—2011.6
马学军	男	平罗县教育局	兴隆中学	2007.9—2011.6
岳思宏	男	吴忠市教育局	下马关中学	2007.9—2011.6

三、百名优秀教师支教

2000 年 8 月 14 日，自治区党委办公厅、人民政府办公厅转发自治区教育厅《关于百名优秀教师支教工程的实施意见》，从 2000 年秋季开始，从川区有关市、县（区）选派 100 名优秀中小学教师，到南部山区 8 县乡镇的中小学开展定期支教活动。根据《实施意见》安排，中卫、中宁、平罗、吴忠中学先后共选派 35 名教师到同心县开展为期一年的支教工作。

自治区"百名优秀教师支教工程"教师名单

姓名	性别	所在学校	支教学校	支教时间
马丽亚	女	中卫县城镇三小	田老庄中心小学	2000.9—2001.7
范如意	女	中卫县城镇一小	田老庄	2000.9—2001.7
刘佳珍	女	中卫县东园小学	田老庄	2000.9—2001.7
李桂花	女	中卫县	田老庄	2000.9—2001.7
王占彪	男	中卫县	田老庄中学	2000.9—2001.7
卢兴勤	男	中卫县	田老庄	2000.9—2001.7
邵占荣	男	中宁县兴堡中学	羊路中学	2000.9—2001.7
高 扬	男	中宁县宁安中学	羊路中学	2000.9—2001.7
杨学松	男	中宁县东华中学	羊路中学	2000.9—2001.7
宋海峰	男	中宁县逸夫小学	羊路完小	2000.9—2001.7
刘天昊	男	中宁县兴堡刘庄完小	羊路完小	2000.9—2001.7
王正彪	男	中卫宣和东岳中学	田老庄中学	2001.9—2002.7
周 平	男	中卫镇罗观音中学	田老庄中学	2001.9—2002.7
袁国荣	男	中卫柔远郭音中学	田老庄中学	2001.9—2002.7
袁有红	男	中卫城镇五小	田老庄中心小学	2001.9—2002.7
武红梅	女	中卫城镇五小	田老庄中心小学	2001.9—2002.7
侯正福	男	中卫永丰学校	田老庄中心小学	2001.9—2002.7
李桂花	女	中卫东园乡东园学校	田老庄中心小学	2001.9—2002.7
卢兴清	男	中卫西园乡牛滩学校	田老庄中心小学	2001.9—2002.7
田学华	男	中宁县恩和镇红桥完小	羊路乡中心小学	2002.9—2003.7
朱天桢	女	中宁县第一小学	羊路乡中心小学	2002.9—2003.7
方 勇	男	中宁县第一小学	羊路乡中心小学	2002.9—2003.7
周金华	男	中卫蔡桥学习	羊路乡中心小学	2003.9—2004.7
魏 华	男	中宁县教育体育局	羊路乡中心小学	2003.9—2004.7
胡玉珍	女	中宁县第九小学	羊路乡中心小学	2003.9—2004.7
郭 杰	男	中宁县新堡镇宋营完小	羊路乡中心小学	2003.9—2004.7
周金华	男	中卫蔡桥学习	田老庄中心小学	2003.9—2004.7
雍存瑞	男	中卫镇罗小学	田老庄中心小学	2003.9—2004.7
赵建波	男	中卫镇罗小学	田老庄中心小学	2003.9—2004.7

（续表）

申振东	男	平罗城关一小	兴隆中心小学	2007.9—2011.6
田少伏	男	黄渠桥九年制小学	兴隆中学	2007.9—2011.6
招凤萍	女	太西九年制学校	兴隆中心小学	2007.9—2011.6
白春涛	女	陶乐中学	兴隆中学	2007.9—2011.6
王进喜	男	黄渠桥九年制小学	兴隆中学	2007.9—2011.6
宋海霞	女	吴忠中学	同心三中（今预旺镇中学）	2007.9—2011.6

四、轮岗支教

1998 年，县委、县人民政府印发了《县城教师轮流支援农村学校》的决定，县教育局制定了《支教人员守则》《支教人员工作目标责任制》《支教人员考核办法》。1998 年秋季开始，首期选派县城 5 所小学、5 所中学 50 名教师到农村薄弱学校，进行为期一年的支教工作。2001 年，县政府根据县城中学教师紧缺的实际情况，决定从 2001 秋季停止选派中学教师支教。

2013 年，教育局印发了《同心县教师支教交流管理办法（试行）》（同教发〔2013〕222 号），《办法》规定，乡镇中心完小、县城及周边乡镇中小学校支援学校，农村学校及县镇相对薄弱学校受援学校，支教工作期限原则上为 1 学年，期满后仍回原学校任教；如支教期满，考核不合格，应按学年延长支教期限，直至支教考核合格再返回原学校任教。农村学校到县镇学校挂职培训教师，每人担任一门以上学科的教学工作，完成足额工作量；参与挂职培训学校的校本研修活动，每学期至少承担 2 次公开课，听评课不少于 20 节；第一学期结束时撰写一篇教育教学论文，支教结束时撰写一篇述职报告，一式三份，分别由支援学校、受援学校和教育局人事股留存。

支教交流教师由支援学校和受援学校双重管理，以受援学校为主。下乡支教或挂职培训人员原学校身份不变，工资、福利发放渠道不变。支援学校和受援学校可根据路途实际情况给予适当补助并在生活和工作上提供便利条件。受援学校根据下乡支教或挂职培训教师的表现、工作情况及本人提供的相关材料对下乡支教或挂职培训教师进行实事求是的考核鉴定，提出考核等次（优秀、合格、不合格），如实填写好《同心县教师支教工作考核表》，每学期末将上述材料签署意见后报教育局人事股。

从 2014 年起，凡未开展对口支教（支援）工作的县城学校及周边中小学不得参加各类示范性学校、特色学校以及其他先进的评选。县城中小学教师申报中高级教师职称时，原则上应有在薄弱学校或农村中小学任（支）教 1 年以上的经历。县城学校教师无 1 年以上农村或薄弱学校任（支）教经历的，不得参加各级各类骨干教师和优秀教师的评选。各学校对参加支教达到规定年限的教师在今后职称晋升、干部竞聘上岗、评优评先中给予视同县级政府荣誉表彰的等值加分并优先推荐；凡不接受学校支教安排的教师一律不得晋升高一级职称，不得参加干部竞聘上岗和推荐评优评先。

下乡支教与挂职培训教师在支教与挂职培训期间，除享受支援学校的工资和福利待遇外，县城及周边乡镇学校到农村薄弱学校下乡支教的教师每年考核在合格以上等次的，教育局将依据《自治区教育厅等五部门关于贯彻落实国家五部门"边远贫困地区、边疆民族地区和革命老区人才支持计划教师专项计划"的实施方案》（宁教民〔2013〕53号）文件规定，根据支教学校交通、环境等因素给予适当生活及交通费用补助。

2016年，同心县人民政府制定了《同心县乡村教师支持计划（2015—2020年）实施细则》县委组织部、同心县编制委员会办公室、同心县人力资源和社会保障局、同心县教育局联合印发了《同心县校长教师交流轮岗实施办法》（同教发〔2016〕117号），规定县域内义务教育阶段校长教师；校长交流轮岗对象为男50岁、女48岁以下，且原则上在同一所学校连续任职6年以上；教师交流轮岗对象为男50岁、女45岁以下，且具备相应教师资格，身体健康，胜任教学工作的人员。校长交流轮岗实行定期轮岗交流、挂职交流两种形式，校长交流轮岗比例不低于校长人数的20%。

2017年，教育局印发了《教育局关于进一步推进中小学校长教师支教交流工作的实施意见

2014—2022年同心县教师校长交流轮岗人员统计表

年份	轮岗支教教师校长			相关文件、制度
	计	教师	校长	
2014	108	86	22	关于印发《同心县教师支教交流管理办法（试行）的通知》（同教发〔2013〕222号） 《关于丁月霞等108名同志交流支教的通知》
2015	174	135	39	《关于推进县域内义务教育学校校长教师交流轮岗的办法》（宁教人〔2015〕233号） 《关于王志刚等174名同志交流支教的通知》（同教发〔2015〕166号）
2016	193	157	36	《同心县乡村教师支持计划（2015—2020年）实施细则》 《同心县校长教师交流轮岗实施办法》（同教发〔2016〕117号） 县委组织部、同心县编制委员会办公室、同心县人力资源和社会保障局、同心县教育局联合印发了《同心县校长教师交流轮岗实施办法》（同教发〔2016〕117号） 《关于邵秀珍等193名同志交流支教的通知》（同教发〔2016〕125号）
2017	300	269	31	教育局《关于进一步推进中小学校长教师支教交流工作的实施意见》（同教发〔2017〕191号） 《关于金玉梅等300名同志交流支教的通知》（同教〔2017〕543号）
2018	270	232	38	《关于做好2018—2019学年度全县中小学校长教师支教交流工作的通知》（同教函〔2018〕212号） 《关于杨兴虎等270名同志交流支教的通知》（同教发〔2018〕256号）
2019	261	222	39	《2019—2020学年度县域内城乡学校、乡镇优质学校与村级薄弱学校结对帮扶、协作共进工作方案》 《关于马小英等261名同志交流支教的通知》（同教发〔2019〕227号）
2020	95	96	0	《关于锁妍玲等95名同志交流支教的通知》（同教发〔2020〕167号）
2021	205	180	25	《关于石俊兰等205名同志交流支教的通知》（同教发〔2021〕86号）

（试行）》。《实施意见》要求，每学年义务教育阶段学校教师交流的人数不低于本校符合交流条件教师总数的 10%；县城学校交流教师中，区、市、县三级骨干教师、名师、优秀教师应占交流教师人数的 20%。

2018 年教育局印发了《关于做好 2018—2019 学年度全县中小学校长教师支教交流工作的通知》《2019—2020 学年度县域内城乡学校、乡镇优质学校与村级薄弱学校结对帮扶、协作共进工作方案》。

五、同心县百名干部职工赴偏远乡村支教

2004 年 9 月，县委、县政府决定，要求帮扶东部乡村的县直机关单位，要选派政治素质高，具有高中、中专及以上学历的干部，到所帮扶的村完小（或教学点），开展持续的支教工作。支教人员与原单位隶属关系不变，待遇不变，支教期限为一学年，支教期满回原单位工作；如果取得教师任职资格条件的，在支教期满后愿意留在基层学校任教的，经人事、教育部门考核合格后，可以办理工作调动手续。

2004 年，首批 100 名县直机关职工陆续奔赴同心偏远乡村支教。

第十一章 | 招生考试

清代，同心县学子已经参加科举考试。1949 年新中国成立后，同心县的初中招生考试、高中（中专）招生考试严格按照国家和自治区人民政府的有关规定实施。本章记述的考试类型主要有初中招生考试、高中（中专）招生考试、普通大中专招生考试、成人大中专招生考试。

第一节 | 书院与科举考试

一、书 院

据《预旺县志》记载：光绪十九年（1893），平远县知县王宝镛，筹款于县城（今下马关镇）文昌宫侧创建了蠡山书院。这是当时宁夏境内的十所书院之一，它以"考课为主"，是科举的预备场所。书院设山长一人，即主持人，除讲学外总领院务。此外，还设有教读（教师）、学长（管理院内账务、书籍）及院夫（负责院内勤杂）。书院学习无年限，以科举取中为结业。采用自由研习，相互辩难、集众讲解等多种教学方法，以修习讨论儒家经籍，习"八股文"为主，兼亦议论时政。光绪三十二年（1906），宁夏知府赵惟熙尊诏将书院下令改办为学堂。据此，平远县知事秦瑞珍于本年二月，将蠡山书院改办成平远县高等小学堂。

二、科举考试

清代科举考试以生员入学、乡试、会试三项为主。童生经过县试、府试、院试及格者称为秀才，即可入学为生员。生员经乡试录取后称为举人，即准备会试。举人会试及格者称为贡士，经过殿试及格始称进士。明清定制为一甲三名赐进士及第，依次称状元、榜眼、探花。二甲称进士出身，三甲称同进士出身。殿试中进士，称甲榜，可直接授予官职。这种通过乙榜中举人，再经甲榜中进士而做官的，叫作"两榜出身"。科举以进士考试为最高阶段。

清代科举考试内容以"四书""五经"的文句为题，规定文章格式为八股文，解释须依朱熹《四书集注》等书为主。

科举还有武科一类。考试科目为马箭、步箭、弓、刀、石，均名外场，又以默写武经为内场。其童试、乡试、会试、殿试及童生、生员、举人、进士、状元等名目均与文科同，但加武字以别之。

清末废科举，兴学堂，科举制度即废除。

据《平远县志》记载，全县 15118 口人，学额廪生十缺，增生十缺，四年一页，岁考取文武生各五名，科考取文生五名。

清代同心县科甲出身名录

姓名	年号	科别	等级	姓名	年号	科别	等级
张树勋	同治	癸酉	举人	孙德明			贡生
熊绍龙	光绪	乙亥	举人	苏乐			贡生
刘华俊	光绪	乙亥	武举	吴忠			贡生
魏纪璠	光绪	丙子	举人	李成章			贡生
谢序动	光绪	丙子	举人	王翰英			增生
王鳌	光绪	乙卯	举人	杨相云			监生
李蔚渊	光绪	乙卯	武举	张俊志			监生
陈国统		癸酉	举人	乔舍英			武生
丁育桂		乙亥	恩贡	苏槐清			武生

第二节 | 民国时期的教育考试制

　　民国时期的教育考试制度与新学制和新课程标准相适应，也与时代的发展相协调。教育考试种类繁多，制度完备，在考试理念与技术方法方面有了长足的进步。中学毕业会考、学业竞试等统一考试制度的创建，在合理继承传统考试文化基础上，更使中国考试文化在民国时期有了一定程度的现代化。

民国时期同心考入大、中专的学生（不完全统计）：

北京大学（1人）

苏盛华

中等专业学校

李文炳　兰州优级师范学校

李士林　宁夏蒙回示范学校

海明泉　北平成达师范学校

王丕烈　甘肃省平凉第七师范学校

杨廷贤　师范学校

刘占鳌　师范学校

苏三刚、金致三、苏金文、朱培德、李登高、丁可信、陈恒泰、马良英、王吉员、海升平等。

第三节 | 招生考试管理

1962年，同心中学首届24名高中生毕业。有4人升入宁夏大学，是同心第一批大学生。

20世纪90年代开始，同心县遵照国家、自治区的有关规定，制定了招生考试制度和工作制度。

一、考试管理制度

（一）区市县领导检查指导中高考工作。每年中高考前，自治区、吴忠市、县组织巡视组，到考点巡视、调研，检查高考各项工作的落实情况。

（二）中、高考协调会。每年中高考之前，县招生委员会召开教育、宣传、监察、建环、公安、交通、电信、供电等部门参加的中高考协调会，安排部署解决考试期间安全、保密、交通、供电、网络、卫生等工作，确保中高考工作顺利进行。

（三）中、高考培训会。中高考前，县招生委员会召开普通中高校招生考试考务工作培训会议。县招委会主任，区、市高考巡视领导及县招委会成员单位负责人、全体监考教师和考务人员参加会议。学习有关法规、进行全面培训。招生委员会主任与各考点主考签订考风考纪责任书，与各考点学校校长签订后勤保障工作目标责任书；教育局局长与选派监考教师的各学校校长签订监考人员管理工作目标责任书。

（四）验收巡查监控系统、屏蔽系统、广播系统、保密室。考试前，区、市、县相关领导验收巡查考试中心及学校的监控系统、屏蔽系统、广播系统、保密室。按照国家考试中心的要求，试卷保密室，安装了铁门铁窗、配备密码保险柜、报警器、灭火器等器材，符合保密室"四防"（防火、防水、防盗、防鼠）标准。制定了试卷领取、运送、交接、值班制度。保密室值班人员由公安局、保密局的干部、教师各1名组成，每日3班，每班3人，24小时值班。

二、考试工作制度

（一）制定招生考试工作人员守则、招生考试工作廉政规范、教育考试中心行风建设实施方案等工作制度、工作方案和工作计划。

（二）建立起"四公开、两监督"多层次、全方位的监督网络。

（三）考生资格审查、信息采集。考生报名资格审查，实行"四签字一注册"的办法，即户籍由公安部门签字、学籍由校长签字、学生由班主任签字、结论由监察部门签字，最后由考试中心注册。

（四）组织考生体检。体检工作由县考试中心（招生办公室）和县卫生局统一组织实施。县级医院承担体检任务。身体健康状况按照教育部规定的标准执行。2010年起执行教育部、卫生部关于高等学校招生学生入学身体检查取消乙肝项目检查的规定。

（五）实行招生考试工作人员、考生签订诚信考试承诺书"双向承诺制"；设置举报箱、监督投诉电话、监督投诉专栏等。

（六）制定了"三段式"（即考前准备、考中监考、考后收尾）的考试工作流程。

第四节 ｜ 小学、初中招生

一、发展历程

20 世纪 90 年代，同心县对小学招生考试进行了逐步改革。小学毕业考试先是以县为单位进行统考，后来改为按学区统考。凡按当地学籍管理规定准予毕业的小学生，即可就近升入初中，不合格的小学生，由原校收回复读，不得将学生推向社会。

根据教育厅印发的《关于小学、初中毕业升学考试制度改革有关问题的通知》要求，从 1994 年起，小学毕业考试在县级教育行政部门的指导下，由学校或乡（镇）教育管理机构命题；已普及或基本普及初中教育的地方，一律取消小学升学招生考试，凡符合毕业条件的学生，由当地教育行政部门按就近入学的原则，直接安排升入初中。

1995 年 12 月 21 日，自治区教育厅在《关于切实减轻中小学过重课业负担的规定》中规定：严格执行关于小学、初中毕业升学考试制度改革的规定，小学毕业考试在县级教育行政部门指导下，由学校或乡（镇）教育管理机构命题。

2018 年秋季学期开始同心县小学实行划片招生，2023 年具体划片范围如下：

同心县 2023 年县城小学新生入学划片一览表

学校	服务片区
第一小学	①豫海北街以东、利民西街以南、团结北街以西、长征东街以北 ②豫海南街以东、银平街以北、市场路以西、长征东街以南 ③豫海南街以东、银平街以南、富强路以西
第二小学	①团结北街以东、长征东街以北、人民南街以西、永庆东路以南 ②文化北街以东、利民西街以北、团结北街以西、建设街以南 ③豫海新居北苑、党校家属院
第八小学	团结北街以东、永庆东路以北、丁塘片区以西、丁塘片区以南
实验小学	①永庆西路以南、豫海北街以西、长征西街以北、同心大道以东 ②清水湾南区 B 区、银水北苑

（续表）

思源实验学校	① 永安西路以北、西环路以东、丁塘片区以南、清水湾广场以西 ② 清水湾南区 A 区
南安实验小学	新区家园 A 区、锦城家苑、皓月新都小区、豫海万家 A 区、朝阳苑
第三小学	① 银平街以南、同心大道以东、豫海南街以西、名相路以北 ② 秀水花园、信泰人家小区
第四小学	① 豫海北街以东、利民西街以北、文化北街以西、永庆东路以南 ② 豫海北街以东、永庆东路以北、团结北街以西、丁塘片区以南 ③ 清水湾 D 区、颐和家园、丰泽苑 ④ 进城务工子女就读学校
第五小学	① 银平街以北、市场路以东、长征东街以南、北沟桥以北、东环路以西 ② 长征东街以北、人民南街以东、永庆东路以南、东环路以西 ③ 进城务工子女就读学校
第九小学	① 新区家园 B 区、清水壹号小区、豫海万家 B 区、东风花语小区 ② 进城务工子女就读学校
第十小学	① 长征西街以南、豫海南街以西、银平街以北、西环路以东 ② 碧桂园小区、观湖御景

同心县县城小学新生入学划片示意图

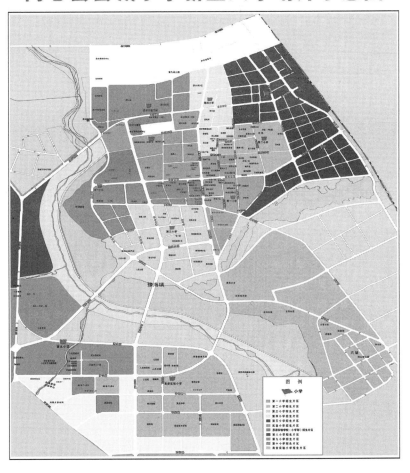

同心县 2022 年秋季初级中学招生计划表

学校名称	片区学校	招生数	班数
第二中学	实验小学、三小	629	13
第七中学	十小	530	11
第四中学	八小、五小、四小	1243	25
思源初中部	思源本校	241	5
特教初中部	特教本校	35	1
预旺镇中学	预旺中心、马高庄中心	260	6
第五中学	南安实验小学、豫海中心、河西东片、丁塘东片、王团南片	733	15
第六中学	九小、兴隆中心、河西东片	638	13
石狮中学	石狮中心	444	9
王团中学	王团中心学校（不含新堡、羊路、吊堡小学毕业生）	561	12
丁塘镇中学	丁塘中心学校（不含东片 5 所小学毕业生）	253	6
河西镇中学	河西中心学校（不含东片 7 所和同德小学毕业生）	310	7
韦州中学	韦州中心学校	311	7
下马关中学	下马关中心学校	491	10
合计		6679	140

二、招生条件

（一）小 学

凡年满 6 周岁适龄儿童，县直小学招生划分片区保障适龄儿童免试、就近入学；乡镇（村）小学招收辖区范围的适龄儿童免试、就近入学；进城务工、外来经商人员随迁子女，如辖区内学校学位已满，由家长持暂住证、劳务合同或营业执照统一安排到三小、四小、五小、九小就读。2021 年开始，县直小学启用小学招生平台，教育局暑假期间发布招生公告，公布招生片区、招生年龄、各小学招生名额等相关内容；乡镇（村）小学招收辖区范围内的适龄儿童免试、就近入学。

（二）初 中

县直初中按小学毕业生划片学校范围就读。乡镇初中招收辖区范围的小学六年级毕业生；进城务工、外来经商人员随迁子女如辖区内学校学位已满，由家长持暂住证、劳务合同或营业执照统一安排到第六中学就读。

（三）招生范围

同心县第二中学招收同心一小、县城三小、实验小学（实验小学毕业生中属于思源实验学校服务范围的到思源实验学校初中部就读）毕业生。第四中学招收同心二小、县城四小（第四小学毕业生中属于思源实验学校服务范围的到思源实验学校初中部就读）、同心五小毕业生。第五中学招收南安实验小学、豫海镇（张套小学、石岗小学）、丁塘镇东片（南阳完小、小山、甘湾沟、吴河湾小学、湾段头希望小学）、河西镇东片（菊花台、旱田岭小学）、王团镇南片（新堡、羊路和吊堡小学）毕业生。豫海初级中学招收兴隆中心学校毕业生、进城务工子女。石狮中学招收石狮管委会各小学、田老庄乡各小学毕业生。思源实验学校初中部招收思源实验学校小学部毕业生、县城小学（一小、二小、三小、实验、四小、五小）自愿到思源初中部就读的学生。预旺镇中学招收预旺中心、张家塬中心、马高庄中心。其他乡镇初中、九年一贯制学校按照辖区接收小学毕业生和外来务工人员子女就读。

（四）小学毕业会考

小学毕业会考县教育局不统一组织。各中心学校、县直小学按照正常的教学要求，根据课程标准和教学任务，完成小学毕业考试及其他各项工作。毕业考试成绩只作为评估和考核学校、教师工作的一项内容，不作为学生入学的依据。

（五）初中毕业、升学考试

初中毕业、升学考试实行自治区统一命题，统一考试。

第五节 | 中考及高中招生

一、发展历程

20世纪50至60年代，初、高中招生进行德、智、体全面考核，择优录取。初中招生考试科目为语文、数学两科。初中招生由县教育主管部门统一命题，组织考试和录取工作。1962年，县文卫科在招生工作中规定：中小学招收新生对少数民族可以放宽年龄限制，即高中放宽到20岁，初中17岁。1966年，中学2年停止招生，毕业生不予毕业。1969年中学复课后，招生取消考试，实行推荐制。高中招生采取"自愿报名，公社推荐，主管部门批准"；初中采取"自愿报名，学校推荐，大队审批，公社决定"的招生办法。

1977年，初中恢复招生考试和升留级制度。实行统一命题，统一考试时间，择优录取的办法。中专招生废除了推荐制度，恢复了文化考试制度，对考生实行德智体全面考核择优录取的办法。

1979年，招生制度改为"自愿报名，所在单位评议推荐，政治审查，文化考查，体格检查，预选"几个阶段。

1980年开始，中专招生除执行全国性的统一招生章程外，自治区对回族聚居的南部山区的回民考生实行降低分数段录取的办法。还实行定向招生，切块录取的办法。

吴忠师范学校每年招生数中，都有一定数量的考生切块到同心，同心又以15%切块到窑山、田老庄、纪家、王团、羊路、马高庄、新庄集（回族考生）各1名。

1985年至1986年，自治区重点中学银川一中、吴忠中学开办寄宿制民族高中班，按一定比例分别招收同心县回族应届初中毕业生。

1994年起，初中毕业考试由县（市）命题，升高中考试命题仍由地（市）负责。初中毕业统一考试，考试合格，思想品德考查合格，达到初中学生体育合格标准，允许毕业。1999年，自治区党委、人民政府在《关于加快教育改革和发展全面推进素质教育的决定》中提出，在普及九年义务教育的地区，小学毕业生免试就近升学。小学、初中毕业考试由学校自行组织。初中毕业考试与升学考试合二为一，参加自治区统一考试。1998 年，普通中等专业学校招生计划全部实行"并轨"，学生缴费上学，毕业后在国家方针政策指导下，大多数毕业生在一定范围内自主择业。新生录取在政审、体检合格的前提下，从高分段到低分段，参照考生志愿顺序择优录取。吴忠师范普通中师班招生切块到同心 15 人，音乐、体育、美术专业考试由吴忠师范组织，地区招办检查监督。专业考试 1∶2 的比例预选，文化课统考后，划定文化课最低分数线。凡达到文化课最低分数线的考生，再将文化课总成绩按 65%、专业成绩按 35% 的比例计算总分，按总分由高到低分录取。普通班录取时对音乐、美术、体育方面有特长的学生在同等条件下优先录取。

二、中考报名

每年 4 月下旬，按照吴忠市考试中心要求，县教育考试中心会同教育股向各初中学校下发报名通知，各学校即组织毕业生持户口本、相片等资料报名，考试中心汇总上报吴忠市考试中心，以县为单位统一编排考场。

三、考试时间及考点

1991—1999 年，统一考试时间为 7 月 12 日至 13 日。

2000 年，中考统一考试时间为 6 月 28 日至 30 日。考试地点设在县城中小学。

2021 年，中考统一考试时间为 6 月 28 日至 30 日。考试地点设在县城中小学和下马关中学（下马关考点为下马关、韦州中学、预旺中学的八年级学生）。

四、考试科目

初中毕业暨高中阶段招生考试采取自治区统一命题、统一考试；吴忠市统一报名时间、统一设置考场、统一考试时间、统一组织阅卷。

1991—1999 年，考试科目为语文、数学、英语、物理、化学、思想政治；各科考试分值为：语文 120 分，数学 120 分，英语 120 分（含听力测试 25 分），物理、化学合卷 160 分，思想政治 80 分。总分为 600 分。

2000 年 5 月，自治区教委对初中政治教学实行改革。中考（升高中考试）政治实行开卷考试。

2000 年 5 月，全区中专中考进行重大调整，首次将普通高中（含职业高中）、初中中专、技工学校招生考试合并进行，即"三考合一"，一次考试，分别录取。考试试卷由自治区教研室统一命题。

2004年，考试科目为思想政治、语文、数学、英语、物理、化学等5学科；各科考试分值为：思想政治80分，语文120分，数学130分，英语120分，物理、化学合卷160分。总分值为610分。

2005年，考试科目为思想政治、语文、数学、英语、物理、化学等5学科；各科考试分值为：思想政治80分，语文120分，数学130分，英语120分，物理、化学合卷170分。总分值为620分。

2006年，考试科目为思想政治、语文、数学、英语、物理、化学等5学科；各科考试分值为：思想政治80分，语文120分，数学130分，英语120分，物理、化学合卷160分。总分值为610分。

2007年，中考成绩实行"学业水平成绩＋体育考试成绩"的办法，体育考试成绩总分40分纳入中考总成绩进行招生录取。总分值为650分，此办法延续至2008年。

2009年，中考实行"学业水平成绩＋综合素质评价"的办法。把学生综合素质评价结果作为初中学生毕业和高中阶段学校录取的依据。学业水平成绩分值为620分，考试科目分必考科目和选考科目。必考科目为语文、数学、英语、物理、化学、思想政治（含历史地理生物）；选考科目为历史、地理、生物，由考生选考一科。各科考试分值为语文120分、数学120分、英语120分（含听力测试25分），物理、化学合卷160分，思想政治与历史、地理、生物合为一套试卷，满分100分（其中思想政治70分，历史、地理、生物各为30分，考生从中选考一科实行开卷考试）。综合素质评价分值为100分。总分值为720分。

2010年，以《初中毕业生综合素质评价实施办法的通知》为依据。考试科目为语文、数学、英语、物理、化学、思想品德、历史、地理、生物。其中：文化课考试分值620分，综合素质评价测试分值110分。语文、数学、英语试卷分值各为120分；物理、化学合卷分值为160分，其中物理分值85分，化学分值75分；思想品德与选考科目（历史、地理、生物三选一）合卷分值为100分，其中思想品德分值70分，选考科目分值30分。综合素质评价测试分值110分，其中公民素质7分，廉洁教育3分，学习能力45分（含信息技术15分，英语口语10分，实验操作20分），体育50分，特长5分。初中毕业考试与升学考试同步进行。总分值730分。

2021年，将八年级地理、历史和生物实验纳入中考。地理、历史试卷分值为20分，均为必答科目。待九年级中考时将此两科成绩选取一科最高成绩计入总分，另一科成绩赋予A、B、C、D等级并入成绩单。

2021年，中考科目为语文、数学、英语、物理、化学、政治，八年级生物、历史纳入中考。文化课分值为语文120分、数学120分、英语120分（含听力测试20分），物理、化学合卷160分，思想政治100分，生物、历史各为20分。学业水平考试9科分值小计640分；综合素质评价为110分；总分值为750分。

2022年，中考科目不变，将英语学科笔答试卷分值改为100分，其中20分作为英语听力口语考试，同时计入中考总成绩。中考总分值为750分。

五、县外示范性高中招生

2003年，宁夏六盘山高级中学成立，招收同心籍学生300人左右。少数民族学生享受降低20分录取的照顾政策。学生免费入学，政府给予农村户口学生每年1000元的生活补助费。

2005年，宁夏育才中学成立，招收同心籍学生360人左右。

自六盘山中学、育才中学招生以来，每年招收同心籍学生分别为330人、370人左右。

六、县内高中招生

1991—1999年，同心县内普通高中同心中学、回民中学（今同心三中）2所，每年招收高一学生在千人以内［详见附表：普通中学（中职）招生、毕业情况（1991—2022年）］。

2000年，普通高中招收择校生执行"三限"（限分数、限人数、限钱数）政策规定。招收择校生比例最高不得超过本校当年招收高中学生计划数（不包括择校生数）的20%。此政策延续到2014年。

2003年，县内高中同心中学、回民中学（今同心三中）、石狮中学（完全中学）3所，石狮中学首次招收高一学生。石狮中学于2008年停止招收高中学生。

2004年，石狮中学（完全中学）首次招收中职学生。

2008年，县内有同心中学、回民中学（今同心三中）、豫海中学3所普通高中，豫海中学首次招收高一学生500人。

2013年，中考暨高中阶段招生考试办法明确规定，各优质普通高中55%的招生指标分配到各初中学校。

2017年，根据《自治区教育厅关于2017年初中毕业考试暨高中招生考试有关问题的通知》（宁教基〔2017〕44号）精神，将优质普通高中招生总数中60%的名额，依据初中学校报考人数，按一定比例分配到各初中学校。非应届生（复读生）不能参加普通高中录取。普通中专、职业学校招生由县教育考试中心组织录取。2017年秋季，普通高中高一年级招生计划严格执行教育厅下达的招生任务。普通高中和中等职业学校（职业高中和中专）招生实行"两考合一"的办法，即一次考试，按志愿分别录取，所有考生一律由原毕业学校组织报名。高中阶段招生报名、考试工作统一由县教育考试中心负责。

2018 年，同心县职业技术学校建成并投入使用，首次招收中职学生 457 人，填补了县内无中等职业学校的空白。

七、填报志愿

2003—2005 年，普通高中考生实行填报志愿，石狮中学考生必须填报本校高中志愿。报考普通高中的考生，只能填报县内普通高中学校志愿。并填报是否同意调配。此政策延续至 2022 年。

高中招生以考生文化课考试成绩和综合素质的评价结果为依据。先录取普通高中，再录取职业技术学校。普通高中录取采取"按一志愿，统一划线，分别录取，差额调剂"的方式：考生在 1—3 个志愿中分别填报县内三所普通高中学校。录取时，依据中考成绩，划定普通高中招生统一录取分数线。然后按志愿先后顺序分别录取，没有录满名额的学校，从报考另一学校没被录取且成绩在统一录取分数线上志愿中填写了二、三志愿的考生中调剂。

八、照顾政策

1999 年前，下列考生可在同批录取学校最低分数线下 10 分内提供档案。同心的汉族、归侨青年、华侨青年、归侨子女及台湾省籍青年、烈士子女、革命伤残军人子女、荣立二等功以上的退伍军人子女、政治思想表现突出并获自治区级表彰的优秀团干部、优秀学生干部。

2005 年，考生凭户口簿和相关证件在最低控制分数线下 30 分内提供档案，由学校审查录取。即少数民族男生照顾 10 分，少数民族女生、教师子女男生照顾 20 分，少数民族教师子女女生照顾 30 分。

2008 年，考生凭户口簿和相关证件在最低控制分数线下 20 分内提供档案，由学校审查录取。即少数民族男生照顾 10 分，少数民族女生照顾 20 分。此政策延续至 2016 年。

2017 年，考生凭户口簿和相关证件在最低控制分数线下 30 分内提供档案，由学校审查录取。即少数民族男考生降低 1 个分数段（10 分）录取；少数民族女考生降低两个分数段（20 分）录取。贫困家庭建档立卡户子女凭相关有效证件降低一个分数段（10 分）录取。河西中学、丁塘中学、纪家一贯制学校、王团中学、三中（今预旺镇中学）、下马关中学、韦州中学等 7 所农村学校的初三考生（学籍在本校满三年）降低一个分数段（10 分）录取。同时具备上述几个条件县直初中考生，最多照顾 2 个分数段；农村初级中学考生，最多照顾 3 个分数段。各类证件必须在报名时提交原件审核并留存复印件，报名结束后不再认可。县直初中考生最多照顾 2 个分数段

（20分），农村初中考生最多照顾3个分数段（30分）。此政策延续至2020年。

2021年，按照自治区有关规定，中考考生符合少数民族、残疾学生、军烈士子女等相关政策，照顾加分累计不超过5分。

2022年，公安英烈、因公牺牲以及符合条件的因公伤残公安子女烈士子女，现役军人驻国家确定的三类（含三类）以上艰苦边远地区和西藏自治区，解放军总部划定的二类（含二类）以上岛屿部队军人的子女，以及在飞行、潜艇、航天、涉核等高风险、高危害岗位工作的军人的子女，以及烈士子女，中考总成绩加10分；现役军人在作战部队、驻国家确定的一类、二类艰苦边远地区以及解放军总部划定的三类岛屿部队军人的子女，一至四级残疾军人的子女，以及平时荣立二等功或2次三等功、战时荣立三等功以上奖励的军人子女，中考总成绩加8分；少数民族、归侨、归侨子女、华侨子女、台湾籍考生、残疾人、现役军人驻一般地区部队子女，中考总成绩加5分。

符合上述加分政策，选其最高一项加分条件计入中考总成绩，各加分条件之间不叠加不累计。照顾政策加分审核结果经审核后，由各学校在校内向考生公示。

普通中学（中职）招生、毕业情况（1991—2022年）

单位：人

年份	招生数		毕业生数		年份	招生数			毕业生数		
	初中	高中	初中	高中		初中	高中	中职	初中	高中	中职
1991	4532	514		617	2007	6209	1815		3294	812	
1992	3729	424		541	2008	6401	2026		4113	842	
1993	3068	645		688	2009	7274	2160		4519	1066	
1994	3915	779		561	2010	6896	2390		4401	1215	
1995	3262	822	2677	547	2011	7108	2383		4590	1258	
1996	3425	775		694	2012	6869	2300		5449	2030	
1997	3496	770		786	2013	6473	2667		5440	2421	
1998	3757	770		786	2014	6439	2376		5260	2458	
1999	4018	842		547	2015	6368	2100		5211	2561	
2000	4447	1066		680	2016	6406	2000		5075	2726	
2001	4447	1269		812	2017	6612	2012		5376		
2002	4671	1307		842	2018		2430	457	5723	2131	
2003	4365	1418	3220	1066	2019	6516	2760	580	6048	1882	
2004	3434	1474	3543	1215	2020	5790	2815	804	6435	2564	
2005	5664	1608	3335	1258	2021	6016	2706	761	6979	2383	367
2006	6162	1534	2800	680	2022	6188	2803	721	6433	2772	590

注：高中阶段招生不包含县外高中学校和中职学校招生。

第六节 | 普通高校招生

1991—2000 年，普通高校招生考试完成了科目设置改革，进行了招生"并轨"改革，实现了从报名、考试、阅卷、登分、录取等重要环节管理手段的科学化和现代化。

2001 年，普通高校招生考试实行"3+ 小综合"高考科目设置方案，实现考生档案电子化、网上阅卷、远程网上录取。本专科分层次分卡分时填报志愿和分阶段录取、电子大屏幕同步播出出档情况和录取情况。

一、高考报名

每年，县教育考试中心根据自治区教育考试院的有关通知要求，向高中学校下发报名通知，各学校组织毕业生持户口本、相片等资料到指定地点报名。2018 年，按照自治区普通高校招生考试报名办法，12 月 1—5 日，由学校组织考生网上进行普通高校招生考试报名。

资格审查。高考报名期间，县招委会成立"同心县普通高校招生考试资格审查领导小组"，"资格审查工作小组"（由监察、公安、工商、税务、教育等部门组成）严格执行自治区高校招生的户籍政策，对考生填写的《同心县普通高校招生考生报名资格审查登记表》做到"四签字一注册"，即户口公安部门签，学籍校长签，学生班主任签，结论监察部门签，最后考试中心注册。建立了谁审查、谁签字、谁负责的工作机制。

体检。考生体检工作由教育考试中心和卫生局统一组织实施。县级医院承担体检任务。体检标准按照教育部规定的标准执行。2010 年起执行教育部、卫生部关于高等学校招生学生入学身体检查取消乙肝项目检查的规定。

报考类别。1991 年至 2000 年，宁夏普通高等院校招生报名考生类别分为：文史类、外语类、艺术类、理工类、军事类、体育类六类。2002 年开始，宁夏普通高等学校招生取消了外语类和军事（含公安）类两个报考类别，考生按文史、艺术、理工、体育、高职等五类报考。2013 年后，报考类别分为文史类、理工类。

二、考试时间

1978 年以来，普通高校招生考试实行一年一次的全国统一考试。考试时间为每年 7 月 7、8、9 日。2003 年，普通高等学校招生全国统一考试时间由 3 天改为 2 天，每年 6 月 7、8 日，这个安排一直延续到 2022 年。

三、考点设置

2013 年，全国普通高校招生同心考区开始建立与国家教育部联网的标准化考场。2022 年，共设置同心中学、第三中学、同心二中、第四中学、豫海中学 5 个考点，设置了 222 个标准化考场。每个考场都设置了网上巡查监控系统，屏蔽系统、广播系统。设立了从考点办公室到考场的"封闭式"专用通道，监控 24 小时值班。

四、考试科目

1991—2001 年，宁夏普通高等学校（含高中中专）招生全国统一考试科目为：文科考生考语文、数学、英语、政治、历史、地理六科；理科学生考语文、数学、英语、物理、化学、生物六科。

1994 年，宁夏普通高等学校（含高中中专）招生全国统一考试实行"3+2"模式，文科考生考语文、数学、英语、政治、历史五科；理科考生考语文、数学、英语、物理、化学五科；外语科增加了听力考试，但不计入总分。总分满分为 750 分。

2002 年开始，宁夏普通高等学校招生全国统一考试科目设置为"3+ 文科综合 / 理科综合"模式，即理科考语文、数学、外语、理科综合（物理、化学、生物综合）；文科考语文、数学、外语、文科综合（政治、历史、地理综合）。外语分英语、俄语、日语、法语、德育、西班牙语6 个语种。外语科听力考试计入总分，总分仍为 750 分。

2022 年 6 月，自治区人民政府印发《宁夏回族自治区深化普通高等学校考试招生综合改革实施方案》，从 2022 年秋季入学的高一学生开始，实施高等学校考试招生综合改革，宁夏普通高等学校考试招生全国统一招生考试科目设置为 3+1+2 的模式，即全国统一考试科目为语文、数学、外语（含英语、俄语、日语、法语、德语、西班牙语）3 门，不分文理科。其中，外语科目含听力和笔试两部分。选择性考试科目为 1 门，共有 3 门可供选择。总成绩满分为 750 分。

五、录 取

1991—1999 年，同心招生录取原则为：认真贯彻德、智、体全面考核，择优录取的原则。2000 年调整为：认真贯彻德、智、体全面考核、择优录取的原则，实行"学校负责、招办监督"的录取体制。2003 年开始，全区普通高等学校招生录取工作由宁夏教育考试院负责，实行远程网上录取。

少数民族招生录取照顾政策。1992 年，自治区党委、人民政府在印发《关于进一步加强民族工作若干问题的决定》《决定》规定：自治区普通大、中专招生实行对少数民族考生降低分数段择优录取的办法外，还要确保少数民族考生录取比例年递增 1%。1995 年，自治区党委、人民政府对宁夏普通大、中专招生民族考生照顾政策重新调整，除继续实行对少数民族考生降低一个分数段予以照顾外，对回族考生再降低一个分数段（即对回族考生照顾 20 分）。

2018 年，自治区招生工作委员会制定了《自治区招生工作委员会关于调整和规范普通高考录取政策的通知》（宁招委〔2018〕11 号），把以前执行的政策，调整和规范为"全区少数民族考生报考区外普通高校的，可在其统考成绩总分的基础上增加 10 分投档；山区少数民族考生报考区内普通高校的，可在其统考成绩总分的基础上增加 20 分投档；山区以外的少数民族考生和山区汉族考生报考区内普通高校的，可在其统考成绩总分的基础上增加 10 分投档。同时符合多项照顾项目的考生，投档时只能取其中幅度最大的一项分值，不得累加。"

2021 年，自治区招生工作委员会印发了《宁夏回族自治区深化普通高考加分改革工作实施方案》的通知（宁招委〔2021〕11 号），方案规定本次高考加分改革从 2024 年高考开始执行。将同心县等山区（以下简称"山区"）的少数民族考生报考区内高校加 20 分投档、报考区外高校加 10 分投档的政策，统一调整为报考区内外高校加 10 分投档。

将同心等地的山区汉族考生报考区内高校加 10 分投档调整为加 5 分投档，并于 2027 年高考开始取消该加分项目。

凡户籍已经从同心等山区迁入川区，且高级中等阶段教育在山区学校或户籍所在县（市、区）学校实际就读满 3 年的自治区内政策性移民子女，从本人及其监护人搬迁到川区当年 5 月 31 日计算，6 年内（含当年）报名参加普通高考的，可参照山区考生加分政策执行。移民子女考生身份及搬迁时间的认定，以迁入县（市、区）乡村振兴部门根据搬迁移民电子花名册出具的证明为准。

该方案自 2021 年秋季入学的高一学生开始实施，2024 年高考开始执行，2027 年高考起取消地方性加分项目。《自治区招生工作委员会关于印发〈宁夏回族自治区关于进一步减少和规范高考加分项目和分值的实施方案（试行）〉的通知》（宁招委〔2015〕3号）和《自治区招生工作委员会关于调整和规范普通高考录取政策的通知》（宁招委〔2018〕11号）同时废止。

定向招生。1991年至1995年宁夏大学师范专业、宁夏医学院、宁夏农学院实行定向分配政策，同心考生积极报考，每年都有录取的考生。

1996—1999年，宁夏大学师范类专业、宁夏农学院实行定政策，但招生计划减少到10%，2000年又减少到5%。同心仍有考生被录取。

1994年，根据《高等艺术院校（科系）招生工作暂行规定》，同心县报考艺术院校（科系）的考生，实行文、理兼报。

第七节 | 成人高校招生

经教育部审定核准，举办成人高等学历教育的开放大学、职工高等学校、职业技术学院、职业技术大学、管理干部学院、教育学院和普通高校成（继）教院等（以下统称成人高校），实行全国统一考试招生。

一、招生类型

分高中起点升本科（以下简称高起本）、分高中起点升专科（以下简称高起专）和专科起点升本科（以下简称专升本）三种。

二、学习形式

在校学习形式分脱产、业余和函授三种。脱产最短学习时间为：高起本四年、高起专和专升本两年；业余和函授最短学习时间为：高起本五年、高起专和专升本两年半。

三、组织实施

成人高校招生考试在宁夏教育考试院统一组织下，由县教育考试中心具体负责报名、考试。考试办法同普通高校考试一样。为加强考试管理，考点相对集中，报考人数不足 200 人的县（市、区）原则上不设考点，其考生由宁夏教育考试院协调安排到邻近县（市、区）考点参加考试。

同心县电大开放教育考试由县师资培训中心负责组织考试，自治区电大派遣巡视员监督考试，县电大工作站负责考务管理工作。电大考试每年两次，分别在 1 月和 7 月。

四、报名办法

所有参加宁夏成人高考统考和免试入学的考生均需办理网上报名、资格审核、网上缴费的手续。宁夏户籍考生在户籍所在县或公安机关发放《居住证》的县报名并参加考试；非宁夏户籍考生在公安机关发放《居住证》的县报名并参加考试。

1.网上报名：全区统一规定时间，逾期不予办理。

（1）网上注册。考生登录宁夏成人高校招生网上报名系统（https://baoming.nxjyks.cn）进行注册。

（2）填写信息及上传资料。

（3）考生须对网上报名信息进行确认，确认提交后，不能再修改。

2.资格审核：全区统一规定时间。县教育考试中心通过网上报名系统将对考生报名资格进行审核。审核期间考生及时登录报名系统查看审核结果，审核未通过的考生，根据系统提示及时修改报名信息，或根据县（市、区）教育考试中心的要求携带本人身份证和相关资料到现场审核，否则视为考生自愿放弃本次报名。

五、考试时间

成人高校招生考试时间一般安排在每年的10月第四周双休日。

2013年成人高等学校高起本、高起专和专升本招生全国统一考试时间为10月26日、27日（星期六、星期日）。

2016年考试时间为10月29、30日（星期六、星期日）。

2017年考试时间为10月28、29日（星期六、星期日）。

2019年以来由教育部统一规定考试时间。

2022年教育部统一规定考试时间为10月21、22日。

六、考试科目

1.高起专、高起本不分文理科，考试科目为语文、数学、英语。

2.专升本考试科目为3门。考试科目为政治、英语和考生根据报考专业选择一门［大学语文、艺术概论、高等数学（一）、高等数学（二）、民法、教育理论、生态学基础、医学综合］。

3.各科试卷满分均为150分；高起本、高起专各科考试时间均为120分钟；专升本各科考试时间均为 150 分钟。

七、招生录取

宁夏成人高校招生录取工作在自治区招生工作委员会领导下由宁夏教育考试院组织实施。

第八节 | 人才培养与输送

1991—2022 年，全县共毕业小学生 140795 人，毕业初中生 53701 人，毕业高中生 33613 人，据不完全统计，卫星电视"三沟通"函授毕业中师学员 147 人、电大毕业专科、本科学生 2300 人、自学考试毕业专科、本科学生 3670 人、农业广播电视学校毕业学生 400 人，培训各类技术人员万余人。汽车驾驶员培训学校培训汽车驾驶员 5000 余人。

同心县张家塬乡汪家塬村，自高考制度恢复以来，这个位于宁夏中部干旱带、只有 635 户居民的小村庄，截至 2020 年 9 月，已走出包括 1 名中科院院士、14 名博士、28 名硕士在内的 993 名大学生。

1977—1990 年同心县大中专录取学生统计表

类别		1977	1978	1979	1980	1981	1982	1983	1984	1985	1986	1987	1988	1989	1990
大专院校	本科	13	40	23	24	18	33	37	39	78	104	72	81	79	57
	专科			2	14	4	18	32	31	30	28	52	35	50	20
	女生	1	5	5	2	2	7	8	13	13	31	31	32	31	20
各类中专	高中中专	18	16	16	40	19	18	26	24	28	13	46	52	34	25
	初中中专		26	24	21	16	46	46	25	56	50	75	50	88	67
	简师	40	40	40	30	52		22	30	32	33	33	35	33	28
	女生	9	16	5	3	10	11	19	20	22	35	46	31	41	27
技工	高中技工						2	8	3	12	3				
	初中技工							7	24	8	8				

1991—2000年普通大中专院校招生报名录取情况

年份	大专院校				高中中专			初中中专				民办教师	
	报名人数	录取人数	录取率(%)	其中女	录取人数	录取率(%)	其中女	报名人数	录取人数	录取率(%)	其中女	录取人数	民办直转
1991	991	116	11.7	16	33	3.3	4	901	50	5.6	15	31	/
1992	848	88	10.4	12	49	5.8	18	894	71	7.9	32	30	/
1993	812	87	10.7	14	62	7.6	30	878	84	9.6	38	28	37
1994	668	147	22.0	24	102	15.3	30	1247	80	6.4	35	35	57
1995	661	159	24.0	27	80	12.1	34	1157	99	8.6	46	36	84
1996	864	144	16.7	66	55	6.4	30	921	112	12.2	39	39	/
1997	1045	249	23.8	86	78	7.4	36	1055	109	10.3	50	60	86
1998	1131	247	21.8	98	77	6.8	31	1063	132	12.4	60	/	/
1999	1152	306	26.6	105	117	10.2	74	1045	255	24.4	126	/	/
2000	1228	537	43.7	178	138	11.2	96	1505	650	43.2	349	/	/

2001—2023年同心县普通高校招生报名录取（上线）情况统计表

年度	报名人数	录取（上线）情况							
		一本	二本	三本	本科合计	本科录取率(%)	专科（高职）	总计	专科以上录取上线率(%)
2001	1231	33	326	-	359	29.16	596	955	77.6
2002	1031	62	337	-	399	38.70	460	859	83.3
2003	1480	129	416	-	545	36.82	338	883	59.7
2004	1720	116	470	-	586	34.07	594	1180	68.6
2005	2191	143	707	-	850	38.80	510	1360	62.1
2006	2559	70	511	-	518	22.70	490	1071	41.85
2007	2638	267	460	70	797	30.21	390	1187	45.0
2008	2848	309	572	72	953	33.46	559	1512	53.1
2009	2986	379	582	75	1036	34.70	718	1754	58.7
2010	3233	495	535	175	1205	37.27	794	1999	61.8
2011	3635	473	740	337	1550	42.64	1035	2585	71.1
2012	3862	500	766	505	1771	45.86	1441	3212	83.2
2013	4008	219	667	513	1389	34.66	1472	2861	71.4
2014	4158	660	714	617	1991	46.78	1526	3517	84.62
2015	4360	180	562	550	1292	29.63	1627	2919	66.9
2016	3443	265	319	521	1105	32.09	1602	2709	78.68
2017	3227	379	413	554	1346	41.71	1577	2923	90.58
2018	3087	315	387	1040	1742	56.43	1169	2911	94.30
2019	3007	372	1171	0	1543	51.31	1284	2827	94.01
2020	3023	388	999	0	1387	45.88	1403	2790	92.29
2021	3261	410	972	0	1382	42.38	1856	3238	98.29
2022	3750	336	1125	0	1461	38.96	2253	3714	99.0
2023	4318	407	1258	0	1665	38.56	2623	4288	99.91

第十二章 ｜ 教学研究

　　清末、民国时期，教学采用点书、背书，照本宣科"填鸭式"的旧教学法。由于教师大部分没有受过师范教育，无力研究改进教法，学生死记硬背，教学质量不高。新中国成立后，加强了教学研究工作。教育局（科）设立教研室，乡镇教委（学区）、中学、完小、村学习站分科建立了教研组，形成县、乡、村（校）三级教研网络。1980年后，又相继成立了语文、数学、理化、英语、复式教学研究会，聘请了兼职教研员，建立起专、兼职教研队伍与群众学术团体相结合的教研体制。从基层学校到县教研室，广大教师围绕着如何深化教育改革，提高教学质量，培育德才兼备的四有新人，积极申报各级各类课题，深入开展教学研究和教学实验，引进推广新的教学方法，取得了一大批高质量的研究成果，使教学研究成为探讨教学规律，交流教学经验，推动教学改革，提高教学质量不可缺少的一项活动。

第一节 | 组织管理

一、县教学研究机构及职能

（一）同心县教学研究室

1.历史沿革

1958 年，文教科设立教研组，1963 年，改教研组为教学研究室。1966 年"文化大革命"开始，教研室撤销。1972 年，文教局恢复教研室。1979 年，教研室正式建制，设主任 1 人，副主任 1 人。下设中学组、小学组、资料组。1985 年，改称教育科教研室，增设电教、仪器组，图书资料室等。

1990 年，改称教育局教研室。2000 年，同心县教研室配置专职教研员 24 人，设中学组、小学组、中小学德育组、电教仪器组。配备中学德育（兼）、语文、数学、理化、英语教研员 6 人；小学德育（兼）、语文、数学、复式教育、幼儿教育教研员 12 人。聘请兼职教研员 35 人。2010 年，县教研室选聘全县中小学骨干教师 65 人担任兼职教研员，其中高中 10 人（每学科 1 人）、初中 17 人（语、数、英、化、物各 2 人）、小学 38 人（各学科）。截至 2022 年，教研室有中小学专职教研员 7 人，兼职教研员 26 人。

2.同心县教学研究室职能

县教研室承担着全县基础教育教学研究、指导、服务和学科教学业务管理职能。指导学校全面执行教学大纲（2009 年之前）和课程标准（2010 年版、2011 年版、2022 年版）；规范课堂教学工作；制定全县教育科研长远规划和年度计划；协调促进三级教研网络队伍建设；组织开展全县教育科研活动；进行各类教育教学课题指导与管理；催生、遴选、推广各类教育科研成果；总结、推广县内外先进的教学经验；收集、整理教学研究信息资料，促进教研交流；组织教师参加全国、全区、全市、全县各种大型教学教研竞赛活动，通过竞赛发现人才、培养人才。

（二）乡（镇）中心学校教研室

1989年，全县成立了16个乡（镇）教委中心教研组，聘请3至4人担任辅导员，以中心小学为主要阵地，开展教学研究工作。农村小学还以相近的两个或三个村完小联合成立学习站（联片教研组织），推选一名校长任站长。学习站每学期至少活动一次，全体教职工参加学习，地点在各完小之间交换。

2007年，乡镇中心学校成立中心教研组，聘请下属各完小的骨干教师5—7人担任兼职教研员，组长由中心学校校长担任。

2010年，乡镇中心学校成立教研室，聘请下属各完小的骨干教师担任教研员。主任由中心学校校长兼任，副主任由中心副校长或业务能力强的教师担任。

2016—2022年，全县成立了高中片、县城初中片、东部初中片、西部初中片、县城小学片、东部小学片、西部小学片等7个教学教研共同体，片区内学校实行年度轮值管理制，由片区内学校轮值负责年度片区教学教研工作。

（三）学校教科室

1949年，全县完小成立教学研究会。1953年，教学研究会更名为教研组，分语文组、算术（数学）组。1956年，成立中学教研组，分文科组、理科组。

1991—2006年，同心中心小学和中学都设有教研组。小学设有语文、数学和综合教研组；中学设有文科、理科、政治思想和综合教研组。

2010—2022年，各中学、县直小学成立了学校教科室，配置了教科室主任、副主任等中层干部，管理学校教科研工作。

（四）联片教研活动区与教学教研共同体

2009年，教育文化体育局印发了《同心县三级教研网络建设工程实施意见》，决定成立7个联片教研活动区。片区划分如下：

高中片：同心中学、回民中学（今同心三中）、豫海中学。

县城中学片：县城二中、海如女中（今同心四中）、石狮中学。

县城小学片：同心一小、同心二小、实验小学、豫海中心学校。

西部片：河西中心、丁塘中心。

中部片：石狮中心学校、王团中心学校、兴隆中心学校。

东部片：下马关中学、下马关中心学校、韦州中学、韦州中心学校、田老庄中心学校。

南部片：同心三中（今预旺镇中学）、预旺中心学校、张家塬中心学校、马高庄中心学校、窑山中心学校。

联片教研活动是实现校本教研，由原来的以校为单位的"小校本"教研向校际间、区域间多所学校"大校本"教研联动转化的一种新型教研机制。联片教研活动，实行每年片区组长轮流制和教研员蹲点包片责任制，以加强学校间的长期合作，达到校际合作、区域联动、优势互补的目的。

2010—2015年，以片区教研共同体作为片区教研组织，建立了高中片、县城初中片、东部初中片、西部初中片、县城小学片、东部小学片、西部小学片等7个片区。县城初中片增加了第五中学、豫海初中、思源实验学校。县城小学片增加了南安实验小学、思源实验学校、县城八小。窑山中心学校划分到田老庄中心学校。

2018年，组成了"同心二中—下马关中学、海如女中（今同心四中）—同心三中（今预旺镇中学）、石狮中学—王团中学、同心五中—河西中学、豫海初级中学—丁塘中学、同心一小—下马关陈儿庄小学、同心二小—韦州旧庄子小学、实验小学—预旺南关小学、南安实验小学—王团圆枣小学、同心三小—石狮满春小学、同心四小—窑山石塘岭小学、五小—河西同德小学"等12对义务教育阶段"城乡学校帮扶协作体"，开展了有效帮扶活动。经吴忠市教研室牵线，吴忠市区的优质学校吴忠一中、三中、五中、朝阳小学、金积小学、裕民小学、开元小学、利通十一小、利通十二小等学校分别与韦州中学、下马关中学、三中（今预旺镇中学）、韦州中心、预旺镇中心、下马关中心、张家塬中心、马高庄中心、田老庄中心开展教研帮扶共进活动。

2019—2022年，在自治区教研室和吴忠市教研室的统筹协调下，同心县丁塘中学、石狮中心学校、下马关中学加入了银川市教学教研共同体，县教研室、三所高中学校、乡镇初级中学、县直中小学、各中心学校加入了吴忠市域教研共同体，县域内建立了24个教学教研共同体，中心学校与村小建立55个乡（镇）域教学教研共同体，实现了教学教研共同体全覆盖。除此之外，同心县豫海中学与固原一中建立了教学教研共同体；同心县职业技术学校、豫海中学、第四中学、第六中学，与福建省莆田城厢建立了跨省教学教研共同体。

二、名师工作室

（一）名师工作室一览表

名师工作室一览表

类别	名称	成立日期	领衔人	工作单位	成员				顾问（导师）
宁夏塞上名师工作室	马占银工作室	2015年	马占银	同心一小	刘耀宏 马祯	马希芳 马喆	马光雄 陈金兰	周晓琴 金斯冰	马兰 任菊莲
	黑学红名师工作室	2019年	黑学红	同心一幼	张莹梅 周瑞霞	王自兰 黑保莲	马文燕	马兰华	
自治区创新素养名校园长工作室	黑学红名师工作室	2022年	黑学红	同心一幼	杨晓霞 苏小萍	王玲娟 吴晶晶	马少琴	杨东花	
	张国平工作室	2022年	张国平	同心县实验小学	张卫生 张艳 尹莉	闫登泰 周芳 丁凤霞	马娟娟 杨娜	张铭琳 马彩芳	
自治区创新素养名师工作室	田淑兰工作室	2022年	田淑兰	同心县实验小学	李金萍 丁霞 马娟娟 李文婷	杨艳琴 邵琪 丁杨	周洁 马小渊 马俊朝	温璇 杨志虹 黑宝莲	马德虎 丁霞（教研室）
同心县总工会劳模创新工作室	黑学红劳模工作室	2022年	黑学红	同心一幼	马文燕	马兰华	马晓岚	吴晶晶	
县级名师工作室	高中语文学科名师工作室	2019年	纪玉龙	豫海中学	丁生泽 马学	杨丽 苏海升	马光华 米倩	罗茸 罗瑞峰	丁梅荣 戴道
	高中数学学科名师工作室	2019年	周学明	同心中学	金静 马起	杨占玲 吴丹	周志武 马立炜	叶元军 张成杰	陈熙春 刘建国
	高中英语学科名师工作室	2019年	马晓彬 马彬	豫海中学	余正云 马晓彬	马娟 马兰	马彩霞 马佳宜	丁丽萍 马媛媛	张振敏 曹天祥
	高中物理学科名师工作室	2019年	杨维玉	回民中学（今同心三中）	锁俊明 周力强	马小龙 童辉	田仕宝 杨天云	周泽仁 杨波	刘银良 刘永军
	高中化学学科名师工作室	2019年	白兴成	豫海中学	纪春梅 希清	吴娜 张天佑	马学龙 杨秀川	周文明 李霞	郑伟 李彦国
	高中生物学科工作室	2019年	王建军	同心中学	顾真云 张荣	马丽娟 王颖	丁军 马飞	杨岚 海永梅	柳君 饶德
	高中政治学科名师工作室	2019年	杨梅英	回民中学（今同心三中）	马倩倩 张学良	穆智子 马小兰	杨晓丽 杨秀珍	马选 苏永峰	官晓刚 李纳
	高中历史学科名师工作室	2019年	陈芳 顾淑梅	回民中学（今同心三中）	张淑芬 马文林	周建智 丁燕	买泽群 顾淑梅	周南 李启瑞	王俊昌 张英
	高中地理学科名师工作室	2019年	赵俊龙 杨华	同心中学	杨文军 马超兴	杨华 周进波	杨波 丁小艳	马国玲 马兴军	杨佰智 柴兴国

（续表）

				成员				
县级名师工作室	初中语文学科名师工作室	2019年	李　霞	海如女中（今同心四中）	马　花　周　玲　马　倩　朱保英 金　燕　文　芳　周　月　李　艳 崔子平　马晓玲　张瑞娟　马　莹			张世虎
	初中数学学科名师工作室	2019年	马学清	同心五中	刘金龙　马爱新　摆志珍　锁　芳 贺吉祥　买廷荣　罗　平　张兰萍 王俊峰　李先锋　马　军　马文国 纪少都			杨　岐
	初中英语学科名师工作室	2019年	黑广平	同心二中	赵　敏　王　芳　关　平　马晓梅 海　涛　杨旭虹　丁晓梅　张雪梅 王金凤　马春花　李　夏　王　佳			李　倩 曹天祥
	初中道德与法治学科名师工作室	2019年	马俊江	丁塘中学	靳正鹏　王　敏　周　东　马国海 杨　栋　杨　琼　马玉虎　苏建军 杨小琴　马成宏　顾素芳　李　莉 马　玲			岳　磊
	初中历史学科名师工作室	2019年	田　鸿	海如女中（今同心四中）	杨建强　金明光　张红燕　马　杰 杨　梅　黑小凤　杨鹏飞　马　娟 马　洁　马　琴　杨　艳　洪　蕾 余　宁			杨　英
	初中物理学科名师工作室	2019年	金宪文	同心二中	马　新　杨小福　王建福　周　峰 田　潇　杨　霞　马志鹏　马　利 马学伟　贺登尧　罗进德　杨丽蓉			樊党娟
	初中化学学科名师工作室	2019年	白　芳	同心二中	张耀清　锁志福　丁晓艳　杨彩花 张学俊　李小玲　王耀明　虎　鹏 朱立国　黑志祥　金　昊　马　凡 田媛媛			尉　忠
	小学语文学科名师工作室	2019年	马希芳	同心二小	虎月萍　兴　萍　杨雪莲　贺淑霞 杨晓燕　丁玉梅　李　芬　田淑兰 马彩花　周　燕　马　丽　杨彩蓉 周秀玲　马丹雷　李玉艳　丁彩霞 王晓玲　刘宗一　李学珍　刘毅霞 金小翠			仇千记
	小学数学学科名师工作室	2019年	马小梅 丁　霞	实验小学	康海霞　周惠萍　马国兰　马丽霞 王晓燕　顾玉锋　顾学琴　马冬梅 马宗兰　马　厅　张　璐　李宝霞 马景林　丁丽娜　杨源晖　王　芳 金　鹏　李小芳　杨志学　杨　娟			秦永贵

（续表）

县级名师工作室	小学英语学科名师工作室	2019 年	马晓平	同心一小	李菊花 马晓英 马翠花 罗桂玲 赵明琴 马丽珺 金 坤 马彦国 马彩芳 杨慧君 张丽梅 王英英 杨晓梅 买红艳 李 燕 马 兰 马 静 周 娟 李银银 倪梅琴 马 娟	于 炅
	小学道德与法治学科名师工作室	2019 年	丁小燕	南安实验小学	马小琴 马小莉 白月霞 丁莎莎 黑秀芳 张 暖 李金萍 丁雪蓉 田小梅 周 涛 杨 芳 罗晓花 马金贵 杨 娟 徐蓉蓉 马 媛 杨海莲 沈焕焕 穆晓兰 李月荣	齐玉玲
	小学科学学科名师工作室	2019 年	马莉娟	思源实验学校	杨素琴 白琳琳 马丽卿 张宗钧 马 静 马晓萍 刘 梅 马晓萍 何 佩 丁少军 周 月 马 兰 纪晓红 文 红 马 琪 马汉静 郭 芳 李自虎 苏 红 宋维生	丁玉军
	中小学一体化音乐名师工作室	2020 年	张 鸿	海如女中（今同心四中）	石 磊 马文丽 马晓翠 王桂佳 丁 勇 马 祯 马东山 王 瑜 宋萤雪 金 萌 马 霞 马玉婷 王艳霞 王小慧 周 玲 张恩宽 马 娟 王颖瑛 田云祥 胡李东 马向军 黑晓艳 丁 明 王 艳 海彩霞 曹 珏 马英学	许晓华
	中小学一体化美术名师工作室	2020 年	李永宏	同心一小	张晓珊 马小红 马彦文 马 勇 丁 虹 周亚如 计永钰 虎 岳 李伟宏 段 懿 马宏芸 吴静思 马成智 张铭琳 周美玲 金晓琴 周少丰 马 药 金 慧 杨付兰 陈娅苗 丁鸿燕 李 莉 杨 娟 张娟弟 朱淑艳 马林霞 张拴霞 康月兰	许丽萍
	中小学一体化体育名师工作室	2020 年	金振强	同心五中	冶振兴 马维花 石俊兰 韩 英 冯萍萍 白 杨 马占生 虎彦峰 杨志科 张兆海 张晓杰 汪晓萍 马海珍 丁 杨 马承志 周 平 马忠杰 李 龙 马 波 杨晓花 马文生 马瑞侠 李彦勋 马小龙 丁玉锋 郭 凤 马永兵 黄晓航 朱双军 马自俊	曹 辉

（续表）

县级名师工作室	中小学一体化劳动名师工作室	2020年	李小红	豫海中学	丁学燕　马　炜　罗秀梅　王耀惠 王立贤　杨富云　张　斌　杜　琴 姬雅云　马海亮　任　宁　杨　莉 马　波　朱宝燕　白春英　金斯冰 顾晓玲	王晓琼
	中小学一体化信息技术名师工作室	2020年	杨小琴	同心中学	勉　萍　杨丽丽　马　茜　马　斌 马菊霞　张　燕　海小龙　杨晓荣 杨　斌　陆　军　刘海林　马　宁 马丽娟　马　梅　马月珍　顾小燕 马世豪　马　琪　金梅英　马成国 杨海花　马俊林　虎玉俊　金学峰 田生宝　马宝荣　马　钊　李灵玲 周吉祥　马峰良　田　萍　杨　平	秦春娟

（二）名师培养发展提升工程

同心县搭建高层次培训平台，围绕课堂教学，走进教师专业发展实践之路，实施了"名师培养发展提升工程"。

1. 访　学

2020年10月，同心县组织首批21个学科名师工作室主持人和骨干成员72人访学团队，赴银川三沙源上游中学、银川九中、银川二中、银川十八中、银川唐徕中学西校区、银川北塔中学、悦海小学、金凤三小、银川教科所等名校、名教研机构，按照"实践探索、交流研讨，走访观摩、借鉴经验，聆听讲座、用心感悟"的研修模块，进行了为期6天的访学研修。通过访名师工作室、访名家课堂、访名校、聆听名家讲座等多种方式，全方位感受名校名家风采，感受教学新理念，新境界、新面貌。

2. 导　教

为把同心县首批21个名师工作室打造成名师成长的示范性摇篮，名师发展的个性化舞台，名师专业互动的开放性平台，名师受教增智练能的智慧性学校，同心县为工作室聘请来了宁夏30位知名教学专家做导师。2019年11月10日，县教育局在思源实验学校举行了隆重的拜师仪式，向30位工作室导师颁发了聘书，21个名师工作室领航人与导师签订了《师徒结对协议书》。实施了"三轮两步一示范"导师导教工程，即导师每学期听每个学科工作室6名徒弟的三轮"靶子课"，每月听一轮；每轮每个徒弟上两节课，先上1节"诊断课"，导师针对问题进行剖析指导，再上1节"提高课"，工作室全体成员全程观课，聆听导师评课指导。

（三）名师长效机制

2019年，同心县教育局制定了《同心县名师工作室建设实施办法》，启动了名师工作室建设计划。计划建设县级名师工作室40个，工作室基本覆盖全县基础教育各年段各学科。2019年建立名师工作室21个，2020年又建立名师工作室5个，陆续建立覆盖全学段、全学科名师工作室。

2021年，针对县专职教研员年龄老化、结构失衡、人员严重短缺又无法及时得以补充的现状，同心将26个学科教学名师工作室领衔人聘任为县级兼职教研员。

三、群众学术团体

（一）中小学语文教学研究会

1980年10月11日成立。中学研究会会长王志强、副会长丁爱学、李生茂，秘书长李生茂（兼），会员13人；小学研究会会长尹长怀、副会长张生科、卢兰英，秘书长张生科（兼），会员18人。

（二）中小学数学教学研究会

1984年5月成立。理事长李惠仁，副理事长王建华，秘书长邱琳玉，会员38人。召开了二届年会。

（三）理化学会

1984年5月20日成立。会长陆永明，副会长杨科，秘书长杨海生，会员46人。召开了三届年会。1989年同理化教学研究会共设一个理事会。

（四）理化教学研究会

1989年12月30日成立。同理化学会共设一个理事会，理事长陆永明，副理事长刘生源、杨科，秘书长杨海生。理事9人，会员58人。召开了首届年会。

（五）复式教学研究会

1989年10月22日成立，理事长马廷忠，副理事长金玉山、任耀华，秘书长柳长银，会员48人。召开了2届年会。

（六）英语研究小组

1985年成立。组长沈洪泉，成员13人。

　　2000 年，同心重新建立了中学语文教学研究会、中学数学教学研究会、中学英语教学研究会、小学语文教学研究会、小学数学教学研究会和小学德育教学研究会。会议选举产生了新一届会长、理事。至此，同心形成了县、乡（镇）、校三级教研机构，三级教研队伍，专职教研人员与兼职教研人员相结合，教育机构与群众团体相结合的三级教研网络。

第二节 | 教研工作

一、发展历程

1949—1952 年，由于教师多系旧职人员未及培训，加之教材尚未更改，教学仍沿用旧法。1953 年起，组织教师学习苏联凯洛夫的教学思想，学习应用"五步教学法"（组织教学；复习旧课；导入新课；巩固新课；布置作业）。教研活动除学校教研组集体研究备课、组织观摩教学外，主要是利用寒暑假办学习会培训教师，研究教法。

1959 年，同心县各学区教研组自编教材。新庄集、王团学区自编了预备班语文教材；王团学区贯彻"精讲多练"的原则，调整、补充、合并了三年级算术教材，增加六年级语文以农业为基础的阅读教材，自编了五、六年级常识课本。县教研组审阅后，向全县印发。县教研组根据《教学大纲》的要求，研究制定各科"单元课时计划"供各校参考，并向教师介绍计算器、活动计算盒、绒布板等直观教具的做法及用法。1960 年以后，围绕贯彻中学工作《五十条》、小学工作《四十条》开展以教学为中心的教研活动。县委转发了马忠仁同志六年级算术教学"缩短课时，改革课堂教学，克服"少、慢、差、费"现象，组织教师在县城初师附小观摩了五年制学制改革实验课。1962 年，县教研组开始研究复式教学法，印发了张景玺、马占国两人的复式教学经验，介绍了王汉章纠正学生错别字的经验，向全县推广县城完小思想政治工作经验。

1963 年，县教研室组织全县复式教学班的教师观摩了韦州、下马关、下流水、王团庄、纪家学区复式班公开教学，观摩了各学区选编的"复式课教案"，教研室编辑《复式法教学经验介绍》油印本，寄发各校学习。在全县推广白玉彪同志"一年级识字的巩固工作"经验和新庄集龚家岭初小的"分散识字教学"经验。

1964 年，学校出现了学生作业负担重，学生健康水平下降，单纯追求升学率的新倾向。文卫科教研室组织全县教师就改进教学方法，减轻学生负担，提高教学质量进行了讨论研究。

1974 年，县教研室创办《教研交流》内部期刊，介绍推广外地教学经验。1976 年后，中学的研究课题主要是毛泽东诗词及鲁迅著作的教学，小学进行"三算结合"教材实验。1979年至1990年，教研室配合教育局（文教局）基本摸清了全县教师状况（文化程度、教学水平、工作态度、教龄等）、学生状况（合格率、学习能力、身体状况、学习态度和目的）、教学实际；组织中小学教师学习《教学大纲》和新编《教材》，过教材教法关；组织教师学习教育理论，明确教育思想，改变旧的传统教学方法；开展教学研究改革实验及改革教学方法的活动；总结推广"双基教学"、阅读教学、"读写结合"、作文早起步、"复式教学"等方面的教学经验，尤其是推广本土经验。课堂教学贯彻"少、精、活"的原则（教学时间少、教学内容精、教学方法活），教研工作提倡"活"（形式活）、"新"（内容新）、"实"（工作实），提倡教研为教学服务。此外，还开展评选"三优"活动（优秀论文、优秀教案、优质课），研究第二课堂教学，举办各种竞赛，建立了资料信息中心，帮助中小学建立了统一的规范化的教学档案。

1991—2022年，同心的教研工作贯彻"两全"方针（全面贯彻教育方针、全面提高教学质量）、《教育部关于加强新时代教育科学研究工作的意见》，围绕素质教育，把研读教学大纲（2010年后为新课程标准）、熟练掌握教学大纲（2010年后为新课程标准）作为教学研究的基础，开展了学大纲学教材竞赛、教师基本功训练、"三优"（优秀论文、优秀教案、优质课）、"三课"（说课、做课、评课）的活动。实施了"课堂教学质量工程""教育质量发展年""基础教育质量提升年""立足校本抓教改聚焦课堂提质量活动"；网上教研活动、教师技能竞赛等形式多样的教学活动；开展了课题研究、课题实验、观摩教学、专题讲座和专项课题研究工作；"一师一优课 一课一名师"活动、"基础教育精品遴选"、"教师'四课'"（新入职教师达标课、青年教师优质课、骨干教师示范课、学科名师精品课）竞赛、"校长听评课"等活动。

二、教研活动

（一）教材过关

教材过关，主要指要求教师掌握《教学大纲》精神，了解所任学科教材的基本内容以及教材编写的指导思想，从而明确教学思想，正确使用教材，提高教学质量。

1982年，文教局成立领导小组，在全县组织开展小学教师教材过关活动。各学区也组成相应的领导小组，建立了"过关"学习卡。文教局下发了《关于组织小学教师过好语文、数学教材关的安排意见》，就有关教材过关的内容、时间、比例、步骤、方法、标准等事宜作出安排，并聘请了87名骨干教师为辅导员。

1982年秋季始至1985年底，经过三年的学习、实践、考核、验收，全县1332名小学公民办教师参加学习，1309人取得了教材教法合格证，占参加"过关"教师的97.5%（应该是483名没有合格学历的教师参加学习,448人取得合格证,实际上是所有的专任教师都参加了学习、考核)。

(二)教学改革实验

1. "三算"教材实验

1975年,在同心一小开展了笔算、珠算、心算"三算结合"教材实验,不久,即中断实验。1983年起,在同心一小恢复实验。至1990年,扩展到4所学校,4个班。同心一小丁学东老师设计的《"三算"训练一百题》,在全国"三算"实验研讨会交流。

2. 听说训练实验

1985年,同心一小、二小、丁塘南阳小学各一个实验班,开展听说训练实验。县教研室指定专职教研员蹲点指导实验。翌年,扩展到8所小学19个起始班,开设听说训练课实验。经过三年实验,对学生进行测试结果表明:学生听力的准确性、学生的辨析能力;记忆能力、理解能力、口头表达能力、观察力、想象力和书面表达能力明显提高。1988年,该项实验已在全县普及,并把听说训练正式列入课程表。

3. 电化教学实验

1984年,在同心一小设立电教室,确定了电教实验班,选定了实验教师,成立了电教领导小组,由教研室和学校共同领导、指导,并拟出电教实验计划,购置了电教器材,开展实验。一年后经测试,实验班语、数两门课均比平行班高10分。

1985年,电化教学实验扩展到一小、二小、南阳小学3个班。教研室为三个实验班购置了录像机、电视机、录音机、幻灯机、投影仪、微机等,配置了各科教学幻灯投影片、录音磁带等,引进复制斯霞、袁瑢等优秀教师的讲课录像带25套,在全县巡回放映。

4. 尝试教学法实验

1985年8月,教研室选派30名数学骨干教师,参加自治区小学数学教学法讲学会,听取了常州师范学校特级教师邱学华的尝试教学法讲座。之后,全县10所学校10个班进行该教学法实验。有的实验取得了较好的效果。其中有3篇实验论文获区教研室奖励,5篇获县级奖励。1989年教研室召开了全县尝试教学法研讨会,总结了经验,肯定了成绩,坚定了实验信心。1990年该实验已扩展到全县20所学校,40个中、高年级班。

5. 最优课堂教学方式实验(又称六课型单元教学法)

1984年教研室在二中定点,由教研员张炳程指导,张玉花任实验教师,进行了初中语文最优课堂教学方式实验,教研论文获县教研教改成果二等奖。同心中学裴元孝、王学锋,张家塬中学倪仲诚,王团中学马正清也进行了该教学方式实验,取得了较好的效果。其中倪仲诚的实验论文获银南地区教改优秀论文奖。

6. 单元过关实验

1983年，王团中学先在语文、数学两科进行单元过关实验，后发展为各科教学进行单元过关跟踪分析。经过初中2轮实验，成效显著。1988年，王团中学初三会考总评全县第一，政治、数学、物理、化学单科成绩全县第一，及格率、优生率连续3年超过全县平均水平。

7. 新教材实验

1987年开始，在同心中学、回中（今同心三中）、二中、海如女中（今同心四中）、城关、下马关、河西7所中学初中一年级14个班，进行语文新教材（人民教育出版社语文二室编《三年制初级中学语文课本（试用本）》）实验。经过一轮实验，师生反映良好。1990年复进行第二轮实验，实验班达74个，占整个初中班数的一半。

8. "早期儿童发展（ECD）项目"试验

2001年，联合国儿童基金会和教育部实施"早期儿童发展（ECD）项目"，项目周期五年（2001—2005）。教育厅确定同心县为项目县。同心成立了以主管局长任组长，由教育股、教研室和试验学校校长、幼儿园园长组成的领导小组，开展项目实施工作。项目组制订了《同心县实施联合国儿童基金会和教育部"早期儿童发展（ECD）项目"方案》，确定实验小学、丁塘中心小学为试点学校。

2001年，项目实验学校办起了幼儿园和家长学校，开展实验工作，宣传幼儿早期保育知识。2002年7月，联合国儿基会在天津召开了中国—联合国儿基会ECCD项目"早期儿童养育与发展"研讨会，任耀华根据同心实施"早期儿童发展（ECD）项目"的实践经验，撰写的论文《抓儿童早期养育，促基础教育发展》在大会交流。

（三）优质课赛讲

1979年，县教研室组织全县中小学教师进行课堂赛讲活动，参赛教师887人，赛讲教学2000节次，评选出优质课8节次。1980年4月，县教研室推荐3节优质课参加银南地区小学课堂教学观摩活动，受到好评。其中，同心一小卢兰英的低年级"看图学文"教学，二小马少荣数学教学贯彻"精讲多练"，努力提高课堂教学质量，王团杨庄子小学民办教师王有保的"复式班教学"等经验选辑在银南地区《小学课堂教学经验选编》。

1984年，在同心一小、二小、南阳小学、沟南、城北5所学校举行县镇学校教师优质课赛讲活动，参赛教师14名，评选优质课6节。1985年，在县城、下马关、预旺3个片举行初中语、数优质课赛讲，3个片共评出优质课10节，优秀论文51篇。1987年，在评选"三优"活动中，130名中小学教师参加课堂赛讲，评选出优质课43人次，获奖教师43人（中学17名，小学26名）。1988年，在银南地区中小学青年教师课堂赛讲中，二小教师张波获小学语文第一名，二中马荣获中学英语第 4 名；在全区青年教师"优质课"评选活动中，马荣获外语二等奖，张波获小学语文三等奖。

1990 年，开展了全县青年教师（35 周岁以下）优质课赛讲活动，共评出优质课 55 节，获奖教师 55 人（中学 25 名、小学 30 名）。

（四）"三优"（优秀论文、优秀教案、优质课）评选

从 1993 年开始，全县中小学开展了评选"三优"（优秀论文、优秀教案、优质课）活动。优质课、优秀教案主要是通过观摩评比教师的教案、观摩评价教师的课堂教学，由学校、学区、县三级层层筛选评定的。优秀论文主要评选包括：教学改革和实验、教材研究和分析、教学心得体会和经验、教案和教学实录、习题分析和研究、科普有关知识介绍等。涉及中小学语文、数学、英语、思品、政治、自然、地理、历史、化学、生物、体育、美术、劳技、教学管理等学科。"三优"评选活动的开展，提高了中小学教师的业务素质和课堂教学水平，培养了一批学科带头人。

1997 年，县委、县政府在全县开展"十佳教师"和优秀学科教师的逐级评选工作。10 位老师被评为"十佳教师"、38 名青年教师被评为"学科带头人"，受到县委、县政府表彰奖励。

（五）"三课"（说课、做课、评课的）活动

1996 年，教育厅在全区中小学教师中广泛开展以教学大纲为指导，以在课堂教学中落实素质教育为主题的说课、做课、评课活动，简称"三课"活动。教育局成立了领导小组，县教研室牵头，开展了大规模的"三课"活动。

"说课"就是任课教师按照教学大纲的要求，认真备课，写好教案，向其他教师及领导作口头说明。说课的主要内容包括：说教学目标和要求、教学设计、教学程序及方法、教材分析、学生学习指导（学法）等内容。说课教师介绍教学设计及意图后，其他教师或领导再提出修改意见或建议，供说课教师进一步完善自己的教学设计方案。"做课"就是任课教师按照自己的教学设计进行教学实践，原则上是怎么"说"的就怎么"做"。"评课"则包括任课教师课后"自评"及观摩教师"他评"两部分。"自评"任课教师对自己教学的成败得失及时进行反思性总结；"他评"，集思广益，取长补短，共同提高。此后，"三课"活动一直开展至今，并发展为观课、议课、磨课等新形式。

（六）网上教研

2012 年，同心县启动了网上教研活动，乡镇中心完小以上学校全部建成校园局域网，县城学校和乡镇初级中学建立了本校公开网站，建立了网校，利用网校的电子图书库、教学资源库网上学习，利用个人的 office 空间或微博进行教学研讨和交流活动。实验小学积极组织教师进行网上校本教研工作，一年内教师发表教学网帖达万余次，进行主题交流活动 321 次，被中国现代教育网评为"全国中小学百强网校"，2012 年被确定为自治区首批 17 所信息化教育资源试点学校之一。

2013 年后，各学校还充分利用"国培计划"和"同心教研网"，开展网络博客教研、网络视频教研等形式的网上教研活动。

2014 年，为贯彻落实《宁夏教育信息化发展规划（2013—2017 年）》精神，根据《自治区教育厅关于开展"2014 年全区基础教育优秀主题教学资源暨网络学习空间评选活动"的通知》（宁教基〔2014〕188 号），开展了全县基础教育优秀主题教学资源暨网络学习空间评选活动。全县中小学教师在宁夏数字教育资源网新开通网络空间用户 203 个，发表教学日志 772 篇，上传教学资源 320 个，微视频 80 个，参赛作品涉及幼儿园、小学、初中、高中 4 个学段，34 个学时。

（七）"一师一优课 一课一名师"活动

2015 年，教育局根据《教育部办公厅关于开展"一师一优课 一课一名师"活动的通知》《自治区教育厅办公室关于开展"一师一优课 一课一名师"活动的通知》（宁教基办〔2015〕15 号）精神，印发了《同心县"一师一优课 一课一名师"活动实施方案》，在全县开展"一师一优课 一课一名师"活动。全县教师全员参与了晒课活动。其中 800 多名教师录制了视频课，并参加了晒课，有 70 位教师获奖。

2016 年，教育局召开"一师一优课、一课一名师"活动推进会，对 2015 年度活动中涌现出的先进集体、优秀工作者、优秀教研员、优秀管理员、信息技术应用名师进行了表彰奖励。2016 年，全县 3380 名教师在国家资源公共服务平台上注册，晒课 2318 节。注册人数、晒课人数均位列自治区前三。经过县级初评、终评，共评出县级优课 157 节，其中一等奖 53 节，二等奖 104 节；53 节课获市级优课，29 节课获省级优课，12 节课获部级优课。

2017 年，教育局召开同心县"一师一优课、一课一名师"活动 2016 年度总结表彰暨 2017 年度启动推进会。对 2015—2016 年度"一师一优课、一课一名师"活动先进集体、先进个人进行了表彰奖励。2017 年，全县教师网上注册 3769 人、晒课 3766 人，晒课 6431 节，名列全区前茅。评选出 91 节县级优课、56 节课获市级优课、50 节课获省级优课，23 节课获部级优课。

2018 年，教育局组织全县特色示范课堂优质课评选活动，教师在国家教育资源公共服务平台上进行研讨、"晒课"。晒课数达到全县中小学教师的 100% 以上（有一师晒多节的情况）。共推出校级"优课"215 节，"县优"课 93 节，89 节课获市级优课，36 节课获省级优课，20 节课获部级优课。

2019 年，全县推出校级"优课"200 节，"县优"课 90 节，50 节课获市级优课，19 节课获省级优课，16 节课获部级优课。

（八）基础教育精品课

2021 年，教育部将"一师一优课、一课一名师"活动升级为"基础教育精品课遴选"活动，成为更高规格的全国性课堂教学优质资源遴选、集成活动。教育部开展在全国范围内遴选优秀教师的精品课资源，并将"部优"精品课汇集成全国优质课堂教学资源库，服务全国师生线上线下教学教研活动。

2021 年，同心县开展精品课遴选活动。遴选"县优"精品课 202 节；52 节课被评为市级精品课，6 节课被评为省级精品课一等奖，30 节课被评为省级精品课二等奖，16 节课被评为省级精品课三等奖，2 节课被评为部级精品课。2022 年遴选县级精品课 249 节，110 节课被评为市级精品课，20 节课被评为省级精品课一等奖，55 节课被评为省级精品课二等奖。

三、中小学课堂教学质量工程

2000—2007 年实施了"宁夏中小学课堂教学质量工程"（简称"质量工程"）。"质量工程"分为"一期"和"二期"两个阶段。2000 年 10 月至 2004 年 6 月为一期；2004 年 8 月至 2007 年 12 月为二期。

（一）"一期"工程

2000 年 10 月至 2004 年 6 月，教育文化体育局先后制定了《同心县中小学"课堂教学质量工程"实施方案》《同心县中小学"课堂教学质量工程"评价标准》《同心县乡镇完小课堂教学质量基本标准》《同心县乡镇初小课堂教学质量基本标准》《同心县中学课堂教学质量基本标准》。按照"分步实施，分层推进"的原则，确定丁塘中学等 6 所学校为《工程》试点学校。由教研室牵头，组织举办了县级评价教师队伍培训班，组织各学区、学校评价人员参加市、自治区级培训。

"质量工程"实施，突出了优化课堂教学过程和优化课堂教学手段这一重点，要求学校领导和评价人员每学期听课、评价不少于 40 课时，主管教学的领导、教研组长、教研员、评价人员带头上达标示范课，并由全体教师评价。各学校都开展了不同学科、不同形式的课堂教学达标竞赛活动。"工程"的实施，整体上促进了教研工作、教学改革、课堂教学质量和效益等方面发生了变化，2004 年，同心县中考成绩名列吴忠市第一（平均分 383，名列吴忠市第一，及格率 58.4%，名列吴忠市第一）。2004 年 7 月，全县已有 1616 名教师，分 2 批达标，取得由自治区教育厅统一颁发的"达标教师"证书。

（二）二期"质量工程"

2004年8月至2007年12月，实施二期"质量工程"。二期"质量工程"对教师专业发展水平暂时定为三级（一级、二级、三级）：一级（初级水平）；二级（中级水平）；三级（较高级水平）。2007年，按照二期"质量工程"标准，对中小学教师第一期还未"达标"的教师进行了跟踪评价，结果显示，全县中小学教师均相应地达到了一、二、三级标准。2009年教育文化体育局对实施中小学二期"质量工程"教师"达标"情况进行复核。

四、质量提升活动

（一）基础教育效益年活动

1992—1993年，同心县开展了"基础质量效益年"活动。活动分三个阶段。第一阶段（8—9月）乡镇学校安排活动，组织宣传阶段；第二阶段（1992年9月—1993年4月）活动全面实施阶段；第三阶段（5月10—20日）全面自查、评比、总结经验、表彰。1993年，县委、县政府对"基础教育质量效益年"活动中涌现出来的河西乡、张家塬乡、喊叫水乡3个先进乡镇、9所先进学校和36名先进个人进行了表彰奖励。

（二）教育质量发展年活动

2009年2月，教育文化体育局印发了《同心县教育质量效益工程实施意见》，在全县中小学开展了"教育质量发展年"活动。学校结合"自治区基础教育学校综合管理质量工程"，开展了"百校牵手"活动；在同心二中举行中学语文综合实践活动，观摩市、县、乡三级联片教研活动；组织县内专兼职教研员到吴忠、大武口、中卫等地观摩学习6次；组织骨干教师参加全国"十一五"课题申报，有19个课题通过区级审定；参加自治区论文、教学设计及教研故事等比赛活动，选送论文212篇，有120余篇分获不同等次的奖励；全县中小学老师在各种刊物上发表论文20余篇。

（三）"立足校本抓教改，聚焦课堂提质量"活动

2010年，在全县中小学广泛开展了"立足校本抓教改聚焦课堂提质量"活动。教育局印发了《"立足校本抓教改聚焦课堂提质量"活动实施方案》，成立了以主管教学的副局长为组长的领导小组。各学校也成立了相应的领导机构，制订了行动方案，从教育局、学校和教师3个层面，

提出各项目标要求。活动从 2010 年 10 月开始，2011 年 8 月结束。该项活动以教育教学工作为核心，以强化教学过程的精细化为重点，以开展有效课堂教学为抓手，全面提高课堂教学水平。

（四）基础教育提升年活动

2011 年 3 月，在全县中小学范围内开展了"基础教育质量提升年"活动。活动从 2011 年 3 月 1 日开始，年底结束。教育局印发了《同心县"基础教育质量提升年"活动实施方案》，召开了"基础教育质量提升年"活动启动会。通过活动的开展实现了教育局七个提升：即提升教育发展质量、提高教育改革创新质量、提升教育管理质量、提升教育保障质量、提升工作落实质量、提升教育评价质量、提升队伍建设质量和中小学（园）的十个提升：提升学校德育工作质量、提升课堂教学质量、提升教科研工作质量、提升信息技术保障质量、提升教育教学评价质量、提升校园文化建设质量、提升学校后勤服务质量、提升安全稳定质量、提升班子办学治教质量、提升师资队伍建设质量。

五、互联网 + 教育

2019 年，同心县在全县中小学开展了"互联网 + 创新素养教育"培训活动。县教研员牵头，带领全县校长、骨干教师参加全国、全区、全市、全县"互联网 + 教育"暨创新素养教育培训活动；把全国、全区"互联网 + 教育"暨创新素养教育培训专家、全区"互联网 + 教育"暨创新素养教育改革先行地区校长、教师请进同心，在校长、教师培训班上做"互联网 + 教育"暨创新素养教育专题讲座，为同心县培养推进"互联网 + 教育"暨创新素养教育的管理队伍、骨干教师队伍、应用技术队伍。

（一）典型引路，示范观摩。2019 年 9 月份，在海如女中（今四中）和思源实验学校分别开展了中学段和小学段"互联网 + 在线互动课堂"的"一拖二"模式示范观摩活动，全县校长、教师参加了在线直播观摩，随后，在全县范围内全面推开了城乡校际、强弱校际间的"一拖二"在线互动课堂教学实践。

（二）优课引领，在线教研。2019 年 10 月，组织在"一师一优课 一课一名师"活动中，县域内获得"部优"课的教师做在线示范观摩活动。活动分中学段和小学段进行。"部优"课教师在线做课，教研员会同备课团队在线说课、评课、议课、辩课。较好地展示了信息技术与学科深度融合与在线教研的操作模式。

（三）多维互动，分享经验。2019 年 12 月，县教研室牵头在同心一小和海如女中（今四中）分别举办了"在线专递课堂""智慧课堂""在线互动课堂"观摩活动。县城优质学校向农村学校推送"在线专递课堂"教学；优质学校骨干教师向全县校长、教师展示"智慧课堂"实践；青铜峡五小与同心一小开展"一拖一"在线互动课堂，石嘴山与海如女中（今同心四中）开展"一拖一"在线互动课堂。

六、教学质量监测

2001年秋季开始，同心县教育局建立学年检测与学期抽查相结合的工作机制，全面评价中小学教育教学质量。对县城中小学、乡镇中心小学、初中和村级完小教学点，提出不同的评价标准，改变学校评价教师只看分数的做法，对学生进行德、智、体、美、劳全面的评价。2002年，教研室印发了《课堂教学评价量化表》，教育局每年检测教学质量时，对教学工作进行量化考核。对县城小学进行毕业联考，对小学高年级、初中一年级进行教学质量年检，每学期对某一年级进行随机抽查，对高中学生从高一起，进行教学质量跟踪监测，进行卷面分析，写出分析报告。

2013年8月，根据《教育部办公厅关于开展全国义务教育阶段学生语文阅读与写作学习质量监测的通知》（教督厅〔2013〕3号）文件精神及《2013年国家基础教育质量监测宁夏回族自治区实施方案》，同心县被抽取为国家基础教育质量监测样本县。为此，教育局制定了《同心县2013年国家基础教育质量监测实施方案》，举办了2013年国家基础教育质量监测培训会。同心县作为本次国家基础教育质量监测样本县，监测的对象为随机抽取的19所样本学校。

2012—2013学年度第二学期在校的四年级、八年级学生，以及2012—2013学年四年级、八年级班主任、语文、音乐、体育、美术教师和学校校长，被抽取为2013年国家义务教育质量监测样本，开展国家基础教育质量监测，其目的是通过对义务教育阶段学生学习质量及相关因素的信息数据采集和统计分析，全面把握全国基础教育的质量状况，科学诊断基础教育存在的问题及其原因，为国家教育决策提供科学依据和支撑。

2017年5月，同心县作为自治区国家义务教育阶段学生质量监测样本县之一，21所义务教育阶段学校（8所初级中学，13所小学）、校长21人、班主任及德育和科学教师216人，学生599人被抽取为2017年国家义务教育质量监测样本。本次监测，由国务院教育督导委员会办公室统一部署开展，在自治区教育厅、自治区人民政府教育督导室督导指引下具体组织实施。监测对象为小学四年级和初中八年级学生、校长、四年级、八年级班主任，四年级科学（自然）教师、八年级科学（含科学、物理、生物、地理）教师，四年级品德与社会教师、八年级思想品德教师。监测内容包括义务教育阶段学生科学学习质量、德育状况，以及学校的课程开设、后勤保障、教师配备、学科教学和学校管理等相关影响因素。学生监测采用纸笔答题的方式测试，样本校校长、班主任、教师监测采用网络问卷的方式填答（网络问卷是第一次启用）。教育部义务教育质量监测现场视导工作小组组长秦志功、杨雪莉，自治区人民政府教育督导室，吴忠市人民政府教育督导室领导，对同心县义务教育质量监测工作进行全程监督与指导。本次质量监测结果将由国家义务教育质量监测中心以报告形式发布，用以服务教育决策，引导社会树立正确的教育质量观，推动义务教育质量和学生健康水平不断提升。

七、教师校长业务培训

（一）统编"三科"教材培训

2017 年，同心县教育局组织教研员和全县义务教育阶段学校教师参加了由人民教育出版社组织的二年级、三年级、八年级、九年级"语文""道德与法治""历史"三科统编教材培训活动；组织全县小学语文、小学道德与法治、中学道德与法治教师代表 80 余人参加省级新教材培训。组织全县小学语文教师代表参加全区小学语文教学研讨会。组织全县初中语文、历史教师 70 余人参加全区九年级新教材培训活动。组织全县小学三年级语文、道德与法治、初中九年级语文、道德与法治、历史教师参加全区 2018 年秋季新教材网络培训活动。组织全县义务教育阶段学校全体教师参加人教社统编三科教材网络培训。组织全县初中语文、数学、英语教师代表参加第五届全国"绿色课堂杯"青年教师优质课展示观摩活动。组织全县特岗教师代表参加全区推进乡村教研工作现场会暨农村特岗教师培训会。组织全县小学科学教师代表参加全区科学教学研讨活动。全体教研员参加全区中小学各学科教研员培训及研讨会议近 10 次，启动了书香教研活动。

（二）数字化教材培训

2019 年 9 月，根据自治区教研室《关于在全区义务教育阶段教师群体推广使用数字教材并深入推进"互联网＋教学"工作的通知》（宁教函〔2020〕50 号）要求。同心县举办数字教材、数字资源、中教云数字课程教材云平台功能使用等方面的通识培训活动，做到了学科全覆盖、学校全覆盖、培训全覆盖。各校组织开展了数字教材校本培训，通过本次培训，将数字教材应用研究作为"互联网＋教育"背景下教研工作的重要内容；及时发现一线教师好的经验，做好典型课例设计、课件、课题报告、论文以及其他资源的收集整理，做好优秀应用成果的普及和推广，及时发现一线教师应用中的问题，做好答疑解惑。

教研室还组织全体教师认真研学了自治区教育厅赠送的《"互联网＋教育"读本》《创新素养教育读本》，使全体教师对"创新素养教育""互联网＋教育"进行再学习、再认识、再提升。

（三）听评研磨课活动

2021年，县教研室与政府教育督导室组织县专职教研员、责任督学、学校校长、主管教学副校长、教务主任、教科室主任、名师工作室成员，分六个小组，历时两个月，深入全县中小学校开展听课、评课、研课、磨课"校际互学互评"活动。累计听评研磨课800余节。

（四）教师基本功大赛

2021年，县教育局组织开展了以"毛笔字、钢笔字、粉笔字""课堂教学技能""个人空间建设""普通话""才艺"为内容的教师全员大练兵活动。全县各级各类学校教师全员参与了基本功练兵活动，在学校初选的基础上产生了80名优秀选手。80名优秀选手分别在全县7个片区教研共同体，进行了片区竞赛，最终推选出40名优秀选手参加县级竞赛活动，县级遴选出5名优秀选手参加市级竞赛活动。

（五）观摩交流活动

1992年2月，县教研室组织16名中小学校长参加全区新时期教育改革讲学会，观摩全国著名教育改革家魏书生、任小艾、王晋荃，北京优秀教师王岚示范课、评课和讲学。

2000年11月28日至12月，教育文化体育局组织县城5所小学、石狮管委会中心学校校长主任、教研组长、骨干教师近百人到中宁、吴忠、灵武等地学校学习参观。在灵武"全国基础教育课程改革"实验区，听取了灵武市教育局经验介绍。分别观摩小学、初中课堂教学、教师教案、第二课堂活动，与教师、学生座谈，全程参与学生一天的学习活动。

2009年3月，同心组织40名中学骨干教师参加了全国著名教育专家、国家督学成尚荣教授在吴忠市利通区裕民小学举行的教育思想专题报告会。

2009年10月，教研室组织30名教师参加由自治区教研室、宁夏小学语文教学研究会联合举办的"全区小学语文教研员、教师教研能力竞赛观摩"活动。组织32名小学校长和骨干教师参加由北京中和育人国际文化交流中心主办，宁夏教育学会小学语文教学研究会举办的"国际华语小学语文精品课展示交流论坛"——走进宁夏活动。来自马来西亚的张发、台湾的蔡玲和广东省的孙建峰、江苏省的孙双金、浙江省的张祖庆、宁夏的王艳和朱珊等国内著名教育专家分别现场展示了一年级儿歌教学、三年级看图说话教学、六年级口语交际教学、阅读教学和看新闻图片写作文教学。

2010年10月，同心选派部分骨干教师参加了在银川市举行的"全国第八届青年教师阅读观摩"活动。

2013年12月，同心县承办了吴忠市小学名优教师五地"会课"暨教学观摩研讨交流活动，来自吴忠市、青铜峡市、盐池县、同心县和红寺堡区300余人参加。吴忠市盛元小学，同心实验小学代表五市学校为与会者作了专题经验交流发言。同心二小和实验小学开展了"习作教学"和数学公开课观摩活动。五县市区教师就习作教学与数学教学的方法与策略进行了广泛深入地研讨交流。

2012年3月，教育局成立了名师巡回指导农村中学学科教育教学工作组，分别到预旺中学、下马关中学、韦州中学、王团中学、丁塘中学、河西中学，进行数学、政治、英语、物理、语文化学等学科指导。工作组向农村初中送一节观摩课，农村初中承办学校每学科安排两节公开课；全县农村初中九年级学科教师分片区分学科参加，各校听课教师互评互议。县城初中教师点评农村教师授课情况。教育局、政府教育督导室相关领导督查了教育教学管理工作和各校内涵发展工作落实情况，进行现场反馈。

2014年，县教研室组织全县九年级毕业班教师参加吴忠市教研室组织的"吴忠市"五地会课暨中考备考研讨会，同心2个学科（语文、历史）4名教师分别作示范课和主题研讨。县城中小学与农村中小学结对帮扶，联合开展以"帮扶促教学、促质量、促特色、促发展"为主题的系列观摩交流研讨活动。

2015年，县教研室组织教师代表观摩了7个片区全县优质课竞赛获奖教师的公开课7节，名师、骨干教师公开课9节。

2017年12月11—14日，华东师范大学开放教育学院组织名师团队来到同心县开展国培计划（2017）——培育性示范县"送教下乡"活动。活动共涉及幼儿、小学、初中三个学段的7个学科，分别在同心县第一幼儿园、第三幼儿园、石狮惠安小学、石狮中学开展，来自同心县各个乡镇的400名幼儿园、中小学教师参加活动。名师团队通过深入乡村学校问卷调研、课堂观察（随机听课）、师生访谈等方式，指出同心县乡村教师课堂教学中存在的问题，以此提炼出研修主题，为后期同心县送教团队开展活动做诊断示范。

第三节　课题研究与实验

一、区级教研课题

2002 年，同心县共申报了 9 项教研课题获批立项。其中国家级 1 项、自治区级 1 项、市级 7 项。经过 3 年的研究，经自治区课题组专家评审，马占银、刘耀宏主持的《让师生在支持性环境中成功成才的实践研究》顺利结题，并获得首届宁夏基础教育教学课题二等奖；其他课题均结题。

2006 年 9 月 26 日，教育厅确定全区第二届基础教育教学研究课题，同心县立项课题是：回民中学（今三中）美术老师周玉福主持负责的《民间烙画艺术课堂应用研究》，同心二小杨生勤主持申报的《小学高年级作文教学主动策略的研究》，后由同心二小李淑琴主持完成研究工作，经评审结题并获得二等奖；同心二小白梅主持负责的《德育生活化研究》，经评审结题；同心二中语文老师周学武主持负责的《补充语文教材，提高初中学生阅读能力研究》经评审结题并获得二等奖。

2010 年 9 月，同心县申报第三届全区基础教育教学教研课题共 20 项，教育厅批准其中的 18 项课题立项。经过三年的实践研究，最终有 13 个立项课题于 2013 年底结题并获奖，其中，一等奖 2 项，二等奖 1 项，三等奖 2 项，结题 8 项。结果如下表所示：

宁夏第三届基础教育教学立项课题研究获奖情况统计表

序号	课题编号	课题名称	学科	负责人	单位	评审结果
1	201303A031	用减负增效型作业优化小语学习生态的实践研究	小学语文	刘耀宏	同心县第二小学	一等奖
2	201303S005	同心实验小学生命教育行动研究	心理健康	杨生勤	同心县实验小学	一等奖
3	201303A030	小学生"快乐作文"指导策略的尝试研究	小学语文	丁　霞	同心县第二小学	二等奖
4	201303V002	创设支持性校园环境，促进教师专业化发展实践研究	综合实践	马占银	同心县第一小学	三等奖
5	2013030008	同心县实验小学"剪纸"校本课程的开发与实施	综合实践	张铭琳	同心县实验小学	三等奖
6	201303S004	农村中学矫正学生不良行为培养良好学习习惯的研究	中学语文	苏海科	同心县王团中学	结题
7	201303E024	初中作文所面临的问题及其对策研究	中学语文	拓维诚	同心县海如女中（今同心县第四中学）	结题

（续表）

8	201303T003	因地制宜开发园本课程的实践研究	学前教育	黑学红	同心县第一幼儿园	结题
9	201303S003	留守儿童良好行为习惯培养的研究	综合实践	丁小平	同心县第三小学	结题
10	201303B017	小学生良好学习习惯养成的实践研究	小学数学	周桂玲	同心县实验小学	结题
11	201303Q002	体育活动对小学生心理健康影响的研究	体育	马德林	同心县实验小学	结题
12	201303A029	小学中低年级口语交际教学策略研究	小学语文	李金萍	同心县实验小学	结题
13	201303A033	在小学中年级语文阅读教学过程中落实"三维目标"的研究与实践	小学语文	童泽	同心县下马关中心小学	结题

2014年，县教研室组织了全县中小学教师申报宁夏第四届基础教育课题。全县52个课题获准立项。2017年，在宁夏第四届基础教育教学结题课题评审中，同心县申报的21项课题获奖、结题，其中，获得一等奖1项，二等奖4项，三等奖6项，结题10项。评审结果如下表所示：

宁夏第四届基础教育教学课题立项课题研究获奖情况统计表

序号	课题编号	课题名称	课题类别	学科	主持人	工作单位	评审结果
1	JXKT-XW-04-018	依托主题引领有效促进小学生课外海量阅读的实践研究	学科类	小学语文	刘耀宏	同心县第二小学	一等奖
2	JXKT-ZH-04-034	小学教师研训一体化模式的实践研究	综合类	其他	苏润军	韦州中心学校	二等奖
3	JXKT-XW-04-022	民族贫困地区小学语文青年教师专业发展校本实践研究	综合类	小学语文	马希芳	同心县实验小学	二等奖
4	JXKT-MS-04-014	贫困地区小学美术手工课教学促进学生创新思维的行动研究	学科类	小学美术	金晓琴	同心县第四小学	二等奖
5	JXKT-ZW-04-008	培养初中学生自主阅读文学名著的策略研究	学科类	中学语文	周学武	同心县第二中学	二等奖
6	JXKT-ZZ-04-009	"合作性学习"在农村移民学校《品德与社会》课堂的实践研究	综合类	小学思品	杨龙	河西中心学校	三等奖
7	JXKT-ZH-04-035	以联片教研为载体促进农村小学教师专业发展的实践研究	综合类	其他	周桂玲	王团中心学校	三等奖
8	JXKT-ZZ-04-047	对小学生进行廉洁教育有效途径的研究	综合类	其他	张卫生	同心县实验小学	三等奖
9	JXKT-XS-04-022	信息化环境下小学数学教学情境创设的有效策略研究	信息化教学应用类	小学数学	海永霞	同心县实验小学	三等奖
10	JXKT-ZH-04-023	城镇小学大班额背景下学困生成因分析与转化策略研究	学科类	其他	张春茂	同心县第一小学	三等奖
11	JXKT-XS-04-021	小学数学学习习惯培养的研究	学科类	小学数学	马玉珍	同心县第二小学	三等奖
12	JXKT-XQ-04-002	幼儿音乐活动游戏化的实践研究	学前教育	音乐	张莹梅	同心第一幼儿园	结题
13	JXKT-TY-04-010	运动处方在提高小学低年级跳跃能力中的应用	学科类	小学体育	马德林	同心县实验小学	结题
14	JXKT-XW-04-016	利用国学经典促进小学生养成教育的策略研究	学科类	小学语文	李金萍	同心县实验小学	结题
15	JXKT-XW-04-023	应用信息化教学资源改变阅读教学教与学方式的实践研究	信息化教学应用类	小学语文	张朴	同心县实验小学	结题
16	JXKT-XJ-04-014	小学高年级信息技术课自主探究式教学的研究	学科类	小学信息	杨桂香	同心县第二小学	结题
17	JXKT-XW-04-017	高年级语文单元整体教学的实践研究	学科类	小学语文	丁霞	同心县第二小学	结题
18	JXKT-XW-04-019	提升农村小学生写字素养的策略研究	学科类	小学语文	马霄屏	同心县第三小学	结题
19	JXKT-XL-04-013	城乡结合部小学学生心理健康的实效性研究	综合类	德育与心理	白荣	同心县第三小学	结题
20	JXKT-ZH-04-037	小学民族团结教育内容和方法的实践研究	综合类	其他	丁小平	同心县第三小学	结题
21	JXKT-ZS-04-060	多媒体教学条件下学习方式和教学策略研究	信息化教学应用类	中学数学	周学明	同心县同心中学	结题

2019 年，自治区第五届基础教育教学课题申报中，全县幼儿教育、小学、初中、高中各级各类学校申报的课题 110 项，在初选、修改、完善、提高的基础上上报吴忠市、自治区参加申报评选。经自治区第五届课题评审组审定，同心有 42 项课题荣立自治区第五届基础教育教学课题。经过三年研究有 21 项获奖、结题，其中一等奖 3 项，二等奖 4 项，结题 14 项。具体如下表所示：

宁夏第五届基础教育教学课题研究获奖情况统计表

序号	课题编号	课题名称	课题类别	学科	主持人	工作单位	评选结果
1	JXKT-XS-05-098	微课在小学数学课堂教学中应用的行动研究	学科类	小学数学	周桂玲	同心县第一小学	一等奖
2	JXKT-XS-05-099	信息化教学资源在小学数学教学中有效应用的实践研究	学科类	小学数学	周梅英	同心县第三小学	一等奖
3	JXKT-XW-05-085	引导小学生在课外海量阅读实践中宽口径积累语言的研究	学科类	小学语文	刘耀宏	同心县教学研究室	一等奖
4	JXKT-XS-05-094	小学数学教学中学生问题意识培养的实证研究	学科类	小学数学	金丽铭	同心县第二小学	二等奖
5	JXKT-XS-05-097	信息化教学资源在数学教学中有效应用的实践研究	学科类	小学数学	海永霞	同心县实验小学	二等奖
6	JXKT-XW-05-093	"部编本"小学语文教材课外阅读的教学实施策略研究	学科类	小学语文	杨　娜	同心县实验小学	二等奖
7	XKT-ZZ-05-030	小学德育中经典文化渗透的实践研究	学科类	德育	刘惠琴	同心县第一小学	二等奖
8	JXKT-XY-05-014	信息化教学资源在小学英语教学中有效应用的实践研究	学科类	小学英语	马彩芳	同心县实验小学	结题
9	JXKT-XW-05-086	"说学教育"在同心八小小学语文教学中的实践研究	学科类	小学语文	马希芳	同心县第二小学	结题
10	JXKT-XW-05-087	小学语文高年级阅读教学中朗读指导的策略研究	学科类	小学语文	马小莉	同心县第二小学	结题
11	JXKT-XW-05-090	诵读经典对提升小学生语文素养的研究	学科类	小学语文	马彦红	同心县第二小学	结题
12	JXKT-XW-05-091	小学中高年级"批注式阅读教学"实践与研究	学科类	小学语文	马光雄	同心县第一小学	结题
13	JXKT-XW-05-094	运用信息技术促进小学低年级识字课堂教学高效性的研究	学科类	小学语文	马莲花	同心县第一小学	结题
14	JXKT-XW-05-095	小学生作文个性化潜能开发实践研究	学科类	小学语文	金孟加	同心县实验小学	结题
15	JXKT-XQ-05-042	因地制宜创设低成本、高质量、互动式户外环境促进幼儿主动发展的实践与研究	幼教类	幼儿教育	张莹梅	同心县第一幼儿园	结题
16	JXKT-XQ-05-031	幼儿教师专业发展的实践研究	幼教类	幼儿教育	黑学红	同心县第一幼儿园	结题
17	JXKT-ZJ-05-008	小学综合实践活动有效应用信息化教学资源的实践研究	综合类	综合实践	马金云	同心县第三小学	结题
18	JXKT-ZJ-05-013	基于校园种植栽培校本课程的开发与实践研究	综合类	综合实践	马丽卿	同心县第二小学	结题
19	JXKT-ZH-05-114	小学高年级自主化班级管理的实践研究	综合类	班级管理	丁　霞	同心县教学研究室	结题
20	JXKT-ZH-05-116	农村小学班级管理策略研究	学科类	班级管理	周　玲	同心县第三小学	结题
21	JXKT-ZH-05-117	农村小学以校为本教师培养模式的实践研究	综合类	教师培训	金　凤	同心县王团镇中心完全小学	结题

二、项目研究与试验

（一）农村女童教育现状、问题及对策研究

该课题是国家"八五"哲学社会科学重点研究课题，是由宁夏教科所牵头，宁夏、甘肃、青海、贵州 4 省（区）合作研究。1992 年 3 月正式开题，1996 年 3 月结题。宁夏参加试验的样本

学校 8 所，同心韦州女小（今红星小学）和何庄初小作为样本校承担了试验工作。研究中，采取"课题带项目、活动加研究"的方法，把教育科研、行动计划、舆论宣传、合作交流、行动决策融于一体。通过试验，女童教育的入学率由试验前的 71.2% 提高到 98%。学校在转变教育观念，改革教学内容、整体优化学校环境、家庭环境和社会环境方面取得显著成绩。在国家评估验收中被评为优秀等次，受到教育部的表彰。1993—1994 年国家课题组在韦州女小（今韦州镇红星完小）召开现场会，全国 13 个省市的代表参观学习。

（二）加强贫困地区小学教育项目实验

1990—1993 年，在同心一小、二小、韦州小学、预旺小学、南阳小学、下马关小学、喊叫水小学、河西中心小学、马高庄中心小学、下流水中心小学，开展了教育厅—联合国儿童基金会"加强贫困地区小学教育项目"实验。通过实验，项目学校服务区域义务教育发展迅速，学龄儿童入学率达 98.6%，巩固率达 99%，这 10 所小学大多已成为全县示范学校，在当地发挥辐射和样板作用。实验成果已收入《中国—联合国儿童基金会"加强贫困地区小学教育项目"在宁夏》一书中。

（三）成功教育研究实验

1997 年 7 月，在同心二中、职业中学、一小、二小 4 所中小学开展"成功教育整体改革"第一轮实验。参加实验的班级共 14 个，参加实验的学生 906 名，教师 28 名，实验周期 3 年（1997 年 7 月—2000 年 7 月）。该项实验在借鉴上海闸北八中先进的教学思想、理念、经验的基础上，通过各种措施，逐步形成了具有同心发展特色的"成功教育"。其特色体现在不仅"转差"而且"培优""扶中"，形成了面向每一个学生的"成功教育"。"成功教育"不仅在小学、初中取得了成效，而且在职业中学也取得了较显著的成果，基本上形成了中小学、职业学校一体化的"成功教育"系列。

（四）"两条腿走路"的中学诗歌教学法实验

"两条腿走路"的中学诗歌教学法实验，为全国教育科学规划重点研究课题"跨世纪园丁工程"和"特级教师计划"的专设课题。2001 年 3 月至 12 月，在同心中学高一、高二的两个班，同心二中初一初二两个班开展实验。研究课题以《青少年德育诗选》为载体，围绕发表诗歌并不神秘，写诗可以陶冶学生情操，写诗可以推进素质教育等几个论题进行实验。研究工作在课题主持人王志强的指导下，由教研室教研员马吉雄，二中教师王华，同心中学教师王树来、马生俊担任试验教师。实验教材是 2001 年普通高中实验课本《文学作品选读》。通过实验，提高了学生爱读诗、写诗的兴趣，特别是在实验班开展了"每天一首诗"（或写或读）活动后，同学们写出了不少的好诗。初一学生金龙题为《祖国》的诗歌入选《抒写世纪光辉·世纪之爱》，课题组长王志强的诗《欢庆感赋》在《宁夏日报》发表，石狮中学还办起了《诗刊》。

（五）中央广播电视大学"人才培养模式改革和开放教育试点"项目试验

该项目是教育部组织实施的"现代远程教育工程"的重要组成部分，是中央电大改革人才培养模式，发展现代远程开放教育的重要实验。2000年8月，在县电大开展实验，实验周期5年（2000年8月—2005年7月）。实验目的是探索并构建广播电视大学在现代远程开放条件下专科和本科教育人才培养的基本框架以及相应的教学模式、管理模式和运行机制，为我国经济建设和社会发展培养大批高质量的、适应地方和基层需要的应用性高等专门人才。课题主持人任耀华，2006年5月，"试点"项目通过了教育部专家组的评估验收，并获得"良好"等次。研究成果《同心县人才培养模式改革研究报告》《同心县经济发展及人才缺失现状调研报告》入选《宁夏电大人才培养模式研究》。

（六）基础教育课程改革实验

2001年11月，教育文化体育局制定了《同心县基础教育课程改革实验方案》，提出了实验的具体目标和策略，成立了以政府主管副县长任组长，教育文化体育局局长杨科任副组长，由任耀华、宋学江、杨青、王凤鹏、马生云为成员的实验区领导小组，领导小组下设办公室，同时成立了师资培训领导小组，确立同心中学（高中）、石狮中学（初中）、二小（小学）为实验学校。2002年，组织全县中小学教师学习《走进新课程》《课程标准》《课程标准解答》等理论课本，提高了教师对基础课程改革的认识，明确了课程改革的意义，初步树立了以全面贯彻党的教育方针、全面推进素质教育为核心的课改指导思想，为课改工作的顺利进行奠定了基础。

2002年秋季，组织实验学校教师参加区级培训。2003年秋季，组织县城学校开展课程改革实验。2004年，开展各学科课程标准、地方课程、学校课程管理的培训。2004年10月19日，为推动全区普通高中新课程实验工作顺利进行，自治区教育厅在全区确定自治区级高中课程实验样本学校，同心县回民中学（今同心县第三中学）被确定为样本学校之一。

（七）中小学英语课堂教学改革实验

2012年4月，全县中小学开展英语课堂教学改革实验。教育局印发了《关于在全县中小学开展英语课堂教学改革实验工作的实施意见》，成立了以教育局党委书记、副局长马应才任组长，教研室主任韩辉，师资培训中心主任马学锋任副组长，相关学校校长参加的工作小组和专家指导小组。

指导小组组长曹进（教授，博士，西北师范大学外国语学院院长）、副组长（武和平，教授，博士，西北师范大学外国语学院副院长）、刘全国（副教授，博士，西北师范大学外国语学院副院长）。成员有凌茜（教授，西北师范大学外国语学院副院长）、靳琰（教授，西北师范大学外国语学院外国语言研究所所长）、黄友之（西北师范大学第一附属中学高级教师）、巨月芬（西北师范大学第一附属中学高级教师）、张玲（西北师范大学第二附属中学高级教师）、赵建华（兰州交通大学附属小学校长，高级教师）、严淑萍（西北师范大学附属小学高级教师）、高建波（西北师范大学外语学院教师）。

4月中旬，召开"同心县中小学英语课堂教学改革实验工作启动会"，各中小学英语课堂教学实验学校制定英语课堂教学改革实验方案。5月中旬，邀请西北师大外国语学院的专家到同心开展专题讲座，案例解读。6月中旬，召开"同心县中小学英语课堂教学改革实验培训、阶段总结和实验经验交流会"。12月，邀请西北师大外国语学院的专家、自治区教研室英语教研员、六盘山高级中学、银川唐徕中学和银川二十一小的名师，召开"同心县中小学英语课堂教学改革实验阶段评估会"。2013年5月，召开"同心县中小学英语课堂教学改革实验年度工作总结会"。2013年6月，各实验学校上报"英语课堂教学改革实验资料包括实验报告、论文、经验总结（文字、视频、图片资料等），编撰《同心县中小学英语课堂教学改革实验资料汇编》。

第四节 | 教育科研成果

一、发表获奖论文

1985 年，县教育科教研室制订了《教育教学研究成果奖励条例》，召开了全县首届教研教改成果表彰大会。全县报送论文 163 篇，评选优秀论文 58 篇。

1987—1988 年，县教研室组织开展全县论文评奖活动，全县中小学共报送优秀论文 192 篇，优秀教案 96 篇，推荐优质课 130 节次。评选优秀论文 50 篇，其中一等奖 14 篇，二等奖 22 篇，三等奖 14 篇；优秀教案 21 篇，其中一、二、三等奖各 7 篇；优质课 43 节次。

2004 年 6 月，教育局召开全县中小学（园）教师优秀论文评选表彰大会，61 名教师（一等奖 10 篇、二等奖 25 篇、三等奖 26 篇）和 6 所学校受到表彰奖励。

同心县地（厅）级教育科研成果及获得奖项

年份	科研名称	论文	姓名	奖项	工作单位
1996	宁夏第四届基础教育科研成果评选	采取特殊政策措施，发展民族教育事业	任耀华	二等奖	教育局
2001	宁夏第七届基础教育优秀成果评选	宜从素质教育着眼，拓宽劳动课教学与管理渠道	杨生勤	一等奖	教研室
2004	宁夏第八届基础教育科研成果评选	研究性学习给地理教学带来的变化	冯庆科	二等奖	同心中学
2004	宁夏第八届基础教育科研成果评选	补充语文教材提高初中学生阅读能力研究	马荃	二等奖	同心二中
2004	宁夏第八届基础教育科研成果评选	激趣、仿写、体验、积累——中年级习作训练初探	马国兰	三等奖	实验小学
2004	宁夏第八届基础教育科研成果评选	研究性学习教师角色思考	杨卫国	三等奖	教研室
2004	宁夏第八届基础教育科研成果评选	校本教研要倡导"八讲"	刘耀宏	三等奖	实验小学
2009	宁夏第十届基础教育科研成果评选	以科研为龙头，立足校本研究，激活课堂生命的灵动——补充语文教材，提高初中学生阅读能力研究	杨卫国	一等奖	教研室
2010	宁夏首届优秀教育科研成果	民族贫困地区新课程实施中的学案教学研究	黑学红	二等奖	实验小学
2011	宁夏第十一届教育科研成果评比活动	解决农村中小学远程教育应用问题的有益尝试	黑平	二等奖	河西中心小学
2011	宁夏第十一届教育科研成果评比活动	让阅读成为一种习惯	马希芳	三等奖	实验小学

（续表）

2012	自治区教育厅论文评比	推动农村远程教育应用的有效策略	黑平	二等奖	河西中心小学
2015	宁夏第十二届教育科研成果评比活动	立足校本教研，激发阅读激情	杨文静	三等奖	同心四中
2015	宁夏第十二届教育科研成果评比活动	落实班级责任制，促进学生全面发展	张春茂	三等奖	同心一小
2015	宁夏第十二届教育科研成果评比活动	同心县联片教研的实践和思考	王菊莲	三等奖	张家塬中心学校
2015	宁夏第十二届教育科研成果评比活动	对小学美术课堂教学的几点思考	任宁	三等奖	同心二小
2015	宁夏第十二届教育科研成果评比活动	有效课题创设的思与行	丁桂林	三等奖	王团中心学校
2017	二期"百标工程"	依托数字教育资源提供同心县偏远乡村小学及教学点教学质量的行动研究	周旭东	一等奖	教研室
2020	宁夏乡村学校暨移民地区学校基地建设成果自治区级评选活动	实施"六帮六扶"工程，促进深度合作共进——推进城乡合作共进内涵发展的实践与思考	刘耀宏	一等奖	教研室
2020	宁夏乡村学校暨移民地区学校基地建设成果自治区级评选活动	提高农村教师教研能力的实践探索	丁霞	一等奖	教研室
2020	宁夏乡村学校暨移民地区学校基地建设成果自治区级评选活动	拓展多样化教研方式引领教师专业化成长	李娜	一等奖	韦州中心学校
2020	宁夏乡村学校暨移民地区学校基地建设成果自治区级评选活动	精准结对帮扶有效提升农各村小规模学校教研能力	张树铜	二等奖	张家塬中心学校
2020	宁夏乡村学校暨移民地区学校基地建设成果自治区级评选活动	个人成长	马景林	二等奖	田老庄中心学校
2020	宁夏乡村学校暨移民地区学校基地建设成果自治区级评选活动	浅谈农村小学青年教师个人专业成长	李义	二等奖	韦州甘沟学校
2020	宁夏乡村学校暨移民地区学校基地建设成果自治区级评选活动	乡村新教师个体专业成长策略浅析——以同心县河西中学为例	锁玲	二等奖	河西中学
2020	宁夏乡村学校暨移民地区学校基地建设成果自治区级评选活动	浅谈结对帮扶对我校教育教学的影响	李学贵	二等奖	预旺中学
2020	宁夏乡村学校暨移民地区学校基地建设成果自治区级评选活动	家校共育为"空中课堂"保驾护航——以同心县丁塘中学为例	牛小娟	二等奖	丁塘中学
2020	宁夏乡村学校暨移民地区学校基地建设成果自治区级评选活动	神奇的七巧板	马小琴	三等奖	石狮惠安小学
2020	宁夏乡村学校暨移民地区学校基地建设成果自治区级评选活动	课堂教学对农村留守儿童的影响	马丽	三等奖	石狮砚台小学
2020	宁夏乡村学校暨移民地区学校基地建设成果自治区级评选活动	农村小学高年级班级民主化管理探究	刘国强	三等奖	韦州甘沟学校
2020	宁夏乡村学校暨移民地区学校基地建设成果自治区级评选活动	教研活动引领教师专业发展	苏慧勤	三等奖	韦州中心学校
2020	宁夏乡村学校暨移民地区学校基地建设成果自治区级评选活动	下马关中学联片教研调查研究	陆彦平	三等奖	下马关中学
2022	宁夏第一届基础教育教学成果评选	小学德育教育中经典文化渗透的实践研究	刘惠琴	二等奖	同心一小
2022	宁夏第一届基础教育教学成果评选	"部编本"小学语文课外阅读的教学实施策略	杨娜	三等奖	实验小学
2022	宁夏第一届基础教育教学成果评选	小学数学教学中问题意识培养的实证研究	金丽铭	三等奖	同心二小

同心县部分教师在省级以上报刊上发表的文章索引

文章题目	报刊名称	时间	期目	作者	工作单位
激发学生作文兴趣	《宁夏教育》	1983	第1期	王志强	同心中学
咬文嚼字二则	《宁夏教育》	1986	第7—8期	季栋梁	马高庄学区
继承光荣传统，发展民族教育——纪念预海县回民自治政府成立五十周年	《宁夏教育》	1986	第10期	马存仁 王德贤	教育局
情境法在作文教学中的应用	《宁夏教育》	1986	第11期	任耀华	韦州学区
全国农村小学作文教改动态 参加全国农村小学作文经验交流会侧记	《宁夏教育》	1987	第6期	任耀华	韦州学区
培养孩子独立生活能力与自主意识	《宁夏教育》	1987	第6期	季栋梁	马高庄学区
改进教学方法，激发学生兴趣	《宁夏教育》	1987	第7—8期	杨兆祥	下马关学区
一个值得重视的问题	《宁夏教育》	1987	第9期	杨兆祥	下马关学区
听作文教学与代写感谢信	《宁夏教育》	1987	第10期	庞子明	同心一小
教学生写童话，培养学生的想象能力	《宁夏教育》	1987	第12期	马隽	同心一小
加强中学教研活动	《宁夏教育》	1989	第9期	王志强	同心中学
重视复式教学、加快普及初等义务教育的步伐	《教育科研通讯》	1990	第4期	王建华 任耀华	教育局
讲评试卷要爱护差生的积极性	《宁夏教育》	1990	第5期	王志强	同心中学
"三级复式"教学初探	《宁夏教育》	1990	第9期	苏耀山	张家塬学区
发展中的海如女子中学	《宁夏教育》	1990	第11期	周彦章	海如女中（今第四中学）
情境法在作文教学中的应用	《农村小学作文教学文集》	1991.1		任耀华	教育局
重视复式教学，加快普及步伐	《宁夏教育研究》	1992.2		任耀华	教育局
重视女童教育，加快普及义务教育步伐	《宁夏教育》	1995	第7—8期	任耀华 马挺德	教育局
深化改革加快发展开创同心教育工作新局面	《宁夏教育科研》	1996	第2期	马瑞虎	教育局
切实加强和改进中小学德育工作	《宁夏教育科研》	1996	第2期	马彦仓	教育局
采取有力措施发展女童教育	《宁夏教育科研》	1996	第2期	鄢钰	教育局
采取特殊政策措施发展民族教育事业	《宁夏教育科研》	1996	第2期	任耀华	教育局
浅谈普通高中毕业会考的作用与功能	《宁夏教育科研》	1996	第2期	王学强	教育局
教法学法化，学法习惯化	《宁夏教育》	1998	第1期	杨生勤 韩春霞	同心二小
管理中的人情味	《宁夏教育》	1998	第10期	金戈	督导室
关于溶液组成中的几个问题	《宁夏教育》	1998	第11期	王继东	第四中学
把课堂还给学生	《宁夏教育》	1998	第12期	贾治忠	同心一小
让学生直接参与数学概念的建立过程	《宁夏教育》	1998	第12期	韩春霞 杨生勤	同心二小
优化备课、减轻负担	《宁夏教育》	1998	增刊	金戈	督导室
不能茶壶里面煮饺子	《宁夏教育》	1999	第7—8期	王继东	第四中学
百年老校展新姿	《宁夏教育》	1999	第7—8期	金戈	督导室
让学生自己去发现	《小学教学》	1999	第237期	张生秀	实验小学

（续表）

再穷的孩子也要上学	《宁夏教育》	2000	第1期	杨生勤	教研室
那年 那月 那时光	《宁夏教育》	2000	第3期	王继东	第四中学
抓素质教育实施促教师素质提升	《宁夏教育》	2000	第9期	李宗旭	同心三小
应培养学生的环境意识	《宁夏教育》	2001	第5期	王继东	第四中学
拓宽劳动课教学与管理渠道	《宁夏教育》	2001	第12期	杨生勤	教研室
深入了解编排意图合理设计教学方法	《宁夏教育》	2002	第7—8期	黑学红	实验小学
全面领会《课程标准》扎实口语交际训练	《宁夏教育》	2002	第12期增刊	田淑兰	实验小学
新时期校长应具备的素质	《宁夏教育科研》	2003	第1期	李宗旭	同心三小
这节课，多了一位特殊的"学生"	《宁夏教育科研》	2003	第1期	马 芳	同心二中
新世纪小学思想品德教育的新内容	《宁夏教育科研》	2003	第3期	杨卫国	教研室
浅谈语文教学的创新教育	《宁夏教育科研》	2003	第5期	杨生勤	教研室
在研究性学习中教师要充分发挥指导作用	《宁夏教育科研》	2004	第6期	杨卫国	教研室
提高宁南山区义务教育质量与效益的分析与建议	《宁夏教育科研》	2004	第6期	田继忠	宁夏教科所
				任耀华	教文体局
创设自主学习空间，促进学生主动发展	《宁夏教育科研》	2004	第6期	周建军	实验小学
				黑学红	
正方形的苹果	《中小学教学研究》	2004	第2期	杨生勤	教研室
对实施语文"新课标"的辩证思考	《小学教育科研论坛》	2004	第3期	杨生勤	教研室
军神教学设计	《小学教学参考》	2004	第10期	黑学红	实验小学
新词反映新生活	《语文月刊》	2004	第4期	黑学红	实验小学
巧用媒体扬长避短	《宁夏教育》	2004	第12期	黑学红	实验小学
无尽的忏悔	《宁夏教育》	2005	第1期	纪少良	同心五小
对新课程实施中若干问题的思考	《宁夏教育科研》	2005	第2期	杨卫国	教研室
浅谈人文教育在政治课教学中的渗透	《教育论丛》	2005	第4期	马晓萍	同心中学
漫游三国——综合性教学设计	《小学教学参考》	2006	第6期	黑学红	实验小学
农村中小学布局结构调整应遵循因地制宜、实事求是的原则	《基础教育参考》	2006	第8期	黑 平	河西中心学校
那一方白手帕	《宁夏教育》	2008	第6期	纪少良	同心五小
我与汉语拼音	人民教育出版社	2008	第2期	黑 平	河西中心学校
那一刻我很幸福	《宁夏教育》	2009	第3期	马 芳	同心二中
谈故事在化学教学中的妙用	《宁夏教育》	2009	第7—8期	白 芳	
为低年级学生搭建口语交际的平台	《宁夏教育科研》	2009	第3期	李金萍	实验小学
解决农村中小学远程教育应用问题的有益尝试	《中国教育信息化》	2009	第4期	黑 平	河西中心小学
愿做一名长期驻守的兵	《中国教师报》	2009	第315期	黑 平	河西中心学校
如何有效地开展小组合作学习	《宁夏教育》	2010	第3期	王 芳	下马关中心小学
刻在童心里的烤馍	《宁夏教育》	2010	第3期	纪少良	同心五小
积极实施教育生态工程着力推进教育均衡发展	《宁夏教育》	2010	第3期	李宗旭	同心三小
赢得信任，教育将事半功倍	《宁夏教育》	2010	第6期	马小英	预旺镇中心学校
一次充满激情的续写训练	《宁夏教育》	2010	第7—8期	张 璟	同心二小

（续表）

引导学生学会自主学习	《宁夏教育》	2010	第9期	王燕芳	同心一小
语文备课应关注的几点	《宁夏教育》	2010	第11期	马 芳	同心二中
同心县境内的十座古城	《宁夏史志》	2010	第5期	金玉山	教研室
汉代西川县县治初考	《宁夏史志》	2010	第6期	金玉山	教研室
师生在支持性环境中成功成才研究报告	《宁夏教育科研》	2010	第1期	刘耀宏	同心二小
巧借生态移民工程东风推动城乡教育均衡发展	《宁夏教育科研》	2010	第2期	王国锋	教育局
让师生在支持型环境中成功成才	《宁夏教育科研》	2010	第10期	马占银	同心一小
在评语中要多写一句话	《宁夏教育》	2011	第1期	马霄屏	同心三小
没有爱就没有教育	《宁夏教育》	2011	第2期	杨生勤	实验小学
感动着，幸福着——我的教育教学故事	《宁夏教育》	2011	第7期	张 璟	同心二小
如何组织有效教研活动	《宁夏教育》	2011	第9期	王 芳	下马关中心小学
在阳光相伴中一路前行	《宁夏教育》	2011	第10期	周桂玲	实验小学
又是一年教师节	《宁夏教育》	2011	第11期	马春霞	同心二小
教师开展教育科研应具备的心理素质	《宁夏教育科研》	2011	第2期	马应奇 白 芳	同心二中
以科学管理促师生发展	《宁夏教育科研》	2011	第2期	马占银	同心一小
追求简约高效的语文课堂教学	《宁夏教育科研》	2011	第4期	马占银	同心一小
优化媒体使用，提高教学效率	人民教育出版社	2011	第3期	黑 平	河西中心学校
教师的幸福	《宁夏教育》	2012	第1期	马春霞	同心二小
语文综合实践活动课程资源的开发途径	《宁夏教育》	2012	第3期	马应奇 白 芳	同心二中
探寻生命的神奇感受生命的伟大	《宁夏教育》	2012	第5期	马春霞	同心二小
合理运用教育信息技术努力提高小学课堂教学实效性	《宁夏教育》	2012	第5期	杨生勤	实验小学
激发兴趣引导体验	《宁夏教育》	2012	第9期	马国兰	实验小学
对小学美术课堂教学的几点认识	《宁夏教育科研》	2012	第2期	任 宁	同心二小
新课程理念下高中政治课如何开展研究性学习	《学苑杂志》	2012	第3期	张学良	同心中学
倾听小学课堂上的美丽风景	《宁夏教育》	2013	第3期	张 璟	同心二小
学校要努力培养和造就一支高素质专业化的教师队伍	《宁夏教育》	2013	第10期	杨生勤	实验小学
落实育人为本，促进学校内涵发展	《宁夏教育》	2013	第10期	刘耀宏	同心二小
教师颂	《宁夏教育》	2013	第12期	马景林	窑山中心小学
给孩子的心灵播撒一缕阳光	《宁夏教育》	2013	第12期	李淑琴	同心二小
对乡镇中心学校管理的几点见解	《宁夏教育科研》	2013	第11期	苏润军	韦州中心学校
小组轮流日记既提高了学生的写作水平也有利于班级管理	《当代教育发展学刊》	2013	第2期	马 芳	同心五中
静听花开的喜悦	《中国民族教育》	2013	第10期	王秀琳	实验小学
读书之乐其乐无穷	《宁夏教育》	2014	第3期	张 璟	同心二小
山里的夜点亮一盏希望之灯	《宁夏教育》	2014	第4期	计淑琴	实验小学

（续表）

语文课堂中创设情境导入的几种做法	《宁夏教育》	2014	第5期	丁月丽	实验小学
构建和谐校园实现校园和谐	《宁夏教育》	2014	第7期	张国平	河西中心小学
立足实际促学校发展精细化管理促质量提升	《宁夏教育》	2014	第10期	马芳	同心五中
小课题研究促进青年教师发展探究	《宁夏教育科研》	2014	第4期	马芳	同心五中
推进联片教研实现合作共赢	《宁夏教育》	2015	第5期	张国平	河西中心小学
让体验习作更精彩	《宁夏教育》	2015	第7—8期	马希芳	实验小学
用理念和行动助推学校发展	《宁夏教育》	2015	第8期	苏润军	韦州中心学校
校本教研是促进青年教师快速成长的有效途径	《宁夏教育》	2015	第9期	马芳	同心五中
对小学习作教学的几点思考	《宁夏教育科研》	2015	第1期	王燕	同心二小
班主任工作点滴之我见	《现代教育实现与研究》	2015	第12期	王燕芳	考试中心
让农村移民学校开满幸福的花朵	《宁夏教育》	2016	第3期	杨龙	河西中心学校
幼儿园区域活动存在的问题及解决途径	《宁夏教育》	2016	第3期	丁萌	同心一幼
着手细节共创安全规范化校园	《宁夏教育》	2016	第3期	王正虎	王团中心学校
依托主题引领，有效促进小学生课外海量阅读	《宁夏教育》	2016	第5期	刘耀宏	同心二小
培养小学生习作兴趣的策略	《宁夏教育》	2016	第5期	王燕芳	考试中心
谈分数应用题的解答方法	《宁夏教育》	2016	第6期	马晓峰	王团中心学校
如何培养小学生的课外阅读习惯	《宁夏教育》	2016	第6期	李淑琴	同心二小
信息技术于课程有效整合的应用研究	《宁夏教育》	2016	第8期	李波	王团中心学校
我县幼儿园区域活动存在的问题及解决途径	《学校教育研究》	2016	第6期	丁萌	督导室
特别的爱给特别的你	《宁夏特殊教育》	2016	第1期	李淑琴	同心特殊教育学校
农村小学翻转课堂教学实践与反思	《宁夏教育》	2017	第12期	周彩	石狮中学
小学高年级阅读教学中朗读指导的策略研究	《教育》	2018.1	第2卷	马小莉	同心二小
活动展示搭平台校本实践促发展	《宁夏教育》	2018	第3期	马希芳	同心二小
特别的爱给特别的你	《宁夏教育》	2018	第8期	李淑琴	同心特殊教育学校
刍议多媒体在初中历史教学中的作用	《新课程》	2018	第17期	周燕	同心四中
温馨的评语学习的动力	《宁夏教育》	2019	第6期	苏云	韦州庆华完全小学
幸福的苦旅	《宁夏特殊教育》	2019	第1期	李淑琴	同心特殊教育学校
探究信息化环境下小学语文拓展阅读教学策略	《文理导航》	2019	第2期	张卫生	实验小学
读注结合沟通文本	《天津教育》	2019	第12（下）期	海莲	同心一小
浅析乡村九年一贯制学校如何有效开展初中英语课堂教学	《新东方英语》	2019	第6期	买芳	思源实验学校
试论初中体育教学中激发学生参与体育训练的兴趣	《新教育时代》	2019	第20期	顾玉清	思源实验学校
开卷获益海量阅读开辟通道多面积累	《宁夏教育》	2019	第7—8期	刘耀宏 李瑞 刘天强	教研室

（续表）

信息技术背景下的小学高年级作文教学设计与实践研究	《教学管理与教育研究》	2019	第 15 期	张卫生	实验小学
初中英语课堂阅读策略的运用与阅读能力的培养	《人文之友》	2019	9 月刊	马梅花	同心六中
小学语文教学中核心素养的渗透策略	《教育学文摘》	2019	第 14 期	马娟娟	实验小学
小学语文朗读教学中的运用探究	《教育》	2019	第 2 卷	马小莉	同心二小
初中英语课堂互动教学模式的研究	《神州》	2019	11 月刊	马梅花	同心六中
小组合作构建初中生物高效课堂的思考	《中学课程辅导（教师教育）》	2019	第 22 期	马秀花	海如女中（今同心四中）
浅谈互联网＋教育背景下的一堂小学数学课	《知识—力量》	2019.9	第 36 期	杨吉朝	思源实验学校
信息技术在小学数学教学中的有效应用	《陕西教育》	2020	第 11 期	杨克清	实验小学
用"经典文化"为少年儿童"补钙"	《少先队研究》	2020	第 4 期	刘慧琴	同心一小
提高小学数学课堂效率的方法	《百科论坛》	2020	第 13 期	马世祺	预旺中心学校
浅析思维导图在高中历史教学中的应用	《学科教研》	2020	第 50 期	马文林	思源实验学校
关于小学体育足球教学的有效策略研究	《中国教师》	2020	第 36 期	周 科	同心八小
小学体育足球教学趣味性的提升方法	《百科论坛》	2020	第 22 期	周 科	同心二小
小学数学学生自主学习能力培养策略	《大观周刊》	2020	第 10 期	马世祺	预旺中心学校
根据课文特点落实语言实践训练	《陕西教育》	2020	第 10 期	张卫生	实验小学
浅谈儿童画教学观察的重要性	《课程教育研究》	2020	第 13 期	马成智	同心二小
初中历史多媒体教学利弊分析	《试题研究》	2020	第 22 期	周 燕	海如女中（今同心四中）
基于民间游戏的小学体育分层教学研究	《小品文选刊育人》	2020	第 398 期	丁 杨	实验小学
小学体育教学中学生创造性思维的训练	《小学时代》	2020	9 月刊	丁 杨	实验小学
任务型教学与小学语文课堂的有效结合	《百科论坛》	2020	第 20 期	白小静	预旺中心学校
互动式教学在小学数学的应用及策略	《百科论坛》	2020	第 20 期	马彦龙	预旺中心学校
提升教师专业素养的路径探索	《宁夏教育》	2020	第 5 期	周 彩	石狮中学
谈基于核心素养下的初中历史教学的有效性	《中学课程辅导》	2020	第 11 期	周 燕	同心四中
合作学习在初中生物课堂的实施	《课程教育研究（学法教法研究）》	2020	第 10 期	马秀花	海如女中（今同心四中）
注重实验教学提高初中生物教学效率	《百科论坛》	2020	第 19 期	马秀花	海如女中（今同心四中）
互联网＋背景下，小学数学课堂教学方式创新策略	《数理报》	2021	第 6 期	丁凤霞	实验小学
幼儿园防控近视的实施策略	《宁夏教育》	2021	第 5 期	黑学红	同心一幼
加强党的建设突出思政教育落实"五育"并举	《宁夏教育》	2021	第 6 期	苏润军	教育局
初中英语阅读课教学与学科核心素养培养研究	《电脑校园》	2021	01 卷	李 欣	预旺中学
"互联网＋微课教学"在高中历史教学中的运用	《新教育时代》	2021	第 26 期	马文林	思源实验学校
"互联网＋教育"背景下农村教师专业发展的校本培养路径	《宁夏教育》	2021	第 5 期	王正虎	王团中心学校

（续表）

聚合"四力"让创新素养在课堂教学中落地	《宁夏教育》	2021	第 10 期	刘耀宏	教研室
小学数学教学中如何渗透数学教学理念探究	《山西教育》	2021	第 3 期	杨克清	实验小学
学术理念在小学语文教学中的实践研究	《山西教育》	2021	第 2 期	李建兰	同心二小
氯元素概念发展史及其教育价值	《中国教育技术装备》	2021	第 7 期	焦爱芳	河西中学
借阅读东风促学生发展——探究小学语文阅读课程的教学策略	《山西教育》	2021	第 1114 期	马成智	同心二小
利用"互联网+"悟读诗语探知诗歌阅读规律	《宁夏教育科研》	2021	第 1 期	周少华	豫海中学
论小学语文古诗词教学存在的问题和改进策略	《读与写》	2021	第 7 期	白小静	预旺中心学校
灵活运用教学方法，提高小学数学课堂教学效率	《读与写》	2021	第 7 期	马彦龙	预旺中心学校
融合中生变革中见效果	《宁夏教育》	2021	第 11 期	马丽卿	同心二小
新形势下构建高效初中音乐课堂的方法探究	《文学天地》	2021	第 15 期	张 鸿	同心四中
关于民族地区教育发展水平差距的研究	《成长》	2021	总 209 期	买 芳	思源实验学校
互动教学在初中英语教学实践中的运用	《新一代》	2021	第 19 期	铁 彬	同心二中
新形势下合作化教学模式在小学数学课堂上的合理化运用	《教学与研究》	2021	第 26 期	马吉福	韦州庆华小学
初中音乐培养学生演唱能力的策略思考	《中学生学习报——教育学研究》	2021	第 35 期	张 鸿	海如女中（今同心四中）
改变"教"完善"育"	《宁夏教育》	2022	第 2 期	苏润军	教育局
"管"需出实招"理"应研对策	《宁夏教育》	2022	第 5 期	刘耀宏	教研室
活用空中课堂资源促进教学研质量提升	《宁夏教育》	2022	第 7 8 期	刘耀宏 马 兰	教研室
名师工作室助力乡村教师专业发展	《宁夏教育》	2022	第 9 期	王正虎	王团中心学校
初中生物教学中问题式教学模式的运用策略	《课堂内外》	2022	第 1 期	马秀花	同心四中
以坚守换更多孩子"走"	《中国民族教育》	2022	第 9 期	马景林	田老庄中心学校
新课改理念下，信息技术与小学数学融合教学策略分析	《数学周报——教法教研》	2022	第 5 期	丁凤霞	实验小学
小学语文阅读教学中如何培养学生的阅读能力	《中小学教育》	2022	第 22 期	马希芳	同心二小
初中历史课堂教学中学生自主学习能力培养探析	《中国教师》	2022	第 1 期	周 燕	同心四中
"互联网+教育"背景下的初中英语教学的新路径	《教学与研究》	2022	第 12 期	王金霞	预旺中学
小学语文教师运用翻转课堂开启写作课的模式	《读与写》	2022	第 9 期	苏 兰	实验小学

（续表）

在小学语文教学中培养学生核心素养的教学思考	《家庭教育研究》	2022.2	第 8 期	苏　兰	实验小学
浅谈小学体育足球教学策略研究	《中国教工》	2022	第 36 期	周　科	同心二小
对乡村小学思政课教师专业成长的思考	《宁夏教育》	2023	第 4 期	张国平	实验小学
"双减"政策背景下园长的专业发展	《幼教 365》	2023	总第 538 期	黑学红	同心一幼

二、出版教育专著

同心县教育工作者聚焦教育教学，深入潜心研究，著述成书，出版了一批教育专著。

出版教育专著索引（2019—2022）

著作名称	出版社及出版日期	字数	作者	工作单位
让教育回归童真	黄河出版传媒集团、宁夏人民教育出版社 2019 年 12 月	30 万字	马希芳	同心二小
爱心与育心教育思考探索	黄河出版传媒集团、宁夏人民教育出版社 2021 年 12 月	20 万字	黑学红	同心一幼
我的教育心路	黄河出版传媒集团、宁夏人民教育出版社 2021 年 10 月	28 万字	马占银	同心县教育局
教苑行思	黄河出版传媒集团、宁夏人民教育出版社 2022 年 9 月	30 万字	刘耀宏	同心县教学研究室

第十三章 ｜ 教育行政管理

清朝光绪十九年（1893），平远县县城设蠡山书院一处。教育行政工作由省上设一"山长"，主管书院及文庙。民国初年，镇戎县下设"儒学署"，主管教育行政工作。民国13年（1924），县上设教育局。新中国成立后，1949年至1962年先后成立教育科、文化教育科、文教卫生科，主管全县文化、教育、卫生工作。1968年3月，县革命委员会生产指挥部下设文教卫生组。1972年至1984年1月，成立文教局。1984年2月以后，先后将教育局改名为教育科、教育局、教育文化体育局。2009年12月，根据自治区党委办公厅、人民政府办公厅《关于印发〈同心县人民政府机构改革方案〉的通知》（宁党办〔2009〕76号），设立同心县教育局，是县政府工作部门，为正科级，挂同心县人民政府教育督导室牌子。

按照《国家公务员暂行条例》，同心县教育管理机构分为行政单位和事业单位。其中行政单位2个，同心县教育局、同心县人民政府教育督导室。事业单位4个，同心县教育考试中心、同心县师资培训中心、同心县教学研究室、教育工会。县教育局直属办学单位34个。同心县教育局认真贯彻落实中央和自治区党委关于教育工作的方针政策、决策部署和县委的部署要求，注重教育行政管理工作的创新与改革。适应了教育工作的新形势，满足教育事业发展需要。

第一节 ｜ 机构沿革

一、教育行政机构

（一）清末至民国的教育行政机构

清朝光绪十九年（1893），平远县县城（今下马关镇）设蠡山书院一处。教育行政工作由省上放一"山长"，"山长"名丁义成，湖南籍，主管书院及文庙。

民国3年，平远县改为镇戎县。下设"儒学署"，主管教育行政工作。

民国5年（1916），教育部令改为劝学所长。县视学以所长兼任。司其责者为总董1人、劝学1人。民国6年（1917）以总董改称劝学所长。民国13年（1924）改平远县为镇戎县，属朔方道，下设儒学署，主管教育行政工作。民国14年（1925）奉令将劝学所改为教育局，局长姚玉明，编制1人。局长执行县教育事宜，县督学以时视察各校。又令将全县乡划分学区，设教育委员1—3人，办本区学务。

民国17年（1928）改镇戎县为豫旺县。属宁夏道。据《甘肃通志·教育》记载，预旺县（今同心县）设教育局，在县城（今下马关镇）北街，局长1人，县督学1人，事务员1人，经费228元。民国18年（1929）宁夏建省后，地方教育，统由县府内设置教育局办理。设局长1人，督学、事务、书记各1人。除负责地方教育事业外，尚须筹措经费。至民国22年（1933）裁局并科，县教育划归县府第三科主办，设科长、科员各1人，秉承县长之命，处理全县教育行政事宜。民国24年（1935）11月，教育厅请准省府，于各县中设置教育科员1人，协助县府办理全县教育。民国25年（1936）2月，省政府决议，仍恢复教育局建制，设局长1人，督学1人，以负教育之责。是年兴办特种教育，复添设特种教育指导员1人。民国26年（1937）4月，经省府会议通过，复将教育局改并为县府第四科，以一事权。唯同心县辖区狭小，学校无多，仅设教育科员1人，以负专职，同时增加设边疆指导员1人。民国28年（1939）3月，成立县义务教育委员会，由县府主管科人员兼办。民国29年（1940），教育厅为充实县教育行政机构，同心因本年校数增加，原有科员1人殊难胜任，亦由教育厅呈准省府各增设第四科，除县督学暂缓设置外，内置科长1人、科员1人、书记1人，俾资策进。县教育机构，至此初具规模。另外，依据县各级组织纲要，县区设置建教指导员1人；乡设建教员1人；保设保干事1人。民国30年（1941）实行新县制，因组织变更之故，省府令县设教育社会科。是年6月，又裁撤县督学，改设教育督察员，专司整饬各级学校校风暨督促学龄儿童入学等事宜。民国31年（1942）改称教育科，直到解放。

同心县教育行政负责人更迭表（1924—1949年）

机构名称	负责人姓名	职务	文化程度	籍贯	任职时间	
					上任	卸任
教育局	姚玉明	局长	秀才	同心韦州	民国13年（1924）	民国15年（1926）
	苏盛华	局长	大学	同心韦州	民国15年（1926）	民国17年（1928）
	李文炳	局长	中专	同心预旺	民国18年（1929）	民国21年（1932）
第三科	海明先	科长	秀才	同心韦州	民国22年（1933）	民国23年（1934）
	张洪模	科长		甘肃临洮	民国24年（1935）	民国24年（1935）
教育局	丁耀南	局长	中学	宁夏金积	民国25年（1936）	民国25年（1936）
第四科	程杰	科长	中学	宁夏银川	民国26年（1937）	民国26年（1937）
	苏三刚	科长	中专	同心韦州	民国27年（1938）	民国27年（1938）
	苏锦文	科长	中专	同心韦州	民国28年（1939）	民国28年（1939）
	蒋汉钦		大学	山东省泰县	民国29年（1940）	民国29年（1940）
社会教育科	刘俊正	科长	中专	山东	民国30年（1941）	不详
教育科	刘俊正	科长	中专	山东		民国31年（1942）
	海明泉	科长		同心韦州	民国32年（1943）	民国33年（1944）
	金致三	科长	中专	同心城关	民国34年（1945）	民国34年（1945）
	朱培德	科长	中专	同心城关	民国35年（1946）	民国35年（1946）
	李登高	科长	中专	同心城关	民国36年（1947）	民国36年（1947）
	丁克信	科长	中专	同心城关	民国37年（1948）	民国37年（1948）
	刘真	科长		青海	1949年	1949年

（二）新中国的教育行政机构

1949年9月12日，同心解放，临时政府设立文教科。10月10日，县人民政府正式成立，将临时政府文教科改为教育科，亦称三科。1954年6月，改为文化教育科（简称文教科）。1956年1月，文化科分出，仍称教育科。1959年，文化科再次与教育科合并，成立文化教育科。1962年9月，又将卫生科并入，改为文教卫生科（简称文卫科），负责全县文化、教育、卫生工作。1967年3月，文教卫生科瘫痪。1968年3月，县革命委员会生产指挥部下设文教卫生组，9月改称生产处文卫组。1972年2月，撤销生产处文卫组，另立科卫局，成立文教局（组）。1984年2月文化科划出另设，成立教育科。

1990年6月，改科为局，设局长1人，副局长2人，下设办公室政工股、计财股，编制13人。另设教研室、业教、招生办公室（两块牌子，一套人马），电大、函授站、勤工俭学办公室、教育工会；辖县直7所中学、教师进修学校、县城一、二小学、幼儿园、16个乡镇教委、劳动服务站、勤工俭学综合公司。

2001年1月，教育局与文化局、体育局、"231"办公室合并，成立教育文化体育局。

2009年12月，根据自治区党委办公厅、人民政府办公厅《关于印发〈同心县人民政府机构改革方案〉的通知》（宁党办〔2009〕76号），设立同心县教育局，为县政府工作部门，正科级，挂县政府教育督导室牌子。核定教育局行政编制9名，科级领导职数4名，其中局长1名，副局长3名，后勤事业编制1名。

同心县教育行政负责人更迭表（1949—1990年）

机构名称	负责人姓名	职务	文化程度	籍贯	任职时间	
					上任	卸任
文教科	李子房	科长		陕西	1949.9	1949.1
教育科（1954年6月至1956年1月为文化教育科）	李士林	科长	中专	同心预旺乡	1949.11	1957
	费继廉	副科长	中专	内蒙古包头市	1952.6	1957
	应祯	副科长	大学	陕西礼泉县	1953.7	1955.12
	杨廷文	副科长	中专	同心县预旺乡	1956.5	1957.1
	乔凤鸣	副科长	中专	同心县新庄集	1958.8	1961.4
	马德礼	科长	中专	同心县同心镇	1958.9	1959.4
	买廷华	副科长	中专	同心县韦州镇	1959.5	1961.4
	丁生发	副科长	中专	同心县河西乡	1961.9	1962.8
文教卫生科	丁生发	副科长	中专	同心县河西乡	1962.9	1963.4
	马德礼	科长	中专	同心县同心镇	1963.4	1964.1
	马尚清	副科长		同心县同心镇	1964.3	1967.3
生产处文卫组	牛耀宇	组长	中专	宁夏平罗县	1967.4	1971
	姜廷琪	组长	初中	甘肃省镇原县	1971.2	1972.2
	邹复根	副组长	大学	江苏省南京市	1971.2	1972.1
文教局	姜廷琪	局长	初中	甘肃省镇原县	1972.2	1981.1
	邹复根	副局长	大学	江苏省南京市	1972.3	1975.8
	刘兴中	副局长	中专	宁夏银川市	1972.8	1978.1
	杨立武	副局长	中专	同心县	1978.6	1981.6
	崔振增	副局长	大学	河北省安国县	1978.6	1984.1

（续表）

文教局	虎满孝	局长	中专	同心县王团乡	1981.9	1984.1
	王德贤	副局长	中专	同心县马高庄乡	1982.1	1984.1
教育科 （1990年改科为局）	王德贤	科长	中专	同心县马高庄乡	1984.1	1987.1
	张　雄	局长	大学	同心县韦州镇	1987.1	1993.2
	马瑞虎	副局长	中专	宁夏吴忠市	1984.1	1998.4
	刘乐平	副科长	大学	宁夏中宁县	1984.1	1986.12
	王敬元	副局长	大学	同心县王团乡	1987.9	1993.3

同心县教育行政负责人更迭表（1991—2022 年）

机构名称	姓名	职务	任职时间
教育局	张　雄	局长	1987.1—1993.2
教育局	马瑞虎	局长	1993.3—1998.4
教育局、教育文化体育局	杨　科	局长	1998.4—2003.4
教育文化体育局	王凤鹏	局长	2003.4—2007.7
教育文化体育局、教育局	王国锋	局长	2007.7—2012.8
教育局	丁　文	局长	2012.11—2019.1
教育局	杨　林	局长	2019.1—2023.1
教育局	周宪瑜	局长	2023.1 至今
教育局	王敬元	副局长	1987.3—1993.3
教育局	鄢　钰	副局长	1993.1—2000.7
教育局	马彦仓	副局长	1993.3—2003.5
教育局	郭占川	副局长	1991.3—1996.5
教育局、教育文化体育局	丁立军	副局长	1999.5—2007.1
教育局、教育文化体育局	任耀华	副局长	1999.5—2003.5
教育文化体育局	杨　青	副局长	2003.5—2007.9
教育文化体育局	陈栋梁	副局长	2003.5—2014.3
教育文化体育局	马　啸	副局长	2006.12—2009.11
教育文化体育局、教育局	马应才	副局长	2006.12—2019.5
教育文化体育局	马　顺	副局长	2006.12—2011.11
教育局	金　戈	副局长	2012.10—2015.12
教育局	陈连吉	副局长	2014.3—2015.12
教育局	金学武	副局长	2017.1—2018.2
教育局	马占银	副局长	2017.11—2022.8
教育局	李素霞	副局长	2018.2—2021.11
教育局	石彦玉	工委副书记、纪工委书记、副局长	2019.5—2021.11
教育局	罗晓娅	工委副书记、纪工委书记、副局长	2022.8 至今
教育局	苏润军	副局长	2021.8 至今
教育局	黑　平	副局长	2022.8 至今

（三）教育局行政领导

　　姜廷琪（1936.9—2010.3），汉族，甘肃省镇原县人。中共党员。1956年参加工作，先后在杨家河湾、河草沟完小、纪家学区、姜家湾农业中学任教师。教学成绩斐然，深受当地百姓欢迎，并多次受到县、区级嘉奖。1971年后历任县革命委员会生产处文卫处组长、文教局局长、司法局局长。在任文教局局长期间，经常深入基层调查研究，指导工作，风餐露宿，足迹遍布同心的沟沟壑壑。在经费极其短缺的情况下多方筹措资金，改善中小学办学条件。几十年来，无论工作条件怎样艰苦、无论工作岗位如何变化，他总是以一个普通党员的标准严格要求自己，克己奉公、勤勉工作、用心干事，为发展同心的民族教育事业作出了贡献。多次被区党委、区人民政府评为优秀党员、先进教育工作者，2次受到自治区司法厅表彰奖励，1次受到区人民政府表彰。

　　虎满孝（1939.9—2014.1），男，回族，毕业于中央民族大学，大专学历，共产党员，1958年参加工作，1958年9月至1968年7月在王团学区工作；1968年7月至1976年9月任田老庄公社党委副书记，1976年9月至1978年3月在中央民族大学学习，1978年3月至1981年7月任田老庄公社党委书记；1981年9月至1984年1月任同心县文教局局长，其间高度重视教育发展，大力改善学校办学条件，提高了同心县尤其是农村适龄儿童入学率；积极协调引入北京海淀区支同教师，借鉴发达地区教育经验，充分调动教师工作积极性，有力促进了同心县教育质量的提升，高考成绩取得了历史性突破；1984年4月任同心县土地管理局局长，2004年4月退休。多次荣获区市县级优秀共产党员、先进工作者荣誉称号。

　　王德贤（1948.8—2020.8），男，汉族，同心县人。中共党员，大专学历。1967年参加工作。1984年任教育科科长，1987年调宁夏教育厅，1987年调宁夏税务学校任校长。他担任教育局局长期间，深入同心所有的乡村学校，调查研究，为县委、县政府提供了大量的决策依据。提出了"请进来带，派出去学，留下来干，岗位上练"的师资建设方针，先后聘请了北京、浙江、陕西、四川等地高中教师对全县青年教师传、帮、带。组织全县骨干小学教师到北京进行教材教法培训。培训教师的模式和经验在全区教育大会上交流，并在全区推广。发表《继承光荣传统，发展民族教育》《师资队伍建设"十六字诀"》(《宁夏教育》)，《关于普通中学的教育督导评估》《中国教育管理精览》收录《穷国办大教育的好形势》(《中国发展文库·理论与实践》)。被自治区党委、政府授予"自治区优秀校长"称号。

张 雄（1950— ），男，汉族，同心县人，大学学历，中共党员。历任下马关中学任教师、县宣传部副部长，兼任整党办主任。1987年至1993年任县教育局局长兼副书记。1993年4月调自治区农业建设委员会任主任科员，灌区处副处长、处长，计财处处长。主持编写了《宁夏2010年十年扶贫规划》。与宁夏大学、宁夏社科院共同完成了《宁夏吊庄移民》《挑战贫困》两本书的编写。参与红寺堡移民开发规划的可行性报告的编写。2007年任宁夏扶贫办副巡视员。2012年5月退休。

马瑞虎（1941.11—2014.10），回族，吴忠市人。1958年3月，吴忠师范毕业后，分配到同心县同心一小任教师。1990年7月任教育局党委书记兼副局长。1993年至1998年任教育局局长。任期内积极进行教育改革，实施义务教育，提出了多种渠道筹措教育经费的建议，还争取到区内外、海内外、希望工程、宋庆龄基金会等各类捐款，救助贫困学生。针对师资队伍学历达标率低，业务素质差的情况，采取离职进修、组织中小学教师参加卫星电视"三沟通"教育、函授、自学考试等提高学历层次，促进了教学质量的提高。历任同心人大第十一届代表、县政协第四、五、六届委员会委员，七届委员会常委。

杨 科（1954.11— ），回族，同心县人。1976年毕业于宁夏大学化学系。中共党员，高级教师。历任喊叫水中学、同心中学、同心简师、二中教师，教导主任（主持学校工作）、教育局教研室教研员、回民中学（今同心三中）校长。1998年任县教育局局长、局党委副书记。2006年3月，任县政府督学。2004年被自治区人民政府聘任为第二届自治区督学。县第十二届、十五届人代会代表、中共同心县第十届委员会委员、政协同心县第三届委员会常委、政协同心县第八届委员会常委、吴忠市第一届人代会代表、自治区第八届人代会代表；荣获宁夏大学第一届、第二届桃李奖。被自治区人民政府授予优秀校长称号。

　　王凤鹏（1956.5—　　），汉族，同心县人，大专学历，中共党员，高级教师。历任回民中学（今同心三中）副校长、同心中学党支部书记、校长。2003 年 4 月任教育文化体育局党委副书记、局长；2007 年调教育厅。同心县第十五届人民代表大会代表、委员，吴忠市第二届人民代表大会代表。吴忠市第一、二届生物学会理事、副理事长；《新世纪中国素质教育大典》编委。论文《搞好山区教师队伍建设的几点思考》，在吴忠市、自治区中小学教师优秀论文评奖活动中分别获得二等奖、三等奖；《实施农村中小学结构布局调整、促进县域教育事业稳步持续健康发展》获全区学校布局调整实践调查与理论研讨征文优秀奖。2005 年被评为自治区民族团结先进个人；2006 年获自治区人民政府"两基"工作先进个人称号。

　　王国锋（1964.9—　　），汉族，同心县人。大学学历，中共党员。1981 年毕业于宁夏固原师范专科学院。历任同心中学教师、县人事劳动保障局干部、县人事劳动保障局考核办公室副主任、县人事劳动保障局副局长、县劳动就业局局长。2007 年至 2012 年任教育局局长、党委副书记。2010 年被中国关工委、中央精神文明办评为全国教育系统关心下一代工作先进个人，2011 年被评为自治区教育强县先进工作者，同心县第十六届人大代表、吴忠市第三届人大代表。2012 年调入自治区教育装备与校园风险管理中心。

　　丁　文（1963.2—　　），回族，同心县人，中共党员。1982 年 7 月毕业于同心师范，1988 年 7 月毕业于宁夏区党校政治理论专业专科班，1996 年 12 月毕业于中央党校函授学院经济管理专业本科班。1981 年10 月参加工作。曾任丁塘中学民办教师。1980 年在同心师范上学，毕业后任同心一小教师，团县委干部。先后借调县政法委、组织部、人事局、落实政策办公室工作。1986 年至 1988 年在宁夏区党校学习。之后，历任团县委副书记、书记、下马关镇镇长、丁塘镇党委书记、豫海镇党委书记、县林业局局长。2012年至2019年任县教育局局长、党委副书记。共青团第十四次全国代表大会代表，共青团吴忠市第一届委员会常委，中国共产党同心县第十一届、第十二届委员会委员，县第十六届人大常委会委员，吴忠市第三届、第四届、第五届人民代表大会代表，中国共产党吴忠市第四次、第五次代表大会代表。

杨　林（1963—　　），回族，同心县人。中共党员，大学学历。1980年10月参加工作。1980年12月—1988年8月任海原县兴隆乡政府秘书、副乡长；1988年8月—1989年9月任海原县高崖乡政府副乡长；1989年8月—1991年7月，在中央民族大学脱产学习。1991年7月—1999年7月任海原县兴隆乡党委书记、乡长；1999年7月—2000年3月任海原县林业局副局长；2000年3月—2005年3月任海原县公路管理段书记、副段长；2005年3月—2005年5月任海原县人大常委会科教文卫委副主任；2005年5月—2008年6月任海原县人大常委会民族宗教委主任；2008年6月—2009年2月任同心县兴隆乡党委书记、人大主席；2009年2月—2010年4月任同心县田老庄乡党委书记、人大主席；2010年4月—2013年10月任同心县水务局党委副书记、副局长；2013年10月—2019年1月任同心县水务局党委书记、局长。2019年1月—2023年1月，担任同心县教育工委书记，教育局党组书记、局长。荣获全区水利系统先进工作者、全国气象减灾工作先进个人、全区脱贫攻坚先进个人等荣誉。

周宪瑜（1967—　　），回族，中共党员，同心县人，吴忠市党代会代表，市人大代表。1988年参加工作，1988年7月—2005年7月，任同心县审计局科员；2005年7月至2006年9月，任同心县审计局副主任科员；2006年9月至2013年8月，任同心县审计局副局长；2013年8月至2016年5月，任同心县审计局主任科员；2016年5月至2020年8月任同心县审计局党组书记、局长；2020年8月至2022年7月，任同心县发展和改革局党组书记、局长；2022年7月至2023年1月，任同心县发展和改革局四级调研员；2023年1月至今，任同心县教育工委书记、教育局党组书记、局长。

（四）教育局历任书记

马彦仓（1953—　），同心县人，中专学历，中共党员。1971年12月毕业于银川师范，历任窑山乡、预旺镇教师、预旺镇学区校长、预旺镇副镇长、张家塬乡乡长、县"231"工程办领导小组副组长、兼"231"工程办主任。1993年至2003年任县教育局党委书记兼副局长；曾任多届县人大代表、县党代会代表、吴忠市党代会代表、自治区党委、政府晋级奖励、区级先进工作者。

苏玉林（1955.8.2—2006.1.8），回族，同心县人。1972年考入中央民族学院，大学学历，高级政工师，1980年加入中国共产党。1976年参加工作。历任同心党校学习教育办公室主任、县委机关党委书记、县委宣传部副部长；2003年5月至2006年6月，任教育文化体育局党委书记。在省级以上刊物发表数篇文章。多次获得县委、县政府表彰奖励。2006年被评为全区教育系统优秀党务工作者。

马　斌（1971—　），回族，中宁县人，大学法律本科毕业，在职研究生（经济管理），中共党员。历任同心县委组织部副科级组织委员、预旺镇镇长、预旺镇党委书记。2006年7月至2006年10月任教育文化体育局党委书记、副局长；2006年10月至2011年7月任同心县委常委统战部长；2011年8月至2013年7月任宁夏阿拉伯语学校副校长（主持工作）；2013年8月至2018年9月任宁夏清真食品国际贸易中心主任；2018年10月至2020年4月任自治区民委信息舆情中心主任；2020年5月至2022年9月任自治区伊协副秘书长；2022年10月至今任自治区民委政策法规处处长。

马　顺（1963—　），回族，同心县人，大学文化程度，中共党员。1983年7月参加工作。历任县城第一小学教师、教育局秘书、局党委委员、政工股股长（副科级）、教育工会主席。2006年12月至2012年2月任教育文化体育局党委书记，2012年调任县审计局局长，现任县财政局局长。获自治区总工会、自治区教育厅"9•10"教育奖章。

马应才（1965—　），回族，同心县人，大学本科学历，高级教师，中共党员。历任同心县羊路中学、回民中学（今同心三中）教师、四中任教导主任、石狮中学副校长、回民中学（今同心三中）校长、县教育局副局长，2012年2月至今任教育局党委书记。他组织开展的"我的中国梦"主题系列教育活动，在教育部召开的中小学"中国梦"主题教育活动座谈会上，代表西部贫困地区作了题为《创新活动载体，共圆中国梦》的交流发言。2012年4月被评为自治区基本普及高中阶段教育先进个人。县第十七届人大代表，吴忠市第四届人大代表。

（五）内设机构及职责

1991年，教育局内设机构有办公室、政工股、计划财务股、勤工俭学办公室、教育督导室。直属事业单位有教研室、招生办公室、业余教育办公室（一套班子两块牌子）、电教中心、电大工作站、教育工会、勤工俭学综合公司。

1993年，增设教育股。1994年3月，成立世界银行贷款"第二贫困地区基础教育发展"项目办公室。1996年6月，成立"同心县秦巴世行贷款教育项目工作站"。

1998年，政工股更名人事股。事业单位有教研室、招生办公室、勤工俭学办公室、电大工作站、电化教育中心。

2000年，教育局与原文化局、体委、"231"办公室合并为教育文化体育局，事业单位增加文化馆、图书馆、文管所、体育中心、电影公司。

2003年12月4日，县教师进修学校与电教中心合并，成立"同心县中小学教师继续教育中心"。至此，直属事业单位10个：教研室、招生办公室、电化教育中心（含自学考试）、教师继续教育中心、电大工作站、图书馆、文化馆、电影公司、文管所、群众体育部。

2005年1月12日，按照《关于印发〈同心县教育文化体育局职能配置、内设机构和人员编制规定〉的通知》，县编办核准教育文化体育局内设机构4个：办公室、人事股、教育文化体育股、计划财务股。人员编制9名，后勤编制2名；科级领导职数4名（局长1名、副局长3名）；核定股级领导4名。

2007年9月，设立了"学生资助管理中心"，同时将勤工俭学办公室合并到学生资助管理中心。

2009年10月，教育文化体育局更名为教育局，内设机构：人事管理岗位、计划财务岗位、教育管理岗位、体卫艺管理岗位。

教育局直属事业单位4个：教学研究室、教育考试中心、师资培训中心（含电大、电教中心）、教育工会。

2019 年，内设综合管理岗位、人事管理岗位、计划财务管理岗位、综合教育管理岗位、学前教育管理岗位、体育卫生艺术管理岗位、营养改善计划管理岗位、学生资助管理岗位、项目建设管理岗位 9 个管理岗位。

2022 年，内设机构：办公室、党建办公室、人事股、计划财务股、教育股、文体股、学前教育股、营养办公室、项目办公室、资助中心、团工委。事业单位：教育考试中心、师资培训中心、教学研究室。

二、人民政府教育督导室

（一）机构沿革

1991 年，教育局设立了教育督导室，编制 3 人。政府任命尹长元任督导室副主任，主持工作。

1994 年，县政府按照《宁夏回族自治区教育督导规定》，正式成立教育督导室。督导室主任陆永明，副主任尹长元。

1996 年，政府任命杨增玺为督导室副主任。1999 年 5 月，政府任命戴永杰为教育督导室主任，金戈为教育督导室副主任。

2005 年 6 月 6 日，县委、县政府根据《宁夏回族自治区教育督导条例》，将"同心县教育督导室"更名为"同心县人民政府教育督导室"，挂靠在县教育文化体育局。

2008 年，县政府任命金戈任教育督导室主任。

2014 年，全县划分了 10 个中小学（园）督导责任区，聘请 10 位专职责任督学。

2017 年 5 月 5 日，教育督导室聘任 51 人为同心县第二届中小学（园）责任督学，印发了《同心县中小学校责任督学挂牌督导工作手册》，对责任督学提出了具体要求。

2019 年，教育督导室聘请专职督学 11 名，兼职督学 69 名。增设了 4 个督学责任片区，共有 10 个督学责任区。制定了责任督学挂牌督导工作计划和实施细则，进一步落实督导责任，细化了任务分工。

2020 年，全县共有专兼职 65 名督学，根据学校大小和规模，分为 10 个片区，督导室工作人员每月下发督导任务，督学根据任务要求，认真下校督学，并按时将相关资料上传至督学信息平台。

（二）教育督导室主任

陆永明（1944.2—　），汉族，中卫市人，中共党员，中学高级教师。1965年毕业于宁夏大学物理系，分配到同心工作，按照组织安排到宁夏社教团报到，参加石嘴山、青铜峡两期"四清"社教运动。1967年到同心报到，历任韦州中心小学、王团中学、同心中学、回民中学（今同心三中）、四中教师。1984—1994年任回民中学（今同心三中）校长、同心中学校长。1994年3月—1998年8月任教育督导室主任。2004年8月退休。

戴永杰（1949—　），汉族，同心县人。吴忠师范毕业，北京教育学院进修并取得大专学历，中共党员，中学高级教师。历任马高庄乡教师、窑山中学教导主任，校长、预旺中学副校长（主持工作）、县教育局中教干事，教育股长、县招生办副主任。1998年6月—2005年7月任同心县教育督导室主任。2009年10月退休。

金　戈（1962.12—　），回族，同心县人，大专学历，中共党员。1980年在下流水学区任教。1983年至1985年在同心县教师进修学校学习。历任同心一小教师、校长、副校长、县督导室副主任、主任。2012年10月兼任教育局副局长。在《宁夏教育》发表《管理中的人情味》《优化备课、减轻负担》《百年老校展新姿》等论文。荣获自治区人民政府表彰的优秀教师、民族团结进步先进个人、宁南山区"普初"先进工作者等奖励。2022年12月退休。

马应仁（1964.7.1—　），回族，同心县人，大学本科。1981年就读于宁夏固原师范专科学校数学系，1984年7月毕业。历任同心县第四中学教师、同心县第四中学副校长、同心县人民政府教育督导室主任，同心县人民政府督学。县政协第八、九届委员会委员。2007年荣获自治区"两基"攻坚先进个人。

马占银（1966.11—　　），回族，同心县人，中共党员，大学学历，高级教师。1986年7月参加工作，曾任同心县实验小学、第一小学党支部书记、校长，同心县人民政府教育督导室主任。从事教育教学工作以来，先后荣获全国百佳创新型校长、全国普法教育优秀辅导员、自治区首批"塞上名师"、自治区小学特级教师、自治区优秀教师、自治区优秀班主任、自治区教研工作先进个人、宁夏"五四"青年奖章提名奖、吴忠市名校长、银南地区学科优秀教师、同心县"十佳教师"、同心县名校长等50多项奖励。撰写的《关爱生命、呵护灵性》等22篇论文先后获得全国、自治区一、二、三等奖。《加强教师队伍建设》等12篇论文先后在《宁夏教育》等刊物发表。出版教育专著《我的教育人生》。主持《让师生在支持性环境中成功成才》等三项自治区级基础教育教学课题研究并荣获自治区基础教育科研成果二等奖。

三、同心县人民政府教育督导委员会

2017年4月7日，县政府办公室印发了《关于成立同心县人民政府教育督导委员会的通知》。县政府决定成立同心县人民政府教育督导委员会，副县长张琛任主任。县政府办公室主任马逢倡、教育局局长丁文、县纪委副书记、监察局局长马建堂任副主任。委员10人。

委员会负责制定同心县教育督导的重大方针、政策；审议全县教育督导总体规划和重大事项；统筹指导全县教育督导工作；督促县人民政府有关职能部门和乡镇人民政府（管委会）落实教育职责；聘请同心县政府督学；发布同心县教育督导报告。落实区、市政府教育督导委员安排的工作。

县人民政府教育督导室为县教育督导委员会的办事机构，承担委员会日常工作，在县人民政府领导下，独立行使督导职能。

第二节 | 事业单位

一、同心县教育考试中心

同心县考试中心的前身是同心县招生办公室。1979年，同心县成立招生委员会，由11人组成。县委副书记杨俊清兼任主任，下设办公室，负责普通高校、中等（技工）学校招生考试，成人大中专招生考试。

2006年6月，根据《同心县事业单位机构编制清理整顿实施意见》，撤销县招生办公室，成立"同心县教育考试中心"。考试中心为县教育文化体育局所属财政全额拨款的事业单位，核定人员编制15名。2015年，教育考试中心核定编制21人。2020年，教育考试中心核定编制15人。

历任主任：丁良兴、戴永杰、王学强、陈连刚、哈生虎、张祝

二、同心县师资培训中心

同心县师资培训中心的前身是同心县教师进修学校。2003年12月4日，县人民政府根据自治区教育厅《关于建立中小学教师继续教育中心有关问题的通知》（宁教（师）发〔2001〕21号）文件精神，决定将教师进修学校与电教中心合并，成立同心县中小学教师继续教育中心。

2006年6月8日，县委印发了《同心县事业单位机构编制清理整顿实施意见》，决定将同心县中小学教师继续教育中心与同心县广播电视大学工作站合并，组建同心县师资培训中心，属事业编制。

师资培训中心核定编制人数35人，其中管理岗位4人，专业技术岗位31人。

历任主任：马德生、李永福、马德成、马学峰

三、同心县教学研究室

同心县教研室成立于 1963 年。1970 年正式建制，设主任 1 人、副主任 1 人，下设中学组、小学组、资料组。1985 年，增设电教、仪器图书资料室。

1990 年，同心县教研室配置专职教研员 24 人，设中学组、小学组、中小学德育组、电教仪器组。2010 年，教育局决定，选聘全县中小学骨干教师 65 人担任兼职教研员。2022 年，教研室有中小学教研员 7 人，其中，具有高级职称 6 人。

历任主任：黄得春、张百兴、马占江、白玉彪、张汉朝、王建华、宋学江、韩辉、刘耀宏

四、直属办学单位

县教育局直属办学单位 34 个：高中 3 所、职业中学 1 所、初中 5 所、小学 11 所、特殊教育学校 1 所，幼儿园 13 所。

第三节 | 体制与制度

一、办学体制

（一）清代、民国办学体制

清代，县置儒学署，设教谕，负责文庙祭祀，教育所属生员，办理科举考试等事宜，但不管办学。自光绪六年（1880）知县英麟设置义学始，官府才插手办学。后来创办的蠡山书院、平远高等小学堂，都由官府管理。

民国时期，县设教育局（曾改局为科）统辖教育，学校行政由校长综理。各地兴办的私塾、私立学校，无系统组织，由设学者自理。由于政府无力筹措经费，国拨经费甚微，官、私立学校全凭群众集资维持。学校实行学董制，一般由乡绅及地方头面人物、乡老3至7人组成，从中荐一人负责，筹措学款，修葺校舍，聘任教师，管理校产等事宜。

（二）新中国成立后的办学体制

新中国成立后至1957年，县立公办学校由文教科领导和管理。民办学校由乡政府领导，业务上受文教科管理，学区给予辅导。1958年8月，执行中共中央、国务院《关于教育事业管理权下放问题的决定》，改变过去"条条为主"的管理体制。公、民办小学在行政上均属人民公社和文教科双重领导，业务上由文教科管理。民办学校经费和民办教师工资都由社队解决。1959年7月，文教财务执行"统一领导、分级管理、条块结合、块块为主"的领导管理体制。1962年，为解决社队负担过重的问题，国家对民办学校经费和民办教师工资予以补助（为公办学校经费和公办教师工资的一半），使民办教师待遇连同社队补助，与公办教师基本相当。1963年，根据中央转发的《全日制小学暂行工作条例（草案）》精神，全日制小学复由县文教科统一管理。小学校长、教导主任和教师的任职、调职、解职、处分，由县人民委员会负责处理。1968年，小学下放生产大队管理。1969年9月，教育部门接管民办学校，改作公办学校，唯民办教师称号继续保留。

除部分基建修缮和民办教师工资实行民办公助外,其他均由国家负担,此制一直沿袭到 1987 年。

按照"统一领导、分级管理"的原则,中学由县政府领导,业务上由文教科管理。中学校长、教导主任、总务主任和教师的任职、调职、处分,由县人民委员会处理。完全中学的设置、停办或迁移,由自治区人民委员会批准。1969 年至 1987 年,农村初级中学由县乡(社)双重领导,业务上受教育科(局)管理。

1993 年,县委、县政府根据《中国教育改革和发展纲要》要求,改革政府包揽办学的格局,逐步建立以政府办学为主,社会各界共同办学的体制。

1995 年 3 月,国家颁布了《中华人民共和国教育法》,以法律形式确立了《分级管理,分级负责》的教育体制。县政府依法制定了《同心县实施初等义务教育暂行办法》(同政发〔1996〕86 号)。逐步落实了县、乡(镇)、村三级办学,县、乡两级管理,以县为主的体制。

1997 年,县政府依据国务院颁发的《社会力量办学条例》,按照"积极鼓励、大力支持、正确引导、加强管理"的十六字方针推进社会力量办学的发展。

2001 年 9 月,县政府按照自治区人民政府印发的《关于加快基础教育改革与发展的决定》,进一步明确县、乡(镇)两级政府义务教育目标管理责任;改革经费投入体制,依法增加财政性教育经费投入。

2003 年 4 月,县委、县政府印发了《关于加快教育改革与发展的决定》。提出强化县政府对教育的统筹权,县政府对全县基础教育负有主要责任。乡镇人民政府要积极承担相应的农村义务教育的办学责任和管理责任,多渠道筹措教育经费,改善办学条件。行政村要落实维护学校的治安和安全,组织适龄儿童入学的责任。

2018 年,县政府印发了《同心县关于深化教育体制机制改革的意见》,部署深化教育体制机制工作。

2019 年,县委印发了《同心县全面深化新时代校长教师队伍建设改革方案》,《方案》提出,经过 5 年时间,基本建立事权、人权、财权相统一的教师管理体制。教育局印发了《同心县推进教育资源集体化工作方案》,提出以创新办学体制和管理体制为动力,科学整合、合理放大优质教育资源,在全县教育系统开展教育集团化办学实践,充分发挥优质教育资源的影响、辐射、示范和带动作用,不断缩小城乡之间、校际之间教育差距,不断满足人民群众日益增长的优质化、多样化教育需求。实现"学校所教"到"学校优教"的目的。先后创建了同心县第一小学教育集团、同心县第二小学教育集团、同心县第五中学教育集团、同心县第一幼儿园教育集团、同心县第二幼儿园教育集团、同心县第六幼儿园教育集团、同心县第八幼儿园教育集团、同心县清水湾幼儿园教育集团。

2021 年,教育工委、教育局党组印发了《同心县学前教育深化改革创规范发展方案》,深化公办办学体制改革，吸引有实力的社会力量参与公办学校办学。积极开展联合办学、委托管理等办学试点。借助优质教育资源整合薄弱学校，扶持新校发展。支持民办教育发展，鼓励社会力量办学。

2022 年，同心县由教育部门办的有：普通中小学、职业中学、幼儿园、广播电视大学、师资培训中心；由社会力量办学的有：民办幼儿园、汽车驾驶员培训学校等，基本形成以政府办学为主，社会各界共同参与，公办学校和民办学校共同发展，相互促进的多元化办学体制。

二、乡（镇）教育行政机构设置及职责

民国 18 年（1929）宁夏建省后，实行县、乡、村三级制。

民国 31 年至民国 35 年（1942—1946），全县共管辖 12 个乡，25 个保，274 个甲。共设乡镇公所文化股 12 个，保办公处文化干事 25 人。

民国 28 年（1939）第 1 学期，依照市县划分小学区办法，按地、自治组织以联保为小学区，以自治区为联合小学区。联合小学区设学董 1 人，以区长充任，小学区设助理学董 1 人，以联保主任充任，担负区内劝导及强迫学龄儿童入学之责。另外选择 3 所优良完全小学改为中心小学，并划分辅导区，各校添科任教员 1 人，校长负该区内各级小学辅导之责。实施之后，因效力不力，民国 28 年（1939）依照市、县划分小学区办法，以联保为小学区，仍以自治区为联合小学区（简称"联合区"）。联合区设学董 1 人，由区长担任；小学区设助理学董 1 人，由联保主任担任，负区内督办学龄儿童入学之责。拟定了《区学董服务规程》《中心小学暂行规程》及《辅导初等教育纲要》呈请省政府通饬，自民国 28 年 2 月起施行。

新中国成立后，1949 年 10 月至 1956 年 1 月，全县成立 7 个区公所 24 个乡政府，每区设文教干事 1 人，在区公所和教育科的领导下，管理全区教育事宜。各乡设文教委员 1 人，管理所属学校。1956 年 2 月，区公所改称区人民政府，乡政府改称管理区，全县共有 31 个管理区，隶属关系不变。

1958 年 10 月，实行人民公社，7 个区政府改称人民公社。全县按公社成立了 7 个学区。1961 年 9 月，调整人民公社规模，调整后按公社成立了 14 个学区。每个学区设 1 所中心小学，学区领导兼任中心小学校长。1966 年 10 月，公社设置文教专干 1 人（属文教编制），在公社党委领导下，负责全社文化教育工作。原学区工作自行停止，同时取消了公社中心小学名称。

1978 年，恢复学区建制。仍以 14 个公社恢复设置，各学区的党支部也随即恢复。现行学区是县教育行政机关派出的教育行政组织，是负责领导和管理学区的常设机构，代行教育科（局）的职权，管理所属学校。学区校长兼任学区党支部书记，隶属乡（镇）党委领导。下设教务员 1

人，指导全学区教育教学业务；会计、出纳各 1 人，综理全学区经费。同时恢复乡镇中心小学制。学区和小学在业务上由文教局管理，行政上隶属文教局和人民公社革委双重领导。

1983 年 2 月，增设同心镇学区。1984 年 3 月增设河西乡学区，至此，全县有 16 个学区。

1988 年底取消学区建制，成立了 16 个乡（镇）教育委员会。

1992 年 1 月 25 日，县委、县政府决定，将教委（不含预旺中学），下放给各乡镇管理。乡镇党委书记或乡镇长兼任教委主任。教委专职副主任由教育局提名，县委组织部任命，负责主持日常工作和本乡镇中小学的教育教学管理工作。1992 年，全县设置 17 个乡镇教委。1993 年 4 月，恢复学区建制。学区由 4 人组成，在县教育局及乡镇领导下，负责本乡镇基础教育工作。乡镇继续保留教委，教委一般由 5 人组成，乡镇党政主要领导担任教委主任，教委属乡镇教育职能部门。

2004 年，县政府决定撤销乡镇学区机构，成立乡镇中心学校。乡镇中心学校在乡（镇）领导和上级教育行政机构领导下，负责管理乡（镇）的教育工作。

三、教育制度

同心县实行学前教育、初等教育、中等教育、高等教育的学校教育制度。

1. 学前教育幼儿园学制 3 年，招收 3—5 岁儿童入园。学前教育招收 6 岁儿童入学。

2. 初等教育分完全小学、初小、教学点三类。普通小学招收 6 周岁儿童入学，实行一贯制，学制 6 年。

3. 中等教育分初级中学（3 年）和高级中学（3 年）两个阶段，修业年限为 6 年。有九年一贯制学校（小学阶段 6 年，初中阶段 3 年）。有职业学校、中等专业学校 2 种类型。

4. 职业技术教育制度。分为中等专业学校、中等职业学校、职业培训学校和普通教育中的职业教育。其中中等专业学校、中等职业学校一般是全日制学历教育。学制通常为 2—3 年不等。职业培训为非学历教育，有脱产和业余两种，没有固定学制。

5. 成人教育制度。成人教育涵盖了岗位职务培训、成人基础教育、成人高等学历教育、成人中等学历教育、继续教育和社会文化、生活教育五大方面。其中，社会文化、生活教育主要是扫文盲扫科盲教育。

6. 高等教育制度分大学本科（2.5 年）、专科（2.5 年）2 级。主要有函授、广播电视大学、高等教育自学考试等成人高等教育类型。

7. 高等教育自学考试制度是中国高等教育的重要补充部分，是广大群众自学和国家考试相结合、造就和选拔人才的一种重要途径，是具有中国特色的考试制度。

1990 年同心县教育系统管理示意图

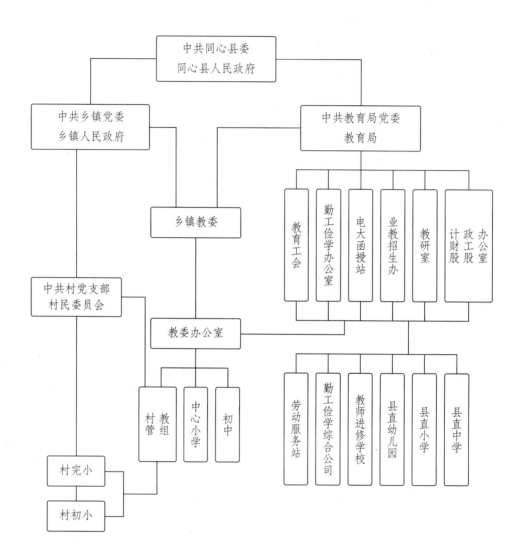

同心县乡镇教育委员会一览表（1990年12月）

乡镇教委名称	教委主任	教委副主任	村教管组数	村（居）民委员会教管组（行政村）名称
同心镇教委	马炳川	崔建忠	7	同心镇一、二、三、四居委会、城二、城北、园艺村
韦州镇教委	武兴仁	海 明	17	韦一村、韦二村、南门村、河湾村、马庄子村、石峡村、阎家圈村、东山村、青龙山村、塘坊梁村、巴庄村、旧庄村、甘沟村、周新庄村、买家河湾村、王户台村、谭庄村
下马关镇教委	张玉瑞	方兆明	17	下马关镇居委会、南关村、北关村、西沟村、五里墩村、王古窑村、申家滩村、窖坑子村、白家滩村、池家岔村、郑儿庄村、刘家滩村、陈儿庄村、靳儿庄村、赵家庙村、下垣村、上垣村
城关乡教委	杨正其	杨汉国	17	城一村、边桥沟村、沙咀城村、沿台沟村、麻疙瘩村、余家梁村、沙沿村、庙儿岭村、金家井村、八方村、湾段头村、长萝卜滩村、南阳村、小山村、干湾沟村、新华村、吴家河湾村
河西乡教委	杨义怀	马占胜	22	朝阳村、鸦嘴子村、马家河湾村、艾家湾村、桃山村、塘坊村、建新村、杨河套村、石坝村、红旗村、新庄子村、张家滩村、杨家塘村、河草沟村、团结村、丁家塘村、李家岗子村、窑岗子村、长沟村、杨家河湾村、农场村、大洪沟村
纪家乡教委	蒋立明	贺吉瑜	12	耍艺山村、龙北沟村、平岭子村、纪家村、田家岭村、李家村、李家沟村、丁家二沟村、顾家庄子村、上周家河湾村、下周家河湾村、李沿子村
窑山乡教委	顾生英	罗进祥	13	石羊圈村、深沟村、红湾梁村、车路沟村、窑山村、石塘岭村、南关口村、康家湾村、麦垛山村、李家山村、五道岭子村、黄家水村、套塘村
喊叫水乡教委	周进芳	丁生英	12	马家塘村、高岭村、下庄子村、上庄子村、北沟沿村、碱台子村、贺家口子村、周段头村、周家沟村、周马庄子村、五丰台村、喊叫水村
下流水乡教委	杨正明	杨延福	8	大台子村、田家滩村、大滩川村、白圈子村、上流水村、下流水村、新庄子村、石泉村
新庄集乡教委	曹生隆	万永福	13	新庄集村、朱庄子村、关口村、火龙沟村、东岭村、李寨科村、马段头村、田家圈村、马家渠村、王大湾村、徐冰水村、张家台村、细沟子村
田家老庄乡教委	康福禄	康福祺	12	马家井村、锁家岔村、吴家湾村、郑家台村、解放新庄村、吴家堡子村、梁家川村、白家湾村、杨家新庄村、席家井村、田家老庄村、千家井村
预旺乡教委	马忠国	杨占基	15	南关村、南垣村、贺家垣村、白崖子村、龚家湾村、青羊圈村、孙石家村、李家洼子村、胡家堡子村、郭家阳洼村、陈石塘村、柳树堡子村、土峰村、沙土坡村、北关村
马家高庄乡教委	张 忠	马耀华	20	沟滩村、何家渠村、白阳洼村、张家庄村、郭大湾村、张家井村、汪阳洼村、毫前门村、套子滩村、计嘴子村、马家垣山村、冯家湾村、郭家岔村、塘上庄村、邱家渠村、乔家湾村、赵家树村、白阳洼村、马家高庄村、张家岔村
张家塬乡教委	倪文敏	贺玉昌	14	油房塘村、汪家塬村、折腰沟村、苏家台村、赵卷槽村、大庄科村、海棠湖村、范家堡子村、犁华嘴村、郭井沟村、陈家台村、薛山庄村、沈家湾村、张家塬村
王团庄乡教委	李万强	王虎森	21	张家湾村、虎家湾子村、前红村、南村、北村、沟南村、罗家河湾村、联合村、倒墩子村、大沟沿村、阿不条村、张尔水村、虎家红湾村、白土嵝岘村、王海子村、红沟阳洼村、大湾村、黄草岭村、刘家川村、马套子村、圈塘村
羊路乡教委	马正才	李存广	13	吊堡子村、羊路村、新堡村、蔡家滩村、罗家台村、堡子掌村、川口村、苏家岭村、甘草掌村、柳树嵝岘村、套子嵝岘村、驼骆嵝岘村、东梁洼村

第四节 | 行政管理

一、人事管理

教育局依据国家的人事法规和政策，对教育系统工作人员进行综合管理。基本内容和任务是：对教育行政机关（包括直属单位）的工作人员，学校的行政领导者和学校教职工的选拔、任用、调配、培训、考核、奖惩、工资、福利、流动、退职等事项作出规划和决策，进行政策指导和组织实施。人员进口、出口管理，教育系统招录（聘）或政策性安置新增人员，由局人事股按照公务员考录、事业单位公开招聘、政策性安置、干部交流、人才引进等规定和程序，组织实施。

二、编制管理

2002年，按照自治区人民政府批转自治区编办等部门关于贯彻《国务院办公厅转发〈中央编办、教育部、财政部关于制定中小学教职工编制标准意见的通知的实施办法〉的通知》，重新核编和按编竞争上岗，重点解决中小学教职工编制分布不均衡、岗位设置不合理等突出问题，科学配置教育资源，提高教育教学质量。自治区核定同心县中小学教职工编制总额3576名。教育局按照中小学教职工编制标准，根据高中、初中、小学3个不同教育层次和县镇、山区农村不同地域，按照教职工与学生数（公办学校中采取民办机制招收的学生数除外，下同）的一定比例核定并执行以下中小学编制标准。中小学以校为单位按班计算。普通高中（城镇或农村相同）（每班平均学生数45—50人），每班平均教职工数4人（其中教师2.8人）；城镇初中（每班平均学生数45—50人），每班平均教职工数3.7人（其中教师2.5人）；农村初中（每班平均学生数45—50人），每班平均教职工数3.5人（其中教师2.5人）；城镇小学（每班平均学生数45—50人），每班平均教职工数2.2人（其中教师1.7人）；农村小学（每班平均学生数30—35人），每班平均教职工数1.4人（其中教师1.3人）。除按以上标准核定教职工编制总额外，另以农村小学在校生人数的 15% 为基数，按有关标准再为部分地区增核相应的教职工编制，以适应农村小学学制"五改六"以后学生人数增加的实际需要。

高级中学、完全中学、初级中学、职业中学和完全小学，在校生 600 名以下的，配备校级领导 1—2 名；在校生 600 ~ 1200 名之间的，配备校级领导 2—3 名；1200 名以上的，最多配备校级领导 3—4 名。初级小学和教学点，指定 1 名教师负责学校日常管理工作。

2006 年 8 月，同心县委对股级事业单位机构编制进行清理整顿，将教育文化体育局教研室、师资培训中心、考试中心、一幼、二幼等被定为股级单位。股级单位负责人的任免，先由主管部门上报县委组织部审核同意备案后，再另行任免。

2007 年 8 月，教育文化体育局直属事业单位编制，实行实名制管理，人员竞聘上岗。教育局配合县编办，组织实施了全县中小学校"九定"工作，通过重新布局调整，合点并校，将 2000 年的 410 所学校合并为 230 所，并为 230 所中小学校和中心学校重新确定了机构名称、隶属关系、机构规格、职责任务、编制员额、领导职数、经费形式。根据各学校的性质、规模、职责和工作需要，重新核定人员编制和各类人员结构比例，规范了全县中小学校机构编制管理，健全了教育机构体系。

2008 年，教育文化体育局出台中小学内设机构、专职管理岗位和领导职数核定标准的相关文件，规定高级中学、完全中学、初级中学、职业中学和完全小学，在校生 600 名以下的，只设专职管理岗位，不设内设机构，配备教务主任和总务主任各 1 名；在校生 600—1000 名之间的，设教务处、政教处和总务处；1200 名以上的，可增设办公室。

2009 年，教育文化体育局按照自治区《关于规范中小学内设机构、领导职数和教职工编制配备的实施意见》等文件精神，向县人事劳动保障局呈报所属事业单位岗位设置实施方案，根据吴忠市人事局批复同心县教育文化体育局所属 31 个事业单位共设置"三类岗位"总量 3686+126 个，具体岗位设置如下：管理岗 126 个，最高等级为七级职员。其中设置七级职员 9 个、八级职员 20 个、九级职员 96 个。专业技术岗位 3516+126 个，其中五级 57 个、六级 115 个、七级 114 个、八级 544 个、九级 726 个、十级 544 个、十一级 740 个、十二级 738 个、十三级 64 个。工勤技能岗位 45 个。

2009 年 6 月 23 日，同心县人事劳动保障局接吴忠市人事局关于同心县教育文化体育局所属事业单位"双肩挑"人员批复，同意同心县教育文化体育局组织实施马兴学等 129 人占管理岗位兼专业技术岗位（即"双肩挑"），"双肩挑"岗位今后只减不增。

2015 年，同心县建立了中小学教师编制动态管理机制。实行总量控制、标准核编的编制管理和动态调整的人事管理机制。县内教师调动经县政府常务会、县委常委会研究同意后，由教育行政部门根据学生流动、学科缺额、余缺互补的实际情况，按照相关条件，经公开、公平、公正考试，由县委编办、人社、财政等部门及时划转人事关系，确保工作岗位与编制、绩效、工资待遇相一致。特别是义务教育阶段学校要实行"县管校聘"管理体制，使教师由"学校人"变成"系统人"。

三、学校领导干部的管理

20世纪90年代，各级各类学校干部的任免由地方各级政府、人社组织和教育行政部门共同决定。正科级干部由县委常委会讨论通过，县人大审核批准任命；副科级干部由县委常委会讨论通过，由县政府任命。高中中层干部、初中校长、中心（学区）校长、小学领导班子由教育局任命。乡镇小学领导班子由乡镇任命。

1993年，教育局印发《同心县中小学教职工管理规定》，对中小学校长的任免、考核、后备干部培养等工作进行了具体规定。

1996年，教育局实施世界银行"贷款"项目校长培训，对干部选聘、考核、任课、任期目标、奖惩等做了具体规定，提出了校长任期制。

2012年，推行中小学校长公开选聘、竞聘上岗制度。按照"民主、公开、竞争、择优"的原则，采取公开选聘、平等竞争、严格考核、择优聘任的办法选拔任用中小学校长。

2013年，教育局在《同心县中小学教职工管理办法（试行）》中，对干部任免作了如下规定：高级中学校长由县教育局提名、考察或参与考察，按干部管理权限任用和聘任；其他县直中小学、中心学校、乡镇初级中学校长由县教育局选拔任用；乡镇完小校长由各中心学校选拔任用，并报教育局备案。

2015年，县委、县政府在《同心县加快推进教育事业发展三年行动计划》中提出：高级中学校长一般由县教育行政部门提名、考察或参与考察，按干部管理权限任用和聘任；其他中小学校长（园长）由县教育行政部门选拔任用并归口管理，报县委组织部备案。稳步推进校长职级制改革试点工作。注重校长后备干部队伍建设。严格实行中小学校长任期制、任期目标责任制和离任审计制。

2019年，同心县委办公室印发了《同心县全面深化新时代校长教师队伍建设改革方案》，提出建设一支政治坚定、师德高尚、数量充足、结构合理、业务精湛、素质优良、配置科学的管理队伍。

四、学校管理

（一）依法行政

教育局按照教育厅等部门印发的《关于创造良好社会环境保护中小学生健康成长实施意见的

通知》《中小学校园管理的暂行规定》《宁夏回族自治区中小学常规管理基本要求》，自治区教育厅引发的《关于加强中小学管理工作若干问题的意见》《关于加强农村学校管理的意见》等文件要求，落实相关编制，配备必要的管理人员，促进学校管理的规范化和科学化。

1997 年 9 月，教育局转发了自治区教委《关于贯彻国家教委关于规范当前义务教育阶段办学行为的若干原则意见的通知》，突出解决中小学招收"择校生"问题，要求学校全面贯彻教育方针，实施素质教育，减轻学生过重的课业负担，不得设立重点班、尖子班、快慢班等，进一步规范了办学行为。

1999 年，县委、县政府制定了《关于进一步改革和加强教育工作的决定》。

2000 年，教育局印发《关于实施教育行政执法责任制的安排》和《关于减轻学生过重负担和制止学校乱收费的紧急通知》，《通知》要求，不允许各校乱订复习资料、不准收取补习费、不许延长课外作业时间、不许拖堂，切实减轻学生负担。

2001 年，教育局印发了《关于加强中小学管理工作的若干规定》，进一步落实学校、科室、教师的管理职责，规范教学全程管理，建立激励机制，实行"末位淘汰制"。制定了中小学生用书、辅导资料、课外读物、学具管理办法；规范教育收费，不准强行在乡镇以下中小学统订校服。严格校产和各类集资款、物管理，实行责任追究等规定。

2005 年教育局按照《教育部关于加强依法治校工作的若干意见》，对中小学依法执教进行了检查，对违规招生、收费、订复习资料等行为进行了查处，进一步规范了办学行为。

2014 年，教育局印发了《关于进一步规范中小学校办学行为的紧急通知》《关于对全县中小学规范办学行为进行专项整治的通知》《关于加强农村学校管理的意见》，合理配置公共教育资源并向农村学校、薄弱学校倾斜。加强农村学校教师队伍建设，合理安排农村教师特设岗位计划。实施城镇学校对农村学校和薄弱学校的对口支援，推动校长和教师的交流。大力发展现代远程教育，促进优质教育资源共享，进一步缩小校际之间差距。

2015 年，县政府办公室印发了《关于推进依法治教进一步规范中小学办学行为及减负的实施方案》《同心县义务教育阶段务工人员随迁子女就学管理办法》，2016 年，县政府印发了《关于加快推进农村留守儿童社会工作服务发展的意见》。

2017 年，教育局转发了自治区教育厅《关于进一步加强义务教育阶段学校作业管理的实施意见》，印发了《关于持续做好全县城乡学校结对帮扶、协作共进工作的通知》《关于对自治区教育厅督查同心县义务教育均衡发展存在问题的整改方案》《同心县 2017—2018 学年度中小学入学招生工作实施办法》《关于转发〈自治区教育厅办公室关于进一步加强义务教育阶段学校作业管理的实施意见〉的通知》《同心县义务教育阶段因辍即劝制度》推进义务教育均衡发展，有效化解择校问题。

2018年，县政府制定了《同心县创建县域义务教育发展优质均衡县实施方案》,《方案》规定小学、初中所有班级学生数分别不超过45人、50人；不足100名学生村小学和教学点按100名学生核定公用经费，特殊教育学校生均公用经费不低于6000元；全县义务教育阶段所有小学、初中规模不得超过2000人，九年一贯制学校、十二年一贯制学校义务教育阶段规模不得超过2500人；学校教师平均工资收入水平不低于当地公务员平均工资收入水平，按规定足额核定教师绩效工资总量；县级教育行政部门核定教职工编制总额和岗位总额。建立健全制度保障体系及运行机制，缩小学校、城乡和区域之间的差距。

教育局制定了《义务教育阶段学校管理标准实施方案》，坚持以教育公平为重点，切实保障每一位学生的平等受教育权利。制定了《关于推进依法治教进一步规范中小学办学行为的实施方案》，加强教育行风建设，树立全县教育的良好形象。

2019年，教育工委印发了《关于开展全县中小学图书馆图书校本教材审查清理专项行动的通知》，对全县普通中小学校图书馆的图书、期刊和电子读物等，依据教育部颁布的《中小学图书馆图书审查清理标准（试行）》组织实施。各校党组织负责本校图书审查清理工作，指导本校开展专项行动自查。学校根据《标准》逐本审核，将需要清理的图书登记造册，提出清理意见，并报上级教育主管部门审查。

2021年，按照教育部《普通高中学校办学质量评价指南》的要求，制定《同心县中小学（园）入学招生工作方案》。初中招生：执行招生计划，落实分片招生，通过电子学籍管理平台向各初中学校分配学生，杜绝择校现象和初三毕业生复读。高中招生：严肃招生纪律，落实教育厅高中招生计划，严格控制大班额。教辅材料选用管理，认真落实"一科一辅"的规定，落实校长责任追究制。加强学籍管理工作，安排专人负责操作全国中小学学生学籍信息管理系统，认真落实"一生一籍、籍随人走"的原则，监控学生异动状况，随时通报学籍管理方面存在的问题。落实自治区党委办公厅、人民政府办公厅印发《关于进一步减轻义务教育阶段学生作业负担和校外培训负担的实施方案》精神，制定《同心县"双减"工作方案》，实施课后服务。开展全县校外教育培训机构专项整治行动，联合市监局、公安局、卫监局等部门，对26家校外培训机构进行年检，年检结果等次分为优秀等次、良好等次、合格等次、不合格等次、不良等次，并将年检结果进行公示，上报教育厅。制定《同心县校外培训机构规范办学承诺书》，同时要求各校组织教师签订《同心县中小学教师拒绝有偿补课和校外培训机构兼职承诺书》。

县人民政府印发《同心县关于新时代推进普通高中育人方式改革实施方案》，推进普通高中多样化发展。

2021年，政府教育督导室加强了对中小学管理规范办学行为的督导检查，将其作为新时期教育综合督导的重要内容，作为衡量巩固提高义务教育工作和推进基础教育现代化的重要指标，作为表彰奖励、行风评议、政绩考核的重要依据。建立健全了中小学管理工作推进机制，并把解决问题的进展情况和规范办学行为的督导结果在全县予以公告，主动接受学生、家长、社会各界的监督。

（二）安全管理

2007年，县委办公室印发了《进一步加强学校周边安全管理方案》。

2009年，教育局印发了《同心县2009年学校及周边治安秩序专项整治行动实施方案》《关于进一步加强学校安全工作的紧急通知》等文件，加大学校周边环境专项整治力度，特别是以甲型H1N1流感疫情防控为重点，成立领导小组，坚持执行晨检、午检、巡检和随检及日报告制度，做到了防患于未然。

2010年，县政府印发了《关于报送〈同心县中小学校舍安全工程总体规划（2010—2011）〉的报告》，提出了在全县中小学开展校舍抗震加固和提高综合防灾能力建设。

2011年，教育局印发了《2011年创建"平安校园"工作实施方案》，提出"加强领导、健全机制、落实职责、责任追究"的措施。举办了以"强化安全意识，提高避险能力"为主题的安全教育讲座活动，召开了教育系统消防安全知识培训会。

2013年，教育局把安全工作列入对学校和校长的主要考核指标之一，层层签订安全工作目标责任书，规范学校安全工作，完善26项制度、13项预案。开学初，各校通过上好《开学第一课》，充分利用国旗下讲话、墙报、校园广播、班队会课、专题讲座等形式对师生经常进行安全知识教育，使师生了解预防疾病、交通安全、防火、防触电、防踩踏等有关知识，增强了师生的安全意识。全县成立了178支护校队，拥有336名安保教师，并对336名安保教师分片进行了集中培训，各学校建立和健全校园24小时值班制度，强化了门卫管理。

2015年，教育局组织召开了全县中小学、幼儿园安全工作会议4场次，印发了《关于进一步加强学校安全工作的紧急通知》等文件，层层签订了安全管理责任书，发放告家长一封信60000余封。投入近百万元建设了30个标准化校园警务室。先后开展了同心县中小学"5·12"防震减灾宣传月地震应急演练、第四届"平安中国"防灾宣导千城大行动暨防灾电影季启动仪式、全县幼儿园园长消防安全培训、校园安全"现场观摩、互学互评"等活动。县教育局被自治区评为"全区铁路护路联防工作先进成员单位"。

2019年，教育局印发《关于进一步做好校园安全工作的通知》《关于进一步加强校园安全防范工作的紧急通知》《关于做好2019年中小学生（幼儿）安全教育工作的通知》，要求中小学幼儿园认真落实安全责任制，加强学生日常管理工作、加强预防学生溺水安全教育、加强学生交通安全教育、加强学校饮食卫生管理、加强学校消防安全教育，全面提升学校安全管理工作水平。

2020 年，教育局制定了《同心县中小学（园）校园安全工作专项整治实施方案》，重点整治校园治安、校舍及消防安全、学校食品卫生安全、校园周边环境安全、学校危险化学品安全。印发了《关于建立全县医疗机构、学校新冠肺炎疫情联防联控机制的通知》，要求各级各类学校根据《中华人民共和国基本医疗卫生与健康促进法》，组建以医疗卫生机构和各级各类学校、幼儿园的"医教"联合体，形成由基层医疗机构、医院、公共卫生机构与各级各类学校结对帮扶、密切协作的学校卫生疫情防控工作体系，有效改善了各级各类学校卫生专业人员不足的状况，全面提升学校疫情防控能力，坚决打赢新冠疫情防控阻击战。

（三）教育信息管理

20 世纪 90 年代，同心教育局组建了通讯联络小组，由教研室牵头，县直中小学和 18 个乡镇学区参加。在《宁夏教育》《宁夏科研》《宁夏日报》发布同心教育信息。教育局内部通过《同心教育信息》《同心教育简报》宣传全县教育工作。

2003 年，宁夏电大同心县工作站首次建立了 100M 校园网，安装了中央电大教务管理系统和中央电大在线教学平台分校版，对资源进行采集、存储、整理，为师生提供查询、浏览、下载、储存教学资源服务，并在互联网发布同心教育信息。

全县中心小学、初中、高中全部建立校园网。乡镇初级中学（含九年一贯制学校），分别以 50 兆、30 兆光纤互联网接入，39 所教学点实现了教学点数字教育资源全覆盖，乡镇小学及 106 所村小实现了以宽带、无线等方式接入互联网。

2007 年，教育局创办了《同心教文体工作》双月刊，建立了通讯中心，在《宁夏日报》《吴忠日报》《宁夏教育》《宁夏教育科研》等刊物发表宣传同心教育的文章，及时反映同心教育工作的发展变化。

2013 年教育局成立了教育信息办公室，主要负责教育相关信息的收集、存储、加工、发布，组织开展教育信息化项目建设和管理工作。建立了"同心县教育信息网"，发布了大量的教育信息，浏览量达到 150 万人次。

2015 年，教育局成立"宁夏教育电视台同心县记者站"。记者站负责同心教育新闻报道工作。及时向宁夏教育电视台提供同心教育工作动态、工作经验、典型经验、专题新闻等，连续多年被宁夏教育电视台评为"优秀记者站"。黑平连续三年（2015—2017）被宁夏教育电视台评为"优秀通讯员"。

2017 年，对同心县教育信息网进行改版，增设"媒体看教育""禁毒预防教育"等栏目，进一步丰富了教育信息网的内容。

第五节 | 教育教学管理

一、德育工作管理

1991年，县委成立中小学教育工作领导小组。组长马德仁（政府副县长），副组长张汉朝（县委宣传部部长）、马瑞虎（教育局副局长），下设办公室，马瑞虎兼任办公室主任。教育局转发了国家教委颁布的《小学生日常行为规范》，在全县小学开展了小学生日常行为训练活动。

1993年，根据《中国教育改革和发展纲要》精神，教育局印发了《关于贯彻〈小学德育纲要〉的意见》，进一步明确了德育工作的任务及管理体制，保证把德育工作放在学校工作首位。

1994年，教育局转发了中共中央《关于进一步加强和改进学校德育工作的通知》，把思想品德教育列入德育范畴，加强学生心理健康教育。

1995年5月，教育局印发了《关于贯彻实施〈中学德育大纲〉的通知》。中小学建立健全了学校思想政治工作制度、党支部会议制度，晨会、校会、班、团、队会制度；"三好"学生、优秀学生表彰、社会实践等德育常规制度。

1997年，国家教委、全国妇联颁发了《家长教育行为规范》。（县）教育局、县妇联倡导广大家长遵守《家长行为规范》，并把《家长行为规范》列入当地精神文明建设总体规划，与创建"五好文明家庭"活动有机结合起来。教育局党委制定《关于加强全县中小学精神文明建设的意见》，要求全县中小学上好"三课"，即思想品德课、政治课、劳动课；开展好三个活动，即少先队活动、团员活动、党员活动；开好"三会"，即班会、周例会、党团队会；坚持三项制度，即升降国旗制度、政治学习制度、党团队活动制度。

1998年9月，教育局转发了《国家教委关于颁发〈中小学德育工作规程〉的通知》，明确中小学的德育工作实行校长负责的领导管理体制。各级各类学校必须重视德育工作，以马克思列宁主义、毛泽东思想和邓小平理论为指导，按照德育总体目标和学生成长规律，按照不同学龄阶段的德育内容和要求，培养学生的思想品德和行为规范。

1999 年，全县中小学按照《中小学德育工作规程》，根据本校实际重新制订和修改了德育工作制度。新增了《德育工作管理制度》《体罚学生过失处理制度》。

2000 年 4 月，教育局党委印发了《关于进一步加强和改进学校思想政治工作的意见》，转发了自治区教育系统思想政治工作"七个一计划"，即通过几年努力，使每所学校建设一个过硬的领导班子，培养一支过硬的专兼职的工作队伍；每所学校建立一个健全完善、工作得力的德育工作体系；中小学每周上好一节中华民族传统文化课，学生每周背诵中国古典诗词；建设一个青少年校外活动场所；开辟一个爱国主义教育基地；树立一批学校基层师德典型；创建一批安全文明学校。

2004 年，教育局认真落实《自治区党委人民政府关于切实加强和改进未成年人思想道德建设的实施意见》，教育厅印发的《关于进一步加强和改革中小学思想道德的意见》《中共宁夏回族自治区教育工委关于在全区中小学开展中华传统美德教育的实施意见》等文件精神，逐步形成了校长负责、党支部监督保障，政教处、少先队、共青团、学生会具体操作，年级组长、班主任全力配合，全体教职工共同参与的德育工作机制。

2005 年，教育局转发了《宁夏回族自治区创建德育示范标准》，印发了《同心县中小学德育工作意见》，全县中小学依照文件中所列的四个一级标准，积极开展德育示范学校创建活动。经自治区教育厅专家组实地考核验收，2008 年同心县实验小学被评为"全区首批 25 所德育示范学校"之一，校长杨生勤被自治区教育厅授予"优秀德育工作者"称号。

2019 年，根据同心教育工委印发了《关于深入开展社会主义核心价值观进教材、进课堂、进头脑教育实践活动的通知》要求，全县中小学深入贯彻习近平新时代中国特色社会主义思想、党的十九大及习近平总书记重要讲话精神，紧紧围绕社会主义核心价值观 24 字基本内容，广泛深入地开展社会主义核心价值观"进教材、进课堂、进头脑"主题教育活动。引领全体师生树立爱国、敬业、诚信、友善的道德规范和价值准则，弘扬自由、平等、公正、法治的社会价值，自觉追求富强、民主、文明、和谐的国家理想，把师生培养成为社会主义核心价值观的践行者和传播者。

二、教学管理

同心县的教学工作管理分为政府对教学工作的管理和教育机构内部的教学工作管理，即宏观管理与微观管理。县委、县政府依据国家政策法规，先后制定了《关于进一步改革和加强教育工作的决定》《关于进一步提高教育教学质量的意见》《同心县教学目标管理实施意见》《教育局关于在全县实施课堂教学质量工程的意见》《教育局关于在全县中小学建立统一教学档案的意见》

等规章制度。

2001 年，教育文化体育局制定了《同心县基础教育课程改革实验方案》，全县中小学制定了课堂教学、考试、备课、讲课、听课、评课、教学检查、教学监控、教学评估等制度，规范了教学管理，提高了管理水平。

全县中小学建立了任课教师岗位职责、班主任考核细则、教育教学质量奖惩办法、教职工综合考核办法、任课教师教学活动量化考核细则、学生管理细则、学生档案管理细则、学生考试成绩管理办法、学籍管理细则、毕业生管理规定、体育工作管理制度、经费管理制度、后勤管理制度、校园环境卫生管理制度、学籍管理制度、固定财产管理制度、治保人员工作制度、物理、化学、生物实验室管理使用制度、卫生管理制度、安全防范措施、值周制度，以及与各类职责、制度相配套的考核考评制度。这些考评制度既是检查落实各类规章制度的保证，又是实施奖惩的依据。考评制度主要有职称评定考核实施细则、绩效工资考核办法、班主任工作考核办法、教育科研工作考核办法、教职工考勤制度、学生考勤制度、表彰奖励评定及考核制度等。学校把考评结果与校内奖金挂钩，作为奖惩的重要依据。

2021 年，教育局制定《同心县基础教育质量提升行动实施方案》《同心县教育局推进基础教育质量提升行动 2021 年度工作计划》，细化工作任务，切实推进全县基础教育综合改革、科学发展。印发《同心县普通高中学生综合素质评价实施方案》《同心县教育局关于做好同心县 2021 年初中学业水平测试和毕业生综合素质评价工作的通知》，建立初中、高中毕业生综合素质评价机制。

2021 年 1—4 月，教育部先后印发了加强中小学生作业管理、睡眠管理、手机管理、读物管理和体质管理 5 个专门的通知，简称"五项管理"。县教育局根据自治区教育厅《关于促进中小学生身心健康发展的十条措施（试行）》（简称"十条措施"）要求，印发了《关于认真落实自治区教育厅〈关于促进中小学生身心健康发展的十条措施（试行）〉的通知》，成立了领导小组，召开专门会议，学习宣传教育部办公厅"五项管理"通知精神和自治区教育厅"十条措施"文件精神，并要求全县中小学校落实到位。

作业管理：各学校严格落实《教育部办公厅关于加强义务教育学校作业管理的通知》精神，压减作业总量和时长。小学一、二年级不布置书面家庭作业；小学其他年级每天书面作业完成时间平均不超过 60 分钟；初中每天书面作业完成时间平均不超过 90 分钟。

睡眠管理：各学校全面落实《教育部办公厅关于进一步加强中小学生睡眠管理工作的通知》精神，切实做到减轻学生课外负担，保证小学生每天睡眠时间不少于 10 小时，初中生每天不少于 9 小时，高中生每天不少于 8 个小时。

手机管理：各学校按照《教育部办公厅关于加强中小学生手机管理工作的通知》精神，与家长签订《禁止学生携带智能手机进入校园的协议书》，在校园内安装固定电话，费用学校支付，方便寄宿学生与家长联系。

读物管理：各学校根据《关于印发中小学生课外读物进校园管理办法》精神，落实学校是进校园课外读物责任主体，负责组织本校可课外读物的遴选、审核工作，并对现有图书和学校推荐书目进行清理。

体质管理：各学校依据《教育部办公厅关于进一步加强中小学生体质健康管理工作的通知》精神，严格落实国家规定的体育与健康课程，确保小学一至二年级每周4课时，小学三至六年级和初中每周3课时，高中每周2课时，确保不以任何理由挤占体育与健康课程和学生校园体育活动。

2021年7月24日，中共中央办公厅国务院办公厅印发《关于进一步减轻义务教育阶段学生作业负担和校外培训负担的意见》（中办发〔2021〕40号），简称"双减"。同心县根据自治区党委办公厅人民政府办公厅《关于进一步减轻义务教育阶段学生作业负担和校外培训负担的实施方案》（宁党办〔2021〕79号）文件精神，成立了同心县"双减"工作协调推进领导小组，召开"双减"工作协调推进会议，制定了中小学生课后服务实施方案和收费标准，严禁教师参与校外培训。建立健全校外培训机构治理工作联席会议制度，教育、市监、文旅等部门联合行动，先后到30家培训机构开展10次联合大检查、大整治，关停并注销16家义务教育阶段学科类校外培训机构和3家非学科类培训机构。

全面开展校内课后服务。县城中小学校率先实施，农村中心完小探索实施，利用学校在管理、场地、资源等方面的优势，积极开展课后服务。完善课后服务管理办法。细化实施方案和服务收费等政策，切实把"双减"工作抓好抓实。

第六节 | 教育督导

20世纪90年代，同心教育督导工作，根据各个时期教育改革与发展大计，对各级政府落实分级办学管理体制、教育费附加征收、普及初等义务教育、"231工程"的实施、扫盲评估验收进行督导。进行五项督导检查（经费投入和教师待遇、中小学危房改造、制止中小学生辍学、制止乱收费，以及德育工作）；开展"两基"攻坚督导检查。坚持"督政"与"督学"相结合，以"督政"为重点，督促落实《义务教育法》《中国教育改革与发展纲要》。

1991年，督导室对全县实施分级办学，分级管理后，乡镇政府对教育经费的投入，办学条件的改善，教师工资的发放以及学校管理等工作进行了专项督查。督导室配合"213工程"办公室，督促各乡镇建立了扫盲档案。对4乡镇普及初等教育工作进行了督导。针对当时农村学生大量流失的情况，印发了《同心县初中小学学生辍学报告制度》。

1992年，督导室对10所实施"加强贫困地区小学教育项目"学校创办学前教育、特殊教育、改善办学条件等情况进行了督导。

1993年，督导室配合教育局对全县9个贫困乡、10所中学、100所小学，学习宣传贯彻义务教育法的情况，进行为期10天的督查。对18个乡（镇）"普初"、扫盲、教育费附加征收等工作和371所小学"普初"标准化建设进行督查，并撰写《农村基础教育现状调查报告》。

1996年，督导室随同县政府督查小组，对区人民政府"五项内容"（"两基"规划、《教师法》、增加教育投入、德育工作、减轻义务教育阶段学生过重课业负担的各项措施落实情况）开展专项督查。

1997年，督导室根据国家教委《普通中小学校督导评估工作指导纲要（修订稿）》，对办学方向、管理体制、领导班子、教师管理、教育教学常规管理等，进行常规工作的督导，特别是对中小学落实"两全"方针，推进素质教育进行了督查。

1998年4月，对全县"普三""普四"乡镇的达标情况进行了督导。

1999年，督导室配合县人大、政协3次对全县乡镇政府教育执法情况进行检查。

2000 年，督导室对"两基"攻坚工作进行督导检查。

2001 年，教育督导室配合自治区教育督导室，两次对全县普及初等义务教育情况进行过程性督导。配合自治区人民政府对同心县的扫盲工作进行评估验收。

2004 年 1 月，督导室配合吴忠市，对 6 乡镇"普九"工作进行了评估验收，对全县农村农民文化室建设情况进行了督查。5 月，督导室配合县人大、政协 3 次对乡镇政府执法情况进行检查。针对中小学生辍学问题，督促地方政府落实职责，动员、督促适龄儿童入学，查处违法案件、及时解决实施义务教育工作中存在的问题。

2005 年 12 月，对豫海镇、石狮镇、韦州镇、下马关镇的"普九"工作进行评估验收。

2008 年，督导室对全县中小学落实县人民政府《关于进一步加强全县青壮年文盲扫盲工作的通知》《关于进一步做好义务教育阶段"控辍保学"和扫盲工作的紧急通知》，对扫盲工作情况进行了督导检查，督促各乡镇、学校加强"控辍保学"工作，采取有力措施，保证一个学生都不能流失。

2008 年以后，按照县委、县政府工作部署，积极配合"迎国检"的各项工作，对各乡镇开展"四法一纲"宣传活动、"两基"档案建设、"两基"规划的落实、学校硬件建设、教师队伍管理、"五个一工程"［即救助贫困学生、提高入学率、降低辍学率、乡村动员适龄儿童、少年接受义务教育一个也不能少；乡村和学校巩固学生一个都不能流失；保证乡镇建设一所示范性寄宿制初中和中心小学；县直机关单位对口帮扶乡镇一所初中和小学；全县干部职工每人救助一名特困生（及一帮一）助学活动等方面］工作进行督导检查。

2013 年，督导室开展以"普高"核心指标完成情况为重要内容的专项督导检查，建立"普高"复查机制，巩固和提高基本普及高中阶段工作成果，促进基础教育健康、持续和均衡发展。开展了学前教育、办学条件等专项督导。

2014 年，督导室对依法治校、办学行为、教育均衡发展、高中毕业班教学情况、社会力量办学工作，以及群众反映的热点问题进行了督查。

2016 年，督导室对义务教育均衡发展进行专项督导。调研学校 117 所。编印了《同心县义务教育均衡发展工作手册》《同心县中小学校责任督学挂牌督导工作手册》。组织开展了同心县义务教育均衡发展"现场观摩、互评互学"活动，观摩学校 46 所。对 348 名中小学负责人进行了义务教育均衡发展专题培训。

2017 年，督导室对全县 120 所中小学校下达义务教育均衡发展"责任清单"，开展了义务教育均衡发展县级督查和评估验收。11 月下旬，督导室配合吴忠市对同心县义务教育均衡发展工作进行评估复核。

2018—2022 年，督导室的主要工作是配合教育局对义务教育均衡发展工作进行专项督导。

第十四章 | 党群组织

　　同心教育系统的党群组织主要是指中国共产党、中国共产主义青年团、中国少年先锋队、教育工会、关工委、少工委以及中等学校的学生会组织。这些党群组织在全县教育发展过程中起着各自不同的作用。同心教育事业的发展，一直是在中国共产党的领导下进行的，这是同心教育取得成就的根本保证。

第一节 | 党组织建设

一、中共同心县委教育工作领导小组

2019 年 5 月，中共同心县委教育工作领导小组成立。县委教育工作领导小组是同心县委决策议事协调机构，在同心县委常委会领导下开展工作，负责落实同心县委对全县教育工作的全面领导，负责全县教育重大工作的顶层设计、总体布局、统筹协调、整体推进。主要职责是组织落实自治区党委教育工作领导小组决策部署以及各项工作要求，认真落实同心县委关于教育工作的部署要求；研究提出并组织实施在教育领域坚持党的领导、加强党的建设政策措施和实施意见等；研究部署教育领域思想政治、意识形态工作；审议同心县教育发展中长期规划、教育重大政策和改革方案，协调解决教育工作重大问题等。领导小组组长由县委副书记、县人民政府县长任组长，政府分管领导任副组长，组织部、宣传部、县委编办、教育、发改等部门负责人为成员。丁炜、杨春燕先后任组长，杨晓娟、王新海先后任副组长。

县委教育工作领导小组办公室设在县教育局，办公室主任由县教育局局长担任，杨林、周宪瑜先后任主任。

二、中国共产党同心县教育局委员会

中共同心县教育局委员会（党委）在中共同心县委领导下，负责县教育局机关和直属单位贯彻落实党的路线、方针、政策和干部管理；讨论和决定本部门的重大问题，团结非党员同志和教职工群众完成党和国家交给的任务，指导机关和直属单位党组织的工作及党工委直属单位的党员发展、团组织、工会及民主党派工作。

1949 年，新中国成立后，全县教职工中没有中共党员。1952 年，教职工思想改造运动中，第一次在小学教师中发展党员 5 人，1956 年，中小学教师党员发展到 7 人，占中小学教职工人数的 5.3%。1958 年县委为加强学校党的领导，抽调县、社机关党员干部到中小学担任校长、教导主任职务。到 1965 年，全县教师党员发展到 27 人，占教职工 360 人的 7.5%。教师队伍中由于党员少且分散，农村小学教师党员参加公社机关党支部或学校所在地大队党支部召开组织生活，中学教师党员参加所在地机关党支部活动。1973 年，成立文教局党支部，姜廷琪同志任支部书记，有党员 7 人。1978 年，县直中小学建立党支部 2 个，党员 11 人。学区建立党支部 14 个，党员 147 人，党员占教职工 832 人的 19%。1979 年 8 月，经县机关党委批准，成立教育科党总支部。总支书记姜廷琪。总支辖县直同中、二中、回民中学（今同心三中）、教师进修学校、同心一小、教研室及教育科 7 个支部，后来又增加了女中（今四中）、教育工会、县城一幼 3 个支部，计 10 个支部，共有党员 158 人。

1990 年 7 月，经县委批准，成立了中国共产党同心县教育局第一届委员会，张雄任书记，马瑞虎任副书记。1993 年 3 月，县委任命马彦仓任教育局党委书记，马瑞虎任副书记。1995 年 3 月陈志祥任党委副书记。1999 年 6 月 18 日，县委决定，中共教育局党委由 9 名委员组成：马彦仓、杨科、鄂钰、丁立军、任耀华、王凤鹏、李永福、丁学东（暂缺一人）任委员。马彦仓任书记、杨科任副书记。2003 年 5 月，县委任命苏玉林任教育文化体育局党委书记，王凤鹏副书记。党委由苏玉林、王凤鹏、丁立军、杨青、陈栋梁、马卫东、马斯祥、丁学东、韩辉 9 人组成。2006 年 7 月，县委任命马斌为教育文化体育局党委书记。2006 年 12 月，县委任命马顺为教育文化体育局党委书记。2012 年 2 月，县委任命马应才为教育局党委书记，陈栋梁、白明江、马荃、马斯祥、丁学东、马德成任委员。2012 年 11 月丁文任副书记。2018 年 10 月，教育局党委撤销，成立了教育局党组，丁文任党组书记。

三、中共同心县教育工作委员会

2019 年，中共同心县教育工作委员会成立。教育工委由杨林、石彦玉、马占银、马应才、韩辉、苏润军、李光林、黑平等 8 人组成。杨林任教育工委书记、石彦玉任副书记、马占银任副书记。教育局党组由杨林任党组书记，党组成员为石彦玉、马占银、白明江、金平、丁学东。

2022 年，教育工委由杨林、罗晓娅、苏润军、黑平、马应才、李光林、韩辉等 7 人组成，杨林任书记，罗晓娅任副书记。根据《自治区党委办公厅人民政府办公厅关于印发宁夏回族自治区市县机构改革的总体意见的通知》（宁党办〔2018〕101 号）和《自治区党委办公厅人民政府办公厅关于印发同心县机构改革方案的通知》（宁党办〔2019〕28 号），确定同心县教育工作领导小组办公室设在教育局，接受县教育工作领导小组的直接领导，承担县委教育工作领导小组日常工作，组织研究教育领域党的建设和思想政治建设政策措施、教育发展规划、重大改革方案。协调督促落实县委教育工作领导小组决定事项、工作部署。教育局的工作岗位根据工作需要承担县委教育工作领导小组办公室日常工作，接受县委教育工作领导小组办公室的统筹协调。

四、中国共产党教育局党员代表大会

2007年3月，中共同心县教育局委员会第一届党员代表大会在教育局三楼会议室召开。会议选举马顺、王凤鹏、丁立军、杨青、陈栋梁、马啸、李永福、丁学东9人组成第一届委员会。选举马顺为书记，王凤鹏为副书记。

2009年，中共同心县教育局委员会第二届党员代表大会在教育局三楼会议室召开，出席会议的党员代表118人。会议选举马顺、王国锋、马应才、陈栋梁、金平、马荃、马斯祥、丁学东、马德成9人组成第二届委员会。选举马顺为书记，王国锋为副书记。

2017年1月6日，中共同心县教育局委员会第三届党员代表大会在同心一小隆重召开，全县教育系统143名党代表参加了会议。教育局党委书记马应才代表教育局党委第二届委员会作工作报告。会议选举同心县第三届委员会、书记、副书记；选举第一届同心县教育纪律检查工作委员会书记、副书记。教育局党委委员由丁文、马应才、马占银、白明江、金平、马荃、马斯祥、丁学东9人（暂缺1人）组成。丁文为书记，马应才为副书记。

五、中共同心教育纪律检查工作委员会（组）

2007年10月，中共同心县委决定，成立教育文化体育局纪检组。金平任组长，成员：杨献艺、张祝、李光林。

2012年4月，教育局党委任命白明江为纪检组组长。纪检组的主要职责是协助局党委做好全县教育系统的廉政建设，负责对教育系统党员的党风、党纪教育。监督、检查教育行政部门和各级各类学校贯彻执行国家的教育方针、政策、法规及教育局党委决议和规章、规定的执行情况。受理、检举、反映教育系统干部、职工的违纪违法问题。

2017年，教育局成立了中国共产党教育纪律检查工作委员会。马应才为书记，白明江为副书记。

2019年，教育局成立教育工委纪律检查工作委员会。石彦玉任纪律检查工作委员会书记。

六、基层党组织

中小学党组织是中国共产党在学校设置的基层党组织，始终把握着学校的政治方向，发挥着政治核心堡垒作用。

1990 年，教育局党委成立后，批准成立了同心二小、教育工会、同心一幼 3 个党支部。全县教育系统基层党支部有局机关、教研室、教育工会（包括招生办、函授站、勤工俭学综合公司）、教师进修学校、直属 7 所中学、2 所小学、幼儿园等 14 个直属党支部，16 个乡镇学区党支部及 10 所乡镇中学党支部共 40 个基层党支部，有党员 662 人。

1991 年，全县共有党支部 40 个。教育局党委成立以后，逐步建立健全了中小学党支部委员会（总支部）。按照党章规定，在届满后及时进行换届选举产生新的一届党支部委员会。党支部把全体党员都组织到党组织之内，参加党的组织生活，接受党内外群众监督。

2010 年 11 月 1 日，教育局党委召开换届选举大会，安排部署基层支部换届改选工作。11 月 10 至 15 日，各学校党总支、党支部举行换届选举工作，选出了新的一届基层党组织。

2016 年，全县教育系统完成了 42 个党组织和局党委换届选举工作，新成立党支部 18 个、党总支 4 个、调整任命党支部书记 5 人。

2017 年，全县教育系统完成了 41 个党组织换届选举工作，成立了教育局纪律检查委员会。筹措资金 13 万元，打造了教育局机关、王团中心、丁塘镇中心、同心二幼等 7 个党建名师工作室，积极推进党建课题研究，提高学科教科研工作水平。

2019 年，完成了 16 个党总支、81 个党支部的集中换届工作，在规模较大的学校增设了专职党组织书记。

截止到 2022 年底，教育系统共有基层党支部 87 个，其中党总支部委员会 17 个、党支部委员会 77 个、党支部 10 个；共有党员 1246 名，实现了基层党组织全覆盖。

2022 年同心县教育系统党组织建设、发展情况统计表

单位名称	党组织书记	党总支数	党支部数	党员数	其中：女党员数	发展党员数
教育局机关	马　泉		2	66	15	
师资培训中心	张立军		1	14	2	
同心中学	丁生俊	1	3	43	13	
第三中学	苏厚慎	1	3	51	20	1
豫海中学	马义民	1	3	66	36	1
职业技术学校	白明江		1	39	25	2
第二中学	罗彦虎	1	3	46	17	1

（续表）

学校	姓名					
第四中学	姜延宏	1	3	50	28	2
第五中学	王正剑	1	3	43	16	1
第六中学	杨小平		1	38	17	1
石狮中学	杨　波	1	3	34	10	
思源实验学校	王立和		1	34	23	1
第一小学	马光雄	1	3	37	19	1
第二小学	马峻峰	1	3	45	26	1
第三小学	马铁君		1	13	7	
第四小学	马生云		1	16	9	
第五小学	田兴庆		1	13	1	
实验小学	马霄屏		1	24	16	1
南安实验小学	马德林		1	22	16	1
第九小学	黑立才		1	7	5	2
第一幼儿园	王自兰		1	12	12	1
第二幼儿园	马桂英		1	7	6	
豫海镇中心学校	张　俭	1	2	8	3	
河西镇中心学校	李宗英	1	3	47	18	1
丁塘镇中心学校	马彦红	1	6	44	6	1
韦州镇中心学校	丁　力	1	4	51	10	3
下马关镇中心学校	冶正义	1	6	48	9	2
预旺镇中心学校	杨泽民		3	27	2	1
王团镇中心学校	张国平	1	4	61	26	1
马高庄乡中心学校	张　朴		1	18	4	1
兴隆中心学校	罗玉贤		2	18	3	1
石狮管委会中心学校	马兴学	1	4	40	17	1
田老庄乡中心学校			2	17	1	1
预旺镇中学	马如云		1	16	4	1
下马关镇中学	王　发	1	2	34	9	1
丁塘镇中学	马俊江		1	25	8	
王团中学	王正义		1	35	21	
韦州中学	彭志东		1	21	5	1
河西镇中学	马　旭		1	16	9	1
合计		17	85	1246	494	34

教育局历年党员数量统计

年份	党员人数	年份	党员人数
1991	674	2007	841
1992	686	2008	850
1993	667	2009	868
1994	671	2010	880
1995	678	2011	891
1996	681	2012	905
1997	689	2013	924
1998	695	2014	947
1999	702	2015	964
2000	718	2016	973
2001	735	2017	987
2002	784	2018	1057
2003	798	2019	1071
2004	808	2020	1111
2005	820	2021	1216
2006	829	2022	1246

第二节 | 群团组织

一、中国共产主义青年团

学校团支部的主要任务是教育团员在工作和学习中起模范作用，努力完成工作任务和学习任务，遵守学校纪律和规章制度；协助党组织和学校行政改进思想政治工作，进行团的组织建设和思想建设工作；领导少先队的工作。

1949 年，新中国成立初期，同心县学校以区建立团支部，并在教师中发展中国新民主主义青年团员。1957 年 5 月，改称"中国共产主义青年团"。1958 年，成立了同心中学团委和韦州二中、土坡工校、农牧中学、罗山林中、卫生中学 5 个团支部及 7 个学区团支部。1961 年，由 7 个学区团支部增加到 14 个学区团支部和同心一小团支部。1963 年 6 月，团员马增山、杨增烈、崔建忠、马如云被评为全区优秀少先队辅导员。1964 年 3 月，团员张景玺、刘兴中、侯文元被评为全区学雷锋积极分子。6 月，团员王秀英、李宗道、李思杰被评为全区优秀少先队辅导员，同心一小被团中央评为全国"儿童工作先进集体"。

1964 年，全县学校共建团委 1 个，团支部 21 个，教师团员 154 人。1966 年，成立了同心中学团委。团支部定期召开支委会、小组会，经常给团员和入团对象上团课，对高小生也按标准吸收入团。各级团组织领导和团结广大青年，组织他们努力学习，锻炼身体，开展各种有益的活动，促进了学校思想政治工作和教学工作。1969 年，经过整团建团，学校团支部恢复活动。到 1976 年，共青团同心县第九届代表大会后，团的工作逐步恢复正常。1978 年，有教职工团员 222 人，学生团员 436 人。

1990 年底，全县有中学团委 7 个，辖 101 个团支部；乡镇中学团支部 14 个，乡镇教委团支部 16 个，县直小学团支部 2 个，教师进修学校团支部 1 个，计 134 个支部。共有团员 1863 名，其中教职工团员 422 名。

1991 年 5 月，教育局与团县委联合印发了《关于教育系统团队组织机构设置及干部配备的意见》，决定成立教育局团委、县直中学团委，乡镇中学成立团支部、乡镇教委、县直小学设立少先队总队，直属小学各年级，其他各完全小学设立少先队大会。选拔和配备专、兼职团队干部。全县中学设立团总支 7 个，辖 101 个团支部；设置乡镇中学团支部 14 个、乡镇教育委员会团支部 16 个、教师进修学校团支部 1 个。全县各类学校共有团支部 134 个，有团员 1863 名，其中教职工团员 422 名。

1992 年，教育局和团县联合印发了《关于学校团、队组织机构设置和干部配备意见》，各学校积极响应并全面落实，共青团基层建设取得新进展。

2008 年，根据团县委印发《关于进一步加强中学共青团工作的意见》精神，全县中学共青团组织创新开展 18 岁成人仪式教育活动、"五四"红旗团委创建活动、中学生志愿服务行动等活动，使得教育系统共青团工作更加坚实。

2011—2012 年，教育系统共青团工作坚持党建带团建，积极贯彻落实《关于进一步加强基础团组织建设的通知》，夯实学校团建基础，加强学校团队干部培训力度，提升团队干部综合素质和工作水平。

2014 年，学校各级团组织按照共青团同心县第十七届二次全委（扩大）会议总体部署，全面履行组织青年、引导青年、服务青年、维护青年合法权益的职能和作用，积极落实各项工作，较好地完成了各项任务。

2015—2016 年，教育系统共青团工作紧紧围绕党政工作大局和青年实际需求，主动参与构建"凝聚青年、服务大局、当好桥梁、从严治团"工作格局，不断创新活动载体，学校各级团组织的各项工作取得新成效。

2018 年 5 月 3 日，共青团同心县教育系统第一次代表大会在县教育局召开，大会选举产生了共青团同心县第一届教育工作委员会，选举产生 13 名县第一届教育团工委委员，团县委兼职副书记黑平当选第一届教育团工委书记。

2019 年，教育团工委举办同心县学校共青团改革推进会暨学校团干部培训班，印发《关于教育团工委人员工作分工的通知》，筹集助学资金近 30 万元，争取援建希望小学 5 所，其中 1 所学校荣获全国、全区希望小学之星，教育团工委书记黑平同志被评为全区希望工程三十周年贡献之星，《宁夏同心：多方施援关爱留守儿童》等典型做法在国务院门户网站刊发。

2020 年，共青团同心县教育系统第二次代表大会召开。教育团工委着力建立团教协作机制，推进学校共青团"五个一"规范化建设，构筑了"团校＋红色影院""团员活动室＋校园电视台"等特色阵地，实现了学校共青团由"无阵地、无人员"向"阵地标准化、活动特色化"的转变。

2021 年，教育团工委工作严格落实党建带团建带队建，率先在全区实现学校共青团、少先队活动室、团校、学校少工委建设全覆盖。6 月，同心县同心中学、回民中学（今第三中学），豫海中学三所高中举行的 18 岁成人仪式暨毕业典礼，被团中央新闻联播向全国推广。

8 月，团县委兼职副书记杨启帆当选第二届教育团工委书记，12 月，完成全县学校共青团组织集中换届工作。

2022 年，教育团工委共有团委 17 个，团总支 59 个，基层学校团支部 312 个，团干部 51 名，团员总数 3414 名；共有少先队大队 125 个、少先中队 2201 个，成立少工委 125 个，少先队员总数 42168 名。

在中国共产主义青年团成立 100 周年之际，同心县 2022 年学校共青团工作推进会召开，部署 2022 年学校共青团重点工作。本年度，各学校开展一系列"喜迎二十大、永远跟党走、奋进新征程"主题团日活动 30 余场，主题团课 100 余节。"喜迎二十大、永远跟党走、奋进新征程"退队入团仪式暨 14 岁集体生日主题示范活动被《宁夏日报》报道。2022 年，成立"小青心"教育志愿服务队，在册志愿者 130 人，开展志愿服务活动 80 余场，总服务人数达到 26000 余人，被宁夏志愿者协会通报表扬，上榜"表现突出的志愿服务组织"。黑平同志获全国"优秀共青团干部"荣誉称号，同心中学团支部荣获自治区"五四红旗团委"荣誉称号。

同心县教育系统团组织情况统计表

组织名称	下级团支部总数	团委书记	团员数
第六中学团委	12	铁　磊	55
同心中学团委	55	张建云	852
第三中学团委	30	周力强	313
河西中学团委	2	李媛媛	32
石狮中学团委	2	买　东	57
王团中学团委	3	马东山	79
第四中学团委	11	马　悦	74
丁塘中学团委	3	虎学军	31
预旺中学团委	9	马　燕	37
豫海中学团委	77	马成泽	798
韦州中学团委	3	马　杰	30
第二中学团委	4	丁亚娜	78
第五中学团委	9	马晓霞	66
下马关中学团委	3	妥大海	37
职业技术学校团委	19	赵晓蓉	201
思源实验学校团委	4	虎成龙	53
教师临时团支部	0	无	35
总计	246	16	2828

2011—2022 年同心县教育系统团员数统计表

年份	计	团员数					
		学生		教职工			
		初中	高中	幼儿园	小学	初中	高中
2011	13108	5875（女：3048）	7140（女：3890）	20（女：20）	1（女：1）	67（女：33）	5（女：5）
2012	10776	5667（女：3166）	5083（女：2128）	-	3（女：3）	23（女：12）	-
2013	10602	5807（女：2966）	4724（女：2668）	22（女：22）	4（女：3）	45（女：24）	
2014	9847	5481（女：2774）	4308（女：2371）	30（女：30）	2（女：2）	26（女：18）	
2015	9310	5207（女：2431）	4057（女：2120）	29（女：29）	1（女：1）	16（女：12）	
2016	10103	5623（女：2867）	4453（女：2443）	12（女：12）	-	15（女：9）	
2017	9216	4686（女：2409）	4500（女：2461）	19（女：18）		11（女：7）	
2018	6628	1495（女：837）	5112（女：2988）	11（女：11）	-	10（女：8）	
2019	4092	986（女：590）	3049（女：1708）	1（女：1）	4（女：4）	15（女：14）	37（女：29）
2020	4023	1053（女：650）	2857（女：1715）	-	31（女：29）	19（女：18）	63（女：48）
2021	2935	470（女：286）	2256（女：1387）	54（女：54）	80（女：69）	44（女：41）	31（女：26）
2022	2585	530（女：311）	1661（女：1067）	147（女：141）	153（女：122）	58（女：50）	36（女：27）

二、少年先锋队

中国少年先锋队简称"少先队"，是中国少年儿童学习共产主义的学校，是中国共产党以共产主义精神团结教育整个少年儿童的群众组织。中国共产党是中国少年先锋队的创立者和领导者，并委托中国共产主义青年团直接领导。根本任务是：学习做共产主义接班人，准备为共产主义事业奋斗。

1950 年，同心各小学开始建立中国少年儿童队。1953 年 6 月，"中国少年儿童队"更名为"中国少年先锋队"。翌年 6 月 1 日，团中央公布了《中国少年先锋队队章》。1954 年，在 24 所学校中建立少先大队 3 个，中队 23 个，小队 81 个，队员 733 名。团县委为少先队聘请大、中队辅导员 16 名。1955 年，团中央作出"全团带队"的指示后，由各级团委及团支部直接领导少先队，学校行政配合。1956 年，团县委在农业社试建少先队组织，规定以社建立大队，以生产队建立中队，以小组建立小队。共建大队 1 个，中队 2 个，小队 15 个，队员 180 名，聘请辅导员 4 名，此后在全县推广。1957 年元月统计，同心中学、49 所小学和 8 个农业社共有队员 2814 名，占入学建队队员总数的 52.3%，聘请辅导员 68 名。1960 年 2 月，团县委召开了少先队工作会议，有 40 名辅导员参加了会议。会议总结和交流了少先队工作经验，讨论了少先队工作方法。到 1964 年底，校内外共建队 192 支，发展队员 4557 名，辅导员 240 名，其中总辅导员 20 名。各级团组织始终把少先队工作列入重要议事日程，学校行政积极配合开展工作。少先大队每学期活动 2

次，少先中队每月活动 2 次，每周 1 节队日课。少先队广泛开展了"小五年计划"和种植、养殖、挖鼠仓、捡粮食、拾废铁、除"四害"（消灭苍蝇、蚊子、老鼠、麻雀）、讲卫生、植树造林等活动；召开向科学进军的誓师大会；开展小储蓄，慰问军烈属、五保户，参加义务劳动，扫除文盲等活动。为社会、为集体、为他人做好事，人人争戴小红花。在国家重大节日，开展主题教育活动，进行革命传统教育。

1979 年，根据共青团十届一中全会决议精神，各学区、县城一、二小学成立了少先队总部，各完小成立了大队，完小以班、初小以校成立了中队。总辅导员由学区校长兼任，大队设专（兼）职辅导员，中队辅导员均由班主任兼任。全县共组建少先队总部 16 个，大队 197 个，中队 460 个，小队 1097 个。有队员 15470 名，占队龄儿童总数的 48%。聘请辅导员 543 名。是年，庆祝少先队建队 30 周年，文教局召开全县少先队辅导员工作会议，奖励优秀辅导员 15 名，优秀少先队 11 个、优秀队员 50 名。

1981 年 6 月，在争戴小红花活动中，同心一小四中队被评为全区红花集体；马景海、田静、马良惠被评为全区的优秀辅导员；马宗花、金义、杨汉银、刘少毅、马明花、杨颜忠、李建忠、马力员、洪涛 9 名同学被评为全区红花少年。1988 年，同心一小被自治区团委评为辅导员先进集体。1985 年，在全国创造杯活动中，新庄集中心小学五（1）、五（2）中队，韦州女小（红星小学）一大队三中队获得全国创造杯金杯。同心二小一大队一中队，韦州女小（红星小学）一大队一中队，下马关中心小学少先大队获全区创造性活动优胜奖。1986 年，韦州女小（红星小学）一大队二中队在全国少先队好队长评选活动中获"金猴"奖。1987 年在"我为宁夏添颗星"活动中，同心一小少先总部、王团完小少先大队、同心二小五（1）中队获全区优胜奖。1988 年在五爱达标活动中，同心一小、二小、韦州女小（红星小学）五（2）中队、六（1）中队被评为全区"五爱达标中队"；同心一小、二小、四小少先队总部被全国少工委授以"红旗大队"称号。1980—1990 年，全县有 100 支少先队、近千名队员和 182 名辅导员，评为县级先进集体和优秀少先队员、优秀辅导员。有的辅导员被评为银南地区、自治区的优秀辅导员。

1991 年 5 月 28 日，教育局与团县委联合印发了《关于教育系统团队组机构设置及干部配备的意见》，决定县直一小、二小、学区、中心小学设置少先队总部、大队、中队、小队；中心小学、完全小学设置少先队大队，中队、小队。大队下设中队，中队下设小队。小队由 5—13 人组成，设正副小队长。中队由两个以上的小队组成，成立中队委员会，由 3—7 人组成。大队由两个以上的中队组成，成立大队委员会，由 7—13 人组成。小队长、中队、大队委员会都由队员选举产生。一年选举一次。大队和中队委员会根据工作需要，设队长、副队长、旗手和学习、劳动、文娱、体育、组织、宣传委员。少先队总部、大队、中队分别设置总辅导员、大队辅导员、中队辅导员。

1992年，少先队工作按照教育局和团县委联合印发的《关于学校团、队组织机构设置和干部配备的意见》，全县126所完全小学全部建立少先大队，402个初小建立少先中队，少先队入队率达到100%。

1994年，全县少先队工作重点实施全国少工委提出的《中国少年雏鹰行动——生存与发展跨世纪行动计划》，深化劳动实践教育活动。

1995年，自治区少工委印发《少先队宁夏回族自治区工作委员会关于"雏鹰行动"计划的实施意见》，全县各级少先队组织进行了有力落实。

1996年，根据宁团发〔1996〕30号文件《关于转发团中央、全国少工委〈推荐优秀少先队员作团的发展对象工作细则（试行）〉的通知》，全县各级少先队组织积极贯彻落实，推荐少先队员作团的发展对象工作走向规范化、科学化轨道。

2001年，六一期间，由学校少先队组织推荐的5名农村贫困小学生赴银川参加了"庆六一，迎党建"手拉手互助活动。

2008年，同心一小吴琼玉同学、实验小学马若瑜同学被分别评为中国百名好少年、全国平安行动好队员。同心一小少先大队和实验小学少先大队被评为全区少先队"红旗大队"。

2010年，全县各级少先队组织在全国第六次少代会期间，组织以"六一"纪念活动为契机，集中开展城乡少年手拉手活动、少先队员填写"我的成长宣言"、收听中央人民广播电台少代会专题节目《时刻准备着》，争当新时代"四好少年"。

2017年，县教育局开展少先队规范化建设，从基础建设、活动开展、队伍建设、工作保障等方面规范少先队工作。

2018年，县教育局、团县委、县少工委联合印发《关于在中小学全面建立少先队工作委员会的通知》，县教育局和团县委联合印发《关于中学团委书记、少先队大队辅导员进入学校中层领导队伍的通知》，深入推动学校少先队工作改革。

2019年，少先队建队七十周年。少先队工作坚持深入学习贯彻落实习近平总书记贺信和全国少工委七届五次全会精神，明确落实习近平总书记贺信精神是当前和今后一个时期少先队工作的主要目标、任务，切实履行"全团带队"重大职责，聚焦三个时代性课题，深入推进少先队改革措施落地落细，全力推进少先队工作，使用好少先队队报队刊，队属网络媒体平台。

2020年12月，同心县海如女子中学（今四中）少先队员李祯天被授予"2020年度全国优秀少先队员"称号。

2021年，同心县开展了首批名师工作室和红领巾示范校创建活动，对4个少先队名师工作室和10所红领巾示范校分别授牌，率先在全区实现少先队活动室、学校少工委建设全覆盖。宁夏首个农村少年军校、少先队名师工作室、红领巾示范校等"同心经验"先后被团中央新闻联播、中国青年报等媒体向全国全区推广。10月20日，同心县教育系统团队干部会议召开，任命周常敏同志为教育团工委副书记、少先队总辅导员。

2022年5月，同心县4名优秀中小学生荣获2022年吴忠市"新时代好少年"荣誉称号。本年度，各小学组织少先队员开展"喜迎二十大、争做好队员"主题队日活动50余场，主题队课200余节，举办同上一堂思政课活动18场次，少先队名师工作室开展辅导员风采大赛、少先队课联动研修、红领巾讲解员宣讲大赛、红领巾奖章争章等特色示范活动。蒲公英少先队名师工作室开展的"喜迎二十大争做好队员"同心县2022年新队员入队仪式主题示范活动被中央电视台报道。

2022年同心县教育系统少先队数据统计表

学校	大队	中队	少先队员数	大队辅导员
同心县第一小学教育集团	2	71	2919	刘惠琴　马　洁
同心县第二小学教育集团	2	88	3648	金晓琴　马　瑶
同心县第三小学	1	40	1398	马　雨
同心县第四小学	1	32	1332	高　龙
同心县第五小学	1	25	1022	张　暖
同心县实验小学	1	43	1825	马娟娟
同心思源实验学校	1	41	1706	宋小刚
同心县第九小学	1	18	613	杨海花
同心县南安实验小学	1	40	1682	钟晓瑞
同心县特殊教育学校	1	8	115	沈学莹
同心县豫海中心学校	2	12	352	马亚楠
同心县兴隆中心学校	5	24	225	张　勇
同心县石狮中心学校	12	77	1920	马晓霞
同心县丁塘中心学校	13	84	1551	马立征
同心县王团中心学校	15	127	4053	杨　涛
同心县河西中心学校	17	131	3556	丁占军
同心县韦州中心学校	5	53	1447	海生勃
同心县预旺中心学校	4	35	1041	张鸿省
同心县下马关中心学校	9	75	2057	杨兴荣
同心县马高庄中心学校	6	30	272	王丽琼
同心县第二中学	1	44	1345	杨富云
同心县第四中学	1	42	1571	马　悦
同心县第五中学	1	29	1413	李雪婷
同心县第六中学	1	26	1108	张　佳
同心县石狮中学	1	22	852	彭春燕
同心县丁塘镇中学	1	11	437	李伟宏

（续表）

同心县王团中学	1	40	967	杨　斌
同心县河西镇中学	1	18	663	周海娟
同心县韦州中学	1	12	432	马　娟
同心县预旺镇中学	1	11	460	解　彤
同心县下马关中学	1	19	820	马　丽

三、教育工会

教育工会是在党的领导下，教职工的群众组织，是党联系教职工的纽带，也是对教职工进行共产主义教育的学校。会章规定：凡是领取国家工资的教职工，在自愿原则下，由本人提出入会申请，经工会小组同意，基层工会委员会批准，即可成为工会会员。同心县教育工会受县总工会和上级教育工会领导。

1954年8月7日—12日，同心县召开了首届教师代表会，出席代表27人，占教师总数的31.5%。会上，成立了"同心县小学教师联合会"，通过了《小学教师联合会章程》，选出夏振邦（宣传部长）、李士林（文教科长）、应祯（文教副科长）、王毅、金致三、丁生发、马绳武、王揖让、王礼、刘汉兴、金自英等11人为执行委员。执委会设主席1人，副主席2人，秘书1人。

1956年10月，召开了第二次教师代表会议，选举产生了第二届文教工会委员会。各区成立分会，会员124人。

1978年12月，召开了第三次教职工代表会议，恢复了文教工会委员会，崔振增任工会主席。同时成立了14个公社学区工会委员会，中学、完小建立了工会小组。

1984年5月23日，召开了全县第四次教职工代表大会，民主选举产生了教育工会委员会。委员会由13人组成，主席王德贤（兼），副主席马占江（常务副主席）、邱琳玉，秘书吴国林（专职工会干事）。教育工会成立后，积极开展慰问离、退休和老、弱、病残的教职工，组织老教师外出参观、疗养等。1984年8月，开展"庆教龄"活动，给教龄25年以上的118名教师发了荣誉证和纪念品。

1985年，马国兴任教育工会主席。1985年起，各基层工会开始建立"教工之家"，经县总工会1987—1988年验收，同心一小、一幼、同心中学、城关学区、韦州学区、下马关学区6个"教工之家"为合格"教工之家"。1988年，修订会章，决定从元月起，吸收民办教师加入工会组织。1989年，又为从教30年以上的老教师"庆教龄"。1990年，全县已组建30个基层工会，会员2375人。1994年，杨汉国任工会主席。1999年5月，马顺任工会主席。2007年6月，金平任工会主席。2012年3月，李光林任工会主席。

2010 年以来，中小学相继召开教代会进行换届选举，选出了新一届工会委员会。新一届委员会修改有关规章制度，制订新的学校行政议事制度和程序，成立校务公开领导小组、校务公开监督小组和财务监督小组。组织广大教职工开展宣传《教育法》《教师法》《劳动合同法》，维护教职工权益、创建职工之家、推行校务公开、教职工人身保险、慰问贫困职工、开展"讲师德、做楷模、树形象"主题实践活动等。工会领导参与学校组织的各项教研活动，与校领导一起深入课堂听课，研究指导教学活动。参与教学论文评比、优质课评比，骨干教师评选等活动，促进了教师整体素质的提高。

2022 年，县教育工会辖机关工会 1 个、县直属中小学工会 21 个，中心学校工会 12 个，幼儿园工会 2 个。

四、关心下一代工作委员会（简称关工委）

同心县关心下一代工作委员会是县委批准成立，以热心关心下一代工作的离退休老同志为主体、党政有关部门和群团组织负责人参加，以关心、教育、培养青少年健康成长为目的的群众性工作组织，是党和政府联系青少年的桥梁和纽带。

2000 年，同心县关工委第一届工作委员会成立（2000—2014 年）。马金良（原县人大主任）任常务副主任，王泉山（原县政协副主席）任副主任。

第二届工作委员会（2014—2022 年）杨立毅（原县人大主任）任常务副主任，张昱（原县政协副主席）任副主任，白金祥（现任县委组织部副部长、老干部局局长）任副主任。办公地点设在同心县老干部局。全县建立各级关工组织 189 个，其中：县级 1 个，乡镇 12 个，乡镇中心学校 12 个，村（社区）147 个，学校 17 个。"五老"队伍发展到 1040 人，其中骨干 60 人。

2017 年 3 月，关工委组建薪火相传"五老"宣讲团，由老干部、老党员、老军人、老模范、老教师 45 人组成。宣传团围绕党的十九大精神，十九届四中全会精神，自治区十二届四次、八次全会精神，开展了"爱我中华党史国史"进校园、"传承红色基因、争做时代新人""思政教育进课堂"等主题教育活动。截至 2022 年 10 月，共宣讲近 700 场次，听众 33 万余人次，获得了社会各界的好评。

五、学生会

学生会是中等以上学校建立的学生群众组织，在校学生都为会员。学生会在本校党组织的领导和团组织的指导帮助下，依照法律、学校规章制度和各自的章程，独立自主地开展工作。学生会组织由全校学生大会或学生代表大会选举产生，一般由委员7—15人组成。都设正、副主席、秘书长和学习、宣传、纪检、劳动卫生、文体、生活等部。学生会主席是学生会最高负责人，学生代表大会的召集人。学生会实行主席负责制，学生会主席对学校党政、学生代表大会负责。新一届学生代表大会产生新一届学生会。每一届学生代表大会的任期为一年。学生会任期与学年相同。一般为当年的9月份至次年的6月份。每所学校的学生会组织都制定有章程，制订工作计划和各项制度。

1950年，同心县各小学都成立了学生会组织。1956年同心中学建立了学生会。1978年9月以后，同心中学、同心回民中学（今第三中学）等成立学生会组织。2000年以后，部分初中也成立了学生会组织。

2008年10月，豫海中学成立后，以全体学生选举的办法，选举出第一届委员会。

学生会配合学校党政，根据各个时期的中心工作，组织广大学生开展教育活动。利用"五一"、"五四"、"国庆"、"校庆"、纪念日开展爱国主义教育活动。组织开展学雷锋献爱心活动、教育创新活动、学习规范养成教育活动、革命传统教育活动、诚信教育活动、尊师重教活动、志愿者活动、读书活动以及各种有益的课外文体活动及社会服务活动。学生会利用学校广播、网络、黑板报、橱窗等形式，开展教育法规宣传等活动。同心中学、预旺中学等学生会还组织成立了"文学社""朝阳社""萌芽社"，建立校园文化长廊。

第十五章 | 经费及设施

　　明、清时期，同心社学、义学、书院学款多来源于学田租金，官府补助及私人捐款。清末及民国初期，教育经费"为数极微，拮据万分"。1918年后，小学教育事业始得各界人士的赞助。1933年（民国22年）前，分为省款和地方款两种，省款作为教育行政费，地方款专门用于办理小学。中华人民共和国成立后，随着国家经济建设的发展和教育管理体制的不断完善，教育经费持续快速增长，投资主体由一元转为多元。1993年同心开始建立以财政部拨款为主，多渠道筹措教育经费的体制（包括征收教育费附加、社会力量办学、非义务教育阶段实行以政府投入为主，受教育者合理分担，其他多种渠道筹措教育经费的机制）。2006年建立起农村义务教育保障机制。

第一节 | 经费来源与使用

一、明、清、民国时期的教育经费

明、清时期，同心社学、义学、书院学款多依赖于学田租金，官府补助及私人捐款。据《预旺县志》记载：光绪三十二年（1906），平远县府拨给本城高等小学堂（今下马关中心小学）学款基本金 450 元发商生息，余就地筹备，用于学堂建设。

清末民国初期，教育经费"为数极微，拮据万分"。1918 年后小学教育事业始得各界人士赞助。各乡纷纷募集资金，修建校舍；各处寺、庙产、会产提拨兴学，并于煤炭、牲畜等行业附征学款，至是始较充裕，以后逐年增加。继之，由于地方军阀连年战争，赋税名目繁多，农村经济破产，光靠学田捐税已不能保障小学教育的正常开支。此后数年，教育经费投入以民众为主。1919 年（民国 8 年），宁夏护军使马云亭募集并自捐经费倡导兴办回民学校，同心各地绅士、阿訇和广大民众积极捐资，创建了韦州、乐利堡（今预旺）、同心城 3 所清真高级小学堂和县城南关大寺（今下马关）等 11 所清真初级小学堂。1938 年（民国 27 年）武惠录为地方筹款 6 万元，维修全县各清真高级小学。1939 年（民国 28 年），马鸿宾、周生祯等筹建海如学校，马鸿宾捐银 5000 元，群众集资 2 万余，建校舍 81 间，创办了海如私立完小。1940 年（民国 29 年）5 月，韦州女校校长苏三光为本校捐款 420000 元（旧国币），受到宁夏省政府发一等奖状及题匾褒奖。1941 年（民国 30 年）5 月，马永昌等 3 人为马家塘国民学校捐款 350000 元（国币），受到省府褒奖；11 月，黑有德、金光辉给县城中心学校捐款 171000 元（国币），受到省府褒奖；12 月，周生祯等 29 人为海如学校捐款 5360000 元（国币），受到省府褒奖。其中，周生祯捐款 1000000 元，受省府一等奖状并题赠匾额。马永朝、马成德各捐 400000 元，均受一等奖状。

1929 年，宁夏建立行省以后，政府对小学教育略加重视，教育经费靠地方学田、房租、斗行、牙行等捐税维持。1933 年（民国 22 年）前，分省款和地方款两种，省款作为教育行政费，地方款专办小学之用。其来源分为行用捐、牲畜捐、学田房屋捐、基金利息及杂捐等五项，统一由县府筹措经理。到 1935 年（民国 24 年），经费归由省政府统收统支。是年，开始增拨义务教育补助费、边疆教育补助费、民众教育补助费和特种教育补助费，教育经费较前稍有增加。

据《十年来宁夏省政述要》载：1933 年至 1940 年，宁夏省政府拨给同心县初等教育经费总计国币 4954840 元，分年度如下：

年度	1933 年	1934 年	1935 年	1936 年	1937 年	1938 年	1939 年	1940 年	合计
全年经费（元）	558000	425600	867400	150000	378600	801500	792340	981400	4954840

二、新中国的经费来源

中华人民共和国成立后，随着国家经济建设的发展和教育管理体制的不断完善，教育经费的来源基本固定为三条渠道：一是国家投资，包括教育事业费和基本建设投资；二是地方政府自筹；三是教育部门的收入，包括勤工俭学收入、收缴学杂费、教育附加费和各项资助办学经费等。从 1990 年元月 1 日起，征收人民教育基金。

（一）国家投资

建国初期至 1951 年 8 月，教育经费由县人民政府随同国家公粮征收地方附加粮解决。1951 年 9 月起由省拨发。当时经费实行以实物（黄米）为标准的制度。教师月薪黄米最高 285 斤，最低 200 斤，按当月黄米价格折发货币工资。如 1951 年 1—2 月，每斤黄米以 850 元（8 分 5）折发；3—5 月，每斤以 950 元（9 分 5）折发；6—8 月，每斤以 1000 元（1 角）折发；9 月以 1469 元（1 角 4 分 6 厘 9）折发。办公费寒暑假两期不发。自 1951 年元月起，同心一小每月 150 斤；韦州完小、下马关完小每月 140 斤；海如完小每月 60 斤。民办公助学校每月由政府发 135—150 斤，再由当地群众补助 70—80 斤。政府补助民办学校粮数如下：二区东楼 150 斤、三区铁庄 140 斤、大拉井 140 斤、六区海棠湖 135 斤、陈要夫 135 斤、苟见山 135 斤。自 1951 年 9 月起，每个初小一律规定黄米 20 斤，由当地群众捐助，完小经费一律由国家开支。1952 年全县地方公粮总预算为 344500 斤，教育粮就要 315675 斤，占地方公粮总数的 91.63%。

从 1953 年起，国家开始按计划预算投资，1963 年，实行"划分税种，核定收支，分级包干"的管理体制。1966 年至 1976 年"文革"期间，全县教育经费的管理处于极度混乱状态。1985 年，继续实行"划分税种，核定收支，分级包干"的管理体制。至 1990 年，教育经费投资总额已达73502780 元。年投资数已由 1953 年的 70653 元增加到 1990 年的 8200000 元，是 1953 年的 116 倍。按占县财政低、中、高三种比重看，1954 年占 9.1%，1956、1983 年占 15.4%，1968 年占 28.6%；

1953—1990 年教育事业费支出及所占比重统计表

年份	教育事业费支出					年份	教育事业费支出				
	金额（元）	占全县总支出(%)	较上年增长(%)	按在校学生平均			金额（元）	占全县总支出(%)	较上年增长(%)	按在校学生平均	
				学生数	平均（元）					学生数	平均（元）
1953	70653	11.9	100	2765	25.55	1973	1035500	13.7	16.34	22958	45.10
1954	70329	9.1	-0.46	2688	26.16	1974	1140000	13.8	10.09	27406	41.59
1955	59480	10.9	-15.49	2676	22.22	1975	1330000	16.9	16.66	33246	40.00
1956	136868	15.4	130.0	4063	33.68	1976	1334000	12.5	0.3	37994	35.11
1957	189425	20.4	38.39	6222	30.44	1977	1469000	13.7	10.11	42343	34.69
1958	427795	14.6	59.69	14142	30.25	1978	1739500	16.7	18.41	36235	48.00
1959	287927	14.1	-4.83	16333	17.62	1979	2061140	13.9	40.3	32277	63.85
1960	558875	12.1	94.1	14548	38.41	1980	2496000	14.9	21.0	288677	86.46
1961	319083	9.6	-43	10001	31.90	1981	2962000	20.6	-18.66	24388	121.45
1962	307876	16.5	-3.6	5485	56.13	1982	3668000	17.8	23.83	27363	134.04
1963	331243	16.5	-16	7915	41.85	1983	351700C	15.4	-4.12	29838	117.86
1964	340035	14.9	1.88	11016	30.85	1984	4436000	18.0	26.13	35626	124.51
1965	406447	14.2	34.0	14281	28.46	1985	4210000	26.6	-5.7	41731	100.88
1966	504425	20.1	24.31	13334	37.83	1986	5269000	22.1	25.15	47152	111.74
1967	584053	27.5	17.19	12340	47.33	1987	5951000	20.9	12.94	52540	113.26
1968	489230	28.6	-17.39	12855	38.05	1988	8671024	23.7	38.41	59920	144.71
1969	412000	16.8	-15.79	12911	31.91	1989	7075000	21.7	-14.1	58795	120.33
1970	450723	27.7	9.39	13614	33.10	1990	8200000	23.8	15.9	60094	136.45
1971	649935	14.9	44.19	16495	39.40	合计	73502780				
1972	890000	13.6	36.93	19830	44.88						

资料来源：县财政局历年决算表。

按在校学生平均计算，1959 年，人均 17.62 元；1964 年，人均 30.85 元；1990 年，人均 136.45 元。

1982—1990 年，增拨各项专款已达 843.1 万元。

1993 年，教育经费实行预算单列，由自治区、市、县教育行政部门提出年度教育经费预算方案建议，报同级财政部门，由同级政府列入预算，批准后实施。从 1995 年起，实行经费预算总额包干加补贴的办法。县级教育经费由教育行政部门统一管理，不再下放到乡（镇）一级。教育费附加管理，城镇实行财政监督，专户储存，教育部门统一管理使用；农村实行乡征、县管、乡用的体制，即由乡税务部门或财政部门统一征收，由乡政府提出使用计划，报县教育、财政部门批准后，银行方可付款给乡里使用。建立健全教育投入的监控体系。加强对各级政府教育投入水平的监控。从 1995 年起，县政府每年向同级人大专题报告教育预算执行情况，接受其监督考核。教育局建立了内部审核制度，同时接受县审计部门的审计。加强对各类教育费附加、各类教

1982—1990 年专项拨款统计表

年份	支援不发达地区发展资金	三西建设资金投资	少数民族事业费	边疆补助费	危房翻建费	课桌凳补助费	设备购置补助费	普及初等教育投资
1982			421000		490000			
1983	150000		92000		150000	97000	60000	430000
1984	120000	60000			370000	300000	80000	200000
1985					220000			200000
1986	140000		150000	150000				200000
1987	350000				220000			220000
1988			100000		1050000			100000
1989	761000 *							230000
1990	750000							570000
合计	2271000	60000	763000	150000	2500000	397000	140000	2150000

育专项资金、学杂费收入以及教育集资的监控。

1999 年,改革经费管理体制,财政性教育经费和地方教育统筹基建投资的安排,由财政部门、计划部门和教育部门协商确定,保证做到专款专用。改革收费管理体制,逐步建立符合社会主义市场经济体制以及政府公共财政体制的财政教育拨款政策和成本分担机制。非义务教育阶段实行办学成本由政府、办学者、学生家长共同分担。进一步完善多渠道筹措教育经费的机制,各级政府确保义务教育的资金投入并做到专款专用,积极运用财政、金融和税收政策,鼓励社会和企业投资办学和捐资集资助学。继续做好外资引进和教育对口支援工作,采取优惠政策,支持鼓励勤工俭学,组织和实施教育储蓄、教育保险和助学贷款制度。

1992—2000 年,争取到"希望工程"捐款 139.97 万元,"宋基会"捐款 80.97 万元,"闽宁对口帮扶"资金 384.5 万元,以及县内群众集资捐资等各类捐款累计达 1639.56 万元。救助失学儿童上万人次。

2001 年开始,随着经济体制、财税体制、教育体制改革不断深入,作为教育财政制度组成部分的教育经费投入制度也不断改革,形成了符合教育服务性质和国情的、以政府投入为主,多渠道投入的教育经费投入制度,支持了全县教育事业的快速发展。

2011 年,争取到位项目资金共 8134 万元,其中:中小学校舍安全资金 5462 万元;农村义务教育薄弱学校下马关中心小学基础设施改造 1650 万元;农村义务教育薄弱学校中小学教学仪器设备购置资金 229 万元;农村义务教育薄弱学校中小学图书购置资金 113 万元;王团中心小学、预旺中心小学和下马关陈儿庄小学三所免费午餐试点学校厨房设备和学生餐具购置资金 28 万元;幼儿园建设工程补助资金 340 万元;义务教育阶段学校技术安防资金 135 万元;海如女子中学(今同心四中)操场建设资金 30 万元。

2016—2022 年以来，积极争取教育专项资金共计 223655.4008 万元，其中 2016 年，3419.98 万元；2017 年，54344.32 万元；2018 年，40521.638 万元；2019 年，28530.343 万元；2020 年，32075.796 万元；2021 年，27420.2038 万元；2022 年，37343.12 万元。

（二）地方自筹

地方自筹经费不列入国家预算，是由县财政自行筹措用于教育事业的经费。概况如下：

1991 年，全县财政支出 3372.6 万元，教育经费支出 864.3 万元，占地方财政支出的 25.6%。经费主要来源于国家拨款，预算外收入仅占国拨经费的 10.3%，其中，群众集资 50.9 万元、城市教育费附加 6 万元、勤工俭学收入 5.1 万元、收缴学杂费 27 万元。此外，国家还增拨支援不发达地区发展资金、普及初等教育投资等专项资金支持同心教育的发展。

同心县历年自筹经费统计表

年份	核定经费数	县财政增补数	年份	核定经费数	县财政增补数
1963	295000	43000	1982	3396000	280000
1965	370000	43000	1983	3436000	182000
1966	524000	52000	1984	4103000	333000
1975	1310000	20000	1985	5011000	258000
1976	1330000	13000	1986	5116000	80000
1977	1470000	5000	1987	5873000	78000
1979	220000	41000	1988	5503000	184000
1980	29600	100000	1989	6608000	483000
1981	2942000	20000	1990	6859000	7091000

资料来源：县财政局历年决算表。

1994 年，全县人均国内生产总值 431 元，人均国民收入 447.6 元，人均粮食产量 312 公斤，农民人均纯收入 338 元，五项主要经济指标大大低于全区平均水平。由于经济条件的制约，基础教育十分薄弱。教育经费短缺，办学条件十分简陋。当时许多学校使用的校舍还是六七十年代建造的土木结构平房，年久失修，破烂不堪，有的濒临倒塌，已成危房。危房面积达 16141 平方米，尚缺校舍 46786 平方米，缺课桌凳 2146 套。教学设施距离部颁标准相差很远，严重影响着教育质量的提高和学生的全面发展。

1993—2000 年，逐步建立以国家财政拨款为主，以税、费、勤工俭学、社会捐资集资、教育基金为辅的教育投资新体制。

1993 年，教育经费实行预算单列，由县教育局提出年度教育经费预算方案建议，报县财政局，由县政府列入预算，批准后实施。县委、县政府召开了全县教育工作会议，贯彻落实《中国教育改革和发展纲要》和全区教育大会精神，明确提出，要建立以国家财政拨款为主，辅之以征收建议的税费、收取学杂费、勤工俭学收入、社会捐资集资和设立教育基金等多种渠道筹措教育经费的新体制。按照国务院《征收教育费附加的暂行规定》和《宁夏回族自治区农村征收教育费附加实施办法》，印发了《同心县征收教育费附加实施办法》（同政发〔1993〕19号），决定从1993年起，征收农村教育费附加，规定：凡同心县境内的工业、企业、商业、运输、建筑、修理加工业、饮食服务业、农业（含林、牧、副、渔）等，以单位和个人实际缴纳的产品税、增值税、营业税的税额为计征依据，教育费附加率为2%。有销售收入和经营收入的联户、专业户和个体户，一般按销售收入和经营收入的千分之三征收，最高不超过千分之五，在税前列支。个体商贩及个人在集市上出售商品（产品），应按其实际缴纳的临时经营营业税额或产品税额缴纳教育费附加。驻在乡镇的县属以及县以上单位，按照国务院《关于发布征收教育费附加的暂行办法》（〔1990〕50号文件），应征收教育费附加，应按50%返还并入农村征收的教育费附加，统一安排使用。县政府将教育费附加纳入县财政预算管理，作为教育专项资金，按照"先收后支、专款专用、结余结转"的原则管理和使用。

1994年，开始对同心境内的国家机关、企事业单位的在职干部、职工按全年工资总额（含各种津贴和补助）的1.5%征收教育费附加（包括0.5%的教育集资）；离退休人员按全年工资总额的1%征收。

1995年，县政府修订了《同心县教育费附加征收管理使用办法》，对税率进行了调整：城乡教育费附加按增值税、营业税、消费税的3%征收，农村不缴纳"新三税"的乡镇企业和个体企业，按销售收入和经营收入的5‰征收；农民按人均纯收入的1.5%征收；住宿费附加按住宿费的6%征收；燃料油按每公升0.02元征收。对农民人均收入低于300元的和"五保户"人口予以免征，实行"乡征、县管、乡用"的体制，征收的教育费附加全部用于教育。同时动员和利用社会力量发展教育，不但要足额征收教育费附加，乡镇、村社都要发动群众集资办学。学校用工的地方，由村上出义务工修葺学校。非义务教育按照规定收取学杂费，鼓励和支持勤工俭学活动，鼓励和提倡机关团体、工矿企业、事业单位捐资助学或出资办学，积极争取社会团体和个人捐资助学。开办的学校可以以捐赠者团体或个人命名，对于捐资助学，兴办教育的集体和个人予以表彰奖励。

从1995年起，自治区开始下达义务教育、扫盲和"231"工程、职业教育、民族教育4项专项经费。县财政给教育每人安排50元事业费。并且增设教育专项补助，除自治区下达的各项专项补助外，每年增设义务教育专项补助金20万元、教师"安居工程"专项补助20万元、标准化学校建设专项补助金10万元、扫盲专项补助资金5万元、职业教育专项补助资金5万元。

1995年，县财政投入1425.3万元，较上年增加104.5万元，增长7.7%。征收教育基金30万元。争取到中国银行上海市分行捐赠330万元、国家计委80万元、宋庆龄基金会32万元、县财政筹措20万元。韦州镇成立了教育促进会，为教育捐赠11万元，镇长尹文明先后捐赠3万元。

1996年，同心县政府决定每年增设义务教育专项补助金60万元。为了保证教育费附加按时足额征收，县政府与乡政府签订了教育费附加征收目标责任书。

1999年，全县贯彻自治区《关于加快教育改革和发展，全面推进素质教育的决定》，加大了教育投入，改革经费管理体制以及进一步完善多渠道筹措教育经费的机制等一系列政策措施。政府确保教育经费的"三个增长"逐步增加本级财政中教育经费支出的比例。增加教育专项经费，在原有教育专项经费的基础上，增加了民族教育专项经费、职业教育专项经费、中小学现代教育设备专项经费、扫盲专项经费、特殊教育专项经费等多项专项经费。

2003年4月，同心县委、县政府印发了《关于加强和改革教育工作的决定》，要求各级政府要依法确保教育经费的"三个增长"，逐步增加本级财政中教育经费支出的比例。

"十五"期间（2001—2005年），全县教育经费总投入513650万元，其中预算内教育拨款377330万元，经常性财政收入（地方财政收入）136320万元，教育经费收入远远高于地方财政收入。教育经费投入逐年增长，教育投入呈多元化趋势。

2004—2006年，财政对教育拨款的年增长率为23.4%，分别为14.6%、44.5%、11.0%。财政经常性收入的年增长率为4.16%，分别为1.35%、7.44%、3.68%。财政对教育拨款的增长高于同期财政经常性收入增长19.24%；生均教育事业费分别为小学815元、897元、1155元，年均增长14.9%；初中1048元、1105元、1332元，年均增长16.2%。生均公用经费小学112元、203元、212元，年均增长62.6%；初中169元、287元、303元，年均增长24.9%。预算内教育经费占一般预算支出总额的比例，分别为27.8%、32.6%、29.9%。财政性教育经费占全县国内生产总值的比例，分别为8.59%、11.2%、10.3%。3年累计征收城市教育费附加390万元，全部用于教育部门，资金拨付率达到100%，其间自治区安排同心农村税费改革转移支付资金共计1257万元，用于教育762.8万元，占60.7%，达到自治区规定的比例。

新的教育投资体制实行以来，教育经费有了较大幅度的增长。全县教育经费总额从2015年的65178.08万元增加到2021年的94880.17万元，增长45.57%。

（三）乡（社）、村（队）筹措

1949年至1952年全县初级学校的补助粮均由当地群众捐助。

1951年，东岭初小捐款63万元（折合人民币63元）；下马关完小校董顾国宾、杨俊明捐款700多万元（折合人民币700多元）；二区捐140万元（折合人民币140元）；石泉村捐椽子300

根、梁 4 根，建教室 5 间；三区王户台王义湛捐献黑板 1 个、毡 4 条、办公桌 1 张、课桌 7 张、大锅 1 口、白纸二刀、炭 300 斤、席子 1 张、羊肉 20 斤。贫民马英贵无经济能力，给学校捐烧柴，从 7 华里以外往学校背送。

1958 年至 1980 年，民办学校经费主要由乡、村（社、队）担负，国家给予补助。民办教师评给工分，参加社队的收益分配。下马关公社红城水大队群众捐树献工，盖校舍 4 栋、伙房 5 间、做课桌凳 100 套。

20 世纪 50 至 70 年代的许多学校都是由生产队的库房、队部或清真寺改建的。

（四）捐资助学

1978 年中共十一届三中全会以来，国家鼓励各种社会力量以及个人在自愿的基础上捐资办学，全县各族人民积极响应，各行各业支持教育。

1984 年，韦州乡旧庄村田家沙窝 11 户村民捐资 2000 多元，又捐料献工盖校舍 3 间，创办了田家沙窝民办初小，《宁夏日报》、宁夏电视台专题报道。

1985 年全县集资 915372 元，其中，县政府集资 82 万元，集体赞助 45372 元，个人捐助 5 万余元。

1985 年 7 月 20 日，县委在听取整党汇报中得知教育经费紧缺，当即决定缓建县委办公楼，将 12 万元用于解决教育急需。

1986 年 6 月 10 日，新任县长马占和提议，县政府常委会决定，取消原定购买两辆小轿车计划，追回已汇出的 6 万元，又从县财政中挤出 4 万元—并用来解决同心中学学生住宿困难。

1988 年，为尽快改变中小学危房多，基本办学条件差的状况，教育科积极建议并协助县委、县政府组织各乡镇党委、政府的主要负责同志实地考察了甘肃省平凉地区开展多方集资、改善办学条件的经验。按照同心实际，拟订了《同心县社会集资办教育的实施意见》。同心县委、县政府发出《关于实行社会集资办教育的通知》，成立了同心县改善办学条件领导小组。5 月 28 日，县委、县政府在同心影剧院召开了"全县集资动员广播大会"。会上，县委、县政府、人大、政协四套班子和纪委、武装部领导每人当场捐款 150 元。个体者协会 23 名成员当场捐款 3.5 万元，其中，马学珍捐 1 万元，王亚明、李泽生各捐 5000 元，马忠良等 20 人各捐 1000 元。会后，展开了全县大规模的集资活动。自治区一次性补助同心危房维修费 105 万元，下达集资任务 105 万元。年底，全县集资 1808896 元，超额任务的 72.1%。其中，县财政集资 150000 元；干部职工集资 222530 元，人均 41.58 元；农民集资 1367549 元，人均 6.08 元。（见下表）

1989 年，县委、县政府号召群众集资，改善办学条件。县委、县政府印发了《关于筹措人民教育基金的决定》和《关于多方筹措资金实现全县中小学"一无两有六配套"的决定》，采取

1988 年同心县集资一览表

单位：元

单位名称	总人口数	应集资数	实集资数	占应集资（%）
合计	280300	1196033	1658896	139
同心镇	50940	50940	82957	163
城关乡	151411	90846	118329	130
王团乡	19372	77488	82743	107
羊路乡	10724	32172	57309	178
纪家乡	12999	38997	48910	125
河西乡	25097	200776	214102	107
喊叫水乡	8336	41680	80585	193
下流水乡	9109	45545	52070	114
田老庄乡	11503	46012	81957	178
下马关镇	18637	111822	120699	108
韦州镇	17684	106104	121224	114
新庄集乡	15422	77110	84183	109
预旺乡	22191	88764	138485	156
马高庄乡	17789	83945	97742	116
张家塬	13265	79590	83291	105
窑山乡	12121	24242	27096	112
县机关			167214	

"三个一点"的办法（即自治区、县筹集一点，群众集资一点），全县共筹措资金 400.8 万元，新建校舍 13266 平方米，建围墙 47268 米，制作校门 309 副，旗杆 185 个，打水窖 123 眼，制作课桌凳 2000 套。中心小学以上学校达到"一无两有六配套"（即校校无危房；班班有教室，人人有桌凳；围墙、校门、操场、厕所、水窖、旗杆"六配套"）。

1989 年 1 月 26 日，县委、县政府作出《关于表彰教育集资及危房翻建先进集体、先进个人的决定》，表彰集资先进个人 23 名、先进集体 8 个。

1989—1990 年，全县共集资 131.7 万元，极大地改善了中小学办学条件，使 70% 的中小学实现"一无两有六配套"。

1991—2015 年社会团体及个人捐资兴办学校统计表

单位：万元

年份	捐赠单位或个人	金额	建设学校
1991	宋庆龄基金会	15	王团镇倒墩子村小学
1992	台湾著名艺术家凌峰 当地政府配套资金	10 10	城关乡希望小学
1993	自治区政协民进社	4	城关余家梁小学
1993	银川驻深圳办事处	29	预旺镇中心小学
1994	日本基金会宇都宫德马会长 当地群众集资	82	庙儿岭小学
1994	中央"心连心"艺术团	6	洪岗子小学
1995	美国欧麦尔基金会	35.83（美元）	第四中学（原女子中学）教学楼
1995	北京非常快乐剧组	10	预旺王涝坝小学
1996	美国欧麦尔基金会	38.5（美元）	同心四中综合楼
1996	中国银行上海分行 中行宁夏分行捐资	32 10	张家塬沪宁中学
1996	中央电视台非常快乐剧组	6	下流水洪岗子小学
1996	中央电视台非常快乐剧组	10	预旺镇王涝坝小学
1996	宋庆龄基金会	10	预旺王涝坝小学
1996	日本东京目白狮子会山本良雄等民间团体和个人	48	扩建小学 4 所
1997	香港福建希望工程基金会	50	石狮镇沙嘴城家荣希望小学
1997	日本宋基会宇都宫德马	8	石狮镇黑套子小学
1997	台湾企业家叶春木·田亿春先生	75	惠安完全小学
1998	自治区党委组织部、老干部局、银川铁路分局、区财政厅、中国银行宁夏分行等16个党政机关和企事业单位	150	翻建小学 10 所
1998	银川驻深圳办事处	20	预旺镇中心小学
1998	自治区政协民进社	4	城关余家梁小学
1998	银川驻深圳办事处	20	预旺中心小学
1998	中国青少年基金会	52	建小学 3 所
1998	福建省石狮市在同心县挂职县委副书记黄水源	48	石狮职业中学
1998	福建省石狮市	200	石狮职业中学
1999	自治区民委、财政厅、国税局	83	王团镇金地台小学
1999	中国银行福建分行	3.6	张家塬乡中心小学
2000	石狮市在同心挂职县委常委、副县长何敬锡	47	石狮中学
2000	石狮市委书记、市长郑董良	40	石狮职业中学
2000	中国红十字会	20	窑山博爱中学
2000	自治区财政厅	130	王团大湾小学、余家洼小学、花豹湾小学、马套子小学、奕龙小学、可华小学
2000	宁夏立邦集团	15	张家湾小学
2000	香港福建希望工程基金	25	林英达希望小学（兴隆王大套完小）
2000	银川铁路分局	16.6	羊路乡甘草掌村 2 所小学
2000	侨居印尼老华侨香港实业家慈善家	6	窑山中学

（续表）

2001	宁夏恒丰不锈钢制造有限公司、宁夏银帝集团董事长、自治区青年联合会副主席朱奕龙先生	25	王团奕龙希望小学
2002	工商联爱心企业	62.6	同心县田老庄中学
2002	庆华集团	50	同心县田老庄中学
2002	政协副主席洪洋	21	维宗小学
2002	银川铁路分局	9	羊路乡甘草掌村学校
2003	石狮市	50	石狮职业中学
2003	在同心挂职的县委常委、副县长林天虎筹集	70	石狮职业中学
2003	区交通管理局	15	马高庄乡建设学校
2003	区通信局	10	张庄完小
2003	银川铁路分局	166	羊路学区学校
2004	美国先达能源有限公司总裁艾伦·约瑟夫先生	1.02	河西镇上河湾春蕾学校
2004	宁夏兴俊集团董事长杨兴义	140	同心兴义光彩中学（田老庄）
2005	石狮市在同心县挂职副县长杨树青筹集	80	石狮惠安小学教学楼
2005	解放军总后勤部	211	预旺镇"八一爱民小学"（原预旺中心小学）
2007	澳门企业家何泉先生	25	田老庄乡解放新庄村小学
2008	香港宝莲禅寺	60	兴建卢钊、卢宝球和李桂芳3所希望小学
2008	香港医生杜景成先生	20	杜景成希望小学
2009	中国扶贫基金会	12	预旺南塬小学
2010	宁夏泰华煤业有限公司	400	王团中学
2010	香港福建希望工程基金会	25	兴隆王大套完小林英达希望小学
2011	团县委	264.1	帮助33所农村小学完善了基础设施
2011	东方维京投资管理集团	50	王团镇中学
2011	广发希望慈善基金	45	建设5所希望厨房
2011	王团中学支教的3名福建泉州老师募集	8	王团中学
2011	中国运动员教育基金会、北京市君泰律师事务所和北京安达盖文化传播有限公司	20	下马关中心学校新缘小学
2012	吴忠市发改委、同心县宣传部、文联	2	旧庄完小
2012	福建晋江市	41.5	王团中学机井、爱心书屋
2012	自治区统战部	2.7	石狮满春小学
2012	神华宁夏煤业集团	34	同心17所移民学校
2012	福建南安市在同挂职干部筹集	438	南安实验小学
2013	安溪县在同挂职县委副书记陈剑宾筹集	665	同心安溪中学（第五中学）
2015	天津市国环置业有限公司项金生	50	赵家树小学
2015	全国少先队红领巾阅读推广计划银川联络处	3	实验小学等7所学校
2015	无限极（中国）有限公司宁夏分公司思利及人公益基金会（CSR项目）	10	砚台小学、余家梁小学

（五）勤工俭学

新中国成立初期，校舍破旧，桌凳缺少，学校自力更生，勤俭办学。师生动手维修校舍，修补课桌凳，并拾废旧砖块，砌砖、土台当桌子。1953年，学校结合教育教学对学生进行劳动教育。师生走向社会、参加一些公益劳动。1954年，各校开展了捡粮活动。海如学校、张家套子等学校还带领学生参加农业生产合作社评模大会，给劳模献花，提高了学生对劳动光荣的认识。1956年，学校开展"小五年计划"活动，师生种植粮食，饲养动物，挖鼠仓、拾废铁、帮助农业合作社和家庭做事。

1958年3月，中小学因地制宜兴办小工厂、小农场，开展"小秋收"，积肥、养殖、种植、拾发菜、挖甘草、采药、打山柴、拔芨芨、拾废铁、捡骨头、打狐狸、理发、缝纫、酿造、洗衣服、勤俭建校等多种形式的勤工俭学活动。据1959年不完全统计，全县共办起小农场28个，总面积1473亩。办各类小工厂22个。养兔场95个，猪场15个，鸡场4个。林场1个，造林1500亩。勤工俭学总收入37035元。同心中学垦荒100亩，当年收获粮食2万余斤，每个学生获2个月口粮。师生动手建校舍，拾旧砖头20000块，背土500方，在河里捞基石80方，建校舍29间，698平方米。盖兔棚7间，饲养力克斯兔。并组织了理发、缝纫、酿造、洗衣服等服务小组，收入320元。此外，改制炉灶节煤500元，每月节省10%的公杂费。总收入5494.30元，人均30.50元，节约895元。勤工俭学的开展，促进了教育教学质量，全校5分成绩的学生占18%，4分的占63%。红城水初小改办完小后，桌凳校舍紧缺。学校种水田20亩，还养鸡、养兔、办土化肥厂（学生拾骨头、石膏和羊老粪三种配合制成），收入3773.50元，用来建校。被评为县勤工俭学先进学校，唐兴华代表学校还出席了自治区群英会。1960年，又被评为县、区甲等先进单位，教学、勤工俭学双优。新庄集南关门初小，北京支同教师马奎亮，为了解决办公用品和帮助家庭困难的学生买学习用品，积极开展勤工俭学活动。利用课余时间，带领学生拾发菜、采药草、种洋芋。用所得收入改善了办学条件，曾受到《宁夏日报》《人民日报》的报道和表彰。1960年被评为全国文教方面先进工作者，出席了全国文教群英会。1958年12月，同心中学美术教师赵祖慰创作的雕塑《丰收》，在北京展出，获全国中、小学教师勤工俭学三等奖。

1960年，教育部颁布了全日制中小学暂行工作条例后，全县中小学校办农场大部分停办，同时也减少了劳动活动。

中共十一届三中全会以来，党中央肯定了勤工俭学是全面贯彻党的教育方针的重要措施，是以我国实际出发，发展教育事业的必由之路。县教育科和各类学校加强了对勤工俭学的领导，制订了勤工俭学的管理办法，全县勤工俭学活动恢复发展起来。1978年，全县小农场有耕地1738亩，农场有大型拖拉机1台，手扶拖拉机12台。饲养骡子9匹驴22头，羊30只。校办工厂（车间）1个，勤工俭学总收入17497元，粮食总产量56738斤。

1981年后，农场大多停办，唯同心中学电焊厂坚持开办。1983年后，一些中小学又恢复了小农场。1985年，开办第三产业6处，建立了教育建工队，学校注重植树造林，全县中小学共植树11388株。1986年，为加强对勤工俭学活动的领导和管理，教育科设置了专职管理人员，指导全县的勤工俭学活动。1987年，二中建立了粉笔厂，女中（今同心四中）、回中（今同心三中）相继办起了印刷厂。教育科整顿了教育建工队，1989年又将建工队扩建为勤工俭学综合公司，扩大了经营范围，增加了收入，填补了教育经费之不足，并安置了部分教职工子女就业。1985年至1990年，勤工俭学公司完成产值679万元，上缴利税29.82万元，创收26.5万元。

1990年，开展勤工俭学的学校372所，占学校总数的67.3%。有学农基地70个，耕地698亩，林场32亩，校办工厂4个。为国家上缴利税8万元，创收5万元。

同心中学电焊厂，自1972年以来，产值持续稳定，年收入保持在3500元左右，为学校积累了办学资金，1982年被评为全区勤工俭学先进单位。马高庄学区冯家湾村李家庄初小民办教师李生权，十几年如一日，坚持开展种植、养殖等勤工俭学活动，补充了办学经费，免收了全部学生的学杂、书本费，1988年被评为全国中小学勤工俭学先进个人，受到了国家教育委员会、国家计划委员会、财政部、劳动部的联合奖励。

1991年，自治区教育厅下发了《关于中小学校园经济开发试点校基本要求的通知》和《宁夏回族自治区中小学（农村职业中学）1991—1995年勤工俭学改革与发展规划》。全县中小学认真贯彻《规划》，积极进行校园经济试点工作。

韦州镇中学利用机井，师生动手在校园内开辟了小农场，种植白菜、萝卜、大葱等蔬菜等。勤工俭学不但使学生学到了农业种植技术，而且增加了学校收入，改善了师生的伙食条件。

1992年，韦州女小（现韦州镇红星完小）开展了《整体优化女童教育环境试验》，开设了编织、刺绣、烹饪、剪纸等课程，办起了小农场，有耕地40亩，配置有小4轮拖拉机、播种机等农业机械设备及常用农具。

1997—2000年，河西石坝小学开展《提高西部少数民族贫困地区女童教育质量和效益研究》，石坝村大力支持女童教育试验，为小学划拨了20亩耕地，支持建立了小农场，开展科学种田实验，种植的韭菜、菠菜、辣椒及西红柿等蔬菜相继投放市场，为学校创收了一定的经济效益。

"两基"攻坚以来，各级政府积极支持开展中小学勤工俭学活动。1998年暑假，提出了"让暑假忙起来，让校园动起来，让人人干起来"的口号。师生自己动手砌围墙、建厕所、平校园，铺道路、粉刷教室、油漆门窗。仅县城小学就自筹资金100万元，进行"四化"建设，改善办学条件。

21世纪以来，农村中小学把开展勤工俭学活动纳入校园"四化"建设（即绿化、美化、净化、硬化）。中小学校组织师生，平整校园、硬化路面、种花种草、粉刷教室、油漆门窗、粉刷

1958—1990年同心县部分年份中小学勤工俭学收入统计表

年度	学校总数	开展勤工俭学学校数	占总学校数（%）	学农基地（个）	土地面积（亩）	校办工厂车间（个）	第三产业	勤工俭学总收入（元）	其中 工业（元）	农业（元）	第三产业及副业（元）	学生人均收入	支出数（元）	上缴税金（元）
1958	158		80		1473	22		37135				2.66		
1978	586	4	0.6	3	1738	1		17497	2000	10841	4646	0.48		
1979	586	38	6.5	37	480	1		8481	1600	2690	4191	0.26		
1980	590	3	0.5	2	57	1		11544	1600	600	9344	0.39		
1981	560	1	0.1			1		1600	1600			0.06		
1982	550	1	0.1					1100	1100			0.08		
1983	548	5	0.9	3	20	2		1900	1700	200		0.09		
1984	551	5	0.9	3	47	2		2600	2600			0.07		
1985	548	18	3.3	17	429	1	6	3100	1100	450	1550	0.07		
1986	549	53	9.7	50	356	1	6	25930	1100	346	24484	0.54		500
1987	550	56	10.1	65	102	1	6	17214	3000	2548	14366	0.38	15194.90	2350
1988	554	249	44.9	51	254	3	6	45000	7500	3800	33700	0.70	30000.00	5000
1989	550	372	67.6	70	698	3	6	3000		3000		0.68	26000.00	150000
1990	555	386	69.5	80	730	4	6	3000		3000		0.82	28000.00	80000

顶棚、铺设地板砖、维修课桌凳。一些学校还利用勤工俭学收入，更新教学设备，采取自制、配发、自购和申请捐助相结合的办法，扩大各功能室。

（六）城乡义务教育补助经费

2007年，同心县全面落实"三免一补"和农村义务教育经费保障机制改革政策，为6.2万名义务教育阶段的学生免除了杂费，免费提供教课书和教辅材料，为6000余名家庭经济困难的寄宿生提供了生活费补助。3年累计免除杂费资金3361.8万元，其中：县财政负担158万元，免教科书资金1377万元，免教辅材料资金117万元，为家庭经济困难的寄宿生补助生活费351万元，其中：县财政负担17万元，确保了中央和自治区补助的公用经费及时足额到位。为确保资金运行规范、安全、有效。制定了《同心县深化农村义务教育经费保障机制实施改革方案》《同心县农村义务教育阶段家庭经济困难学生免收杂费和寄宿生生活费补助资金的管理细则》（同政发〔2005〕209号），对保障资金设立专户进行管理，做到了专款专用。学前教育实行"一免一补"政策。国务院先后颁发《关于深化农村义务教育经费保障机制改革的通知》《关于做好免除城市义务教育阶段学生杂费工作的通知》，对农村和城市义务教育实施免费教育。教育经费着力向深度贫困地区和建档立卡等家庭经济困难学生倾斜。2017年，实现了建档立卡学生"两个全覆盖"，即教育资助从学前教育到大学全覆盖，免费教育从学前到高中全覆盖，确保了不让一个学生因家庭经济贫困而失学。

三、教育投资项目

（一）一无两有六配套工程

1990—1993年，县委、县政府提出在中小学实现"一无两有"的基础上，实现围墙、校门、操场、厕所、水窖、旗杆"六配套"。县委、县政府下发了《关于多方筹措资金实现全县中小学"一无两有六配套"》，并制作校门309副，旗杆185个，打水窖123眼，制作课桌凳2000套。

（二）世行贷款"贫Ⅱ、贫Ⅳ"项目

"贫Ⅱ"项目（1995—1999年）是宁夏教育发展史上最大的利用外资项目。投入资金1038.8万元，其中世行贷款495.9万元（57万美元），自治区配套资金248万元，县配套资金294.9万元。完成校舍建筑面积53058平方米，购置图书184748册，购置课桌凳4076套，培训教师991人，151所中小学的校舍、课桌凳、教学仪器设备、图书资料，以及教师、校长的合格率均已达到项目标准。项目学校旧貌换新颜，成为当地普及义务教育的示范学校。

"贫Ⅳ"项目（1997—2000 年）项目总投入 626.6 万元，其中世行贷款 35 万美元（折合人民币 290.5 万元），国内配套资金 336.1 万元。建校舍面积 56658 平方米；制作课桌凳 4076 套；购置图书 184748 册投入资金 48.94 万元；购置仪器投入资金 112.8 万元，培训中小学教师 998 名，使 151 所中小学的办学条件得到改善。

（三）国家贫困地区义务教育工程（一期）

国家贫困地区义务教育工程（以下简称"义教工程"）的实施，是我国普及义务教育进程中一件大事，是党中央、国务院实施扶持贫困地区普及义务教育，提高国民素质、缩小东西部发展差距、促进当地经济发展和社会进步的一项重大措施。是中央专项资金投入最多、规模最大的全国性教育扶贫工程，同心县也是该项工程的受益者。

1995 年开始实施，2000 年结束。总投入 3150 万元，其中中央投资 1260 万元，自治区配套资金 1008 万元，县配套资金 882 万元。

全县中小学校舍建筑面积 74121 平方米。其中建设教学实验、综合、宿舍楼 11 幢，全县中小学砖瓦房建筑面积达到 98%，危房下降至 3.1%，购置桌凳 12000 套，图书 256440 册，教学仪器及文体器材、电教、语音室、投影仪、VCD 等设施设备，投入资金 223.4 万元。培训中小学教师 299 人，校长 77 人，校舍结构实现了"以土木、砖木结构为主"到"以砖木、砖混结构为主"的实质性转变。

（四）国家二期义教工程（二期）（2001—2005 年）

工程项目投入资金 2416 万元，其中中央专款 1215 万元，自治区配套 568 万元，县级配套 633 万元。改扩建学校 42 所，改造学校 2 所，总建筑面积 29302 平方米。

（五）同心县教育局教育建设项目（2012—2023 年）

2012—2023 年同心县教育局教育建设项目基本情况一览表

时间	项目名称	涉及学校（所）	批复资金（万元）	建筑面积（平方米）
2012	薄弱学校改造项目	1	2580.57	11289.3
	农村初中校舍改造工程项目	1	325	1152
	校安工程重建项目	14	10287.69	40814.8
	教师周转宿舍项目	4	838.18	3405.18
	校安工程加固项目	4	1155.93	18882
	生态移民工程	3	943.16	3446
	农村校舍改造工程	2	2830	15935
	学前教育项目	7	3599.93	16102.5
	营养改善计划学生餐厅	38	5000.1	20531.99
2013	教师周转宿舍项目	10	1347.19	6370
	营养改善计划餐厅项目	40	2781.62	13319
	体育运动场改造项目	6	2770.67	
	暖气改造项目	9	284.24	21074
	幼儿园建设项目	4	2734.51	11583.18
	薄弱学校改造项目	1	731.91	3500
	农村初中校舍改造工程	6	1703.09	8010
	普通高中学校改善办学条件项目	3	531.43	
2014	全面改善农村义务教育薄弱学校基本办学条件项目	27	3197.37	9494
	普通高中办学条件项目	2	800.31	244
	思源实验学校建设项目	1	7163.65	24098.21
	自治区幼儿园建设补助资金项目	3	1659.39	7128
	自治区农村中小学供暖设施改造补助资金项目	16	625	
	农村初中校舍改造工程	5	1262.27	800
	农村中小学运动场改造项目	8	679	
	教师周转宿舍项目	10	1141	4562
	普通高中改善办学条件项目	1	504.49	
2015	教师周转宿舍	12	987.11	4410
	豫海中学二期工程	1	2975	14280
	暖气改造项目	96	1495.3	61137
	学前教育项目	5	2114.72	9940
	教学点改造项目	20	1381.69	2422
	全面改薄项目	26	9036.95	33092
	普通高中办学条件项目	1	770	3680
2016	"全面改薄"项目	32	10292.19	23755.11
	思源实验学校附属工程	1	138.51	
	教学点改造项目	10	913.71	2127
	幼儿园建设项目	2	1811.23	5530.6
	普通高中办学条件改造项目	1	1587.21	3500

（续表）

	项目			
2016	教师周转宿舍项目	7	835	3360
	义务教育均衡发展项目	1	2144	8575
2017	同心县职业教育中心项目	1	16200	45036
	"全面改薄"项目	49	10618.11	31421
	普通高中办学条件改造项目	1	2425	8300
	义务教育学校标准化学校建设项目	2	2500	10000
	中央财政支持学前发展新建项目	7	3426.62	11220
	贫困村幼儿园建设项目	41	15938.91	55440
	维修改造工程	2	877.86	
2018	全面改薄项目	23	19104.38	44909
	第九小学建设项目	1	4996.07	12762.11
	同心县职业技术学校室外景观	1	2651.55	
	教师周转宿舍项目	5	393.75	1575
	同心县幼儿园建设项目	5	3983.6	9900
	同心中学校园环境提升改造项目	1	800	
	普通高中办学条件改造项目	1	598.32	
2019	教育现代化推进工程	2	1750	7000
	同心县幼儿园建设项目	4	4771.98	11880
	同心县职业技术学校3#实训车间	1	560.47	2028
	改善普通高中办学条件改造项目	3	1208.6	
	同心中学增加提升校园环境工程项目	1	331.09	
	马高庄乡赵家树完全小学金德综合楼项目（援建）	1	260.21	844
2020	义务教育薄弱环节学校改善与能力提升项目	9	17413.19	31354.33
	学前教育项目	3	3894.33	9880
	普通高中办学条件改善	1	2845.75	8650
	同心县职业技术学校二期工程	1	3048.66	12234
	教师周转宿舍项目	7	948.83	2275
	集中改厕项目	6	582.31	1500
2021	义务教育薄弱环节改善能力提升项目	7	23725.54	43797.76
	学前教育项目	3	3309.78	6652
	2021年高考综合改革项目	1	32187.74	57735
	集中改厕项目	9	714.32	1400
2022	学前教育项目	2	1882.98	3179
	县财政维修改造项目	17	5959.79	
	义务教育薄弱环节改善能力提升项目	3	2248.53	4200
	同心县韦州中学等6学校采暖改造提升工程	6	1200	
2023	2023年教育强国项目	3	1506	27450
	义务教育薄弱环节改善能力提升项目	5	5027.75	13864.2
	2023年民生办实事项目	1	685.23	1000
	高考综合改革项目	1	2757.86	5640

第二节 | 教育经费支出

1925 年（民国 14 年）以前，学款由劝学所管理。1925 年（民国 14 年）至 1933 年（民国 22 年），经费归县教育局筹措经理。1935 年（民国 24 年）改由省教保会经理，县政府按月指派第四科长向该会承领转发。1939 年（民国 28 年）复改令第二科长颁发，由第四科长负责年核。

新中国成立后，教育经费的管理体系是由各级政府的财政部门和教育行政部门密切协作、共同负责管理的。1980 年，进行财政体制改革，实行"划分收支，分级包干"的新财政体制。教育经费由宁夏回族自治区人民政府安排，改变了由财政部门和教育部门协商联合下达教育事业费支出指标的管理体制。县教育科（文教局）设计划财务股，设股长、会计、出纳等财务人员，负责管理全县计财工作。县直中学、同心一小设总务处，配备主任、会计、出纳、保管等专职人员；各乡镇以学区设会计、出纳、保管，乡镇中学和中心小学设事务员或兼职保管员。教育科根据预算指标，实行"预算包干、节余留用、超支不补"的管理制度。1985 年，教育科制定了《关于加强与改革计财工作若干规定》。1986 年，教育科针对"重投资、轻效益"的现象，本着"少花钱、多办事、增效益"的原则，采取了重视计划管理、加强审计监督、严格检查验收基本建设三条管理措施。1987 年 4 月 15 日，教育科发出《关于开展勤俭办学的安排意见》。1989 年教育科又制定了《教育事业单位财务管理的若干规定》。

一、预算内资金的使用

预算内资金是国家预算拨款，支出项目为中学经费、小学经费、幼教经费、业教经费、教师进修经费、民办教师补助费及其他经费七项。其中，又分为人员经费和公用经费两部分。

人员经费，包括工资、补助工资、职工福利费、离退休金、人民助学金、主要副食价格补贴。

公用经费，包括公务费、设备费、修缮费、业务费、其他费用。

预算内经费由教育科按月拨发，学校、教委（学区）按月将支出情况上报核销。

同心县第一个五年计划期间教育事业经费投资及用途统计表

年度	国家投资	基本建设			设备费	教师平均工资	公费	师生补助救济费					备注
		中学	小学	合计				教师补助	学生助学金			合计	
									回族	汉族	计		
1953	66221					432							
1954	60865					518	13682	1103				1103	教师平均工资为全年平均
1955	54329					478	8311	1569				1569	
1956	126563	76531	10827	49358	11753	563	3142	2490	627.90	338.10	966	3456	
1957	172705	2500	10212	35212	20440	566	2038	4167	2231	956	3187	7354	
合计	480683	79031	21039	84570	32193	511.4	27173	9329	2858.9	1294.1	4153	13482	

1991—2022 年一般公共预算教育经费支出及所占比重统计表

时间	一般公共预算教育经费支出					
	金额（万元）	地方一般公共预算支出（万元）	占全县总支出(%)	较上年增长	按在校学生平均	
					学生数	平均（元）
1991	803.5	3419.1	23.50	-4.35	65136	123.36
1992	928	3545.7	26.17	15.49	65480	141.72
1993	1090.6	3842	28.39	17.52	61425	177.55
1994	1365	4794.7	28.47	25.16	65166	209.47
1995	1402.4	5352.7	26.20	2.74	60012	233.69
1996	1651.4	6749.2	24.47	17.76	60921	271.07
1997	1748	7491	23.33	5.85	62632	279.09
1998	2638	10755	24.53	50.92	65120	405.10
1999	3503	12030	29.12	32.79	68903	508.40
2000	3400	14519	23.42	-2.94	71530	475.33
2001	4178	20024	20.86	22.88	69744	599.05
2002	5826	26535	21.96	39.44	72734	801.00
2003	5910	23939	24.69	1.44	74350	794.89
2004	6338	27762	22.83	7.24	71210	890.04
2005	8427	34122	24.70	32.96	72929	1155.51
2006	9556	41368	23.10	13.40	75288	1269.26
2007	20119	58786	34.22	110.54	76157	2641.78
2008	20282	85146	23.82	0.81	75902	2672.13
2009	25302	130749	19.35	24.75	75617	3346.07
2010	37885	180538	20.98	49.73	79477	4766.79
2011	34632	229261	15.11	-8.59	77386	4475.23
2012	56389	300557	18.76	62.82	77822	7245.89
2013	58161	308748	18.84	3.14	76580	7594.80
2014	51577	315483	16.35	-11.32	73213	7044.79
2015	65652	361316	18.17	27.29	71235	9216.26
2016	72952	436715	16.70	11.12	70690	10319.99
2017	96451	528471	18.25	32.21	70534	13674.40
2018	87057	530635	16.41	-9.74	71056	12251.89
2019	87039	567026	15.35	-0.02	73981	11765.05
2020	96745	608212	15.91	11.15	76974	12568.53
2021	96920	576933	16.80	0.18	78186	12396.08
2022	107887	553679	19.49	11.32	78370	13766.36

同心县"十三五"期间教育经费投入及用途统计表

单位：万元

年份	教育经费投入（万元）							教育经费用途（万元）					教师平均工资（元）
	合计	国家财政性教育经费	民办学校中举办者投入	捐赠收入	事业收入	其他教育经费		工资福利支出	对个人和家庭的补助支出	商品和服务支出	资本性支出	上缴上级支出	其他支出	
2016	89685.35	85948.14	33.51	38.02	1814.61	1851.07		38553.02	18605.86	6568.95	25873.92	44.71	23.48	89659
2017	114028.96	110479.14	7.74	1290.50	1938.96	312.62		44897.10	16232.33	7833.83	42547.18	103.73	7.85	94468
2018	102613.83	99947.28	33.78	51.00	2387.09	194.68		49200.63	9824.90	8475.98	30657.96	90.18	6.53	97003
2019	106201.23	103297.68	150.00	224.70	2484.00	44.85		60221.65	10543.37	10047.39	24120.33	47.67		114447
2020	116500.69	113770.18	4.51	502.50	1506.16	717.34		69269.66	9457.86	10801.99	25101.35	80.56		137663
合计	529030.06	513442.42	229.54	2106.72	10130.82	3120.56		262142.06	64664.32	43728.14	148300.74	366.85	37.86	106648

2022年教育事业性经费支出统计表

单位：万元

项目	合计	个人部分						公用部分							公用部分占（%）
		小计	工资福利支出	离退休人员经费	奖助学金	奖励金	其他对个人和家庭的补助支出	小计	商品和服务支出	房屋建筑物构建	大型修缮	办公设备购置	专用设备购置	信息网络及软件购置更新	其他资本性支出	
合计	138939	103895	94691	2179	6980	2	43	35044	14727	15984	715	911	2384	224	99	25.22
中等职业学校经费	6409	2063	1663		382		18	4346	1074	2590	179	69	432	2		67.81
中学经费	56008	41479	38227	379	2869	1	3	14529	4406	8906	160	99	746	186	26	25.94
小学经费	64413	53616	48695	1615	3298	1	7	10797	5654	3625	357	200	875	21	65	16.76
特殊教育经费	1180	677	561	2	114			503	163	4	12	23	300		1	42.63
幼儿园经费	6005	3438	3039	67	317		15	2567	1655	859	7	10	29		7	27.56
教育行政单位经费	554	344	314	30				210	184			11		15		37.91
教育事业单位经费	2317	1754	1695	59				563	557			4	2			24.30
其他经费	2053	524	497	27				1529	1034		495					74.48

2022年小学及幼儿园教育事业性经费支出表

单位：万元

项目	合计	教职工人数	个人部分						公用部分							
			小计	工资福利	离退休人员经费	奖助学金	奖励金	其他对个人和家庭的补助支出	小计	商品和服务支出	房屋建筑物构建	大型修缮	办公设备购置	专用设备购置	信息网络及软件购置更新	其他资本性支出
合计	60450	2810	52755	48125	1689	2925	1	15	7695	6853	35	361	210	141	21	74
第一小学教育集团	3644	131	3120	2974	113	32	1		524	443		27	18	36		
第二小学教育集团	4295	164	3742	3620	71	51			553	522			31			
第三小学	1207	41	1068	1049	3	16			139	128			11			
第四小学	1642	53	1293	1259	14	20			349	328		15	2	4		
第五小学	1515	57	1388	1362	2	24			127	104		6	3	14		
实验小学	2217	85	1924	1899	5	20			293	262	3		24			4
南安实验小学	1697	63	1438	1407		31			259	194	14	30	21			
第九小学	677	28	593	566		27			84	81				3		
豫海中心学校	1293	100	1156	1007	72	77			137	128				9		
石狮中心学校	5170	221	4670	4284	69	317			500	397	4	57	22	6		14
兴隆中心学校	1523	48	1320	1182	69	69			203	201			2			
丁塘中心学校	5194	168	4747	4362	164	221			447	409		22	10	1	4	1
河西中心学校	7243	351	6340	5646	204	490			903	792		57	26	9		19
王团中心学校	7374	286	6554	5916	137	501			820	726		47	15	9		23
田老庄中心学校	711	21	675	558	74	43			36	34		1			1	
预旺中心学校	2226	93	1919	1605	118	196			307	287	8		7		3	2
张家塬中心学校	763	22	735	601	129	5			28	28						
马高庄中心学校	952	25	779	666	71	42			173	153			1	18		1
下马关中心学校	5593	225	4923	4360	157	406			670	575		69	6	7	7	6
韦州中心学校	3427	149	3018	2591	151	276			409	360		30	6	5	6	2
第一幼儿园教育集团	1037	162	733	661	37	35			304	293	6		3			2
第六幼儿园教育集团	91	58	28	24		4			63	63						
第八幼儿园教育集团	201	61	39	31		8			162	142				20		
清水清幼儿园教育集团	227	84	73	68		5			154	153			1			
第二幼儿园	480	70	442	397	29	6		10	38	37			1			
新区幼儿园	51	44	38	30		3		5	13	13						

2022 年中等职业学校、中学、特殊教育学校、局属单位教育事业性经费支出表

单位：万元

项目	合计	教职工人数	个人部分						公用部分							
			小计	工资福利	离退休人员经费	奖助学金	奖励金	其他对个人和家庭的补助支出	小计	商品和服务支出	房屋建筑物构建	大型修缮	办公设备购置	专用设备购置	信息网络及软件购置更新	其他资本性支出
合计	54238	1881	44238	41253	434	2529	1	21	10000	5943	2594	347	194	824	71	27
职业技术学校	6409	68	2063	1663		382		18	4346	1074	2590	179	69	432	2	
同心中学	4394	165	3868	3601	102	162		3	526	430			26	64	6	
同心三中	3687	147	3458	3135	48	275			229	216			13			
豫海中学	6365	281	5720	5362		358			645	612		26				7
同心二中	3891	163	3552	3461	59	32			339	277		34	8	5	5	
同心四中	5200	206	4738	4621	66	51			462	418			18		26	10
同心五中	3254	144	2928	2795		133			326	319			7			
同心六中	2749	115	2392	2260		132			357	298		37	3	5	9	5
思源学校	2715	115	2321	2295		26			394	366		22		6		
石狮中学	3671	132	3362	3121	29	212			309	303			4	2		
丁塘中学	1341	46	1167	1086	2	79			174	169			5			
河西中学	1466	51	1285	1215		69	1		181	136		27		7	9	2
预旺中学	1242	33	1098	921	21	156			144	128		10	1	2	3	
下马关中学	2652	69	2303	2047	38	218			349	337			6	1	5	
韦州中学	1704	58	1552	1415	7	130			152	140			4		6	2
特殊教育学校	1180	21	677	561	2	114			503	163	4	12	23	300		1
师资培训中心	1038	34	878	849	29				160	159			1			
教育考试中心	674	18	436	425	11				238	234			4			
教学研究室	606	15	440	420	20				166	164			2			

二、预算外资金的使用

预算外资金不纳入国家预算，由教育内部收支。主要是勤工俭学收入、收缴的学杂费、教育费附加、人民教育基金及社会各项资助款，用于改善办学条件和师生福利设施。

1988—1990 年预算外资金收入情况如下：

1988—1990 年预算外资金收入统计表

单位：千元

年份	合计	教育基金教育集资	县财政预算外拨款	教育费附加	学杂费收入	勤工俭学收入	其他
1988	1815.6	1658.9		94.2	22.5	40	
1989	844	543	117	33	108	30	13
1990	1219	769	145	50	205	50	
累计	3878.6	2970.9	262	177.2	335.5	120	13

三、人员工资福利费等项目的支出

工资支出包括标准工资（包括基础工资和职务工资）、地区生活补贴、工龄津贴、教龄补贴。对于上述各项开支，县教育行政、财政部门及学校按每年滚动核定的人员编制数额予以开支和管理。教职工补助工资包括代课金、代职金、教师超工作量酬金、班主任津贴、工资差额补贴、离职学习生活补贴、取暖费补贴、副食品调价补贴、奖金。

教职工的福利支出包括工会经费、福利费、遗属补助费、医疗费（由县公费医疗办管理）。

个人部分支出包括基本工资、津贴补贴、奖金及绩效工资、社会保障缴费、其他支出（包括代课人员工资）。对个人和家庭的补助支出包括离退休费、医疗费、助学金、其他支出。

四、公用经费的支出与管理

2013 年，公用部分包括商品和服务支出、其他资本性支出、基本建设支出三部分。

商品和服务支出包括办公费、水费、电费、邮政电费、取暖费、差旅费、维修（护）费、培训费、专用材料费、劳务费、福利费、其他支出。

其他资本性支出包括：专项公用支出和专项项目支出。

专项公用支出：办公设备购置、专用设备购置、交通工具购置、信息网络购置、其他支出。

专项项目支出：房屋建筑物购建、大型修建基本建设支出。

2002 年，全县农村税费改革全面完成后，县财政在预算中将自治区安排的农村税费改革转移支付资金的 60% 安排用于教育。从 2003 年起，连续 3 年将革命老区转移支付资金 300 万元用于教育。2003—2005 年国家和自治区安排同心县"义务教育"、贫困地区基础教育、财政扶贫等专项资金 6436 万元。

1991—2000 年同心县教育事业费支出及所占比重情况表

单位：万元

年份	金额	教育事业费支出		预算内专项资金支出	预算外专项资金支出	全县财政总支出
		占全县总支出（%）	较上年增长（%）			
1991	776.50	22.7	0.14	179.55	86.11	3419.1
1992	867.55	24.5	11.70	108.46	76.81	3545.7
1993	1060.13	27.6	22.20	987.00	71.07	3842.0
1994	1320.80	27.5	24.60	118.10	86.00	4794.7
1995	1425.30	26.6	7.90	102.25	63.90	5352.7
1996	166.60	24.7	16.90	382.70	221.92	6749.2
1997	1741.44	23.2	11.92	318.77	223.21	7491.0
1998	2196.80	20.4	26.10	675.50	382.30	10755.0
1999	2532.00	21.0	15.26	1178.70	573.32	12030
2000	3279.40	22.6	12.00	836.71	209.26	14519.0

2001—2022 年同心县教育经费收支情况

单位：万元

年份	教育经费收入						教育经费支出				
	计	事业费	教育费附加	基建	预算外资金	其他经费	计	人员支出	公用支出	其中：设备购置费	修缮及基建
2001	6442	5350	61	385	646	-	4367	4027	340	142	385
2002	7559	6608	139	70	782	-	6608	5015	719	125	70
2003	8791	7382	98	200	1111	-	7157	4772	2395	320	200
2004	9674	7904	115	475	1180	-	7499	4922	1620	258	475
2005	10937	9181	113	995	648	-	7537	5413	1902	97	995
2006	-	-	-	-	-	-	-	-	-	-	-
2007	-	-	-	-	-	-	-	-	-	-	-
2008	21346	18585	175	0	703	1883	25869	11326	7583	1940	6960
2009	29751	25675	210	0	1247	2619	27861	15451	6865	1683	5545
2010	41609	32102	499	3465	1567	3976	38117	15865	12211	2214	10041
2011	43456	33820	478	608	1521	7029	46026	18461	11886	3266	15679
2012	66943	50618	363	4148	2075	9739	67176	29628	17216	3665	20332
2013	69709	51473	631	3355	3351	10899	69582	34382	17017	3318	18183
2014	67080	46044	440	2940	2557	15099	64805	31979	22805	8603	10021
2015	81167	60228	400	5024	2128	13387	80914	38734	17121	2084	25059
2016	89685	69940	630	2382	1853	14881	89670	42984	25144	4332	21542
2017	114029	82811	400	13240	3229	14349	111622	45855	26972	3753	38795
2018	102614	85242	500	1315	2438	13119	98256	50558	26401	9361	21297
2019	106201	85039	600	1400	2709	16453	104980	61923	22338	3402	20719
2020	116501	94585	600	1560	2009	17747	114711	71094	25495	6979	18122
2021	120961	92364	700	2076	2420	23401	126052	78984	33588	8594	13480
2022	135997	99820	1176	1178	1503	32320	138938	96698	25541	3619	16699

第三节 | 学生资助

一、国家资助

1995年，为贯彻落实国家"两免一补"（农村义务教育阶段小学和初中的贫困家庭学生免费提供教科书、免除杂费，并给寄宿生补助一定生活费）政策，录取到区内外普通高校（本科国家计划内自费生）南部山区8县农村户口回族女生，凡定向到南部山区8县工作的，对其应交纳的学杂费，国家给予资助等。2000年，自治区党委、政府印发了《关于进一步加强民族工作的决定》提出，从2000年起，自治区每年新增一定数额的少数民族补助专款，专门用于解决回族寄宿制学生助学金和回族学生失学问题。寄宿制回民中小学助学金，中学每人每月由原来的15元提高到30元，小学每人每月由原来的12元提高到20元。2003年，同心县建立了"救助贫困学生基金"，每年拿出20万元专门救助贫困学生，对高中回族贫困学生实行减免学费、优先救助。2008年，国家开展生源地信用助学贷款工作，为家庭经济困难学生顺利完成学业提供了有力保障。

1. 学前教育。从2013年春季学期开始，为同心县（试点县）设立的公办及普惠性民办幼儿园学前一年在园家庭经济困难儿童，补助保教费每生每月100元，每年按10个月补助；2015年秋季开始，在总结学前一年教育资助试点基础上，将资助范围扩大至学前二年在园家庭经济困难儿童，补助保教费每月100元/人（一年按10个月计发）；2017年，对学前教育阶段经济困难儿童实行"一免一补"政策。对在园在籍的建档立卡、农村残疾儿童的家庭，给予生活补助，每人900元/年、保教费每人1500元/年。

2. 义务教育。2000年，自治区党委和人民政府印发了《关于进一步加强民族工作的决定》，提出：从2001年起，农村义务教育阶段家庭贫困的中小学生，免费提供教科书，免收杂费，逐步对寄宿生补助生活费。2007年秋季开始，自治区对同心县义务教育阶段学校在校学生全部免费提供国家课程教科书（简称"三免一补"）政策。2019年秋季，对建档立卡贫困户等家庭经济困难义教阶段在校学生给予生活补助，小学：寄宿生每生1000元/年，非寄宿生每生500元/年；初中：寄宿生每生 1250 元 / 年，非寄宿生每生 625 元 / 年。

3. 普通高中教育。2016 年，对建档立卡贫困户等家庭经济困难学生高中教育免除学费，同时享受国家助学金。

4. 中等职业教育。建档立卡贫困户中职在校生，每人每年给予生活补助 2000 元。

5. 大学教育。2017 年，同心县成立教育扶贫基金，对建档立卡贫困户学生，在享受教育保障制度和助学金帮扶政策的基础上，按学年进行资助。建档立卡贫困户全日制一二本（含预科）在校学生，每人每年给予生活补助 2000 元。三本在校学生，每人每年给予生活补助 1000 元。

6. 生源地信用助学贷款。2008 年，同心县开展生源地信用助学贷款工作，为家庭经济困难大学生办理助学贷款。全日制在校本专科生最高贷款额度为 8000 元，研究生最高贷款额度 12000 元，主要用于解决学生在校期间的学费和住宿费。2008—2022 年，发放贷款总额 3.86 亿元。

2015—2017 年各类学生资助项目一览表

单位：万元

项目	2015	2016	2017	合计
普通高中助学金	628	580	509.2	1717.5
普通高中免学费		265.16	212.44	477.6
普通高中免住宿费		11.93	11.93	23.86
义务教育两免一补	5945.33	6175.47	6365.18	18485.98
学前两年资助	127.8	219.85	138.05	485.7
其他补助	657.6	645.2	774.4	2077.2

2018—2022 年同心县教育局各学段受助学生统计明细表

单位：人次、万元

年度		幼儿园 学前幼儿 "一免一补"（学前两年、学生、学期）				义务教育阶段 初中生（625元/生、学期；非寄宿生 312.5元/生、学期）				义务教育阶段 小学生（500元/生、学期；非寄宿生 250元/生、学期）				高中生助学金 国家助学金（1000元/生、学期）		高中生助学金 免学费（400元/生、学期）	
		学前二年（人次）	金额	"一免一补"（人次）	金额	寄宿生	金额	非寄宿生	金额	寄宿生	金额	非寄宿生	金额	人次	金额	人次	金额
2018	春	1438	71.9	2135	256.2	11122	695.125			533	26.65			2149	214.9	2671	106.84
	秋	1234	61.7	2085	250.2	12058	753.625			436	21.8			3000	300	2378	95.12
2019	春	1345	67.25	2406	288.72	11982	748.875			451	22.55			3000	300	2272	90.88
	秋	1364	68.2	2526	303.12	5509	344.3125	1513	47.28125	332	16.6	12237	305.925	3586	358.6	2608	104.32
2020	春	1364	68.2	2526	303.12	6002	375.125	1638	51.1875	352	17.6	13540	338.5	3609	360.9	2678	107.12
	秋	1650	82.5	2613	313.56	5865	366.5625	1811	56.59375	274	13.7	14645	366.125	3878	387.8	3072	122.88
2021	春	1431	71.55	2853	342.36	6120	382.5	2223	69.46875	352	17.6	15557	388.925	3884	388.4	3136	125.44
	秋	1377	68.85	2487	298.44	5536	346	2188	68.375	330	16.5	15562	389.05	3343	334.3	3092	123.68
2022	春	1424	71.2	2679	321.48	5522	345.125	2225	69.53125	339	16.95	15442	386.05	3252	325.2	3010	120.4
	秋	1317	65.85	2208	264.96									3311	331.1	3021	120.84
合计		23348	1172.4	25741	3088.92	69716	4357.25	11598	362.4375	3399	169.95	86983	2174.575	33012	3301.2	27938	1117.52

二、社会资助

同心县高度重视社会资助工作，积极引进企业、社会各界人士等社会资助，对家庭经济困难学生进行精准帮扶，同时对优秀学生进行奖励。

（一）宁夏燕宝慈善基金会

宁夏燕宝慈善基金会是由宁夏宝丰集团有限公司董事长党彦宝夫妇注册1000万元成立的家族式非公募基金会。2010—2022学年度，燕宝慈善基金会每年资助同心家庭经济困难高中学生14295人次，共计资助资金2643万元；2013—2022学年度，资助同心考入大学7505人，每人每学年4000元，资助金3002万元，连续资助4年至大学毕业，共计资助金额达12008万元。

（二）兴俊爱心慈善基金会

2011年，宁夏兴俊集团成立了爱心慈善基金会，每年拿出100多万元奖励和资助贫困学生及优秀教师。2017年同心县教育扶贫基金（兴俊基金）成立，同年，同心研究制定了《同心县教育扶贫基金管理办法》，通过县财政支持，社会各界爱心人士、企业家捐助等形式募集资金4100万元，在国家和自治区普惠性政策支持的基础上，给予建档立卡贫困家庭在读学生每学年200—4000元补助，实现了建档立卡贫困家庭学生从学前到高中免费教育全覆盖，学生资助实现了从学前到大学全覆盖。

（三）中核集团"核苗成长基金"

2018—2021年，核苗成长基金会资助同心县家庭经济困难师生4210名，资助金额310万元，2022年"核苗成长基金"向同心县"三类"监测户家庭150名在校大学生资助学费66.2万元。

（四）其他社会资助

1996年以来，国家逐步形成"奖（奖学金）、贷（贷学金）、助（勤工助学）、补（困难补助）、减（减免学杂费）"相结合的家庭经济困难学生资助体系。同心县采取多种方式资助困难学生，基本保证了广大学生不因家庭经济困难而中断学业。

从1996年开始，教文体局与妇联、团县委协同合作，落实项目资金，在预旺、马高庄、田老庄、王团等乡镇农村小学开设"春蕾班"（女童班）。"春蕾班"面向农村女童，免除学费，保证了山里的女孩都有学上，全县女童入学率明显提高。1996年，香港爱国人士赵汉思出资5万元，在马高庄邱家渠新建"春蕾小学"，当年招收学生45人。2004年，北京大中电器捐资5000元，在王团镇联合小学开办"春蕾班"1个，招收学生50名，每人资助100元，日本民间慈善家马岛杏子女士捐资人民币5.6万元，在石狮镇新建日中女子希望小学。

2001—2007年，在宋庆龄基金会资助下，田老庄中心学校在五、六年级各设"春蕾班"1个，每班50人。2003年，县委、县政府建立"救助贫困学生基金"，每年拿出20万元专门救助贫困学生。2007年，玫琳凯公司出资6万元设立"春蕾班"女童资助项目，为王团镇虎家湾小学捐赠了电视、音响、课桌凳等教学设备，为百名贫困女学生购置工具书、学习资料。同时争取中国儿童基金会"春蕾计划"项目资金6万元，在预旺中心小学建立春蕾女童班，招收女童50名。

2007年8月，美国先汰能源有限公司总裁艾伦·约瑟夫先生考察了河西镇上河湾"春蕾学校"，首批资助了51名女童，每名女童每年资助200元（从二年级开始资助），帮助她们完成九年义务教育。共资助1350人次，发放助学金180万元。2009年，自治区总工会在同心中学设立"工会班"，每年资助同心中学高一至高三品学兼优的家庭经济困难学生各50人。

2007年，深圳晓扬公司在同心设立晓扬宏志班，每班50人，资助每生每年1200元。2008年宋庆龄基金会资助同心女童262人（其中小学资助118所、女童136人；初中资助15所、女童126人），小学每生400元、计54400元，初中每生600元、计75600元，共计资助金额130000元。

2016年，北京雷学金慈善基金会、致公党北京市委、宁夏回族自治区人民政府侨务办与同心县人民政府共同签订了捐资助学协议书。北京雷学金慈善基金会计划在10年内资助同心县140名贫困大学生，每名学生每年资助1万元，连续资助4年，捐资总金额为560万元。2016—2017年，黄挺方奖学金奖励高一年级学生30名，一次性奖励资金（500元/生）6万元。

三、学生营养改善计划

2011年，同心县作为农村义务教育学生营养改善计划试点县，首批试点学校选择预旺中心小学、王团中心小学、下马关陈儿庄小学三所学校，进行营养改善计划试点工作。2012年，全县全面开始实施农村义务教育学生营养改善计划，全县178所学校，66754人受益，其中：实施营养早餐的学校166所（其中初中10所，九年制学校4所，小学152所），惠及学生41828名；实施免费午餐的学校164所（其中初中8所，九年制学校4所，小学152所），惠及学生38426名。县委、县政府高度重视，多次召开县委常委会和政府常务会专题研究学生营养改善计划工作，成立由县委副书记、县长为组长，分管副县长为副组长，县教育局、发改局、卫生局、审计局、市监局等14个部门为成员的同心县营养改善计划领导小组，实行统一领导和工作部署。领导小组办公室设在县教育局，由县教育局局长兼任办公室主任，负责营养计划实施的日常工作。县教育局和各学校分别成立相应的领导小组和管理办公室，负责营养计划的组织、实施、管理等工作，确保任务到岗、职责到人、履职到位。结合县情研究确定了供餐模式为各学校食堂供餐模式。制定下发了《同心县农村义务教育学生营养改善计划实施方案》。要求学校制定方案，健全制度，强化措施，明确责任。教育局与各初级中学、中心学校签订目标管理责任书，中心学校再与各小学层层签订目标管理责任书，明确任务，落实责任，确保把好事办好、好事办实。全县各校聘请当地人大代表、政协委员和家长代表组成膳食委员会。同时，教育局还统一制作了营养改善国家试点县门牌，公示公开区市县监察局、教育局监督举报电话。此外，为方便管理，食堂里还安装了电子监控设备，对学校营养改善工作情况进行监督。要求各个学校每月组织一次"家长开放日"活动，请家长走进学校食堂、品尝学生饭菜，认真听取家长的意见，及时采纳好的意见和建议。社会反响好，深受家长的好评。

为了确保全县营养改善计划健康有序实施，教育局先后制订印发了《同心县学校食堂财务管理制度》《食堂卫生管理制度》《餐饮加工过程卫生制度》《食品留样制度》等16项制度，编印了同心县农村义务教育学生营养改善计划文件汇编、《同心县农村义务教育学生营养改善计划一本通》《同心县高中学生营养早餐工作指南》等读本。各学校在资金管理、食品购置、入库出库、库房管理、食品加工等环节都制定了详细制度。各成员单位根据职责分工，定期或不定期检查各项制度落实情况。其中教育局营养办经常性深入各学校督促检查，卫生局对学校餐厅卫生进行不定期抽查，农业农村局严把肉菜入口关，市监局监督规范炊事人员的操作程序，对台账进行检查指导。人大、政协专题视察。实施过程中，强化过程监督，严把食品原料入口，登记公示关，严把炊事人员操作关，严把制度执行关等四个关口。保证学生能够吃上"营养、卫生、可口、热乎"的饭菜。

2012年，人民日报社、中央广播电台、上海东方卫视和区市县媒体对同心县营养改善计划工作多次进行了专题采访报道。中国经济报社、宁夏日报、宁夏卫视、吴忠日报又先后对同心县农村义务教育学生营养改善计划和高中学生营养早餐工作进行了专题采访报道。

2013年，开始实施高中营养早餐工程，实施营养早餐的高中3所，惠及学生8681名。从2014年起，同心县每年投入70万元将5300多名县城初中走读学生营养早餐纳入财政预算。2013年，同心县被评为全国营养改善计划工作先进县。2015年，被确定为全国20个"阳光校餐"试点县之一。2016年，在全国农村义务教育学生营养改善计划新闻发布会上，县长丁炜介绍了同心县实施营养计划的典型经验。同心县营养改善计划工作的成功做法和经验，被教育部作为"宁夏模式"向全国推广。2017年3月，同心又被评为全国"阳光校餐"示范县，5所学校获得"阳光校餐"优秀学校称号，13所学校获得"阳光校餐"四星级厨房。2019年、2020年、2022年均被中国发展研究基金会评为阳光校餐示范县。

2016年4月26日，中央政治局委员、国务院副总理刘延东到同心县王团中心小学考察营养改善计划实施情况。刘延东深入学生教室、食堂等地，通过和学生交谈、听取学校管理人员对营养改善计划监管平台使用情况介绍、查看食堂饭菜质量等方式，对同心县营养改善计划实施情况进行了全面了解。6月1日，中国发展研究基金会在北京举办"阳光校餐：农村义务教育学生营养改善计划五周年"专题研讨会，丁塘中心完全小学等5所学校被中国发展研究基金会授予"星级学校厨房"称号。

同心县先后举办了"农村义务教育学生营养改善计划"培训班、食堂从业人员操作技能培训班、学校实名制学生信息录入人员业务培训班等，全县食堂管理人员、炊事人员600余人参加了培训。组织全县400多名炊事人员参加了自治区级培训。通过培训，营养改善计划炊管人员的整体素质有了很大提高。

2012年至2022年，中央和自治区拨付同心县义务教育阶段营养改善计划资金36721.085万元。自筹资金1200万元，改造了54所规模较小学校标准化厨房，配备了各类厨房设施设备。投资200万元，为全县中小学校的餐厅及厨房安装了视频监控系统。投资265.4万元，为全县中小学校安装了净水设备。2020年，大力推进学校食堂"互联网＋明厨亮灶"建设、依托"互联网＋"、大数据等信息化手段，对现有食堂"明厨亮灶"进行升级改造，接入全区食品安全信息化监管系统，把食品加工制作过程及食品安全状况通过互联网进行公开，接受市场监管部门和社会监督，2023年，开展"智慧餐厅"微信小程序直通局长、校长及机关管理人员，对鸡蛋、牛肉验收进行线上管理，推动建立线上线下相融合、校内校外相结合的校园食品安全社会共治格局。

2018—2022 年义务教育学生营养改善计划资金使用情况表

单位：万元

年度	区县名称	中央和自治区营养改善计划资金额
2018	同心县	4460
2019	同心县	4000
2020	同心县	4022.4
2021	同心县	2727
2022	同心县	1496

第四节 | 基本建设与教育装备

一、基本建设

清末民初，教育经费支绌，小学校舍多系寺、庙、窑洞改造或群众捐款所建，破旧不堪。中华人民共和国成立以来，国家一方面逐年投资兴建校舍；另一方面依靠社队和群众力量修建校舍，办学条件逐步改善。党的十一届三中全会以来，国家除基本建设专项投资外，还增拨基本建设、危房翻建等专项补助款修建校舍。特别是20世纪90年代，县委、县政府动员全县人民，开展"两基"攻坚，努力改善办学条件。在县财政十分困难的情况下，坚持做到"一个确保""两个提高""三个增长""四个优先"，基本上消除了校舍危房。

进入新世纪，国家、县委进一步加大教育项目建设投资力度，实施了国家义教工程、校安工程、学前教育项目工程、薄弱学校改造工程、普通高中改善办学条件项目工程等数十项项目工程，同心县中小学发生了天翻地覆的变化。

经过70多年的发展，全县中小学（幼儿园）总占地面积达到3893170平方米，总建筑面积达到999575.75平方米，绿化总面积682731平方米，运动场地总面积1006208平方米。昔日的土窑洞、黑屋子、泥台子变成了高楼大厦，曾经的土操场变成了塑胶操场，无不体现党和政府把教育放在优先发展战略地位，把教育作为增进民生福祉的基础工程，办人民满意教育，人民满意。

历年校舍竣工面积统计表

年份	竣工面积（平方米）	价值（万元）	年份	竣工面积（平方米）	价值（万元）
1956	463		1990	12734	172
1957	986		1991	10356	155.34
1958	4394		1992	14763	221.45
1959	2652		1993	8859	159.5
1960	3130		1994	15769	283.84

（续表）

1961	-		1995	23250	418.5
1962	-		1996	10894	196.09
1963	1262		1997	11854	237.08
1964	-		1998	14936	298.72
1965	2931		1999	23158	463.16
1966	1600		2000	10335	516.75
1967	-		2001	9987	699.09
1968	2600		2002	15368	1229.44
1969	1580		2003	25845	3101.4
1970	450		2004	11235	1685.25
1971	2554		2005	35268	5290.2
1972	1359		2006	18336	2933.76
1973	1260		2007	19665	3539.7
1974	3428		2008	35669	7133.8
1975	-		2009	22549	4509.8
1976	6432		2010	43562	8712.4
1977	2826		2011	53256.1	13193.26
1978	2108		2012	78302.67	14367.3
1979	6248	38	2013	34072.18	9858.32
1980	4688	28	2014	46326.21	15902.99
1981	7092	59	2015	71323	18140.47
1982	8357	66	2016	43347.71	16708.34
1983	9332	81	2017	161417	52881.66
1984	8898	77	2018	48763	26266
1985	10236	139	2019	21724	8550
1986	15613	120	2020	101020	37649
1987	13356	154	2021	104800	60781
1988	34586	141	2022	7170	10112
1989	5742	123			

2022年同心县中小学（幼儿园）基本建设一览表

单位：平方米

办学类型	占地面积	建筑面积	绿化用地面积	运动场地面积
幼儿园	385356	175237	49954	116677
小学	1790030	400603	363396	581626
初级中学	754250	223430	157749	217860
九年一贯制学校	565574	31456	6855	27236
高级中学	284638	121273.75	63949	46709
职业中学	113322	47576	40828	16100
合计	3893170	999575.75	682731	1006208

二、教育装备

民国时期，学校设备极其简陋，没有基本的教具，课桌椅也残缺不全。据载，下马关、韦州、预旺、县城等4所高级小学校只有图书千余册。

新中国成立以来，教育装备工作经历了从无到有、从配备不足到不断丰富、从辅助教学到引领变革的过程。具体讲，学校的教学装备由一块黑板、一支粉笔、一本教案、圆规三角尺、烧杯显微镜等教具构成的传统课堂，变成了如今电子白板、触控一体机、智能交互平台等教育终端构建出软硬件融合的智慧课堂。截至2022年底，全县中小学校教育装备全部达到《宁夏回族自治区中小学教育技术装备标准》。

（一）实验室建设及装备

1991年，同心中学按照教育部三类规定标准，配备了理化、生物分组实验仪器设备。同心中学、回民中学（今三中）达到一类标准，14所初中实验室有4所达到二类标准（12组），5所达到三类标准（6组），其他中学均不达标。

1996年至2000年，全县中小学实验室、仪器室、准备室建设，实验设备，教学仪器的配备按《宁夏小学教育技术装备标准》《宁夏初级中学教育技术装备标准》要求配备。新建实验室按照中华人民共和国标准《中小学建筑设计规范规范》（CBJ99-86号）和《农村普通中小学建设标准》（建标〔1996〕640号）要求施工。实验室和仪器室达到采光充分，供电合理，上下通水，排风良好，达到两名学生一组进行分组实验的条件。

2001年以后，中小学实验室建设，按照《宁夏回族自治区中小学实验室建设标准》要求施工，中学基本上健全了标准化的物理、化学、生物实验室。通过实施国家贫困地区义务教育工程（二期）、义务教育薄弱环节改善与能力提升项目、义务教育标准化学校建设项目、普通高中改善办学条件项目等各种项目和工程，2011年至2022年，投资3308.37万元，为全县中小学校购置实验设备及仪器252719件（套）。

2022年底，全县学校有综合实践教室280余间，计5324件（套），价值210余万元；全县学校有各种实验室、仪器室等各种功能室360余间，计306155件（套），设备器材价值4008.5万元，基本满足中小学教育教学工作需求。

（二）图书阅览室建设

20世纪90年代，同心只有中心小学、中学建有图书阅览室，且条件简陋，藏书不多。通过实施"贫Ⅱ"项目（购置图书184748册），"国家贫困地区义务教育工程"（一期购置图书256440

册），全县有 115 所中小学的图书资料达到国家规定项目标准。

进入新世纪，对照《宁夏回族自治区中小学现代教育技术装备标准》，通过实施国家贫困地区义务教育工程（二期）、义务教育薄弱环节改善与能力提升项目、义务教育标准化学校建设项目等各种项目和工程，全县中小学校的图书馆（室）建设取得历史性的发展，中小学图书馆（室）馆藏图书册数和生均拥有量有了较大幅度增长。2011 年至 2022 年，投资 1306.94 万元，为全县中小学校购置图书 1403292 册。

2022 年，全县中小学共有图书 1682149 册。小学生均图书 21.23 册；初中生均图书 26.33 册；高中生均图书 36.06 册。

（三）体育、艺术及卫生装备

90 年代之前，同心只有县城几所中小学有体育、卫生、艺术专用教室，器材短缺，设备简陋。县城中小学配备有篮球场、乒乓球台、球类、单双杠、跳箱、垫子、山羊、铁饼等体育器材，农村小学（教学点）只有铁环、跳绳、球类、拔河绳等简陋的体育器材。农村完全小学校配有风琴，乡镇中心小学配备军鼓、军号、胡琴、锣鼓等。中学配备手风琴，个别中学有钢琴。

进入新世纪，在国家和自治区人民政府的支持下，全县中小学体育场（馆）、音乐、美术、卫生室的建设按照《中小学建筑设计规范》（建标〔1999〕640 号）要求施工，全县中小学校先后新建了体育室、音乐室、美术室、形体训练室、卫生室、心理咨询室等专用教室。修建了标准化塑胶操场、田径运动场、篮球场、排球场、足球场、铅球场、三级跳远场地、跳高场地及乒乓球台等文体活动场地。

2011 年至 2022 年，按照《宁夏回族自治区中小学现代教育技术装备标准》要求，投资 2108.21 万元，为全县中小学校配备体育、音乐、美术器材 123872 件（套）保证了中小学体育、艺术、卫生教学的需要。

2022 年底，全县中小学有音体美专用教室 400 余间，器材（仪器）13 万件（套），器材（仪器）总价值 2800 余万元；全县卫生保健室 120 间，配备设备 2706 件（套），价值 54 万元。

（四）电化教育装备和信息化工程建设

电化教育是在教育教学过程中，使用幻灯、唱片、电影、录音、电视、录像等电教教材对学生进行各种教育。教育信息化起源于电化教育，是电化教育在新形势下发展的新动态。

1988 年，国家教委颁布《学校电化教育工作暂行规程》，要求学校统筹规划好电化教育器材建设。20 世纪 90 年代初期，同心县城和部分农村学校建立起普通电教室。两机一幕、音像教材、农远工程、电化教育和信息技术对教育教学创新注入了不可替代的动力。全县中小学通过购进、

上级配备、自行制作各种电教教材（包括幻灯、投影、录音、电视、合式录音磁带等），在一定程度上缓解了学校对电教教材的急需。

2000—2010年，教育部相继颁布了《关于在中小学实施"校校通"工程的通知》《2003—2007年教育振兴行动计划》《中小学教师教育技术能力标准（试行）》等相关文件，就普及信息技术教育，全面实施中小学"校校通"工程，教育信息化基础设施、提升中小学教师信息技术能力等方面做出了新要求。

2002年4月，同心县印发了《中小学计算机教育信息化工程10年规划》，成立同心县教育信息化工程协调小组。根据"超常规、市场化、规范化，先贷款建设，后收费偿还"的运行方式，全县小学逐步建起计算机室、多媒体网络教室、多媒体电子白板教室、电子备课室、网络控制室、远程教育计算机室、语音室等电化教室。中小学分别以50兆、30兆、10兆、4兆接入中国电信网。

2010—2016年，教育部先后颁布了《国家中长期教育改革和发展规划纲要（2010—2020年）》《教育信息化十年发展规划（2011—2020年）》《教育信息化"十三五"规划》等文件。2014年，同心县借助全国范围内开展的"一师一优课、一课一名师"活动，建立了同心一小、实验小学、同心中学、回民中学（今第三中学）等13个现代化程度较高的录播教室。

2018年，根据教育部《教育信息化2.0行动计划》，同心县委、县政府先后出台了《同心县教育信息化发展规划》《同心县"互联网＋教育"三年行动计划》《同心县教育信息化达标校、示范校督导评估细则》《同心县教育信息化名师考评细则》等相关文件，完善了教育信息化工作机制，明确了推进教育信息化工作的路线图、时间表。同心县先后投入教育信息化建设资金1.26亿元，为全县中小学配置教师计算机3957台、学生计算机5079台，班级多媒体教学一体机1421套，建设录播教室27个，同心县海如女中（今四中）、同心县实验小学入选自治区信息化示范学校建设列。2019年，同心县投入737万元，在全县建成69所学校72间城乡一体化"在线互动课堂"教室；全县159所学校互联网接入带宽升级达到200MB以上，实现宽带网络校校通目标。

2022年底，全县小学生机比5.73∶1，初中生机比9.21∶1，高中生机比9.31∶1；班级多媒体教学一体机1653套，建设录播教室41个。

（五）农村中小学现代远程教育工程

国家教育部、国家发展和改革委员会、财政部投资实施的"农村中小学现代远程教育工程"于2006年9月20日竣工。河西中学、丁塘中学、预旺中学、下马关中学、韦州中学、城关四小、下流水中心小学、喊叫水杨庄子完小、石狮镇中心小学、田老庄中心小学、羊路中心小学、张家塬中心小学为实施远程教育项目学校。根据同心实际情况，分三类模式装备：

　　模式一：即教学光盘播放点。配备 34 时彩色电视机、VCD 播放机和成套教学光盘。通过播放教学光盘对学生授课和辅导。全县农村学校布局调整后的初小和教学点按模式一配备设备。

　　模式二：即卫星教学收视点。配备卫星接收系统、计算机、电视机、DVD 播放机和 1—6 年级课程教学光盘。通过中国教育卫星宽带传输网，接收优质教育资源，模式二还具有教学光盘播放功能。全县 103 所乡镇中心小学和村完小按模式二配备设备。

　　模式三：即计算机教室。设备包括卫星接收系统、网络计算机教室、多媒体教室、教学光盘播放设备。其特点是除具备模式二的全部功能外，还能够为学生提供网络条件下的学习环境。农村 8 所初中按模式三配备。

2011—2016年同心县教育局教学设备采购统计

序号	项目	2011年 数量（件/套）	2011年 金额（万元）	2012年 数量（件/套）	2012年 金额（万元）	2013年 数量（件/套）	2013年 金额（万元）	2014年 数量（件/套）	2014年 金额（万元）	2015年 数量（件/套）	2015年 金额（万元）	2016年 数量（件/套）	2016年 金额（万元）	合计 数量（件/套）	合计 金额（万元）
1	班级多媒体设备	363	760.7	220	345.4	97	141.25	320	713.17	121	292.5	301	706.91	1422	2959.93
2	教师电脑	400	118	60	24	270	126.01	248	98.43		0	2126	914.19	3104	1280.63
3	学生计算机	224	81.74	152	73.5	57	41.51	399	143.6		0	1859	932.19	2691	1272.54
4	信息化设备	21	15.47	78	32.3	22	15.25	77	39.42	351	331.2	174	200.19	723	633.83
5	校园监控、网络、广播	1	17.36	155	253.1	6	14.46	4	13.08		0		0	166	298
6	音乐器材	458	22			82	16.83	38	7.75	63	6	3053	211.39	3694	263.97
7	体育器材	193	133	96	16.59	637	27.57	430	24.93	290	262.05	1036	162.89	2682	627.03
8	美术器材	142	3.8			725	6.76	336	3.6			9010	101.49	10213	115.65
9	实验设备及仪器	3323	223.92	2282	304.53	9212	291.45	32	3.99			60884	354.77	75733	1178.66
10	图书	166599	147.45	36033	30	2586	1.98	10000	9.76			523000	446.09	738218	635.28
11	图书家具	40	13.2	38	4.52					10	2.63	3000	85.56	3088	105.91
12	幼儿园教玩具							2104	82.68	854	98.49		0	2958	181.17
13	办公家具	121	10.48	240	8.34	873	23.72	962	20.66	82	9.77	83	7.38	2361	80.35
14	学生课桌凳	5547	95.39	3000	166.95			10346	136.7	620	10.26		0	19513	409.3
15	高低床			30	1.99	133	7.37	2458	140.71				0	2621	150.07
16	厨房设备	125687	483	13597	708	3363	280.72	1085	71.09	1456	276.03	3125	64.01	148313	1882.85
17	生活用品					220	3.48	7132	11.01	7000	7.62	60	1.7	14412	23.81
18	专用设备（锅炉等）	4	143.26	7	121.5	3	82.2	3	25.95	3	63.44	7	121.1	27	557.45
19	净水设备	440	325			157	265.44			1	4.98		0	598	595.42
20	录播教室									7	394.48	6	331.09	13	725.57
21	网上巡考系统及防作弊系统									203	173.91	104	46.36	307	220.27
22	三所高中网上阅卷系统									3	78.96		0	3	78.96
23	卫生保健室（心理咨询）											2706	53.6	2706	53.6
24	中小学综合实践器材											4723	148.3	4723	148.3
25	特殊教育康复设备											191	101.12	191	101.12
26	在线课堂													0	0
27	职业技术学校实训设备													0	0
28	教师培训													0	0
	合计	303563	2593.77	55988	2090.72	18443	1345.98	35974	1546.51	11064	2012.31	615448	4990.35	1040480	14579.64

2017—2022年同心县教育局教学设备采购统计表

序号	项目	2017年 数量（套）	2017年 金额（万元）	2018年 数量（套）	2018年 金额（万元）	2019年 数量（套）	2019年 金额（万元）	2020年 数量（套）	2020年 金额（万元）	2021年 数量（套）	2021年 金额（万元）	2022年 数量（套）	2022年 金额（万元）	合计 数量（套）	合计 金额（万元）
1	班级多媒体设备	379	980.83	300	738.96	346	925.32	122	322.98	360	884.1	130	272	1637	4124.19
2	教师电脑	150	62.7	533	255.05	300	147.3	245	117.21	300	115.8	300	138.9	1828	836.96
3	学生计算机	1788	851.22	733	310.98	276	339.2	728	345.42	641	539.92	280	149.24	4446	2535.98
4	信息化设备	329	167.2	523	154.46	9114	1289.54	1459	1095.86	1474	986.19	140	167.99	13039	3861.24
5	校园监控、网络、广播	9318	1185.28	13322	769.84	763	79.54	1322	525.66	610	664.57	98	330.3	25433	3555.19
6	音乐器材	7808	129.7	625	56.89	539	150.29	2315	223.9	344	57.47			11631	618.25
7	体育器材	96730	397.2	404	157.18							8	31.8	97142	586.18
8	美术器材	8451	137.04	2122	72.87									10573	209.91
9	实验设备及仪器	69436	259.5	94168	464.25	1246	275.69	11305	782.5	831	347.77			176986	2129.71
10	图书	152375	137.24	75170	80.68	90450	88.65	255175	256.35	25000	21.75	66904	86.99	665074	671.66
11	图书家具	327	4.16	100	185.18	736	51.98							1163	241.32
12	幼儿园教玩具	11124	623.3	11243	153.38	12648	731.74	3332	433.82	3522	385.33	1030	116.62	42899	2444.19
13	办公家具			4651	130.59	4953	313.02	28862	99.6	156	58.36			38622	601.57
14	学生课桌凳	3310	186.3	10205	167.7	8000	116.8	14966	488.31	15000	513.75			51481	1472.86
15	高低床			750	117.38			2002	319.79					2752	437.17
16	厨房设备	25927	157.2	9000	7.38		604.04	2861	92.05	1244	46.5			39032	907.17
17	生活用品					3	2.19							3	2.19
18	专用设备（锅炉等）	4	163.8	3	85.16									7	248.96
19	净水设备			3	3.8	25	14.81					68	92.62	96	111.23
20	录播教室	9	531.61	2		1	62	2	133.32	5	149.69	49	148.83	68	1025.45
21	网上巡考系统及防作弊系统									184	173.76	1	48	185	221.76
22	三防高中网上网卷系统													0	0
23	卫生保健室（心理咨询）			29	0.99			92	78.09					121	79.08
24	中小学综合实践器材							63	173.85					63	173.85
25	特殊教育康复设备	285	180.1			135	119.5	3374	331.62			800	168.59	4594	799.81
26	在线课堂					72	737.25	183	1649.95			49	148.83	304	2536.03
27	职业技术学校实训设备	8438	882.59	8438	882.59	856	299.57	8542	1462.83	901	1687.26	474	631.45	19211	4963.7
28	教师培训									3	171.42	3	179.87	6	351.29
	合计	387750	6154.38	232324	4795.3	130463	6348.44	336950	8933.11	50575	6803.64	70334	2712.03	1208396	35746.9

第十六章 | 先进集体、人物

在同心县教育事业的发展过程中，涌现出了一批又一批先进集体和先进工作者，他们兢兢业业，勤奋工作，无私奉献，教书育人，为同心县的教育事业作出了突出贡献，受到了党和政府的表彰奖励。本章分先进集体、人物传、人物简介、人物表录予以记载。先进集体列表，以受表彰的时间先后顺序排列，立传人物以卒年先后为序，简介以出生年月先后为序，简表人物按授奖时间先后顺序分列。

第一节　先进集体

同心县教育系统荣获省级以上表彰的先进集体名录

单位	荣誉称号	获奖时间	授奖级别
韦州完小	宁夏省甲等模范学校	1951.9	宁夏省政府
同心县第一小学	全区教育战线先进集体	1960	团中央、全国妇联、全国总工会联合表彰
同心县第一小学	全区社会主义建设先进集体	1960	自治区人民政府
同心县第一小学	全区教育战线先进集体	1964.2	自治区人民政府
喊叫水贺家口子完小	宁夏体育战线先进集体	1979.6	自治区人民政府
同心县第一小学	全区教育战线先进集体	1982.3	自治区人民政府
韦州学区甘沟完小	全区教育战线先进集体	1982.3	自治区人民政府
喊叫水中学	全区教育战线先进集体	1982.3	自治区人民政府
同心县第一小学	全区精神文明先进集体	1982	自治区人民政府
韦州学区甘沟完小	全区精神文明建设先进集体	1984	自治区人民政府
韦州女小（今红星小学）	全区德育工作先进集体	1988	自治区人民政府
同心县第二小学	自治区民族团结先进集体	1988	自治区人民政府
同心县第一小学	红领巾助残活动先进集体	1991.1	全国少工委、中国残联、中国妇联
同心县第一小学	全国少先队红旗大队	1992	团中央、全国少工委
同心县第一小学	全国学雷锋活动先进集体	1992	团中央、全国少工委
同心县第一小学	全国红领巾读书读报活动先进集体	1992	团中央、全国少工委
同心县韦州镇甘沟完全小学	全区教育战线先进集体	1992.3	自治区人民政府
韦州女小（今红星小学）	全区民族团结进步先进集体	1993.9	自治区人民政府
海如女中（今四中）	全国民族教育先进集体	1994	团中央、国家教委、国家民委
同心县第一小学	全国学雷锋活动先进集体	1994.6	团中央、全国少工委
同心县第一小学	全国家庭教育工作优秀家长学校	1996.9	全国妇联、国家教委
同心县第一小学	全国学雷锋活动先进集体	1998.6	共青团中央、教育部、全国少工委
同心县第一小学	全国红领巾助残活动先进集体	1999.6	共青团中央、教育部、全国少工委
同心县第一小学	全国百佳创新型学校	2000.8	教育部
同心县第二小学	区体育卫生优秀学校	2001	自治区
城镇五小	区体育卫生优秀学校	2001	自治区

（续表）

同心县第一小学	全国民族团结先进单位	2002.10	国家统战部、国家民委
同心县丁塘镇中心学校	南山区"普初"工作先进集体	2003.8	自治区人民政府
海如女中（今四中）	全国民族教育先进集体	2003.9	国家教育委员会
同心县第一小学	全国读书读报活动先进集体	2005.9	共青团中央、教育部、全国少工委
丁塘中学	"西部地区'两基'攻坚先进单位"	2007	教育部
教育局	全区"两基"迎国检先进集体	2008	自治区人民政府
同心县第一小学	全国少先队红旗大队	2008.10	共青团中央、教育部、全国少工委
教育局	全区教师自制优秀教具评选活动优秀组织奖	2009.7	教育部、人力资源部
海如女中（今四中）	第二批自治区级语言文字规范化示范校	2009.7	自治区人民政府
同心县第一小学	第二批国家级语言文字规范化示范校	2009.7	自治区人民政府
石狮中学	全国教育系统先进集体	2009	教育部
石狮中学	全国教育系统"祖国万岁"歌咏活动"优秀组织奖"	2009.9	教育部，中央文明办，中共重庆市委、重庆市人民政府
同心县第一小学	全国青少年创意大赛团体金奖	2009.10	全国青少年创意大赛组委会
同心县实验小学	全国优秀少先队集体荣誉称号	2009.10	共青团中央、教育部、全国少工委
同心县第二小学	自治区未成年人思想道德建设工作先进集体	2010.5	自治区精神文明建设指导委员会
同心县	"第三届全国亿万学生阳光体育冬季长跑活动"优秀组织奖	2010.10	教育部、国家体育总局、共青团中央
海如女中（今四中）	国家级语言文字规范化示范校	2011.12	教育部
同心中学	全区教育系统先进集体	2011	自治区人民政府
同心二中	零犯罪学校	2014.8	中国关心下一代委员会、国家司法部、中央社会治安综合治理委员会办公室
同心县第一小学	零犯罪学校	2015	国家关工委、司法部、中央综治委
同心县第五中学	全国青少年校园足球特色学校	2017	教育部
韦州女小（今红星小学）	"八一"军民共建学校	2017.9	宁夏军区
海如女中（今四中）	全国教育系统先进集体	2019.9	人力资源和社会保障部，教育部
同心县第二小学	自治区文明校园	2020.4	宁夏回族自治区精神文明建设指导委员会
海如女中（今四中）	全区"七五"普法工作先进集体	2021.12	中共宁夏回族自治区委员会、宁夏回族自治区人民政府
同心县第五中学	全国中小学中华传统文化传承学校（第三批）	2022	教育部
同心县韦州镇红星完全小学	"八一"爱民学校	2022.3	教育部、中央军委政治部
同心县同心中学	自治区文明校园	2022.4	宁夏回族自治区精神文明建设指导委员会
同心县实验小学	2022—2024年度自治区文明校园	2022.4	宁夏回族自治区精神文明建设指导委员会
同心县王团镇中心学中心完全小学	全国乡村温馨校园建设典型案例学校	2023.4	教育部
同心县王团镇中心学中心完全小学	2023年全国红领巾中队	2023.6	全国少工委

同心县教育系统荣获地（厅）级表彰的先进集体名录

单位	荣誉称号	获奖时间	授奖级别
同心县第二小学	全区学校体育卫生工作优秀学校	2001.10	自治区教育厅
同心中学（今三中）	全区中小学幼儿园教研工作先进集体	2002	自治区教育厅
同心县第一小学	远程教育项目小学生 Powerpoint 作品评选活动组织奖	2003.9	中央电教馆、中国联合国儿童基金会
同心县第一小学	宁夏回族自治区标准化学校	2003.10	自治区教育厅
海如女中（今四中）	卫生先进单位	2003.10	宁夏回族自治区爱卫会
同心县第一小学	全国中小学民族团结教育先进集体	2003	教育部办公厅、国家民委办公厅
同心县同心中学	教育系统民主管理示范学校	2004	自治区教育厅、教科文卫体工会
同心县同心中学	学校体育工作先进集体	2004	自治区教育厅
同心县同心中学	全区中小学课堂教学质量工程先进集体	2004	自治区教育厅
同心县实验小学	2004年全区中小学教师继续教育先进集体	2004.4	自治区教育厅
同心县同心中学	平安模范校园	2005	自治区社会治安综合治理委员会
同心县丁塘镇中心学校	2004年全区中小学教师继续教育先进集体	2005.3	自治区教育厅
同心县实验小学	2004年全区中小学校本培训先进集体	2005.3	自治区教育厅
同心县实验小学	自治区治理教育乱收费先进单位	2005.4	中共宁夏回族自治区教育工作委员会、自治区教育厅
同心县实验小学	全区教育系统"师德建设年"活动先进集体	2005.9	自治区教育厅
同心县同心中学	全区学校语言文字工作先进集体	2006	自治区教育厅
同心县第三小学	全区中小学校本培训先进集体	2006.3	自治区教育厅
同心县韦州镇中心学校	全区教师继续教育先进集体	2006.3	自治区教育厅
同心县丁塘镇中心学校	宁夏农村中小学现代远程教育工作先进集体	2007	自治区教育厅
同心县实验小学	全区教科文卫体系统先进教工之家	2007.1	宁夏回族自治区教科文卫体工会委员会
同心县实验小学	全区"法律进学校"试点单位	2007.2	宁夏回族自治区依法治区领导小组、司法厅
同心县实验小学	宁夏回族自治区德育示范学校	2007.8	自治区教育厅
同心县同心中学	食品卫生等级"A级单位"	2008	自治区卫生厅
同心县实验小学	关心下一代工作先进学校	2008.9	自治区教育厅关工委
同心县同心中学	自治区防震减灾科普示范学校	2009	自治区地震局、教育厅、科技厅、科协科技厅、科协
同心县同心中学	第二届宁夏中小学教研先进集体	2009	自治区教育厅
同心县第二小学	自治区级语言文字规范化示范学校	2009.7	宁夏回族自治区语言文字工作委员会
同心县实验小学	自治区级语言文字规范化示范学校	2009.7	宁夏回族自治区语言文字工作委员会
同心县第一小学	第三届中国青少年创意大赛暨知识产权宣传教育活动总决赛中获团体金奖	2009.7	中国教育协会、国家工商行政管理总局、商标局、中国版权协会
同心县第二小学	国家级语言文字规范化示范学校	2009.8	中华人民共和国教育部国家语言文字工作委员会
同心县同心中学	示范家长学校	2010	自治区妇联、教育厅
同心县河西镇中心学校	全区中小学党的建设工作先进集体	2010.3	中共宁夏回族自治区教育工委、中共自治区教育厅党组
同心县第一小学	全国青少年版权保护知识竞赛活动优秀组织奖	2010.4	国家教育学会

（续表）

同心县韦州镇中心完全小学	全区农村留守流动儿童示范家长学校	2010.5	自治区妇联、教育厅
同心县第二小学	示范家长学校	2010.5	宁夏回族自治区妇联、自治区教育厅
同心县实验小学	示范家长学校	2010.5	宁夏回族自治区妇联、自治区教育厅
海如女中（今四中）	2010年全区中学生球类运动会篮球初中男子组第三名	2010.8	自治区教育厅
同心县第二小学	2009—2010学年支教帮扶工作先进集体	2010.11	宁夏回族自治区支援基层教育工作领导小组
同心县第一幼儿园	"会爬的小乌龟"荣获全国幼儿园优秀自制玩教具一等奖	2010	教育部教学仪器研究所、全国妇联儿童工作部、中国学前教育研究会
同心县同心中学	自治区语言文字规范化示范校	2011	自治区语言文字工作委员会、教育厅
海如女中（今四中）	自治区语言文字规范化示范校	2011.2	自治区教育厅
同心县丁塘镇中心学校	全区教育系统先进基层党组织	2011.6	自治区教育工委、自治区教育厅党组
同心县实验小学	全区依法治理示范单位	2011	宁夏回族自治区依法治区领导小组
同心县第二小学	全区教育系统先进基层党组织	2011.6	自治区教育工委、自治区教育厅党组
同心县第二小学	全区教育系统党建示范点	2012.6	自治区教育工委、自治区教育厅党组
同心县实验小学	国家级规范汉字书写教育特色学校	2012.6	教育部语言文字应用管理司
同心县第一小学	交通安全手抄报优秀组织奖	2012.6	自治区教育厅
同心县第一小学	"珍爱生命、文明交通"全区中小学生校园手抄报比赛优秀组织奖	2012.6	自治区交通厅、自治区教育厅
同心县第一小学	自治区教研工作先进集体	2012.8	自治区教育厅
同心县第二小学	全区第三届"唱支歌儿给党听"学生合唱节二等奖	2012.10	自治区教育厅
同心县第一小学	宁夏回族自治区书香校园	2012.12	自治区教育厅
同心县第一小学	全区安全管理示范化学校	2013	自治区教育厅
同心县第一小学	民族团结进步创建模范学校	2013.1	自治区教育厅民族团结进步创建活动小组
同心县第一小学	民族团结进步创建活动模范学校	2013.1	自治区党委统战部自治区民族事务委员会
同心县第一小学	全区安全管理示范学校	2013.3	自治区教育厅
同心县第二小学	全区优秀少先队大队	2013.8	共青团宁夏回族自治区委员会、自治区教育厅
同心县实验小学	五好基层关工委先进集体	2013.9	中国关心下一代工作委员会
同心县第一小学	自治区卫生先进单位	2014.6	自治区卫生厅、自治区教育厅
同心县第五中学	自治区学生校园定向比赛体育道德风尚奖	2014.7	自治区教育厅
同心县韦州镇中心完全小学	农村义务教育学生营养改善计划师范学校	2014.11	自治区教育厅
同心县第一小学	自治区艺术教育先进集体	2015.2	自治区教育厅
同心县第一幼儿园	全区安全管理规范化示范学校	2015.4	自治区教育厅
同心县第一小学	青少年科技创新大赛优秀学校	2015.6	自治区科技局、自治区教育厅
海如女中（今四中）	宁夏回族自治区治安模范单位	2015.12	自治区社会治安综合治理委员会
同心县第一小学	自治区毒品预防教育示范学校	2016.1	自治区禁毒办、自治区教育厅、自治区团委
同心县丁塘镇中心学校	先进基层党组织	2016.6	自治区教育工委、自治区教育厅党组
同心县第一小学	自治区第六届合唱艺术节二等奖	2016.11	自治区教育厅
同心县第一小学	宁夏回族自治区第六届学生合唱艺术节二等奖	2016.11	自治区教育厅
同心县同心中学	自治区教育系统基层服务型星级党组织	2017	宁夏回族自治区教育工委
同心县第一小学	自治区文明校园	2017	自治区文明委
同心县第三小学	民族团结教育模范学校	2017.3	自治区教育厅

（续表）

韦州女小（今红星小学）	全区民族团结教育模范学校	2017.3	自治区教育厅
同心县第一小学	自治区文明校园	2017.4	自治区文明委
同心县第二小学	全区中小学学生毒品预防教育才艺大赛三等奖	2017.6	自治区教育厅、自治区禁毒委员会
同心县第二小学	全区青少年禁毒知识竞赛优秀学校奖	2017.6	自治区禁毒办、自治区教育厅、自治区团委
同心县第一小学	全区禁毒知识竞赛优秀学校	2017.6	自治区教育厅
同心县丁塘镇中心学校	阳光校餐星级学校	2017.6	中国发展研究基金会
同心县第三小学	明德小学品牌建设工程项目优秀奖	2017.6	自治区教育厅
同心县第一小学	全区青少年禁毒知识竞赛优秀学校	2017.6	自治区禁毒办、自治区教育厅、自治区团委
同心县实验小学	民族团结进步创建活动示范学校	2017.11	自治区党委统战部自治区民族事务委员会
同心县第一幼儿园	全区第四届幼儿园优秀资质玩教具评选活动优秀组织奖	2018.7	自治区教育厅
同心县第一幼儿园	宁夏回族自治区示范幼儿园	2018.9	自治区教育厅
同心县第二小学	第八小学申报的古老口弦奏美育新曲课堂案例获全区第六届中小学生艺术展演活动美育改革创新优秀案例小学组一等奖	2018.12	宁夏教育厅
同心县第二小学	第二小学申报的同心县农村薄弱地区音乐美育改革创新——小学音乐课程教学改革之初探案例获全区第六届中小学生艺术展演活动美育改革创新优秀案例小学组二等奖	2018.12	宁夏教育厅
同心县同心中学	自治区教育系统五星级基层党组织	2019	宁夏回族自治区教育工委
海如女中（今四中）	"一师一优课、一课一名师"活动优秀组织单位	2019.3	区教育厅教研室、宁夏教育信息化管理中心
同心县第二小学	自治区毒品预防教育示范学校	2019.4	宁夏回族自治区禁毒委员会
同心县第二小学	宁夏"健康人生绿色无毒"主题朗诵大赛优秀作品奖	2019.6	自治区无毒宣传部、自治区文明办、自治区教育厅
同心县丁塘镇中心学校	示范希望小学	2019.11	中国青少年发展基金会
同心县职业技术学校	全区民族团结进步示范学校	2019.12	自治区党委统战部自治区民族事务委员会
同心县同心中学	自治区毒品预防教育示范学校	2020.7	宁夏回族自治区禁毒委员会
同心县第二小学	五星级基层党组织	2020.7	自治区教育工委、自治区教育厅党组
海如女中（今四中）	区级民族团结建工作示范学校	2020.9	自治区党委统战部、自治区民委
同心县第五中学	2020年宁夏青少年校园足球联赛体育道德风尚奖	2020.12	宁夏教育厅
同心县第三小学	全区第七届中小学生艺术展演三等奖	2021.2	自治区教育厅
同心县第一小学	自治区文明校园	2021.4	自治区文明委
同心县实验小学	先进基层党组织	2021.6	中共宁夏回族自治区教育工委、中共自治区教育厅党组
同心县第二小学	先进基层党组织	2021.6	中共宁夏回族自治区教育工委、中共自治区教育厅党组
同心县第一小学	全区"我心中的人民防空"优秀组织奖	2021.12	自治区人民防空办公室
同心县第二中学	全区第七届中小学生艺术展演舞蹈类中学甲组二等奖	2021.12	自治区教育厅
同心县职业技术学校	全区第七届中小学生艺术展演三等奖	2021.12	自治区教育厅
同心县第二小学	全区第七届中学学生艺术展演声乐类小学甲组一等奖	2021.12	自治区教育厅

（续表）

同心县第二小学	全区第七届中学学生艺术展演艺术实践工作坊小学组三等奖	2021.12	自治区教育厅
同心县第二小学	全区第七届中学学生艺术展演舞蹈类小学组甲组三等奖	2021.12	自治区教育厅
同心县第一小学	自治区少先队红旗大队	2022.1	自治区少工委
同心县特殊教育学校	自治区德育示范校	2023.1	自治区教育厅
同心县实验小学	全区第二批中小学劳动教育示范校	2023.1	自治区教育厅
同心县实验小学	自治区国家安全宣传教育示范点	2023.4	自治区党委国安办、自治区教育厅、自治区党委党校
同心县王团镇中心学中心完全小学	自治区第三届"守住钱袋子·护好幸福家"防范非法集资短视频征集大赛优秀奖	2023.5	宁夏回族自治区防范和处置非法集资工作领导小组办公室
同心思源实验学校	第二届全区青少年旱地冰壶展演赛女子团体第一名	2023.7	自治区体育局
同心思源实验学校	第二届全区青少年旱地冰壶展演赛混合团体第一名	2023.7	自治区体育局
同心县第四中学	2023年全区教育工作先进集体	2023.8	自治区教育厅
同心县王团镇中心学校	全区教育工作先进集体	2023.9	自治区教育厅
同心县豫海中学	全区教育系统先进集体	2023.9	自治区教育工委、自治区教育厅
同心县职业技术学校	全区教育工作先进集体	2023.9	自治区教育工委、自治区教育厅
同心县第二小学	全区教育工作先进集体	2023.9	自治区教育工委、自治区教育厅
同心县实验小学	"沐浴书香德馨满园"读书教育案例荣获全区中小学读书教育典型案例	2023.12	宁夏教育电视台、自治区教育厅教学研究室
同心县第二小学	全区民族团结进步示范区示范单位	2023.12	宁夏回族自治区统战部
同心县第二小学	自治区优质教育集团	2023.12	自治区教育厅

第二节 | 人 物

一、人物传略

孟长有（1914—1941），中共党员，生前利用教书为掩护，在海如学校宣传中国共产党的抗日救国主张，开展革命活动。他积极争取校长李士林的支持，共同克服困难，努力办好学校。他与李士林共同制定了"五不五提倡"的新校规："不录用反动分子，不娶缠足媳妇，不买不用日货，不体罚学生，不做亡国奴"；提倡"读书救国，提倡循循善诱，提倡教学相长，提倡重视体力劳动，提倡文化娱乐与体育相结合"，在学生中教唱《大刀进行曲》、岳飞的《满江红》等歌曲。这些新校规体现了新式教育思想，废除了旧式打骂教育制度，重视培养学生的爱国进步思想，这在当时宁夏教育系统是独树一帜的。

王丕烈（1904—1963），字显哉，宁夏隆德县人。自幼入塾受业，聪颖好学。1921年，考入甘肃平凉第七师范学校。在校期间，品学兼优，毕业后返里，任好水村三道庄初小教师。

1926年，经同乡推荐，任平凉高等法院第一分院民庭庭长刘春溥公馆塾师。3年后，经刘春溥推荐，任兰州高等法院录事。1930年辞职后，经同学推荐，充任《陇东民报》社收发。先生秉性耿直，不善夤缘，不及二载，辞职回乡，依旧执教，任隆德县模范小学语文教员，后任校长。1941年，受聘到同心城完小任教。此后，一直在同心从事教育工作。1942年，调五里墩初小任教，成绩显著。1947年，调豫旺完小任教至1949年。1950年，学校裁减，后经举荐，到汪家塬初小任教，后任校长。在校长任期，勤勤恳恳，尽心地方教育。从修建校舍、动员群众送子女上学，到教书育人，无不竭力。汪家垣地处偏僻，文化落后，办学条件极差，既无校舍，又缺桌凳，学生在两孔窑洞里上课。后来学生增多，容纳不下，他便带领学生又修建了一孔窑，没有桌凳，他就亲自砌泥台当桌子。学龄儿童不入学，尤其是女童更不入学，他就挨门逐户动员，宣传读书识字的好处，并编成快板，组织学生广泛宣传，很快提高了学龄儿童入学率。

他为人谦和，爱生如子，但执教极严，且教书有方。所授课文，学生皆明，高小程度，便能书信往来，草拟契约，大为群众赞赏。并为汪家源培养出第一代女高小毕业生。1954年，被评为六区（今预旺）模范教师。1957年，获甘肃省优秀教师铜质奖章。他一生苦守清贫，克勤克俭，从未要任何照顾。但却能用节俭资金添置教学用品和帮助家庭困难学生买学习用品。尽心教育、辛劳卓著，常常带病坚持教学，无论严寒酷暑，从不缺课。1962年，年近花甲的王老先生，身患肺炎，病情严重，仍坚持执教，痛苦之情，学生皆泪。后经领导再三劝阻，方离教就医。但病入膏肓，医治无效，翌年病逝，享年59岁。

王揖让（1904—1987），号公宇，回族，同心县韦州镇人。童年入韦州清真高等完小读书。1922年8月，考入甘肃省立第五中学就读。因家境困窘，未及毕业，即辍学务农。1925年，被招募到国民党宁夏暂编二十二师（马鸿宾部）六十四旅一团二营五连任连长。1930年，因兵连祸结，又不适鞍马劳顿，即解甲归田。1931年，应聘到灵武崇兴寨完小任训育主任兼教员，从此开始了教学生涯。

1933年，仟宁夏省立第一中阿学校会计、文牍等职。1935年9月，仜省立灵武回民完小教务主任，后任灵武左营乡初小校长、省立何家巷回民小学校长。1940年10月，返桑梓，任韦州完小教务主任，1947年任校长。1949年9月，韦州解放。10月，受区委任命，任韦州完小校长至1958年。

韦州完小原系庙地，校舍年久失修，破烂不堪。一方面带领师生维修校舍，自制粉笔；另一方面向社会募捐，修建校舍，使校貌一新。他利用集日，宣传、动员群众送子女上学。1951年，被评为省甲等模范教师，出席了首次宁夏省模范教育工作者会议。韦州完小被评为全省甲等模范学校。

1950年，积极开展扫盲活动。动员青年，妇女上夜校。在开办文化研究班，教授国语、土改农村政治、时事政策等。1985年，年逾八旬的王老先生仍念念不忘教育，在全镇普教大会上，大讲文化科学技术的重要性，大讲"百年大计、教育为本"的真谛，提倡全镇人民尊师重教，捐资拥学，踊跃读书。1987年病逝，终年83岁。

侯文元（1938.3—1966.8），回族，北京市人。1951年9月入北京市回民学院，先后在初中部、师范部学习，品学兼优。1956年加入共青团，1957年7月毕业。毕业后，响应党的号召，支援宁夏建设，来到同心县韦州完小任教。1958年，下乡扫盲，蹲点红沟窑。白天，同群众一道劳动；晚上，组织群众上夜校。1959年，调同心师范附小任教。1960年，任附小副教导主任兼团总支委员、教师团支部书记。暑期，放弃探亲假，把40间新校舍的电灯线全部安装好，还修好了所有的坏课桌凳，为学校节省了开支。为此，出席了县庆功表模大会，受到县政府表彰。

1961年，调马高庄张家庄完小兼公社团委委员、学区团支部书记。马高庄山大沟深、偏僻落后，环境恶劣，有时连水都吃不到。但侯老师不畏艰苦，乐挑重担，经常到初小检查指导工作，一日四十里，履险如夷。1963年，调县城完小任副教导主任。他带动青年教师、学生，开展向雷锋同志学习的活动。他身体力行，为青年学生做出了榜样，被自治区团委评为全区"开展向雷锋同志学习"的积极分子。1964年9月，作为骨干教师，到宁夏教师进修学校深造。1966年8月，因故去世。1980年4月30日，同心县委恢复其名誉，补发埋葬费和抚恤金，并发给遗属生活补助，遗孤由国家抚养。

苏盛华（1897—1992），字实如，曾用名苏锦兰，回族，同心县韦州人。大学文化。民国8年（1919）入韦州清真小学读书，毕业后考入甘肃省立第五中学，后入北大就读。1926年，受国民党甘肃省党部委派回镇戎县（今同心县）筹办党务兼任县教育局长。后任灵武县吴南乡清真完小校长。

抗日战争爆发后，被委任为国民党宁夏省党部准训科长，后任总务科长。1939年，任磴口县县长。1943年任宁夏省参议。1947年3月，接任中宁县县长至宁夏解放。其间解救过革命领导干部亲属，冒险开仓放粮赈济百姓。1949年8月，宁夏省主席马鸿逵下令中宁县伐树放水阻止人民解放军入境，苏盛华毅然做出对策，免除了灾难。新中国成立后，他拥护党的各项方针政策，建国初任吴忠市政协委员，中共十一届三中全会后任自治区伊协委员、同心县政协委员。在乡间行医治病，为县内外众多患者解除疾病痛苦。

崔振增（1933—1993），男，汉族，河北省安国县人，中共党员。1958年毕业于北京外国语学院。因德才兼备，被确定为留苏预备学员。1958年作为支宁教师，分配到同心中学任数学教师，后来由于工作出色，被提拔为副校长。他为人师表，励精图治，以卓越的管理才华和出众的教学成果，赢得了师生的爱戴和领导的信任。1978年6月，县人民委员会任命他为同心县教育局副局长。1981年2月，调宁夏教育学院任人保处处长，后为人事处处长。

李士林（1900.8—1993.12），字自洁。男，回族，预旺人。幼入塾，聪颖勤奋，继而就读于下马关高小，中卫中学。1911年考入宁夏（银川）蒙回师范，毕业后曾留校当音乐教师，不久随父到绥远马云亭公馆私塾做伴读，之后，游学津京。1926年于北京孔大国学专修科毕业回宁，在下马关南关初小教书。

1939年，受聘担任国民私立海如完全小学校长。聘请中卫县孟长有、任子裕等汉民教师任教，由此，李士林结识了孟长有，在孟长有的影响下，开始搞革命活动。他积极掩护孟长有做党的地下工作，参与抗日救亡活动。孟长有被捕后，他曾设法营救，孟长有牺牲后，他坚持新校规恪守不渝，并鼓励学生继承烈士遗志，奋发读书救国。1943年后任宁夏省行政专署科长，省级秘书，秘书长等职。1946年当选为"国大"第三名候补代表。

新中国成立后，他认真贯彻"积极维持、加强领导、逐步改造"的方针，借鉴苏联的经验，对旧教育制度进行了根本性的改造。1950年3月至1957年任同心县教育科长。要求学校认真执行《小学暂行规程（草案）》，使全县教育工作有了明确的方向。1954年，他按照宁夏省人民政府关于进一步整顿和改造小学的指示，率领工作组，深入全县各区整顿教育工作。1958年，被划为"右派"，撤职交农业社监督劳动，1979年平反。晚年的李士林不忘教育事业，撰写了《同心县1911年到1919年的小学教育概况》，提供了20世纪初同心教育发展的宝贵资料。

周昭亮（1922—2020.7），又名周明，男，汉族，广东省潮阳县峡山镇人。1942年，毕业于上海江苏省立南通中学。1954年后在上海、江苏两地中学代课。1958年，支宁到同心中学任教。1981年以来，历任县政协第二届常委、第三、第四届副主席，县第十一届人大代表，自治区六届人大代表。1985年，银南行政公署授予他"为同心中学英语教学工作作出贡献"荣誉证书，1987年晋升为中学高级教师。1979年，学校开设英语课，因师资缺乏。他凭着自学过的英语基础，走上了英语讲台，担任英语教研组长，任教的两届毕业生，英语高考成绩均高出全区平均水平。1984年，担任县政协副主席后，仍坚持站讲台，就连外出开会，也不忘备课，从不耽误一节课。被评为自治区社会科学先进工作者、自治区教书育人先进工作者、"两个文明"建设先进个人、"自治区政协委员为四化建设服务先进个人"等荣誉称号。《宁夏日报》4次刊登了他的照片和先进事迹，电台多次报道。

张国华（1935—2021），男，汉族，宁夏中卫人，中共党员，西北师范大学地理系毕业，中学高级教师、历任班主任、教研组长、团总支部书记、教革组长、副教导主任、副校长、校长、党支部书记；教育局党委委员、宁夏地理教学研究会理事；县政协五届、六届常委；受到国家教委，劳动人事部，中国科协表彰奖励。《如何调动中学生学习地理的积极性》选入《特级教师的风采》一书。《同心地理》乡土教材获国家教委全国优秀乡土地理教材鼓励奖，1994年被区政府授予中学特级教师荣誉称号。

邱琳玉（1935—2013.5.11），男，汉族，甘肃民勤县人。中学高级教师。1957年，从甘肃师范专科学校毕业后，统一分配到同心工作，在同心中学任数学教师。1987年调县教研室，任中学数学教研员。他几十年如一日，以身立教，严谨治学，不辞辛苦，谆谆教诲。凡要求学生做到者，必先亲躬，处处为学生做出表率。在长期的班主任工作中，探索出一套教书育人的经验。凡他带过的班，都被誉为先进集体班。1982 年，被评为银南地区"模范班主任"。翌年被评为自治区"模范班主任"，同时荣获中华全国总工会"优秀工会积极分子"和自治区"科技先进工作者"称号。1988 年 4 月，出席了在北京召开的"全国民族团结进步先进集体、先进人物表彰大会"，被国务院授予"民族团结先进个人"荣誉称号，同年被自治区党委、自治区人民政府评为"全区民族团结先进个人"。

马奎亮（1937—2017.6），男，回族，北京市人，小学高级教师。1957 年，从北京市第 14 中学毕业后，支宁到同心，先后在韦州学区、窑山、羊路中学任教。刚到同心，被分配到新庄集南关口初小任教。没有学生，他挨门逐户去动员，说服家长送子女入学；没有教室，他带领学生修复了一孔驴窑当教室，学生由原先的 8 人跃增到 56 人。为解决办公用品和帮助家庭困难的学生买学习用品，他利用课余时间，带领学生拾发菜，采药草，还种了洋芋等，用所得收入改善了办学条件。《宁夏日报》《人民日报》曾报道他的办学事迹。1959 年，当选为宁夏代表出席了国庆十周年观礼。1960 年，被评为全国文教方面先进工作者，出席了全国文教群英会，受到党和国家领导人的接见。

李惠仁（1941—1995.1），男，汉族，中学高级教师，宁夏中卫县人。1965 年，毕业于宁夏大学数学系，先后在羊路中学、同心中学任教。历任数学教研组长、教导主任、副校长。1984 年 7 月加入中国共产党。曾任银南地区数学学会理事、同心县数学研究会理事长。教学论文《数学概念的教学》，获银南地区 1987 年教育教学改革研究优秀论文奖。1984 年因教学管理工作突出，受到全县通报嘉奖。1985 年被评为县、银南地区、自治区模范教师。

马占胜（1942—2021），男，回族，中共党员，小学高级教师。下流水人，1961 年毕业于同心初师，先后在下流水、喊叫水、羊路、河西乡任教，同心县第十二届人大常委会委员。1989 年被评为自治区扫盲先进工作者，并受到国家教委、人事部、全国教育工会的联合表彰，荣获"全国优秀教育工作者"奖章。

李长春（1954.12—2018.10），男，回族，同心县石狮镇人。大专毕业，中学体育高级教师。1983 年 3 月调任同心中学担任体育教师。在教学工作中，注重加强"双基"教学，以生动而有趣的教学形式，讲练结合，提高了学生的综合素质，增强了学生体质，促进了学生的身心发展。他对学生专业队的训练富有经验，从 1985 年到 2001 年，经他辅导的 19 名学生考入了各类体育院校。1987 年，被中共同心县委、人民政府授予"记功奖"；1995 年被中共同心县委、人民政府记三等功，银南行政公署授予地区"先进教育工作者"称号；1999年10月，被国家教育部、国家体育总局授予"全国体育工作先进个人"称号。

马玉萍（1955—1995），女，回族，同心王团镇人，初中毕业，曾在西吉县、阿左旗哈腾等地学校任民办教师，1984年任河西乡河草沟小学民办教师。她为了扫除本村回族女青年文盲，克服了家中公爹病瘫在床，婆母年老体弱，孩子年幼，丈夫在外工作等重重困难，放弃了6年的寒假休息，扫除妇女文盲320名，被评为全县的"模范扫盲员"。《宁夏日报》报道了她的扫盲事迹。1990年荣获全国妇联、国家教委联合颁发的"巾帼扫盲杯"。

李进祥（1968—2019.6），男，回族，宁夏同心人，中共党员，大学本科学历。1986年7月毕业于吴忠师范学校，先后在同心王团中心完小、同心一小任教。2003年调县教育局工作，后调自治区文联工作。中国作家协会会员，宁夏作家协会副主席。曾就读于鲁迅文学院青年作家高级研讨班。荣获第十届少数民族文学骏马奖，先后有10余篇小说入选《新华文摘》《小说选刊》《小说月报》等，6篇小说连续5年入选全国年度短篇小说选本，2篇小说连续入选中国短篇小说排行榜，多篇小说获奖。作品被译介为英文、法文、希腊文等。被评为自治区"四个一批"文艺人才，自治区首批"塞上文化名家"。

二、人物简介

曹作田（1938.3—　　），男，汉族，天津市人，中共党员，大学文化，中学化学高级教师。1959年调同心中学任化学教师。自治区第六届人大代表。论文《浅析青少年家庭教育》获自治区妇联、宁夏家庭教育研究会三等奖，《弘扬延安精神、关注未成年人思想道德建设》一文被银川市委老干部局评为优秀奖，1983年被国家劳动人事部、国家民委、中国科技协会评为科技工作先进个人。1987年被评为自治区优秀党员，2009年自治区精神文明建设指导委员会授予"自治区孝老爱亲道德模范"称号。

李生权（1942—　　），男，汉族，同心马高庄乡人，初中文化程度，马高庄乡冯家湾村李庄小学教师。坚持开展勤工俭学活动，受到国家教委、国家计委、财政部、劳动部的联合表彰和奖励。李庄小学地处山区，干旱缺水，他带领小学生，在7亩山地种油料，勤工俭学收入达2500余元。他用勤费收入维修了校舍，更换了新课桌凳，连续14年免收学生学杂费、书本费。学生入学率由原来20%提高到98%。

王国华（1949.5—　　），男，回族，银川市人，1969 年下乡落户到同心，先后在预旺中学、王团中学任教。1987 年加入中国共产党。1984 年以来，带领全校师生进行"单元过关教学法"实验，取得了显著成绩。1989 年受到国家教委、人事部、全国教育工会的联合表彰和奖励，荣获"全国优秀教师"奖章。

马良惠（1950—　　），男，回族，小学高级教师。同心河西乡人，1975 年毕业于同心师范，先后在窑山、同心一小、河草沟小学任教。1978 年加入中国共产党。1981 年被评为自治区优秀辅导员，1983 年获银南地区模范班主任称号，同年，在全国"五讲四美为人师表"活动中，荣获教育部、全国教育工会联合颁发的"全国优秀教师奖章"。

马新兰（1952—　　），女，回族，小学高级教师。1968 年初中毕业，1971 年任韦州中心小学任教。1983 年加入中国共产党。连续 12 年被评为学区、县模范教师（班主任），4 次出席银南地区教育先代会，1988 年获国家教委授予的"全国德育先进工作者"称号，出席了全国德育工作会议，受到党和国家领导人的接见。1992 年 8 月 10 日，中央电视台东方时空——东方骄子播放了同心县韦州女子小学校长马新兰的事迹。

唐文昌（1954—　　），男，汉族，中师学历，小教高级，从教 40 年。先后在马高庄中心学校邱渠小学，下马关中心学校张家树完小任教；2014 年 10 月退休。1993 年 2 月，被同心县人民政府评为"基础教育质量效益年先进个人"；1995 年 9 月，被同心县人民政府评为"先进个人"；2000 年 9 月，被福建省教育厅、宁夏回族自治区教育厅评为"贫困地区优秀校长"；2007 年 1 月，被同心县人民政府评为"两基工作先进个人"；2007 年 9 月，被同心县人民政府评为"优秀教师"；2008 年 9 月，被同心县人民政府评为"两基迎国检先进个人"；2009 年 9 月，被中华人民共和国人力资源部和社会保障部、教育部授予"全国模范教师"奖。

马义海（1958.1—　　），男，回族，1980 年 7 月参加工作。中共党员，同心县窑山五道岭子小学校长。1987 年至 1995 年，先后三次被同心县委、人民政府授予记功奖；2001 年被福建省教育厅、宁夏教育厅评为宁夏贫困地区优秀中小学中青年教师；2005 年被吴忠市教育局评为中小学优秀校长；2007 年 4 月获自治区五一劳动奖章，2007 年 9 月荣获"全国模范教师"称号；2008 年 1 月，马义海作为教育界代表，受国务院邀请，参加了政府工作报告征求意见座谈会，受到了温家宝总理的亲切接见。2009 年 10 月，被自治区评为"60 位新中国成立以来感动宁夏人物"。

马国福（1963—　），男，回族，1975 年 7 月参加工作，中共党员，高级教师。先后在同心中学、第四中学任教，担任同心县二中副校长、副书记。作为世行贷款"贫困Ⅱ"项目改革女中课题组成员，参与撰写的课题报告《沟通教育与社会的桥梁——女中职业技术教育实验研究》被收入《山坳里的教育探索与实验》一书。多次获县级教学基本功大赛一等奖，多篇教学论文获区市级奖励或交流发表。

曾评为银南地区"目标教学先进个人"、同心县"学科带头人"、吴忠市优秀教师、县优秀兼职教研员和优秀督学，1993 年 9 月评为"全国优秀教师"并获得奖章，1996 年获自治区教书育人"先进个人"荣誉称号。

马成贵（1963—　），男，回族，中共党员，1986 年 7 月毕业于宁夏固原师专中文系，分配至预旺中学任教，其间先后担任语文教研组长、团委书记、政教主任和副校长等职。先后在预旺镇中学、下马关中学、同心六中担任校长。

被同心县委县人民政府记功奖励，授予优秀教师，"优秀校长"荣誉称号，被吴忠市委、市政府授予吴忠市优秀人才奖、吴忠市优秀党员荣誉称号，1999 年 9 月，荣获教育部、全国慈善总会颁发的首届"烛光奖"，2007 年 9 月，被自治区党委、自治区人民政府授予"优秀教育工作者"称号，2013 年 9 月荣获自治区总工会、自治区教育厅颁发的"9•10 教育奖章"，曾当选中国共产党同心县第九、十、十一届党代会代表。

康国荣（1964.9—　），男，汉族，中共党员，小学高级教师。1983 年 7 月毕业于宁夏固原师范，先后在中宁县喊叫水中心小学、同心县第二小学、县城第一小学、第四小学、第五小学任教。1991 年至 2004 年在同心二小任教务副主任、主任；2004 年至 2016 年任同心一小副校长；2016 年至 2019 年任县城四小书记、校长；2019 年至 2021 年 4 月任同心五小书记、校长；2021 年 6 月聘为教育系统专职督学。工作 40 余年，先后获得县、市、区"优秀教育工作者""优秀学科带头人""德育先进工作者"等荣誉称号。1989 年获全国辅导员"技能技巧"奖；同年受到国家教委、人事部、全国教育工会的联合表彰奖励，被评为"全国优秀教师"，荣获"全国优秀教师"奖章。

王建林（1969—　），男，汉族，中共党员，在职大学本科学历，中小学高级教师。先后在预旺中学、汪家塬九年一贯制学校、马高庄乡中心学校、下马关镇中心学校工作，在担任汪家垣九年制学校英语教师时，曾创下中考全县总分前 10 名学生中有 5 名学生出自他班的佳绩；辅导学生参加全国英语竞赛先后有 11 名学生获奖，其中张亚萍同学获当年的初二全国特等奖。所带初中毕业班英语单科成绩连续五年名列全县前茅。1999 年 5 月，县委宣传部和教育局先后印发了

《关于开展向优秀教师王建林同志学习的通知》在全县开展了"树形象、做标兵"师德集中教育。1999年3月，荣获联合国计划开发署"国际青少年消除贫困奖"。1999年5月，荣获"宁夏首届'五四'青年奖"。1999年10月，被评为"自治区优秀教师"。2008年8月，被吴忠市委、市政府评为"两基"迎国检先进个人。

曹　本（1969—　），女，汉族，大学本科，先后在同心县韦州中学，同心县第四中学任教。1999年8月，被中国数学会奥林匹克委员会授予中国数学奥林匹克二级教员称号；2001年9月，被中华人民共和国教育部授予全国优秀教师称号，并由国家教育部颁发奖章一枚，2006年12月出席了吴忠市工会第二次代表大会；2007年到2022年连任同心县政协第九、十届、十一届政协委员，先后被同心县委员会、同心县人民政府授予"名师""最美同心人"等荣誉称号，2011年4月在全国初中数学竞赛中，所辅导的学生有一人获全国一等奖，一人获区级一等奖，一人获区级三等奖，本人荣获"优秀辅导员"奖，2011年9月被吴忠市人民政府授予"名师"荣誉称号；先后被政协同心县委员会评为"政协同心县九届委员会优秀提案人""政协同心县第十届委员会提案工作先进个人"荣誉称号。有多篇论文发表，2003年，在中国教育教学研究会年度论文评比中，《谈数学转化思想在教学中的运用》被评为年度优秀论文，并荣获一等奖；2005年1月《重视孩子的责任感教育》一文发表在《中国教育研究与创新》上，并荣获一等奖。

康桂英（1981—　），女，回族，中共党员，教育硕士，一级教师。2009年12月宁夏回族自治区人民政府授予"全区残疾人自强模范"荣誉称号；2014年9月被中华人民共和国教育部授予"全国优秀教师"荣誉称号；2015年3月被同心县委、县政府授予"三八红旗手"荣誉称号；撰写《试论如何提高高一英语课堂教学的有效性》一文并发表在《教研周刊》上，2021年11月，撰写《词块教学法在高中英语阅读教学中的应用研究》一文发表在《教育科学》期刊上，多篇论文在全区教研论文评选活动中获奖。

马德林（1971—　），男，回族，中共党员，大学本科，高级教师，自治区骨干教师。同心县南安实验小学书记、校长。先后被同心县委、县政府评为优秀教师、名教师；被吴忠市委、市政府评为名教师、优秀共产党员、吴忠市好校长、先进德育工作者；2012年被评为"全区优秀少先队辅导员"，2019年9月被评为"全国特教园丁奖"。2022年2月获得全国残疾人文艺汇演优秀组织工作者，受到中国残联、教育部、民政部、广电总局、文化和旅游部联合表彰。

先后有10多篇论文在《宁夏教育》等刊物上发表。另有10多篇论文分别获得区市县级一二三等奖。主持研究自治区课题研究两项，其中《运动处方在提高小学体育运动能力中的应用》获得吴忠市2022年基础教育教学成果评选三等奖。

三、知名校友

同心籍副省级及以上领导人物名录

姓名	性别	民族	籍贯	职务级别
王正伟	男	回	王团镇	全国政协副主席、国家民族委员会主任、党组书记，中央统战部副部长等职，中央委员
周生贤	男	汉	韦州镇	自治区副主席、区党委常委、国家林业局常务副局长、局长，国家环保总局局长、环保部部长等，中央委员
文 力	男	回	丁塘镇	中共宁夏区纪律检查委员会书记、自治区人大常委会副主任，中央纪律检查委员会委员
马瑞文	男	回	豫海镇	石嘴山市市长、自治区政协副主席、党组成员，自治区人大常委会党组副书记，自治区人大常委会常务副主任，第十一届、十二届全国人大代表
洪清国	男	回	豫海镇	自治区政协副主席
洪维宗	男	回	豫海镇	自治区政协副主席、自治区人大副主任
吴玉才	男	回	豫海镇	吴忠市市长、自治区人大副主任
张 柱	男	汉	下马关镇	区农牧厅厅长、中卫市委书记、区党委常委、固原市委书记、银川市委书记、银川警备区党委第一书记、新疆维吾尔自治区党委副书记、组织部部长、自治区党委党校（行政学院）校长（院长）
马汉成	男	回	预旺镇	灵武市委书记、石嘴山市委副书记、固原市市长、固原市委书记、自治区政府副主席、自治区党委常委、统战部部长，自治区政协党组副书记
洪 洋	男	回	豫海镇	同心县政协副主席、吴忠市政协副主席、区伊斯兰教协会副会长、宁夏回族自治区十、十一届、十二届政协副主席
王 刚	男	汉	下马关镇	固原市委副书记、自治区农牧厅厅长、宁夏回族自治区石嘴山市委书记、市人大常委会主任、自治区党委常委、政法委书记，自治区法学会会长、河南省委常委、组织部部长、中共二十大代表、河南省十四届人大代表（2023年5月补选）

同心籍副厅（局）级及以上知名校友名录

姓名	性别	民族	籍贯	职务级别
杨生礼	男	回	豫海镇	武警宁夏总队副队长、队长，少将
焦万瑜	男	汉	韦州镇	武警西藏总队政委，中国森林武警总队副政委，少将
张　耀	男	汉	张家塬乡	宁夏消防总队总队长，大校
张志敏	男	回	豫海镇	区人大副秘书长、办公厅主任
吴国才	男	回	豫海镇	区民政厅厅长、自治区民委主任
苏尚礼	男	回	韦州镇	区总工会主席、自治区水利厅党组书记
黑有星	男	回	豫海镇	区高级法院副院长
张国琴	男	汉	张家塬乡	银川市委常委、区老干部局局长，宁夏"1236"总指挥部常务副总指挥
郭占元	男	汉	张家塬乡	银南地委副书记、自治区农建委主任
李文瑞	男	回	王团镇	自治区国税局副局长、局长
马　波	男	回	韦州镇	自治区自然资源厅厅长、党组书记
马汉文	男	回	豫海镇	自治区住房和城乡建设厅厅长、党组书记
马军生	男	回	豫海镇	自治区总工会党组书记、副主席
杜银杰	男	汉	马高庄乡	自治区党委组织部常务副部长
杨占武	男	回	预旺镇	区党委副秘书长、银川市委副书记、政协第十二届宁夏回族自治区委员会文化文史和学习委员会主任
何鹏程	男	汉	马高庄乡	区党委办公厅副主任、区政府副秘书长、区政府政研室主任等
洪梅香	女	回	豫海镇	银川市副市长、市政协主席
马　凯	男	回	韦州镇	银川市常务副市长、中共银川市市委常委、银川市政协主席等
马清贵	男	回	豫海镇	区劳动人事厅原副厅长、科技厅厅长等
杨少青	男	回	豫海镇	区文史馆馆长
赵明星	男	汉	预旺镇	兰州军区某部干事、北京军区某部副主任，大校
宋克强	男	汉	张家塬乡	海军南海舰队某部参谋、人事干事等，大校
苏致雄	男	汉	张家塬乡	海军南海舰队某部参谋、海军上海医院政委，大校
张　锦	男	汉	下马关镇	新华社秘书长、党组成员
杨　钊	男	回	豫海镇	自治区地税局副局长、自治区总工会常务副主席等
杨少俊	男	回	豫海镇	中央纪委国家监委驻中国工商银行纪检监察组组长、工行党委委员
李晓波	男	汉	韦州镇	自治区人力资源和社会保障厅党组书记、厅长
张　仁	男	汉	张家塬乡	区政府法制局副局长、法制局局长，司法厅副厅长，司法厅厅长
刘金虎	男	汉	张家塬乡	自治区工商联主席
马成义	男	回	豫海镇	银南地委副书记，吴忠市政协联络处主任
杨正英	男	回	马高庄乡	自治区政协提案委员会副主任
吴勇珍	男	回	河西镇	宁夏消防总队副队长
马成义	男	回	豫海镇	区卫生厅副厅长
刘秉武	男	汉	张家塬乡	区党委组织部处长、自治区党校副校长
肖金玉	男	汉	豫海镇	区高级法院纪检组长等
苏吉瑞	男	回	豫海镇	区宗教局副局长、民委副主任
张　秀	男	汉	下马关镇	区扶贫办主任、商务厅副厅长
张学诚	男	汉	预旺镇	区扶贫办副巡视员
马　勇	男	回	豫海镇	自治区编办副主任等

（续表）

丁 玲	男	回	丁家塘	自治区扶贫办副主任
黑智虎	男	回	豫海镇	自治区政府办公厅副主任，自治区药监局副局长
蔡 琚	男	汉	下马关镇	宁夏回族自治区党委办公厅处长、办公厅副主任等
杨有贤	男	回	张家塬乡	银川市副市长、常务副市长，中共银川市委常委等
杨文生	男	回	预旺镇	中卫市政协党组书记、市政协主席
杨少华	男	回	豫海镇	公安厅处长、副厅级侦查员，中卫市检察长、司法厅副厅长、中共宁夏供销总社党组书记
李 明	男	回	王团镇	自治区劳动人事厅处长、自治区社保局局长等
陈连书	男	汉	马高庄乡	宁夏消防总队固原支队队长、政委，自治区国税局副局长
郭 祥	男	汉	张家塬乡	吴忠市委办公室主任、秘书长，市人大副主任
鲍永能	男	汉	张家塬乡	陕西安康市委常委、组织部长，安康市政府常务副市长等
周广文	男	回	豫海镇	吴忠市检察院副检察长、检察长
王正儒	男	回	王团镇	固原市委常委、宣传部长
杨 文	男	回	豫海镇	固原市委常委、原州区委书记
滑志敏	男	汉	下马关镇	盐池县县长、县委书记，自治区党委农办主任，农业农村厅党组书记、厅长；固原市委书记；中国共产党宁夏回族自治区第十三届委员会委员，固原军分区党委第一书记
李玉山	男	回	王团镇	吴忠市利通区区长、吴忠市人民政府副市长
周 玮	男	回	豫海镇	自治区人民医院院长，宁夏医科大学总医院心脑血管病医院党总支副书记、院长
李晓延	女	汉	韦州镇	教育厅处长、宁夏职业学院副院长
刘红宁	男	汉	预旺镇	自治区经信委处长、宁夏宁东管委会副主任
马如林	男	回	预旺镇	自治区市场监督管理厅党组成员、副厅长，国家市场监督管理总局食品经营安全监督管理司副司长（挂职），自治区残疾人联合会党组书记、理事长
丁 洪	男	回		银川市政协副主席
马 晓	男	回	丁塘镇	自治区伊协副会长

同心县外同心籍正高级职称人员名录

姓名	性别	民族	籍贯	出生日期	工作时间	学历	工作单位	职称
周生贤	男	汉	韦州镇	1949.12	1968	硕士	国家环保部	高级经济师
张 锦	男	汉	下马关	1954	1975	大学	新华社	高级记者
吴国才	男	回	豫海镇	1943.10	1967	大学	区民委	高级政工师
吴玉才	男	回	豫海镇	1957	1975	研究生	自治区人大	高级经济师
杨少青	男	回	豫海镇	1943	1965	中专	宁夏文史馆	研究员
马忠杰	男	回	王团镇	1935.9	1957	大学	中国伊协	研究员
洪梅香	女	回	豫海镇	1951	1969.4	大专	银川市政协	高级政工师
郭占元	男	汉	张家塬	1938	1964.7	大学	自治区扶贫办	农业研究员
张 耀	男	汉	张家塬	1942	1967.7	大学	宁夏消防总队	书画研究员
杨正英	男	回	马高庄	1925.12	1949.12	大专	自治区政协	高级政工师
李文瑞	男	回	王团镇	1946.10	1972.8	大专	宁夏国税局	高级经济师
马 瑛	男	回	豫海镇	1950	1977	大学	银川书画院	国家二级画家 区文史馆特聘研究员
周广文	男	回	豫海镇	1945.10	1966	大专	吴忠市检察院	高级政工师

（续表）

马红霞	女	回	豫海镇	1965	1985	大学	银川书画院	国家二级画家
杨占武	男	回	预旺镇	1963.3	1983	博士	宁夏社科联	研究员
金学智	男	回	预旺镇	1962	1984	大学	石油四川总部	教授级高级工程师
王喜龙	男	汉	下马关	1972	1996	博士	南开大学	正教授
张昭	男	汉	韦州镇	1974	1995	大学	北京大学	正教授
马红儒	男	汉	马高庄	1960	1982	博士后	上海交通大学	理论物理学家 博士生导师
杨少俊	男	回	豫海镇	1968.11		博士	中国工商银行纪检监察组	博士研究生、导师
王正儒	男	回	王团镇	1980	2003	博士	固原市委宣传部	教授、研究员
郭龙	男	汉	张家塬	1959	1979	硕士	国龙医院	主任医师
张锦	男	汉	张家塬	1969	1989	博士	北京大学化学院	教授、中科院院士
杜建录	男	汉	张家塬	1962.2	1983	博士	宁夏大学西夏学研究院院长	教授、博士生导师
赵世华	男	汉	张家塬	1962	1984	硕士	宁夏林业产业发展中心主任	研究员
张廷杰	男	汉	张家塬	1946	1981	硕士	宁夏大学	教授、硕士生导师
陈广恩	男	汉	预旺镇	1971	1993	博士	宁夏大学	博士
金国宏	男	回	豫海镇	1954	1979	硕士	宁夏医科大学	主任医师、教授
张健	男	汉	张家塬	1967	1990.7	博士	西安建筑科技大学副校长	研究员
刘长青	男	汉	马高庄	1968		博士	宁夏区党校	教授
杨立斌	男	回	豫海镇	1963.7			宁夏区党校	正教授
李长德	男	汉	马高庄	1966	1988	大学	宁夏区党校	正教授
马少刚	男	回	豫海镇			硕士	西北民族大学	副教授
马成雄	男	回	豫海镇	1960.10	1980.7	大学	宁夏伊经学院	正教授
王开清	男	回	豫海镇	1963.1	1984.7	大学	宁夏经学院	正教授
刘万才	男	汉	马高庄	1967.3		博士	《中国植保导刊》杂志社	高级农艺师
杨少奇	男	回	豫海镇	1973.10	2001	博士	宁夏医科大总院	主任医师、教授
张秉宏	男	汉	预旺镇	1965	1989.7	博士	中国人民解放军总医院（301）	主任医师
陈兵	男	回	下马关	1966.1	1990.7	硕士	宁夏医科大总院	主任医师
马晓北	女	回	豫海镇	1970.11	1993	博士	中国中医院研究生部	主任医师、医学博士
孙继明	男	汉	张家塬	1967.12	1990.7	博士	中国科学院大气物理研究所	研究员
周少青	男	回	豫海镇			博士	中国社会科学院	研究员
任鑫	男	汉	张家塬	1978.11		博士	中国科学院国家天文台	高级工程师
周玮	男	回	豫海镇	1971.3		硕士	宁夏回族自治区人民医院	主任医师、教授
王学忠	男	汉	张家塬	1967.8	1990		宁夏医科大学附属医院	主任医师、副教授
李培润	男	汉	马高庄	1963	1981	大学	宁夏中医研究院	主任医师

四、先进人物

获得国家级、省部级荣誉称号，表彰的教师名录（1953—2022 年）

姓名	性别	工作单位	荣誉称号	授奖时间	授奖级别
常文恺	男	下马关学区小学	教育工作模范	1953	宁夏省政府
马尚清	男	王团庄小学	优秀教师	1957	甘肃省人民委员会
何桂敏	男	小学教师	先进工作者	1957	宁夏省人民委员会
姜廷琪	男	小学教师	先进工作者	1960	自治区人民委员会
张　芳	女	小学教师	先进工作者	1960	自治区人民委员会
孙荣华	男	预旺公社小学	先进工作者	1960	自治区人民委员会
张丽英	女	小学教师	先进工作者	1960	自治区人民委员会
勉等发	男	下流水小学	先进工作者	1960	自治区人民委员会
童子贤	男	韦州公社完小	先进工作者	1960	自治区人民委员会
锁国秀	男	预旺公社完小	先进工作者	1960	自治区人民委员会
杨海峰	男	喊叫水公社小学	先进工作者	1960	自治区人民委员会
张敏泉	男	韦州公社完小	先进工作者	1964	自治区人民委员会
张　雄	男	下马关中学	全区先进工作者	1982	自治区人民政府
严肃珍	女	同心一幼	全区先进工作者	1982	自治区人民政府
马如云	男	预旺完小	全区先进工作者	1982	自治区人民政府
周进虎	男	喊叫水学区	全区先进工作者	1982	自治区人民政府
刘万生	男	马高庄学区	全区先进工作者	1982	自治区人民政府
杨铭艳	女	张家塬中心小学	全区先进工作者	1982	自治区人民政府
黑建国	男	回民中学（今三中）	全区先进工作者	1982	自治区人民政府
马成芳	男	城关学区	全区先进工作者	1982	自治区人民政府
曹作田	男	同心中学	全国优秀教育工作者奖章	1983	科技工作先进个人、自治区优秀党员
李生权	男	马高庄学区	全国勤工俭学先进个人	1988	国家教委、国家计委、财政部、劳动部
邱琳玉	男	同心中学	民族团结先进个人	1988	国务院
王国华	男	王团中学	全国优秀教师	1989	教委、人事部、全国总工会
王玉梅	女	同心一小	全区优秀教师	1989	自治区人民政府
丁义华	男	韦州中心小学	全区优秀教师	1989	自治区人民政府
马光华	男	同心一小	全区德育工作先进个人	1989	自治区人民政府
王德海	男	下马关红城水完小	全区优秀民办教师	1990	自治区人民政府
周桂英	女	纪家乡段头子小学	全区优秀民办教师	1990	自治区人民政府
马百珍	男	羊路学区	全区优秀民办教师	1990	自治区人民政府
周建邦	男	喊叫水高岭村小学	全区优秀民办教师	1990	自治区人民政府
顾清保	男	城关学区	全区优秀民办教师	1990	自治区人民政府
王玉珍	女	同心三小	全区优秀民办教师	1990	自治区人民政府
马英智	男	下流水田滩村完小	全区优秀民办教师	1990	自治区人民政府
马新兰	女	韦州学区	全国"五一"劳动奖章	1993	全国总工会
马国福	男	第四中学	全国优秀教师	1993	国家教委全国教育工会

（续表）

贾春	男	同心中学	全国教育系统劳动模范	1994	国家教委全国教育工会
马进财	男	教育局	自治区优秀教师	1994	自治区人民政府
马学德	男	同心中学	自治区模范班主任	1994	自治区人民政府
金戈	男	同心一小	自治区优秀教师	1994	自治区人民政府
王建林	男	汪家源小学	宁夏五四青年奖章	1994	区团委、宁夏青联
马国福	男	同心四中	全区优秀教师	1998	自治区党委、政府
杨彦舫	男	回民中学（今第三中学）	全区优秀教师	1998	自治区党委、政府
马占胜	男	丁塘学区	突出贡献奖	1998	自治区党委、政府
金戈	男	督导室	全区第四次民族团结进步先进个人	1998	自治区委员会、政府
王建林	男	汪家塬小学	国际青少年"消除贫困"奖	1998	联合国计划开发署
李长春	男	同心中学	全国学校体育卫生先进个人	1999	教育部国家体育总局
马秉山	男	同心一小	自治区优秀教师	1999	自治区人民政府
杨宗发	男	同心五小	自治区优秀教师	1999	自治区人民政府
海明	男	韦州学区	自治区优秀教师	1999	自治区人民政府
马景海	男	田老庄学区	自治区优秀教师	1999	自治区人民政府
马景海	男	田老庄学区	国家贫困地区义务教育工程先进个人	1999	自治区人民政府
马凤忠	男	同心一小	自治区优秀教师	1999	自治区人民政府
王建林	男	汪家塬小学	自治区优秀教师	1999	自治区人民政府
曹本	女	同心四中	全国优秀教师	2001	教育部
王华	女	同心二小	自治区优秀教师	2001	自治区人民政府
金宪英	男	同心四小	自治区优秀教师	2001	自治区人民政府
马生云	男	石狮中学	自治区优秀教师	2001	自治区人民政府
金戈	男	督导室	民族团结先进个人	2001	自治区人民政府
黑立才	男	同心一小	全区优秀教师	2003	自治区党委、人民政府
马国兰	女	实验小学	全区优秀教师	2003	自治区党委、人民政府
陈华	女	同心二小	全区优秀教师	2003	自治区党委、人民政府
杨永珍	男	丁塘中心	"9·10教育奖章"	2003	自治区人民政府
金戈	男	督导室	宁南山区"普初"工作先进工作者	2003	自治区人民政府
王凤鹏	男	教育局	表彰民族团结先进个人	2005	自治区人民政府
王凤鹏	男	教育局	"两基"工作先进个人	2006	自治区人民政府
马义海	男	窑山五道岭子小学	全国模范教师	2007	教育部
唐文昌	男	马高庄中心学校	全国模范教师	2007	教育部
马成贵	男	下马关中学	烛光奖	2007	教育部、中国慈善总会
万永福	男	同心二中	"两基"工作先进工作者	2007	自治区人民政府
万聚才	男	同心中学	自治区优秀教师	2007	自治区人民政府
马成贵	男	下马关中学	自治区优秀教师	2007	自治区人民政府
马义海	男	窑山五道岭子小学	自治区"五一"劳动奖章	2007	自治区总工会
唐文昌	男	马高庄中心	全国优秀教师	2009	教育部
马尚英	男	丁塘中学	自治区优秀教师	2009	自治区人民政府
黑平	男	河西中心学校	全国"青年教师"创新奖	2010	中国教育学会
王国锋	男	教育局	全国教育系统关心下一代先进个人	2010	中国关工委、中央精神文明办

（续表）

王国锋	男	教育局	自治区教育强县先进工作者	2011	自治区人民政府
马占银	男	同心一小	自治区优秀教师	2011	自治区人民政府
陈栋梁	男	教育局	校安工程先进个人	2012	自治区人民政府
康桂英	女	同心中学	全国模范教师	2014	教育部
苏海科	男	王团中学	自治区优秀教师	2014	自治区党委、政府
周玉海	女	河西镇下河湾小学	自治区优秀教师	2014	自治区党委、政府
白丽娟	女	同心中学	自治区优秀教师	2015	自治区党委、人民政府
马海云	男	同心中学	教书育人楷模	2018	自治区党委、政府
马景林	男	田老庄中心学校	教书育人楷模	2018	自治区党委、政府
周桂玲	女	同心县实验小学	教书育人楷模	2018	自治区党委、政府
杨小平	男	豫海初级中学	教书育人楷模	2018	自治区党委、政府
苏润军	男	韦州中心学校	自治区师德标兵	2018	自治区党委、政府
丁静涛	男	丁塘中学	自治区师德标兵	2018	自治区党委、政府
周学琴	女	同心一小	自治区师德标兵	2018	自治区党委、政府
罗凤科	男	王团中心学校	自治区师德标兵	2018	自治区党委、政府
罗吉忠	男	同心一小	全国关心下一代先进个人	2020	中国关工委、中央文明办
陈光荣	女	南安实验小学	抗击新冠肺炎先进个人	2020	自治区党委、人民政府
杨 林	男	教育局	全国脱贫攻坚先进个人	2021	中共中央、国务院
马德林	男	同心特殊教育学校	优秀组织工作奖	2022	中国残联、教育部、民政部、文化和旅游部、中国广电总局
黑 平	男	教育局	全国优秀共青团干部	2022	共青团中央

同心县历年荣获地（厅）级表彰的先进人物简表（1951—2022年）

姓名	性别	工作单位	荣誉称号	授奖时间	授奖级别
王明轩	男	韦州完小	省甲等模范	1951.10	宁夏省第一次模范工作者会议
王丕烈	男	汪家塬小学	省优秀教师	1957	甘肃省优秀教师代表会议
马占江	男	下马关小学	省优秀教师	1957	甘肃省优秀教师代表会议
马尚清	男	王团庄完小	省优秀教师	1957	甘肃省优秀教师代表会议
马存仁	男	韦州学区	全区优秀农民教育专职干部	1982	全区首次农民教育工作会议
庞自明	男	同心一小	全区民族团结先进个人	1988.9	全区民族团结进步表彰大会
张席儒	男	预旺南塬小学	全区优秀教师	1989.9	自治区人民政府表彰
杨果勇	男	教师进修学校	地区优秀德育工作者	1989	银南地区行政公署
杨吉祥	男	城关学区	地区优秀德育工作者	1989	银南地区行政公署
周彦章	男	海如女中（今第四中学）	地区优秀德育工作者	1989	银南地区行政公署
杨自发	男	同心中学	勤工俭学先进个人"先进工作者"	1991	自治区教育厅、计划委员会、财政厅、劳动人事厅
汪作勇	男	张家塬学区	自治区优秀教师	1991	自治区教育厅、人事厅、教育工会、中小学幼儿教师奖励基金会
杨晓霞	女	同心二小	自治区优秀教师	1993	自治区教委
杨正连	男	城关学区	自治区优秀教师	1993	自治区教委

（续表）

张生田	男	韦州中心学校	自治区优秀教师	1993	自治区教委
汪作勇	男	张家塬学区	银南地区先进教育工作者	1993	银南行政公署
马瑞虎	男	教育局	全区先进教育工作者	1995	自治区教委
王建林	男	汪家塬小学	先进教育工作者	1995	银南行政公署
李长春	男	同心中学	先进教育工作者	1996	银南行政公署
杨宗发	男	同心五小	贫困地区优秀中小学教师	1998	自治区教委
王志华	女	同心四小	贫困地区优秀中小学教师	1998	自治区教委
张宗芳	女	同心三小	贫困地区优秀中小学教师	1998	自治区教委
周彦章	女	第四中学	贫困地区优秀中小学教师	1998	自治区教委
顾清发	男	下马关学区	贫困地区优秀中小学教师	1998	自治区教委
蔡金霞	女	同心一小	贫困地区优秀中小学教师	1998	自治区教委
马玉国	男	羊路学区	贫困地区优秀中小学教师	1998	自治区教委
罗英华	男	王海子小学	贫困地区优秀中小学教师	1998	自治区教委
马应合	男	张家塬学区	贫困地区优秀中小学教师	1998	自治区教委
贺秀凤	女	石炭沟学区	贫困地区优秀中小学教师	1998	自治区教委
马如学	男	黄羊岭小学	贫困地区优秀中小学教师	1998	自治区教委
马希瑞	男	下流水学区	贫困地区优秀中小学教师	1998	自治区教委
马凤梅	女	预旺学区	贫困地区优秀中小学教师	1998	自治区教委
李金堂	男	丁塘镇李沿小学	贫困地区优秀中小学教师	1998	自治区教委
李生权	男	马高庄冯湾小学	贫困地区优秀中小学教师	1998	自治区教委
丁生贵	男	丁塘学区	贫困地区优秀中小学教师	1998	自治区教委
买　俊	男	韦州中心小学	贫困地区优秀中小学教师	1998	自治区教委
李文虎	男	窑山李家山完小	贫困地区优秀中小学教师	1998	自治区教委
马英良	男	丁塘新华完小	贫困地区优秀中小学教师	1998	自治区教委
张　爱	女	同心二小	贫困地区优秀中小学教师	1998	自治区教委
杨彦舫	男	喊叫水高岭完小	贫困地区优秀中小学教师	1998	自治区教委
马秉山	男	同心一小	优秀教师	1998	吴忠市政府
魏存英	女	同心四小	优秀教师	1998	吴忠市政府
马学才	男	河西学区	优秀教师	1998	吴忠市政府
虎登文	男	预旺学区	优秀教育工作者	1998	吴忠市政府
杨文珍	男	下马关学区	优秀教育工作者	1998	吴忠市政府
马凤忠	男	同心一小	自治区优秀教师	1999	自治区教委
王建林	男	张家塬学区	自治区优秀教师	1999	自治区教委
王建林	男	张家塬学区	宁夏青年五四奖章	1999	自治区团委
白明江	男	王团中心小学	优秀中小学校长	2000	教育厅
冶正义	男	预旺学区	贫困地区优秀中小学校长	2000	教育厅
冶正义	男	预旺中心学校	优秀教师	2000	中共吴忠市委、市政府
马生云	男	石狮中学	自治区优秀教师	2001	教育厅
丁学东	男	同心一小	自治区优秀教师	2001	教育厅
胡志强	男	同心二中	自治区优秀教师	2001	教育厅
王　华	女	同心二小	自治区优秀教师	2001	教育厅

（续表）

马小兰	女	同心一幼	学前教育先进个人	2001	教育厅
顾玉清	男	同心一小	自治区体育卫生先进个人	2001	教育厅
李宗旭	男	同心三小	全区艺术教育先进个人	2001	教育厅
李诚	男	韦州学区	全区教育宣传先进工作者	2001	教育厅
杨永珍	男	丁塘学区	中小学继续教育先进工作者	2001	教育厅
杨科	男	同心三中	社会治安综合治理先进个人	2001	吴忠市政府
杨彦舫	男	同心三中	学科优秀教师	2001	吴忠市政府
马国臻	男	同心三中	学科优秀教师	2001	吴忠市政府
徐经荣	男	同心三中	学科优秀教师	2001	吴忠市政府
宋自英	男	同心三中	学科优秀教师	2001	吴忠市政府
高凤冠	女	第四中学	学科优秀教师	2001	吴忠市政府
宋学江	男	教研室	学科优秀教师	2001	吴忠市政府
余万德	男	丁塘学区	宋庆龄基金会优秀教师奖	2001	宋庆龄基金会、教育厅
马兰花	女	同心一幼	宋庆龄基金会优秀教师奖	2001	宋庆龄基金会、教育厅
高义	男	教研室	区幼儿园教研工作先进个人	2002	教育厅
杨永珍	男	丁塘学区	区幼儿园教研工作先进个人	2002	教育厅
冯庆科	男	同心中学	中小学教研工作先进个人	2002	教育厅
马生吉	男	丁塘学区	基础教育优秀工作者	2002	吴忠市政府
杨献艺	男	教文体局	职称评审工作先进个人	2002	吴忠市政府
周梅英	女	同心三小	小学学科优秀教师	2002	吴忠市政府
丁立军	男	教文体局	师德建设先进个人	2002	吴忠市委、市政府
任耀华	男	教文体局	全区妇女儿童工作先进个人	2002	自治区妇女工作委员会
丁立军	男	教文体局	全区思想工作先进个人	2003	党委宣传工作领导小组
金戈	男	督导室	2002全区教育督导工作先进工作者	2003	教育厅、教育督导室
杨永珍	男	丁塘学区	9•10教育奖状奖章	2003	总工会、教育厅
马学德	男	同心中学	教育工作先进个人	2003	吴忠市人民政府
杨青	男	教育局	教师继续教育先进工作者	2004	教育厅
杨永珍	男	丁塘学区	全区教育宣传先进个人	2004	教育厅
马小凤	女	丁塘学区	全区教育宣传先进个人	2004	教育厅
杨宗昌	男	同心中学	全区学校体育卫生艺术教育工作先进个人	2004	教育厅
王艳芳	女	同心一小	全区学校体育卫生艺术教育工作先进个人	2004	教育厅
张广成	男	实验小学	全区学校体育卫生艺术教育工作先进个人	2004	教育厅
丁立军	男	教育局	全区文化系统先进工作者	2004	人事厅、文化厅
杨献艺	男	教文体局	全区中小学教师继续教育先进工作者	2005	教育厅
杨正林	男	马高庄中心学校	全区中小学教师继续教育先进工作者	2005	教育厅
杨彦文	男	同心三小	优秀班主任	2005	教育厅

（续表）

杨生勤	男	同心二小	教育宣传先进工作者	2005	教育厅
陈华	男	同心中学	十佳师德标兵	2005	教育工委、教育厅
蔡毅	男	下马关中心学校	师德建设先进个人	2005	教育工委、教育厅
苏云	男	韦州中心学校	师德建设先进个人	2005	教育工委、教育厅
周金泉	男	石狮中心学校	师德建设先进个人	2005	教育工委、教育厅
杨翠花	女	河西中心学校	师德建设先进个人	2005	教育工委、教育厅
杨生勤	男	同心二小	师德建设先进个人	2005	教育工委、教育厅
邢彦明	男	王团中心学校	师德建设先进个人	2005	教育工委、教育厅
杨小成	男	丁塘中心学校	师德建设先进个人	2005	教育工委、教育厅
张淑琴	女	同心五小	师德建设先进个人	2005	教育工委、教育厅
马海云	女	同心中学	优秀班主任	2005	教育工委、教育厅
杜向阳	男	石狮中学	优秀班主任	2005	教育工委、教育厅
张岱	男	同心三中	优秀班主任	2005	教育工委、教育厅
马金花	女	同心中心	宋庆龄基金会优秀教师奖	2005	宋庆龄基金、教育厅
马尚英	男	丁塘中学	宋庆龄基金会优秀教师奖	2005	宋庆龄基金、教育厅
周爱华	男	丁塘中心学校	先进性知识大赛第二名	2005	吴忠市委
金光祖		同心中学	优秀德育工作者	2005	吴忠市政府
苏少军	男	韦州中心学校	优秀班主任	2005	吴忠市政府
李青	男	王团中心学校	教育宣传先进工作者	2006	教育厅
苏玉林	男	教文体局	教育系统优秀党务工作者	2006	教育工委、教育厅党组
马尚英	男	丁塘中学	区教育系统优秀共产党员	2006	教育工委、教育厅党组
陈瑜	男	石狮中学	职业教育先进工作者	2006	吴忠市政府
马汉斌	男	招生办	先进个人	2006	吴忠市招生委员会
白明江	男	王团中心学校	"两基"先进工作者	2007	教育厅
白明江	男	王团中心学校	优秀指导教师	2008	教育厅
冶正义	男	预旺中心学校	优秀教师	2008	中共吴忠市委、市政府
金戈	男	督导室	"两基"迎国检先进个人	2008	吴忠市政府
张祝	男	教育局	"两基"迎国检先进个人	2008	吴忠市政府
王树来	男	石狮中学	"两基"迎国检先进个人	2008	吴忠市政府
李宏伟	男	同心二中	"两基"迎国检先进个人	2008	吴忠市政府
马尚英	男	丁塘中学	"两基"迎国检先进个人	2008	吴忠市政府
刘耀宏	男	同心二小	"两基"迎国检先进个人	2008	吴忠市政府
马秀琴	男	王团中心学校	"两基"迎国检先进个人	2008	吴忠市政府
王建林	男	马高庄中心学校	"两基"迎国检先进个人	2008	吴忠市政府
马福	男	河西中心学校	"两基"迎国检先进个人	2008	吴忠市政府
苏润军	男	韦州中学	"两基"迎国检先进个人	2008	吴忠市政府
张耀玉	男	马高庄中心学校	"两基"迎国检先进个人	2008	吴忠市政府
马应才	男	教育局	全区"两基"国检工作先进工作者	2008	自治区"两基"迎国检工作领导小组
苏润军	男	韦州中心学校	优秀教师	2009	吴忠市政府
苏润军	男	韦州中心学校	吴忠市名师	2009	吴忠市政府

（续表）

黑平	男	河西中心学校	优秀教师	2009	吴忠市政府
黑平	男	河西中心学校	吴忠市名师	2009	吴忠市政府
白明江	男	王团中心学校	全区教育先进工作者	2010	教育厅
贾治忠	男	教育局	教育突出贡献奖	2010	教育厅
李光林	男	教育局	教育突出贡献奖	2010	教育厅
冶正义	男	预旺中心学校	全区教育先进工作者	2011	教育厅
张怀庆	男	教育局	全区教育宣传先进工作者	2011	教育厅
金平	男	教育局	优秀党务工作者	2011	教育工委、教育厅
王树来	男	石狮中学	优秀党务工作者	2011	教育工委、教育厅
陈树军	男	豫海高中	优秀党员	2011	教育工委、教育厅
李宏伟	男	同心二中	优秀党员	2011	教育工委、教育厅
杨学梅	女	同心一小	优秀党员	2011	教育工委、教育厅
苏润波	男	韦州中心学校	优秀党员	2011	教育工委、教育厅
马顺	男	教育局	优秀党务工作者	2011	吴忠市委
姜延宏	男	同心四中	优秀党务工作者	2011	吴忠市委
白明江	男	王团中心学校	吴忠市名校长	2011	吴忠市委市政府
金戈	男	督导室	吴忠市教育督导工作先进个人	2011	吴忠市人民政府
金戈	男	督导室	全区教育督导工作先进个人	2011	自治区督导室
李光林	男	教育局	农村学生营养改善计划先进个人	2011	中国发展研究基金会
张怀庆	男	教育局	全区教育宣传先进工作者	2013	教育厅
马应才	男	教育局	全区基本普及高中阶段教育工作先进个人	2013	自治区基本普及高中阶段教育工作领导小组（代）
李光林	男	教育局	全国营养改善计划先进个人	2013	中国发展研究基金会
白明江	男	王团中心学校	全国营养改善计划先进个人	2013	中国发展研究基金会
马泉	男	教育局	农村学生营养改善计划工作先进个人	2013	中国发展研究基金会
苏润军	男	韦州中心	农村学生营养改善计划工作先进个人	2013	中国发展研究基金会
左志山	男	下马关中心学校	农村学生营养改善计划工作先进个人	2013	中国发展研究基金会
贾治忠	男	教育局	民族团结先进个人	2014	区民委、教育厅
周旭东	男	教育局	全区网络空间大赛活动组织工作先进个人	2018	教育厅
罗晓娅	女	团县委	全市民族团结进步模范个人荣誉称号	2018	中共吴忠市委、市政府
张怀庆	男	教育局	全国青少年毒品预防"627"工程优秀校外辅导员	2018	国家禁毒委办公室、中国禁毒基金会
黑平	男	教育局	全区优秀志愿辅导员	2021	区团委、教育厅、少工委
苏润军	男	同心二小	全区基础教育教师"年度人物"	2021	教育厅
马彦红	男	同心二小	全区基础教育教师"年度人物"	2021	教育厅
杨艳	女	同心一小	全区基础教育教师"年度人物"	2021	教育厅
周桂玲	女	同心一小	全区基础教育教师"年度人物"	2021	教育厅

（续表）

金孟加	女	实验小学	全区基础教育教师"年度人物"	2021	教育厅
马希芳	女	同心二小	全区基础教育教师"年度人物"	2021	教育厅
马俊江	男	丁塘中学	全区基础教育教师"年度人物"	2021	教育厅
张国平	男	王团中心学校	教育系统优秀共产党员	2021	教育厅
苏润军	男	同心二小	吴忠市优秀共产党员	2021	中共吴忠市委
黑平	男	教育局	全区优秀共青团干部	2021	共青团宁夏区团委
罗晓娅	女	教育局	吴忠市精神文明建设先进工作者	2022	吴忠市精神文明建设指导委员会
张国平	男	王团中心学校	创新素养教育名师工作室建设主持人	2022	教育厅

福建省教育厅、宁夏回族自治区教育厅联袂表彰的优秀教师

姓名	工作单位	授奖级别	授奖时间	授奖单位
杨宗发	同心五小	贫困地区优秀中小学教师	1998	福建省教育厅、宁夏回族自治区教育厅
王志华	同心四小	贫困地区优秀中小学教师	1998	福建省教育厅、宁夏回族自治区教育厅
张宗芳	同心三小	贫困地区优秀中小学教师	1998	福建省教育厅、宁夏回族自治区教育厅
周彦章	海如女中（今第四中学）	贫困地区优秀中小学教师	1998	福建省教育厅、宁夏回族自治区教育厅
顾清发	下马关学区	贫困地区优秀中小学教师	1998	福建省教育厅、宁夏回族自治区教育厅
蔡金霞	同心一小	贫困地区优秀中小学教师	1998	福建省教育厅、宁夏回族自治区教育厅
马玉国	羊路学区	贫困地区优秀中小学教师	1998	福建省教育厅、宁夏回族自治区教育厅
罗英华	王海子小学	贫困地区优秀中小学教师	1998	福建省教育厅、宁夏回族自治区教育厅
马应合	张家塬学区	贫困地区优秀中小学教师	1998	福建省教育厅、宁夏回族自治区教育厅
贺秀凤	石炭沟学区	贫困地区优秀中小学教师	1998	福建省教育厅、宁夏回族自治区教育厅
马如学	黄羊岭小学	贫困地区优秀中小学教师	1998	福建省教育厅、宁夏回族自治区教育厅
马希瑞	下流水学区	贫困地区优秀中小学教师	1998	福建省教育厅、宁夏回族自治区教育厅
马凤梅	预旺学区	贫困地区优秀中小学教师	1998	福建省教育厅、宁夏回族自治区教育厅
李金堂	河西学区	贫困地区优秀中小学教师	1998	福建省教育厅、宁夏回族自治区教育厅
李生权	马高庄学区	贫困地区优秀中小学教师	1998	福建省教育厅、宁夏回族自治区教育厅
丁生贵	丁塘学区	贫困地区优秀中小学教师	1998	福建省教育厅、宁夏回族自治区教育厅
买俊	韦州中心小学	贫困地区优秀中小学教师	1998	福建省教育厅、宁夏回族自治区教育厅
李文虎	窑山学区	贫困地区优秀中小学教师	1998	福建省教育厅、宁夏回族自治区教育厅
马英良	河西学区	贫困地区优秀中小学教师	1998	福建省教育厅、宁夏回族自治区教育厅
张爱	同心二小	贫困地区优秀中小学教师	1998	福建省教育厅、宁夏回族自治区教育厅
周维贤	喊叫水学区	贫困地区优秀中小学教师	1998	福建省教育厅、宁夏回族自治区教育厅
金晓霞	同心三中（今预旺中学）	宁南贫困地区优秀中青年教师	2001.10.12	福建省教育厅、宁夏回族自治区教育厅
周彦彪	喊叫水学区	宁南贫困地区优秀中青年教师	2001.10.12	福建省教育厅、宁夏回族自治区教育厅
李科	同心一小	宁南贫困地区优秀中青年教师	2001.10.12	福建省教育厅、宁夏回族自治区教育厅
马生成	喊叫水学区	宁南贫困地区优秀中青年教师	2001.10.12	福建省教育厅、宁夏回族自治区教育厅
罗凤科	王团中心学校	宁南贫困地区优秀中青年教师	2001.10.12	福建省教育厅、宁夏回族自治区教育厅
黄桂英	同心三小	宁南贫困地区优秀中青年教师	2001.10.12	福建省教育厅、宁夏回族自治区教育厅

（续表）

李宏伟	石狮中学	宁南贫困地区优秀中青年教师	2001.10.12	福建省教育厅、宁夏回族自治区教育厅
李 伟	马高庄学区	宁南贫困地区优秀中青年教师	2001.10.12	福建省教育厅、宁夏回族自治区教育厅
金忠贤	下马关学区	宁南贫困地区优秀中青年教师	2001.10.12	福建省教育厅、宁夏回族自治区教育厅
丁 蕾	同心二小	宁南贫困地区优秀中青年教师	2001.10.12	福建省教育厅、宁夏回族自治区教育厅
马俊峰	丁塘中心学校	宁南贫困地区优秀中青年教师	2001.10.12	福建省教育厅、宁夏回族自治区教育厅
马义海	窑山中心学校	宁南贫困地区优秀中青年教师	2001.10.12	福建省教育厅、宁夏回族自治区教育厅
张平刚	喊叫水中学	宁南贫困地区优秀中青年教师	2001.10.12	福建省教育厅、宁夏回族自治区教育厅
锁永林	田老庄中学	宁南贫困地区优秀中青年教师	2001.10.12	福建省教育厅、宁夏回族自治区教育厅
李宗英	王团中心学校	宁南贫困地区优秀中青年教师	2001.10.12	福建省教育厅、宁夏回族自治区教育厅
金龙寿	张家塬中心学校	宁南贫困地区优秀中青年教师	2001.10.12	福建省教育厅、宁夏回族自治区教育厅
苏润波	韦州中学	宁南贫困地区优秀中青年教师	2001.10.12	福建省教育厅、宁夏回族自治区教育厅
贺玉琳		宁南贫困地区优秀中青年教师	2001.10.12	福建省教育厅、宁夏回族自治区教育厅
蔡学花	同心二小	宁南贫困地区优秀中青年教师	2001.10.12	福建省教育厅、宁夏回族自治区教育厅
冶梅英	第四中学	宁南贫困地区优秀中青年教师	2001.10.12	福建省教育厅、宁夏回族自治区教育厅
周家峰	石狮中心学校	宁南贫困地区优秀中青年教师	2001.10.12	福建省教育厅、宁夏回族自治区教育厅
冶正伟	预旺中心学校	宁南贫困地区优秀中青年教师	2001.10.12	福建省教育厅、宁夏回族自治区教育厅
马慧燕	丁塘中心学校	宁南贫困地区优秀中青年教师	2001.10.12	福建省教育厅、宁夏回族自治区教育厅
马汉俊		师德建设先进个人	2002.8.16	福建省教育厅、宁夏回族自治区教育厅
周玉平	丁塘中学	师德建设先进个人	2002.8.16	福建省教育厅、宁夏回族自治区教育厅
杨 荣	石狮中心学校	师德建设先进个人	2002.8.16	福建省教育厅、宁夏回族自治区教育厅
马尚英	丁塘中学	师德建设先进个人	2002.8.16	福建省教育厅、宁夏回族自治区教育厅
李建苍	王团中心学校	师德建设先进个人	2002.8.16	福建省教育厅、宁夏回族自治区教育厅
胡新锋	石狮中学	师德建设先进个人	2002.8.16	福建省教育厅、宁夏回族自治区教育厅
杨永祯	同心三中（今预旺中学）	师德建设先进个人	2002.8.16	福建省教育厅、宁夏回族自治区教育厅
马得银	王团中心学校	师德建设先进个人	2002.8.16	福建省教育厅、宁夏回族自治区教育厅
张万福	王团中心学校	师德建设先进个人	2002.8.16	福建省教育厅、宁夏回族自治区教育厅
马 俊	石狮中心学校	师德建设先进个人	2002.8.16	福建省教育厅、宁夏回族自治区教育厅
张国平	河西中心学校	师德建设先进个人	2002.8.16	福建省教育厅、宁夏回族自治区教育厅
马国秀	河西中心学校	师德建设先进个人	2002.8.16	福建省教育厅、宁夏回族自治区教育厅
张平生	韦州中心学校	师德建设先进个人	2002.8.16	福建省教育厅、宁夏回族自治区教育厅
锁亚生	石狮中学	师德建设先进个人	2002.8.16	福建省教育厅、宁夏回族自治区教育厅
马贵杰	王团中心学校	师德建设先进个人	2002.8.16	福建省教育厅、宁夏回族自治区教育厅
张淑琴	同心四小	师德建设先进个人	2002.8.16	福建省教育厅、宁夏回族自治区教育厅
王学军	韦州中学	师德建设先进个人	2002.8.16	福建省教育厅、宁夏回族自治区教育厅
纪明贵	河西中心学校	师德建设先进个人	2002.8.16	福建省教育厅、宁夏回族自治区教育厅
丁富春	韦州中心学校	师德建设先进个人	2002.8.16	福建省教育厅、宁夏回族自治区教育厅
马生成	河西中心学校	师德建设先进个人	2002.8.16	福建省教育厅、宁夏回族自治区教育厅
杨正连	石狮中心学校	师德建设先进个人	2002.8.16	福建省教育厅、宁夏回族自治区教育厅
王有海	丁塘中学	师德建设先进个人	2002.8.16	福建省教育厅、宁夏回族自治区教育厅
贺海萍	丁塘中心学校	师德建设先进个人	2002.8.16	福建省教育厅、宁夏回族自治区教育厅
汪建嗣	城关中学	贫困地区地市级以上骨干教师	2003.7.30	福建省教育厅、宁夏回族自治区教育厅
杨国瑞	丁塘中学	贫困地区地市级以上骨干教师	2003.7.30	福建省教育厅、宁夏回族自治区教育厅

（续表）

马学德	同心回中（今三中）	贫困地区地市级以上骨干教师	2003.7.30	福建省教育厅、宁夏回族自治区教育厅
苏厚慎	同心中学	贫困地区地市级以上骨干教师	2003.7.30	福建省教育厅、宁夏回族自治区教育厅
李宗旭	同心三小	贫困地区地市级以上骨干教师	2003.7.30	福建省教育厅、宁夏回族自治区教育厅
杨生勤	教研室	贫困地区地市级以上骨干教师	2003.7.30	福建省教育厅、宁夏回族自治区教育厅
王立和	同心一小	贫困地区地市级以上骨干教师	2003.7.30	福建省教育厅、宁夏回族自治区教育厅
秦志芳	同心二小	贫困地区地市级以上骨干教师	2003.7.30	福建省教育厅、宁夏回族自治区教育厅
杨晓明	城关学区	贫困地区地市级以上骨干教师	2003.7.30	福建省教育厅、宁夏回族自治区教育厅
马应梅	同心五小	贫困地区地市级以上骨干教师	2003.7.30	福建省教育厅、宁夏回族自治区教育厅
马希芳	实验小学	贫困地区地市级以上骨干教师	2003.7.30	福建省教育厅、宁夏回族自治区教育厅
鲍永宁	张家塬学区	贫困地区优秀班主任	2004.9.23	福建省教育厅、宁夏回族自治区教育厅
陶春怀	张家塬学区	贫困地区优秀班主任	2004.9.23	福建省教育厅、宁夏回族自治区教育厅
马　斌	同心四中	贫困地区优秀班主任	2004.9.23	福建省教育厅、宁夏回族自治区教育厅
周亚杰	河西中心学校	贫困地区优秀班主任	2004.9.23	福建省教育厅、宁夏回族自治区教育厅
锁良耀	下马关中心学校	贫困地区优秀班主任	2004.9.23	福建省教育厅、宁夏回族自治区教育厅
苏亚灵	韦州中心学校	贫困地区优秀班主任	2004.9.23	福建省教育厅、宁夏回族自治区教育厅
杨　霞	石狮中心学校	贫困地区优秀班主任	2004.9.23	福建省教育厅、宁夏回族自治区教育厅
刘仲海	下马关中心学校	贫困地区优秀班主任	2004.9.23	福建省教育厅、宁夏回族自治区教育厅
吴文渊	下马关中心学校	贫困地区优秀班主任	2004.9.23	福建省教育厅、宁夏回族自治区教育厅
苏海东	下马关中心学校	贫困地区优秀班主任	2004.9.23	福建省教育厅、宁夏回族自治区教育厅
锁小云	豫海中心学校	贫困地区优秀班主任	2004.9.23	福建省教育厅、宁夏回族自治区教育厅
刘仲学	同心三中（今预旺中学）	贫困地区优秀班主任	2004.9.23	福建省教育厅、宁夏回族自治区教育厅
杨占祥	预旺中心学校	贫困地区优秀班主任	2004.9.23	福建省教育厅、宁夏回族自治区教育厅
苏厚国	韦州中学	贫困地区优秀班主任	2004.9.23	福建省教育厅、宁夏回族自治区教育厅
李玉萍	韦州中心学校	贫困地区优秀班主任	2004.9.23	福建省教育厅、宁夏回族自治区教育厅
马步堂	张家塬中心学校	贫困地区优秀班主任	2004.9.23	福建省教育厅、宁夏回族自治区教育厅
马　武	石狮中心学校	贫困地区优秀班主任	2004.9.23	福建省教育厅、宁夏回族自治区教育厅
张　扑	实验小学	贫困地区优秀班主任	2004.9.23	福建省教育厅、宁夏回族自治区教育厅
马彦全	王团中心学校	贫困地区优秀班主任	2004.9.23	福建省教育厅、宁夏回族自治区教育厅
王正虎	王团中心学校	贫困地区优秀班主任	2004.9.23	福建省教育厅、宁夏回族自治区教育厅
马　涛	窑山中心学校	贫困地区优秀班主任	2004.9.23	福建省教育厅、宁夏回族自治区教育厅
张桂香	丁塘中心学校	贫困地区优秀班主任	2004.9.23	福建省教育厅、宁夏回族自治区教育厅
白　华	预旺中心小学	贫困地区优秀班主任	2005	福建省教育厅、宁夏回族自治区教育厅
马　俊	马高庄中学	贫困地区优秀班主任	2005	福建省教育厅、宁夏回族自治区教育厅
张树峰	同心二中	贫困地区优秀班主任	2005	福建省教育厅、宁夏回族自治区教育厅
王学贵	同心三中（今预旺中学）	贫困地区优秀班主任	2005	福建省教育厅、宁夏回族自治区教育厅
周学燕	实验小学	贫困地区优秀班主任	2005	福建省教育厅、宁夏回族自治区教育厅
马彦德	石狮中心学校	贫困地区优秀班主任	2005	福建省教育厅、宁夏回族自治区教育厅
杨正兴	窑山中心学校	贫困地区优秀班主任	2005	福建省教育厅、宁夏回族自治区教育厅
杨晓玲	下马关中学	贫困地区优秀班主任	2005	福建省教育厅、宁夏回族自治区教育厅
闫登宇	下马关中心小学	贫困地区优秀班主任	2005	福建省教育厅、宁夏回族自治区教育厅
王　发	下马关中学	贫困地区优秀班主任	2005	福建省教育厅、宁夏回族自治区教育厅
王自花	同心四中	贫困地区优秀班主任	2005	福建省教育厅、宁夏回族自治区教育厅

（续表）

马绍娟	韦州中心小学	贫困地区优秀班主任	2005	福建省教育厅、宁夏回族自治区教育厅
周彩霞	河西中心学校	贫困地区优秀班主任	2005	福建省教育厅、宁夏回族自治区教育厅
杨永祥	同心中学	贫困地区优秀班主任	2005	福建省教育厅、宁夏回族自治区教育厅
冶梅英	第四中学	贫困地区优秀班主任	2005	福建省教育厅、宁夏回族自治区教育厅
杨彦文	同心三小	贫困地区优秀班主任	2005	福建省教育厅、宁夏回族自治区教育厅
李 梅	同心四小	贫困地区优秀班主任	2005	福建省教育厅、宁夏回族自治区教育厅
杨 云	田老庄中学	贫困地区优秀班主任	2005	福建省教育厅、宁夏回族自治区教育厅
马文龙	回民中学(今同心三中)	贫困地区优秀班主任	2005	福建省教育厅、宁夏回族自治区教育厅
马光宪	王团中学	贫困地区优秀班主任	2005	福建省教育厅、宁夏回族自治区教育厅
陈 毅	同心五小	贫困地区优秀班主任	2005	福建省教育厅、宁夏回族自治区教育厅
张铭珍	张家塬中心学校	贫困地区优秀班主任	2005	福建省教育厅、宁夏回族自治区教育厅
杨静珍	丁塘中心学校	贫困地区优秀班主任	2005	福建省教育厅、宁夏回族自治区教育厅
杨 云	田老庄中学	贫困地区优秀班主任	2005	福建省教育厅、宁夏回族自治区教育厅

第十七章 │ "两基"攻坚
教育强县 基本均衡

    1993 年 5 月，县委、县政府召开全县教育工作会议，提出在本世纪末实现"两基"目标，即基本普及九年义务教育，基本扫除青壮年文盲的目标。按照普及义务教育规划，"两基"的重点是普及初等义务教育和扫除青壮年文盲教育。为能保质保量完成任务，同心县建立了"两基"目标双线承包责任制，县、乡、村为一线，县教文体局、中心学校、学校为一线，逐级签订责任书，落实工作目标、工作责任和奖罚措施，一级抓一级，一级促一级，层层抓落实，实现了组织、责任、措施三到位。县、乡、村三级分别建立了对应的包扶关系，实行县级领导包片，县直部门包乡镇，乡镇干部包村和教师包户的"四包"责任制；教育行政部门每名干部包 1 个乡镇的"两基"工作，并做到"三包一保"，即包投入、包项目、包管理，确保验收达标。2006 年 9 月，同心县"普九"工作通过了自治区人民政府评估验收。2008 年 9 月，同心县的"两基"工作通过了国家教育督导团的评估验收。2011 年 11 月，创建教育强县工作通过自治区人民政府评估验收。2017 年 12 月，自治区人民政府认定同心县实现了义务教育基本均衡发展目标。2018 年 9 月，县域义务教育基本均衡县通过国家教育督导团评估验收。

第一节 | "两基"攻坚

一、工作历程

1989年，县政府印发了《同心县普及初等教育规划》，提出在1995年实现基本普及初等教育的目标。按照普及标准，努力提高普及初等教育的"四率"，即7~12周岁学龄儿童入学率达到95%以上；在校学生巩固率县城达到92%以上；毕业生的毕业率县城达到80%以上；13~15周岁少儿中初等教育的普及率不低于90%。办学条件基本达到"一无两有六配套"。师资素质提高有计划、有措施、有效果，民办教师报酬兑现。各乡镇都成立了普及初等教育领导小组，制定了乡（镇）普及初等教育规划。

1991年，读满5年毕业的学生只有3037人，5年间流动学生9517人，流动率为75.8%，1—3年级的留级率达20%。1991年1月31日，自治区教育厅发出《调查上报中小学生流失情况的通知》，通报了1990年全区学生的辍学情况。同年印发了《宁夏回族自治区初中、小学生辍学报告制度》，《制度》对辍学统计的分类与范围、报告程序和办法等做了规定。各学校在调查研究的基础上，制订普及规划，建立了"三表"，即学前儿童登记表、学龄儿童登记表和12—15周岁超龄儿童登记表。狠抓"三率"，即入学率、巩固率和合格率。

1993年5月，县委、县政府召开全县工作会议，提出在本世纪末，实现"两基"目标（即基本普及九年义务教育，基本扫除青壮年文盲）。根据同心各乡镇经济、教育基础、办学条件、师资等，坚持"三步走"，稳步推进"亮基"工作。第一步（1993—1998年），一类地区同心镇、城关、韦州、下马关、喊叫水、下流水、马高庄、预旺8个乡镇普及小学五年义务教育；二类地区河西、王团、羊路、田老庄、张家塬、纪家、新庄集、窑山8个乡镇普及小学三年义务教育。第二步（1996—1999年），全县基本普及初等义务教育，部分乡镇普及九年义务教育。第三步从2000年开始，全县全部或部分乡镇普及九年义务教育，力争赶上或超过条件相同的市、县，为同心经济腾飞、教育发展奠定良好的基础。

1993 年，县政府下发了《严格控制中小学生流失的通知》，各乡镇开展了动员学龄儿童返校读书的工作。经过动员，部分学生开始返校。

1993 年县委、县政府召开了全县教育工作会议，会议印发了《关于实施初等义务教育的意见》（同党发〔1993〕10 号），成立了以县长挂帅的义务教育领导小组，第一次提出了依法治教的三条规定：第一，7 至 11 周岁学龄儿童，经反复动员仍不上学者或上学后中途退学、停学者，对其家庭征收普及初等义务教育费，每生每月 5 元，罚至学生入学为止，由村委会协同学校统一收取，所罚款项用于学校补充教育经费。第二，凡因学校以各种不正当手段把中差学生推出校门，或因体罚造成学生失学的，要追究校长和教师的责任，情节严重的要给予纪律处分。第三，今后凡达不到小学毕业文化程度的青年，不能评先进，不能被招工和参军。

1994 年，为了增加农村义务教育经费投入，政府多渠道筹措教育经费，开始征收城、乡教育费附加，主要用于普及义务阶段教育。

1995 年以来，世界银行贷款"贫Ⅱ""贫Ⅳ"项目、国家贫困地区义务教育工程等项目，以及闽宁对口帮扶、宋庆龄基金会、希望工程等资金扶持下，促进了同心义务教育的发展。

1996 年，同心县人民政府印发了《同心县实施初等义务教育暂行办法》，进一步落实县、乡（镇）、村以及教育部门、学校、各有关单位的职责。建立了义务教育工作评估、督导制度。

1998 年 11 月，县人民政府对同心镇、城关乡、丁塘乡、河西镇、下马关镇、韦州镇 6 个乡镇的普及初等义务教育进行了自评自验，6 个乡镇普及初等义务教育的各项指标均达到自治区评估验收标准。县政府向吴忠市政府提出验收申请。1999 年 1 月 5 日—8 日，吴忠市人民政府对同心 6 个一类乡镇的"普初"工作进行了评估验收。验收结果显示：6 个乡镇普及初等义务教育各项指标都达到了自治区普及初等义务教育标准。

1999 年，县委、县政府将普及义务教育工作领导小组更名为"两基"工作领导小组，县委书记、县长任正副组长。县政府同乡（镇）政府，乡（镇）政府与村委会层层签订了"普初"目标责任书。实行"双线承包制"：县、乡（镇）村为一线，包学龄儿童入学、在校学生巩固、增加教育经费、改善办学条件；教育行政部门、学校为一线，包合格教师、教育教学、合格率、完成率。实行县领导包片，县直扶贫单位及乡镇干部包村，村干部包户的责任制。按照"重点突破、整体推进，软件要硬、硬件要实"的总体思路，集中全县的财力、物力和人力，改善乡镇小学的办学条件。

2000 年，中心完小以上学校办学条件达到规范化标准，中学基本实现标准化，完小基本实现"一无两有六配套"，校舍做到坚固、实用、够用，校舍危房率降低到 2% 以内，教学设施满足教学基本需要；小学教师任职资格达 95%，专任教师学历合格率、小学教师达标率为 85%，初中教师达标率为 85%。以校开展非正规教育，为失学儿童提供第二次学习机会，弥补普及程度低的实际问题。全乡(镇)青壮年基本扫除文盲,非文盲率争取达到 90% 以上。

2003 年 4 月,县委、县政府召开全县教育会议,进一步落实"两基""重中之重"的战略地位;落实分级办学,两级管理,以县为主的管理体制,落实"两基"攻坚的管理责任。积极推进学校布局调整,优化教育资源配置,加强薄弱学校建设。

2006 年,县委印发了《关于进一步加强"普九"攻坚工作的实施意见》,提出确保 8 个乡镇基本普及九年义务教育,豫海镇、石狮管委会、韦州镇、下马关镇开展"普九"巩固提高工作。

二、档案和升学管理

1991 年,教育厅发出《关于进一步加强中学生档案管理工作的通知》,要求全区各县印制统一的教育档案表格。同时发出《关于进一步推进小学升初中招生办法改革的通知》,从当年起取消初中招生考试,只进行毕业考试,小学生毕业就近到初中上学。1994 年,教育厅印发《关于小学、初中毕业升学考试制度改革有关问题的通知》,教育局按照通知精神,要求各学区、中学执行教育厅规定。

1993 年 11 月,教育厅印发了《关于加强义务教育证书管理的通知》,《通知》要求加强了对义务教育证书的管理。中小学毕业按时发给义务教育证书。中小学义务教育证书由教育厅统一印制,统一编号,学校发放。教育局统一印制义务教育档案表、建立了县、乡(镇)、学校三级档案。2002 年,教育文化体育局印发了《关于进一步做好"两基"档案工作的紧急通知》,要求严格按照《普及义务教育档案归类及目录》,建立齐全、规范、科学的档案。普及初等义务教育的档案内容主要有"二图、七表、七册"。二图:学校分布图、师资构成比例图;七表:1—15 周岁少儿情况统计汇总表、学龄儿童入学情况统计表、小学在校学生巩固情况统计表、小学毕业班情况统计表、13—15 周岁少年儿童普及初等教育情况统计表、小学办学条件概况统计表、小学教师队伍概况统计表;七册:1—15 周岁少年儿童户口册,7—12 周岁儿童花名册,13—15 周岁少儿花名册,毕业班学生成绩册,在校学生花名册,学生变动情况花名册,各年段盲、聋、哑、痴少年儿童登记册。各学校在原有档案的基础上,查漏补缺,做好学年档案的衔接管理工作。

三、评估验收

2000 年,同心县有 8 个乡镇的"普初"工作通过了吴忠市人民政府的评估验收。2003 年 9 月 24 日—25 日,自治区人民政府对同心县的普及初等义务教育工作进行评估验收。自治区人民政府副主席刘仲宣布同心县"普初"工作通过自治区人民政府的验收,并向同心县政府颁发了合格证书和奖金。县委、县政府召开了全县教育工作会议，会议印发了《关于进一步加强和改革教育工作的决定》，表彰奖励了同心镇、韦州镇、丁塘镇、下马关镇4个普及义务教育先进乡镇；下马关池家岔村、河西镇马家河湾村、城关乡湾断头村、下流水乡新庄子村、喊叫水周家沟村、预王镇土峰村、马高庄乡张家岔村7个普及义务教育先进村。

2005年，吴忠市人民政府对同心县豫海镇、石狮管委会、韦州镇、下马关镇4个乡镇的"普九"工作进行了评估验收。4个乡镇的"普九"工作达到普及标准。

2006年8月，县委、县政府按照国家教育部规定的"两基"工作中"普九"验收标准，就5个一级指标（普及程度、师资水平、教育经费、办学条件、办学质量）和相关的21个二级指标，对田老庄等8乡镇的"两基"工作进行自评，对韦州镇的"两基"工作进行复验，对12个乡镇所属的19所中学进行验收和复验。验收和复验结果表明，同心县"普九"各项指标基本达到自治区规定的验收标准，报请吴忠市验收。吴忠市人民政府经过考察后，对同心县12个乡镇的"普九"工作进行评估验收。验收结果12个乡镇"普九"工作的各项指标均达到自治区标准。吴忠市报请自治区人民政府验收。

2006年9月23日至25日，自治区人民政府对同心县"普九"工作进行评估验收。验收组听取了县政府工作汇报。深入豫海、石狮、丁塘、河西、王团、韦州、下马关、田老庄、马高庄、预旺、窑山、张家塬等12个乡镇（管委会）学校，实地查看校容校貌，办学条件；查阅了"两基"档案，进行了学生跟踪调查。9月25日上午10时，自治区人民政府副主席刘仲宣布：同心县"普九"工作通过自治区人民政府的评估验收，并向同心县颁发了合格证书和奖金。参加大会的还有区人大常委会副主任余今晓，区政协副主席金晓昀及教育厅、发改委、财政厅及吴忠市委市政府等领导。会后，县城举行了万人游行活动，庆祝"两基"工作顺利通过自治区人民政府评估验收。

2007年1月29日，县委召开了全县教育工作暨"两基"工作总结表彰大会，表彰奖励了"两基"攻坚先进集体31个，先进个人67名。8月1日，县委印发了《同心县迎"国检"工作方案》。8月16日，县委印发了《关于县级领导干部联系学校包抓"两基"迎国检工作的通知》《关于实行迎国检县四套班子分管领导及县直、区（市）属单位包乡（镇）责任制的通知》《关于县直、区（市）属单位包扶学校的通知》。8月17日，县委召开了工作动员会，安排部署了"两基"迎"国检"工作，与乡镇签订了责任书，成立了由县长任组长的"两基"迎国检领导小组和办公室，制定了相关职责，确立了领导包片和联系学校及成员单位联席会议等制度，开展了"迎国检"相关培训。

2008年1月2日，县政府召开了全县扫盲工作会议。会议传达贯彻全区扫盲工作会议精神，部署全县扫盲工作，动员全县干部群众统一思想，迅速行动起来，确保"两基"迎国检顺利通过。会议印发了《关于进一步加强全县青壮年文盲扫盲工作的安排意见》《关于进一步加强扫盲工作的通知》，《通知》要求各乡镇、教育等有关部门根据实际，举办各类扫盲班及扫盲后的巩固提高班，实行"三定三包"（定措施、定任务、定学习时间；乡镇包村、村包社、包教）和农闲集中学习的办法，真正把扫盲工作落到实处。突出重点、狠抓妇女文盲脱盲难点，努力完成扫盲任务。坚持"一堵、二扫、三巩固、四提高"的方针，采取有效措施，堵住新文盲的产生。

2008年1月24日，教育文化体育局印发了《关于扫盲保教责任制的通知》，提出以乡（镇）为单位，青壮年（15—50周岁）非文盲率达到95%以上；明确中心学校校长是第一责任人，实行文明包教责任制，建立包教分配名册，建立扫盲工作长效机制。1月25日，印发了《同心县"两基"迎"国检"工作任务分工和同心县"两基"迎"国检"周工作安排表》，2月20日，印发了《我为"两基"添光彩主题活动实施方案》，3月9日，印发了《"两基"迎"国检"中小学教室粉刷及"四化"建设实施方案》《同心县"两基"迎"国检"过程性督查量化评估表》。3月17日，印发了《关于在"两基"迎国检期间进一步加强校长和教职工队伍管理的通知》（同教文体发〔2008〕024号），决定对"两基"迎接国家验收工作中的先进学校予以奖励；对"两基"迎国检综合评估得分后三名的学校校长给予处罚；对在"两基"迎国检工作中做出突出贡献的教育工作者给予奖励。

2008年3月至5月，"两基"办公室先后印发了《同心县"两基"迎国检宣传工作整体推进方案》《关于义务教育阶段"辍学保学"工作报告制度的通知》《关于落实"辍学保学"和扫除文盲工作局领导级工作人员包乡镇的通知》，按照通知要求，12位局领导包12个乡镇，24名教育局干部包12个乡镇中心学校全力以赴，做好"两基"迎国检查工作。8月，国家教育督导团对同心县的"两基"工作进行了评估验收，认定同心县"两基"工作达到了国家评估标准，通过了国家督导团的评估验收。

2008年，同心县国家评估各项指标完成情况。

（一）普及程度

1. 适龄儿童、少年入学率

学年度	7—12周岁儿童			13—15周岁少年		
	应入学人数（人）	已入学人数（人）	入学率（%）	应入学人数（人）	已入学人数（人）	入学率（%）
2005—2006	46887	46640	99.5	20674	19850	96.0
2006—2007	46100	45958	99.69	21706	20965	96.6
2007—2008	45550	45538	99.97	22653	21987	97.1

2.残疾儿童、少年入学率

学年度	残疾儿童少年总数	在校接受教育人数	入学率（%）
2005—2006	130	89	68.46
2006—2007	118	78	66.1
2007—2008	85	60	70.59

3.在校学生辍学率

学年度	学年初在校学生数		学年内辍学人数		辍学率（%）	
	小学	初中	小学	初中	小学	初中
2005—2006	45305	12995	134	269	0.29	2.07
2006—2007	48773	15021	71	198	0.15	1.32
2007—2008	48034	17770	8	259	0.02	1.46

4.15周岁人口初等义务教育完成率及文盲率

学年度	15周岁人口总数	受完相应教育人数	完成率（%）	15周岁人口文盲人数	文盲率（%）
2005—2006	7093	7014	98.89	25	0.35
2006—2007	7470	7402	99.09	14	0.19
2007—2008	7925	7894	99.61	8	0.10

5.17周岁人口初级中等义务教育完成率

学年度	17周岁人口总数	受完相应教育人数	完成率（%）
2005—2006	6683	5718	85.56
2006—2007	7042	6203	88.09
2007—2008	7238	6582	90.94

6. 初中阶段毛入学率

学年度	适龄少年应入学人数	在校初中生人数	毛入学率（%）
2005—2006	20673	20357	98.47
2006—2007	21706	21742	100.17
2007—2008	22653	22724	100.31

（二）师资水平

1. 专任教师学历、任职资格合格率

学年度	专任教师总数		学历合格人数		学历合格率（%）		任职资格合格人数		任职资格合格率（%）	
	小学	初中	小学	初中	小学	初中	小学	初中	小学	初中
2005—2006	1965	702	1965	702	100	100	1965	702	100	100
2006—2007	1948	822	1948	822	100	100	1948	822	100	100
2007—2008	2018	888	2018	888	100	100	2018	888	100	100

2. 2001年起新补充专任教师学历合格率

类别	新增教师人数	学历合格人数	学历合格率（%）
小学	184	184	100
初中	298	298	100

3. 中小学校长岗位培训合格率

学年度	学段	校长数	接受岗位培训人数	合格率（%）
2005—2006	小学	107	107	100
	初中	19	19	100
2006—2007	小学	109	109	100
	初中	19	19	100
2007—2008	小学	114	114	100
	初中	19	19	100

（三）办学条件

学年度	学段	校舍建筑面积		危房		图书		教学仪器设备
		总面积（平方米）	生均面积（平方米）	总面积（平方米）	危房率（%）	总册数	生均图书	
2005—2006	小学	153394.5	3.14	10700	6.98	343501	7.04	100
	初中	87612.6	5.83	1380	1.57	144624	9.63	100
2006—2007	小学	160197.6	3.34	5596	3.49	352793	7.34	100
	初中	95885	5.39	804	0.84	180274	10.14	100
2007—2008	小学	162083.6	3.36	0	0	369924	7.67	100
	初中	97442.7	5.17	0	0	191266	10.15	100

（四）教育经费

1. 财政对教育拨款的"三个增长"

年度	财政对教育拨款		地方财政经常性收入		生均教育经费（元）		生均公用经费（元）	
	金额（万元）	年增长率（%）	金额（万元）	年增长率（%）	小学	初中	小学	初中
2004	7897	4.9	8952	10.0	804	1048	41	172
2005	10800	36.76	11155	24.61	898	1105	77	180
2006	12019	11.29	11215	0.54	1155	1332	236	337
2007	21724	80.75	15855	41.37	1461	1560	282	358

2. 财政转移支付用于教育情况

年度	自治区安排到县财政的转移支付资金（万元）	用于教育的资金（万元）	占百分比（%）
2005	419	220	52.5
2006	419	314.2	74.99
2007	419	260	62.05

3. 教师待遇落实情况

年度	有无拖欠教师工资现象	拖欠项目及数额
2005	无	无
2006	无	无
2007	无	无

4.城市教育费附加征收情况

年度	应征教育费附加费（万元）	实际征收数（万元）	用于教育（万元）	完成率（%）
2005	113	113	113	100
2006	142	142	142	100
2007	170	170	170	100

（五）教育质量

类别	学年度	毕业班人数	毕业人数	毕业率（%）
小学	2005—2006	6847	6845	99.97
	2006—2007	7628	7627	99.99
	2007—2008	7388	7387	99.99
初中	2005—2006	4410	4287	97.21
	2006—2007	3368	3332	98.93
	2007—2008	4359	4340	99.56

（六）扫除青壮年文盲情况

年度	扫除青壮年文盲情况（15—50岁）							
	人口总数（万人）	青壮年人口数（人）	文盲半文盲人数（人）	丧失学习能力人数（人）	非文盲率（%）	近三年脱盲人员巩固率		
						脱盲人数	巩固提高人数	巩固率（%）
2005—2006	32.71	194492	6434	328	96.7	712	682	95.80
2006—2007	33.99	201107	4828	332	97.6	5178	5034	97.22
2007—2008	35.38	207135	1962	338	99.2	6433	6277	97.60

四、工作措施

（一）政府主导，构建"两基"巩固提高的工作机制

1999年5月24日，县委、县政府召开全县教育工作会议，印发了《同心县委、县政府关于加强和改革教育工作的决定》。县委、县政府召开全县"普九"专题工作会议。制定了《关于进一步改革和加强教育工作的决定》《同心县"两基"攻坚实施方案》，抓住"国家义务教育工程"在同心实施的契机，动员全县人民，大打"两基"攻坚战。与各乡镇镇长签订"两基"工作责任

状，把各项工作任务分解到乡镇、部门和学校责任到人。

2000年，县委、县政府根据全区"两基"攻坚目标，修订了《同心县跨世纪"两基"工程行动方案》，印发了《关于对全县扫盲工作进行评估验收的通知》《扫除青壮年文盲攻坚阶段安排意见》。

2006年9月，在全县"两基"攻坚总结表彰暨教育工作会议和"两基"迎国检动员大会上，制定下发了《同心县"两基"迎国检工作实施方案》《关于在"两基"迎国检过程性工作中严肃工作纪律、实行责任追究的通知》等文件，进一步完善了工作机制。

建立了"两基"目标双线承包责任制。县委、县政府主要领导和四套班子分管领导经常深入各学校，了解掌握"两基"工作动态，现场办公，解决问题。人大、政协充分发挥监督职能，对"两基"攻坚工作进行定期执法检查和视察，实地调研，督导检查。县委督查室、政府办公室会同教育督导部门，深入各学校，实行半月督查制和月通报制，发现问题，限期整改。县发改、财政、人事、公安、工商、税务、司法等部门按照"两基"工作要求，积极配合乡镇和教育部门，认真宣传、贯彻落实新《义务教育法》等法律法规，积极征收城市教育费附加，多方筹措资金，加大对教育的投入；全面落实教师待遇，保证教师工资按时足额发放；加大法制宣传力度，整治校园周边环境，形成了"两基"攻坚的强大合力。

（二）强化宣传，全民动员，积极营造舆论氛围

为了提高全县各级组织和广大干部群众的思想认识，使"两基"攻坚成为全社会的自觉行动，按照"统一思想，提高认识，鼓舞斗志，形成合力"工作的要求，县委、县政府把每年9月定为《义务教育法》宣传月，每年3月第一周定为宣传周，每年6月1日为宣传日，通过播放教育专题片，发表电视讲话，印发宣传材料等多种形式，深入宣传《教育法》《义务教育法》等法律法规和"三免一补"、农村义务教育经费保障机制等有关政策，动员全县广大干部群众积极投身"两基"攻坚之中，举全县之力，攻"两基"之坚。同时，还组织"两基"迎国检专题培训，开展"我为'两基'添光彩"主题活动，编印《同心教文体工作》《同心县民族教育五十年》等书籍，全方位、深层次地宣传"两基"工作。

（三）突出重点，主攻难点，努力提高普及程度

"两基"攻坚中，突出抓好适龄少年儿童入学率、辍学率和15、17周岁人口完成率三个重点。

坚持"政府保入学、村社保巩固、学校保质量"的原则，县、乡、村三级层层签订少年儿童入学目标责任书，严格落实"四包"责任制，逐乡逐校、逐村逐户，核实入学对象和劝返对象，逐级下达招生任务书和入学通知书。乡镇党委书记、乡镇长每人包劝5名辍学学生，干部职工每

人包劝1名辍学学生。依法清理整顿劳务市场，坚决打击雇用童工违法行为，凡未满17周岁未完成九年义务教育的少年，一律不予办理外出务工手续；对积极送子女上学的家庭，在扶贫项目、小额信贷、救灾救济等方面给予重点支持；对拒不送子女上学的家长和监护人，采取法律、行政、经济等强制措施，督促家长按时送子女返校就读。根据劝返学生的实际，设计专门的教材，设立专门的教学班，巩固入学率。教育部门开展"劝学月"活动和"无辍校""无辍班"的创建活动。运用教师的特殊情感，动员学生入学，稳定学生情绪，激发学生兴趣，确保学生"进得来、留得住、学得好"。先后动员2123名未入学儿童少年入学，1300名辍学学生返校。全县适龄儿童、少年入学率分别比2003年提高0.8个百分点和11.7个百分点，其中女童入学率提高了11.5个百分点。

认真落实"三免一补"和"农村义务教育经费保障机制改革"政策。2008年受益学生6.2万人。争取"万名失学儿童救助工程""西部助学工程""光明助学会""永珍扶贫基金"以及各种企业、各界人士等社会捐资助学资金200万元，救助贫困学生6000余名。全县干部职工每人结对帮扶一名特困学生，救助特困学生1.8万人次。在各农村中小学举办春蕾班，发放助学金，吸引女童入学就读。在实验小学附设特教部，使部分残疾儿童享受特殊教育。

制定了《同心县关于开展非正规教育和扫盲工作的安排意见》，实行"一校包一村、一师包一组、一生包一户"的双包共包责任制，聘请村干部、回乡中小学毕业生巡回教学，定期辅导，动员小学四年级以上的中小学在校生，开展子女教父母，弟妹教兄姐的"一包一"扫盲活动。做到扫盲工作责任、学员、教师、地点、教材及经费"六落实"。2003年至2008年，先后办扫盲提高班161个，参学人员7289人；办补偿教育班21个，参加扫盲学习人员967人。全县15、17周岁完成率分别达到98.9%和86.8%，青壮年非文盲率达到99.8%。

（四）全民动员，共同参与，努力改善办学条件

为如期实现"两基"攻坚目标，县委、县政府坚持教育优先发展的战略不动摇，采取拨、征、集、捐、借、贷、争等多种方法，想方设法保证对教育的投入。

加大教育投入，保证教育经费稳定增长。坚持做到"一个确保""两个提高""三个增长""四个优先"，同时，每年农村税费改革转移支付资金、革命老区转移支付资金、干部职工捐资、城市教育费附加、社会捐资全部用于教育配套资金。2003年至2008年，除了在保证国家财政拨款主渠道逐年增长的同时，群众捐款捐物折合人民币1302万元。

加大项目建设力度，千方百计改造校舍。认真实施国家二期义教工程、危房改造工程、农村中小学寄宿制建设工程等项目工程，2003年开始，翻建、改建、扩建校舍面积111.4万平方米，先后建成教学用楼61栋（含多功能餐厅14个），砌围墙14万米，修建厕所1.6万平方米，建大

门 120 座，配发图书近 5 万册，全县中小学校舍总面积达到 25 万平方米。

调整学校布局结构，合理配置教育资源。结合生态移民搬迁工程，做好全县中小学第二轮布局调整工作。二轮布局调整结束后，全县中小学由 348 所减少到 224 所，全县教育资源配置更加优化，规模化办学水平大幅度提升。

动员社会各界力量，多方筹措教育经费。2003 年至 2008 年，共争取闽宁对口帮扶、明德基金会、宋庆龄基金会项目资金 1268.3 万元。动员全县广大干部职工及社会各界人士捐资助学，共筹集捐资助学资金 975 万元，用于校园"四化"建设。全县 83 个县直单位和 16 个区、市单位，包扶 65 所中小学，包扶单位通过捐实物、捐资金等方式，共向学校投入资金 350 万元，推进了校园"四化"建设。自治区人大办、交通厅、财政厅、国税局、铁路分局等 16 个包扶单位共投入资金 300 余万元。区教育厅发起捐助活动，为同心县捐献图书 1 万余册。吴忠市为同心县捐资 32 万元，捐图书 11 万余册，文体器材 145 件套。各乡镇发动群众投工投劳 1 万多个工日，平整校园 10 万平方米，修建厕所 4000 平方米，各学校教师自己动手，参与校园"四化"建设，制作文体器材、教学器材等 2 万余件。全县所有中学教学仪器设备达到二类以上标准，小学基本配齐，中小学生均图书基本达标。

（五）强化管理，落实两全，不断提高教育质量

加强档案资料建设。成立了县、乡、校"两基"档案建设工作小组，确定专职档案人员，组织专人逐村逐户调查摸底，严格按照有关规定和要求，认真核实，多方取证，建立健全了"两基"档案。2006 年 9 月以后，县教育督导部门及时建立了义务教育年检复查制度，加强对乡镇、学校"两基"档案巡回检查。聘请区、市教育督导室领导多次亲临同心县检查指导，对同心县档案建设工作给予了大力支持和帮助，使"两基"档案基本达到统一、齐全、规范、准确的要求。

加强教师队伍建设。进一步推进教育内部体制、人事等改革，建立了校长竞聘制度和持证上岗制度，选拔了一批优秀骨干教师担任学校领导职务，增强了用人活力；实施教师资格制度，建立健全教师继续教育体系，推进课程改革，全面落实素质教育；加强信息技术教育和师德师风建设，加大"名师优师"的培养力度，提高教师职业道德水准、创新能力和综合素质。

加强学校常规管理。制定了《同心县教职工管理规定》，健全制度，完善措施，进一步规范了教育教学秩序和学校管理行为。建立健全了三级教研网络，组建了专兼职教研队伍，大力开展教育教学研究工作，教师的教学理念、教学方法和学生的学习方法、学习兴趣发生了明显变化，教育教学质量和办学水平明显提高。

（六）表彰奖励"两基"工作先进集体和先进个人

2007年，县委、县政府召开了全县教育工作暨"两基"工作总结表彰大会，表彰奖励了"两基"攻坚先进集体31个，先进个人67名。县委、县政府还向关心支持同心教育的中国人民解放军总医院、自治区财政厅、自治区人事厅、自治区交通厅、自治区邮电局、中国银行宁夏分行、自治区人民医院、宁夏大学、吴忠市教育局、南京证券有限公司等10个单位，赠送了匾牌。

第二节 | 教育强县

2009 年，县委、县政府根据自治区党委、政府的要求，印发了《中共同心县委、同心县人民政府关于创建教育强县的决定》和《同心县教育强县工作实施方案》，提出在 2009 年底，豫海、丁塘、河西、石狮等 4 个乡镇管委会实现教育强乡镇目标；2010 年底，实现王团、预旺、韦州、下马关、兴隆、张家塬、田老庄、马高庄、窑山等 9 个乡镇的教育强乡镇目标；2010 年底，实现创建"自治区教育强县"目标。教育单项先进分步实施目标：2009 年底，实现基础教育、职业教育与成人教育、教育信息化、教师建设先进县目标；2010 年底，实现教育管理和投入先进县行列。县委、县政府按照教育强县的各项指标，有计划、有步骤地开展了创建工作。

一、工作措施

（一）加强宣传引导，强化组织保障

县委、县政府多次召开专题会议进行研究。成立了以县长为组长、分管副县长为副组长，监察、财政、组织、宣传、教育、人社、科技、农牧等部门和 13 个乡镇主要负责人为成员的创建教育强县工作领导小组。

2009 年 3 月 19 日，县委、县政府召开创建教育强县动员大会，豫海镇、河西镇、丁塘镇、石狮管委会、发改局、教文体局和财政局负责人代表乡镇、部门与县人民政府签订了创建教育强县目标责任书，明确任务，落实职责。建立了县领导和部门联系帮扶制度，四套班子领导多次下乡、下校指导工作，解决教育强县工作中存在的困难和问题。各乡镇、部门和学校也成立了相应的机构，制定了工作方案，全力推进创建教育强县工作。通过开设专题栏目、刷写宣传标语、组织专场演出等多种宣传形式，加强教育强县工作宣传，营造创建教育强县的浓厚氛围。

2009 年 5 月，教育强县工作领导小组印发了《关于成立教育强县县级档案组的通知》，成立了领导小组，明确了各职能组级工作职责。出台档案工作分工表和各部门、中小学、幼儿园等各

个层面档案建设的规范要求，严格执行教育强县考核认定的标准，指导全县教育强县档案的建设。

2011年7月8日，创建教育强县领导小组召开了创建教育强县推进会，加快了教育强县工作的步伐。

（二）突出工作重点，促进协调发展

巩固"两基"成果，提升教育水平。加快发展基础教育，大力发展学前教育和高中阶段教育，提高"两基"工作水平。新建了豫海中学，高中教育后劲明显增强，高考成绩稳步提升。全县小学适龄儿童入学率100%，中学适龄少年入学率97.9%，残疾儿童少年入学率96.8%，青壮年非文盲率99.5%，各项指标均达到或高于自治区规定标准。学前一年入学率达到86.6%，县城学前三年入学园（班）率达到97.04%。高中阶段毛入学率72.5%，初中毕业生升学率87.7%。

深化教育改革，增强办学活力。全面实行中小学（园）校（园）长竞聘制、任期目标管理制和绩效工资改革制度，按照定编、定岗、定员的"三定原则"，在全县中小学逐步推行全员聘用、竞争上岗的激励机制。围绕"小学教育城镇化，中学教育城市化"的发展思路，合理调整学校布局，建立健全教师支教制度，鼓励城镇骨干教师、年轻教师下乡支教，城乡教育差距逐步缩小。调整了41所中小学、幼儿园领导班子；合并了海如女中和同心四中，撤并了4所农村初中和121所非完全小学，新建了16所移民区学校。

创新体制机制，加强学校管理。开展"思想再解放、校情再认识、发展再提速"大讨论活动，做好制度的"废、改、立"工作，出台了《同心县中小学公用经费管理细则》等22项财务管理和会计核算制度，制定了《同心县中小学校长队伍能力建设计划》《同心县中小学教师队伍能力建设计划》《同心县中小学（园）综合管理工作量化考核评估实施办法》等10余项规章制度，形成了"以制度管人，以考核理事"的良好机制。23所学校被评为市县级名校，1所学校被评为自治区示范性高中。

坚持德育为先，推进素质教育。以爱国主义教育为主线，以贯彻《公民道德实施纲要》为重点，健全社会、家庭、学校三结合的德育工作网络，加强学生爱国主义、集体主义和革命传统教育。组织开展了"孝敬父母月"、廉政文化进校园、创建德育示范学校等系列活动，提高学生的思想道德素质。全县先后有2所学校被命名为自治区文明单位，4所学校被命名为吴忠市文明单位，1所学校被命名为自治区德育示范学校。全国教育系统关工委西北片工作会议在同心县实验小学成功举办，石狮中学获国家教育系统先进集体，同心一小荣获全国尚德电力杯第三届青少年创意大赛总决赛一等奖，同心二小被授予全国语言文化规范化示范校，县教育局获"全国亿万学生阳光体育冬季长跑活动"和全国教育系统"祖国万岁"歌咏比赛优秀组织奖。

（三）统筹协调，发展各类教育

广泛开展各类培训，加强职业教育和成人教育，乡村农民文化技术学校建设面积达 100%。利用农村中小学现代远程教育站点"一站多用""一网多用"功能，积极服务"三农"，结合全县特色优势产业发展的实际需求，人社、农牧等部门配合，投入资金 445 万元，通过联合办学、独立培训、远程教育、农民文化技术学校等形式，围绕农民增收和开辟再就业渠道的工作目标，开展下岗职工再就业培训、农村劳动力转移阳光培训、农业技术培训等各类技能培训班 100 期，培训人员 2.1 万人次。制定出台了《关于推进职业教育跨越式发展的实施意见》，逐步加强职业教育基础建设。积极开展"0.5+2.5"联合办学、直接送往县外中职学校就读和东西部合作办学等，全面落实中职生享受国家助学金政策，自 2009 年起，对区内外中职学生给予 300 元和 500 元的交通补贴。2008—2011 年，完成中职招生 6400 人，共有 351 人顺利取得本、专科学历证书。

（四）多渠道筹措教育经费，构筑教育强县经费保障

落实"以县为主"的管理体制，确保"三个增长"。认真贯彻落实《义务教育法》，充分发挥政府教育拨款的主渠道作用，保障各类教育配套资金及时到位，坚持做到"一个确保""两个提高"和"三个增长"。2008—2010 年，城市教育费附加全部用于教育，农村税费转移支付资金用于教育均达到 65% 以上，全县预算内教育拨款分别是 20459 万元、28082 万元和 39607 万元，较上年增长 34.72%、37.26%、41.04%；地方财政经常性收入分别是 3127 万元、4115 万元和 5549 万元，分别较上年增长 17.69%、31.6% 和 34.85%。每年预算内教育拨款的增长率均高于地方财政经常性收入增长率。学前、小学、初中和高中生均教育事业费、公用经费均逐年增长。2008—2011 年，共向全县中小学发放免费教科书和教辅资料价值 2505 万元，核拨小学、初中公用经费 11457 万元，发放贫困寄宿制学生生活补助费 2471 万元。从 2008 年开始，将教育督导经费纳入财政预算，保障教育督导工作及时有效开展。

多方筹措经费，加强设施建设。2008—2011 年，争取各类项目资金 4.5 亿元，实施了中小学校舍安全、生态移民区学校建设和农村初中校舍改造等工程。全县校舍建筑面积达到 41.3 万平方米，小学、初中生均校舍面积分别达到 4.0 平方米和 6.3 平方米。占地 1300 亩的教育园区初具规模。

（五）提高装备水平，加快建设步伐

2008—2011 年，累计投入 6800 万元用于教育教学装备配置。配备计算机 6236 台，安装套"班班通"交互式电子白板多媒体设备 548 套，建成多媒体教室 86 个、电子备课室 64 个、远程教育设施 310 套，开通了同心县教育信息网和教研网，全县 91% 的学校接通了宽带、建成了校园网。教师信息技术培训合格率达 94% 以上，先后有 310 名师生在各类信息技术大赛中获奖。

全县小学生机比 16.9∶1，初中生机比 10.1∶1，高中生机比 9.7∶1。

（六）强化队伍建设，切实提高素质

将师德师风建设纳入教师管理和评比聘用的范畴，结合"创先争优""基础教育质量提升年"等活动，开展"树师德新风，促质量提升"活动，全面规范教师行为，提高教师职业道德素养。

2006 年至 2011 年，筹措培训资金 185 万元，举办学校管理干部和骨干教师培训班 20 余期，组织参加各级各类培训 2.6 万人次。2011 年 9 月，西北师范大学、西北少数民族师资培训中心与同心县共建宁夏同心民族教育发展实验区，标志着同心县教师队伍能力建设工作和县域教育内涵发展由县内向县外、区外更深更高的层次拓展和延伸。

2011 年 9 月，安排专项资金 150 万元，表彰教育战线上取得突出成绩的教师，激发教师工作的积极性，在全县上下营造尊师重教的氛围。全县涌现出全国优秀教师 2 名、区级特级教师 6 名、区市级骨干教师 233 名、市县级名师 132 名和市县级名校长 23 名。

（七）实行责任追究，确保学校安全

牢固树立"安全重于泰山"的责任意识，明确"一把手"是安全工作第一责任人，建立健全学校安全管理工作制度和突发公共事件应急预案，实行学校安全责任追究制度。

2011 年 9 月，成立护校队 127 支，为县直中小学（园）配备专职保安 14 名，为各中小学配备安保教师 340 名；为百人以上学校安装了视频监控系统。校园安防设备总投入达 300 多万元。广泛开展安全教育和演练活动，增强师生安全意识和自护自救能力，确保了广大师生安全。

（八）规范办学行为，改进教育行风

县委、县政府把教育行风建设作为推进教育事业发展的一项重要工作纳入议事日程。教育行政部门及各学校均成立了行风建设领导小组，层层签订责任书，落实行风建设责任制、目标考核制和评议制度，健全教育行风建设长效机制。开设"政风行风热线"，公布举报投诉电话和邮箱，公开服务承诺，接受群众监督。严格执行"三免一补"政策和普通高中招生"三限"政策，大力推进政务、校务公开。制定和完善了中小学教师职业道德考核奖惩制度，规范了教师职业行为，树立了良好的教育形象。2010 年 3 月，同心县被评为宁夏规范教育收费示范县。

二、教育强县评估验收

2009 年 12 月 17 日—18 日，吴忠市政府评估验收组对同心县豫海等 4 个乡镇创建教育强

乡（镇）工作进行了评估验收。

2010年10月20日—21日，吴忠市政府教育强乡镇评估验收组对王团等九乡镇教育强乡镇创建工作进行评估验收。

2011年11月11日，自治区人民政府评估验收同心等4县教育强县暨县政府教育工作督导评估工作汇报会在同心召开。自治区政府主席助理刘云，政府副秘书长、办公厅主任王紫云，教育厅负责人，同心县领导及自治区验收工作领导小组成员，西吉县、泾源县、海原县主管领导和相关部门负责人参加会议。通过评估，认定同心县教育强县工作各项指标达到验收标准，通过自治区级评估验收。自治区人民政府向同心县颁发了教育强县奖牌。

与2007年相比，初中入学率由96%提高到98%，增长2个百分点；小学无辍学现象，学前一年入园（班）率由60%提高到80%，增长20个百分点；高中阶段教育毛入学率由56%提高到72.5%，增长16.5个百分点；人均受教育年限达8.2年，提高0.9年。2007年以来高考本科（含预科）以上录取5548人。2012年全县一本上线人数496人，二本上线人数537人，三本上线人数1841人，一、二、三本上线总人数2874人。中考连续多年位居吴忠市前列。

（一）基础教育

1. 学前教育幼儿入园率、特殊教育入学率统计表

学年	学前一年入园（班）率			县城学前三年入园（班）率			特殊教育入学率		
	6周岁幼儿数	6周岁幼儿入园（班）数	入园（班）率（%）	4—6周岁幼儿数	4—6周岁幼儿入园（班）数	入园（班）率（%）	残疾儿童、少年总数	受教育人数	入学率（%）
2009—2010	6720	5675	84.4	2411	2373	98.4	57	48	84.2
2010—2011	6585	5686	86.3	2374	2284	96.2	38	35	92.1
2011—2012	6591	5705	86.6	2667	2588	97.04	31	30	96.8

2. 小学入学率、辍学率、完成率、文盲率

学年	小学					
	适龄儿童入学率			辍学率		
	适龄儿童总数	入学人数	入学率（%）	学年初人数	辍学人数	辍学率（%）
2009—2010	43364	43364	100	45542	0	0
2010—2011	42213	42213	100	44158	0	0
2011—2012	39745	39745	100	42795		

学年	小学					
	15周岁完成率			15周岁人口文盲率		
	15周岁人口总数	学业完成人数	完成率（%）	15周岁人口总数	文盲人数	15周岁文盲率（%）
2009—2010	8164	8140	99.7	8164	0	0
2010—2011	7849	7842	99.9	7849	0	0
2011—2012	7298	7296	99.97	7298	0	0

3. 初中入学率、辍学率、完成率

学年	初中								
	适龄少年入学率			辍学率			17周岁完成率		
	适龄少年总数	入学人数	入学率（%）	学年初人数	辍学人数	辍学率（%）	17周岁人口总数	学业完成人数	完成率（%）
2009—2010	22309	21701	97.3	19024	249	1.3	7718	7104	92
2010—2011	21721	21205	97.6	18946	207	1.1	7764	7191	92.6
2011—2012	20732	20298	97.9	18836			7483	7046	94.2

4. 小学、初中毕业率

学年	小学毕业率			初中毕业率		
	毕业生总数	毕业人数	毕业率（%）	毕业生总数	毕业人数	毕业率（%）
2009—2010	7326	7326	100	5212	5186	99.50
2010—2011	7308	7308	100	5204	5170	99.35
2011—2012	6867			4529		

5. 初中升学率、15周岁以上人口人均受教育年限

学年	初中升学率			人均受教育年限		
	毕业人数	升学人数	升学率（%）	15周岁以上人口总数	受教育年限总数	人均受教育年限
2009—2010	5212	4446	85.3	268304	2101619	7.83
2010—2011	5204	4564	87.7	265599	2131741	8.02
2011—2012	4529			273500	2248742	8.22

（二）职业教育与成人教育

学年	青壮年非文盲率			农民文化技术学校（所）		农村实用技术推广			财政专项经费（万元）
	人口总数	非文盲人口	非文盲率(%)	乡（所）	村（所）	应推广数	实推广数	推广率（%）	
2009—2010	225638	221358	98.2	13	170	16	12	75	95.36
2010—2011	223062	219934	98.6	13	170	19	15	78.9	114.16
2011—2012	217352	216000	99.5	13	170	26	21	80.8	155.65

（三）教育管理与投入

年度	三个增长											城市教育费附加		农村转移支付		多渠道集资（万元）
	县财政经常收入(万元)	年增长(%)	教育拨款(万元)	年增长(%)	生均教育经费（元）				生均公用经费（元）				应征（万元）	实征（万元）	用于教育（万元）	所占比例（%）	
					学前	小学	初中	高中	学前	小学	初中	高中					
2008	3127	17.69	20459	34.72	2607	1966	2280	1923	312	338	526	317	175	175	272.35	65	2.46
2009	4115	31.6	28082	37.26	2635	2626	2448	3161	427	342	545	976	204	204	272.35	65	3.19
2010	5549	34.85	39607	41.04	3334	2958	2772	4504	533	403	590	983	328	328	272.35	65	3.37

（四）教育信息化及装备

1. 教育信息化程度

学年	教育信息化程度						
	学校数	信息技术覆盖率		远程和网络教育达标率		宽带网比例	
		达标数	达标率（%）	达标数	达标率（%）	联通学校	所占比例（%）
2009—2010	255	223	87.5	133	52.2	193	75.7
2010—2011	217	201	92.6	137	63.1	197	90.8
2011—2012	216	201	93.1	137	63.4	197	91.2

2. 教师信息技术教育培训、运用情况

学年	应培训教师数	培训合格情况		运用教学情况	
		培训合格数	合格率（%）	运用教学人数	所占比例（%）
2009—2010	3695	3386	91.6	2284	61.8
2010—2011	3740	3446	92.0	2461	65.7
2011—2012	3642	3446	94.6	2606	71.6

3. 多媒体教室配备情况

学年	学校建有比例			占教室比例			占总课时比例		
	学校数	建有数	比例（%）	教室总数	多媒体教室数	比例（%）	总课时数	运用多媒体课时数	比例（%）
2009—2010	255	162	64	1626	601	37.0	48780	12020	24.6
2010—2011	217	173	80	1493	605	40.5	44790	13915	31.1
2011—2012	216	175	81	1507	677	44.9			

4. 计算机配备情况

学年	小学			初中		
	上机学生数	计算机数	人机比	上机学生数	计算机数	人机比
2009—2010	29797	1296	23：1	19024	1060	18：1
2010—2011	28548	1580	18.1：1	18946	1570	12.1：1
2011—2012	27279	1610	16.9：1	18836	1863	10.1：1

（五）师资建设

1. 专任教师学历情况

学年	专任教师		专任教师学历合格率				专任教师学历层次			
	小学	初中	小学		初中		小学		初中	
			学历合格人数	合格率（%）	学历合格人数	合格率（%）	专科以上人数	所占比例（%）	本科以上人数	所占比例（%）
2009—2010	2239	1187	2134	95.3	1105	93.1	1527	68.2	758	63.9
2010—2011	2087	1027	2036	97.6	959	93.4	1535	73.6	727	70.8
2011—2012	2068	1039	2068	100	1037	99.8	1594	77.1	870	83.7

2. 教师继续教育、课堂质量工程达标情况

学年	应参加教师数		教师接受继续教育情况				课堂质量达标工程			
	小学	初中	小学		初中		小学		初中	
			参加人数	所占比例（%）	参加人数	所占比例（%）	达标人数	达标率（%）	达标人数	达标率（%）
2009—2010	2239	1187	2239	100	1187	100	1722	76.9	846	71.3
2010—2011	2087	1027	2087	100	1027	100	1985	95.1	984	95.8
2011—2012	2091	1039	2090	99.95	1039	100	2017	96.5	1016	97.8

3. 校长持证上岗和培养学科带头人情况

学年	校长持证上岗及岗位培训										培养学科带头人			
	持证上岗						提高性培训				小学区市县级		初中区市县级	
	校长数		持证上岗人数		持证上岗率（%）		参加人数		培训率（%）					
	小学	初中	小学	初中	小学	初中	小学	初中	小学	初中	区	市县	区	市县
2009—2010	234	16	234	16	100	100	129	10	55.1	62.5	0.67	6.61	1.1	5.9
2010—2011	196	16	196	16	100	100	121	11	61.7	68.8	0.91	9.01	1.56	8.76
2011—2012	128	14	128	14	100	100	122	14	95.3	100	1.16	11.03	1.83	10.59

第三节 | 义务教育均衡发展

2011年，为贯彻落实《教育部、国家发展改革委、财政部关于推进义务教育均衡发展的指导意见》和《宁夏中长期教育改革和发展纲要（2010—2020）》，同心县委、县政府制定了《同心县推进义务教育均衡发展实施方案》（同政发〔2011〕87号），提出了2017年实现县域内义务教育基本均衡发展的目标。

一、教育均衡发展规划

县委、县政府成立了县义务教育均衡发展工作领导小组，先后多次召开全县义务教育均衡发展部署会、推进会、协调会。制定出台《同心县加快推进教育事业发展三年行动计划》《关于进一步推进义务教育均衡发展的实施方案》等文件，确立了"规划先行、分层推进、分步实施"的工作思路，明确了推进义务教育均衡发展的"总框架""时间表"和"路线图"，列出办学条件、设备配备、队伍建设三个清单，落实"三个优先"（经济社会发展优先安排教育、财政投入优先保障教育、改革红利优先满足教育），做好顶层设计。2017年，结合棚户区改造，先后对同心一小等12所城乡学校进行增量扩容，新增校园面积251亩，开工建设九小、规划建设十小，城乡学校布局进一步优化，推进县域内义务教育均衡发展。先后实施免除高中生住宿费、学费等教育民生实事，不断提升人民群众的教育获得感。

二、工作措施

（一）不断加大基础设施投入

先后投入资金70多亿元，高标准建设了同心县教育园区，改扩建3所高中、11所初中、111所小学，新建中小学校30所，改造运动场45所、供暖156所、餐厅89所，建设周转宿舍833

套，形成了学前教育、中小学教育、职业教育相互链接的教育体系，基本实现了办家长放心、教师舒心、学生开心学校的目标。累计投入装备资金 2.06 亿元，配备各类教育教学设备 139 万件（套），实现了宽带网络校校通、多媒体资源班班通，办学条件明显改善。

（二）控辍保学措施得力

根据《同心县人民政府办公室关于印发开展义务教育控辍保学摸底排查切实做好劝返复学工作实施方案的通知》要求，成立了以县长为组长，分管副县长及乡镇、部门负责人为成员的控辍保学工作领导小组。教育部门建立了局领导包片、局机关干部包校责任制，形成了"教育局—学校—班主任—科任老师"控辍责任体系，将控辍保学工作作为学校年终目标考核主要依据。组织开展"千名教师进万家大走访大劝学"活动，建立了因辍即劝制度、专项检查督查制度、辍学通报制度。各乡镇每天 18 点前向县教育局报告控辍保学实施情况，教育局每天通报控辍保学情况，县政府每半月通报各乡镇劝返进展情况。落实教育线、乡镇线并举的控辍模式。教育线做到了"三个及时"，即及时查点，每天及时查点学生到校情况；及时家访，对未到校的学生及时通过电话、入户等形式进行随访、家访；及时报告，对经过家访仍未到校就读的学生，弄清学生流失的原因及去向，上报乡镇人民政府和县教育局。乡镇线，各乡镇通过召开镇、村干部大会，安排专人负责控辍保学工作，将辍学学生名单分解到村干部手中，印发《学生劝返记录表》等工作表册，扎实推进劝返工作。

（三）营养改善计划提质升级

在抓好营养改善计划精细化管理的基础上，每年投入 183 万元，率先在全区实现县城走读初中生和高中生早餐免费供应。刘延东副总理在王团中心小学视察时，给予了高度评价，相关报道内容被评为"2016 年度宁夏教育十大新闻之一"。2016 年 8 月，在全国农村义务教育学生营养改善计划新闻发布会上，丁炜县长介绍了同心县营养改善计划工作的成功做法和经验，被教育部作为"宁夏模式"向全国推广。2017 年，同心县被评为全国"阳光校餐"示范县，丁塘中心完全小学等 5 所学校被授予全国"星级学校厨房"称号。全县营养改善计划工作走在了全国前列。

（四）教育扶贫成效显著

2017 年，成立了教育扶贫基金（兴俊基金），制定了《同心县教育扶贫基金管理办法》，通过县财政支持、社会各界爱心人士、企业家捐助等形式募集资金 4100 万元，先后有 21255 名学生受益，实现了建档立卡学生从学前到高中免费教育全覆盖，学生资助从学前到大学全覆盖。9月，全区打赢教育脱贫攻坚战推进会在同心县召开，同心县建立的建档立卡学生数据库、二维码、手机 APP 等管理模式，赢得了与会代表的一致好评。

（五）全方位关爱弱势群体

投资 1200 万元建设了同心县特殊教育学校，采取"康教一体"模式，开发剪纸、串珠、钻石贴等康复课程，有 2 名学生作品入选全国非遗进校园优秀作品，14 名学生荣获全区绘画剪纸金剪刀奖。建立县乡校三级关爱体系，县城青少年活动中心、乡镇学校少年宫、学校心理咨询室、留守儿童关爱室实现全覆盖，采取互联网亲情热线、心理辅导、周末自习室、餐厅电影院、社会公益组织等做法关心关爱弱势群体，同心典型做法《宁夏同心：多方施援关爱留守儿童》《宁夏：一场穿越山区孩子心灵的 3D 电影》等登上国务院网站，先后建成 24 所自治区级留守儿童示范学校、家长示范学校。

（六）特色办学效果明显

全县各中小学全面实施素质教育，坚持立德树人，深入开展社会主义核心价值观和"三爱教育"，打造了青少年活动中心、少年军校、西征纪念馆等一批德育教育基地，涌现出了同心一小等 8 所国家和区市级"民族团结教育先进集体"、同心二中等 2 所全国"零犯罪"学校、王团中心小学等 4 所全国"足球特色学校"，近百名师生走出国门赴新加坡、澳大利亚等国开展文化交流，中考成绩连续多年位居吴忠市前列。

（七）教师队伍建设持续发力

按照"三倾斜三落实"的工作思路，加大义务教育学校教师队伍建设。即：新聘任教师向农村学校倾斜，2014—2017 年，先后通过特岗、免费师范生、事业编、县外遴选等形式补充教师1034 人，其中农村薄弱学校补充教师 921 人，占 89%；职称评聘向农村学校教师倾斜，268 名农村教师不受指数限制晋升职称；教师待遇向偏远农村学校倾斜，落实乡镇工作人员补贴和乡村教师生活补助，农村教师月工资平均高 1000 元；落实校长教师交流轮岗机制，2014—2017 年，全县义务教育学校累计开展校长教师交流轮岗 812 人次。落实交流合作机制，形成二小、八小集团化办学，东部、西部、县城三大教研片区，12 个城乡协作共同体，有效推进了优质教育教学资源共享；落实对外合作机制，先后与中央民大附中、西北师大、江苏靖江、山东昌邑、华东师大等签订教育合作计划，培训管理干部、教师 1200 人次。落实教师激励机制，落实《同心县乡村教师支持计划实施细则》等文件，安排 32 名教师外出疗养，2015 年开始，每隔两年为 45 周岁以上在职教师进行免费体检。2017 年，教师节期间县委、县政府对在农村学校任教满 15 年以上和 25年以上的 390 名优秀教师分别授予"最美乡村教师""最美乡村功勋教师"荣誉称号并给予表彰奖励。涌现出了"抗癌园丁"马金花等一批先进典型，先后有 974 名教师荣获国家及区市县级优秀教师、劳动模范和先进工作者等荣誉。

（八）校园安全常抓不懈

2015 年至 2017 年，先后为规模以上学校选聘法制副校长 108 名，落实政府民生实事，为规模以上学校配备专职保安 122 人，累计培训兼职安保教师 340 人，成立护校队 127 个，实现了学校"人防"全覆盖。先后投资近 107 万元，为完小以上学校配备了近身防护及搏斗器材，8 所学校安装了一键报警器并与公安系统联网，建设了 30 个标准化警务室，县直中小学及部分乡镇学校实行校门口硬隔离，构建了学校"物防"硬环境。累计投入资金 400 余万元，为全县规模以上学校和标准化餐厅安装了视频监控系统，建立了学校"技防"系统。

三、评估验收

（一）吴忠市人民政府评估验收

2017 年 11 月 14 日—15 日，吴忠市评估复核组，对同心推进义务教育均衡发展工作进行市级评估复核。评估复核组按照国家标准对王团联合完小、王团沟南完小、海如女中（今同心四中）等 30 所学校县域普通中小学办学条件标准化建设和县级人民政府推进义务教育均衡发展工作进行了评估复核。11 月 15 日，吴忠市人民政府召开评估复核同心县义务教育均衡发展工作反馈会。专家及评估组经复核认定，同心县第三批 30 所学校达到了义务教育均衡发展评估验收标准，办学基本标准综合评估达标率均为 100%，全部通过复核。至此，全县 158 所义务教育阶段学校已全部通过吴忠市义务教育基本均衡发展工作评估。

（二）自治区人民政府评估验收

2017 年 12 月 6 日，自治区人民政府教育督导室专职副主任衡鸣带领自治区评估组，对同心县义务教育基本均衡发展工作进行评估验收。评估组分"巡视、初中、小学、经费检查、满意度测评"等 5 个组对全县 16 所中小学进行抽查，通过实地察看、档案资料查阅、经费核查、满意度测评等方式，对同心县推进义务教育均衡发展工作进行评估。

评估验收组认为：同心县始终坚持教育优先发展理念，不断加大学校基础设施建设投入、提质升级营养改善计划、持续发力建设师资队伍、坚持特色办学、坚持校园安全常抓、多措并举关爱弱势群体、兜底部、补短板、强管理、抓质量，上下一心，办人民满意的学校，全力推进义务教育均衡发展。评估验收结果上报自治区人民政府审定，提请国家进行评估认定。自此，全县

120所中小学校高标准通过区级评估验收。

2018年9月5日，同心县教育局召开迎接国家义务教育均衡发展评估验收安排部署会，会议对9月12日至13日，国家义务教育均衡发展评估认定县域义务教育均衡发展工作进行部署。会议首先传达自治区9月4日召开的全区迎接国家义务教育均衡发展工作安排部署会会议精神，同时就同心县在推进县域义务教育均衡发展工作中存在问题做了反馈。

（三）国家督导评估专家验收

2018年9月13日，国家教育督导评估专家，对同心县推进县域义务教育均衡发展情况进行实地评估认定。从全县120所义务教育学校中，随机抽取了5所小学、2所初中、1所九年一贯制学校、2个教学点共计10所，在办学条件达标情况、校际间均衡状况、工作指标完成情况等方面进行了实地检查验收，并通过网络进行了公众满意度调查。经过专家组评定，同心县通过国家义务教育均衡发展基本均衡县评估验收。

县级人民政府推进义务教育均衡发展工作情况

一级指标 L1	二级指标 L2	分值 L3	省级评估得分	指标值或简要结论 L5
入学机会 （20分）	1. 将进城务工人员随迁子女就学纳入当地教育发展规划，纳入财政保障体系	4	4	同心县将进城务工人员随迁子女纳入当地教育发展规划，并纳入财政保障体系，随迁子女入学率100%，且全部在公办学校就读。
	2. 建立以政府为主导、社会各方面广泛参与的留守儿童关爱体系	4	4	已建成教育行政部门为主，关工委、妇联、共青团、乡镇等组织积极参与的留守儿童关爱体系。
	3. 三类残疾儿童少年入学率不低于90%	4	4	三类残疾儿童少年入学率90.4%。对随班就读的残疾儿童少年，心理上关心，生活上帮助。
	4. 优质普通高中招生名额分配到县域内初中的比例逐步提高	4	4	优质普通高中招生名额1260名，其中756名按计划合理分配到县内各初中学校，比例达到60%，招生录取严格按政策程序执行，实际招生比例达到了63.7%。
	5. 小学适龄人口按时入学率100%，初中适龄人口按时入学率95%以上	4	4	小学共有7周岁适龄人口6579，入学人数6579，入学率为100%。初中13周岁适龄人口5583，入学人数5392，入学率为96.6%。
保障机制 （25分）	6. 建立义务教育均衡发展责任、监督和问责机制	2	2	县政府印发了《关于同心县推进义务教育均衡发展实施方案的通知》，义务教育均衡发展的目标、步骤、措施明确，纳入同心县教育发展规划；各乡镇（管委会）和相关部门责任明确，建立目标责任制，依法履行教育职责。
	7. 义务教育经费在财政预算中单列，近三年教育经费做到"三个增长"	8	6	县政府印发了《关于同心县推进义务教育均衡发展实施方案的通知》，义务教育均衡发展的目标、步骤、措施明确，纳入同心县教育发展规划；各乡镇（管委会）和相关部门责任明确，建立目标责任制，依法履行教育职责。

（续表）

保障机制 （25分）	8.推进学校标准化建设，制定并有效实施了薄弱学校改造计划，财政性教育经费向薄弱学校倾斜	6	5.5	同心县制订了标准化学校的实施规划，到2018年规划达到标准化学校的比例为100%，分年分批逐步投入建设，每年都将薄弱学校标准化建设所需要项目优先列入年度校舍改造和物资采购计划。
	9.农村税费改革转移支付资金用于义务教育的比例不低于65%	3	2	达到
	10.教育费附加足额征收，全额拨付于教育，本级财政按生均定额安排公用经费；土地出让收益按10%的比例计提教育资金	6	6	教育费附加足额征收，全额拨付于教育，本级财政按小学80元、初中100元生均定额安排公用经费；土地出让收益按10%的比例计提教育资金落实。

附　录

一、文件选辑

同心县中小学分级管理实施细则

（1988 年 8 月 2 日）

第一章　总　则

第一条　为了认真贯彻执行党的十三大精神和《中共中央关于教育体制改革的决定》，进一步贯彻《义务教育法》，深化教育改革，加快普及九年制义务教育步伐，开创我县教育工作新局面，特制定本实施细则。

第二条　按照基础教育由地方负责、分级管理的原则，我县基础教育实行县、乡（镇）、行政村三级管理。基层政权要把教育工作真正列入自己职责范围之中，明确办学职责和管理权限，各负其责，各司其职。

第三条　各级党委、政府要按照党的十三大的战略决策，必须把教育事业放在突出的战略地位，加强智力开发，大力培养合格人才，提高劳动者素质。乡、村党政组织应集中更多的精力办好本乡村的教育事业。

第四条　县教育主管部门要在加强对全县教育宏观管理的同时，理顺管理体制，摆脱事务圈子，提高工作效率，加快教育事业的发展。

第二章　组织机构

第五条　县教育科是县人民政府行使全县教育主管工作的职能部门，负责全县教育工作及教学指导。

第六条　各乡（镇）成立教育委员会，下设办公室。在乡（镇）党委和政府的领导下，全面负责本乡（镇）的教育工作。乡（镇）教委由主管教育的正副乡（镇）长任主任，原学区专干任专职副主任兼乡教委办公室主任，教育工会负责人、中学校长、中心小学或回民小学校长及有关方面负责人参加乡（镇）教育委员会，取消原学区建制，乡教育委员会一般由5—7人组成。

第七条　各行政村成立教育管理小组，由村主任任村教管组组长，村中心小学校长任副组长，村教管组在村党支部和村委会的领导下，负责本村的教育工作。

第三章　管理权限

第八条　县教育主管部门的职责：

1.贯彻党中央、国务院制定的有关教育工作的方针、政策、法令及县委、县人民政府、上级教育主管部门的指示、规定。

2.负责制定全县普及九年制义务教育的规划和民族教育、学前教育、职业技术教育、成人教育规划，并组织实施。

3.负责管理全县各完全中学、进校、示范性小学、幼儿园，并对全县各级各类学校的工作进行视导。

4.负责监督学校的人事管理和全县教职工的劳资业务、档案管理、监查及信访工作；负责师范院校毕业生的分配；负责民办教师的考核、转正。

5.分拨国家下达的教育经费和教学仪器、设备；掌握专项经费和县地方财政投资的分配使用；监督、检查教育经费的管理、使用和学校固定财产的管理。

6.负责全县教师进修、培训、电大、函大和卫星电视教育的教学组织工作。

7.负责全县招生工作。

8.负责全县中小学教学研究以及电化教学、教改实验的组织指导工作。

第九条　乡（镇）教委的职责：

1.贯彻执行县教育主管部门及上级教育主管部门制定的教育工作具体政策和规定，完成上级下达的各项教育计划、任务。

2.负责制定本乡（镇）普及九年制义务教育规划及民族教育、职业技术教育规划，并组织实施。

3.负责本乡乡（镇）初级中学、完小、初小、教学点的学校管理。

4.负责本乡（镇）中小学教职工的人事管理和党团建设；乡（镇）党委负责在本乡（镇）的完全中学的党团建设工作。

5. 负责管理使用国拨教育经费，筹措地方资金；集资办学，捐资助学。

6. 负责管理学校布局、校舍建设、危房改造及校舍安全工作。

7. 负责全乡（镇）小学教学研究、教改实验的组织指导工作。

8. 负责本乡（镇）扫盲工作的组织实施。

第十条　村教管组织的职责：

1. 负责本村的普教工作，完成"四率"指标任务。

2. 负责翻建和维修村级初小和教学点的危房和校舍安全，集资办学，改善办学条件。

3. 管好学校财产，维护学校利益。

4. 负责本村初、完小及教学点的管理。

5. 筹集资金，创造条件。兑现在本村任教的民办教师补助报酬。

第四章　人事管理

第十一条　县直中小学、进修学校的校长按干部管理权限由县组织部门和县教育主管部门共同考察，分别由县委或教育科任免；学校、总务主任由学校校长提名县教育主管部门任免。

第十二条　乡（镇）教委正、副主任、委员由乡党委、政府考察任免，报县政府及教育主管部门备案。乡管中学和乡中心小学校长由乡教委提名，乡（镇）人民政府任免，报教育科备案，行政村教管组长、村队完小、初小的领导班子和乡（镇）教委工作人员由乡（镇）教委配备。乡教委的专职副主任和初级中学校长的变更须先征得县教育主管部门同意。县教育主管部门也可向乡（镇）推荐乡教委专职副主任和初级中学校长人选。

第十三条　农村完中的党、团支部工作由所在地的乡（镇）党委负责；县城中小学、进校、幼儿园的党、团支部工作由县教育总支负责。

第十四条　本乡（镇）内教职工调动由乡（镇）教委负责，县管学校之间教职工调动由县教育主管部门负责。

第十五条　县教育主管部门每年对各乡、校的教职工核定编制，在定编定员的基础上，乡与乡、县与乡之间教职工调动，须经本人申请，报请调出、调入乡（镇）教委批准后，由县教育主管部门备核，统一办理调动手续。为保持教师相对稳定，教职工出乡调动每年在暑期研究一次。各乡（镇）调出、调入人数不得超过本乡（镇）教职工总数的5%（新分配人员除外）。

第十六条　教职工改行或出县调动，由各乡（镇）教委加注意见后，报县教育主管部门审核，并按照上级有关规定履行审批手续。

第十七条　各乡（镇）教委对所管辖的中、小学教职工有奖惩权。给教职工予以行政处分须报县教育主管部门备案，留职察看以上处分按上级有关规定批审。

第十八条　县教育主管部门负责落实知识分子政策和教职工中遗留的冤、假、错案及纪检信访工作。负责办理全县教职工的劳资业务、档案管理工作。乡（镇）教委在自己的职权范围内，做好知识分子政策落实工作，并负责办理上级委交以及本乡（镇）教职工中的信访、纪检工作。

第十九条　县教育主管部门负责制定全县中小学教师进修、培训规划，下达进修指标，负责电大、函授、卫教的组织管理，以及教师进修考试、教材教法考试、文化专业合格证考试的组织、考务工作。

乡（镇）教委负责制定本乡（镇）中小学教师进修、培训计划，按期完成县上下达的进修指标任务，落实各种培训措施，搞好卫星电视教育的教学管理工作。

第五章　财务管理

第二十条　县教育主管部门除对上级下达的专项经费地方财政拨款，电教仪器、实验设备购置费及本部门所需要办公经费统筹掌握使用外，其他正常教育经费一律切块包干到各乡（镇），县教育主管部门直接管理的完全中学、县城中小学的教育经费由教育科统筹安排。

第二十一条　每年按各乡（镇）教职工及学生数额一次性下达经费定额指标，按月将款拨给各乡（镇）教委，节约归己，缺额不补。节约经费只能用于教育，不得挪作他用。

第二十二条　经费的使用范围：

经费的使用范围包括个人和公用两个使用部分。

1.个人部分：

（1）用于公办教职工、民办教师、临时工、亦工亦农人员、雇佣教师工资的支付。

（2）用于职工福利、班主任津贴、取暖补贴、奖金、洗理、水电、肉食补贴、中小学教师代课酬金、遗属生活补助费、离退休教职工生活费、抚恤金、工龄补贴、教龄津贴、中学生助学金、寄宿制回民中小学生补贴、公费医疗费、探亲费等项目的支付。

（3）用于工资、工龄补贴、教龄津贴及其他个人增长部分的支付。

2.公用部分：

用于维修费、课桌凳购置费、办公费、教师学生取暖费、文体器材、图书资料设备购置费、差旅费、会议费、水费、贫困带及极困户的小学生课本费、教师进修培训费、中小学生办公费及事业发展费等的支付。

第二十三条　经费使用原则：

1.包干经费必须在保证个人使用部分的前提下，用于事业需要的开支。

2.经费每年必须由乡（镇）党委、政府、教委会研究统筹安排。作出预算计划，报县教育主管部门审批后方可施行。审批后的列支项目未经县教育主管部门许可，不得擅自更改。

3. 文体器材、图书资料、课桌凳的购置经费应占经费总额的 2% 以上。

4. 全年用于各种奖励资金，不得超过经费总额的 0.2%。

第二十四条　财务管理职责：

1. 县教育主管部门的职责：

（1）负责制定各乡（镇）经费及直属学校经费的分拨方案。

（2）负责专项经费、地方财政拨款的投资分配。

（3）负责各乡（镇）经费及直属学校经费预算的审定，负责全年经费决算，并配合县财政、审计部门监督检查各单位的经费使用。

2. 乡（镇）教委会的职责：

（1）负责本乡（镇）初级中学、中心小学、行政村完小、自然村初级小学及教学点经费预算安排及使用。

（2）加强财务管理，健全单据账目等审批管理制度。

（3）负责筹集乡、村教育资金，改善本乡（镇）办学条件及教职工集体福利事业。

（4）负责本乡、校勤工俭学经费的管理使用。

第二十五条　严格财经纪律、经费的支出必须严格按照有关规定及标准执行。对挪用、贪污、浪费、挥霍教育经费；随意增长工资及其他个人使用经费标准，违反财经纪律者要追究乡（镇）教委、学校负责人及财物管理人员的责任。除了根据情况给予行政处分直至法律制裁外，并对当事者个人及乡（镇）、校处以经济制裁。

第二十六条　勤工俭学。

1. 各乡（镇）、村都要为所属学校提供勤工俭学基地、制定实施规划；指导、帮助、督促学校积极开展以植树造林为主的勤工俭学活动，逐年增加勤工俭学收入。

2. 各完全中学、县城各中小学要创造条件，积极开展勤工俭学活动。

3. 勤工俭学可以采取企业化的管理和承包经营等管理形式，提高勤工俭学的经济效益。

4. 勤工俭学的收入主要用于学校的校舍维修、设备、文体器材、图书资料的购置，师生集体福利事业和扩大再生产及其他改善办学条件方面。

第六章　校舍建设

第二十七条　校舍建设必须贯彻"两条腿走路"的方针。切实改变单靠国家统包的状况。县、乡、村都要积极筹措办学经费，发动群众集资办学，逐步达到"一无两有六配套"要求。

第二十八条　凡是新建校舍和学校搬迁，必须由乡镇教委讨论提出充分理由，报县教育主管部门审批后方可实施。凡是新建和扩建校舍必须按照国家规定图纸标准和严格的施工程序进行。

建成后必须经教育部门会同有关部门鉴定验收后，再交付使用。

第二十九条　县财政每年给教育的投资比例应高于县财政经常性收入的增长比例。

第三十条　专项经费和县财政拨款由县教育主管部门统筹掌握，专项经费根据教育发展的需要和各乡办学积极性的程度予以奖励。

第三十一条　乡（镇）所属各学校校舍维修经费，在各自包干经费中安排列支。

1.乡（镇）维修经费使用重点应放在乡（镇）中心小学和行政村完全小学。

2.行政村完小、初小维修经费除乡（镇）补助部分外，差额部分应由群众集资（包括投工献料）解决。

3.自然村初小、教学点的维修原则上由村、社负责筹措资金，乡（镇）在包干经费中视其情况给予适当补助。

第三十二条　县教育主管部门负责各乡、校基建维修项目的质量监督、验收及经费投资比例的审核。

负责检查各乡、校文体器材、图书资料、教学设备的购置、管理、使用。

第三十三条　县教育部门负责完全中学、农村初级中学、乡中心小学电教器材、教学实验仪器的购置及分配。

课桌凳、文体器材、图书资料和村级学校的教学仪器由各乡、校在包干经费中自行购置、配备。

第三十四条　各乡（镇）、校负责基建维修、设备购置、经费使用和质量监督检查；负责校舍和教学设备、仪器、图书资料的管理使用。

第三十五条　各乡（镇）都要建立健全校舍档案，一式三份（学校、乡教委及教育科各一份），建立维修、设备购置档案管理制度。各乡（镇）、校凡经费投资在1000元以上的维修项目和经费投资在500元以上的设备购置项目都要注意保存工程合同、工程阶段质量检查记录、工程验收结论等文字、图表资料。

第三十六条　学校的所有权。

1.城、乡各级各类公办学校的校舍、校产和校址均属国家所有，按管理权限管理使用，任何单位和个人不得侵占。

2.民办学校的集体投资的土地所有权属国家所有，管理使用权属乡人民政府，集体投资的校舍、财产所有权属乡人民政府，国家投资的校舍、购买的土地、财产的所有权、管理权属国家所有。

3.私人办学个人投资的校舍、财产属个人所有；国家补助投资的校产属国家所有；个人捐资部分按捐资者本人的意愿处理。

第七章　业务指导

第三十七条　普教工作指导。

1. 县教育主管部门的职责：

（1）制订全县普及初等教育的总体规划，下达各乡（镇）的普教等各项指标。

（2）拟定有关普教的文件、通知，并监督执行。

（3）指导乡（镇）教委建立各类普教表册、统计资料、档案。

（4）拟定普教检查细则，组织对乡、村普教工作的检查、验收。

2. 乡教委会的职责：

（1）制订本乡（镇）普及初等义务教育的总体规划，下达各村、校普教等项指标。

（2）宣传、贯彻《义务教育法》。搞好本乡（镇）学校布局，建设和师资队伍建设，改善办学条件。

（3）指导各村、校建立健全普教档案，乡教委建立总档案。

（4）负责协助动员学龄儿童入学，提高"四率"，按期完成普教任务。

第三十八条　学校管理的指导。

1. 县教育主管部门的职责：

（1）培训学校领导，帮助提高其思想业务素质，指导各乡（镇）校建立健全学校管理制度，提高学校管理水平。

（2）指导乡校的教学管理，执行教学计划，严格学校纪律，建立健全教学业务档案和学生学籍的管理制度。

（3）指导乡校开展思想政治教育和文娱、体育、卫生工作。

（4）指导各乡校合理使用教育经费，建立健全财务、后勤工作制度。

（5）负责编写《教育通讯》，及时反映教育工作情况。总结、交流、推广教育先进经验。

2. 乡教委会的职责：

（1）指导本乡（镇）中小学的教育、教学管理。制定各项管理制度，建立健全教学岗位责任制。

（2）组织所属学校开展政治思想教育和文体卫生工作。

（3）指导本乡学校建立学籍管理制度。

（4）指导本乡村学校的勤工俭学工作。

第三十九条　教研活动的指导。

1. 县教育主管部门的职责：

（1）贯彻国家教委和上级教育部门有关教学工作的指示和决定。

（2）经常深入学校检查、指导教师钻研教学大纲，理解教材，改进教学方法，提高教学水平。

（3）组织集体备课、观摩教学、专题讲座、经验交流等教研活动。

（4）办好《教研通讯》，及时传达教改信息，总结、推广教改经验，编印教学参考资料，拟定有关学科试题和复习资料。

（5）指导各类学校的教研工作，负责培训各乡教研辅导员，开展多种类型的教研活动。

（6）建立教育教学质量检查制度，负责质量检查的考核、统计、分析工作。

（7）组织开展教育科学理论研究和教学改革的实验工作。

2.乡教委会的职责：

（1）按照教育规律和教学计划，建立教学常规和质量检查制度。

（2）负责制定本乡（镇）教研工作计划，并组织实施；指导乡中心小学的教研工作，使之成为示范性的学校和全乡教研中心；指导并组织开展以乡中心小学为主的教学教研活动。

（3）摸清各科任课教师的知识状况，教学水平和教学特点，定期培训完全小学教导主任，提高业务管理水平。

（4）抓好教材教法进修的补课及新教师教材教法进修的学习和考核工作。

（5）注意了解教育新动态和教学新经验，及时在学校教师间进行交流。

（6）坚持经常听课、评课、检查教案和学生作业。

（7）指导学校教研和规定考试命题原则，制订教师进修的规划和措施。

（8）各乡（镇）配备专职教研员1—2名，负责检查本乡（镇）教育、教学计划的完成情况，指导各校教研活动的开展。教研员属乡（镇）教委会和县教研室双重管理，具体工作由县教研室统一制定和安排。

第八章　检查奖惩

第四十条　县教育主管部门负责对全县教育工作的检查、考核、督导，向县人民政府及上级主管部门提供奖惩的依据。

第四十一条　乡教委会负责对村教管组和本乡中小学教育工作的检查、考核，向乡人民政府提供奖惩的依据。

第四十二条　县教育主管部门每学期组织检查小组，定期对全县教育进行大检查。

第四十三条　检查内容：

1.乡、村教育的组织机构、工作计划、总结、人事管理、经费管理、集资办学、勤工俭学及业务指导等教育工作情况。

2. 县、乡、村制订普及义务教育规划及实施情况。

3. "四率"指标完成和办学条件改善情况。

4. 学校的管理、政治思想工作及教师的培训、进修、学籍管理工作。

5. 学校的政治思想教育工作；文娱、体育、卫生工作。

第四十四条　县、乡（镇）人民政府分别对成绩突出的学校和教育工作者进行奖励。

第四十五条　奖惩标准：

1. 奖励：实行荣誉和奖金制，视其成绩大小，给予适当的荣誉奖励和物质奖励。

2. 惩罚：采取经济制裁和行政处分。行政处分视其情节轻重予以警告、严重警告、记过、降职降薪、留职察看等。经济制裁视情况给予必要的罚金。

第四十六条　奖惩对象：乡教委会正、副主任，村教管组正、副组长，学校正、副校长（书记）。

第四十七条　奖惩办法：

1. 乡教委会、县教育主管部门、县直属各学校由县政府奖惩，村校由乡政府奖惩。

2. 奖惩实行定期集中检查和督导员检查相结合量化评分的办法，制订评分细则（评分细则另文下发）。

（1）普教工作占 40 分，主要内容有"四率""一无两有六配套"，农民教育、民族教育、集资办学、人事管理、财务管理等。

（2）学校工作占 40 分，主要内容有领导班子、规章制度、教育、教学质量、文体卫生工作、财务后勤、教师进修、学籍管理、勤工俭学等。

（3）平时各项检查占 20 分。

第九章　附　则

第四十八条　本实施细则的解释权和修改权属县人民政府。

第四十九条　本实施细则从一九八八年十一月一日起执行。

同心县人民政府文件

同政发〔1989〕第 022 号

关于印发《同心县普及初等义务教育乡规划》的通知

各乡（镇）人民政府，县直有关部门：

现将《同心县普及初等义务教育乡规划》印发给你们，请结合本地实际，认真组织实施。

同心县人民政府

一九八九年三月廿四日

同心县普及初等义务教育乡规划

为贯彻落实《中华人民共和国义务教育法》和《宁夏回族自治区普及初等义务教育暂行条例》，推动我县普及初等义务教育工作，力争一九九五年底实现基本普及初等教育县。现根据同心的实际情况，按照因地制宜、区类规划、按部就班、分乡普及、普教扫盲同步进行的原则和自治区普教验收标准，制定我县普及初等义务教育乡规划。

一、普及初等义务教育乡的实施计划

普及时间	普及单位	普教验收时间			备注
		乡自验	县级验收	区地验收	
1989—1990 年	城镇、城关、下马关、喊叫水、韦州	1989 年 9 月	1989 年 10 月	1989 年 12 月	乡自验后向县级申请验收，县级验收后向区地级申请审验发证。
1990—1991 年	河西、下流水	1991 年 9 月	1991 年 10 月	1991 年 12 月	
1991—1992 年	张家塬、预旺、马高庄	1992 年 9 月	1992 年 10 月	1992 年 12 月	
1992—1993 年	王团、羊路	1993 年 9 月	1993 年 10 月	1993 年 12 月	
1993—1994 年	田老庄、新庄集	1994 年 9 月	1994 年 10 月	1994 年 12 月	
1994—1995 年	纪家、窑山	1995 年 9 月	1995 年 10 月	1995 年 12 月	

二、普及初等教育乡的标准

（一）基础工作：

基础工作是实施"四率"的主要条件，扎实的基础工作是"四率"稳步上升的保证。

1. 组织健全。

（1）乡、村教育委员会和教管组织健全，分工明确，管理有目标、有措施。

（2）各类学校领导班子健全，中心小学有校长、教导主任；完全小学有校长、主任；初级小学有负责人。

（3）中心小学、完全小学团队组织健全，并能根据青少年特点开展丰富多彩的活动。

2. 计划、岗位责任制健全。

（1）普及初等教育有规划，有实施措施，并能逐项予以落实。

（2）教委会、教管组织、校领导、教师等各方面岗位责任制、管理制度健全。

（3）各项教学、教研计划、勤工俭学活动、第二课堂开展计划等健全。

（4）教学业务档案、教师档案、毕业班学生毕业考试卷及各年级学生学籍卡等完整无缺。

3. 师资队伍建设：

（1）教师素质提高有计划、有措施、有效果。

（2）落实知识分子政策，提高教师政治、社会地位，改善教师工作、生活条件，有措施、有效果。

（3）民办教师报酬兑现。

4. 办学条件改善，基本达到"一无两有六配套"。

（1）校校无危房、班班有教室、学生两人一张课桌、每生有一条单凳。

（2）校校有围墙、大门、厕所。

（3）中心小学按师生 1.5 以上，完全小学按师生 1.2 以上，初级小学按师生 1.1 以上配备适合儿童阅读和提高教师素质的图书资料。

（4）有基本开展课外活动和上好体育、美术、音乐课的文体器材。

（5）有能够开展正常教学和实验活动的教学仪器和图片等。

（6）校校有校牌，中心小学有班级、会议室、校长室、主任室、办公室等门牌。

（7）校校有旗杆、国旗。

5. 群众办学。

（1）广大群众对教育工作的认识逐步提高。

（2）集资办学、捐资助学、筹措教育经费能落实。

（二）"四率"工作：

四率达标是普及初等教育的基本标志。

1. 七～十二周岁学龄儿童入学率为95%以上。

2. 在校学生巩固率县镇为98%以上，川区为95%以上，山区92%以上。

3. 毕业生的毕业率县镇为95%左右，川区为85%左右，山区80%左右。

4. 十三～十五周岁少儿中，初等教育的普及率不低于90%。

三、普及初等教育乡的"图、表、册"

（一）二图：

1. 学校分布图。

2. 师资构成比例图。

（二）七表：

1. 一～十五周岁少儿情况统计汇总表。

2. 学龄儿童入学情况统计表。

3. 小学在校学生巩固情况统计表。

4. 小学毕业班学生情况统计表。

5. 十三～十五周岁少年儿童普及初等教育情况统计表。

6. 小学办学条件概况统计表。

7. 小学教师队伍概况统计表。

（三）七册：

1. 一～十五周岁少年儿童户口册（分社分户）。

2. 七～十二周岁儿童花名册。

3. 十三～十五周岁少儿花名册。

4. 毕业班学生成绩册。

5. 在校学生花名册。

6. 学生变动情况花名册。

7. 各年段盲、聋、哑、痴少年儿童登记册（分社分户）。

四、普及初等教育乡的学校"三风""三化"建设

1. 学校"三风"建设。学校"三风"有统一标志，有实施细则，做到校风明、教风严、学风正。

2. 学校"三化"建设。校舍布局整洁、合理；校园美化、绿化、净化，优雅，没有卫生死角；室内整洁干净；室内布置美观大方，内容健康，门窗玻璃齐全，无破损，墙壁整洁；厕所等公

共卫生常清理、打扫。

五、普及初等教育乡的职责

（一）乡教委的职责。实行教委主任、副主任包乡。

1.贯彻执行县人民政府制定的普及初等教育乡的规划及规范要求，完成上级下达的各项教育计划、任务。

2.负责制定本乡（镇）普及初等教育规划，下达各村普教等项指标，组织对村校普教工作的检查、验收。

3.负责本乡（镇）学校管理工作，协助动员学龄儿童入学，提高"四率"，按期完成普教任务。

4.负责管理使用国拨教育经费，筹措地方资金，集资办学，捐资助学。

5.宣传、贯彻《义务教育法》，负责管理学校布局，校舍建设、危房改造及校舍安全，搞好师资队伍建设、改善办学条件。

6.负责全乡（镇）小学教学研究、教改实验的组织指导工作，指导各村、校建立健全普教档案，乡教委建立总档案。

（二）村教管组织的职责。村支书、主任包村。

1.负责本村的普教工作，完成"四率"指标任务。

2.负责翻建和维修本村学校的危房、围墙、大门、厕所和校舍安全，集资办学，改善办学条件。

3.管好学校财产、维护学校利益。

4.负责本村学校管理。

5.筹集资金，创造条件，兑现在本村任教的民办教师补助报酬。

（三）学校、教师职责。校长包校，教师包班。

1.贯彻党的教育方针，端正办学思想，搞好学校"三风""三化"建设，努力提高教育教学质量。

2.保证学生进得来，提高入学率；留得住，提高巩固率；学得好，提高合格率和毕业率。

3.建立健全普教档案和图、表、册。

六、普及初等教育乡的验收

（一）普及初等教育乡验收原则：坚持标准，严格要求，一丝不苟，实事求是。

（二）普及初等教育乡验收内容：

1.基础工作：

（1）各级党政领导重视教育工作的情况；

（2）师资队伍建设的情况；

（3）改善办学条件的情况；

（4）全面贯彻教育方针的情况；

（5）普及初等教育管理情况。

2."四率"基本要求：

表册完备，数据准确，情况明了。

（三）普及初等教育乡验收办法：根据普及初等教育乡的规范要求，在检查验收中可通过听、看、查、谈、评的方法。

1.听取普及工作的情况汇报，深入课堂听课，倾听师生和有关人员的情况反映。

2.察看校容校貌，办学条件和教学设施。

3.查阅普及教育图、表、册、核实"四率"；检查教师备课及学生作业；检查审定毕业学生试题、试卷；抽查十三至十五周岁少年儿童普及初等教育情况。

4.访问或召开干部、群众、教师及学生家长座谈会，广泛吸收意见。

5.综合情况，进行评议，总结经验，提出意见。

检查验收可采取重点与一般相结合的办法，对不同类型进行抽样分析，在可能的条件下，抽样比例应尽量大一些。

检查验收的步骤一般应包括：（1）集中学习，训练队伍；（2）深入乡校检查"四率"，检查基础工作；（3）总结交流，分析评议。

乡自检达到普及标准的可向县级申请验收，县级检查验收合格的，可向区、地申请审验，批准后发证并命名。

七、奖惩

凡经区、地人民政府验收合格的乡镇，颁发普教合格证书，并由县人民政府给予一定物质奖励。经验收不合格的乡镇，责成其乡镇人民政府限期完成，所需经费一律由乡镇自行解决。

中国共产党同心县委员会文件

同党发〔1989〕31号

中共同心县委同心县人民政府
关于在全县统一筹集人民教育基金的决定

百年大计，教育为本。近年来，在党的教育方针、政策的指引下，全县各级党政组织和广大人民群众对发展教育的认识不断提高，重视教育，关心教育，支持教育的热情不断高涨。初步形成了尊师重教、大办教育的良好社会风尚。从而使我县的教育事业有了较大发展。教育教学质量逐步提高。学龄儿童入学率不断增长。各级各类学校在校学生逐年增加。但是，由于国家财力有限，加之我县又是一个长期靠国家财政补贴的贫困地区。近年来虽然教育经费不断增加，但仍然远远不能满足教育发展的需求。致使教育投资与教育发展不同步的被动局面日趋加剧。因而严重影响着我县教育事业的进一步发展。为了缓解这一矛盾，彻底改变我县教育落后的现状，提高人民的文化素质，缩短同发达地区的差距，必须改变长期以来形成的那种单靠国家办教育的观念，坚持"两条腿"走路的方针，充分调动全社会办教育的积极性，多渠道筹集教育基金，以保证正常的办学条件和办学经费，从而保证我县教育事业的稳步发展。为此，根据中央、国务院关于全民办教育的精神，结合我县实际，县委、县政府决定在全县范围内统一筹集人民教育基金。

一、教育基金的征收时间、范围和标准

1. 凡我县境内的国家机关、企事业单位（含集体企业）的干部、职工（含合同工、临时工）。均按工资比例逐月缴纳或一次交清。即月工资额（不含医药费）200元以上者（含200元，下同）每月3元。100—200元者每月2元。100元以下者每月1元。

2. 农村农业人口（不含五保户）按年度缴纳。同心镇、河西乡、城关乡、下马关镇、韦州镇每人每年3元；王团乡、喊叫水乡、下流水、纪家乡、新庄集乡、田老庄乡、预旺乡、马高庄乡、张家塬乡、羊路乡每人每年2元。窑山乡每人每年1元。

3. 凡我县境内的国营、集体企业单位职工总人数在50人以下的每年500元。50—100人的每年1000元。100—200人的每年2000元。200人以上的每年4000元，由单位缴纳。

4. 凡在我县境内持证经营手工、建筑、运输、饮食服务、修理加工等行业的个体户视经营情况每证每月缴纳 5—50 元。商业个体户按营业额的 0.2% 征收（具体实施细则由工商局制定）。

5. 凡我县的城镇居民（不含干部职工）均按每人每年 2 元缴纳。

6. 鼓励社会各界人士集资自办学校。鼓励干部职工和农民群众多集资，对集资数额大、为发展教育事业做出突出贡献的给予奖励。

7. 全县教育基金一律从 1990 年元月 1 日起征收。

二、教育基金的征收办法

教育基金原则上按服务范围收取。

1. 县城境内的干部职工和企业单位的教育基金，由各单位负责收缴；各乡镇境内的干部职工和企业单位的教育基金，由乡镇教育基金小组负责收缴。

2. 农村农业人口和城镇居民的教育基金，由所属乡镇负责收缴。

3. 县城境内的个体户的教育基金，由工商局负责收缴；各乡镇境内的个体户的教育基金，由所属乡镇工商所负责收缴。工商局按季向教育基金会办公室缴纳。

4. 凡收缴的教育基金，各乡镇、各单位必须于当年 12 月 10 日前统一交县教育基金委员会办公室，设立专门账户，存入县建设银行。

三、教育基金的管理及使用

1. 各乡镇范围内筹集的教育基金，由乡镇政府统一掌握安排。县城内的干部职工、企业单位和个体户的教育基金，由县城育科统一调剂使用。

2. 人民教育基金必须用于改善办学条件，补充办公经费和支付代课教师工资等教学工作。要列收列支，专款专用，任何单位或个人都不得挪作他用，更不能以任何借口或名义截留。使用教育基金，各乡镇教委必须事前将项目、内容、款数书面报县教育基金委员会办公室审查，待批准后由建设银行统一划拨。

3. 县、乡镇政府和村委会必须定期向同级人民代表大会报告人民教育基金的征集、使用情况。接受人民群众的监督。

四、建立组织，加强领导

为了加强教育基金的统筹和管理，提高资金的使用效益。成立同心县人民教育基金委员会、县人民政府县长马占和同志任主任委员。县委副书记马勇、县人民政府副县长马金良两同志任副主任委员，教育科科长张雄、财政科科长王学敏、计委主任马希珍、建行行长李文玉、审计局局长杨百兴、教育科副科长王敬元同志任委员。教育基金委员会下设办公室，王敬元同志兼任办公室主任。办公地点设在教育科，负责办理日常工作。并定期向教育基金委员会汇报工作进展情况。

各乡镇也要成立相应的教育基金领导小组，由乡镇长亲自挂帅，指定专人抓好此项工作。

五、本决定由县教育基金委员会办公室负责解释和组织实施

中国共产党同心县委员会

同心县人民政府

一九八九年十月五日

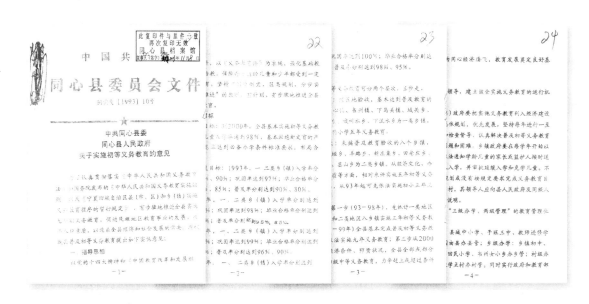

二、文件（节选）

县委、县政府文件

同心县征收教育费附加实施办法

（同政发〔1993年〕19号）

第二条　教育费附加的征收范围：凡我县境内的国家机关、企事业单位（含集体企业）的干部、职工（含合同工、临时工），城镇居民，农村家业人口（不含五保户），我县境内的工业、企业、商业、运输业、建筑业、修理加工业、饮食服务业、农业（含林、牧、副、渔）以及核定缴纳产品税、增值税、营业税的单位和个人都应缴纳教育费附加。

教育费附加减免范围：中小学开展勤工俭学办的农场、工厂及服务性行业等经济实体免征教育费附加。

全民所有制工业企业自办小学、幼儿园的，减征教育费附加50%，自办中学（含职业技术中学）免征教育费附加。

公民个人自办小学，幼儿园的免征教育费附加。办学者都不得以任何借口撤并学校或缩小办学规模。

第三条　教育费附加的计征率：凡我县境内的国家机关、企事业单位（含集体企业）的干部、职工（含合同工、临时工），均按月工资比例的1%缴纳。

城镇居民（不含干部职工）均按每人每年二元缴纳，一次交清。

农村农业人口（不含五保户）按年人均纯收入的1%征收，年人均收入低于200元的免征。

凡我县境内的工业、企业、商业、运输、建筑、修理加工业、饮食服务业、农业（含林、牧、副、渔）等，以单位和个人实际缴纳的产品税、增值税、营业税的税额为计征依据，教育费附加率为2%。

乡镇财政征收的从社会性支出费用中解决。一般按社会性支出费用额的三至五成支付，最高不超过五成。

有销售收入和经营收入的联户、专业户和个体户，一般按销售收入和经营收入的千分之三征收，最高不超过千分之五，在税前列支。

企业缴纳的教育费附加，一律在销售收入（或营业收入）中支付。

个体商贩及个人在集市上出售商品（产品），应按其实际缴纳的临时经营营业税额或产品税额缴纳教育费附加。

第四条　教育费附加的征收管理：按照产品税、增值税、营业税的有关规定办理。国营、集体批发企业以及其他批发单位，在批发环节代扣代缴零售环节或临时经营的营业税时，只对同心县的纳税人代扣教育费附加，纳税人所在税务机关在结算期税收时，对代扣的教育费附加应同时进行退补。对外省（县）区的纳税人不扣教育费附加，由纳税人回原地申报缴纳。

驻在乡镇的县属以及县以上单位，按照国务院〔1990〕50号文件《关于发布征收教育费附加的暂行办法》，应征收教育费附加，应按50%返还并入农村征收的教育费附加，统一安排使用。

第十一条　教育附加费的使用：教育费附加的安排使用，由教育局提出分配方案，财政局下达使用计划，主要用于改善中小学教学设施和办学条件。

第十二条　各级人民政府应当依照国家有关规定，使预算内教育事业费逐步增长，不得因教育费附加纳入预算专项资金管理而抵顶教育事业费拨款。国家核拨的教育经费，在原有基础上实行包干。今后各级人民政府逐年增加的教育事业费，主要用于保证人员经费的自然增长和发展师范教育以及补助贫困地区发展少数民族教育。

第十三条　征收教育费附加以后，各级教育部门和学校，不得以任何名目向学生家长和单位集资或者变相集资，不准以任何借口不让学生入学。

对违反前款规定者，其上级教育部门要予以制止，直接责任人员要给予行政处分。单位和个人有权拒缴。

同心县基础教育分级办学、分级管理暂行规定

（同政发〔1993〕20号）

第一条　我县基础教育工作在县人民政府领导下，由县教育局负责全面实施。全县实行县、乡（镇）两级管理的办学体制。

县教育局是县人民政府管理基础教育的行政主管部门。各乡镇恢复学区建制，学区由四人组成，在上级教育主管部门及乡镇领导下，负责本乡镇基础教育工作。各乡镇继续保留教委。教委一般由五人组成，乡镇党委主要领导担任教委主任，教委属乡镇教育职能部门。村成立教育领导小组（或校董事委员会），在乡镇及学区领导下，负责本村义务教育工作。

第二条　县级主要职责

（一）贯彻党和国家关于教育工作的方针、政策、法律、法规和区、地党委、政府及上级业务主管部门的有关教育规划方案，并纳入当地经济和社会发展的总体规划，使农、科、教相结合，基础教育、成人教育和职业教育技术教育协调发展；

（二）负责全县教育教学质量的提高，并组织实施检查评估工作；

组织实施义务教育，确定义务教育阶段学校的设置、布局方案，确定中学、小学、幼儿园的办学规模，并积极创造条件，发展职业技术教育；

负责教师队伍建设，落实教师培训计划和有关教师待遇的各项规定，评审教师职务和任职资格；

负责乡（镇）教委常务副主任（学区校长）、乡（镇）初级中学校长、教导主任，县直中学教导主任、政教主任、总务主任，县直小学校长、教导主任的选拔任免。任用前应先征求乡（镇）、学校主要领导的意见。与组织部门配合，做好对县直中学校长、党支部书记的考察工作，并负责全县中小学、幼儿园及各类教师的聘任、使用、工资待遇及民办代课教师辞退工作；

负责同心县教育事业费和其他专项经费的预算、核拨和管理；负责全县中小学教学仪器设备的购置及分配工作；检查监督审计教育经费、专项经费、学杂费、勤工俭学收入的使用；负责学校固定财产的使用和管理，多种渠道筹措教育经费，改善办学条件；

负责对全县中小学、幼儿园教师的考核、调动、奖惩和师范院校毕业生的接收和分配工作；

负责全县的电化教育和教学研究工作；

在县招委会的领导下，负责各类学校的招生工作；

维护学校的正常教学秩序，保障学校教职工、学生的人身安全及学校的校舍、设备、场地和财产不受侵害。

第三条　乡镇主要职责

贯彻执行国家、自治区、县有关基础教育方面的法律、法规、规定及方针政策；负责落实上级教育行政部门制定的各项工作安排、计划；

负责制定本乡镇义务教育发展规划、职业技术、成人教育发展规划，并积极组织实施；

负责本乡镇初级中学、完全小学、初级小学和教学点的管理，经常研究学校管理、教学质量的检查与评比，并指导村教育领导小组的工作；

搞好本乡镇中小学教师队伍建设，具体落实负责各类教师培训计划，初聘教师职务任职资格，负责本乡镇教职工的管理、使用、奖惩和调整工作，关心民办教师的生活，提高民办教师的待遇；

负责本乡镇中心完小、回民小学及村级完小、初小校长的考查选拔任免工作；

做好国拨教育经费、专向资金的使用，检查、监督各校（点）教育经费、杂费、勤工俭学收入、集资款和固定财产的管理和使用；

广泛宣传和动员社会各界积极捐资、集资办学，不断改善办学条件，并负责教育费附加征收工作；

负责本乡镇学校校舍的新建、扩建、修缮改造工程的质量及初验工作；

依法保障本乡镇适龄儿童、少年接受义务教育的权利，按规定做好义务教育的建档工作；

负责本乡镇中小学电化教学及教研工作。

中共同心县委、县政府关于加快教育改革与发展的决定

（2003 年 4 月 26 日）

二、深化教育体制改革，加快建立教育发展新机制

5.改革基础教育管理体制，强化县政府对教育的统筹权，实行在国家统一领导下，由地方政府负责，分级管理，"以县为主"的管理体制。县人民政府对全县基础教育负有主要责任，抓好中小学校的规划、布局调整、建设和管理；统一发放教职工工资，负责中小学校长、教师的管理，指导学校教育教学管理工作。乡镇人民政府要积极承担相应的农村义务教育的办学责任和管理责任，根据国家规章，多渠道筹措教育经费改善办学条件，提高教师待遇。继续发挥村委会在实施义务教育中的作用，积极动员和组织村民通过投工投料和集资，改造本村学校危房和办学条件。乡镇、村都有维护学校的治安和安全，组织动员适龄儿童少年入学等责任。

6.改革教育投入体制，依法增加财政性教育经费投入，切实保证"三个增长"。按照"一保、二控、三监督"的要求，保中小学教师工资按时足额发放、保农村义务教育的正常运转和发展、保危房改造的"三保"投入机制。实行"一费制"后形成的农村中小学公用经费缺口，在上级人民政府转移支付资金中安排。费改税后，对因税费改革而减少的教育经费，可从上级转移支付资金中优先安排，保证农村义务教育投入不低于改革前的水平。

7.继续多渠道筹措教育经费，积极鼓励企事业单位、社会团体、国际友人和公民捐资助学。对捐助者可按有关规定在捐助的学校对其予以署名、命名或聘为名誉校长。政府对捐资助学有突出贡献的单位和个人予以宣传和表彰奖励。继续向城乡从业人员募集教育基金，用于发展义务教育。

8.合理确定和规范收取基础教育阶段的学费、杂费和课本费，切实减轻学生家长的负担。

9.推进基础教育办学体制改革，促进社会力量办学健康发展。按照"积极鼓励、大力支持、正确引导、加强管理"的16字方针，推进社会力量办学的发展。积极鼓励社会力量办幼儿园、高中和职业中学。

10.深化学校内部管理体制改革，面向社会公开认定教师资格，推行教职工全员聘任制、校长竞争聘任制和结构工资制。

11. 深化农村教育综合改革，实行"三教"统筹，农科教结合。加强农民文化技术学校建设，实行"绿色证书"和毕业证书制度。

三、加大中小学布局调整，改善办学条件，提高办学效益

12. 按照小学就近入学，中学相对集中，优化教育资源配置的原则，高级中学原则上集中在县镇办学，每个乡镇原则上兴办 1 所初中或九年一贯制学校。在交通不便的地区，可保留必要的教学点。调整后农村完全小学规模一般达到 250 人，初中达到 1000 人，高中达到 1200 人。

13. 调整和规范义务教育学制。

14. "十五"期间基本消除中小学危房。

四、深化教育教学改革，扎实推进素质教育

15. 切实增强德育工作的针对性、实效性和主动性，积极探索德育教育的新方法，优化育人环境。

16. 加快课程教材和教学改革，积极贯彻实施《国家基础教育课程改革指导纲要》，逐步形成国家、地方好学校三级管理课程的管理机制。

17. 进一步加强教育教学管理。教育行政部门和学校都要建立健全规章制度，规范教学行为，加强办学管理。

18. 加强教育教学科研工作，建立基础教育教学改革和优秀教育科研成果评审奖励制度。

19. 建立教育教学成果奖，每年政府拿出 10 万元，专门奖励教育教学工作突出的学校和个人。

20. 大力开展文明学校创建活动，树立一批校风好、学风浓、教育教学质量高的示范性学校。

21. 切实控制农村初中学生辍学。

22. 大力普及信息技术教育。

六、采取特殊政策措施，发展民族教育事业

23. 实行优惠倾斜政策，促进民族教育多样化发展。

24. 在各级招生中，对回族考生实行降分、切块或定向录取；对回族贫困学生减免需支付、补助书本费。每年县上筹措义务教育助学金 20 万元，用于少数民族贫困学生的杂费补助。

25. 积极争取扶贫项目以项目形式解决发展民族教育的特殊困难。

七、加强中小学领导班子和教师队伍建设，努力提高教师素质

26. 加强师德建设。

27. 建立适应教育发展需要的开放灵活的教师教育体系。2003 年完成县教师进修学校、教研室、电教中心、电大工作站、自学考试的合并，成立教师继续教育培训中心。

28. 加强教师培训，实施好《中小学教师继续教育工程》《园丁工程》，建设一支在基础教育中起示范作用的骨干教师队伍。

29. 继续实行城镇教师轮流到农村学校支教的制度。

30. 积极推进中小学管理体制改革。

31. 深化教育人事制度改革。

32. 精简机构，撤销乡镇学区，建立中心学校制度。

33. 改革中小学校长的选拔任用制度，积极推进中小学校长聘任制和校长负责制。

34. 建立表彰奖励制度，每两年评选一次优秀教师，每3年评选一次模范班主任和优秀校长，由政府表彰奖励，发放荣誉证书和奖金。

同心县农村寄宿制学校学生营养改善工作试点方案
同心县"农村寄宿制学校学生营养改善工作"试点工作领导小组

（2011 年 2 月 15 日）

　　为了认真贯彻落实《国家中长期教育改革和发展规划纲要（2010—2020 年）》，根据教育部《中小学生健康教育指导纲要》的精神，为进一步改善我县农村寄宿制学校学生营养状况，提高我县农村学校学生营养水平，确保我县"农村寄宿制学校学生营养改善工作"顺利实施，特制定本实施方案。

　　一、基本情况

　　同心县地处宁夏中部干旱带核心区，属国定贫困县。全县人口 39.35 万人，其中农业人口 29.62 万人，占总人口的 75.3%。回族人口 33.71 万人，占总人口的 85.7%。2010 年全县地区生产总值 23.5 亿元，全县财政收入 7500 万元，农民人均纯收入 3316 元。

　　全县现有各级各类中小学校 222 所，寄宿制学校 32 所，寄宿学生 16905 人（寄宿学生全部来自农村），其中普通高中 3 所，寄宿学生 5623 人；农村寄宿制中学 15 所，寄宿学生 9580 人；农村寄宿制小学 14 所，寄宿学生 1702 人。

　　近年来，随着经济的发展，人们的生活水平有了一定的改善。但大多数农村家庭，只是解决了温饱问题，生活水平仍然不高，人们营养意识淡薄，特别是农村寄宿制学校孩子们的营养健康仍然是个大问题。2010 年 8 月，实行"学生营养早餐工程"，每天早晨为农村义务教育阶段学生免费提供一个熟鸡蛋，较好地解决了农村学生不吃早餐的问题。但学生的午餐、晚餐依旧简单而单调，基本上以土豆加白菜为主，很少吃到蛋、肉、奶等富含营养的食物。食堂重在解决学生的温饱，很难提高孩子们的营养健康水平。

　　二、实施原则

　　1. 政府主导与部门负责相结合的原则。中小学生营养改善工作在政府领导下，相关部门具体负责组织实施。

　　2. 全面覆盖与科学实施相结合的原则。中小学生营养改善工作实施对象为全县各级各类寄宿学生。实施面广，难度较大，营养改善工作一定要做到安全营养、科学营养。

3.硬件建设与软件建设相结合的原则。硬件建设主要是指改善厨房设施、卫生条件，提高生活标准。软件建设主要是指加强学生食堂工作人员技能培训，对师生进行营养改善知识教育。

4.政府补贴与学生自筹相结合的原则。为了确保营养改善工作顺利实施，政府拿出一定的资金作为补贴，同时兼顾学生家庭实际，自筹一部分资金，共同实施好营养改善工作，有效改善营养水平。

三、实施内容和范围

实施内容：具体实施四大项目：一是免费鸡蛋供给项目。为全县农村学校学生在校期间每天提供一个熟鸡蛋。二是营养午餐、晚餐补助项目。为农村寄宿小学生在校期间（每学年以250天计算）每人每天提供5元补助，中学生在校期间（每学年以250天计算）每人每天提供6元补助，提高他们的生活标准。三是加强食堂硬件建设项目。地方政府积极筹措资金，不断改善食堂设施、卫生条件。四是营养改善技能培训与教育项目。定期对炊管工作人员进行技能培训，对师生进行营养改善知识教育。

实施范围：全县各级各类寄宿制学校寄宿学生。

同心县义务教育阶段进城务工人员随迁子女就学管理办法

同政办发〔2015〕69 号

一、进城务工人员随迁子女的身份认定

进城务工人员随迁子女同时要具备下列材料，可申请在我县相对就近的小学和初中就学。

1. 持有同心县外户口本和流出地乡镇人民政府出具的父母双方均外出务工就业的务工证明；

2. 派出所出具的暂住证，办理时间一年以上；

3. 居住地社区出具的居住证明；

4. 用人单位劳动合同（或用人单位务工证明、居住地社区出具的就业证明亦可）；

5. 进城务工就业农民子女就读申请表。

二、进城务工人员随迁子女就学，按下列程序办理手续

（一）申请人在规定报名时间内持上述材料到实际居住地所属教育服务区域学校报名，如居住地学校接受有困难，由居住地学校受理登记后统一报县教育局统筹安排。

（二）教育行政部门应坚持公开、公平、公正的原则，按照进城务工人员的实际居住时间、在我县务工就业和交纳社会保险时间为依据，安排其子女就学。

（三）进城务工人员随迁子女转学一般以每年秋、春季入学报名时间为准。符合本规定的进城务工人员随迁子女就学，应提前 1 个月内向实际居住地学校提出申请，按照《宁夏回族自治区教育厅中小学学籍管理办法（试行）》规定办理转学。接受学校对进城务工人员随迁子女的转入进行登记，并对其转出时的流向予以统计。

三、进城务工人员随迁子女就读学校根据我县教育资源状况，确定以下学校接收进城务工人员随迁子女就学

初中：同心豫海初级中学。小学：同心第三小学、同心南安实验小学。

四、接收进城务工人员随迁子女学校应履行的职责

（一）接收进城务工人员随迁子女就学学校，在有学籍空位的情况下方可接收随迁子女入学，并及时予以办理学籍手续。

（二）接收进城务工人员随迁子女就学的学校，必须按照有关规定项目和标准收费，不得擅

自加收其他费用，做到进城务工人员随迁子女与当地学生一视同仁。

（三）学校应本着"以育人为本"的思想，维护进城务工人员随迁子女在校的正当权益。要针对这部分学生的实际，改进教学管理办法，做好教育教学工作。在接受教育、参加团队活动、评优评先、参与文体等各项活动及实行奖惩等方面与我县儿童少年同等待遇。要加强与学生家庭的联系，及时了解学生思想、学障。教育行政部门和中小学要建立完善保障进城务工人员子女接受义务教育的工作制度和机制，使进城务工人员随迁子女受教育环境得到明显改善。

同心县乡村教师支持计划（2015—2020年）实施细则

同政发〔2016〕98号

第二章　主要举措

第三条　践行教师职业道德规范

（一）健全乡村教师政治理论学习制度，坚持用中国特色社会主义理论体系武装乡村教师头脑，认真学习贯彻"创新、协调、绿色、开放、共享"的发展理念，不断提高教师的理论素养和思想政治素质。加强乡村学校党建工作，发挥基层党组织政治核心作用，优秀乡村教师优先发展为党员。

（二）开展形式多样的师德教育，按照"有理想信念、有道德情操、有扎实学识、有仁爱之心"的"四有"好教师要求，把教师职业理想、职业道德、法治教育、心理健康教育等融入乡村教师培养管理的全过程，形成教育、宣传、考核、监督与奖惩相结合的师德建设长效机制。

第四条　建立农村教师合理补充机制

（一）根据乡村学校学科结构、生源变化和教育发展的新要求，每学年通过面向农村定向招录特岗教师、事业单位工作人员和安置免费师范毕业生，补充农村中小学教师。

（二）对已办理退休手续的特级教师、高级教师，凡身体健康、能胜任日常教育教学工作，且本人自愿继续从事教育教学工作的，由个人申请、学校推荐、教育局审核批准定向返聘到乡村学校或薄弱学校支教，由县财政按照每人每年20000元标准予以生活和交通补助。

第五条　提高乡村教师生活待遇

（一）依法依规落实乡村教师工资待遇政策，认真落实自治区义务教育阶段农村学校教师补贴标准，人均月标准由200元提高到500元，根据各乡镇农村学校距离县城、乡镇路途远近、交通条件、地理位置等因素，修订完善《同心县义务教育阶段农村学校教师补贴发放办法》，将全县乡镇农村学校划分为七个类别、补贴标准分七个档次实施。

（二）县人民政府每年表彰优秀教师60名，每两年培养一批县级以上骨干教师、名师，到2020年使乡村县级以上骨干教师不低于教师总人数的10%。实行骨干教师津贴制度，对国家、区、市、县级骨干在编在岗教师每月分别补助400元、300元、200元、100元，所需经费由县财政承担，考核奖补办法由县教育局根据实际情况制定，每5年做一次调整。

（三）实施乡村教师帮扶计划。夫妻双方均在县域内工作的乡村教师，生活上确有困难的，在自愿的情况下，酌情选调一方到离家就近的学校工作；积极争取项目和筹措资金建设农村学校教师周转宿舍，逐步解决农村教师住房问题；对县城住房困难、符合条件的乡村优秀骨干教师优先解决公租房。

（四）严格落实农村义务教育阶段学校特设岗位计划要求，及时足额发放特岗教师工资，为农村特岗教师提供便利的生活和工作条件。

第六条　建立中小学教师编制动态管理机制

（一）完善中小学教职工编制动态管理机制。教育部门每年根据教育需求提出教师调配意见，县编办、人社、财政会同教育行政部门根据学校布局结构调整、在校学生人数变化、学科缺额等情况及时调整教职工编制人事关系，特别对学生规模较小的村小、教学点按照教职工与学生比例和教职工与班级比例相结合的方式核定教职工编制，保证村小、教学点师资配备和学生安全，确保乡村学校开足开齐国家规定的课程。

（二）落实教职工编制专项使用政策。严禁在有合格教师来源下"有编不补"期使用临聘代课人员。

第七条　职称（职务）评聘向乡村学校倾斜

（一）进一步完善乡村教师职称（职务）评聘办法，对长期在乡村基层和艰苦边远地区工作的教师，在评先评优、岗位晋级和职称评聘等方面实行倾斜政策。

（二）乡村教师在评聘职称（职务）时不作外语成绩（外语教师除外）、发表论文的刚性要求，重点考察师德素养、工作业绩和一线实践经历。对长期在乡村中小学工作的教师且现仍在乡村教学岗位上、连续工作15年晋升中级职称、连续工作25年晋升副高级及以上职称，且历年年度考核合格以上，经所在单位研究同意，教育主管部门审核，公示无异议的，可不受专业技术岗位结构比例限制，直接参加专业技术资格评审。

（三）县城中小学教师晋升中高级教师职称（职务），应有在乡村学校或薄弱学校支教1年以上的经历。

第八条　建立健全城乡校长教师交流轮岗制度

（一）进一步完善校长教师交流轮岗制度，制定出台《同心县校长教师交流轮岗实施办法》，采取定期支教、跨校轮岗、岗位代培、学校联盟、对口支援、乡镇中心学校教师走教等多种途径和方式，引导优秀校长和骨干教师向乡村学校流动，重点推动县城学校教师到乡村学校交流轮岗、乡镇中心学校教师到村小学、教学点交流轮岗。

（二）积极探索实施义务教育阶段教师队伍"县管校聘"管理体制改革，为组织城镇教师到乡村学校任教提供制度保障。对新参加工作教师，原则上分配到乡村基层学校任教锻炼，引导教师由县镇向乡村、由超编学校向缺编学校、由优质学校向薄弱学校合理流动。

第九条　全面提升乡村教师能力素质

（一）按照乡村教师教育教学实际需求，以"国培计划"、继续教育和各级骨干教师培训为抓手，采取离职培训、置换培训、集中培训、远程培训、跟岗实践、送教下乡、专家指导、校本研修、乡村教师访名校等多种形式，增强培训的针对性和实效性，促进农村教师专业成长。5 年内完成 15000 人次远程专项培训、3500 人次信息技术能力培训和 1000 人次中小学教师及校长外出培训。

（二）充分发挥对外交流合作平台优势，集中支持乡村教师和校长培训。从 2016 年起，启动实施"国培计划"培育性示范县项目，与华东师范大学签订校长教师培训培养协议，争取培训资金 750 万元，分三年实施；与中央民族大学签订《中央民族大学附属中学帮扶宁夏同心县创建区级民族教育示范学校合作协议》，五年培训学校管理干部和骨干教师 50 人；与西北师大签订《西北师范大学西北少数民族师资培训中心与同心县人民政府共建宁夏同心县民族教育发展实验区第二期合作协议》，每学年安排管理干部和骨干教师 60 人，五年培训 300 人；与山东昌邑市签订《山东省昌邑市帮扶宁夏回族自治区同心县加快推进教育精准扶贫合作协议》，每学年安排校长、管理干部和骨干教师各 20 人，五年培训 300 人；与江苏靖江市签订《同心县与江苏省靖江市教育内涵发展合作行动计划》，每年安排学校管理干部、骨干教师 24 人，五年培训 120 人。到 2017 年，对教学点教师和乡村学校校长全部轮训一遍，到 2020 年，对乡村教师、校长每人进行 360 学时的培训。鼓励乡村教师在职学习深造，提高学历层次。切实加强音乐、体育、美术、英语、科学、综合实践等薄弱学科教师培训。

（三）提升乡村教师信息技术应用能力，利用远程教学、数字化课程等信息技术手段，破解乡村优质教学资源不足的难题。县财政每年安排 50 万元，专项用于骨干教师和校长的信息技术培训培养。

（四）实施"名师工程"，力争每年建设 2 至 3 个"乡村名师"工作室、建成 1 至 2 个"塞上名师"工作站，重点培养培训乡村教师。

（五）开展优质学校送教下乡活动，县镇帮扶学校每年每学科送教下乡不少于 8 天。

第十条　建立健全乡村教师荣誉制度

（一）对在乡村学校从教 30 年以上的教师按照有关规定颁发荣誉证书，对在乡村学校从教 20 年、15 年、10 年以上的教师，每年教师节期间给予表彰、奖励和慰问。在评选"塞上名师"、特级教师、各级骨干教师等荣誉时，适当放宽条件，向农村教师倾斜。在评选表彰教育系统先进集体和先进个人时，乡村学校、乡村教师所占比例不低于 30%。并积极引导和鼓励企业、社会团体等社会力量捐资助学，对长期在乡村学校任教的优秀教师给予物质奖励，并适时提高奖励标准。

（二）认真落实好自治区、吴忠市乡村优秀教师疗养制度。切实推进同心县乡村教师定期体检工作，每2年为在职男50岁以上、女45岁以上农村教师进行免费体检。

第三章　保障措施

第十一条　为切实加强乡村教师队伍建设，成立同心县乡村教师队伍建设工作领导小组，由政府主要负责人为组长、分管负责人为副组长，县编制、发改、教育、财政、人社等部门及各乡镇负责人为成员，领导小组下设办公室，办公室设在教育局，具体负责对乡村教师队伍建设的统筹管理、规划、指导。其他成员单位要按照职能职责主动履职，切实承担责任。鼓励和引导社会力量参与支持乡村教师队伍建设。

第十二条　完善以政府投入为主、经费稳定增长的教育保障机制，把教育作为财政支持的重点领域，优先予以保障。财政部门要积极调整财政支出结构，加大投入力度，大力支持乡村教师队伍建设。要把资金和投入用在乡村教师队伍建设最薄弱、最迫切需要的领域，切实用好每一笔经费，提高资金使用效益，促进教育资源均衡配置。要制定严格的经费监管制度，规范经费使用，加强经费管理，强化监督检查，坚决杜绝截留、克扣、虚报、冒领等违法违规行为。

县统筹推进县域内城乡义务教育一体化改革发展实施方案

（同心县人民政府办公室 2017 年 9 月 14 日印发）

三、工作目标

加快推进县域内城乡义务教育学校建设标准统一、教师编制标准统一、生均公用经费基准定额统一、基本装备配置标准统一和"三免一补"政策城乡全覆盖，城乡义务教育学校布局规划适应新型城镇化建设和常住人口规模需求。

到 2017 年底，全县所有义务教育学校通过吴忠市及自治区级义务教育均衡发展评估验收。启动"基础教育质量先进县"创建工作，把提高质量、促进内涵发展作为新时期义务教育发展的中心任务。小学六年巩固率达到 94% 以上，初中三年巩固率达到 93%。

到 2018 年，全县各乡镇（管委会）义务教育基本均衡发展全部通过国家检查验收。乡村学校（含小规模学校和教学点）办学条件全部达到自治区规定标准。落实《宁夏回族自治区乡村教师支持计划（2015—2020 年）实施办法》《同心县乡村教师职称计划（2015—2020 年）实施细则》，促进县域内教师均衡配置，基本消除超大班额，有效化解大班额。积极推进"基础教育质量先进县"创建工作，进一步提高义务教育普及水平，小学六年巩固率达到 95% 以上，初中三年巩固率达到 94%。

到 2020 年，全县城乡二元结构壁垒基本消除，义务教育与城镇化发展基本协调，城乡学校布局更加合理，大班额基本消除。优质教育资源覆盖面进一步扩大，区域、城乡、校际之间的差距进一步缩小，基本化解"乡村弱""城镇挤"的问题。城乡学校师资配置基本均衡，乡村教师待遇稳步提高、岗位吸引力大幅增强，乡村教育质量明显提升。深入推进"基础教育质量先进县"创建工作。全面推进县域内义务教育优质均衡，城乡基本公共教育服务均等化基本实现，小学六年巩固率、初中三年巩固率分别达到 96% 和 95%。

四、主要措施

（一）动态掌握城镇人口规模，统筹推进城镇学校建设。一是科学编制中小学、幼儿园专项规划，并纳入县（镇）总体规划同步推进。依法落实城镇新建居住区配套标准化中小学建设，按每千人口 70 名小学生配建相应规模小学，每 15000 人口设置一所小学，生均占地面积不低于 20

平方米；按每千人口 70 名中学生配建相应规模初中，每 20000 人口设置一所初中，生均占地面积不低于 25 平方米。二是科学预测城乡人口流动、户籍制度改革、计划生育政策调整、移民搬迁等带来的学龄人口变化趋势，按照中小学校建设标准预留足够教育用地，纳入城镇建设规划并严格实施，确保城镇学不低于交流轮岗教师总数的 20%；加强教育信息技术"三通两平台"和宁夏"教育云"的建设和应用，提高乡村教师运用信息技术能力，促进优质教育资源共享；坚持将自治区示范普通高中招生指标的 60% 分配到区域内城乡初中学校。

牵头单位：县教育局

配合单位：县发展和改革局、财政局、国土资源局、扶贫办、工信和商务局，各乡镇人民政府（管委会）

（三）配齐配足相关设施设备，推进城乡学校标准化建设。一是进一步完善城乡义务教育学校统一的建设标准和基本装备配置标准。建立义务教育学校标准化建设台账，全面摸清情况，确定达标时限，结合"全面改薄"和义务教育均衡发展等"十三五"期间义务教育重点项目安排，统筹推进城乡义务教育公办学校标准化建设。二是对于寄宿制学校和实施营养改善计划的学校，要加强餐厨设施建设，配齐必要的设施设备，改善寄宿生住宿条件。按照填平补齐的原则，继续实施边远艰苦地区农村学校教师周转宿舍建设项目。三是落实国家《义务教育学校管理标准》，努力提高学校管理标准化水平。四是建立教学设施设备使用考核机制，提高学校教学仪器设备和图书的管理水平和使用效益。五是提高寄宿制学校管理服务水平，通过政府购买服务、利用劳务派遣及公益性岗位统筹等方式为寄宿制学校提供工勤和教学辅助服务。

牵头单位：县教育局

配合单位：县发展和改革局、财政局、住房和城乡建设局，各乡镇人民政府（管委会）

（四）多措并举落实国家标准，着力消除城镇大班额。严格对照《宁夏回族自治区消除义务教育大班额专项规划（2017—2020 年）》，消除大班额。到 2018 年，基本消除 66 人以上的超大班额，到 2020 年基本消除 56 人以上大班额。一是建立消除大班额工作台账，对大班额学校实行销号管理，避免新大班额产生。二是按照国家规定的班额标准，通过新建和改（扩）建校园校舍、办分校、合理分流学生等措施有效解决城镇大班额问题，加快消除现有大班额；通过一体化、集团化、托管式办学和科学规划入学片区等措施，进一步扩大优质教育资源覆盖面，化解择校等因素造成的大班额；通过教师交流特别是骨干教师交流、支教（部分学科走教）、落实《宁夏回族自治区乡村教师支持计划（2015—2020 年）实施办法》《同心县乡村教师支持计划（2015—2020 年）实施细则》等措施促进教师均衡配置，增强薄弱学校和乡村学校师资力量。

牵头单位：县教育局

配合单位：县发展和改革局、财政局、住房和城乡建设局，各乡镇人民政府（管委会）

（五）优化城乡师资配置，保障乡村学校教师。一是严格按照"严控总量、盘活存量、优化结构、增减平衡"的要求，落实好城乡统一的义务教育学校教职工编制标准。建立城乡义务教育学校教职工编制统筹配置机制，逐步探索建立城乡义务教育学校教职工编制跨区域调整机制，实行教职工编制城乡、区域统筹和动态管理，盘活编制存量，提高使用效益。在核定的教职工编制总额和岗位总量内，按照班额、生源等情况，充分考虑乡村小规模学校、寄宿制学校和城镇学校的实际需要，统筹分配各校教职工编制，并向同级机构编制、人力资源和社会保障及财政部门备案。二是落实人力资源和社会保障及教育部门确定的县域统一的义务教育学校岗位结构比例，完善职称评聘相关政策，逐步推动县域内同学段学校岗位结构协调并向乡村适当倾斜，实现职称评审与岗位聘用制度的有效衔接，吸引优秀教师向农村流动。三是全面推进教师"县管校聘"改革，从 2018 年起，先行先试，力争到 2020 年全面实现义务教育学校教师管理由"学校人"到"系统人"的转变。四是按照教师职业特点和岗位要求，完善教师招聘机制，统筹调配编制内教师资源，着力解决乡村教师结构性缺员和城镇师资不足问题，重视英语、信息技术、艺术、体育、科学等急缺学科教师的补充。五是统一教师职称评审和岗位聘用，实现职称评审与岗位聘用制度的有效衔接。城市中小学教师晋升中高级教师职称（职务），应具备在乡村学校或薄弱学校任教 1 年以上的教育工作经历。六是严禁在有合格教师来源的情况下"有编不补"、长期使用临聘代课人员，严禁任何部门和单位以任何理由、任何形式占用和变相占用教师编制。

牵头单位：县教育局

配合单位：县编办、财政局、人力资源和社会保障局，各乡镇人民政府（管委会）

（六）加强乡村教师技能培养，强化乡村教师待遇保障。一是继续实施国家和地方"特岗计划"，落实好地方免费师范生计划，加强乡村教师本土化培养，由区内高校定向培养"一专多能"的教师。结合实施"国培计划"，做好自治区、市、县（区）三级骨干教师及"塞上名师"培养工作，将乡村教师培训纳入基本公共服务体系予以保障。把教师职业理想、职业道德、心理健康教育等融入乡村教师培养管理的全过程。加强音乐、体育、美术、英语、科学、综合实践等薄弱学科教师培养培训，定期对中小学实验教学人员、管理人员进行装备应用与管理培训。鼓励乡村教师在职学习深造，提高学历层次。二是实行乡村教师收入分配倾斜政策，按照越往基层、越往艰苦地区补助水平越高的原则，确保乡村教师实际工资收入水平不低于同职级县镇教师工资收入水平。建立乡村教师荣誉制度，使广大乡村教师有更多的获得感。在评先选优、职称评聘等方面向乡村教师倾斜。完善乡村教师职业发展保障机制，对长期在农村中小学校、幼儿园工作的教师且现仍在农村教学岗位上，连续工作 15 年晋升中级职称、连续工作 25 年晋升副高级及以上职称，且历年年度考核合格以上，经所在单位研究同意，教育主管部门审核并公示无异议的，可不受专业技术岗位比例限制，直接参加专业技术资格评审，确保乡村学校教师职称即评即聘。将符合条件的乡村教师纳入当地住房保障范围统筹解决。切实做好乡村教师定期体检工作。

牵头单位：县教育局

配合单位：县发展和改革局、财政局、人力资源和社会保障局、住房和城乡建设局，各乡镇人民政府（管委会）

（七）健全控辍保学工作机制，建立学生动态监测体系。一是完善控辍保学部门协调机制和控辍保学目标责任制，强化教育主管部门、乡镇人民政府、村委会（社区）、学校和适龄儿童父母或其他监护人控辍保学责任，形成政府主责、学校尽责、监护人履责和社会各方支持配合的控辍保学责任体系。二是教育行政部门要依托全国中小学生学籍信息管理系统建立控辍保学动态监测机制，加强对农村、偏远、民族等重点地区，小升初、初二等重点学段，以及留守儿童、进城务工人员随迁子女、家庭经济困难儿童、学习困难学生等重点群体的监测控辍。建立和完善学生考勤制度、辍学（疑似）学生劝返复学制度、辍学学生登记和书面报告制度。三是各义务教育学校班主任要掌握每一名学生的情况，发现学生无故未到校的要及时与其监护人进行沟通。发现学生有辍学苗头的，学校要第一时间会同责任督学、村（居）委会开展劝返复学工作。对无故离校一个星期的，学校要及时书面报告乡镇人民政府和县教育行政部门，在学籍系统和学校控辍保学工作台账中标注登记，并在义务教育年限内为其保留学籍，乡镇人民政府和县教育行政部门要采取有效措施劝返辍学学生复学。四是各乡镇人民政府和村委会（社区）要全面掌握辖区内适龄儿童、少年情况，督促监护人确保适龄儿童、少年入学并完成义务教育，对于不按时入学或中途辍学的适龄儿童、少年，向其家长发送限期入学、复学通知，督促无效的，相关部门要依法追究监护人法律责任，确保失学、辍学学生尽早入学、复学。加大对家庭经济困难学生的社会救助和教育资助力度，按照"一家一案、一生一策"制定帮扶方案，确保孩子不因家庭贫困而失学。五是各义务教育学校要加大对学习困难学生的帮扶力度，不断提高他们的学习能力和自信心，着力消除因学习困难或厌学而辍学的现象。实施好农村义务教育学生营养改善计划，提高营养膳食质量，改善学生营养状况。对居住分散或家校路途较远的儿童，应根据当地实际，通过建设乡镇寄宿学校、增设公共交通线路、提供校车服务等多种方式保障适龄儿童入学，确保适龄儿童不因上学不便而辍学。针对农村残疾儿童实际，做到"一人一案"，切实保障农村残疾儿童平等接受义务教育权利。六是实施义务教育督学检查结果公告制度、限期整改制度和问责制度，对小学六年巩固率和初中三年巩固率达不到规定要求、年辍学率超标的小学、初中要进行问责。

牵头单位：县教育局

配合单位：县公安局、民政局、财政局、扶贫办、残联、人民政府教育督导室，各乡镇人民政府（管委会）

（八）聚焦薄弱环节，完善农民工随迁子女、乡村留守儿童就学保障机制。一是进一步强化流入学校、乡镇人民政府责任，将随迁子女义务教育纳入城镇发展规划和财政保障范围。按照相对就近入学的原则，适应户籍制度改革要求，建立以居住证为主要依据的随迁子女入学政策，以流入地乡镇人民政府（管委会）管理为主，以公办义务教育学校就读为主，简化随迁子女入学程序，由教育行政部门安排儿童少年入学，并纳入义务教育经费保障政策，与当地学生享有同等待遇。利用全国中小学生学籍信息管理系统数据，推动"三免一补"资金和生均公用经费基准定额资金随学生流动可携带。各义务教育学校对随迁子女实行混合编班和统一管理，与当地学生同报名、同分班、同上课、同考试、同管理，在参加团队、文体等活动以及表彰奖励和资助等方面同等对待，促进随迁子女融入学校和社区。二是进一步落实教育主管部门、乡镇人民政府（管委会）属地责任，建立家庭、学校、政府尽职尽责，社会力量积极参与的乡村留守儿童关爱保护工作体系，促其健康成长。要深入排查，建立台账，全面掌握留守儿童基本情况，加强关爱服务和救助保护，帮助解决实际困难，确保留守儿童人身安全。统筹建立校长、教师帮扶的乡村留守儿童工作机制。各义务教育学校要依据当地人民政府建立的乡村留守儿童信息台账，建立乡村留守儿童档案，准确掌握乡村留守儿童及其监护人情况。各义务教育学校要加强法制教育、安全教育和心理健康教育，积极开展心理辅导，帮助乡村留守儿童通过电话、视频等方式加强与父母的联系交流。要强化家庭监护主体责任，鼓励父母取得居住证的适龄儿童随父母在工作地就近入学，外出务工父母要依法履行监护职责和抚养义务。依法追究父母或其他监护人不履行监护职责的责任，依法处置各种侵害留守儿童合法权益的违法行为。发挥乡人民政府和村委会作用，督促外出务工家长履行监护责任。

牵头单位：县教育局

配合单位：县发展和改革局、公安局、民政局、财政局、扶贫办、妇联，各乡镇人民政府（管委会）

（九）提升教育教学质量，促进学生全面发展。一是坚持育人为本、德育为先，把社会主义核心价值体系融入课堂教学、社会实践、校园文化、学校管理等各个环节，坚持贴近现实、贴近生活、贴近学生，提高德育工作的科学性、针对性和实效性。二是深化高中阶段学校考试招生制度改革，推行初中学业水平考试，完善初中学生综合素质评价，改革招生录取办法。积极探索基于初中学业水平考试成绩、结合综合素质评价的招生录取模式。三是加强核心素养教育，以"人的全面发展"为核心，从文化基础、自主发展、社会参与三个方面，加强人文底蕴、科学精神、学会学习、健康生活、责任担当、实践创新六种素养的培养。探索在幼儿园和义务教育阶段开展创新素养教育，使学生（幼儿）在创新人格、创新思维和创新方法等方面得到基础培养。四是深入实施"基础教育质量先进县"创建工作，推动持续提升基础教育发展质量。

牵头单位：县教育局

配合单位：各乡镇人民政府（管委会）

（十）实行量化考评激励机制，推进教育治理体系建设。一是深化义务教育治理结构改革，完善县域内城乡义务教育一体化改革发展监测评估标准和督导评估机制，切实提高政府教育治理能力。二是实行"以县为主"的管理体制，完善乡村小规模学校办学机制和管理办法，将村小学和教学点纳入对乡村中心学校考核，加强乡村中心学校对村小学、教学点的指导和管理。三是充分发挥学校党组织政治核心作用，全面加强思想政治教育，认真落实校长负责制，全面推进学校章程建设，完善学校重大事项决策机制，逐步形成依法办学、自主管理、民主监督、社会参与的现代学校制度。四是落实学校办学自主地位，完善家长委员会，推动社区参与学校治理，建立第三方评价机制，促进学校品质提升。五是健全校长和班主任工作激励机制，根据考核结果合理确定校长绩效工资水平，坚持绩效工资分配向班主任倾斜，班主任工作量按当地教师标准课时工作量一半计算。六是创新校外教育方式，构建校内外教育相互衔接的育人机制。七是探索建立学生意外伤害援助机制和涉校涉生矛盾纠纷调解仲裁机制，全面整治校园及校园周边安全，维护学校正常教学秩序和师生合法权益，推动平安校园建设。

牵头单位：县教育局

配合单位：县公安局、人力资源和社会保障局、财政局，各乡镇人民政府（管委会）

同心县创建县域义务教育发展优质均衡县实施方案

同政办发〔2018〕160号

（二）内容标准。县域义务教育优质均衡发展评估认定包括资源配置、政府保障程度、教育质量、社会认可度四个方面内容，主要依据国家教育事业统计数据和国家教育经费统计数据进行。

1. 学校资源配置评估。重点评估县域义务教育学校在教师、校舍、仪器设备等方面的配置水平，同时评估这些指标的校际均衡情况。具体包括以下7项指标：

（1）每百名学生拥有高于规定学历教师数：小学、初中分别达到4.2人以上、5.3人以上；

（2）每百名学生拥有县级以上骨干教师数：小学、初中均达到1人以上；

（3）每百名学生拥有体育、艺术（美术、音乐）专任教师数：小学、初中均达到0.9人以上；

（4）生均教学及辅助用房面积：小学、初中分别达到4.5平方米以上、5.8平方米以上；

（5）生均体育运动场馆面积：小学、初中分别达到7.5平方米以上、10.2平方米以上；

（6）生均教学仪器设备值：小学、初中分别达到2000元以上、2500元以上；

（7）每百名学生拥有网络多媒体教室数：小学、初中分别达到2.3间以上、2.4间以上；

（8）资源配置评估对象不含特殊教育学校、职业中学和不足50人的教学点，每所学校至少6项指标达到上述要求，余项不能低于要求的85%；所有指标校际差异系数，小学均小于或等于0.50，初中均小于或等于0.45。

2. 政府保障程度评估。重点评估县级人民政府依法履职，落实国家有关法律、法规、政策要求，推进义务教育均衡发展和城乡一体化的工作成效。具体包括以下15项指标：

（1）县域内义务教育学校规划布局合理，符合国家规定要求；

（2）县域内城乡义务教育学校建设标准统一、教师编制标准统一、生均公用经费基准定额统一、基本装备配置标准统一；

（3）所有小学、初中每12个班级配备音乐、美术专用教室1间以上；其中，每间音乐专室面积不小于96平方米，每间美术专用教室面积不小于90平方米；

（4）所有小学、初中规模不超过2000人，九年一贯制学校、十二年一贯制学校义务教育阶段规模不超过 2500 人；

（5）小学、初中所有班级学生数分别不超过 45 人、50 人；

（6）不足 100 名学生村小学和教学点按 100 名学生核定公用经费；

（7）特殊教育学校生均公用经费不低于 6000 元；

（8）全县义务教育学校教师平均工资收入水平不低于当地公务员平均工资收入水平，按规定足额核定教师绩效工资总量；

（9）教师 5 年 360 学时培训完成率达到 100%；

（10）县级教育行政部门在核定的教职工编制总额和岗位总量内，统筹分配各校教职工编制和岗位数量；

（11）全县每年交流轮岗教师的比例不低于符合交流条件教师总数的 10%；其中，骨干教师不低于交流轮岗教师总数的 20%；

（12）专任教师持有教师资格证上岗率达到 100%；

（13）城区和镇区公办小学、初中（均不含寄宿制学校）就近划片入学比例分别达到 100%、95% 以上；

（14）全县优质高中招生名额分配比例不低于 50%，并向农村初中倾斜；

（15）留守儿童关爱体系健全，全县符合条件的随迁子女在公办学校和政府购买服务的民办学校就读的比例不低于 85%；

（16）以上 15 项指标均要达到要求。

同心县推进县城学前教育普及惠普工作实施方案

同政办发〔2021〕45 号

三、主要措施

（一）优化布局规划。一是进一步优化全县学前教育布局。充分考虑人口变化和城镇化发展趋势，结合实施乡村振兴战略，切实把普惠性幼儿园建设纳入城乡公共管理和公共服务设施统一规划，确保优先建设。二是大力发展公办园。充分发挥公办园保基本、兜底线、引领方向、平抑收费的主渠道作用。三是实施集团化办园。进一步提升第一幼儿园教育集团办园质量，新建清水湾幼儿园教育集团、第六幼儿园教育集团，探索、总结集团化办园的模式、经验。四是大力发展农村学前教育。切实办好乡镇中心幼儿园，提升王团中心幼儿园、河西中心幼儿园、石狮中心幼儿园、丁塘中心幼儿园、兴隆中心幼儿园等 12 所中心幼儿园办园质量，充分发挥中心幼儿园辐射引领作用，全面提升乡村幼儿园办园质量。积极探索小村联合办园、举办流动幼儿园、季节班的措施办法，努力发展偏远乡村幼儿教育。完善县乡村三级学前教育公共服务网络。积极扶持民办园提供普惠性服务，满足不同选择性需求。

（二）扩大资源供给。一是有计划地建设普惠性公办幼儿园。继续实施学前教育行动计划，逐年安排建设一批普惠性幼儿园，重点扩大农村地区、脱贫攻坚地区、新增人口集中地区普惠性资源。二是鼓励社会力量办园。支持社会力量开办普惠性幼儿园，进一步完善普惠性民办园认定标准，通过培训教师、教研指导等方式，支持普惠性民办园发展，并将提供普惠性学位数量和办园质量作为奖补和支持的重要依据。三是规范城镇小区配套幼儿园管理使用。对存在配套幼儿园缓建、缩建、停建、不建和建而不交等问题的，在整改到位前，不得办理竣工验收。

（三）健全投入机制。一是加大学前教育投入力度，逐步提高学前教育财政投入和支持水平。落实生均公用经费补助、补充配备教职工、提高教师待遇、加强师资培训、改善办园条件、落实幼儿资助制度、强化幼儿园"三防"建设、配套幼儿园治理和推进学前教育深化改革规范发展示范县创建等，合理保障教育教学工作有序开展。落实民办园用水、用电、用气、供暖执行与公办园相同的价格政策和家庭经济困难儿童、孤儿和残疾儿童学前教育资助政策。二是科学合理确定幼儿园收费标准。根据办园成本、经济发展水平和群众承受能力等因素，合理确定公办园收费标准并建立动态调整机制。民办园收费项目和标准根据办园成本、市场需求等因素合理确定，向社会公示，并接受主管部门的监督。非营利性民办园（包括普惠性民办园）收费管理办法按照自治区规定执行。

（四）加强队伍建设。一是建立教职工补充长效机制。县委编办要结合全县公办幼儿园实际，为每所公办幼儿园核定全额预算事业编制。分园、附设幼儿园纳入主办园统筹管理，各乡镇中心幼儿园纳入各乡镇中心学校统筹管理。县人社局要将公办幼儿园保育员、安保人员、厨师、卫生保健人员纳入政府购买服务范围，确保正常运转。二是切实加强幼儿园教职工管理。制定《同心县幼儿园教职工管理规定》，明确幼儿园教师配备标准、工作规范、奖惩规定。三是切实加强民办园师资队伍建设，民办园要按照教育部《幼儿园工作规程》规定，配齐教职工和卫生保健人员，参照当地公办园在编教师工资水平合理确定教师的工资收入。四是切实提高幼儿教师待遇。要依法保障幼儿教师工资待遇，确定最低工资标准，调动幼儿园教职工工作积极性。各类幼儿园要依法依规、足额足项为教职工缴纳社会保险。五是建立幼儿教师奖励机制。对作出突出贡献的幼儿园园长、教师，按照有关规定予以表彰奖励。

（五）健全培训机制。一是制定《同心县幼儿教师培训方案》。明确培训内容、形式，完善幼儿园园长、教师定期培训和全员轮训制度，实施好国家、区、县、园本四级培训，按照《幼儿园教师培训课程指导标准》，开展幼儿园园长、教师全员培训，全面提高园长、教师专业化水平。二是扎实开展各项培训。认真落实教师资格准入与定期注册制度，严格执行幼儿园园长、教师专业标准，坚持公开招聘制度，切实把好幼儿教师入口关。非学前教育专业的幼儿教师，必须取得学前教育教师资格证，进行岗前培训。通过加强师德教育、完善考评制度、加大监察监督、建立信用记录、完善诚信承诺和失信惩戒机制等措施，加强师德师风建设，提高教师职业素养，培养职业情怀，对违反职业行为规范、影响恶劣的幼儿园教师实行"一票否决"，终身不得从教。

（六）完善监管体系。一是落实监管责任。落实教育局学前教育监管责任，配齐配强教育局学前教育管理人员，健全县、乡镇中心学校、幼儿园三级学前教育管理机制，明确管理职责，落实管理责任。二是加强源头监管。县教育局依据《宁夏回族自治区幼儿园办园基本标准》，严格幼儿园准入管理和审批条件，加强对教职工资质与配备标准、办园条件等方面的审核，严格执行"先证后照"制度，依法进行前置审批，对符合条件的幼儿园按照国家相关规定进行事业单位登记。三是完善过程监管。充分利用全国学前教育管理信息系统，建立幼儿基本信息备案及公示制度。健全家长志愿者驻园值守制度，充分发挥幼儿园家长委员会作用，推动家长有效参与幼儿园重大事项决策和日常管理。四是严格依法监管。幼儿园提供虚假或误导家长信息的，纳入诚信记录。坚决杜绝发生虐童等严重安全事件，对存在伤害儿童、违规收费等行为的幼儿园，及时进行整改、追究责任，造成恶劣影响的，依法吊销办园许可证，有关责任人终身不得办学和执教，构成犯罪的，依法追究刑事责任。五是强化安全监管。严格落实公安、交通、市监、教育等相关部门对幼儿园安全保卫和监管责任，加强对幼儿园教职工和临时聘用人员资质的动态监管，坚决杜绝和清理不合格人员进入学前教育工作岗位，规范专职保安员配备和物防设施建设，建立全覆盖的幼儿园安全风险防控体系，提升人防、物防、技防能力。幼儿园所在社区、乡镇共同做好幼儿园安全监管工作。幼儿园必须把保护幼儿生命安全和健康放在首位，落实园长安全主体责任，定期组织开展多种形式的安全教育和事故预防演练，建立健全门卫、房屋、设备、消防、交通、食品、药物、幼儿接送交接、活动组织、幼儿就寝值守等安全防护和检查制度，立安全责任制和应急预案，保障饮食饮水卫生安全。强化法治教育和安全教育，提高家长安全防范意识和能力，并通过符合幼儿身心特点的方式提高幼儿感知、体悟、躲避危险和伤害的能力。

（七）规范发展民办园。一是加快推进分类管理。积极落实民办园分类登记办法，民办园根据举办者申请，限期归口进行分类登记。每年向社会公布非营利性民办园名单及其收费标准，切实加强无证园监管，切实加强无证园治理工作。二是强化动态监管。落实民办园年度报告和年检制度。坚决遏制过度逐利行为，民办园应依法建立财务、会计和资产管理制度，按照有关规定设置会计账簿，收取费用主要用于幼儿保教活动、改善办园条件和保障教职工待遇，每年依规向教育、民政部门提交经审计的财务报告。

（八）提高保教质量。一是全面改善办园条件。引导和支持幼儿园合理改善园舍条件，配备玩教具和幼儿图书。支持幼儿园合理布局空间、设施，为幼儿提供有利于激发学习、探索、安全、丰富、适宜的游戏材料和玩教具，防止盲目攀比、不切实际。二是注重保教结合。幼儿园要遵循幼儿身心发展规律，树立科学保教理念，建立良好师幼关系；合理安排幼儿一日生活，培育幼儿良好的卫生、生活、学习、行为习惯和自我保护能力；坚持以游戏为基本活动，积极推进创新素养教育，保护幼儿的好奇心和学习兴趣，使幼儿快乐健康成长；加强幼儿园保育教育资源监管，在幼儿园推行使用的课程教学类资源，须经自治区学前教育专家指导委员会审核。三是开展幼儿园"小学化"专项治理行动。坚决克服和纠正"小学化"倾向，小学起始年级必须按国家课程标准坚持零起点教学。四是完善学前教育教研体系。落实教研指导责任区制度，配齐学前教育专职教研员。五是注重学前优质资源共建共享。利用"互联网＋教育"，推动优质学前教育资源向乡镇、移民村和民办幼儿园覆盖；发挥城镇优质幼儿园和乡镇中心园辐射带动作用，加强对薄弱园的专业引领和实践指导。六是加强质量评估监测。依据自治区幼儿园质量评估标准，将全县各类幼儿园全部纳入质量评估范畴，定期向社会公布评估结果；启动实施学前教育深化改革规范发展示范县创建，推进自治区级示范园和一、二、三类幼儿园评选。

（九）加强督导评估。县教育局采取经常性督导和集中督导或随机督导的方式，对幼儿园进行督导检查，检查结果将作为幼儿园及领导评优、晋升的重要依据。

三、教育局文件（节选）

同心县教育局推进义务教育均衡发展实施方案

同教发〔2012〕48号

二、方法步骤

本次创建工作从2012年9月开始到2017年10月结束。

（一）宣传发动阶段（2012年9月至12月）。通过广泛宣传，使广大干群、师生充分认识开展推进活动对全县办学条件与办学质量整体提升的助推作用。进一步明确推进活动的指导思想、目标任务和方法步骤，切实增强抓好创建工作的自觉性和紧迫感。

1.广泛宣传。通过广播、板报、标语等宣传形式营造创建推进义务教育均衡发展的良好氛围。

2.明确目标。认真贯彻执行《中华人民共和国义务教育法》《宁夏回族自治区关于进一步推进义务教育均衡发展实施方案》和《宁夏回族自治区义务教育阶段学校办学基本标准（试行）》（宁教基〔2011〕12号）、《自治区教育厅关于印发〈宁夏回族自治区义务教育均衡发展评估指标体系〉的通知》（宁教基〔2010〕324号），明确创建目标。

（二）创建推进阶段（2013年1月至2016年12月）。到2016年底，全县85%以上的义务教育学校达到自治区制定的办学条件基本标准，达到义务教育基本均衡的各项指标要求。

1.打造创建环境。各乡镇（管委会）、学校要努力做好以下几个方面的工作：一是调整工作重点，把推进义务教育均衡发展作为今明两年的中心工作列入议事日程；二是加大中小学布局调整力度，合并规模较小、人数较少、硬件较差的学校；三是合理调配师资；四是加大辖区内校园环境整治力度，做好校容校貌建设工作；五是规范档案建设，按照推进指标体系分类整理归档，指定专人保管。

2.强化过程督导。加大县级领导联系乡镇、乡镇干部联系学校制度的落实力度，跟踪了解工作推进情况，帮助解决实际困难，及时总结工作经验，指导推进工作顺利开展。

3.加快薄弱学校改造步伐，努力改善办学条件。各乡镇对照《宁夏回族自治区义务教育阶段学校办学基本标准（试行）》（宁教基〔2011〕12号）、《自治区教育厅关于印发〈宁夏回族自治区义务教育均衡发展评估指标体系〉的通知》（宁教基〔2010〕324号），对定点保留的学校逐校排查摸底，制定新建、改建或扩建计划，集中财力建设一批寄宿制小学和完全小学，合理配置公共教育资源，使本区域内学校之间办学条件基本均衡。

（三）迎检评估阶段（2017年8月至12月）。做好推进义务教育均衡发展工作各种档案资料整理和归档工作，做好迎验各项准备工作，迎接自治区政府检查验收。

（四）巩固提高阶段（2017年1月至7月）。对照《宁夏回族自治区义务教育阶段学校办学基本标准（试行）》（宁教基〔2011〕12号）、《自治区教育厅关于印发〈宁夏回族自治区义务教育均衡发展评估指标体系〉的通知》（宁教基〔2010〕324号）中制定的基本条件和标准，按照《宁夏回族自治区进一步推进义务教育均衡发展实施方案》和《自治区教育厅关于印发〈宁夏回族自治区义务教育均衡发展评估指标体系〉的通知》（宁教基〔2010〕324号）的要求，认真查漏补缺，继续加大教育投入，改善办学条件，加强教师队伍建设，提升办学管理水平，提高教育教学质量，做好各项推进工作的巩固提高，促进义务教育均衡发展工作再上新台阶。

同心县教师支教交流管理办法（试行）

同教发〔2013〕222号

二、支教范围和人员

1. 支援学校：乡镇中心完小、县城及周边乡镇中小学校。

2. 受援学校：农村学校及县镇相对薄弱学校。

3. 支教人员：①年龄在50周岁以下无农村或薄弱学校任（支）教1年以上（含1年，下同）经历的中小学（园）教师；②拟计划申报一级以上专业技术职务的中小学（园）教师；③任现职以来，无农村或薄弱学校任（支）教1年以上经历拟计划申报骨干教师、名师、学科带头人、特级教师荣誉称号的中小学教师；④新录用满1年以上的中小学教师；⑤中小学中层以上拟提拔任用的教师。

三、支教期限与任务

1. 支教工作期限原则上为1学年，期满后仍回原学校任教；如支教期满，考核不合格，应按学年延长支教期限，直至支教考核合格再返回原学校任教。

2. 支教的主要任务是帮助受援学校解决师资不足。以定期或不定期开展公开课、教学研究、课题研究、专题讲座等形式，通过传帮带提高受援学校师资水平和教育教学质量。

四、支教交流形式

支援学校与受援学校可根据教育局指定的城乡协作共同发展体结为"一帮一"或"一帮二"等形式的对口结对学校；教育局将根据各校教师余缺及学科实情统一调整新的结对学校；支教交流分为下乡支教和挂职培训两种形式。

五、支教交流教师的主要职责

1. 县城及周边学校到农村薄弱学校支教交流教师的工作职责：每人担任一门以上学科的教学工作，完成足额工作量，并在学校教育教学工作中起示范引领作用；参与支教交流学校的校本研修活动，每学期至少承担2次公开课，听评课不少于20节；举行1次以上专题讲座；第一学期结束时撰写一篇教育教学论文，支教结束时撰写一篇述职报告，一式三份，由支援学校、受援学校和教育局人事股留存。

2. 农村学校到县镇学校挂职培训教师的工作职责：每人担任一门以上学科的教学工作，完成足额工作量；参与挂职培训学校的校本研修活动，每学期至少承担 2 次公开课，听评课不少于 20 节；第一学期结束时撰写一篇教育教学论文，支教结束时撰写一篇述职报告，一式三份，由支援学校、受援学校和教育局人事股留存。

六、支教教师的管理与考核

1. 教育局人事股具体负责选派支教交流教师进行支教或挂职培训的组织和审定工作。支教交流教师由支援学校和受援学校双重管理，以受援学校为主。

2. 下乡支教或挂职培训人员原学校身份不变，工资、福利发放渠道不变。支援学校和受援学校可根据路途实际情况给予适当补助并在生活和工作上提供便利条件。

3. 受援学校根据下乡支教或挂职培训教师的表现、工作情况及本人提供的相关材料对下乡支教或挂职培训教师进行实事求是的考核鉴定，提出考核等次（优秀、合格、不合格），并如实填写好《同心县教师支教工作考核表》，于每学期末将上述材料签署意见后报教育局人事股。

4. 教育局每学期将抽调专人对下乡支教和挂职培训教师进行专项考核，并对学校上报的支教和挂职培训教师的考核材料进行复核审定，对考核合格及以上者，发给县教育局统一印制的《支教证书》，作为今后晋职、晋升、评优评先等重要依据之一。各校要指定专人建立健全支教教师考核档案。

七、有关规定与要求

1. 从 2014 年起，凡未开展对口支教（支援）工作的城镇及周边中小学不得参加各类示范性学校、特色学校以及其他先进称号的评选。

2. 从 2014 年起，县镇中小学教师申报中高级教师职称时，原则上应有在薄弱学校或农村中小学任（支）教 1 年以上的经历。县镇学校教师无 1 年以上农村或薄弱学校任（支）教经历的，不得参加各级各类骨干教师和优秀教师的评选。

3. 各学校要建立政策激励机制。对参加支教达到规定年限的教师在今后职称晋升、干部竞聘上岗、评优评先中给予视同县级政府荣誉表彰的等值加分并优先推荐；凡不接受学校支教安排的教师一律不得晋升高一级职称，不得参加干部竞聘上岗和推荐评优评先。

4. 支援学校要选派师德好、责任心强，并具有较好教育教学业务水平的教师进行支教。被选派的支教教师要自觉履行教师职业道德规范，遵守受援学校校纪校规，尽职尽责，谦虚好学，服从受援学校的工作安排。

5. 受援学校要选派敬业爱岗、进取心强的中青年教师到支援学校挂职培训。挂职培训教师要踏实工作，虚心学习支援学校先进的教学理念、严谨的教风及行之有效的教学方法等，努力提高教学水平。受援学校要定期到支援学校了解挂职培训教师的思想、学习、工作和生活等方面情况，受援学校应把对口支教看作是提高本校师资水平和教育质量的机会，在思想上要给予高度重视，认真做好组织工作，并研究制订改进教学、提高教育质量和管理水平的措施；支援学校要把帮扶对口受援学校提高师资水平和教育质量，作为义不容辞的职责，在人、财、物等方面予以支持，制订并落实工作的规划与措施，突出支教实效。支援学校还应及时向受援学校反馈挂职培训教师的思想、学习、工作和生活等方面情况。

6. 积极鼓励下乡支教教师留在受援学校任教。支援学校不得擅自留用挂职培训期满的受援学校教师在本校任教。

7. 支援学校与受援学校都要努力为选派的教师创造条件，尽力帮助他们解决实际问题，解除后顾之忧。下乡支教与挂职培训教师在支教与挂职培训期间，除享受支援学校的工资和福利待遇外，县镇及周边乡镇学校到农村薄弱学校下乡支教的教师每年考核在合格以上等次的，教育局将依据《自治区教育厅等五部门关于贯彻落实国家五部门"边远贫困地区、边疆民族地区和革命老区人才支持计划教师专项计划"的实施方案》（宁教民〔2013〕53号）文件规定，根据支教学校交通、环境等因素给予适当生活及交通费用补助。

8. 因特殊原因不能完成支教工作的教师，将调回原支援学校，支教教师所有享受的待遇一律收回，原支援学校要重新选派替补支教教师。

9. 对口结对学校之间互派支教教师由双方学校在教育局统一领导下根据教师余缺及学科实际需要可采取本人自愿申请、学校推荐、教育局审定的办法确定人选。支援学校和受援学校原则上应于每年的8月20日前将对口支教人员名单报教育局审定并备案；受援农村学校选派教师到县城学校挂职培训应按教育局下达的支教名额确定人员，不得随意增加或减少人员。因工作需要教育局可对县域范围内结对学校之间的支教和挂职培训教师进行适当调整。支教教师应于每年8月底前到达受援学校进行支教。支教原则上要求以脱岗形式到受援学校实行满工作量顶岗教学。对口结对学校之间互派教师要保持相对稳定并定期组织开展教科研等活动进行结对帮扶。

10. 自2013年秋季起，将逐步建立县域内城乡教师支教交流长效机制。有关学校要充分认识支教工作的重要性和必要性，合理安排，周密部署，真正让支教教师全身心投入支教工作中去。县教育局定期对支教活动的开展情况进行检查、指导和评估，并进行通报，对支教工作成绩显著的单位和个人给予表彰和奖励，并作为年终考核的重要依据之一。

同心县义务教育学校管理标准实施方案

同教发〔2018〕305 号

三、实施内容

全面实施 6 大管理职责、22 项管理任务和 88 条具体内容是一项长期的系统工程，全面实施任务繁重，与我县义务教育学校工作实际结合起来，寻找突破口和切入点，推动义务教育学校管理上台阶。

（一）推进教育公平　平等对待学生

1. 坚持免试就近入学。全县义务教育学校实行免试就近入学制度，不以考试成绩、竞赛成绩等为入学依据；实行均衡编班，不设重点班、特长班。按要求制定划片招生入学方案，公开范围、程序、时间、结果，保障适龄儿童少年平等接受义务教育。

2. 建立"控辍保学"机制。执行国家学籍管理相关规定，规范学籍信息管理，保证在籍学生与在校学生一致。把握关键时段，严防学生辍学，实行教育局机关联系点片区督学包乡镇、校长包校、班主任包班、教师包学生的工作机制，主动联系，摸清原因，积极劝返，一层抓一层，层层抓落实。

3. 关爱弱势群体学生。从幼儿到大学生贫困学生全覆盖实施资助，义务教育学生实行免费入学，坚持为寄宿学生补助生活费，不让一名学生因家庭经济困难失学。关爱留守学生，加强农村学校留守儿童之家管养工作，开展"爱心妈妈""志愿服务"活动，从学习、生活、情感等各方面全方位关心、帮扶留守儿童，促进学生身心健康成长。关爱残疾儿童、发展存在偏差的儿童、特殊家庭儿童，让每一个学生公平享受义务教育。

责任股室：督导室、教育股、计财股资助中心

（二）提升育人质量　促进全面发展

1. 坚持德育为首，全面提升学生道德品质。创新德育活动形式和载体，践行社会主义核心价值观。开展社会实践和公益活动，让学生在活动中学会做人，学会做事。充分发挥学科育人功能，将养成教育渗透学校管理各环节，将心理健康教育贯穿教育教学全过程，培养学生良好行为习惯和健康生活方式。

2.坚持全面育人，全面提升学生综合素质。开齐开足课程，尤其是开好音体美、综合实践课程，保证学生每天锻炼1小时，每人掌握两项以上体育运动技能，坚持实施阳光体育运动方案，每2年举办一次中小学生体育运动会，定期开展学生体质健康测试或体检，不断增强学生身体素质；按要求开设音乐、美术、书法课程，开发校本课程，丰富兴趣小组活动，定期举办艺术节，不断提高学生艺术素养。

3.坚持知识能力并重，引导学生学会学习、学会生活。遵循学生认知规律和教育规律，改进教学方法，引导学生独立思考、主动探究，掌握科学的学习方法，激发和保护学生的学习兴趣，培养学生终身学习的能力。科学减负，合理控制作业量，探究分层教学，布置分层作业。结合全区中小学教育质量评价改革实验，构建科学合理的评价体系，以评价促发展。开展丰富多彩的社会实践活动，组织学生积极参与文明创建等综合实践教育活动，培养学生生活本领。

责任股室：教育股、教研室、文体股

（三）提高师资水平　引领专业发展

1.不断完善教师专业发展支持体系。完善教师培训制度，制定教师培养规划，指导教师制定专业发展计划，建立教师专业发展档案；优化教师培训体系，引进优质培训资源，定期开展专题培训，请进来走出去，研训结合，建设教师学习共同体。

2.不断加强教师职业道德建设。定期开展师德师风教育活动，引导教师加强学习，阅读经典，提高修养；健全教师管理制度，落实"校长十不准""教师十不准"，要求教师严守职业道德；关注教师群体，关心教师生活状态和身心健康，组织开展形式多样的业余活动，增强凝聚力和向心力。

3.不断提高教师教育教学能力。坚持开展业务学习，经常性组织教学研究活动，继续开展"一师一优课、一课一名师"活动。推进教育信息化进程，促进优质数字教育资源的开发与共享，引领教师专业成长。重视班主任工作，定期组织班主任培训交流，提高班主任工作能力；加强教师教学基本功考核，定期组织教师技能、基本功、教学比武等竞赛交流活动，促进教师专业成长。

责任股室：教育工会、人事股、师培中心、纪检室、教研室

（四）保障师生安全　构建和谐校园

1.完善基础设施。初中、小学标准化建设、寄宿制学校建设达到100%，义务教育现代化学校建设步伐加快；全面实施改薄工程，改善农村薄弱学校办学条件，缩小校际差距，推进义务教育优质均衡发展；实施义务教育学校运动场工程，到2018年，全县有条件的义务教育学校运动场达到100%；实施校园安保工程，学校安全人防、物防、技防统一要求，设施配备齐全。

2.完善管理体系。落实安全卫生管理制度，采取切实措施，确保学校师生人身安全、食品饮水安全、设施安全和活动安全，构建校园安全风险管理体系；落实校园周边环境治理，关注学生

上学放学交通安全。

3.加强安全教育。开展专题教育，普及安全常识、饮食卫生、疾病预防、生长发育和青春期保健知识；定期开展法制教育，培养学生法律意识和规则意识，营造体现法制精神的校园文化氛围；定期开展应急演练，提高师生应对突发事件和自救自护能力，打造和谐、平安校园。

责任股室：计财股、项目办、文体股、营养办

（五）依法科学民主管理　建设现代学校制度

1.依法治校，规范办学行为。每年组织教职工认真学习教育法律法规，增强法治观念，提升依法治校、依法从教能力。

2.科学管理，健全管理制度，规范办事程序。

3.民主管理，定期召开教职工大会，积极推进校务公开。

责任股室：教育工会、教育股、纪检室、文体股

四、工作措施

（一）加强学习　提高认识

实施《管理标准》是落实规划纲要、提高学校管理水平的重要举措，是实现管理育人、构建和谐校园的有效途径，是落实立德树人、推进教育治理能力现代化的现实需要。各学校要组织广大教职工认真学习《管理标准》，充分了解学校管理的基本要求，掌握《管理标准》的精神实质，推动学校可持续发展。师资培训中心要将学习《管理标准》列入校长和教师培训的重要内容之一；县教育局将在适当的时候邀请有关专家对《管理标准》进行宣讲和解读。

中共同心县委办公室

〔2019〕109 号

（二）目标任务

坚持有理想信念、有道德情操、有扎实学识、有仁爱之心"四有"好教师标准，建设一支政治坚定、师德高尚，数量充足、结构合理，业务精湛、素质优良，配置科学、管理高效的教师队伍。经过 5 年时间努力，基本建立事权人权财权相统一的教师管理体制，教师队伍规模、结构、素质能力基本满足各级各类教育改革发展需要；到 2035 年，教师教育体系科学完善，人工智能技术在教育教学中普遍应用，教师综合素质和创新能力大幅提升，教师在职业上有获得感、岗位上有幸福感、事业上有成就感、社会上有荣誉感。

（三）基本原则

坚持党的领导。坚持党管干部、党管人才，坚持依法治教、依法执教，坚持严格管理监督与激励关怀相结合，充分发挥党委（党组）的领导和把关作用，确保党牢牢掌握教师队伍建设的领导权，保证教师队伍建设正确的政治方向。

坚持师德为先。把提高教师思想政治素质和职业道德水平摆在首要位置，把社会主义核心价值观贯穿教书育人全过程，突出全员全方位全过程师德养成，推动教师成为先进思想文化的传播者、党执政的坚定支持者、学生健康成长的指导者。

坚持深化改革。坚持解放思想、攻坚克难，把教师队伍建设作为教育事业改革发展的重中之重，以教师队伍建设推动落实教育优先发展战略，把管理体制改革与机制创新作为突破口，建立让教师有获得感、幸福感、安全感的政策保障体系，增强教师职业吸引力。

坚持分类施策。立足县情，借鉴区内外经验，根据各级各类教师的不同特点和发展实际，考虑区域、城乡、校际差异，采取有针对性的政策举措，定向发力，重视专业发展，培养一批教师；加大资源供给，补充一批教师；创新体制机制，激活一批教师；优化队伍结构，调配一批教师。

二、主要任务

（一）全面加强党对教师队伍建设的领导

1.加强对学校党建工作的组织领导。坚持党对教育工作的全面领导，形成由县委教育工作领导小组、县教育工委、教育纪工委、学校党组织组成的全覆盖的党建工作网络。县委教育工作领导小组定期召开会议，研究解决教育系统重大问题，落实教育优先发展。县教育工作委员会具体负责抓好中小学党的建设和思想政治工作。县教育纪律检查工作委员会具体负责中小学"清风校园"建设和教育行风工作，并接受县纪委监委的工作指导。全面推行党委领导下的校长负责制，实行基层党组织书记任期制，中小学党的总支委员会、支部委员会每届任期为3年。

责任单位：县纪委监委、县委组织部、教育局

2.加强教师党支部建设。深入推进教育系统党的建设，确保中小学校党组织和党的工作全覆盖，在正式党员50人上的学校成立党委或党总支，在正式党员3人以上的学校、幼儿园或学校年级组（教研组）成立党支部，在正式党员不足3人的学校就近与其他学校联合组建党组织。建立健全民办幼儿园党组织，推进民办幼儿园党建指导员选派工作。成立教育系统离退休教师党支部，为他们发挥余热创造良好条件。

责任单位：县委组织部、教育局

3.加强党务工作队伍建设。实施"五个一"规范化建设工程，即"配强一支队伍、建立一个阵地、形成一套制度、推进一个'互联网＋党建'项目、打造一个星级组织"，把教育系统每一个基层党组织都建设成为坚强的战斗堡垒，把抓好学校党建工作作为办学治校的基本功，选优配强党组织班子，为1800人以上的大规模学校选配党组织书记。注重选拔党性强、懂教育、会管理、有威信、善于做思想政治工作的优秀党员干部担任党组织书记，精心培养和组织一支会做思想政治工作的党务干部队伍，把思想政治工作做在日常，做到个人。实施教师党支部书记"双带头人"培育工程，定期开展轮训。

责任单位：县委组织部、教育局

4.注重教师党员发展与培养。推进"两学一做"学习教育常态化制度化，开展"不忘初心、牢记使命"主题教育，引导党员教师增强"四个意识"，敬业修德，奉献社会，争做"四有"好教师的示范标杆。严格落实"三会一课"制度，创新方式方法，增强党的组织吸引力、凝聚力。健全主题党日活动制度，加强党员教师日常管理监督。健全把骨干教师培养成党员，把党员教师培养成教学、科研、管理骨干的"双培养"机制。教师从事党务和思想政治工作计入工作量，作为职称评审、职务晋升、绩效考核等方面的重要依据。

责任单位：县委组织部、宣传部、教育局

（二）全面提高教师思想政治素质

5.着力打造教师思想政治教育平台。建立同心县教师大讲堂，通过邀请名誉校长、思政辅导员、国家和区市级骨干教师、区内外名师等讲思想政治课、讲党史国史、讲教育教学理论，组织外出培训教师、县内名师、青年骨干教师研讨教学，交流心得，形成定期举办、交流展示、成果

观摩等长效机制，促进教师思想政治、教学素养双提升。健全教师思想政治理论学习制度，将政治理论学习与研修计入教师继续教育学时，每年面向全体教师开展集中学习教育不少于 24 学时。把教师思想政治表现作为评优评先、职称评聘等首要条件。

责任单位：县委组织部、宣传部、教育局

6. 着力打造政治强、情怀深、思维新、视野广、自律严、人格正的思政教育队伍。全面贯彻落实《关于深化新时代学校思想政治理论课改革创新的若干意见》，加强中小学专职思政课教师培养和配备，循序渐进、螺旋上升地开齐开足开好思政课。采取"书记＋名誉校长""老干部＋思想政治辅导员"的做法，通过开学第一课、思想政治理论课教师座谈等多种形式，深入学习领会习近平新时代中国特色社会主义思想，引导教师树立马克思主义历史观、民族观、国家观、文化观和宗教观，坚定中国特色社会主义道路自信、理论自信、制度自信、文化自信，引导教师准确理解和把握社会主义核心价值观的深刻内涵，切实做到用习近平新时代中国特色社会主义思想铸魂育人，给学生心灵埋下真善美的种子，引导学生"扣好人生第一粒扣子"。

责任单位：县委宣传部、统战部、教育局

7. 着力强化教师党史国史学习教育。强化教师社会实践参与，打造同心教师重走长征路等教师外出学习的特色活动，每年组织一批长期奋战在教育一线的优秀教师走出同心，重温革命历史，感受新中国 70 年取得的巨大成就，学习借鉴先进的教育理念，让教师在参与中充分了解党史、国史，增强思想政治工作的针对性和实效性。加强中华优秀传统文化和革命文化、社会主义先进文化教育，弘扬爱国主义精神，引导广大教师热爱祖国、奉献祖国。实施"中华民族共同体意识培育工程"，引导教师牢固树立"三个离不开""五个认同"思想。

责任单位：县委宣传部、统战部、教育局、文广局

（三）全面加强师德师风建设

8. 实施师德师风建设工程。建立教师荣誉制度，县上建立教育事业发展荣誉室、教育部门和学校建立荣誉墙、校史馆，集中展示为我县教育事业发展做出突出贡献的教育杰出人物的图片、视频等，定期组织教师、新入职教师观摩学习，引导教师立志奉献教育，教书育人。加大宣传教育力度，支持社会各界创作展现新时代同心教师风貌的优秀艺术作品，发掘和树立师德典型，讲好同心"四有"好教师故事，形成强大正能量。

责任单位：县委宣传部、教育局、文广局

9. 健全师德监督考评体系。认真学习贯彻《新时代中小学教师职业行为十项准则》《新时代幼儿园教师职业行为十项准则》，引导教师以德立身、以德立学、以德施教、以德育德。推行师德考核负面清单制度，建立教师个人信用记录，完善诚信承诺和失信惩戒机制，着力解决师德失范、学术不端等问题。把师德表现作为教师资格定期注册、业绩考核、职称评审、岗位聘用、评优奖

励的首要内容，教育引导教师爱惜自己的职业，严格要求自己，不断完善自己。实行教师师德表现一票否决制，坚决杜绝"课内不教课外教"现象，着力解决师德师风建设中存在的突出问题。

责任单位：县纪委监委、县委组织部、教育局、公安局、人社局、市监局

（四）大力提高校长专业素质

10. 推进校长聘用制管理改革。按照中共中央组织部、教育部《中小学校领导人员管理暂行办法》要求，规范中小学管理干部选拔任用程序，中小学（幼儿园）校（园）长、副校长及中层干部由教育局按程序进行推荐、考察、考核和聘用，报相关部门备案，努力打造一支政治过硬、敬业奉献、业务精湛、治校有方的校长队伍。

11. 推进校长任期目标责任制改革。建立校长任期制和任期目标制，校长任期一般为3至6年，在同一所学校任期不超过两届，每三年对校长进行一次综合考核评价，根据评价结果进行动态调整使用。新任或连任新一届的校（园）长，应结合本校实际提出任期内学校各项工作的近、远期发展规划及分阶段实施目标及措施。经学校党组织讨论审定后，报教育局审核备案，教育局每年对目标任务落实情况进行考核。

12. 加大校长培训力度。建立同心县校长大讲堂，通过邀请名誉校长、思政辅导员、知名专家、区内外名优校长等讲政治理论、讲党史国史、讲教育管理理论，组织外出学习校长、老校长、县内名校长分享治校经验，交流管理心得，形成定期举办、交流展示、成果观摩等长效机制，打造名优校长交流平台，促进校长政治理论、管理治校能力双提升。实施校长"国培计划"，开展乡村中小学骨干校长培训和名校长研修。加大培训力度，借助对外合作平台，选派中小学校长到区内外名校挂职锻炼，提升校长办学治校能力，打造高品质学校。坚持教育家办学导向，制定落实学校管理干部任课制度，明确校长带头上讲台讲课、推门听课指导教学、应用互联网＋培训教师等任务，带动落实好教学中心工作。

13. 加大后备干部培养。建立同心县校长后备队伍人才库，建立后备干部档案，选择一批35岁左右具有相应教师资格和经历，思想政治素质好、教育教学水平高、有组织领导才能的优秀教师进行重点培养。充分发挥优质学校人才孵化基地的作用，采取增加实践锻炼岗位等方式，有针对性地加强后备人才培养。

责任单位：县委组织部、编办、教育局、人社局

（五）大力提高教师专业素质

14. 实施优秀教师培养工程。实施新入职教师"起航计划"、青年教师"青蓝计划"、优秀教师"卓越计划"。重视公费师范生、"特岗教师"等教师的专业成长。实施好"塞上名师""青年拔尖人才"培养工程。三年内建设50个覆盖中小学所有学科的"名师工作室"，培育一大批教学名师。县财政每年安排"名师工作室"专项经费200万元，主要用于名师工作室的业务培训、课

题研究、送教送培、考核奖励等业务活动。建立"名师工作室"定期考核与动态管理机制，每年评选、表彰50名县级教坛新秀。建立同心县骨干教师人才库，将塞上名师、青年拔尖人才、特级教师、骨干教师纳入人才库，利用人才智库助力同心教育事业发展。

责任单位：教育局、人社局、财政局

15.加强中小学班主任队伍建设。加强中小学班主任职前培养，开齐开好学生成长规律、师生沟通技巧、心理健康教育等课程，提高班级管理能力。支持班主任队伍建设，鼓励青年教师主动担任班主任，县委、县政府每年表彰50名"十佳班主任"。

责任单位：教育局

16.加强幼儿园教师队伍建设。实施政府购买学前教育服务，每年争取自治区专项资金支持，在惠普性民办幼儿园购买学前教育服务，资金逐年增加。加强幼师队伍建设，通过"调、买、聘、转"的方式多管齐下，努力解决幼儿教师数量不足问题。强化幼儿园园长和教师培训，组建学前教育管理团队、学前教育教研团队，开展幼儿园办园行为专项督导评估，全面规范办园行为。到2020年，基本实现幼儿教师全员持证上岗。

责任单位：县委编办、教育局、财政局、人社局

17.加强中小学教师队伍建设。注重培养本科层次教师，加强教师教育课程体系建设，强化钢笔字、毛笔字、粉笔字、普通话、信息化应用能力与学生心理辅导等基本技能训练。新任职教师跟岗实践不少于半年，推进新任职教师到县域内优质学校跟岗实践制度，通过交流的形式促进新任职教师快速成长。实施创新素养教育，加大乡村中小学音乐、美术、体育、心理健康教育专职教师培养培训力度，提升教育保障能力。加大乡村教师培训力度，继续深化与区内外高校、职业院校的教育合作，采取国培计划、脱岗培训、置换培训、送教下乡、乡村教师访名校等形式，促进教师专业成长，实现教师培训多层次、多形式、全员培训、全员提升。普通高中教师补充以优秀公费师范生为主，强化教师学科能力与综合素养实践，有效应对选课走班等新变化。进一步整合教育教学研究、教师培训、电化教育等机构，推进教师发展服务体系建设。

责任单位：县委组织部、编办、教育局、人社局

18.加强职业学校教师队伍建设。深化与宁夏工商职业技术学院、宁夏理工学院、宁夏民族职业技术学院、宁夏交通学校、平罗职教中心、四川核工业技师学院等职业院校合作办学，通过跟岗实践、影子培训、结对帮扶等方面的合作与交流，加大"双师型"教师培训力度。支持现有教师在岗研修或脱岗培养，分期分批派出专业教师到国家重点职业教育师资培训基地进修，大力提升专业水平。深化校企合作，每年通过政府购买服务、聘请兼职教师等形式，从有关单位、行业和企业中选聘有专业经验的高技能人才到学校执教，提高办学水平。推进产教融合，结合同心县职业教育发展实际，全力办好学前教育专业，为同心县学前教育发展培养一大批优秀的幼儿教师。

责任单位：教育局、人社局

19.加强特殊教育教师队伍建设。落实特殊教育津贴等工资倾斜政策。对普通学校承担随班就读教学管理任务的教师，在绩效工资分配上给予倾斜。为送教上门教师、承担"医教结合"工作的人员提供必要的工作和交通补助。在特殊教育学校教师职称评审、工资晋级等方面给予倾斜支持。加大特殊教育教师配备力度，每年通过特岗教师、政府购买服务等形式补充一定数量的特殊教育教师，保障残疾青少年受教育的权利。

责任单位：教育局、财政局、人社局、残联

（六）加快推进教师"互联网＋教育"应用

20.以"互联网＋教育"助推教师素质提升。全力推进信息化基础设施提升、数字校园建设、网络学习空间普及应用、在线课堂建设等行动，以"互联网＋教育"教学应用提升教师综合素养。建设覆盖城乡的在线课堂系统，通过课程联合编排、教学统筹安排，实现"城乡同上一堂课"，县城学校与农村学校共享优质资源，课堂教学同步实施、教学资源同步共享，着力解决农村学校薄弱学科课程开设不全、师资不足等问题。

责任单位：工信商务局、教育局、财政局

（七）进一步完善校长教师队伍管理体制机制

21.创新教师编制管理。适应加快推进教育现代化的紧迫需求和城乡教育一体化发展改革的新形势，充分考虑新型城镇化、全面二孩政策及高考改革等带来的新情况，根据教育发展需要，在现有编制总量内，统筹考虑、合理核定教职工编制，盘活事业编制存量，优化编制结构，向教师队伍倾斜，采取多种形式增加教师总量，优先保障教育发展需要。落实城乡统一的中小学教职工编制标准。创新编制管理，建立以学年为单位的教师编制动态调整机制，每年8月底前，由教育部门根据学校布局、学生分布等情况，按教育教学实际需求制定教师编制动态调整划，报县委编办、人社、财政等部门备案，相关部门按程序及时完成教师编制动态调整。探索实施集团学校内教师编制按教育教学需求调整的措施，确保各教育集团内师资的优化配置。加强小规模学校教师配备，确保编制向乡村小规模学校倾斜，按照班师比与生师比相结合的方式核定小规模学校编制。加强和规范中小学教职工编制管理，严禁挤占、挪用、截留和有编不补。县编制部门从2019年起，每年安排适量事业编制，逐步腾出教育局所属事业单位占用的教师专项编制。探索实行教师编制配备和政府购买服务相结合的方式，满足教育快速发展需求。

责任单位：县委组织部、编办、教育局、财政局、人社局

22.优化义务教育教师资源配置。探索实行义务教育教师"县管校聘"改革，落实和强化教育行政部门对教师资源人权事权调配职能。县级教育行政部门在核定的教职工编制总额内，由各学校明确岗位，按照辖区城乡学校岗位设置的实际，统筹跨校聘任。进一步完善义务教育学校教

师校长交流轮岗制度，实行教师聘期制、校长任期制管理，重点推动城镇优秀教师校长向乡村学校、薄弱学校流动，促进县域内义务教育教师资源均衡配置。认真落实《同心县校长教师交流轮岗实施办法》，建立优秀教师、紧缺学科教师学区内走教制度，促进义务教育学校校长教师资源的合理配置。每年选派一定数量的县城优秀教师到农村学校支教，支教的教师人事关系不变，工资福利待遇不变，并享受农村教师生活补贴。支教期满经考核合格，在职称评聘、评先评优等方面予以优先。实施"三区"支教计划，通过组织县城、乡镇优秀教师以及返聘退休优秀教师到农村薄弱学校支教，均衡师资配备。实施"银龄讲学"计划，鼓励退休优秀教师特别是特级教师到乡村和基层学校支教讲学，给予必要生活补贴。

责任单位：县委编办、教育局、人社局、财政局

23. 完善中小学教师补充、准入、招聘和优秀教师引进制度。建立以县为主的教师补充机制，每年根据教育发展需要通过政府购买服务的形式补充教师，解决学前教育、职业教育以及义务教育阶段薄弱学科教师短缺的问题，确保教育教学工作正常开展。完善中小学教师资格准入制度，新入职教师必须取得教师资格。逐步将幼儿园教师学历提升至专科。实行5年一周期教师资格定期注册制度，探索建立不合格教师退出机制。加大音体美与科学心理健康教育等学科教师招聘数量。完善中小学幼儿园教师招聘办法，遴选乐教适教善教优秀人才进入教师队伍。简化优秀教师引进机制，对45岁以下在编在岗自治区特级教师、优秀教师、骨干教师、部优课教师，可以免试调入。政府为引进的教育人才安排教育高端人才公寓，特级教师、国家和自治区级优秀教师、国家和自治区级骨干教师（年龄在45岁以下）来我县任教，开辟绿色通道解决编制、住房等问题。

责任单位：县委组织部、编办、教育局、人社局

24. 深化中小学教师职称制度和校长职级制改革。完善职称评审标准，建立符合中小学教师岗位特点的考核评价指标体系，不单以升学率、学生考试成绩、论文评价教师。将中小学教师到乡村学校、薄弱学校任教1年以上经历作为申报高级教师职称和特级教师必要条件。中小学教师职称评审时间与聘任时间保持一致。实施校长职级制改革试点工作，建立健全"职务能上能下、待遇能高能低、流动能进能出"的管理新机制，促进校长队伍专业化建设。

责任单位：县委组织部、编办、教育局、人社局

（八）努力提升教师地位待遇

25. 完善中小学教师待遇保障机制。建立健全中小学教师工资长效联动机制，核定绩效工资总量时统筹考虑当地公务员实际收入水平，确保中小学教师平均工资收入水平不低于或高于当地公务员平均工资收入水平。完善教师收入分配激励机制，有效体现教师工作量和工作绩效，绩效工资分配向班主任和特殊教育教师倾斜。稳定提高基本工资，落实基本工资提高10%，提高中小学教师绩效工资水平。对因突发事故或患有重大疾病造成家庭生活特别困难的教师，通过政府

注入、社会支持等途径设立教师大病救助基金，制定出台《同心县教师重大疾病救助基金管理办法》，对教育系统大病教师进行救助，减轻患病教师的经济负担，并按相关规定纳入社会救助体系予以救助帮扶。服务期内在岗"特岗教师"与当地公办中小学教师享受同等待遇。

责任单位：教育局、人社局、财政局

26. 建立教师奖励机制。县委、县政府设立优秀教师奖励基金，县财政每年安排 300 万元，用于奖励教育教学先进集体和先进个人。每年教师节，通过公开推荐评选表彰一批十佳教师、十佳班主任、教坛新秀、先进教育工作者、教育教学先进个人（中高考、小学教育、学前、职业教育、特殊教育）和教育世家。对在乡村学校连续从教 15 年、25 年以上的教师，分别授予"最美乡村教师""最美乡村功勋教师"荣誉称号。

责任单位：教育局、财政局

27. 不断提升乡村教师待遇。继续实施乡村教师支持计划，建立乡村教师补助标准动态增长机制，逐步提高补助标准，加大乡村教学名师奖励力度。在业务培训、职称评聘、表彰奖励等方面向乡村青年教师倾斜。

责任单位：教育局、人社局、财政局

28. 保障教师合法权益。推进现代学校制度建设，建立健全教职工代表大会制度，落实教师对学校重大事项决策的知情权、参与权、表达权、监督权。深化学校章程建设，发挥教师在办学治校中的积极作用。建立教师申诉制度，依法公正公平解决与学校争议。正确区分教师正常履职与师德失范界线，依法保护教师对学生的教育权、管理权等正当权利。防止形式主义检查考核干扰正常教学，使广大教师安心从教、舒心从教、静心从教。

责任单位：教育局、财政局、人社局

三、组织保障

（一）加强组织领导。县委、县政府将切实加强对新时代教师队伍建设改革的组织领导，发展上优先考虑，工作上优先支持，投入上优先保障。县委常委会、政府常务会每年至少研究一次教师队伍建设工作，建立教师工作联席会议制度，及时研究解决教师队伍建设存在的重大问题。

（二）明确任务清单。组织部门负责指导教师队伍党的建设、重大人才项目实施等。宣传部门负责指导教师思想政治工作，引导教师带头践行社会主义核心价值观，弘扬教师楷模，营造尊师重教的良好风尚。编制部门负责根据教育发展需要，合理核定教职工编制，采取多种形式增加教师编制总量，优先保障教育发展需要。发展改革部门负责将教师队伍建设纳入当地经济社会发展规划。教育部门负责加强教师队伍建设和管理，制定完善教师队伍建设相关政策、规划，并组织实施。财政部门负责优化经费投入结构，完善支出保障机制，将教师队伍建设作为教育投入重点予以优先保障。人社部门会同教育部门负责组织推进教师队伍工资待遇和职称评聘政策改革工作的实施，增强教师人员总量，其他相关职能部门根据职责分工，积极参与教师队伍建设相关工作，加强对教师队伍建设的指导和管理。

（三）强化经费保障。县财政局负责将教师队伍建设作为教育投入重点予以优先保障。加大对教师队伍建设的投入力度，新增财政经费优先用于教师队伍建设。优化经费投入结构，优先支持教师队伍建设最薄弱、最紧迫的领域，重点用于按规定提高教师待遇保障、提升教师专业素质能力、加强教师的培养培训。健全以政府投入为主、多渠道筹集教育经费的体制，充分调动社会力量投入教师队伍建设的积极性。制定严格的经费监管制度，规范经费使用，确保资金使用效益。

（四）强化舆论宣传。各乡镇、各部门要加强宣传，积极营造全社会关心支持教师队伍建设的浓厚氛围，努力形成尊师重教的良好风尚。通过电视、报纸、广播等新闻媒体和"两微一端"等新媒体加强教师队伍宣传，文广等部门要创作教师队伍建设方面的高水平的文学艺术作品，树立教师先进典型，宣传教师良好职业形象。

（五）严格考核问责。县委督查室、政府督查室要把教师队伍建设列入督查督导工作重点内容，并将结果作为乡镇和部门党政领导班子和有关领导干部综合考核评价、奖惩任免的重要参考依据，确保各项政策措施全面落实到位，真正取得实效。

同心县教育局未成年人思想道德建设工作实施方案

同教发〔2019〕22 号

二、主要任务

（一）进一步健全未成年人思想道德建设领导机制

根据《全国未成年人思想道德建设工作测评体系》工作要求，认真贯彻落实《关于进一步加强全县中小学校政治思想工作实施方案》（同党办发〔2018〕141 号），把未成年人思想道德建设工作摆上重要议事日程，建立健全领导体制和工作机制，制定 2019 年度工作方案，明确责任分工，推进工作落实，确定专人负责未成年人思想道德建设具体工作。

（二）创新工作模式

建立"书记＋名誉校长"的未成年人思想道德建设工作模式，通过开展党课宣讲、工作调研等形式，指导学校在坚定学生理想信念、厚植爱国主义情怀、加强品德修养、增长见识、培养奋斗精神、增强综合素质上下功夫，着力建设法治校园，着力构建德智体劳美全面发展的教育体系。

（三）重视良好行为习惯的养成教育

定期开展《中小学生日常行为规范》《中小学生守则》养成教育活动，从规范行为习惯抓起，培养中小学生良好的道德品质和文明行为。要针对未成年人行为规范养成的薄弱环节，以诚信和感恩教育为重点，切实提高未成年人文明守纪的水平。

（四）深入开展系列主题教育实践活动

1. 继续开展"我的中国梦"主题教育活动。大力开展"中国梦"课堂教育，广泛开展"我的中国梦"主题班会和升旗仪式，让广大中小学生了解中华民族伟大复兴的奋斗历程，不断增强历史使命感和时代责任感；结合历史知识教育，深入开展读书教育活动，广泛开展"我的中国梦"征文、讲座、演讲、文艺表演等系列活动，组织未成年人歌颂、描绘、放飞"我的中国梦"，教育未成年人爱党爱国爱家，引导广大未成年人确立远大志向，树立共同理想，为实现"我的中国梦"而努力学习；结合"我们的节日"主题实践活动，针对传统节日、法定节日、纪念日的不同特点，做到每节有主题、有计划、有方案、有特色；坚持不懈地抓"学习雷锋 做一个有道德的人""网上祭英烈""学习和争做美德少年""童心向党"和"向国旗敬礼"等教育实践活动。坚持集中与经常相结合、网上与网下相结合，深化拓展中国梦学习教育内涵，激励广大未成年人描绘自己的"中国梦"；做好优秀童谣的征集推广和优秀童谣资源库建设，普及推广优秀未成年人作品，引导未成年人唱响共产党好、社会主义好、改革开放好、伟大祖国好、各族人民好的时代主旋律。每项活动开展期间和结束后，各地要将工作信息、活动情况及时上报。活动时间为：3月31日至4月7日，清明祭英烈活动；5月31日至6月7日，学习和争做美德少年活动；6月28日至8月底，童心向党歌咏活动；9月27日至10月10日，向国旗敬礼活动。

2. 不断加强社会主义核心价值观宣传教育。始终把培育和践行社会主义核心价值观贯穿于未成年人思想道德建设的方方面面，坚持用价值观引领知识教育，利用一切宣传教育资源、传播手段和渠道，认知认同"24字"；坚持以教育引导实践，广泛开展核心价值观的主题实践活动，推进社会主义核心价值观进教材、进课堂、进头脑，把"24字"渗透到未成年人的日常学习生活之中，内化为他们的自觉追求，形成强大的精神支柱和基本的道德理念；大力开展优秀童谣传唱工程，选择适合青少年传唱，有励志上进教育内涵的歌曲；继续开展以"孝敬、友善、节俭、诚信"为主要内容的经典诵读活动，引导未成年人传承优秀传统，提高道德素养；继续组织开展爱学习、爱劳动、爱祖国和节水、节电、节粮"三爱三节"活动，引导未成年人树立正确价值观，增强社会责任感、创新精神和实践能力。

3. 着力推进未成年人思想道德教育实践活动。积极引导未成年人讲文明、树新风，讲道德、尊道德、守道德，开展"孝老、敬老"教育实践活动，引导未成年人传播孝道文化，孝敬老人、尊敬师长；开展诚实有爱主题教育实践活动，引导未成年人树立守信光荣、失信可耻的道德观念，培养他们的诚心、爱心、善心和同情心；开展"少年传承中华美德"活动，讲好人文历史、民俗历史、红色经典历史故事，讲好道德模范、身边好人感人故事，引导未成年人在潜移默化中认知认同核心价值理念，自觉"做一个有道德的人"；要继续组织开展"美德少年"等身边榜样学习宣传活动，用他们的良好品行感染、教育、影响身边的未成年人，凝聚崇德向善的道德力量，树立好人好报的价值取向；推进未成年人文明言行引导工程，制订中小学生文明行为规范，列为开学第一课教育内容，长期坚持，久久为功；继续开展以中小学生为主体，以劝导"乱闯红灯、乱穿马路、翻越栅栏、践踏花草、随地吐痰、随处吸烟、乱丢杂物"等不文明行为为主要内容的"小手拉大手"主题教育实践活动，吸引更多的小小志愿者参与活动，鼓励中小学生积极参与公益志愿服务，动员教师志愿者走进社区、走进家庭。

（五）大力推进未成年人活动阵地建设

1. 夯实未成年人思想道德教育阵地。进一步完善青少年活动中心和示范性综合实践基地等公益性文化设施向社会免费开放的措施，加强活动组织。

2. 加快未成年人心理健康辅导站建设。根据"全面部署、分步实施、规范建设、整体推进"

的工作思路，加强县级未成年人心理健康辅导工作制度化、规范化；全县各中小学校均设有心理咨询室并能正常开展活动，有校外未成年人心理健康辅导站，充分挖掘本地心理健康教育资源，面向社会广泛招募志愿者，建立起一支专门人员与招募志愿者相结合的专业化、规范化工作队伍；创新方式，运用网络、电话、授课等多种形式，重点面向毕业班学生，围绕青春期调适、学习压力、家庭教育、网络依赖、早恋等问题开展心理健康辅导活动，教育引导未成年人形成乐观健康、积极向上的良好心理品质。

3. 推进乡村学校少年宫建设。按照"五个好"的工作要求，健全乡村学校少年宫建设、管理、使用、考核制度，提高经费保障能力，提升师资教学水平，完成中央专项彩票公益金支持的乡村学校少年宫和自建乡村学校少年宫的建设任务．实现乡村学校少年宫全覆盖工作目标。始终坚持因地制宜，突出地方特色，推进少年宫建设品牌，打造一批示范少年宫。

（六）全力净化校园及社会文化环境

1. 推进"文明校园"创建工作。结合文明校园创建方案，根据文明校园管理办法和文明校园考核细则，进一步深化文明校园创建活动，加强同心县文明校园创建活动，积极参与全国及区级文明校园评选活动，提升学校德育水平，丰富校园生活，开展文明校园、文明班级、文明宿舍等创建活动。加强和改进学校德育工作，积极开发各类课程的德育资源，开展青少年应急救护和防灾避险等技能培训课程，促进德育、智育、体育、美育相互融合，加强师德师风建设和德育教师培训，各中小学校形成良好教风学风，落实中小学校德育课、少先队活动课时，开展学科德育精品课程征集展示活动。实施《国家学生体质健康标准》，落实体育课程设置和课时安排要求。

2. 营造良好的社会文化环境。净化社会文化环境，配合相关部门抓好校园周边文化环境的整治行动，鼓励开发弘扬社会主义核心价值观和有益于未成年人身心健康的文化产品。

3. 抓好校园及周边环境整治。按照"打防结合、预防为主、标本兼治、严格监管、确保安全"的工作方针，实行校园重点安全管理，进一步加大工作力度，大力整治校园周边环境。配合相关部门开展校园周边区域各类集中专项整治活动，不断提高家长、学生对学校周边环境满意度。开展中小学校和幼儿园食堂、校内及周边商铺"三无食品"专项整治活动，切实保障未成年人食品安全。

（七）健全学校、家庭、社会三结合的教育网络

建立健全学校、家庭、社会"三结合教育网络"，发挥学校龙头作用、家庭基础作用和社区平台作用，形成工作合力，有常态化工作品牌和经验总结。

1. 完善"学校育人"体系。中小学校建立家长委员会、开班家长学校，密切家校联系。把道德建设放在学校教学工作的首要位置，继续推进师德师风建设工程，提高教师职业道德素养，邀请知名德育专家，就德育教育给各校校长、分管副校长、政教主任等有关人员集中进行德育工作

培训，加强师德师风建设宣传力度，不断提高师德师风建设的群众满意度。

2. 完善"家庭育人"体系。积极营造有利于未成年人健康成长的第一课堂，开展好"孝敬父母，体验亲情"活动。推进家长学校或者家庭教育指导服务站点建设，邀请知名教育专家走进家长学校，面向学生家长开展家庭教育培训活动，创立教育和体育常态化工作品牌。

3. 完善"社会关爱"体系。继续组织"五老宣讲团"，深入学校等地扎实开展主题突出的宣讲活动；落实保障进城市务工人员子女平等接受义务教育的工作机制；鼓励和引导社会各界帮扶留守儿童，拓展留守儿童活动阵地，健全完善留守儿童档案，开展帮扶、随访、交流活动，使留守儿童得到更多关爱和呵护；对困难家庭儿童进行结对帮扶，为困难家庭儿童健康成长创造良好的社会环境；推进加强孤残和边缘儿童教育，实施关爱和帮扶工程。

（八）加强未成年人公益广告宣传

在校园显著位置设置未成年人公益广告，通过 LED 电子显示屏、宣传栏、标语、宣传册、网站、微信、校讯通等载体，广泛宣传未成年人思想道德建设工作，积极营造关心未成年人健康成长、支持未成年人思想道德建设工作的浓厚舆论氛围，增强社会各界重视未成年人思想道德建设的意识，用有益健康的文化产品教化未成年人。

二、工作要求

（一）强化领导，明确任务。各校要把未成年人思想道德建设工作摆上重要议事日程，建立健全领导体制和工作机制，对照方案，细化量化分解任务，制定具体实施方案和详细工作计划，进一步明确目标、时限和要求，推动工作任务落实。具体实施方案请于 3 月 15 日前报县教育局教育股。

（二）提前部署，注重创新。各地各校要加强统筹，及早安排，运用重要时间节点，把中国梦学习教育与爱国主义教育、中华优秀传统文化和革命文化教育以及文明校园创建等有机结合起来，促进活动常态化开展。要因地制宜、分层分众，针对未成年人成长需求，根据不同年龄段未成年人特点，创新形式、丰富内容，增强活动吸引力感染力和针对性有效性。要坚持主题统一、载体多样，鼓励基层创新创造，提倡结合实际开展工作、打造品牌，确保活动落到实处、取得实效。

（三）加大宣传，营造氛围。各地各校要充分发挥电视、报纸、网站、宣传栏、微信等多种媒体的作用，全方位立体宣传未成年人思想道德建设工作的进展情况、活动成效、好经验、好做法，树立和推广的先进典型等；将未成年人思想道德建设作为重要宣传内容，统筹部署，为未成年人健康成长营造良好社会舆论氛围。

四、重要文件目录

重要文件一览表

文件名	出台日期	文号 / 发文单位
中共吴忠州委关于1958年至1960年中、小学教育事业发展的规划意见	1958.5.12	中国共产党吴忠回族自治州委员会
中共同心县委关于加强扫盲工作的意见	1960.1.17	总号（60）45号
同心县人民委员会转发文教厅传达宁夏党委、自治区人委关于贯彻执行"中共中央国务院关于保证学生、教师身体健康的紧急通知"的通知	1961.1.25	会文卫李字第031号
同心县人民委员会关于调整各级各类学校人民助学金及学杂费的通知	1962.10.20	（62）会文卫字第388号
同心县人民委员会关于中学学生假期口粮供应问题的批复	1963.7.2	同会文卫字第328号
关于喊叫水完小迁移校址的批复	1963.11.23	会文教字第520号
关于成立民办学校及聘请代课教师问题的批复	1964.10.12	政府办
同心县人民委员会关于举办姜家湾农业中学问题的批复	1964.12.24	政府办
关于启用"同心县城第一小学"等四枚印章的通知	1965.7.10	政府办
关于恢复幼儿园的通知	1970.6.1	同革政发字第31号
关于解决全县教师不足的请示报告	1970.7.20	同革政办字第02号
关于太阳山煤矿办学及聘请教师的批复	1971.8.14	同革发字第35号
关于招收代课教师的通知	1970.8.26	同革政发字第26号
关于民办教师补助问题的通知	1972.1.17	同革政发字第02号
关于吸收张学义等四十二名同志为公办教师的通知	1974.1.18	同党〔1974〕04号
关于发展民办教师几个问题的请示报告	1976.2.19	同革文教字第03号
关于学制问题的请示报告	1976.6.17	
关于转发《同心县教育工作会议纪要》的通知	1977.6.29	同革文教字第11号
关于考评任用民办教师的通知	1980	同文教字第18号
关于成立同心县托幼工作领导小组的意见	1980	同革教字第22号
关于民办教师生活待遇的报告	1980	同文教字第32号
关于首批办重点小学的批复	1980	南行发〔1980〕58号
批转教育局"关于办好首批重点中小学问题的请示报告"的通知	1980	宁政发〔1980〕88号
关于将"同心县五七学校"改为"同心县教师进修学校"的通知	1981.6.13	政府办
关于教育科等七个部门设立股级单位的通知	1984.4.6	政府办
关于成立"同心县中等教育结构改革领导小组"的通知	1984.9.17	政府办
中共县委会 县政府关于成立阿拉伯语专修学校的决定	1985	同党发〔1985〕09号
关于庆祝第一个"教师节"的通知	1985	同党发〔1985〕24号
关于同心县阿拉伯语专修学校列入国家计划的请示	1985	同党发〔1986〕34号
关于成立同心县海如女子学校的报告	1986.1.17	政府办

（续表）

中共县委 县政府关于实行社会集资办教育的通知	1988	同党发〔1988〕14 号
中共同心县委 同心县人民政府关于多方筹措资金，实现全县中小学"一无两有六配套"的决定	1990.5.21	同党发〔1990〕12 号
关于实施初等义务教育的意见	1993.4.2	同党发〔1993〕10 号
关于设立教育教学成果奖的决定	1993.4.3	同党发〔1993〕09 号
关于发布《同心县基础教育分级办学、分级管理暂行规定》的通知	1993.4.20	政府办
关于发布《同心县征收教育附加费实施办法》的通知	1993.4.20	政府办
县人民政府印发《九十年代同心县儿童发展规划纲要》的通知	1994.5.31	政府办
关于 1996 年普通高等学校和中等专业学校招生工作的通知	1996.4.26	宁教（学）发〔1916〕第 108 号
中共中央国务院关于深化教育改革全面推进素质教育的决定	1999.6.13	中发〔1999〕09 号
关于成立同心县"两基"攻坚领导小组的通知	1999.6.14	同党办发〔1999〕54 号
自治区党委、人民政府关于加快教育改革和发展全面推进素质教育的决定	1999.12.27	宁党发〔1999〕60 号
同心县人民政府办公室关于成立同心县教育信息化工程协调小组的通知	2002.3.5	政府办
同心县人民政府关于做好"五三"向"大三"学制过渡暨高初中分离办学工作的通知	2002.4.23	政府办
关于加快基础教育改革与发展的决定	2003.6.26	同党发〔2003〕24 号
关于成立县教育工作领导小组的通知	2003	同党办发〔2003〕57 号
同心县人民政府关于成立同心县中小学教师继续教育中心的批复	2003.12.4	政府办
关于转发《自治区教育厅、扶贫开发办公室关于自治区党政机关和专业单位帮扶南部山区"普九"攻坚的实施意见》的通知	2004.3.17	宁党发〔2004〕11 号
同心县人民政府关于同心县石狮中学挂牌的批复	2004.5.25	政府办
同心县人民政府批转县教育文化体育局《同心县中小学教师全员聘任职实施方案》的通知	2004.6.4	政府办
同心县人民政府关于印发《同心县实施"普九"攻坚规划》的通知	2004.6.22	政府办
同心县人民政府关于批转县财政局《同心县深化农村义务教育经费保障机制改革实施方案》的通知	2006.3.20	政府办
关于成立县"两基"工作评估验收工作领导小组的通知	2006	同党办发〔2006〕97 号
关于成立同心县迎接自治区政府"两基"验收组织机构的通知	2006	同党办发〔2006〕109 号
自治区"两基"攻坚领导小组关于表彰全区"两基"工作先进工作者的决定	2007	宁两基发〔2007〕01 号
县委 政府关于进一步提高教育教学质量的意见	2007	同党发〔2007〕04 号
县委 政府关于表彰"两基"攻坚工作先进集体和先进个人的决定	2007	同党发〔2007〕05 号
关于印发《同心县"两基"迎"国检"工作实施方案》的通知	2007	同党办发〔2007〕91 号
关于实行"两基迎国检"县四套班子分管领导及县直、区（市）属单位包（乡）镇责任制的通知	2007	同党办发〔2007〕94 号
自治区人民政府办公厅转发自治区教育厅关于义务教育均衡发展行动计划的通知	2007.8.31	宁政发〔2007〕180 号
县委 政府 关于表彰"两基"迎国检工作先进集体和先进个人的决定	2008	同党发〔2008〕44 号
同心县人民政府办公室关于进一步做好义务教育阶段"控辍保学"和扫盲工作的紧急通知	2008.1.28	同政办发〔2008〕13 号
同心县人民政府关于推进职业教育跨越式发展的实施意见	2008.5.30	政府办
同心县人民政府关于改建下马关中学新建同心县第五中学有关情况的报告	2010.2.20	同政发〔2010〕10 号

（续表）

同心县教育局关于印发《同心县义务教育阶段学校"学生营养早餐工程"实施方案》的通知	2010.8.5	同教发〔2010〕209号
同心县人民政府办公室关于印发《同心县义务教育阶段学校"学生营养早餐工程"实施方案》的通知	2010.8.27	同政发〔2010〕116号
自治区人民政府办公厅关于建立普通高中家庭经济困难学生国家资助制度的通知	2010.12.28	宁政办发〔2010〕88号
自治区人民政府办公厅转发自治区教育厅等部门关于进一步加快特殊教育事业发展意见的通知	2011.3.15	宁政办发〔2011〕44号
自治区人民政府办公厅转发教育厅等部门宁夏回族自治区学前教育三年行动计划（2011—2013年）的通知	2011.5.17	宁政办发〔2011〕86号
自治区人民政府关于印发宁夏回族自治区教育事业发展第12个五年规划的通知	2011.5.30	宁政发〔2011〕82号
自治区人民政府办公厅转发教育厅宁夏回族自治区进一步推进义务教育均衡发展实施方案的通知	2011.7.1	宁政办发〔2011〕112号
自治区人民政府办公厅转发教育厅宁夏西海固地区农村小学生免费午餐工程试点工作实施方案的通知	2011.7.15	宁政办发〔2011〕120号
自治区人民政府办公厅转发教育厅等部门关于促进民办教育发展若干意见（试行）的通知	2011.9.28	宁政办发〔2011〕147号
同心县人民政府关于对我县基本普及高中阶段教育工作进行评估验收的请示	2012	同政发〔2012〕176号
同心县人民政府关于迁建同心县预旺中心小学的请示	2012.2.23	同政发〔2012〕24号
同心县人民政府关于印发《同心县农村义务教育学生营养改善计划实施细则（暂行）》的通知	2012.5.24	同政发〔2012〕87号
同心县人民政府关于《同心县扶持民办幼儿园发展奖补资金管理办法（暂行）》的备案报告	2012.5.31	同府规备字〔2012〕03号
同心县人民政府关于新建同心思源实验学校和第八小学的报告	2015.2.2	同政发〔2105〕01号
关于印发《同心县加快推进教育事业发展三年行动计划》的通知	2015.9.8	同党发〔2015〕35号
同心县人民政府关于立项建设同心县职业技术学校的请示	2015.10.6	同政发〔2105〕133号
自治区教育厅关于印发《宁夏教育精准扶贫行动方案（2016—2020年）》的通知	2016.4.18	宁教发〔2016〕74号
同心县人民政府关于印发《同心县乡村教师支持计划2015—2020年实施细则》的通知	2016.6.29	政府办
关于印发《同心县义务教育均衡发展迎验工作实施方案》的通知	2017.2.24	同党办发〔2017〕15号
加强中小学控辍保学工作实施方案的通知	2017.4.7	同政办发〔2017〕29号
同心县人民政府办公室关于印发《同心县进一步加强中小学控辍保学工作实施方案》的通知	2017.4.7	同政办发〔2017〕29号
关于印发同心县统筹推进县域内城乡义务教育一体化改革发展实施方案的通知	2017.8.16	同政发〔2017〕106号
关于发起设立同心县教育扶贫基金的决定	2017.9.6	同党发〔2017〕35号
同心县人民政府关于进一步调整学校布局规划方案的通知	2017.9.14	政府办
同心县人民政府关于印发同心县统筹推进县城内城乡义务教育一体化改革发展实施方案的通知	2017.9.14	政府办
关于印发《同心县2018年教育扶贫实施方案》等六个方案的通知	2018.2.28	同党办发〔2018〕16号
同心县人民政府关于印发进一步加强义务教育阶段控辍保学工作实施方案的通知	2018.3.13	同政发〔2018〕40号

（续表）

同心县人民政府关于呈报普及高中阶段教育实施方案（2018—2022年）的报告	2018	同政发〔2018〕57号
关于进一步加强义务教育阶段控辍保学的实施方案的通知	2018.3.16	同政发〔2018〕40号
印发《关于进一步加强全县中小学校思想政治工作实施方案》的通知	2018.8.17	同党办发〔2018〕141号
关于印发《同心县推进义务教育均衡发展迎接国家评估认定工作方案》的通知	2018.8.17	同党办发〔2018〕96号
关于全面深化新时代教师队伍建设改革的实施意见	2018.10.10	宁党发〔2018〕32号
同心县人民政府办公室关于印发同心县创建县域义务教育发展优质均衡县实施方案的通知	2018.12.21	同政办发〔2018〕160号
印发《关于上好全县中小学思想政治教育"开学第一课"的实施方案》的通知	2019.2.11	同党办发〔2019〕13号
关于加强中小学幼儿安全风险防控体系建设的通知	2019.3.11	同政办发〔2019〕17号
关于印发《同心县2019年教育扶贫实施方案》等9个脱贫攻坚工作方案的通知	2019.4.28	同党办发〔2019〕77号
同心县人民政府办公室关于印发同心县城镇小区配套幼儿园治理工作实施方案的通知	2019.7.24	政府办
关于印发《同心县全面深化新时代校长教师队伍建设改革实施方案》的通知	2019.8.26	同党办发〔2019〕109号
关于上好2019—2020学年度第一学期全县中小学思想政治教育"开学第一课"的实施方案	2019.8.26	同党办综〔2019〕28号
吴忠市委办公室、人民政府办公室关于印发《吴忠市深化教育教学改革全面提高义务教育质量的实施方案》的通知	2020.7.27	吴党办发〔2020〕50号
同心县人民政府办公室关于印发同心县普及高中阶段教育存在问题整改方案的通知	2020.8.24	同政办发〔2020〕69号
关于新建同心县第四高级中学（普通高中）的请示	2020.8.25	同政发〔2020〕70号
关于新建同心县第七中学的请示	2020.8.25	同政发〔2020〕71号
印发《关于深化教育教学改革全面提升业务教育质量的实施意见》的通知	2021.2.12	宁党发〔2021〕10号
同心县人民政府办公室关于印发《同心县体教融合实施方案》的通知	2021.3.3	政府办
中共中央办公厅 公务员办公厅印发《关于规范民办义务教育发展的意见》的通知	2021.5.17	厅字〔2021〕15号
中共中央办公厅 国务院办公厅印发《关于进一步减轻义务教育阶段学生作业负担和校外培训负担的意见》的通知	2021.7.22	中办发〔2021〕40号
同心县推进县域学前教育普及普惠工作实施方案	2021.8.16	同政办发〔2021〕45号
同心县人民政府办公室关于印发《同心县深化新时代教育督导体制机制改革实施方案》的通知	2021.9.18	同政办发〔2021〕60号
印发《关于进一步减轻义务教育阶段学生作业负担和校外培训负担的实施方案》的通知	2021.10.7	宁党办〔2021〕79号
同心县人民政府办公室关于进一步健全全县义务教育教师工资待遇落实保障长效机制的通知	2021.11.2	政府办
关于进一步健全全县义务教育教师工资待遇落实保障长效机制的通知	2021.11.10	同政办发〔2021〕74号
关于印发《吴中市加快推进"互联网＋教育"实施方案（2021—2023年）》的通知	2021.11.25	吴党教发〔2021〕06号
关于印发同心县"十四五"学前教育发展提升行动计划实施方案的通知	2022.12.7	同政办发〔2022〕79号

后　记

　　1988 年《同心县教育志》开始编修，至今已经 35 载，在各级领导、各部门和同人的关心支持下，《同心县教育志》终于付梓，我们倍感欣慰。本志是《同心县教育志》第一部和第二部的统稿，上限始于教育事业的源头发端，下限止于 2022 年。在编纂通稿过程中，按照社会主义新志书编修规范，遵循新思想、新资料、新观点的要求，依据同心县教育事业发展的过程和特点，在继承两部志稿成功经验的基础上，多次研讨修改，重新设计了更为科学合理的篇目大纲，报教育局审定。编纂人员按照重新确立的篇目大纲，开展了大量的删繁补要，查漏纠偏，解决交叉重复、详略不当的工作。经过半年的不懈努力，最终于 2023 年 9 月编纂完成了《同心县教育志》。全志共分 17 章，总计 80 万余字，从各类教育、教师队伍、组织机构、行政管理、教育经费、基本建设、人物等方面，全面系统、客观真实地记载了同心教育事业的发展过程和取得的辉煌成就，填补了历史空白，这是一件功在当代，利在千秋的文化建设工程。

　　第一部《同心县教育志》由任耀华、马正清、马存仁等于 1991 年编写完稿，内部印刷出版。2006 年同心县教育局设教育志办公室，开始编纂第二部《同心县教育志》，搜集了一些资料，后来工作处于半停滞状态。2012 年，县教育局对教育志编纂工作进行了重新部署，由任耀华主笔，顾有泓、韩春霞、张正璞 3 人协助开展资料搜集、校对和打印等工作。特聘原同心县县志办副主任、《同心县志》主编王克林进行加工、校勘。2022 年 12 月，周宪瑜调任同心县教育局局长，对《同心县教育志》的编纂工作极为重视，决定将《同心县教育志》第一部和第二部合为一部志书，并聘请宁夏国史研究所所长郑彦卿统稿，于 2023 年 9 月完成了 80 万字的送审稿，打印成册，报县地方志办公室审定，发送局各股室、直属单位、各学校征求意见。2023 年 9 月 26 日，由县教育志编委会组织召开了《同心县教育志》评审会，会上，同心县志办主任苏润涛，编辑姜国权以及局各股室、直属单位、各学校负责人对书稿进行评审。大家一致认为这部志稿的篇目大纲科学合理，政治观点正确，资料丰富，语言表述简洁规范，同时也提出了一些修改建议。会后，郑彦卿、李光林、贾治忠、赵超等同志对大家所提的意见和建议逐条进行考证核实、修改完善，形成了终审稿，送县教育局终审。2023年12月17日，周宪瑜局长主持召开终审会，逐章逐节进行了审定。会后，编纂人员又对书稿进行了认真修改补充、编校润色后，送中国文史出版社出版。总纂黑平副局长，心系志书，将大量精力和时间用在志书谋篇设计、组织协调、查找资料、修改补充上，多次召开会议，督促编纂进度，交流工作经验体会，并就遇到的问题进行商讨解决，使工作得以顺利开展。李光林、贾治忠按照《同心县教育志》编写规范和技术要求加班加点，查找资料，对遗漏的大事、要事进行了补充；对史实不准确，时间不精确等问题予以校改；对文辞进行了加工润色编校，统一了格式和文风，使志书的质量和档次有了大幅提升。各股室、局属单位以及教育界老领导、老师，提供了很多有价值的数据、图片资料和人物史实素材，并对志书编纂提出了十分宝贵的写作建议。这部志书凝结着大家的心血，是集体智慧的结晶。

在本志书即将问世之际，我们谨向各级部门、各级领导和各位同人，为志书编纂所倾注的关怀，以及给我们提供的无私帮助，表示衷心感谢！

由于我们水平有限，加之史实材料欠缺，志书虽几经修改、多次校勘，纰漏谬误在所难免，我们深感不安。恳请各级领导及各方贤能，不吝赐正。

《同心县教育志》编辑部

2023年10月

图书在版编目（CIP）数据

同心县教育志 / 同心县教育局编 . -- 北京：中国文史出
版社 , 2023.12

ISBN 978-7-5205-4515-0

Ⅰ . ①同… Ⅱ . ①同… Ⅲ . ①地方教育－教育史－同心
县 Ⅳ . ① G527.434

中国国家版本馆 CIP 数据核字（2023）第 230106 号

责任编辑：梁　洁　　装帧设计：杨飞羊

出版发行：中国文史出版社

社　　址：北京市海淀区西八里庄路 69 号　邮编：100142

电　　话：010-81136606　81136602　81136603（发行部）

传　　真：010-81136655

印　　装：北京新华印刷有限公司

经　　销：全国新华书店

开　　本：787mm×1092mm　1/16

印　　张：43　插页：40

字　　数：800 千字

版　　次：2024 年 1 月北京第 1 版

印　　次：2024 年 1 月第 1 次印刷

定　　价：186.00 元